# CAMINHO ESSENCIAL

## FORMAÇÃO DE FACILITADOR E DE "HELPER" DE PATHWORK®

Antônio Alberto Grossi Fernandes

Direitos autorais © 2021 Antônio Alberto Grossi Fernandes

Os textos contidos neste livro são uma coletânea fidedigna, porém de interpretação livre do autor, sobre os ensinamentos que compõem o Pathwork®, oriundos da obra de Eva Broch Pierrakos. Trata-se de escolhas pessoais norteadas por sua relevância e alcance, tendo a chancela do Instituto Pathwork® de Minas Gerais, onde o autor se formou "helper" na metodologia.

As palestras da médium, audiografadas em sua forma original e completa, podem ser consultadas gratuitamente nos "sites" da International Pathwork® Foundation ou de seus representantes oficiais. Todas as partes deste livro podem ser reproduzidas ou transmitidas a terceiros, desde que citando os créditos ao autor.

ISBN-13: 9798471433922

Número de controle da Biblioteca do Congresso: 2018675309

Impresso nos Estados Unidos da América

*À minha mãe, que partiu deste plano no ano em que este livro foi lançado, tendo aqui cumprido a sua missão com amor, disciplina e fé. A meu pai, por nos ter honrado com grande sabedoria enquanto entre nós esteve. Aos meus filhos, por me presentearem como pai, inundando de amor o meu ser. Às minhas companheiras em cada etapa da vida, por compartilharem comigo o poder transformador da intimidade. E a todos que estiveram ao meu lado nesta intrigante e maravilhosa jornada que é a vida.*

"Não percas a tua fé entre as sombras do mundo. Ainda que os teus pés estejam sangrando, segue para frente, erguendo-a por Luz Celeste, acima de ti mesmo. Crê e trabalha. Esforça-te no bem e espera com paciência. Tudo passa e tudo se renova na Terra, mas o que vem do Céu permanecerá. De todos os infelizes os mais desditosos são os que perderam a confiança em Deus e em si mesmos, porque o maior infortúnio é sofrer a privação da fé e prosseguir vivendo. Eleva, pois, o teu olhar e caminha. Luta e serve. Aprende e adianta-te. Brilha a alvorada além da noite. Hoje é possível que a tempestade te amarfanhe o coração e te atormente o ideal, aguilhoando-te com a aflição ou ameaçando-te com a morte. Não te esqueças, porém, que amanhã será outro dia."

CHICO XAVIER

# SUMÁRIO

ÍNDICE DAS PALESTRAS — VII
PREFÁCIO — IX
INTRODUÇÃO — XIII
APRESENTAÇÃO — XV

**SEÇÃO I - FORMAÇÃO DE FACILITADOR DE PATHWORK®** — 3
    MÓDULO I – FUNDAMENTOS DO PATHWORK® — 5
    MÓDULO II – IMAGENS — 26
    MÓDULO III – TRÍADES EXISTENCIAIS E O INCONSCIENTE — 47
    MÓDULO IV – LIVRE-ARBÍTRIO E INTENCIONALIDADE — 68
    MÓDULO V – DESEJOS E NECESSIDADES — 88
    MÓDULO VI – OS ELEMENTOS DO MAL — 108
    MÓDULO VII – O RELACIONAMENTO CONJUGAL — 128
    MÓDULO VIII – CULPA E PERFECCIONISMO — 147
    MÓDULO IX – A ORDEM ESPIRITUAL — 166
    MÓDULO X – AMOR E MEDO — 186
    MÓDULO XI – AUTORIDADE E LIDERANÇA — 206
    MÓDULO XII – OS PROCESSOS MENTAIS — 226
    MÓDULO XIII – OS PROCESSOS EMOCIONAIS — 246
    MÓDULO XIV – OS PROCESSOS CONSCIENCIAIS — 266

SEÇÃO II - FORMAÇÃO DE "HELPER" DE PATHWORK® ---------- 286
    MÓDULO I – O MUNDO ESPIRITUAL ---------- 288
    MÓDULO II – O CAMINHO ESPIRITUAL ---------- 306
    MÓDULO III – A EVOLUÇÃO PELA CONSCIÊNCIA ---------- 324
    MÓDULO IV – A TRANSIÇÃO DA DUALIDADE ---------- 342
    MÓDULO V – UNIFICAÇÃO E INTEGRAÇÃO ---------- 360
    MÓDULO VI – A VERDADE DIVINA ---------- 379
    MÓDULO VII – CAMINHO PARA O EU REAL – FASE I ---------- 397
    MÓDULO VIII – CAMINHO PARA O EU REAL – FASE II ---------- 416
    MÓDULO IX – CAMINHO PARA O EU REAL – FASE III ---------- 435

SEÇÃO III - PALESTRAS ADICIONAIS ---------- 453

SOBRE O AUTOR ---------- 483
AGRADECIMENTOS ---------- 485

*Consultas remissivas podem ser encontradas no livro em formato digital, disponível para computadores, "tablets", celulares ou no leitor Kindle® da Amazon®. Trata-se do mesmo texto aqui escrito, eventualmente com atualizações obtidas na sua biblioteca digital ou pelo suporte telefônico 0800 0959044 da Amazon® Kindle® no Brasil.*

# ÍNDICE DAS PALESTRAS

| Palestra | Página | Palestra | Página | Palestra | Página | Palestra | Página | Palestra | Página |
|---|---|---|---|---|---|---|---|---|---|
| 1 | 7 | 27 | 310 | 53 | 343 | 79 | 471 | 105 | 173 |
| 2 | 307 | 28 | 12 | 54 | 456 | 80 | 213 | 106 | 259 |
| 3 | 8 | 29 | 52 | 55 | 73 | 81 | 316 | 107 | 61 |
| 4 | 289 | 30 | 53 | 56 | 91 | 82 | 384 | 108 | 151 |
| 5 | 380 | 31 | 229 | 57 | 209 | 83 | 35 | 109 | 153 |
| 6 | 70 | 32 | 230 | 58 | 247 | 84 | 37 | 110 | 478 |
| 7 | 309 | 33 | 299 | 59 | 458 | 85 | 251 | 111 | 96 |
| 8 | 291 | 34 | 325 | 60 | 210 | 86 | 361 | 112 | 388 |
| 9 | 382 | 35 | 300 | 61 | 460 | 87 | 473 | 113 | 43 |
| 10 | 227 | 36 | 301 | 62 | 131 | 88 | 386 | 114 | 110 |
| 11 | 167 | 37 | 172 | 63 | 461 | 89 | 252 | 115 | 190 |
| 12 | 169 | 38 | 28 | 64 | 212 | 90 | 253 | 116 | 154 |
| 13 | 170 | 39 | 29 | 65 | 463 | 91 | 474 | 117 | 261 |
| 14 | 49 | 40 | 31 | 66 | 314 | 92 | 255 | 118 | 216 |
| 15 | 292 | 41 | 32 | 67 | 465 | 93 | 38 | 119 | 134 |
| 16 | 293 | 42 | 14 | 68 | 233 | 94 | 256 | 120 | 327 |
| 17 | 10 | 43 | 55 | 69 | 187 | 95 | 94 | 121 | 363 |
| 18 | 71 | 44 | 130 | 70 | 466 | 96 | 476 | 122 | 135 |
| 19 | 383 | 45 | 232 | 71 | 92 | 97 | 16 | 123 | 344 |
| 20 | 295 | 46 | 208 | 72 | 132 | 98 | 258 | 124 | 62 |
| 21 | 296 | 47 | 90 | 73 | 58 | 99 | 40 | 125 | 74 |
| 22 | 297 | 48 | 268 | 74 | 249 | 100 | 150 | 126 | 76 |
| 23 | 453 | 49 | 311 | 75 | 148 | 101 | 41 | 127 | 175 |
| 24 | 455 | 50 | 56 | 76 | 468 | 102 | 387 | 128 | 346 |
| 25 | 50 | 51 | 313 | 77 | 59 | 103 | 189 | 129 | 364 |
| 26 | 11 | 52 | 34 | 78 | 469 | 104 | 215 | 130 | 235 |

| Palestra | Página | Palestra | Página | Palestra | Página | Palestra | Página | Palestra | Página |
|---|---|---|---|---|---|---|---|---|---|
| 131 | 236 | 157 | 347 | 183 | 98 | 209 | 389 | 235 | 124 |
| 132 | 111 | 158 | 335 | 184 | 160 | 210 | 182 | 236 | 319 |
| 133 | 176 | 159 | 80 | 185 | 100 | 211 | 318 | 237 | 224 |
| 134 | 112 | 160 | 272 | 186 | 101 | 212 | 161 | 238 | 201 |
| 135 | 136 | 161 | 348 | 187 | 352 | 213 | 106 | 239 | 392 |
| 136 | 192 | 162 | 81 | 188 | 199 | 214 | 354 | 240 | 202 |
| 137 | 366 | 163 | 239 | 189 | 177 | 215 | 355 | 241 | 377 |
| 138 | 97 | 164 | 241 | 190 | 262 | 216 | 276 | 242 | 393 |
| 139 | 367 | 165 | 64 | 191 | 370 | 217 | 356 | 243 | 281 |
| 140 | 156 | 166 | 66 | 192 | 103 | 218 | 278 | 244 | 321 |
| 141 | 328 | 167 | 273 | 193 | 20 | 219 | 391 | 245 | 282 |
| 142 | 193 | 168 | 83 | 194 | 115 | 220 | 264 | 246 | 395 |
| 143 | 77 | 169 | 368 | 195 | 86 | 221 | 481 | 247 | 44 |
| 144 | 329 | 170 | 317 | 196 | 22 | 222 | 373 | 248 | 126 |
| 145 | 269 | 171 | 274 | 197 | 117 | 223 | 183 | 249 | 340 |
| 146 | 195 | 172 | 138 | 198 | 118 | 224 | 279 | 250 | 322 |
| 147 | 331 | 173 | 157 | 199 | 120 | 225 | 337 | 251 | 142 |
| 148 | 78 | 174 | 350 | 200 | 179 | 226 | 162 | 252 | 144 |
| 149 | 332 | 175 | 158 | 201 | 121 | 227 | 219 | 253 | 164 |
| 150 | 238 | 176 | 351 | 202 | 123 | 228 | 374 | 254 | 145 |
| 151 | 218 | 177 | 139 | 203 | 303 | 229 | 375 | 255 | 283 |
| 152 | 114 | 178 | 336 | 204 | 23 | 230 | 339 | 256 | 358 |
| 153 | 333 | 179 | 198 | 205 | 180 | 231 | 221 | 257 | 203 |
| 154 | 270 | 180 | 17 | 206 | 371 | 232 | 222 | 258 | 304 |
| 155 | 196 | 181 | 84 | 207 | 141 | 233 | 242 | | |
| 156 | 479 | 182 | 19 | 208 | 104 | 234 | 244 | | |

# PREFÁCIO

A vida humana atual raramente ultrapassa um século, com a mulher podendo transmitir os seus genes por aproximadamente trinta anos e o homem por toda a vida adulta. A meiose dos cromossomos e a posterior fusão dos gametas permitem repassar genes aos seus descendentes, enquanto a mitose garante a reposição celular. Há cerca de duas centenas de tipos diferentes de células no corpo humano, responsáveis por formar tecidos e órgãos distintos, criados pela ativação de aspectos específicos dos genes presentes em seu núcleo. Entre elas estão os neurônios, produtores de sinapses elétricas e químicas em resposta a estímulos externos e do próprio organismo. Existem em média 86 bilhões deles no encéfalo humano adulto, onde se desenvolve a inteligência e o raciocínio lógico, arquivando memórias e produzindo atividades emocionais, fisiológicas e motoras. Seus comandos e estímulos são transmitidos no corpo humano pela medula espinhal, formando o sistema nervoso central que, com o sistema nervoso periférico, receptor e condutor das informações sensoriais de músculos e glândulas, concentram a grande maioria dos nossos neurônios. Algumas das células que nos dão forma biológica são totalmente repostas em semanas, quase todas elas em até sete anos. Essas mitoses podem produzir mutações aleatórias no código genético, havendo evidências recentes que elas também ocorram de forma direcionada, proporcionando outras características potenciais à espécie. Darwin, em suas observações da natureza, e Mendel, por meio de testes estatísticos em ervilhas, evidenciaram pioneira e respectivamente o efeito da seleção natural na sobrevivência das espécies e a aleatoriedade das mutações. O código genético, descoberto mais tarde por Watson e Crick, determina a exata cópia celular. Mas mesmo milhões de anos de mutações aleatórias, cruzamentos e competição não parecem suficientes para explicar o surgimento de novos seres complexos na Terra, particularmente em seu profícuo período cambriano. Portanto, se não são apenas fatores naturais que impulsionam a evolução e a vida, qual discricionariedade haveria por trás disso?

A segunda lei da termodinâmica, enunciada por Clausius e aperfeiçoada por Boltzmann, postula que o universo caminha para a desordem, parecendo paradoxal conciliá-la com alguma Ordem Superior que o alcance como um todo. No entanto mesmo a vida biológica e as organizações sociais não se caracterizam exatamente pela formação inicial de pequenos sistemas fechados que aos poucos se expandem? Não evoluímos a partir de uma poça quente, conforme Miller e Urey, com substâncias químicas fundamentais, a um conjunto orgânico molecular que se reproduz até criar organismos celulares que se reúnem em sinergia, formando espécies biológicas integradas em ecossistemas, com toda a sua biodiversidade? Não passamos de núcleos familiares isolados em cavernas para tribos, cidades e depois países, rumo à globalização? A teoria da termodinâmica foi inclusive posta em cheque por Maxwell, o mesmo que quantificou a luz como onda eletromagnética, quando este propôs um instrumento mental no qual um "demônio" separaria as moléculas gasosas mais velozes das mais lentas, criando calor do "nada", senão apenas por influenciar a sua distribuição estatística. Tal paradoxo só veio a ser explicado bem depois, ao ser comprovado que a informação e a tomada de decisão necessárias requerem energia e produzem entropia no mínimo igual à obtida no processo. Diante das novas descobertas, a formação e evolução da vida parecem ainda mais complexas do que se imaginava. A própria causalidade impõe um ordenamento temporal, não obstante o tempo seja relativo, conforme Einstein, quanto mais massivo e denso o local, mais lento ele se passa lá em relação ao observador de cá. Objetos que viajam à velocidades muito rápidas também desaceleram a passagem do tempo quando comparados aos que não o fazem, a ponto que na velocidade da luz não se experimenta o seu decorrer, nela nada envelhece, embora apenas partículas sem massa, como os fótons, possam alcançá-la. Resultados ainda mais estranhos são tratados pela física quântica, introduzida por Planck, Einstein, Bohr, de Broglie, Pauli, Heisenberg, Schorödinger e Dirac. Partículas subatômicas e certos minúsculos aglomerados atômicos interagem como se estivessem entrelaçados, comunicando-se de forma instantânea não importa quão distante estejam. Tão bizarro quanto é o fato desses eventos serem afetados por sua simples observação, o que parece levá-los a colapsar em um aspecto específico. Seria esse fenômeno da natureza, por si só, uma comprovação de que a consciência afeta o estado da matéria?

Nos mecanismos matemáticos de aprendizado que sustentam a inteligência artificial, heurísticas de maximização são necessárias para refazer o caminho evolutivo. Seria impossível reproduzi-lo se fossem consideradas apenas aleatoriedade, competição e cooperação entre os agentes, mesmo na velocidade estonteante dos cálculos computacionais. A partir de uma sequência de aminoácidos, primeiros compostos orgânicos que propiciaram a vida, tal técnica foi recentemente utilizada para decifrar a formação das proteínas. Essas complexas estruturas moleculares tridimensionais compõem abundantemente quase todos os organismos vivos. Ainda que a sua formação seja determinada pela expressão gênica existente no núcleo das células, transmitidas aos milhares de ribossomos onde as proteínas são fabricadas dos aminoácidos, aquela sequência é suficiente para o modelo prever com bastante exatidão a sua estrutura final. Tal conhecimento promete impulsionar a descoberta de vulnerabilidades a vírus e a outros microrganismos, acelerando a obtenção de novas terapias médicas e vacinas. A abordagem estatística comparativa reversa do aprendizado de máquina, ancorada em muitas observações, permite calibrar parâmetros de ajuste em cada etapa necessária à sua confecção. Isso viabiliza replicar e melhorar os padrões existentes, inclusive os biológicos, porém jamais por métodos totalmente aleatórios. Seriam tais evidências suficientes para alegar que os sistemas físico-químicos que produzem as espécies biológicas forjam os seus próprios mecanismos evolutivos, atuando com algum arbítrio em seu desenvolvimento? Ou haveria um campo superior de forças capaz de acionar ou de ser acionado para auxiliar a promover tais mudanças, semelhante aos deuses desde sempre imaginados pelos seres humanos? Seremos capazes, algum dia, de decifrar todo o mecanismo da vida? Conseguiremos, então, explicar os diversos relatos paranormais, atividades mediúnicas, viagens astrais, experiências de quase morte e os tantos ditos "milagres", ainda incompreensíveis à luz da ciência? Ou talvez os muitos fenômenos de materialização de agroglifos, objetos, espíritos e seres alienígenas na Terra?

Iremos, assim, finalmente compreender Deus para a Ele nos unir? Ou precisaremos, antes, aprender a amar, cuidando verdadeiramente de nós, dos outros e da vida, algo que nenhuma lógica matemática é capaz de fazer?

Mesmo no que diz respeito apenas ao universo material, a ciência atual consegue explicar somente 5% dele através do seu modelo padrão de partículas, com os quarks, leptons e bosons sendo os seus blocos indivisíveis. São partículas ditas fundamentais, consistindo da menor vibração possível dos campos quânticos respectivos, formadoras dos átomos presentes em todas as moléculas da vida material. Os restantes 95% não são compreendidos, sendo genericamente classificados como matéria escura que atrai (27%) ou como energia escura que expande (68%) o universo, acelerando o seu avanço pela supremacia desta última. Embora há muito se saiba da equivalência entre matéria e energia e da existência de diversos campos de propagação neste nível elementar, estabelecer uma conexão integral entre ciência e consciência, entre matéria e espírito, pode de fato se tornar um enigma insolúvel para quem se apega a apenas um desses modos de ver a vida. Por outro lado o fundamento que relatamos aqui é justamente superar as dualidades, pondo as coisas em um contexto unitivo, desprovidas de dogmas e mantendo-se aberto ao que ainda não é compreendido. Não se trata apenas de explicar, mas de experimentar o seu significado. A prosperidade real vem do amor, que alimenta a paz e é alimentada pela verdade na consciência humana. As religiões trouxeram grandes avanços para o entendimento espiritual, particularmente nas revelações mediúnicas de Kardec e Blavatsky, formatadas respectivamente nas doutrinas espírita e teosófica. No entanto elas não costumam focar nos aspectos emocionais e eventualmente se dogmatizam, negando outras abordagens e preceitos científicos. A psicanálise de Freud nisso se adiantou, aplicando-a ao tratamento das neuroses, porém sem aprofundar o suficiente nas suas causas, desconsiderando a questão espiritual. Ao incluí-la, Jung deu um novo enfoque ao estudo do comportamento humano, mas não ao nível das iluminadas palestras audiografadas por Eva Pierrakos. Proferidas por seu(s) Guia(s) Espiritual(is) em um processo mediúnico e inspiradas em Jesus Cristo, o mais evoluído dos Espíritos de Deus, oxalá as nossas sínteses e resenhas aqui delas compiladas possam contribuir para a sua maior compreensão, experimentação e divulgação.

# INTRODUÇÃO

As sínteses e resenhas das palestras - aqui referenciadas pela sigla PW de "Path" (Caminho) e "Work" (Trabalho) - e dos capítulos dos livros transcritos por Eva Pierrakos, "Caminho para o Eu Real" e "Material Adicional e Outros Textos", utilizados nos módulos de formação de Pathwork® no Brasil, foram elaboradas pelo "helper" da Turma I da regional de Minas Gerais, treinada entre 2009 e 2017, Antônio Alberto Grossi Fernandes. Embora o autor procure ser fidedigno à obra da médium e que vários dos seus textos tenham sido revisados por outros "helpers", sob a coordenação do Instituto Pathwork® de Minas Gerais, o conteúdo deles é de responsabilidade exclusiva do autor, não refletindo necessariamente o entendimento de qualquer outra pessoa, associação ou instituição. O objetivo deste trabalho é divulgar a essência contida nos textos originais do Pathwork®, fortalecendo conceitos que caracterizam este caminho de autoconhecimento e de autopurificação, impulsionadores de profundas realizações pessoais, humanitárias e universais. As sínteses compactadas das palestras facilitam a leitura repetidas vezes, permitindo incluí-las neste livro para referência diária, como um perfume que concentra o aroma de rosas.

As palestras foram organizadas da mesma forma que nos módulos das formações de Pathwork® no Brasil, com a seção I incorporando a formação de facilitador e a seção II a de "helper". Nelas os módulos são originalmente anônimos, compondo-se cada um deles de 12 palestras ou capítulos dos livros citados, tendo sido aqui nomeados no intuito de dar melhor referência ao assunto. Também foram incluídas na seção III as sínteses das palestras faltantes na formação oficial, completando o rol de 258 palestras deste caminho. Estas e algumas outras foram renomeadas, buscando um melhor vínculo ao tema principal, mas sempre citando o número da publicação original para não perder a sua identificação. Embora procurem ser fidedignas e abrangentes, incorporando também aspectos das sessões de "Perguntas e Respostas" exibidas ao final de boa parte das palestras, é possível que as sínteses não tragam trechos que possam ser úteis a alguns leitores. No entanto, ao viabilizar uma visão compacta e direta do tema, transformando o formato audiografado em uma linguagem escrita unificada, espera-se facilitar a sua compreensão, contribuindo para a maior divulgação e interesse pelo Pathwork®.

# APRESENTAÇÃO

O Instituto Pathwork® de Minas Gerais tem a satisfação de apresentar este livro de sínteses compactas, unificadas e estruturadas das palestras que compõem o acervo da metodologia do Pathwork®. Antônio Alberto Grossi Fernandes é "helper" certificado por esta regional brasileira de Pathwork® em 2017, tendo iniciado este dedicado trabalho há cerca de oito anos. Impulsionado pelo movimento de autoconhecimento e transformação interior, facilitado por seu compromisso com os programas de aprofundamento e sustentado no estudo e vivência da metodologia, o autor oferece graciosamente o seu talento nesta obra.

O Pathwork® nos incentiva ao trabalho em comunidade. O marco inicial deste Caminho é o chamado interno para o autoconhecimento, combinado ao anseio por uma vida plena e realizada. O percurso segue pelo estudo sistemático e por profundas vivências do material trazido por Eva Broch Pierrakos, conduzido por profissionais certificados na metodologia, nos quais os obstáculos se evidenciam para serem conhecidos e ultrapassados.

Referendamos o trabalho do autor, esclarecendo que suas sínteses pessoais aqui apresentadas não substituem a leitura integral das palestras ou excluem as vivências e exercícios oferecidos nos grupos de estudos e programas de transformação pessoal. Que antes possa este material estimular os leitores ao aprofundamento nos inestimáveis ensinamentos que facilitam a expansão da consciência individual e coletiva, apresentados pelo Pathwork® de forma sempre atualizada.

Agradecemos e parabenizamos o autor pelo seu empenho e belo trabalho pessoal. Nossa gratidão se estende à coordenação e à equipe de "helpers" membros da comunidade mineira, nomeados adiante, pela generosidade e valiosa contribuição na revisão das sínteses das palestras quanto à qualidade, abrangência e aderência em relação ao material original. Confiamos que esta produção chega no tempo certo e será muito útil a quem dela mais precisar.

Muitas bênçãos,

Instituto Pathwork® de Minas Gerais
Aparecida de Cássia Oliveira - Presidente
www.pathworkminas.org.br
27/09/2021

## Equipe de Revisores

Coordenação de Ivone Cristina Damas

Adriana Lopes Fernandez
Antônio Hélio Silva
Elizabete Dutra Monteiro
Emilene Araújo de Souza
Fátima Lúcia de Oliveira
Íris Helena Braga
Juliana Dias Carvalho
Lenora Soares da Cunha Guimarães
Liliane Calil Guerreiro da Silva
Maria Bernadete de Paula Ávila
Maria Claudette Castro Batalha
Maria de Fátima Neves Santana
Mônica de Moura Gonçalves Faria
Selene Zaidan Leite
Sílvia Maria Cordeiro Gazola
Sônia Maria Horta Freire

# CAMINHO ESSENCIAL

## FORMAÇÃO DE FACILITADOR E DE "HELPER" DE PATHWORK®

## AUTOCONHECIMENTO, AUTOPURIFICAÇÃO, REALIZAÇÃO E UNIÃO

Última revisão do autor: 22/06/2024

Antônio Alberto Grossi Fernandes
Facilitador e "Helper" de Pathwork®
*grossi.fernandes@gmail.com*

# SEÇÃO I - FORMAÇÃO DE FACILITADOR DE PATHWORK®

A consciência é a única arma verdadeira contra os males do mundo. Quando não são conscientes, as pessoas colocam em ação um círculo vicioso que piora com o passar do tempo. Uma luta assim é fútil e exaustiva, só podendo terminar ao enxergar as motivações envolvidas. Experimentar os seus medos e dores sem transferi-los é o que possibilita dissolver sentimentos e atitudes indesejados. As doenças da alma são causadas pelo não olhar. Reconhecer a emoção negativa, trazendo-a à consciência, por mais desagradável que seja, é a única forma de transformá-la. O mal resulta do entorpecimento e da confusão do homem sobre como controlar as suas emoções negativas. Será preciso vencer a falsa vergonha, o orgulho e a vaidade escondidos por trás dos disfarces e da sutil desonestidade de não encarar e não mudar. As máscaras precisam cair, inclusive as mais profundas, das quais ainda não tenha consciência. Cada mal-entendido, por mais que o outro esteja errado, indica que há algo distorcido e ignorado no próprio eu. O estado humano resulta da desconexão com a verdade, mas, sabendo ou não, ele está envolvido em algo muito maior. É parte fundamental do Esforço Divino de em tudo injetar vida e consciência, distinguindo-se nos processos cósmicos por arbitrar a força e a duração dessa investida.

Existe uma parte da alma humana, em um canto oculto da psique, que quer sentir ódio, despeito e retrair-se, mesmo que isso lhe cause privações. Essa intencionalidade negativa detém um enorme poder de atração. O trabalho do ego é admiti-la e transformá-la, o que só pode ser feito pela real identificação com o seu Eu Superior, Espiritual. O mal reside no inconsciente, a consciência exterior deve tratá-lo com firmeza, mas também com o respeito que precisa ter com um ser que não pode ser coagido para encontrar o seu caminho. Enfatizar a Divindade apenas para se autoimacular não irá desenvolver os aspectos primitivos da sua consciência. A dissolução do eu idealizado, imagem de todas as imagens, é a única maneira de obter serenidade e autorrespeito. Forjar rígidas regras de comportamento inviabiliza aceitar-se e os outros, afastando a experiência plena de viver. O moralismo perfeccionista é um movimento torturado, faminto por amor e respeito, sempre em busca de mostrar-se correto e superior, sonegando o medo de ser menor aos olhos dos outros. A dádiva do amor nunca é perdida por não ser bom o suficiente. Quem é espiritualmente desenvolvido não o amará menos por isso e quem é imaturo não o amará mais, pois não é possível dar o que não possui.

A frustração oriunda da autoimagem idealizada leva à rejeição e ao isolamento, fortalecendo padrões destrutivos. É preciso abandonar a atitude contumaz de fazer do outro a sua referência. Este mundo seria muito melhor se as pessoas se entregassem, fosse no que fosse, com todo o coração, em seus relacionamentos, na leitura de um livro, numa caminhada, numa conversa. Há tanta infelicidade na Terra porque elas estão divididas, nada fazem sem fracionar sua atenção e motivação. Se olhassem realmente para si mesmas, não viveriam focadas em superar o outro, mas para se conhecer, crescer e contribuir de fato. Um dia vivido em estado de ventura, emanando alegrias e efetuando trocas profundas e significativas, demonstra que, naquele dia, o homem não se defendeu contra a vida. Mas pode ser que ele tenha tido a sorte de entrar na esfera psíquica de uma consciência e energia espiritual muito forte, clara e livre. Se foi este, porém, o motivo determinante para a sua felicidade, a segurança e a liberdade sentidas não permanecerão. A chave da vida é reconhecer com honestidade o seu lado primitivo e destrutivo, transformando-o com paciência e coragem pelo uso do seu outro lado maduro e construtivo, que é o original e dominante dentro de si, ainda que isso lhe seja desconhecido.

# MÓDULO I - FUNDAMENTOS DO PATHWORK®

Cada ser possui nele mesmo diferentes níveis de consciência que, juntos, representam as suas atitudes, crenças e sentimentos. Eles coexistem numa realidade que transcende o tempo e o espaço, sobrepondo-se e atraindo as suas respectivas "esferas" espirituais. Com gradações distintas em função do seu estado evolutivo, os níveis de consciência humana podem ser representados pelo Eu Superior ou Eu Espiritual, que é a Consciência de Deus; pelo eu inferior, que é o eu demoníaco; e pelo eu máscara, que esconde o demoníaco. A sua sobreposição, a anulação de um pelo outro, seus efeitos e reações em cadeia precisam ser bem explorados, compreendidos e dominados. Unificar todos eles é o objetivo deste Pathwork®, de forma que o eu máscara e o eu inferior se dissolvam e apenas o Eu Superior se manifeste e se expresse. Mas enfatizar essa Divindade só para se imacular, sem usá-La para transformar os aspectos ainda primitivos da sua consciência, o põe à margem do processo de purificação pessoal, o que significa falhar miseravelmente na sua missão espiritual fundamental.

Os três defeitos básicos do caráter humano são a obstinação, o orgulho e o medo, este quase sempre sustentando os demais. Onde há orgulho, existe o medo de ser ferido; onde há uma vontade obstinada, existe o medo de que ela não seja satisfeita. O jogo de culpar o outro é tão distribuído entre as pessoas, grupos e países que nem é percebido, embora seja um dos processos mais ilusórios e danosos passíveis de criar. Enquanto a reação for cega e a projeção inconsciente, a contrarreação também será neurótica e destrutiva. Quanto mais íntimo o contato, mais difícil se torna manter por mais tempo a farsa de que a sua realidade interior é inocente e harmoniosa. Destino e livre-arbítrio não são fatores excludentes, estão entrelaçados e conectados. Se, por meio da sua ignorância, formas desfavoráveis são criadas, elas precisam ser desfeitas por si mesmo, com ajuda humana e espiritual. Quase sempre existe uma alma em um grupo que tem um desenvolvimento tão lento que a torna um peão de manobra das forças da escuridão. Isso não elimina o fato dos demais envolvidos também contribuírem com essa corrente. As forças obscuras sabem muito bem como fazer a verdade parecer mentira, o bem parecer o mal e vice-versa. O ser espiritualmente mais primitivo depende do mais evoluído, mas se a destrutividade torna a relação extremamente negativa, o mais desenvolvido deve rompê-la, não por rancor ou ódio, mas para o crescimento de ambos.

A solução de questões interiores, alcançada ao devotar tempo e esforço ao desenvolvimento emocional e espiritual, acaba resolvendo também vários problemas exteriores, além de evitar outros, propiciando melhor desempenho profissional e mais prazer. Aqueles que balizam as suas vidas pela apreciação e aprovação externas imaginam que assim serão bem-sucedidos e amados. Mas é somente quando operam do seu Núcleo Interior que podem atrair toda a Riqueza da Vida. Há uma enorme diferença entre querer o reconhecimento externo saudável e depender dele. O objetivo final da psicoterapia é lidar com as confusões e conceitos errôneos, atitudes destrutivas e bloqueios que levam ao isolamento e às emoções negativas. Mas esta é apenas a fase inicial deste caminho. Nele mais importante ainda é ativar a Consciência Maior na alma. O Pathwork®, portanto, não é nem uma psicoterapia nem um caminho espiritual tradicional, não obstante seja ambas as coisas. Deus está em cada um, mas não é possível unir-se a Ele sem superar as suas imperfeições, o que só pode ser feito com a ajuda Dele. É necessário esquadrinhar-se de ambos os lados, com revisão diária, meditação, oração e ajuda externa. Deus quer o desenvolvimento através do autoconhecimento e da purificação pessoal, pois são estes os pilares para amar de verdade.

❖ ❖ ❖

## PW 1 – O MAR DA VIDA

O mar é uma metáfora da forma e da substância de vida no plano espiritual, no qual cada indivíduo é um barco sujeito a tempestades e a furacões. Alguns são como capitães habilidosos, experientes e treinados, velejadores prudentes e destemidos através das tormentas, reunindo forças durante a calmaria e os bons ventos. Outros ficam nervosos e perdem o controle quando uma tempestade se forma, havendo ainda os que se assustam tanto que nem manobram o barco, deixando-o à deriva por seu medo extremo. Quase não existe um grupo de pessoas, seja uma família ou uma comunidade, onde pelo menos uma das almas humanas não tenha um desenvolvimento tão lento que a torna peão de manobra das forças da escuridão. Mas não significa necessariamente que ela seja má, basta que não cultive a honestidade, nem aceite certas Leis Espirituais como válidas. Isso também não elimina o fato dos demais envolvidos contribuírem com essas correntes decorrentes dos seus próprios erros. As forças obscuras sabem muito bem como fazer a verdade parecer mentira, o bem parecer o mal e vice-versa. Até mesmo quem se esforça para aumentar a sua percepção espiritual pode ter enorme dificuldade quando essas provas chegarem.

É necessário aprender a ter disciplina para alcançar a tranquilidade interior, sobretudo quando as tempestades violentas estiverem assolando. E é preciso se abrir à inspiração da verdade, observando a si mesmo com todos os defeitos e entrando em contato com Deus e Seus Espíritos Divinos. As Leis Espirituais devem se tornar uma realidade viva não apenas no nível do fazer, mas também no do pensar e do sentir. Quanto menos desenvolvida for a pessoa, mais superficial será a sua compreensão Delas. É por isso que primeiro Deus entregou à humanidade os Dez Mandamentos, enfatizando a contenção das más ações humanas, como não matar, não roubar, nem mentir. Para a média das pessoas daquela época aceitar isso já era muito, e ainda o é para aqueles que encarnam de esferas inferiores. Jesus Cristo mais tarde forneceu uma compreensão ampliada das Leis Espirituais, incluindo o poder dos pensamentos e dos sentimentos na vida humana. A tarefa mais elevada e difícil é no nível emocional, pois muitos sentimentos são inconscientes, não sendo também possível controlá-los de forma direta e imediata. A real absorção dessas Verdades Divinas requer um persistente trabalho de análise emocional e espiritual.

Todos têm uma tarefa dentro do Plano de Deus, mesmo a pessoa mais fraca. Para esta pode bastar recusar-se a ceder aos seus instintos mais baixos, corrigir determinados defeitos e acertar algo com um companheiro junto ao qual encarnou com tal finalidade. Já é um grande avanço trazer à consciência os seus sentimentos mais íntimos e admitir que eles nem sempre são coerentes aos seus pensamentos. A outros pede-se mais, cada um purifica e se desenvolve segundo as suas possibilidades. Trabalhando nisso continuamente será possível não só penetrar na verdade, mas encontrar o seu cerne mais profundo, o que é essencial especialmente em situações difíceis e em tempos de provação. Só a pessoa que se encara muitas vezes com coragem, e nesse caso a vaidade é um obstáculo insuperável, pode chegar a ter uma perspectiva real sobre outros seres humanos ou qualquer situação exterior. Se houver alguém que se analise todos os dias, particularmente em um caminho como este, ele acabará desatando os nós. Assim, até aquela pessoa mais fraca do seu grupo não terá mais como continuar se iludindo, prejudicando a si, aos outros e dificultando o progresso. Só é capaz de alcançar a felicidade e mantê-la quem conduz bem o seu barco nas tormentas da vida, dando fluxo consciente a sua tarefa a serviço de Deus.

◆ ◆ ◆

## PW 3 – DESTINO E LIVRE-ARBÍTRIO

O propósito desta vida não é viver com a maior comodidade possível, mas se desenvolver para um estado superior, e nele a felicidade certamente se faz presente. Quando uma entidade passa a encarnar na Terra, traz as tarefas que precisa realizar, havendo um plano traçado para cada um. Em muitos casos ela mesma tem o direito de discutir a sua vida futura com os seres espirituais responsáveis. Um espírito audacioso pode até pedir um destino mais difícil, pois no estado espiritual a sua visão é ampla, ele sabe que a dor que vier a sofrer não irá durar muito quando comparada ao que pode receber. Na matéria tridimensional o trabalho é mais difícil do que no mundo espiritual, mas o nível maior de dificuldades acelera o aprendizado. É assim porque a matéria oferece muitos perigos e a memória de vidas anteriores é apagada. Um espírito pode vir a ser autorizado a completar a encarnação passada no estado espiritual, mas a possibilidade de sucesso é bem menor, pois tal manifestação é limitada e a maioria das pessoas com quem precisa se envolver não estará aberta a receber a sua inspiração.

Destino e livre-arbítrio não são fatores que se excluem, mas estão entrelaçados e conectados. Os eventos que o destino traz são formas espirituais que se manifestam de modo concreto. Se, por meio da sua ignorância, formas desfavoráveis são criadas, elas precisam ser desfeitas por si mesmo. É um trabalho que exige força de vontade e perseverança, algo a ser aprendido e praticado, assim como a capacidade de meditar. A meditação correta possibilita encarar de olhos abertos cada acontecimento da vida diária e compreender as suas mensagens. É muito importante um Caminho Espiritual que incentive a disciplina interior, o autoconhecimento e a autodescoberta. Procure ajuda humana e espiritual e escute a si mesmo, deixando que seus pensamentos venham à superfície para guiá-lo intuitivamente. O discernimento lhe será dado ao voltar seus olhos de forma honesta para o que deve ser aceito, aprendido e superado. Após um tempo as conexões ficarão claras, viabilizando saber de onde vem o problema e por que da sua reação. Tome a decisão repetida de encarar a sua realidade interior com coragem, cultivando pensamentos verdadeiros, claros e independentes. À medida que superar as suas fraquezas e afirmar as Leis Espirituais, você aprenderá a amar, aproximando-se dos outros. Então a sua vida se tornará mais produtiva e viva, deixando de seguir uma fórmula rígida que se repete todos os dias.

Muitos desperdiçam sua força de vontade cedendo a tendências emocionais doentias e impuras ou fazendo esforços outros que em nada contribuem para o seu desenvolvimento. A energia usada para fins positivos é sempre reabastecida, mas quando apanhada em círculos negativos, porque desconectada do verdadeiro sentido da vida, se dissipa e se esgota, sem se renovar na medida necessária. Sábia é a decisão interior de dedicar um tempo diário à vida espiritual, não sendo conveniente começar pelo mais difícil, afinal não se constrói uma casa pelo telhado. Para ter força de vontade é preciso primeiro aumentar a compreensão sobre o quê é e o porquê dessa luta, de modo a poder afirmar as decisões decorrentes. Essa luz deve penetrar fundo na alma, eliminando tudo o que resiste e se agarra à antiga atitude preguiçosa e indisciplinada. Se a pessoa assim decide e se mantém nesse caminho, o Mundo Espiritual de Deus a ajudará a aumentar a sua força de vontade. Ao sentir medo de encontrar o que gostaria de manter enterrado, lembre-se de que nada pode ser escondido de Deus, nem de si mesmo ao voltar ao mundo espiritual. Quanto antes isso vier à superfície, mais fácil será lidar, pois tudo o que se oculta produz mais conflitos do que aquilo que é reconhecido, revelado e integrado.

◆ ◆ ◆

## PW 17 – O CHAMADO

Existem criaturas de inteligência mais elevada, de maior sabedoria, dotadas de mais amor do que os seres humanos, assim como existe Deus, a Inteligência Superior. As pessoas estão sendo chamadas por Deus, mas o Chamado da Alma só será ouvido quando elas alcançarem a devida maturidade espiritual. Isso significa não lutar contra seu Eu Superior, nem ceder a seu eu inferior que não deseja qualquer esforço, não quer mudanças e as retém em dúvidas e desculpas. Aqueles que são inexperientes em diferenciar e despir-se das máscaras e pretextos acreditam nessas racionalizações. Quanto mais Deus puder esperar de uma pessoa, mais insatisfeita ela ficará se não seguir o seu Chamado. Por isso há tantos que são mais infelizes do que outros que se encontram em um estágio espiritual inferior. O que Deus quer de cada um é o seu desenvolvimento pela autopurificação e o autoconhecimento, fundamentos para que possa amar de verdade. Levar uma vida decente e ética, sem fazer mal aos outros, só pode ser suficiente para uma alma menos desenvolvida. É preciso "sacrificar" o egoísmo, a autoilusão, o apego às faltas, talvez até algum conforto. Na verdade, a felicidade que virá depois fará reconhecer que a Vontade de Deus não é nenhum sacrifício, mas a libertação dos fardos que a impedem em qualquer plano existencial.

O amor é a maior das dádivas, nada se pede mais do que ser capaz de amar. Ele já existe no interior de cada um, mas tem seu fluxo impedido por suas ilusões e ignorância das Leis Espirituais. Isso precisa ser resolvido por esforço pessoal, sendo o que significa seguir o Chamado. Muitos tendem a buscar parecer superiores a seus semelhantes, escondendo defeitos e deficiências, porque anseiam por admiração, aceitação e amor. Mas para receber amor, antes é preciso dá-lo, tentar impressionar os outros não é dar amor de fato, só fazendo aumentar os complexos de inferioridade deles. Abrir mão de falsear a sua realidade diminui a solidão que eles sentem nas suas imperfeições, ainda que as vejam o tempo todo nas demais pessoas e as critiquem. Amor é dado, em seu sentido mais profundo, ao se mostrar como quem realmente é, sem máscaras, também sem ir ao outro extremo de se diminuir e se autodesprezar. Esta é outra máscara tão falsa quanto a oposta de querer se vangloriar, utilizada para justificar não ter que fazer esforços para vencer as próprias deficiências.

A revisão diária, em conjunto à análise de sonhos, é o melhor método para descobrir o que se encontra escondido em seu subconsciente, permitindo perceber os disfarces e desvios das Leis Espirituais. Reveja o dia e pense no que lhe tenha dado reações ou sentimentos desarmoniosos. Não importa quão errado esteja o outro, se isso aconteceu, deve haver algo impróprio em seu interior. É importante anotar, em poucas palavras, as ocasiões, reações e a associação entre os fatos, pedindo por iluminação e orientação sempre que conduzir essa revisão. As ideias irão fluir de dentro, não as descarte, nem resista a elas. Na medida da veracidade e da fidelidade a este processo, elas irão aos poucos formar um padrão, desvelando medos, ansiedades e complexos ocultos. Nada é perdido, todo pensamento é uma forma no mundo espiritual que reforça as Forças do Bem ou do mal, a depender da sua qualidade e motivação. O homem põe muita importância em evitar a dor e o que lhe é desagradável, buscando eliminar os seus problemas do modo mais fácil. Mas não é esta a questão, trata-se de como superá-los e resolvê-los, abordando-os do ponto de vista espiritual. Só assim é possível se tornar forte e independente de fato.

◆ ◆ ◆

## PW 26 – DESCOBRINDO OS PRÓPRIOS DEFEITOS

Muitos creem que devotar algum tempo e esforço ao desenvolvimento espiritual vá comprometer a sua luta diária pela sobrevivência. Pensam que não lhes restarão forças para os seus esforços profissionais, temem que as suas finanças venham a ser prejudicadas ou que não lhes sobre tempo para aproveitar a vida. Essa maneira de pensar está muito errada. O desenvolvimento espiritual, em particular este Pathwork®, não deve ser encarado como uma atividade a mais a ser acrescentada às outras. Ele representa o alicerce da vida, é o solo sobre o qual caminhar, o despertar de uma nova Centelha Vital, fonte de argúcia e vitalidade nunca antes sentidas. Por permitir perceber onde a pessoa viola as Leis Espirituais, leva-a a modificar as suas reações emocionais após algum tempo, libertando poderes e a sua Força Vital que antes estavam bloqueados. Ao resolver questões interiores, problemas exteriores acabarão resolvidos a seu tempo, propiciando melhor desempenho profissional e mais prazer na vida. Poucas são as pessoas capazes de ser felizes de fato, pois isso é uma exclusividade daquelas que abraçam a vida com todo o coração, sem se fazerem de vítimas e sem medo de serem feridas.

Basta um pouco de determinação e organização adequada para dedicar cerca de meia hora por dia a esse desenvolvimento espiritual, sendo imprescindível também buscar por ajuda externa. Adotar este caminho não é apenas uma questão de superar as fraquezas de caráter, é de igual importância ultrapassar o medo, pois ele oculta a Luz do Amor e da Verdade. Ao verificar as várias impressões ao longo do dia e as suas reações diante delas, será possível ver onde e em que medida o elemento medo se insere e como causa danos a si mesmo e aos outros. Os três defeitos fundamentais do caráter humano, dos quais derivam todas as suas limitações individuais, são a obstinação, o orgulho e o medo, mas este último quase sempre está por trás dos demais. Onde há orgulho, existe o medo de ser ferido; onde há vontade obstinada, existe o medo de que ela não seja satisfeita. Eles estão interligados, dificilmente sendo possível ter um ou dois sem o terceiro, embora apenas um deles possa estar consciente.

Ajuda muito ser como é, com o mínimo de máscaras e defesas, do que tentar parecer superior. Trata-se também de um ato de amor, minimizando ativar os complexos de inferioridade do outro. É preciso enxergar as suas reações internas e analisá-las sem a pretensão de modificá-las de imediato. O eu inferior detesta tais esforços. Enquanto ele age e reage, observe-o em você como faria com outra pessoa, mantendo-se um pouco mais distante. Os sentimentos irão se alterar aos poucos, aprendendo a percebê-los com serenidade. Comece fazendo o próprio inventário de falhas, pergunte sobre os seus defeitos a alguém que o conheça realmente bem, comparando as observações dele com as suas. Revendo o dia, pense nos eventos que lhe causaram desarmonia, anotando as palavras-chaves. Ao fazê-lo regularmente, após algum tempo será possível trazer o inconsciente à tona e descobrir as suas tendências interiores, revelando certos padrões. Indague-se sobre quais são os seus sentimentos, o que quer com a sua corrente de desejo e se eles estão de acordo com as Leis Espirituais. Esta é a maneira de chegar à essência deste caminho, cuja chave é o autoconhecimento, sem o qual não é possível alcançar a Divindade que em cada um habita.

◆ ◆ ◆

## PW 28 – COMUNICANDO-SE

# DIRETAMENTE COM DEUS

Todos procuram por felicidade, amor e segurança, mas quem não alcança a maturidade espiritual busca estes seus direitos inatos tentando controlar a vida por meio de vínculos societários e financeiros com outras pessoas. Estas são metas substitutas pobres, ancorar a sua sorte apenas no que é material nunca é suficiente. Se Deus não tiver o lugar de direito no seu coração, você ficará refém do outro por uma ou outra razão. Através Dele o que soa incompreensível, a crueldade aparente do mundo, o "destino", tudo fará sentido. Assim não será mais preciso "brigar" com a vida, o que é muito diferente de lutar pela vida. Deus não pode ser encontrado fora do homem, em alguma construção, nem no céu. Ele está em cada um, mas para vê-Lo é preciso passar pelo seu pior, as suas emoções escondidas, enxergar as próprias falhas e buscar o que ainda não lhe é consciente. Independentemente da sua religião ou filosofia, não é possível encontrar Deus sem superar as suas imperfeições, assim como não é possível fazê-lo sem a ajuda Dele. É necessário esquadrinhar de um lado e de outro, lutando com o pouco que tem. Analise honestamente o que se passa em seu íntimo, com a ajuda da meditação e da prece. Em cada ser humano existe um viés preguiçoso, parte do seu eu inferior, que não quer se superar e fazer o que lhe é desconfortável. Acobertar esse desleixo não o fará desaparecer nem o tornará menos relevante.

Existe um caminho maravilhoso, seguro e rápido para vivenciar Deus e a Sua realidade. Trata-se de sacrificar algo por Ele. O que se ganha em conhecimento, certeza e realidade será infinitamente melhor do que o que vier a abrir mão. Não precisa ser algo espetacular ou que surpreenda e de maneira alguma deve beneficiar o seu ego. Quanto menos pessoas souberem disso melhor, guarde-o para Deus e, se precisar de ajuda, ao seu mentor espiritual. A convicção obstinada sobre uma ideia ou um desejo que não quer abrir mão pode servir muito bem para o objetivo em questão. Tome esse elemento e o apresente a Deus, seja um hábito, uma procrastinação ou uma compulsão que o persegue. Abra-se completamente e pense no que realmente deseja. Isso vale tanto para as grandes coisas quanto para as pequenas, as Leis Espirituais se aplicam a tudo. Estando convencido, em pensamentos e intenções, de que a Vontade de Deus deva se manifestar em você, esteja pronto para abrir mão da sua vontade pessoal, pois só assim poderá obter a resposta. A disposição para deixar-se ir constitui o bater e o abrir a porta.

Enquanto a sua vontade for mais forte do que o seu desejo de colocar Deus em primeiro lugar, Ele não será a sua realidade. Por mais que fale, pense, reze e medite, será apenas algo abstrato, não a Verdade Viva em sua vida cotidiana. É um erro tentar se convencer de que alguma coisa deva ser da Vontade de Deus porque você quer que seja. Esvazie-se, esteja pronto para abrir mão, se não puder agir dessa forma é porque algo em você ainda não quer. Escreva as suas revisões diárias, relembre os acontecimentos e as reações provocadas em palavras-chaves. A constância nessa prática fará consciente o inconsciente, permitindo descobrir as suas tendências interiores. Revendo o que foi escrito será possível ver claramente certos padrões em sua vida. Peça a Deus por iluminação sobre o que possa estar relacionado aos seus erros. Esse processo vai lhe trazer forças curativas em todos os níveis da sua existência. É o passo no qual a vida espiritual vai da teoria à prática, da ilusão à realidade. Quando Deus se tornar de fato mais importante do que o que você sacrifica, não haverá mais dúvida nem indecisão a respeito.

◆ ◆ ◆

## PW 42 – OBJETIVIDADE VERSUS SUBJETIVIDADE NA VIDA

A coragem é uma qualidade necessária para que possa coexistir abnegação, bondade e amor. Jesus Cristo foi o grande exemplo, crucificado com pleno conhecimento do destino que livremente escolheu pela necessidade do Seu ato. A coragem é inseparável do amor ao atribuir à causa alheia tanta importância quanto à própria. A objetividade é outro requisito essencial para o ser humano livre e harmonioso. Significa viver a verdade, ao contrário da subjetividade que, na melhor das hipóteses, é apenas uma meia-verdade inconsciente e não premeditada. Somente um caminho de rigorosa autoinvestigação torna possível expulsar a inverdade do seu íntimo, para que possa florescer a verdade. As pessoas têm muita facilidade em enxergar os defeitos dos outros, mas pouca em vê-los em si mesmas. Também não percebem que as falhas de quem acusam com severidade coexistem com qualidades que elas mesmas podem não possuir. Ao focar a sua objeção no ponto sensível do outro, deixam de formar uma imagem abrangente dele, deturpando o seu julgamento. E mesmo que tudo indique que estejam mais desenvolvidas, isso só lhes aumenta a obrigação de serem compreensivas e complacentes. Se os defeitos das pessoas o perturbam dessa forma, deve haver algo em você que também não está certo. Procure encontrar a sua semente podre, pois é ela que lhe rouba a paz, jamais a montanha de erros do outro.

Aquele que confia no próprio valor manifesta uma tolerância natural, mas a maioria ainda é insegura demais para ver, em si mesma, as tendências que opõe no outro. Isso também se aplica à pessoa amada, o que é particularmente perigoso por se prestar ao autoengano. Impor a ela uma versão idealizada ou é orgulho ou insegurança da sua capacidade de amar. Isso não é amor de fato, mas fraqueza e submissão. Quem persiste na cegueira em relação aos seus entes queridos, inevitavelmente sofrerá um profundo e doloroso despertar. O Amor Verdadeiro liberta, pode suportar a realidade imperfeita do estágio de desenvolvimento de quem é apreciado. As pessoas podem ser desenvolvidas em alguns aspectos, mas não em outros, não sendo correto generalizá-las. É sempre a sua própria cegueira que o faz sofrer, nunca o desapontamento com o outro. A partir dessa verdade é que se pode construir um Amor Verdadeiro.

Considerar o orgulho como timidez, racionalizar ou dar muitas explicações é de uma subjetividade que em nada ajuda. A timidez não é outra coisa senão orgulho ou vaidade, dá no mesmo. O seu oposto, a impetuosidade, também é tão negativo quanto, incorporando ainda uma deslealdade, pois a pessoa propaga com obstinação o que ela na verdade não é. Sempre onde há orgulho ou obstinação, existe também o medo inconsciente da opinião do outro, cuja preocupação excessiva faz trair a sua personalidade. Adiciona-se ao complexo de inferioridade, pilar do vício de não ser fiel a si mesmo, o complexo de culpa. Reproduzir opiniões sem examinar o que pensa a respeito, ignorando a própria avaliação, talvez seja um dos maiores pecados, podendo facilmente se tornar um instrumento do mal. Ao invés de submissão, em certas personalidades o forte desejo de ser aprovado pelo outro se manifesta em confrontação, um comportamento oposto, mas igualmente negativo. Somente quem se sente seguro em relação a si mesmo pode escolher livremente a sua conduta, prestando contas à sua consciência e a Deus. Persista, a despeito dos insucessos iniciais, algo previsível dada uma vida inteira contaminada por comportamentos subjetivos. Para adentrar no estado de objetividade, a exemplo de Cristo, é preciso crucificar as ilusões até penetrar nas profundezas do seu ser.

◆ ◆ ◆

## PW 97 – O PERFECCIONISMO E A MANIPULAÇÃO DAS EMOÇÕES

A maioria das pessoas ainda está inconsciente das suas exigências internas de perfeição, impedindo usufruir plenamente das alegrias, experiências e sentimentos da vida. A capacidade humana de ser feliz depende do grau de tolerância com a imperfeição, não em palavras ou em teorias, mas na experiência emocional. Apenas aceitando a vida como ela é, o que de forma alguma significa submissão doentia nascida do medo da perda ou da desaprovação, é possível crescer com a vida, recebendo e dando alegria nos relacionamentos. Mas muitas vezes o homem nem sequer tem consciência do que de fato necessita, reprimindo o que lhe falta, suas não realizações e frustrações, passando apenas vagamente por algumas delas. Não se dá conta do quanto se rebela contra isso, da grande quantidade de energia negativa gerada por não estar consciente do seu não preenchimento. Interrompe o seu crescimento pessoal por causa de um perfeccionismo autoimposto, impedindo modificar padrões internos que lhe trariam muito mais gratificações. Frases como "eu já deveria ter resolvido os meus problemas" ou "não posso ser feliz enquanto eles não forem resolvidos" conduzem a sua vida de forma inconsciente. Será preciso que deixe para trás o amor à aparência, sutil e escondido em quase tudo o que faz, passando a buscar em si mesmo a verdade. Só assim poderá desistir dos valores externos que se cobra e descobrir os próprios, optando pelo crescimento sem apego à perfeição e passando a viver no "agora".

As pessoas são tão doutrinadas a manipular e a influenciar as suas emoções, o livre fluir dos seus sentimentos, que necessitam de muito tempo de observação para perceberem como atuam assim. A superdramatização e os exageros na sua expressão são parte da autoalienação, assim como a repressão que se impõem contra mostrar a verdadeira intensidade delas. Ambas são maneiras opostas de manipular as emoções frequentemente presentes no mesmo indivíduo. Elas impedem o fluxo natural dos sentimentos, retirando a confiança na vida emocional. Quando estiverem plenamente conscientes das suas necessidades, a urgência e a compulsividade em atendê-las também serão reduzidas. O não reconhecimento instiga à construção das suas emoções fora de todas as proporções. Ou compensam a sua falta com outras não genuínas e mais fortes ou as suprimem além da sua existência, impedindo observar e aprender com os seus verdadeiros sentimentos. Assim as capacidades intuitiva, criativa e espontânea são atrofiadas, levando-as à pobreza de uma vida superficial, porque alijada do que é real.

A Realidade Última é que todas essas emoções dolorosas, exageradas ou reprimidas, são ilusões, são falsas, mesmo no auge da sua destrutividade. As pessoas têm se condicionado a elas, mas isso não as torna verdadeiras. Será preciso que ousem sentir o que sentem de fato, a despeito do que pensam que deveriam sentir ou do que acham que os outros deveriam fazer. Atender às expectativas alheias é quase sempre a principal razão do exagero na intensidade dos sentimentos ou da sua repressão. Tudo o que não é genuíno leva à simulação, que é uma forma de manipular o outro. O processo de saltar as reações reais é tão universal que dá causa principal à alienação, à reduzida percepção da vida. Na maior parte do tempo existe uma cegueira das próprias reações. Apenas aceitando as limitações humanas é que a agressividade e a hostilidade se desvanecerão, permitindo ir ao encontro da mágoa original, do verdadeiro sentimento rejeitado. O perfeccionismo exige um esforço tão grande que leva à rigidez e ao desencorajamento. A mudança só pode ocorrer na medida da aceitação das imperfeições, não por dever, mas para se inspirar e se entusiasmar a dar o melhor de si à vida e aos seus relacionamentos.

◆ ◆ ◆

## PW 180 – O SIGNIFICADO ESPIRITUAL DO RELACIONAMENTO

Muitos indivíduos retiram-se de interações para que possam manter a ilusão de que os seus problemas partem dos outros, uma vez que só sentem perturbações na presença deles. Quanto mais íntimo o contato, mais difícil se torna manter por mais tempo a farsa de que o seu interior é inocente e harmonioso. Mas quanto maior a solidão, mais aguda se torna também a dor da frustração. Apenas no relacionamento humano os problemas interiores são afetados e ativados para que possam ser resolvidos. Embora intervalos de reclusão sejam necessários, acreditar que o crescimento espiritual é aumentado pelo isolamento não pode estar mais longe da verdade. Para tanto é preciso decidir buscar seriamente a causa interior do conflito, sem fazer uso da defesa da culpa ou da acusação, elas eliminam qualquer possibilidade de alcançar o âmago do conflito. Alguns veem a proximidade como um peso quase insuportável. Na superfície parece relacionada a quão difíceis são os outros, mas na realidade a dificuldade reside no "self", não importa quão imperfeitos os outros possam ser.

É sempre a pessoa mais desenvolvida a responsável por aprofundar o relacionamento. Qualquer imperfeição nela parece isentar automaticamente o menos desenvolvido, que prefere culpá-la, embora o envolvimento negativo dele seja muito maior. O veneno da fricção só poderá ser eliminado quando a pessoa mais desenvolvida olhar para dentro, resistindo à tentação de atacar os pontos desfavoráveis óbvios do outro. Isso aumentará o seu desenvolvimento e espalhará paz e alegria, permitindo a ela também encontrar relacionamentos realmente mútuos. A pessoa espiritualmente mais primitiva sempre depende da mais evoluída, mas se a destrutividade torna a relação esmagadoramente negativa, impossibilitando a harmonia e os bons sentimentos, a mais desenvolvida deve rompê-la, não por rancor ou fuga, mas pelo crescimento de ambos. O relacionamento entre o homem e a mulher é o mais desafiador, o mais belo e espiritualmente importante produtor de crescimento, com o amor e a sexualidade sendo o que há de mais próximo da Espiritualidade Genuína. No entanto são raros os relacionamentos duradouros que não estão quase mortos em sentimentos. A capacidade de aprofundar a comunicação verdadeira e autorreveladora é determinante para o seu florescimento, permitindo que ambos percebam com celeridade a cocriação de uma fricção real ou de um amortecimento passageiro dos sentimentos.

Os inevitáveis problemas dos relacionamentos precisam ser vistos como medida das dificuldades internas das pessoas envolvidas. Quando isso for entendido e tratado abertamente, o crescimento prosseguirá na direção da felicidade e do prazer, para uma vida muito mais significativa. Não importa o que um faça de errado, se isso perturbar o outro a ponto de ampliar o conflito, há algo nele que contribui para a distorção. Não se trata de negar a raiva pura e simples, natural quando expressa sem espalhar confusão ou culpa. O jogo de culpar o outro, muitas vezes não verbalizado, é tão distribuído entre as pessoas, grupos e países que nem é percebido, embora seja um dos processos mais ilusórios e danosos que se possa imaginar. O ato de lançar culpa espalha veneno, medo e pelo menos tanta culpa quanto se tenta projetar. As pessoas têm prazer em fazer isso, embora a dor que se segue e os conflitos insolúveis resultantes sejam infinitamente maiores. Enquanto a reação for cega e a projeção inconsciente, a contrarreação também será neurótica e destrutiva. A única maneira de evitar tornar-se vítima da recriminação e da projeção da culpa é não fazer o mesmo. Só então será possível não confundir autoafirmação e coragem com hostilidade, nem amor e serenidade com submissão mórbida.

◆ ◆ ◆

## PW 182 – O PROCESSO DE MEDITAÇÃO PLENA

Há muitas maneiras diferentes de meditação, como a religiosa, que consiste em recitar orações, a que busca aumentar a concentração, a que se dedica a analisar as Verdades Espirituais e aquela na qual o ego se torna totalmente passivo, deixando ao universo enviar o seu fluxo. Essas e outras formas de meditação podem ter valor, mas não é possível construir a Totalidade Real sem entregar tempo e energia para enfrentar a parte do eu que destrói a felicidade. Isso exige tremenda vigilância do ego-consciente para ativar as outras duas camadas da personalidade, que são o nível inconsciente da criança egotista, destrutiva, pretensamente onipotente, e o Eu Universal superconsciente, pleno de sabedoria, poder, amor e compreensão da vida humana. É muito difícil ao ego-consciente reconhecer o eu egotista, tanto pelo orgulho de não suportar desnudar a autoimagem idealizada, quanto pelo medo de não ser capaz de dar cabo às mudanças necessárias. É preciso vencer essa barreira, reduzindo as manifestações indiretas muito perigosas do inconsciente que fazem aparentar que o indesejável vem de fora. A meditação deve encorajar a autorrevelação em todas as situações desagradáveis, invocando o Eu Superior Universal, evitando que a criança destrutiva se torne vítima de crer que ela é a última realidade.

Onde quer que haja insatisfação ou conflito, é preciso explorar as causas incrustadas em seu próprio nível infantil, ao invés de concentrar desgostos sobre os outros ou em circunstâncias fora do seu controle. Esta é a maneira verdadeira de ver a vida, a única que pode trazer paz e autorrespeito. É necessário tomar o máximo de cuidado para evitar a supressão e a repressão interior da parte destrutiva, mas sem permitir que ela o engula. A melhor atitude é a de observação imparcial, de não julgamento e de aceitação sem angústia, sem se escusar a evitar que ela agrave os conflitos. Agir negando, entrar em pânico, rejeitar-se ou exigir perfeição inviabiliza explorar o que pode ser revelado. A pressa e a impaciência são igualmente ineficientes para substituir a escolha deliberada do ego-consciente em reconhecer a parte do eu que não quer dar um passo rumo à saúde, ao despertar e à vida. É preciso se dispor a ser totalmente honesto, construtivo e aberto para reformar e reorientar a energia estagnada. Toda indisposição a esse respeito deve ser encarada, explorada e reorientada. Tal atitude, com a ajuda contínua da ativação dos poderes maiores, fará com que o ego-consciente se torne cada vez mais saudável, resiliente e menos formal.

O processo de meditação plena compõe-se das três fases citadas, não necessariamente estanques, que são o reconhecimento do eu egotista, a compreensão dos conceitos errôneos e a sua reeducação. O desejo sadio é necessário para adentrar à derradeira quarta fase, que busca criar outras substâncias de vida que possam trazer novas e belas experiências. Mas quando o envolvimento ocorre com a vontade tensa da insistência infantil de ter imediatamente o que quer, a versão saudável se torna doentia, podendo suprimir o próprio desejo. Tão prejudicial quanto é a atitude oposta de indiferença, de não se envolver, consequência do temor escondido de se arriscar a sofrer por amor. O desejo e o não-desejo saudáveis são movimentos espirituais importantes, com o ego sendo ativo para buscar e passivo para esperar pelo desabrochar. Nesse equilíbrio a criança destrutiva cresce sem ser exorcizada, aniquilada ou assassinada. Seus poderes congelados se dissolvem em energia viva, sentida como uma nova forma a ser instruída para que possa crescer e se libertar. Esse processo de meditação resulta na plenitude da realização pacífica e amorosa dos potenciais humanos, com o nível do ego se aproximando cada vez mais do Eu Universal.

◆ ◆ ◆

## PW 193 – OS PROCESSOS DO PATHWORK®, SEUS PRINCÍPIOS E OBJETIVOS

Cada ser possui diferentes níveis de consciência em si mesmo que, juntos, representam o conjunto das suas atitudes, crenças e sentimentos. Eles existem numa realidade que transcende o tempo e o espaço, sobrepondo-se e atraindo as suas respectivas "esferas" espirituais. Com gradações distintas em função do seu estado evolutivo, os níveis de consciência humana podem ser representados pelo Eu Superior, que é a Consciência de Deus, pelo eu inferior, que é o eu demoníaco, e pelo eu máscara, que esconde o demoníaco. A sua sobreposição, a anulação de um pelo outro, seus efeitos e reações em cadeia precisam ser bem explorados, compreendidos e dominados. Unificar todos eles é o objetivo desse Pathwork®, de forma que o eu máscara e o eu inferior se dissolvam e apenas o Eu Superior se manifeste e se expresse. Os estados limitados de consciência fazem acreditar serem estes a única realidade, tornando o medo e o desespero inevitáveis, que é de onde provém todo o sofrimento. Tais percepções ilusórias só podem ser eliminadas trazendo à consciência tais "mundos" internos, algo que não é fácil iniciar porque decorre de decisões que dependem da própria mente, no princípio ainda muito limitada.

Este caminho trabalha com os vários aspectos da personalidade, manifestos através da mente, da vontade, dos sentimentos e do corpo físico. No que diz respeito à mente, é preciso lidar com os seus conceitos errôneos e como eles conduzem aos círculos viciosos. Os pensamentos devem ser transformados para a forma adequada e vivenciados emocionalmente, até deitarem raízes na psique. Em relação à vontade, é necessário se ater e dissolver os bloqueios impostos pelo querer voluntário, externo e obstinado, à manifestação do outro querer involuntário, interno e relaxado. E também exercer bem o livre-arbítrio, privilegiando a parte saudável do desejo voluntário, de modo que este predomine. Só assim serão firmados novos canais de expressão espontânea que substituirão os reflexos condicionados. No tocante aos sentimentos, é essencial canalizá-los de forma construtiva para que os destrutivos não fiquem presos no subconsciente. Isso evita que a pessoa siga movida por eles, o que costuma ser cristalino para quem a rodeia, embora não para ela. Quanto aos aspectos físicos, as tensões e a interrupção do fluxo de energia podem criar diversos sintomas, inclusive doenças biológicas, se muito negligenciadas. É igualmente importante desfazer os bloqueios exteriores, movimentando a energia e conectando o corpo aos demais níveis da personalidade.

Perceber o mundo de forma dualística, com pessoas, ideias e atitudes postas exclusivamente como boas ou más, é sempre uma distorção da realidade. Quando o homem tenta colocar toda a força e energia no ego, é porque se enxerga como alguém isolado e impotente. Assim ele invariavelmente falha. É preciso se permitir a ser a expressão de um Eu mais profundo, sábio e amoroso. Trata-se de construir uma ponte sobre o vão da ignorância e alienação, em busca da verdade, passando a colocar questões e saber esperar, experiência nomeada como "fé". É necessário usar a Luz da Consciência, da Verdade Interior, do amor e da alegria para iluminar as distorções interiores. Enfatizar a Divindade apenas para se autoimacular, sem usar seu Eu Superior na lida com o eu máscara e o eu inferior, não irá transformar os aspectos ainda não desenvolvidos da consciência. Passa-se, assim, ao largo do processo de purificação pessoal, não aprimorando e expandindo a matéria cósmica, o que significa falhar miseravelmente nesta que é a sua missão espiritual fundamental. As pessoas em geral tentam eliminar com paliativos as "interferências" que julgam negativas em suas vidas, camuflando o medo de se encarar, o que dificulta escutar esse chamado interior. Por isso o Pathwork® é, antes de tudo, um processo de conscientização.

◆ ◆ ◆

## PW 196 – CAUSA E EFEITO, COMPROMISSO E INTENCIONALIDADE

Quem quer que esteja no mesmo ponto interior que você, na verdade pode estar atrasado ou adiantado no caminho, porque respectivamente aquém ou além do esperado dele, do plano pessoal que veio cumprir nesta encarnação. Não é conveniente, portanto, se medir em relação aos outros, o único indicativo realista e confiável é como você se sente em relação a si mesmo, à vida e àqueles ao seu redor. A chave está na compreensão do que é compromisso, por um lado, e causa e efeito, por outro, temas vinculados à intencionalidade. Compromisso significa, acima de tudo, atenção direcionada na entrega sincera do eu. Quando a vontade não é corrompida pela intencionalidade negativa, quando as causas e os efeitos são bem reconhecidos, a depender do seu grau de compromisso, o que quer que faça será interiormente pacífico e significativo, prazeroso e recompensador. Do contrário será apenas um meio-compromisso, induzindo à busca por ajustes incorretos, produtores de todo o tipo de reações negativas em cadeia. Dessa forma a pessoa irá perceber a vida como uma confusão, não podendo evitar se tornar ansiosa, defensiva, desconfiada e insensível, se fechando em fracassos e procrastinações.

Cada um precisa encontrar a real explicação para o seu sofrimento, delineando o elo entre causa e efeito, talvez sutil e secreto, talvez escondido sob uma hiperatividade. Pergunte-se qual é a sua intencionalidade em relação ao que o faz infeliz, verifique se existe uma voz que lhe diz: "não quero dar amor, não quero dar o meu melhor" ou "não quero ser capaz de tomar conta de mim mesmo, para que continue a ficar no gancho dos meus pais ou parceiro". Insegurança e inadequação, ansiedade e sentimentos de culpa são efeitos de uma intencionalidade negativa que precisa ser reconhecida e trazida para fora. Algumas pessoas têm um lampejo dela, o que já é um progresso, mas também tendem a se esquecer de tudo rapidamente, desqualificando o seu impacto para retornar aos velhos hábitos. Embora possam admitir se agarrar ao ódio, à vingança ou a outras atitudes negativas, não conseguem visualizar o resultado disso. Mesmo que não as convertam em ações concretas, elas afetam as suas percepções inconscientes e as dos outros, fazendo emergir discórdias e problemas que parecem misteriosos e inexplicáveis. Assim acabam presas em círculos viciosos, dificultando que evoluam para um nível mais profundo, como este caminho conduz.

Inicialmente pode ser desconfortável ver como a própria pessoa cria o que deplora e que deve desistir disso caso queira viver novas experiências produtivas. Um passo de purificação substancial é concretizado quando os conceitos errôneos são trocados pela verdade, quando a intencionalidade negativa é substituída pela positiva e quando ela não mais se defende de experimentar a dor que criou. O mal produz dor, enquanto o medo e a pseudodefesa contra a dor produzem dor e mal ainda maiores. A contínua exposição ao poder do espírito, a abertura honesta à verdade temporária do mal a fará mais forte para deixar-se ir e se tornar sensível e real. Tal estado põe fim ao medo da morte, da vida, de ser e de sentir, da grandiosidade do Amor Universal, que é, por paradoxal que pareça, o grande temor do homem. Quanto mais consciente e maduro, maior a percepção de que não é possível ser livre sem ser também responsável, aumentando o alcance das suas ações, mas o fazendo mais fiador dos seus erros. A infelicidade criada pela intencionalidade negativa é inevitavelmente irradiada e alcança o outro, principalmente quando este outro não é intuitivo o suficiente para enxergar o que se passa. Por isso jamais se negue a evocar um compromisso positivo oposto sempre que descobrir uma faceta negativa no ar, abrindo-se às bênçãos que lhe são transmitidas pelo mundo espiritual.

◆ ◆ ◆

## PW 204 – O QUE É O PATHWORK®?

A incapacidade do ser humano em assumir autorresponsabilidade fez com que ele projetasse no exterior um demônio que poderia possuí-lo e um deus que seria capaz de salvá-lo. Foi preciso que realizasse muita coisa para que isso mudasse, deixando de ser impotente e irresponsável. Mas ainda há poucos com capacidade e disposição para se sintonizar com seu Núcleo Interior, onde se encontra o verdadeiro poder, amor e sabedoria. Hoje o maior obstáculo do homem é a sua vaidade, o seu orgulho egocêntrico. Lidar com as confusões e conceitos errôneos, com atitudes destrutivas e bloqueios que levam ao isolamento e às emoções negativas é o objetivo final da psicoterapia. Neste caminho, porém, esta é apenas a fase inicial, a fase mais importante consiste em ativar a Consciência Maior que reside na alma humana. São etapas que, na verdade, se superpõem, pois os problemas emocionais não podem ser bem resolvidos sem o Eu Espiritual. Este caminho também não prega uma prática espiritual *per se* que objetiva, *a priori*, atingir uma consciência superior. Há outros métodos para isso, embora acabem se tornando ilusões se não dão a atenção devida às áreas do ego mergulhadas em negatividade e destruição. O Pathwork®, portanto, não é nem uma psicoterapia nem um caminho espiritual *stricto sensu*, sendo, não obstante, ambas as coisas.

Este caminho ensina a encarar o que quer que esteja dentro do indivíduo para que ele possa viver através da sua essência, seu Deus Interior. O que o torna infeliz não é o fato da vida não poder ser perfeita, mas a sua exigência tácita de que ela lhe seja entregue em perfeição. É impossível alcançar amor, felicidade, prazer e expansão criativa sem querer pagar o preço da mais rigorosa autoconfrontação. Uma pessoa assim acaba decepcionada e ressentida, traída e raivosa, regredindo aos velhos padrões destrutivos que produzem sua insatisfação. Ela canaliza seus desejos para fantasias irrealizáveis, mágicas, supondo que a felicidade lhe será entregue de bandeja, ao invés de buscá-la com coragem e honestidade de se ver como é agora e se transformar. É preciso sentir a dor sem jogar com ela, sem imaginar que ela vá lhe aniquilar, durar para sempre, todas essas tantas manipulações mentais. É igualmente necessário vivenciar o desejo e a sensação de que a vida pode ser jubilosa, que se encontra amplamente disponível um estado vital, vigoroso, sem confusões dolorosas e torturantes. Nele as decisões são tomadas do âmago do ser, com o Eu Espiritual fluindo pelas veias, pensamentos e sensações.

As pessoas em geral ainda balizam suas vidas pela apreciação, pela aprovação dos outros, imaginando que assim se sentirão amadas e bem-sucedidas. Mas é somente quando operam do seu Núcleo Interior que podem realmente atrair toda a Riqueza da Vida, embora não dependam Dela. Há uma enorme diferença entre querer o reconhecimento externo de modo saudável e depender dele. Este caminho destina-se a quem busca descobrir, de forma realista, o que quer que esteja em seu íntimo. Para tanto é preciso se empenhar e se equipar de toda a honestidade, coragem e humildade, sem querer parecer o que não é. A satisfação espiritual verdadeira faz parte do dia-a-dia e abrange todos os aspectos da personalidade. Para muitos parece mais fácil expiar a culpa com privações do que enfrentar e lidar com suas áreas sombrias. Tal sacrifício é desnecessário e contraditório. Para libertar o Eu Espiritual é preciso aprender a sentir todos os sentimentos, a aceitar todas as partes do seu ser, por mais destrutivas que pareçam. Quanto mais ocultas estiverem, mais condições lamentáveis elas irão criar. Enquanto estiverem apartadas dos seus verdadeiros desejos, eles jamais se realizarão. Toda energia é, em sua essência, bela e positiva. O trabalho, o caminho, consiste em retorná-la à origem com intenção positiva, ciência e consciência.

# MÓDULO II - IMAGENS

Influenciada por um ambiente deturpado ou por uma súbita experiência negativa, a criança experimenta certas situações infelizes que minam a sua segurança, levando-a a formar ideias imaturas e generalizadas de suas reações emocionais. Tais feridas, embora abertas na infância, muitas vezes decorrem de amassaduras de alma oriundas de vidas anteriores. À medida que os anos passam, tais conceitos e atitudes afundam em seu subconsciente, vindo a moldar a vida dessa pessoa. No mundo espiritual esse processo é visto como uma forma, uma imagem. As imagens se encontram onde ela não se assenta, onde tem ataques de nervos quando as suas exigências não são cumpridas. O mais trágico é que elas adquirem poder, fazendo com que a pessoa veja e perceba apenas o que está conectado às suas conclusões errôneas, constantemente fortalecidas na vida adulta. Enquanto não superadas, as imagens a levam a mascarar o seu eu, substituído por uma autoimagem idealizada. Esta possui facetas superambiciosas, orgulhosas e agressivas que ela glorifica, acreditando provar a sua força, independência e superioridade. A autoimagem geralmente contém tanto uma enorme exigência de padrões impossíveis de sustentar, quanto a pretensão de ser separada, invulnerável e superior. Trata-se do eu máscara que se põe entre o Eu Real e a vida, impedindo que o eu inferior seja acessado para se transformar.

O maior obstáculo ao desenvolvimento espiritual é a vaidade presente no desejo de impressionar, de querer se mostrar mais do que é, evidência de toda uma insegurança velada. A dissolução do eu idealizado - imagem de todas as imagens - é a única maneira de obter serenidade e autorrespeito. Ele é uma falsa defesa manifestada em agressividade ou ausência, ambas impeditivas de encontrar as suas necessidades reais e as dos outros. A inverdade e a separatividade geram hostilidade e guerra, prejudicando a habilidade de se expandir e comunicar, sentir e expressar de forma criativa. Os desejos-imagens anulam os desejos-conscientes, atraindo situações, pessoas e circunstâncias que os correspondem. Ao avaliar os seus problemas e conflitos, deixando as emoções virem à superfície sem projetá-las nos outros, será possível ver como certos eventos são encadeados em um círculo vicioso. Sua força-motriz são as conclusões errôneas oriundas das imagens. Não as deixe escapar da consciência, medite de forma tranquila, sem falsas culpas, sobre como elas influenciam a sua vida, até encontrar mais fundo na alma o seu denominador comum. Busque ajuda humana e de Deus para esse processo, no intuito de reverter os círculos viciosos com suas falsas conclusões, mesmo que inicialmente apenas em teoria. É necessário checá-los em quietude, sem se revoltar enquanto as emoções ainda não seguirem os seus pensamentos.

A razão fundamental da vida neste plano é descobrir e pôr fim às imagens. O Mundo Espiritual de Deus trabalha para ajudar a humanidade nessa missão, mas respeita o livre-arbítrio de cada um. Ao contrário do que parece aqui, lá a validade da atitude é objetiva, tudo o mais é que é subjetivo, incluindo o tempo e o espaço. O sofrimento do mundo é provocado por ideias inflexíveis de pessoas que se recusam a abandonar os seus hábitos por comodismo. É por aí que as forças do mal têm acesso e as lançam na destrutividade. A cadeia de causa e efeito, do carma negativo que reverbera a repetição infindável de fatos indesejáveis, só pode ser quebrada sentindo a dor da culpa real. Esse processo nunca é debilitante e sempre leva à unidade para consigo mesmo, com os outros e com Deus. Quanto mais pessoas buscarem eliminar esses bloqueios, purificando as suas almas, tanto mais a humanidade estará pronta para uma Nova Era. O Verdadeiro Sentimento Cósmico é uma experiência deliberada de gozo e compreensão da vida e de seus mistérios, é amor envolvente, um conhecimento de que não há nada a temer. Deus não age pelo indivíduo, mas através dele, estando nele. Alcançar essa essência significa descobrir o seu próprio papel na criação, deixando de ser impedido por forças de imagens que desconhece.

◆ ◆ ◆

## PW 38 – IMAGENS: CONCEITOS

Na infância cada personalidade experimenta certas situações infelizes, formando ideias preconcebidas influenciadas por um ambiente deturpado ou por alguma súbita experiência negativa inesperada. Com uma lógica limitada e falsa, ela produz e generaliza conclusões erradas das suas reações emocionais. À medida que os anos passam, tais conceitos e atitudes consequentes afundam em seu subconsciente, passando a moldar a vida dessa pessoa. Sua vontade não é capaz de produzir certas mudanças e, com frequência e ainda pior, ela tende a desistir de realizá-las. No mundo espiritual esse processo é visto como uma forma, uma imagem. Pensamentos, sentimentos e atitudes que não se conectam a ela fluem em harmonia, mas os que dela derivam são estáticos, não se adaptam ao momento, criando desordens e perturbações. Na verdade, tais feridas reabertas na infância quase sempre decorrem de amassaduras da alma oriundas de vidas passadas. Enquanto não superadas, elas irão definir a permanência dessa pessoa no ciclo de encarnações. Embora nem todas as suas limitações individuais sejam derivadas de imagens, não sendo possível, por exemplo, ser um gênio universal, se ela não consegue fazer uso suficiente dos seus talentos ou se faz mau uso deles, isso certamente tem a ver com uma imagem.

À medida que a personalidade se desenvolve, seu conhecimento intelectual passa a contradizer muitas de suas antigas "conclusões emocionais", fazendo com que estas sejam reprimidas até desaparecerem para o seu interior. Quanto mais escondidas ficam, porém, mais potentes se tornam, passando a influenciar negativamente a sua vida. Fatores externos, certas situações e indivíduos, podem ser atraídos como um ímã, ainda que a pessoa deseje com fervor o seu oposto. Ela forma um padrão de comportamento e de reações em certas ocasiões, geralmente dela ignorado, designando tais situações repetidas como coincidência, destino ou da responsabilidade dos outros. Presta muito mais atenção às pequenas variações de cada incidente do que ao seu caráter básico, seu denominador comum. Dificulta também o fato de que algumas de suas falhas serem, para ela, como uma defesa, uma capa protetora. Quase toda experiência desagradável que ocorre na vida se deve a uma imagem. Quanto maior a tentativa de eliminar as seus sintomas, sem compreender as suas raízes e origens, mais exaustão virá de tal esforço inútil.

O denominador comum pode não ser fácil de encontrar, mas será obtido ao persistir com afinco em sua busca, usando de revisão escrita, análise e meditação que cheque as suas reações emocionais passadas e presentes. No entanto, embora seja forte indicador que abre as portas para ver a realidade de forma ampla, o denominador comum ainda não revela nem se trata da imagem, esta se encontrando mais fundo em seu subconsciente. Para alcançá-la será preciso abdicar do orgulho e orar por orientação, aceitando alguém escolhido pelo mundo espiritual para ajudar, porque é impossível fazer isso sozinho. A reeducação das correntes e reações emocionais, que desde muito têm sido condicionadas, leva tempo, esforço e paciência. É importante compreender e aceitar a dimensão imensurável dessa busca, conduzindo-a com um estado mental relaxado, abstraído da culpa que entorpece a coragem necessária. Nunca é tarde e sempre vale a pena o esforço, os anos que restam trarão uma nova vida de liberdade. A purificação não se consegue de forma fácil, seria ótimo se uma simples lista de esforços fosse tudo o que precisasse ser feito. É bem mais que isso, exige compreender e controlar o que ainda não é consciente. Mas é o que Deus quer, e assim será, é Dele e do seu maior interesse, visto que Deus e o seu Eu Verdadeiro são unos.

◆ ◆ ◆

## PW 39 – IMAGENS: DESCOBERTA

É completamente ilusório pensar ser possível crescer espiritualmente sem ir às profundezas da alma. No mundo espiritual a validade da atitude é objetiva, tudo o mais, tempo, espaço, qualquer medida é subjetiva. No mundo material a impressão é a oposta, o que se pensa e sente parece subjetivo, não influencia a "objetiva" passagem do tempo. Mas são as imagens mantidas no subconsciente que controlam a vida humana e os seus acontecimentos. Somente as revelando é possível "mudar o rumo do destino", desenvolvendo a verdadeira espiritualidade. Para descobri-las é importante saber que não se pode abordar o subconsciente com uma atitude moralizante e que há vários graus de consciência no mesmo indivíduo.

Comece pensando nas suas manias e preconceitos, nas emoções rígidas que se manifestam em algumas áreas da sua vida. Pense como reage emocionalmente a certas coisas e como isso se repete em seu cotidiano. Lembre-se das decepções que não parecem ter relação com os seus atos ou reações. Quando detectar um padrão regular, perceberá o vínculo a uma atitude interior. Mais tarde verá com mais clareza que se trata de uma falha instalada em um nível profundo da consciência. Caso ela se manifeste no plano exterior da mesma forma, será preciso encará-la como algo novo para vivenciar verdadeiramente os seus sentimentos. Falhas interiores que não parecem ligadas às manifestações podem ser um entrave se frequentemente negadas por "falta de evidências". Reações autênticas de coragem e de responsabilidade em certas áreas da vida, por exemplo, podem conviver com irresponsabilidades e covardia em outras que não são percebidas.

Será preciso levar o raciocínio a um nível mais profundo e o aplicar ao conhecimento que descobrir, sem o isolar como se fosse algo a se envergonhar. Conhecimento teórico jamais irá garantir que os velhos padrões de reações não prevaleçam. Emoções encobertas são esquivas e passam facilmente desconhecidas, visto o costume de empurrar os conhecimentos desagradáveis ao subconsciente. É necessário muito treinamento, concentração e esforço para abandonar esse hábito. Também é possível cair no extremo oposto, com uma atitude de desafio a si mesmo e ao mundo, o que é igualmente prejudicial e dependente da imagem. A única maneira de se acautelar é trabalhar firmemente com o entendimento adquirido, aceitando serenamente a temporária incapacidade de reagir de modo diferente. O trabalho de descoberta das imagens, feito com ajuda de meditação profunda, começa de fato apenas depois desse reconhecimento. Encare-o por vários ângulos, ore e medite a respeito dele.

Basta um momento de coragem para ir até o fim do que parece tão vergonhoso, encarando-o como ainda é. Essa separação da verdade é uma falsa defesa que provoca muito sofrimento. Depois que conseguir trazer a questão à tona, verá como desaparecem a vergonha e o constrangimento. É preciso abordar as descobertas com um espírito juvenil, como um novo impulso, um novo sentimento que vibra na experiência dessa percepção. Elas muitas vezes não se encaixam na imagem mental que a pessoa tem de si mesma. Um pensamento inverídico, por mais inocente e de boa fé que seja, não pode se beneficiar das verdadeiras Forças Cósmicas. Semelhante atrai semelhante e apenas quem é feliz pode dar felicidade aos outros, essas são Leis Espirituais imutáveis. É um engano a imagem coletiva de martírio, muito dispersa na humanidade, de que unir-se a Deus significa ser sofrido e circunspecto. Descobrir e pôr fim às imagens, formas espirituais que impedem o livre Fluxo Divino, é razão fundamental da vida neste plano.

◆ ◆ ◆

## PW 40 – IMAGENS: PURIFICAÇÃO

Purificar-se significa eliminar da alma as correntes que se opõem à Lei Divina. Não ter consciência delas não muda o sofrimento e o prejuízo que causam. A personalidade cria rígidas impressões em seu subconsciente, vistas no mundo espiritual como uma "imagem", repositório de reações e conclusões muito enganosas. São poucos aqueles capazes de controlar as emoções dela derivadas, entender o seu significado e reconhecer como influenciam negativamente a sua vida. Elas produzem acontecimentos desagradáveis em cadeia, não apenas dentro da alma, mas também fora. Embora todos racionalmente reconheçam que são falíveis e imperfeitos, as suas emoções não sabem. Tudo dentro se revolta quando uma nova imperfeição é descoberta. É certamente uma tarefa difícil livrar-se das imagens, exigindo entrar nas profundezas da alma, mas o maior e mais perfeito tesouro não pode ser conquistado sem esforços.

Primeiro é preciso coletar as muitas informações sobre as suas reações internas, problemas e conflitos, deixando as emoções virem à superfície e as formulando em palavras concisas. Aos poucos emergirão muitos eventos e associações que nunca haviam sido percebidos, algumas reações em cadeia serão encontradas, uma levando à outra, até que um círculo vicioso interno se feche. A ajuda necessária virá e precisa ser usada, porque ninguém é capaz de fazer esse trabalho sozinho. Esta é a estrutura básica, o plano geral que torna possível seguir adiante de forma segura e sólida, mas o trabalho de preenchimento ainda está por vir. Depois de encontrados alguns desses círculos viciosos, sintetize quais são as conclusões erradas que equivalem à sua força motriz. Escreva-as para que não escapem da consciência e passe a meditar de forma relaxada, sem falsas culpas, sobre como elas influenciam a sua vida. Os desejos-imagem sempre anulam os desejos-conscientes, atraindo situações, pessoas e circunstâncias que as correspondem.

Com a lista de problemas, conflitos e falsas conclusões em mãos, busque mais fundo na alma o denominador comum entre eles. A imagem é sempre uma falsa estrutura de defesa contra o medo da dor, acabando por atrair outras dores muito maiores e desnecessárias. Todas podem ser dissolvidas ainda nesta vida, exceto, talvez, as cármicas que ocorrem em único evento. As demais normalmente se repetem em um padrão e podem ser eliminadas, mesmo se originadas de outras vidas. A purificação de ambas deve ser abordada com a mesma dedicação e esforço, contrariando a natureza imatura do subconsciente, que nunca quer. Depois que estiverem claras as conclusões erradas e como elas foram determinantes na sua vida, comece a reverter o círculo vicioso e a conclusão para o oposto, mesmo que apenas em teoria. Emocionalmente ainda não será possível viver com as reações certas, mas ao encarar as conclusões erradas e as emoções de forma consciente, meditando diariamente a respeito, o sentimento também irá mudar.

O desenvolvimento espiritual é o que há de mais importante para os seres humanos, embora cada um tenha uma tarefa específica, alguns com talentos artísticos, outros nas ciências e daí por diante. O ideal é que o cientista, o artista ou qualquer um siga o seu desenvolvimento espiritual, sem deixar de trabalhar com o seu talento e tarefa particular, que também se beneficiarão muito disso. Somente o que alcança as camadas mais profundas do ser permanece. Por isso é tão importante interagir as emoções com o conhecimento exterior ético. Ao morrer, não apenas o corpo físico se desintegra, mas também, mais tarde, os corpos sutis externos. Os corpos sutis internos permanecem e podem se incorporar ao espírito. Estas devem ser as camadas alçadas ao escavar as emoções, processo de purificação que é a essência da vida neste plano.

◆ ◆ ◆

## PW 41 – IMAGENS: DESDOBRAMENTOS

Imagens são impressões internas formadas nos primeiros anos de vida, responsáveis pelos fantasmas que os seres humanos carregam, trazendo toda uma carga desnecessária de sofrimento. O homem vive o drama dessas suas conclusões errôneas subconscientes, ficando preso a elas e as repetindo ao longo desta vida e de muitas encarnações. Elas conduzem os seus acontecimentos e também os atrai, sendo sua a tarefa fundamental de se libertar delas, investigando-se e aproximando-se da Luz de Deus. Apenas após ter reconhecido a própria responsabilidade na escuridão, enquanto passa pelo túnel, é que a sua real independência será conquistada. O mero conhecimento intelectual não fará isso acontecer, visto não ser possível eliminar os pontos de sofrimento ocultos sem os vivenciar. Para tanto é essencial recuperar o respeito próprio, o que exige como primeiro passo apenas aceitar-se como é agora. Toda desconfiança do outro e da vida nada mais é do que uma projeção da desconfiança de si mesmo. A tendência de "querer se mostrar mais do que é" dá causa a toda a insegurança. Tal raciocínio deve ser pessoalmente experimentado e aplicado ao caso específico. Mas mesmo antes de conseguir mudar a atitude interna, a simples coragem de enfrentar a verdade dentro de si já fará a imagem se desvanecer em algum grau.

Quando uma criança descobre as falhas dos seus conceitos idealizados acerca dos pais e do mundo, ela perde a segurança e se amedronta. Suas conclusões errôneas, porque imaturas, generalizadas e descontextualizadas, são criadas de um choque súbito ou de uma lenta compreensão do que percebe da sua realidade imperfeita. A indesejável descoberta é empurrada para o seu subconsciente, tanto por ser desconfortável, quanto pela culpa por julgar mal os seus pais, levando-a a construir defesas contra tais "ameaças". Seus pais são o seu mundo, fazendo-a concluir que as suas expectativas "descumpridas" por eles são uma regra da vida em geral. Portanto, não se surpreenda ao descobrir que as suas imagens e conclusões não estão de acordo com a inteligência de uma pessoa adulta. Ela é de fato muito infantil, como um bebê que só entende amor e prazer se a sua vontade for satisfeita, ou apenas ódio, ressentimento e dor se não. Todos os que se aproximam do reconhecimento de uma imagem sentem uma profunda vergonha, embora na maior parte das vezes se trate de algo normal a uma criança. Ocorre que quando essa imagem foi formada, a "lógica" era proporcional à sua capacidade de raciocinar e pensar de então. Também por isso é difícil conceber o fato de que uma reação tão "boba" ainda esteja tão viva.

Onde quer que exista uma imagem, as Forças Divinas que fluem em harmonia no universo, necessárias para que toda alma possa reviver, não conseguem penetrá-la e vivificá-la. As imagens se encontram onde a pessoa não se ajusta, onde tem ataques de nervos quando as suas exigências não são cumpridas. O mais trágico é que elas adquirem poder, fazendo com que o indivíduo veja e perceba apenas o que está conectado às suas conclusões errôneas. Assim, elas são constantemente apoiadas e fortalecidas mais tarde, na sua vida adulta. E como estão baseadas em premissas falsas, junto à parte que a pessoa deseja, se apresenta aquela que o seu subconsciente cristalizou na infância. Isso contradiz os seus desejos e metas conscientes, causando não apenas uma dolorosa discrepância, mas também conflitos silenciosos com a Realidade Benigna posta à sua disposição. É por permanecer oculta que a parte da personalidade afetada pela imagem não consegue aprender, mudar e se ajustar, pois apenas o que está exposto à luz pode crescer.

◆ ◆ ◆

## PW 52 – IMAGENS: DEUS

Quase tudo o que dá mais prazer à criança é proibido e ela não compreende, embora muitas vezes seja para o seu bem. Os pais ainda exercem parte do seu arbítrio com ignorância e desleixo, fazendo-a experimentar conflitos desde muito cedo. A criança também aprende ou intui que Deus é a autoridade máxima. As experiências subjetivas com seus pais e com a injustiça humana, encontradas ao longo da vida, são inconscientemente projetadas para formar uma imagem de Deus, com suas conclusões errôneas cultivadas até a maturidade. Essa pessoa acaba virando as costas para a totalidade que Deus representa, algo tão errado quanto o oposto, de se submeter a um deus injusto, autoritário e cruel. Uma educação muito severa ajuda a conduzir a criança a tais distorções. Por outro lado, quando criada por pais que a enchem de mimos, buscando atender todos os seus caprichos, ela pouco aprende a lidar adequadamente com os desafios da vida. A imagem de Deus resultante tende a ser a de um "pai" indulgente, levando-a a evitar a autorresponsabilidade, fazendo-a emergir em confusões e medos, pois a vida não pode ser trapaceada. A escala inteira entre esses dois polos extremos é refletida na imagem de Deus, de monstruoso a totalmente permissivo, da total rejeição à expectativa de ser paparicado, sendo básica e determinante a todas as demais imagens e padrões.

No caminho da autodescoberta é preciso verificar quais são as reações emocionais que não correspondem aos conceitos conscientes. Quanto menos coincidem, maior é o choque. Toda imagem, com a sua conclusão errônea, precisa ser dissolvida tomando completa consciência dela e reajustando as ideias. Mas o novo conceito intelectual não deve ser imposto às conclusões emocionais, estas não se apagam por repressão. É necessário checar os desvios na quietude, sem se revoltar enquanto as emoções ainda não seguem os seus pensamentos como gostaria. Observe as resistências à mudança e ao crescimento, o eu inferior é muito astuto, é preciso ser sábio com ele. Se para descobrir as próprias falhas o homem usasse metade do que usa para descobrir as falhas dos outros, veria de modo inequívoco a sua conexão com a Lei de Causa e Efeito. Isso o faria enxergar que não é por Deus, por fatalidade ou por qualquer ordem mundial injusta que ele sofre as consequências das falhas dos outros, mas por sua própria ignorância, orgulho e medo. As emoções são forças criativas muito poderosas porque os inconscientes humanos afetam uns aos outros. Talvez seja esta a verdade mais importante que permite descobrir como os acontecimentos da vida, bons ou maus, favoráveis ou não, são invocados.

Deus é a força da vida, Suas Leis são inexoráveis para todos. A dor causada pelo afastamento Delas é o único remédio para a cura. Nenhum poder físico ou mental pode ser tão forte quanto o poder do espírito. É possível usá-lo de forma construtiva e deliberada, expressando com intensidade o melhor de si, dando mais à vida e recebendo mais dela. Mas nem mesmo esta, que é a maior de todas as descobertas, terá algum significado se a pessoa for forçada a experimentá-la. O Sentimento Cósmico Verdadeiro é uma experiência deliberada de gozo e de compreensão da vida e dos seus mistérios, é amor envolvente, um conhecimento de que tudo está bem e de que não há nada a temer. O ego-personalidade precisa se fortalecer e tornar-se saudável para se aclimatar às altas vibrações dessa incrível presença, pois ela é de fato inicialmente chocante. Deus e o ser humano em sua essência são idênticos, diferenciados apenas pelo grau. A autorrealização consiste em ativar ao máximo esse potencial. Deus não age pelo indivíduo, mas através dele, estando nele. Alcançar a sua essência, o seu Eu Real, significa descobrir o próprio papel na criação do seu destino, deixando de ser bloqueado por forças de imagens que não compreende.

◆ ◆ ◆

## PW 83 – AUTOIMAGEM IDEALIZADA

As crianças quase sempre são doutrinadas sobre a importância de serem perfeitas, sendo punidas de uma forma ou de outra quando erram. Se os pais retiram delas o seu afeto, pode parecer que eles não as amam mais, tornando esta uma questão de vida ou morte para elas. A infelicidade rouba a sua segurança, levando-as a mascarar seu Eu Real, substituindo-O por uma autoimagem idealizada. Esta pode conter facetas agressivas, orgulhosas e superambiciosas, características que o indivíduo glorifica, acreditando provar sua força, independência e superioridade. Ele não percebe que nada causa tanto medo e o torna mais vulnerável do que o seu orgulho. Na maioria dos casos a autoimagem contém uma combinação, por um lado uma enorme exigência de padrões morais impossíveis de sustentar, por outro, o orgulho de ser invulnerável, separado, superior. A máscara e a autoimagem idealizada são, na verdade, uma coisa só. O eu idealizado se põe entre o Eu Real e a vida, impedindo que o eu inferior se desenvolva. A autoconfiança genuína é a paz de espírito que leva à independência saudável. Com ela é possível obter o máximo de felicidade pelo desenvolvimento dos seus talentos, gozando de uma vida construtiva, com relações humanas frutíferas. A dissolução do eu idealizado, imagem de todas as imagens, é a única maneira de obter serenidade e autorrespeito, condições essenciais para viver uma vida plena.

As pessoas não percebem a inviabilidade da autoimagem idealizada, nunca desistindo de se punirem por não viverem de acordo com ela. Um sentimento de derrota, frustração e compulsão, além de culpa e vergonha, são indicações de que o eu idealizado está ativado. É grande a desilusão quando a vida as coloca numa situação onde a máscara não pode mais ser mantida. Essa atitude miserável pode às vezes ser consciente, mas quase sempre não é. A maioria das crises pessoais deriva dela, não das dificuldades externas comumente usadas para justificá-las. Existem aqueles que percebem que não devem se identificar com seu eu idealizado, mas não o fazem de um modo saudável. Acreditam precisar viver à altura das exigências dele, permeando suas vidas por um sentimento de derrota. O desejo genuíno de melhorar passa pela aceitação da personalidade como ela é, aprendendo com as situações, ao invés de brigar com elas. A discrepância entre o Eu Real e o eu idealizado deve levar, algum dia, à pergunta intrigante e até amedrontadora: "quem sou eu realmente?" Ao resolver essa questão vital e profunda, a intuição passará a ser espontânea, funcionando em plena capacidade e livre de todas as compulsões.

Ao sentir ansiedade ou depressão, reconheça o autodesprezo e questione se a sua imagem idealizada não estaria sendo ameaçada por suas próprias limitações, por outras pessoas ou pela vida. Ao sentir raiva compulsiva do outro, considere a possibilidade disso ser uma exteriorização da raiva para consigo mesmo, por não conseguir viver de acordo com os padrões do seu falso eu. Não deixe essa sensação passar como uma desculpa por seus problemas exteriores. O trabalho pessoal o ajudará nessa direção, mas é quase impossível fazê-lo sozinho. Uma vez enxergando que o que considerava louvável é, na realidade, orgulho e pretensão, perceberá a grande autopunição que se impõe. Seus sentimentos são frequentemente projetados nos outros porque é insustentável se tornar consciente do ódio que carrega de si mesmo, a menos que o processo se desenrole inteiramente na luz. Quando a raiva é descarregada em alguém, seu efeito ainda está lá, causando perdas, doenças, acidentes e derrotas diversas. Isso impossibilita o livre fluir de muitas atitudes, tornando difíceis as mudanças que fariam emergir alegria e vigor na vida, limitando-a a seus aspectos mais fundamentais. Apesar de parecer muito menos que o eu idealizado, o Eu Real é muito mais, é o verdadeiro habitat de felicidade, paz e segurança que não podem ser obtidos por falsos meios.

◆ ◆ ◆

# PW 84 – AUTOIMAGEM IDEALIZADA DO AMOR, DO PODER E DA SERENIDADE

Amor, poder e serenidade são os maiores Atributos Divinos, sendo indispensáveis à vida. Sua falta na família e na sociedade faz com que a criança procure alternativas para suprir a insegurança e a infelicidade que sente por sua privação. Ela acaba criando uma autoimagem idealizada desses valores que a leva, na sua imaturidade, a buscá-los inconscientemente através da submissão, da agressividade e da ausência respectivas em oposição. Isso pode até vir a ser útil na infância, mas não na maturidade. O veneno da hipocrisia, da pretensão e do orgulho é subjacente a toda autoimagem idealizada, impedindo a genuinidade dos Atributos Divinos. Impõe à pessoa o impossível, como ser ao mesmo tempo abnegada para obter amor, egoísta para conseguir poder e alheia às emoções para não ser incomodada. De acordo com a força e a distribuição dessas "soluções" é que se manifesta a sua tirania, levando-a a atitudes errôneas, à culpa e inadequação. Isso faz a sua vida girar em um círculo vicioso desnecessário, repleto de desarmonias, opressões e infelicidade.

A pseudossolução do amor distorcido vem do sentimento infantil de que tudo estará bem se a pessoa for amada. Para salvá-la do que imagina ser a sua aniquilação, ela se humilha e se submete. Seu "sacrifício" benevolente e "modéstia" por não reivindicar realizações e reconhecimentos formam a sua autoimagem idealizada. Parecer incapaz e fraca é um meio de ocultar a pretensão de forçar o outro a protegê-la. Toda a sua força psíquica é usada para viver o ideal de fazer com que o outro supra as suas necessidades. A busca pela dependência acaba levando-a de fato a não conseguir se sustentar sobre os próprios pés. Quando a pseudossolução é a do poder distorcido, ela acredita que nada poderá atingi-la se for forte, independente e impassível. A afeição, o diálogo e o altruísmo são desprezíveis para ela. Busca ser melhor do que os outros, não admitindo falhar, sentindo a derrota como uma ofensa à sua posição de especial destaque. A obstinação teimosa nesta autoimagem idealizada é óbvia, mas não a desonestidade, uma vez que a sua agressividade cruel e cínica é racionalizada a ponto de se passar por "honesta", embora a pretensão oculta seja a de levar vantagens indevidas. Na pseudossolução distorcida da serenidade, como na do poder, há um grande distanciamento dos sentimentos e das emoções. Nesta, porém, a imposição não se baseia na hostilidade, mas na ausência. O distanciamento é utilizado para que a pessoa não seja afetada ou incomodada por qualidades e fraquezas dos outros. É orgulhosa demais para admitir que possa ser atingida, usando da impessoalidade para se considerar acima de tudo isso. Naturalmente que esta distorção gera tanta dependência quanto às dos demais tipos, sendo igualmente desonesta em seus motivos subliminares.

O mais importante para a dissolução da autoimagem idealizada é reviver e sentir as emoções. Conhecê-las apenas pelo intelecto e combatê-las pela disciplina talvez até inibam os seus sintomas atuais, mas outros se manifestarão em substituição. Perceber as próprias limitações frente ao eu idealizado pode ser doloroso no início, porém é o único caminho que permite ver em si qualidades que nunca havia visto antes. Ser apreciado pelo outro não mais irá medir o seu senso de valor. Sua natureza intuitiva se manifestará com espontaneidade natural e confiável. Não a fará livre de fracassos, não irá excluir a possibilidade de cometer erros, mas seus efeitos serão muito diferentes. O amor não mais será a tábua de salvação da sua aniquilação. O poder será o de dominar-se e de realizar, não o de triunfar sobre os outros. Não ser capaz de se sobressair aqui e ali deixará de ser uma ameaça. A serenidade saudável irá permitir vivenciar com inteireza as emoções e experiências da vida, sem precisar rejeitá-las. O crescimento desse aprendizado lhe trará sabedoria, afastando ambições distorcidas, precipitações e compulsões. Este será o ponto alto da sua vida porque estará, finalmente, no entusiasmo pleno e pacífico do seu Eu Real.

◆ ◆ ◆

## PW 93 – IMAGEM PRINCIPAL, DEFESAS E NECESSIDADES REPRIMIDAS

As mágoas e frustrações da infância, que toda criança tem em algum grau, provocam infelicidade e descontentamento, levando-a a concluir que situações parecidas terão resultados semelhantes. Tal generalização do específico transforma em ilusão o que era ou parecia ser real. Ao cristalizar uma ideia rígida, preconcebida e subconsciente, forma-se uma imagem na substância da alma, parte dela sendo o seu suposto remédio ineficaz, porque irreal. Por medo de reviver a mágoa original que está em sua origem, esta é reprimida a ponto de ser excluída da consciência, passando a ser sentida apenas como um vago clima geral. Muitas das suas necessidades verdadeiras são sabotadas e as experiências negativas fazem acreditar que elas não podem ser satisfeitas, restando a ideia errada de que é possível eliminá-las simplesmente as ignorando. As pseudosoluções têm o objetivo adicional de buscar a realização almejada sem o risco de se machucar ou se humilhar novamente. O medo da frustração também faz com que seja negado, em muitos casos, o próprio desejo da realização, o que praticamente o torna impossível.

Para um menino que eventualmente percebeu uma aguda falta de afeto, de cordialidade e de compreensão da mãe, a imagem formada pode ser a de que "as mulheres são fechadas, rejeitam e não amam." Na idade adulta ele se sentirá intimidado, apreensivo e ansioso em relação às mulheres. Como a necessidade básica de calor humano, amor e afeto do sexo oposto não pode ser eliminada, ele acaba criando soluções irreais e ineficazes para se relacionar com elas. Se a sua mãe também era muito exigente quanto às atividades escolares dele, aprovando-o apenas quando ia bem, ele percebia ali a única oportunidade de receber alguma recompensa. A imagem principal criada, então, seria algo como: "preciso ser bem-sucedido para ser amado" e "ser aprovado pelo meu trabalho é a mesma coisa que ser amado." Se não houver uma segunda imagem forte impeditiva, ele tende a ser até bem-sucedido na sua profissão, pois o sucesso está ligado ao esforço. Por isso que pessoas de menor autoconhecimento muitas vezes atingem um grau maior de desempenho profissional. Alcançá-lo, porém, só aumenta a sua frustração com o afeto, por reduzi-lo à mera aprovação obtida na infância. Seu sucesso profissional pode comprar muitas coisas, mas jamais o amor, por mais que ele tente.

A consciência da necessidade real de amar e de ser amado, de ter relacionamentos verdadeiros e significativos, precisa ser sentida e vivenciada com todo o seu impacto. Isso irá reduzir o impulso de impressionar, de ser glorioso e especial. Fará com que a realização venha mediante os seus talentos para o que realmente deseja, deixando de sabotar as suas necessidades reais e de perseguir outras falsas em substituição. Não significa absolutamente que essa pessoa perderá o interesse saudável pelo trabalho, pelo contrário, mas a harmonia irá se instalar aos poucos e a sua meta interior será voltada para o que deixou de lado. É a observação repetida das defesas destrutivas e do que elas levam a pensar, sentir e fazer, e de como afetam os outros, que torna possível eliminá-las. Somente então o seu verdadeiro "Eu Sem Defesas" poderá se manifestar. Este Eu Real pode sofrer revezes, o que não deixa de ser ruim, mas nunca será tão doloroso e amargo quanto a repetida luta frustrada pelo irreal, pelo impossível. Não se deixe abater quando estiver em um aparente impasse, quando o caminho estiver tortuoso e espinhoso. Encontrar a saída e ver a luz exige muito esforço pela Verdade Interior, mas o resultado fatalmente virá.

◆ ◆ ◆

## PW 99 – IMAGEM DOS PAIS: CAUSA E CURA

Sem amor a vida definha, é vazia e banal. É ele que a guia de uma maneira saudável e boa, dando sentido à vida. Mas o amor recebido nunca é o mais importante. Quanto mais ansiosa, presa e dependente dele, maior a tendência dessa pessoa a ser egoísta, temerosa, egocêntrica e limitada em seus relacionamentos. É a força do amor no coração que lubrifica a alma, ele é o "sangue espiritual" da vida. Seu canal, no entanto, frequentemente se encontra obstruído pela imagem distorcida formada dos pais ou de suas figuras substitutas, impedindo vê-los e aos outros em sua realidade plena. Sempre existe uma ligação entre o problema mais relevante de uma pessoa e a imagem de um de seus pais, de ambos ou de alguém que foi próximo a ela naqueles primeiros anos. As experiências emocionais da criança são muito distorcidas, ela percebe apenas certos aspectos do todo. Uma falsa impressão é carimbada em sua alma, levando-a a reagir por padrões prejudiciais ao longo da vida. Ao se sentir rejeitada na infância, ela se vê sem valor, dificultando formar hábitos construtivos que lhe dariam razões para se sentir segura.

É preciso, em primeiro lugar, tornar-se consciente do real sentimento em relação aos pais ou substitutos. Comece a pensar se de fato eles são vistos como seres humanos ou se a sua impressão é somente um aspecto fragmentado deles. Considere o termo "ser humano", o que isso realmente significa? Não é uma variedade de aspectos às vezes contraditórios? Não significa ser possível ser bom e altruísta, por um lado, e mau e egoísta por outro, se pudesse escolher esses termos? Ainda que intelectualmente saiba, emocionalmente raramente eles são vistos em sua totalidade. Para a criança interior pode parecer desleal analisar os pais na humanidade que eles são. Pode ser que queira evitar a culpa de sentir algum ódio, preferindo idolatrá-los ou ignorá-los como pseudoproteção. Será preciso descobrir que a irresponsabilidade deles não foi devido a ela, mas da luta patética e tateante deles pela vida, porém igualmente valente se percebida como um quadro inteiro. As distorções existem pelo baixo nível de consciência, mas a dor das correntes ocultas de frustração e mágoa também é o remédio para ver a verdade que traz a cura.

A autodestruição pela culpa vem da inabilidade de lidar com os seus problemas ou do desejo interior de não enfrentá-los. Toda imagem é, na verdade, um processo de masoquismo, porque inclui um dogma negativo que produz resultados dolorosos e autodestruidores. É como se o mundo negasse a essa pessoa o direito à individualidade e ela, sentindo-se interiormente derrotada pela vida, rejeitasse a si mesma. O sadismo por infligir dor aos outros é igualmente uma pseudoproteção, o outro lado da mesma moeda. Somente a dissolução dessa corrente de força, tornando-se consciente dela e a experimentando em suas emoções, poderá interromper os grilhões que a prendem a tais artifícios inconscientes. Do contrário essa mágoa será direcionada para si mesma ou será deslocada contra alguém, oscilando nesse mecanismo sadomasoquista. Os Caminhos de Deus são maravilhosos, se houver interesse em querer entender a verdade sobre seus pais e as motivações deles, a compreensão virá da maneira mais milagrosa. Experimente essa abordagem e a vida, seus problemas e relacionamentos assumirão rumos bem diferentes. Quando o processo começa, toda a percepção acaba aos poucos sendo revista. Não elimina os fatos, mas a experiência passa a ter outro significado muito libertador. Abra-se para o desejo de entender a Realidade Maior, pois sem a verdade não pode existir o amor e sem o amor não pode existir a verdade.

◆ ◆ ◆

## PW 101 – A DEFESA

Existem perigos reais que o corpo humano está equipado para lidar. Se um ataque verdadeiro for despendido, suas faculdades rapidamente julgam e decidem pelo contra-ataque ou por escapar do local. As substâncias liberadas pelas glândulas não prejudicam, sendo absorvidas e dissolvidas quando os mecanismos de defesa operam apenas nesses raros momentos. O hormônio é necessário, mas quando emitido em taxas exageradas para o órgão receptor, através da corrente sanguínea, pode levar a prejuízos graves, o que também ocorre com muitos medicamentos. O sistema endócrino não questiona a validade das decisões, liberando o mesmo estimulante quando a pessoa se sente atemorizada por razões emocionais irreais. O dano desses conflitos psicológicos é grande, podendo alcançar também aspectos mentais e espirituais. Instala-se de forma tão sutil e insidiosa que torna a pessoa inconsciente do que se passa, fazendo do estado de defesa a sua segunda natureza. Isso a leva a manter conceitos imaturos e limitados sobre a vida, dificultando que veja a verdade nos outros e em si mesma e impedindo que desenvolva os seus melhores potenciais.

Em substituição à mágoa original, os sentimentos predominantes na defesa irreal oscilam entre o medo e o ódio. Vive-se uma ilusão, pois a tristeza negada oriunda da mágoa, por mais desconfortável que seja, não exige defesa, podendo ser curadora quando bem compreendida. Institui-se um processo psicológico de autoalienação que, além de dificultar a defesa necessária diante de um perigo real, impede construir uma ponte com sentimentos bons e extrovertidos sobre as suas diferenças e as dos outros. Ao se pôr em permanente defesa, sua habilidade de se expandir e comunicar, sentir e expressar de forma criativa é gravemente prejudicada. O homem acredita que expor algumas fraquezas fará com que os outros o rejeitem, o que não pode tolerar. Faz de tudo para se evadir desse perigo imaginário, tentando preservar o status de ser digno de amor. Bastaria observar com atenção para descobrir que a rejeição só ocorre porque, de forma sutil, ele tenta esconder verdades. Os dois lados apontam-nas um ao outro e cada qual pode estar certo até certo ponto, mas nenhum quer vê-las em si mesmo. Até a crítica sem fundamento não pode ameaçar, se a sua atitude a respeito for madura e realista. Isso não significa não fazer nada contra a calúnia, contra a mentira flagrante ou o rumor prejudicial. Esses casos se incluem na cepa da defesa realista. Sentar e nada fazer é o que seria doentio.

Tudo isso se deve ao conceito errôneo com o qual as pessoas acreditam que o seu valor e aceitação estarão por um fio se revelarem as suas imperfeições. Ao contrário, admitir livremente as suas faltas sem interesses outros, senão poder um dia transformá-las e se livrar da autoimagem idealizada, traz aceitação, enquanto se vangloriar da própria perfeição evoca desprezo e rejeição. A falsa sensação de ataque, contra a qual as pessoas pensam precisar se defender, as tornam atemorizadas e faz com que elas se desgostem. Tanto a defesa pela agressividade, quanto pelo escape e ausência são igualmente prejudiciais. Ambas as alternativas inviabilizam ir ao encontro das próprias necessidades e enxergar as do outro. Não há nada mais destrutivo neste planeta do que ficar se defendendo desnecessariamente. Nada cria mais desarmonia, mentira e hostilidade. Se entregue e receba o que a vida trouxer, olhe para isso com quietude, com o objetivo fixo de não se evadir, mas de buscar a verdade. Trazer as emoções à superfície, sem projetá-las nos outros nem ficar com raiva de si mesmo, torna possível atuar sobre elas de forma consciente, condição fundamental para alcançar a paz e a felicidade.

◆ ◆ ◆

## PW 113 – A IDENTIFICAÇÃO COM O EU

Para viver plenamente a realidade do "agora" é preciso ter uma aguda percepção de si mesmo, algo raro porque exige um longo, profundo e frequente exame dos sentimentos mantidos em seu subconsciente. O senso de realidade humano é comumente transferido para fora de si, evidenciando a falta de identidade com o próprio eu. A dificuldade em reconhecer-se mortal é o maior sintoma de que o indivíduo não se vê como é de fato. Conviver com a certeza da morte física sem escapes não é negativo, não diminui o desejo de viver a vida como ela se apresenta, muito ao contrário. Outros indicativos menos extremos são a necessidade aguda de estar no controle e o desejo sutil de que as pessoas o vejam fazendo coisas que o dignifiquem. Há mais preocupação com a impressão que apregoa do que com a verdade que sente. Tais revelações, no entanto, não devem ser encaradas como censura, induzindo a eliminá-las de forma açodada, o que é totalmente indevido. É necessário considerar esses sintomas como um caminho que aumenta a compreensão e a consciência sobre o que quer que esteja em pauta em cada momento.

A criança precisa de quem lhe supra o seu alimento, que lhe dê abrigo, segurança e amor. O adulto maduro não fica à espera disso, obtendo-os por sua própria capacidade e também criando as condições para não se sentir inseguro se não estiver sendo amado. Quando cresce de forma natural, aos poucos são cortados os laços de dependência dos pais, tornando-se autônomo financeiramente e desenvolvendo a sua capacidade de amar. Bons exemplos familiares ajudam a moldar o ego da criança, dando-lhe melhores possibilidades de se libertar mais tarde, mas nem assim isso é garantido. Ao invés de ir ao encontro do próprio eu, pode ser que ela acabe buscando inconscientemente reproduzir aquele que idolatra. É algo inadequado porque cada um tem potenciais distintos, ninguém está destinado a viver como cópia do outro. Um indivíduo saudável irá pôr fim a esse vínculo, ainda que seus pais procurem possessivamente mantê-lo. Somente quem é oprimido por problemas mal resolvidos se recusa a cortá-los. Há também a identificação negativa com o genitor ou o seu substituto detestado e desprezado, talvez por uma vaga ideia de que, a despeito das suas características indesejáveis, "ser como ele seria muito melhor". Essa identificação com alguém rejeitado é ainda mais difícil de romper do que aquela com alguém amado.

Tais distorções psicológicas não estão vinculadas apenas a pessoas, mas igualmente a associações, nacionalidades, religiões e afiliações políticas. Elas ainda podem se manifestar como um inconformismo ou um aparente individualismo disfarçado. Sempre que existe a necessidade aguda de se mostrar, há por trás uma falha. A pessoa independente e livre não precisa se exibir nem ser militante para provar algo. O dano não consiste em abraçar a causa meritória, acreditar e trabalhar por ela, tudo isso pode muito bem ser feito com liberdade interior. O dano consiste da necessidade de encontrar um substituto no qual se apoiar, por não ter encontrado em si a área que ainda é frágil, não entendendo a motivação oculta que a leva a abraçar a causa. Não se faz aqui qualquer apologia a uma vida alienada de ideais, grupos ou causas, isolando-se da sociedade, sem colaborar ou liderar em determinadas áreas da sua aptidão, isso seria uma irresponsabilidade. Mas é muito diferente ir ao encontro de algo por convicção livre e saudável do que papaguear ideias alheias, mais preocupado com o que os outros vão pensar a respeito. Sempre que existe essa falta de autoidentificação, fatalmente tenta-se, de forma oculta, usar as pessoas, distorcendo o que nomeia de "amor". É preciso estar identificado com o seu Eu Verdadeiro, na realidade do "agora", para que, mesmo em ciclos de vida aparentemente ruins, prevaleça a animação pacífica e harmoniosa de uma vida que vale a pena viver.

◆ ◆ ◆

## PW 247 – IMAGENS DE MASSAS NA TRADIÇÃO JUDAICO-CRISTÃ

Houve uma época em que os judeus eram os únicos a adotar uma crença monoteísta, procurando seguir os mandamentos e as Leis de Deus. Como Jesus Cristo manifestava a verdadeira Realidade

Divina, Ele poderia encarnar somente entre o povo que adorava esse Deus. Mas essa bela realidade passou a se desintegrar por orgulho, arrogância e superioridade contra quem não pertencia à comunidade e à fé judaica. Os judeus viam-se por cima tanto de pagãos quanto de cristãos, pois enxergavam a si mesmos como a aristocracia da família humana. Continuar acreditando ao pé da letra na antiga tradição judia de "olho por olho e dente por dente" não é compatível com o que Cristo ensina, levando-os a excluí-Lo sem reconhecer todo o Seu amor, verdade, sabedoria e serviço em nome do Criador.

Entretanto também o cristianismo aos poucos se deturpou, passando a se identificar com uma moralidade rígida, sofrimento e negação dos sentimentos, da sexualidade e da autonomia, aniquilando energias e valores humanos intrínsecos. É esta a principal imagem de massas da religião cristã, consequência de muitas imagens pessoais semelhantes. A pseudossolução do "cristão rebelde" é revoltar-se contra tudo o que é vinculado a Cristo ou mesmo a Deus, negando também o Seu amor e poder. Ele teme que, ao inquirir-se da sua falta de fé, possa vir a se tornar um "cristão submisso". Este, por sua vez, não ousa nem mesmo avaliar a essência por trás dessas tradições. Evita questionar a doutrina repassada por seus pais e outras autoridades, temendo perder a fé nas belas verdades cristãs de amor e bondade. Tanto o revoltado quanto o submisso vivem divididos em profundas culpas e dúvidas interiores.

O sofrimento do mundo é provocado por ideias inflexíveis de pessoas que se recusam a abandonar os seus hábitos por comodismo. É por aí que as forças do mal têm acesso e as lançam na destrutividade. A constante cadeia de causa e efeito, do carma negativo que reverbera a repetição infindável de fatos indesejáveis, só pode ser quebrada sentindo a dor da culpa real. Esse processo nunca é debilitante e sempre leva à unidade para consigo mesmo, com os outros e com Deus. A inverdade e a separação geram hostilidades e guerras, produzindo falsas dualidades que parecem se excluir mutuamente. Quem é alguma coisa em contraposição à outra exagera e, portanto, não pode ser aquela em seu melhor sentido. Por isso muitos dos que se orgulham de não serem voltados a Deus, negando a possibilidade da existência de Cristo, revelam uma teimosia arrogante e um falso individualismo exclusivista quando analisados mais de perto.

A sociedade humana precisa enfatizar a prática da purificação e da libertação do indivíduo pela dissolução das suas falsas imagens. Elas são os maiores obstáculos para o desenvolvimento da consciência. Quanto mais pessoas conseguirem eliminar esses bloqueios, purificando as suas almas, tanto mais a humanidade como um todo estará pronta para uma Nova Era. Quem é de fato livre não se interessa em sustentar ou negar algo, não está preso à nacionalidade, partido político, raça ou credo. Simplesmente adota o compromisso firme de deixar fluir a verdade, com uma visão alegre e tranquila, sem dissensão ou separação. Toda inimizade pode ser resolvida quando houver um desejo real de ser verdadeiro em um nível mais profundo. Encontrar a unidade por trás da diversidade significa alcançar a maturidade, cujo resultado é a paz, o amor e a verdade, elementos do destino inato deste mundo.

# MÓDULO III - TRÍADES EXISTENCIAIS E O INCONSCIENTE

Razão, emoção e vontade são os tipos básicos das personalidades. A perfeição da razão é a sabedoria, da emoção é o amor e da vontade é a coragem. A forma ideal é equilibrada, o que não significa que a proporção delas deva ser igual. Mas a alma humana não é tão simples, atributos positivos podem derivar de motivações negativas e vice-versa, havendo também quem distorça e mascare a sua Verdadeira Natureza. A maior dificuldade do homem é a tendência a se enganar. Encarar a realidade significa ser capaz de se ver de frente, inclusive as suas imperfeições. Não existe método fácil ou fórmula milagrosa para a felicidade, o preço a pagar é o da total dedicação, paciência e nenhum autoengano. É necessário abandonar as máscaras para encarar o seu eu inferior com otimismo, humildade e curiosidade, sabedor de que sob essas camadas vive um Eu Superior de enorme poder, seu Eu Real. Isso é feito pela auto-observação, com ajuda e orientação espiritual. Elas virão para quem se dispor à purificação verdadeira, pois ninguém pode lutar sozinho contra o eu inferior.

Orgulho, medo e obstinação são os três impedimentos básicos para a perfeição, negatividades respectivas principais das personalidades razão, emoção e vontade. O obstinado em seus desejos não leva em conta os prejuízos que pode causar aos outros e a si mesmo. O orgulhoso se considera mais importante do que os demais, tanto por sua vaidade exacerbada, quanto para obter vantagens indevidas. Ambos temem que a sua almejada gratificação não venha. Eles nunca encontrarão paz até trabalharem profundamente as suas emoções, ao invés de negá-las. Persistindo confiantes, chegará o dia em que seus sentimentos irão mudar. A autoconfiança verdadeira é intuitiva, calma e paciente, vem sem culpa ou orgulho, superioridade ou dúvida. Mas esse aspecto do Eu Real é frequentemente sobreposto por uma corrente de força tensa, compulsiva e emocional, envolta pela necessidade de aprovação e admiração. É preciso saber que ninguém é infeliz se o seu desejo não se cumprir, se os outros discordarem, não o amarem ou não o admirarem. O homem impõe muitos óbices à verdade e ao amor, enxergá-los é o maior passo em direção à felicidade. O "repressor" do amor limita a sua afeição para barrar as exigências do outro, produzindo isolamento e agressividade. O "superior" ao amor dirige preconceitos a quem se convenceu a olhar com desdém, temendo ser diferente daquele que idolatra. O "faminto" por amor apavora-se com a rejeição, não percebendo as suas reais necessidades, o que o faz coagir o outro, ao invés de se entregar.

Há pais que não ousam impor limites e mimam seus filhos em excesso, enquanto outros são severos e exigentes demais. Eles acabam conduzindo seus relacionamentos futuros por imagens criadas na infância. Há um círculo vicioso que opera na alma humana, no nível das emoções inconscientes. A frustração da criança frente à ausência de um amor maduro dos pais alimenta seu sentimento de rejeição, que se transforma em mágoa e hostilidade. A culpa por odiar quem mais ama a convence de não ser digna do que é bom e prazeroso na vida. Para evitar a condenação externa que teme, essa pessoa faz uma escolha inconsciente pela autopunição. E o que é ainda pior, para tentar remediar o castigo, ela se impõe padrões impossíveis. O círculo vicioso se fecha em seu frustrado clamor inconsciente por reconhecimento pelos pesados esforços que faz pela perfeição. Muito do que o homem nomeia como "destino" se deve a eventos gerados em seu inconsciente. Mas ele não abriga apenas conclusões erradas e imagens negativas, senão também elementos da maior sabedoria, criatividade e amor. Todos se relacionam em um nível inconsciente, compreendê-lo é uma libertação revolucionária, o verdadeiro alicerce para a paz.

◆ ◆ ◆

## PW 14 – O EU SUPERIOR, O EU INFERIOR E A MÁSCARA

Todos possuem não apenas um corpo físico, mas também vários corpos sutis, cada um deles representando algo. Não somente os pensamentos, mas também os sentimentos interiores criam formas espirituais, pois eles são como "pensamentos não pensados". Tanto o corpo físico quanto os corpos sutis emanam auras vibrantes. A aura do corpo físico mostra a saúde ou a doença daquela biologia e as demais condições do ser encarnado, enquanto as auras dos corpos sutis refletem as suas reações intelectuais, emocionais e espirituais. Cada ser vivo é dotado de um Eu Superior ou Centelha Divina, o mais delicado e mais radiante dos corpos sutis, mas que foi cercado lenta e gradualmente por diversas camadas mais densas que formam o seu eu inferior. Este consiste não apenas de defeitos comuns e fraquezas individuais, mas também de ignorância e preguiça. Ele odeia mudar e superar-se, deseja as coisas à sua maneira com enorme teimosia, mas não quer pagar o preço dessa afirmação. É muito egoísta e orgulhoso e tem grande vaidade pessoal. Quando mensagens do Eu Superior são contaminadas pelo eu inferior, a alma se desorganiza e o seu portador adoece emocionalmente, às vezes até fisicamente.

Existe outra camada, denominada de máscara, cujo significado os seres humanos têm muita dificuldade em reconhecer. A máscara é criada quando uma pessoa percebe que pode entrar em conflito com o mundo se ceder ao seu eu inferior, mas ainda não se vê disposta a pagar o preço de eliminá-lo. Ela pode, por exemplo, querer algo egoísta, porém sem admitir seu egoísmo, passando a racionalizar esse desejo e a se enganar em relação a ele. O eu inferior ordena que ela seja totalmente impiedosa, mas caso se deixe levar por isso, sabe que irá perder a valiosa estima do outro. Ao invés de superar seu egoísmo por meio de um lento processo de desenvolvimento, essa pessoa frequentemente age como se já não fosse egoísta. Seu recuo em público e a sua generosidade são apenas uma farsa. Ela tenta acreditar em seu altruísmo, enganando, escondendo e recusando-se a ver os seus reais sentimentos. Assim, a raiz maléfica do eu inferior acaba aprofundando em seu inconsciente, onde fermenta e cria formas, produzindo efeitos que não podem ser eliminados enquanto não houver clareza da sua farsa. Quando as pessoas estão emocionalmente enfermas, é sempre um sinal de que uma máscara foi criada.

Ser verdadeiro jamais significa simplesmente ceder ou usar seu eu inferior ou máscara sem ter consciência deles. É preciso encará-los, sabedor que sob essas camadas vive um Eu Superior com todo o poder, seu Eu Real, perfeição que aguarda ser libertada para crescer. Para isso é necessário primeiro treinar o olho interior, vendo-se e os outros desse ponto de vista, o que é mais fácil quanto maior o Despertar Espiritual. Ao entrar em contato com seu Eu Superior, dada à intuição adquirida, haverá uma clara percepção das manifestações desagradáveis da máscara, não importa quão satisfatória ela possa parecer. Restará, então, penetrar nas camadas subconscientes da personalidade com essas verdades, até que toda a resistência seja superada. As Forças Divinas se fazem mais presentes na medida em que a pessoa é absolutamente honesta consigo mesma. É necessário abandonar as máscaras e começar a encarar seu eu inferior com coragem, otimismo, humildade e curiosidade. Isso é feito pela auto-observação, testando-se diariamente, buscando ver sempre o quanto as suas correntes internas desviam-se do que deseja que sejam. Se houver interesse real em purificar-se, não apenas se livrar das consequências desagradáveis mais visíveis, virão ajuda e orientação espiritual, porque ninguém pode lutar sozinho contra o eu inferior.

◆ ◆ ◆

## PW 25 – PASSOS INICIAIS NO CAMINHO DO DESENVOLVIMENTO PESSOAL

Todos podem agir com amabilidade, mas não conseguirão se obrigar a sentir amor, assim como a ter fé verdadeira em Deus. Aquilo que diz respeito às emoções e aos sentimentos não se altera diretamente pela vontade, por atos, nem mesmo por pensamentos, senão através de um lento processo de autotransformação. Já é muito que pessoas de desenvolvimento espiritual inferior se privem de cometer ações odiosas, mas isso não basta para as demais. A grande dificuldade do homem é a tendência que tem de enganar a si mesmo. Encarar a realidade significa ser capaz de se ver como é de fato, com todas as suas imperfeições. Sem essa atitude, jamais haverá um desenvolvimento verdadeiro. Este caminho não garante aperfeiçoamentos constantes e suaves, não é um conto de fadas, é a realidade mais grosseira, a realidade total. Mas ela não é apenas dura, difícil e sombria, é também muito mais bela que a imaginação utilizada para escapar do que parece desagradável. Ao entrar neste caminho deve-se estar preparado para pagar um preço, como qualquer escolha na vida, que aqui é o da total dedicação, paciência, coragem e nada de autoengano. Os benefícios serão muito maiores, mas os melhores frutos serão colhidos apenas após muitos anos de trabalho. Nesse tempo será preciso reordenar as correntes interiores e dissolver as imagens erradas, responsáveis diretas pelos conflitos. Estas são palavras que a pessoa autoindulgente não gosta de ouvir, mas não existe método fácil ou fórmula milagrosa para conseguir a felicidade.

Este caminho de desenvolvimento pessoal tem valor eterno, não pode ser evitado e nunca é tarde demais para começar. Trata-se de conquistar seu eu inferior, o que se passa em três frentes distintas, porém relacionadas e muitas vezes paralelas. Inicia-se pelo reconhecimento de falhas e qualidades visíveis no comportamento exterior; depois na camada do eu máscara, da qual o homem não tem ciência apenas porque foge dela, na ilusão de se livrar de sentimentos que não consegue lidar, negando-os ou falseando-os; e finaliza-se na mente inconsciente que o domina sem que ele a perceba. É necessário se preparar para uma longa luta interior entre seu eu inferior e seu Eu Superior. Este quer ser perfeito por amor à vida, à Deus, pela iluminação, sabendo que apenas através do aperfeiçoamento pessoal pode ser realmente capaz de amar a si e ao outro. O eu inferior - que todos também têm - quer ser perfeito para aumentar a gratificação do ego, para encher-se de orgulho e ser admirado. Ambos, portanto, desejam a perfeição, mas com motivações totalmente diferentes. É da maior importância para a purificação da personalidade, para a saúde e harmonia da alma, identificar essas motivações, viabilizando separar a sua Voz Interior de ruídos que nunca devem ser subestimados.

O eu inferior pode enviar mensagens para bloquear este caminho, do tipo "não acredito nisso", "não é necessário", "estou cansado", "não tenho tempo". Não se deve negar a força dele, que durante um longo período não estará pronto para desistir da sua preguiça, defeitos e ressentimentos. Procure, muito tranquilamente, dizer-se algo assim em suas meditações e orações: "É desse jeito que eu sou agora. Pelo menos um pedaço de mim é assim, e ele não me agrada. Mas quero acolhê-lo como parte do meu ser, sabendo que não posso mudá-lo sem ouvi-lo. Sei que o que virá à tona não é o meu Ser Total e que só posso transformá-lo com ajuda espiritual. Para me tornar o que quero ser, preciso encarar o que há dentro de mim, sem medo, vergonha ou vaidade". Através desse processo de verdadeira humildade aprende-se a aceitar-se como o ser imperfeito que ainda é, afastando culpas destrutivas sem se punir. A auto-observação e a honestidade permanentes terão um efeito surpreendente, antes mesmo de atingir a perfeição do aspecto específico. É assim que, muito gradualmente, os sentimentos também irão mudar.

◆ ◆ ◆

## PW 29 – ATITUDES ATIVAS E PASSIVAS E A VONTADE DE DEUS

Para o homem sempre surge a questão de saber quando assumir uma atitude ativa ou passiva na sua vida. Os casos em que as circunstâncias ou as outras pessoas não podem ser mudadas sugerem a aplicação de forças passivas. Significa aceitar com humildade as imperfeições da esfera terrestre, o que não quer dizer que elas devam continuar como estão. Mas a tendência humana é se revoltar quando as manifestações não ocorrem como é da sua vontade. Para adotar a atitude adequada é importante saber o que se passa por trás das emoções. Todas elas, sejam boas ou ruins, via de regra trazem um desejo consigo. Ressentimentos, medo e ódio se sustentam por desejos negativos, cuja atividade precisa ser bloqueada, ao contrário dos desejos positivos, como aprender a amar, ser honesto e superar as suas fraquezas.

Ao sentir uma emoção desagradável, não a justifique pelos erros dos outros, mas se pergunte o que de fato deseja quando se sente assim. Por mais que os outros estejam errados, as emoções ruins sempre contêm uma premissa falsa própria. A persistência em observar-se desse ponto de vista fará desse hábito a sua segunda natureza, sem o qual não irá mais querer ficar. Observar bem de perto onde seria melhor usar a força passiva ao invés da força ativa, ou o oposto, é parte essencial da limpeza diária da alma. As pessoas muitas vezes querem coisas impossíveis, que não podem coexistir juntas, cujo preço não estão dispostas a pagar ou mesmo sabem não serem boas para elas. O único meio de descobrir a resposta verdadeira é através do exame das suas motivações, sem autoindulgência e com total e implacável honestidade.

Deus não deseja ver seus filhos como marionetes, dependentes de um conceito infantil distorcido da Divindade. Este é um pressuposto falso, tantas vezes usado para caracterizar a força passiva. Esta exige muito trabalho de autoconhecimento para se sustentar com autoconfiança serena, necessária para que não se confunda com omissão ou procrastinação. Deus permite a cada um arbitrar livremente a sua vida, se ela se torna uma confusão, a própria pessoa precisa mudar primeiro, não os outros ou as circunstâncias, embora isto também seja a consequência natural à reboque. Após se livrar das máscaras, a Vontade de Deus irá se delinear com clareza para examinar o seu Eu Interior. Seus desejos devem ser levados à consciência sem que escorreguem de volta ao inconsciente. Avalie seu significado, repercussões e consequências. A mais grave e frequente violação das Leis Espirituais é o desprezo do homem por viver na verdade.

É importante ser honesto e não mentir, mas mentir para si mesmo é quase sempre mais perigoso e prejudicial do que para os outros. A falta de consciência da máscara, usada para justificar posturas que não passariam no crivo de uma autoanálise mais profunda, só se mantém porque a própria pessoa deseja estar distante da verdade que poderia incomodá-la. Essa grave violação a afasta de Deus, trazendo infelicidades e criando conflitos os mais diversos. Derrubar as paredes que a isolam em seu mundo imaginário representa uma luta desagradável no início, mas produz enorme alívio depois de tombadas as primeiras pedras. Todos que desejam cumprir da melhor maneira com a sua tarefa devem voltar a vontade interior para essa finalidade, sem pressão ou açodamento. Os obstáculos aparentes podem ser encarados como um meio de crescer mais depressa, de aprender a ser humilde e a aceitar o que o seu eu não pode alterar. A vontade exterior precisa ser firme, mas flexível, disponível às mudanças. As guerras e doenças só irão acabar quando não houver mais ressentimentos, ódio e medo na alma humana. Este é o único alicerce perene da paz, um processo que se inicia e se fortalece no íntimo de cada um.

♦ ♦ ♦

## PW 30 – OBSTINAÇÃO, ORGULHO E MEDO

Obstinação, orgulho e medo são os três impedimentos básicos para a perfeição. Todos eles estão em todos, em maior ou menor grau. O propósito de uma vida não deve ser apenas sentir e exercer a sua Luz Essencial, seu Eu Superior, mas também transformar as artimanhas do eu inferior. Isso exige reconhecer profundamente a sua existência, intensidade e interação. É da escolha pessoal de cada um fazê-lo, não pode haver uma real aproximação de Deus se não for pelo livre-arbítrio. Quando há obstinação nos desejos do ego imaturo, a pessoa não leva em conta os prejuízos que pode causar. Sua vontade cega e obcecada desconsidera as Leis Espirituais. Em um criminoso isso é muito evidente, ele As menospreza tanto quanto as leis humanas. Esse extremo não se aplica à maioria das pessoas de modo tão óbvio. A obstinação diz respeito às correntes emocionais deturpadas da vontade, ainda que não concretizadas por atitudes diretas. Elas são muito potentes, principalmente quando subconscientes, pois trazem consigo o medo de que seus desejos não sejam preenchidos. No entanto isso não passa despercebido pelo seu Eu Superior, avivando um conflito interno até que a vontade do ego imaturo seja eliminada.

A conexão entre obstinação e orgulho é muito óbvia. O orgulho significa que a pessoa se considera mais importante do que a outra, não apenas por sua avidez em obter certas vantagens de qualquer maneira, mas também no sentido da vaidade. Se alguém sente que a humilhação do outro é menos importante que a sua, ele tem muito orgulho. Mas quem não se sente assim? Apenas ao aprender a estar mais desapegado da sua vaidade será possível finalmente ter as mesmas reações emocionais tanto ao que se passa consigo, quanto com o outro. É isso que significa "amar o próximo como a si mesmo", sentir de modo diferente viola a Lei Espiritual da Fraternidade. Naturalmente não é recomendável sair por aí se passando por algo que não é de fato. Cada um precisa aprender a não se considerar tão espetacular. No mesmo momento em que, por orgulho e vaidade, a pessoa se dá tal importância, ela teme que a sua almejada gratificação não seja reconhecida. É preciso desistir emocionalmente do desejo de se ver em um nível mais elevado do que o outro. Só assim esse conflito e o seu medo inerente irão cessar.

A maioria das pessoas nem nota as oportunidades diárias de autoconhecimento e purificação que deixam escapar. Sentimentos desconfortáveis são rapidamente justificados pelas faltas e imperfeições dos outros ou por explicações genéricas de que não têm tempo, estão muito preocupadas ou de mau humor. Mas todas as vezes em que há um conflito emocional, nelas mesmas também há medo, orgulho ou obstinação. Enquanto o homem estiver preso a essa armadilha não será feliz. Não se trata da falsa "felicidade" obtida por realizar a vontade do ego imaturo, mas da felicidade real trazida pelo caminho de autopurificação. Ao pedir por força e iluminação, não o faça somente para o próprio bem, mas para se tornar uma fonte de dar e servir. O propósito último não é a sua felicidade, mas o serviço que oferece e o que isso significa aos outros. Mantenha-se em seu trabalho honesto de autodesenvolvimento, sem se enganar ao perceber quão longe as suas emoções ainda estão da sua prece. Chegará o dia em que os seus sentimentos também irão mudar. Em função do mérito individual, não há quem não receba alguma guiança dos Mundos Divinos, principalmente quando adormece. No entanto, são raras as vezes em que há alguma intervenção espiritual autônoma que induza a pessoa a distinguir o certo do errado, a verdade da mentira. É preciso que cada um, em seu trabalho pessoal de desenvolvimento e purificação, descubra por seu próprio esforço.

◆ ◆ ◆

## PW 43 – PERSONALIDADES BÁSICAS: RAZÃO, EMOÇÃO E VONTADE

De modo a fazer melhor uso das oportunidades que a vida oferece para se unir ao outro com humildade e amor, deixando de lado o orgulho do ego, é muito importante conhecer a sua personalidade básica e a do outro. Elas são do tipo razão, emoção ou vontade, embora sempre exista uma mistura. A perfeição da razão é a sabedoria, da emoção o amor e da vontade a coragem. A forma ideal é equilibrada, o que não significa que a proporção dos tipos seja igual. Mas a alma humana não é tão simples, a pessoa pode possuir um atributo positivo originado de uma motivação ou corrente negativa e vice-versa. A coragem, por exemplo, costuma ser ativada pelo medo, levando a inúmeras distorções. Cada um tem um tipo principal de personalidade, porém com frequência ela flui por canais errados. Há também quem a distorça apenas em certos aspectos ou a mascare, invertendo a sua natureza. É o caso de alguns de personalidade eminentemente emocional que, embora pareçam muito calmos e controlados, por dentro são como um barril de pólvora. Eles não encontrarão paz até levarem as suas emoções ao equilíbrio da razão, ao invés de negá-las.

O tipo razão, que exagera essa sua natureza, acaba negligenciando as emoções. Essa personalidade distorcida as teme e as bloqueia, desconfiando da intuição por lhe parecer algo muito intangível. Orgulhosa do seu processo de raciocínio, comumente despreza secretamente a pessoa emocional. Sua vontade, necessariamente egoísta pelo isolamento que se impõe, é aplicada para deduções racionais, mas que levam em pouca conta as emoções e a intuição envolvidas. Frequentemente manipula a própria vontade de forma premeditada e muito cautelosa, o que a faz perder diversas experiências por orgulho e medo, buscando evitar lidar com situações emocionais que possam lhe causar embaraços.

O tipo emocional distorcido se orgulha do seu "sentir", rotulando o tipo razão como insensível. Essa pessoa é comumente arrastada por emoções, como se navegasse à deriva em uma forte tempestade. A tentação de ceder a elas é relativamente controlável no início, mas se torna muito difícil de conter após a chama ser deflagrada. Ela não apenas perde o controle de si mesma, como também fica cega para o que é de fato real e importante. Uma vez que é apanhada por sua própria torrente desenfreada, não pode evitar ser egoísta e destrutiva. Em seu descomedimento, o tipo emocional usa a vontade sem planejar e deliberar de modo responsável e consciente, não usufruindo da intuição sadia e construtiva, mas de instintos básicos do calor do momento. A pessoa muito emocional se nega a controlar e a treinar a sua natureza, imaginando assim se tornar uma farsa e perder o seu "trunfo". Muitas vezes, porém, ela mesma se finge de vítima para ter o que quer, ainda que negue, fazendo parecer "verdadeiro" o que sente em seus desatinos.

O tipo vontade é um caso à parte, sem ela não há força ativa suficiente para a criação plena. No entanto, a vontade precisa ser uma serva, nunca uma senhora, podendo se tornar muito danosa às realizações caso essa tendência não seja reconhecida a tempo. Na distorção, esse tipo se considera superior aos demais, novamente de forma subconsciente. Pensa ou sente que o tipo razão é um teórico dependente e o tipo emocional é ainda mais desprezível, porque realiza menos. Sua vontade obstinada tende a deixá-lo muito impaciente, tornando-o rígido a ponto de perder o bom senso do valor real das coisas. O tipo que exagera na vontade aceita as emoções apenas se puder dominá-las, enquanto elas servem aos seus objetivos, assim como faz com a razão. Precisará compreender que a vontade deve servir, de forma equilibrada, tanto aos processos racionais quanto às faculdades emocionais e intuitivas. Somente com paciência no raciocínio e uma natureza emocional saudável pode-se facultar à vontade ir ao encontro do que é de fato necessário para lograr um sucesso perene.

◆ ◆ ◆

## PW 50 – O CÍRCULO VICIOSO

Há um círculo vicioso inconsciente que opera na alma humana no nível das emoções, sendo suscitado na infância, quando as imagens são formadas. A criança deseja e necessita ser amada, se existisse quem fosse capaz de proporcionar a ela algo próximo do Amor Divino, seus conflitos não emergiriam. Mas cada um traz na alma os seus males e eles não podem ser resolvidos senão por si mesmo, daí a importância do ambiente de imperfeições da Terra para tal realização. A criança clama de forma egoísta por um amor só para si, sem querer partilhá-lo com ninguém. Se, por este lado, ela deseja que cada genitor ou substituto a ame de forma exclusiva, por outro, ela também sofre se seus pais não se amam, contradição que se torna o seu conflito inicial. Sempre que é proibida de fazer o que quer, a frustração acaba referendando seu sentimento de rejeição, que se transforma em mágoa, hostilidade e ódio. Mas odiar quem mais ama a faz se sentir envergonhada e culpada, produzindo um novo conflito que ela tenta negar e esconder, migrando-o para seu subconsciente. Sua culpa tem uma reação maior e outra vez inevitável, na qual inconscientemente clama por punição. Surge, então, mais um conflito, pois ao se sentir bem e feliz, acompanha-lhe uma sutil sensação de não merecimento a azedar o seu prazer. Culpar-se por odiar quem mais ama a convence de que ela não é digna do que é bom, alegre e prazeroso no decorrer da sua vida.

Imaginando reduzir a punição externa por tais sensações que condena em si mesma, essa pessoa acaba fazendo uma escolha inconsciente pela autopunição como compensação, levando-a a frequentes e desnecessárias dificuldades na vida. Segue-se que para minimizar o castigo e reconquistar o direito por uma vida boa, ela se estabelece padrões impossíveis de alcançar. É assim que cria uma segunda consciência que se sobrepõe à única Consciência Verdadeira, seu Eu Superior. Tudo isso é ampliado pela separatividade que a faz imaginar e invejar o possível sucesso dos outros com essa abordagem. A consciência sobreposta é orgulhosa demais para perceber que ainda não pode ser perfeita e que há outras pessoas mais desenvolvidas do que ela em algumas áreas. O círculo vicioso se fecha em seu clamor inconsciente pelo reconhecimento dos pesados esforços que faz pela perfeição, contaminando com frustração e amargura os seus relacionamentos de uma forma geral. À medida que a vida passa, sua necessidade de ser amada e admirada torna-se ainda mais compulsiva, avivando problemas e conflitos. As Leis Espirituais são sempre justas e equilibradas, o que é entregue para o exterior flui de volta. Se os motivos para o amor foram deturpados para provar algo, ele é limitado, nunca trazendo o retorno que se espera. Mesmo que essa pessoa encontre alguém mais maduro para amar, ele será atraído por tais qualidades vibratórias, limitando a potência desse amor.

Apenas quando desejar amar de modo maduro e saudável, sem encobrir motivos doentios, o Amor Verdadeiro poderá vir. Da criança não se pode esperar que assuma esse risco, mas do adulto, sim. É preciso aprender a ser tolerante com as emoções negativas, compreendendo-as para descobrir onde se desviou em suas tendências, exigências e desejos. É por trazer as reações emocionais à consciência, sem se punir por isso, que torna possível se apropriar dessa percepção. A alma humana contém, em seu âmago, toda a verdade e sabedoria. Na vida ocorrem situações que parecem um castigo, contudo elas são o remédio, a oportunidade para poder chegar a um ponto de inflexão da direção interior. É esta a única forma de se liberar das conclusões errôneas, dos altos padrões compulsivos que fazem com que as pessoas não se sintam dignas da felicidade e do amor que Deus deseja a todos.

◆ ◆ ◆

## PW 73 – A COMPULSÃO EM RECRIAR AS FERIDAS DA INFÂNCIA

Todas as crianças desejam ser amadas, mas quase sempre de forma exclusiva e sem limites, o que é irreal. Contudo, é também verdade que elas estariam plenamente satisfeitas com um amor maduro e verdadeiro. Como raramente o recebem em suficiência, continuam carentes ao longo da vida, até que a sua falta e mágoa sejam reconhecidas e bem trabalhadas mais tarde. As crianças não têm meios de transformá-las, não sabem que pode existir algo mais, acreditam que é assim que deve ser. Em situações extremas sentem-se isoladas, imaginando que só elas sofrem daquela dor. Ambas as tratativas, por ignorarem a sua causa real, não permitem resolver emocionalmente a questão. A guiança e a segurança dos pais são necessárias, sendo determinante que eles exerçam sua autoridade de forma saudável. As crianças percebem a diferença do amor genuíno e maduro daquele imaturo e cheio de demonstrações compensatórias oferecidas em seu lugar. Há pais que mimam em excesso ou que não ousam impor limites aos filhos, por se sentirem culpados da sua incapacidade de dar Amor Real. Outros são severos e exigentes demais, exercendo uma autoridade dominadora que impede o desenvolvimento da individualidade deles. Ambos estão em falta e tais atitudes deixam feridas nas crianças das quais elas se defendem como podem, atenuando e recriando emoções, algo que se torna um fardo no futuro se não desmistificadas.

Não importa o quanto as pessoas possam amar seus pais ou substitutos, existem sentimentos inconscientes que as impedem de perdoar-los inteiramente. Será preciso reconhecer a mágoa e os ressentimentos ocultos, vendo-os como seres humanos que podem ter sofrido problemas semelhantes. Se não for assim, haverá uma forte compulsão inconsciente para reproduzir as dores da infância, em sua busca de pôr fim a elas. Sem nem mesmo perceberem, elas sutilmente procuram por aspectos dos pais em parceiros, amigos e em suas demais relações, tanto daquele que não as corresponderam em afeição e Amor Real, quanto do que supriu as suas demandas. Tomará muito tempo e trabalho para desenterrar essas emoções, elas sempre levam a situações cujo objetivo secreto é remediar o que lhes faltou na infância. É preciso que saibam que mesmo com a imaturidade e incapacidade atual dos seus relacionamentos, é possível construí-los mais maduros, livres da compulsão infantil de recriar e corrigir o passado. Será necessário permitir que as emoções emerjam, reexperimentando a falta, a dor e o choro da criança de outrora. Isso é necessário também para quem foi uma criança feliz, pois mesmo os poucos momentos de dor acabam registrados em suas memórias e devem ser compreendidos e liberados.

Para conseguir experimentar de forma consciente as antigas feridas, é preciso tomar os eventos atuais sem as camadas de reações construídas em consequência delas. A primeira é a de racionalização que "prova" que os outros ou as situações estão errados, não os seus conflitos interiores; a segunda são as suas mágoas, ressentimentos e frustrações projetados em resposta. Por trás dessas reações está a ferida pela percepção da ausência de amor. Quando as associar ao seu problema atual, comparando-a à dor da infância, ficará claro como ambas têm o mesmo denominador. O homem tem a falsa crença de que, ao ignorar a dor, possa fazê-la desaparecer. Mas apenas ao experimentar essas emoções, sincronizando o "antes" com o "agora", terá consciência de como sutilmente e compulsivamente tenta "sanar" sua ferida infantil sem nem mesmo saber que ela existe. Mais ainda, verá a inutilidade do desejo inconsciente de recriá-la para mais outra tentativa frustrante de vencê-la. Apenas ao examinar as suas ações e reações com essa nova compreensão e "insight", será possível libertar os seus pais e a si mesmo dessa culpa, deixando as reações infantis para trás para começar uma vida infinitamente mais construtiva. Não precisará se sentir tão amado como antes, experimentando amar de uma maneira diferente. Dará, antes, amor, ao invés de ficar esperando por ele, que virá naturalmente a seu tempo, como é da Lei Divina.

◆ ◆ ◆

## PW 77 – AUTOCONFIANÇA:

# ORIGEM E IMPEDIMENTOS

Autoconfiança é a plena manifestação da natureza intuitiva, quando não há indecisão nem desconfiança. Mas esse aspecto do Eu Real é frequentemente sobreposto por uma corrente de força tensa, compulsiva e emocional. Ela se origina do surrupio do desejo natural e humano de ser feliz, posto em segundo plano em troca da busca por aprovação e admiração. A ameaça a essa inconsciente imposição infantil é sempre caso de vida ou morte. São conceitos profundos que se tornam mais difíceis de desenterrar à medida que o intelecto conflita com as emoções escondidas, sendo também mais potentes quanto menos consciência houver a respeito. Abrir-se à possibilidade de que possa prevalecer outra vontade distinta da sua é a chave para se libertar da corrente de força. Ninguém é infeliz quando o seu desejo não se cumpre, se os outros discordam, não o amam, não o admiram ou se têm falhas que lhes parecem intoleráveis. Também não é verdade ser impossível obter o necessário, que nunca será amado ou que o mundo o proíbe de usufruir o melhor da vida. Igualmente não é preciso suplicar, chorar, submeter-se, vender a alma por isso ou se defender contra um possível fracasso.

Forçar o outro a amá-lo para se sentir confiante e feliz combina as três atitudes básicas da corrente de força: a submissão, a hostilidade e a retirada. Na atitude de submissão, a pessoa despreza as suas opiniões, não se posiciona, não se defende, sempre se colocando em desvantagem, perdendo dignidade e respeito próprio. O submisso abre mão do que é e do que teme, com o objetivo de chantagear o outro a amá-lo. Sua subserviência tenta se passar como altruísmo, sacrifício e "amor", mas é enorme a diferença de conteúdo interior. Na atitude hostil, a pessoa usa o seu poder, egoísmo e impulsos cruéis para vencer o "inimigo" que sempre parece estar em seu caminho. Ela imagina ser a agressão o único meio de obter a felicidade que deseja. Ao antagonizar o outro, o induz a também se tornar hostil, revelando o "desafeto" que sanciona a sua conclusão errônea. Disfarçando o medo de ser dependente e de ser traída, luta sem se entregar à vontade do outro, às vezes de forma tão sutil que dificulta perceber quão agressiva é. A terceira atitude de forçar o outro a amá-lo é a de retirada. Nela ela busca se proteger da tragédia que se convenceu por não poder alcançar a felicidade, enganando-se que não deseja nada do outro, da vida, do mundo. Retirando-se para o seu isolamento na tentativa de evitar o abalo insuportável da derrota, deixa de perceber a terrível barganha que a faz vegetar sem qualquer experiência real de vida.

Frequentemente nos ressentimos no outro do que nos ressentimos em nós mesmos. Quanto mais abominamos o que nos irrita, mais o projetamos em alguém; e quanto mais o escondemos, mais o compensamos na direção oposta, o que só agrava o problema. Abrir mão da corrente de força exige ter ampla consciência dela e de seus motivos, permitindo que os sentimentos reais amadureçam e se manifestem. Para isso será preciso ir além da resposta geral, de que assim evitará a imagem do abismo, da infelicidade da criança interior. A obstinação emocional precisa ser revelada e desfeita, sem o temor de perder a sua armadura de proteção. Aos poucos as manifestações intuitivas se tornarão mais e mais presentes com espontaneidade, desinibição e harmonia. Dirá a coisa certa na hora certa e saberá quando se calar. Será relaxado e concentrado, consciente e desperto às suas demandas. Fará o necessário sem medo, preocupações ou frenesis. Irá julgar conforme a realidade, vendo as suas fraquezas e as do outro sem temê-las como ameaça pessoal e sem generalizar esse aspecto humano. A autoconfiança verdadeira é calma, vem sempre sem culpa ou orgulho, sem superioridade ou dúvida e não se importa em ser paciente.

◆ ◆ ◆

## PW 107 – TRÊS ASPECTOS QUE IMPEDEM O HOMEM DE AMAR

O homem procura fora de si por verdades, guiança e soluções para os seus problemas, mas as respostas mais confiáveis e realistas que pode obter estão dentro de si mesmo. Ele não as percebe nem as experimenta porque os seus sentidos foram embotados por defesas, medos, vergonhas e desejos urgentes, baseados em erros e confusão. A existência de barreiras e ruídos obstrutivos é particularmente reveladora em seus relacionamentos. Apenas ao se dispor a ir ao encontro do outro com amor, será possível se sentir de fato realizado e feliz, não importa o valor das suas demais atividades. A meditação é profícua para observar calmamente a tensão gerada por este "não" interior. Neste texto tal negação é considerada em seus aspectos, muitas vezes combinados, de "repressor", "superior" e "faminto" ao amor.

O "repressor" do amor teme ser forçado a fazer algo que não quer caso aja naturalmente. Acredita que a única forma de se proteger contra as exigências excessivas do outro é reprimindo a sua afeição por ele. Isso tem graves repercussões em sua psique, tanto pela paralisia gerada pela culpa, quanto pela agressividade das suas objeções. Só com amor é possível escolher recusar ou cumprir essas demandas sem que isso se transforme em mágoa. Mesmo antes de qualquer ação concreta, ter consciência disso já é suficiente para reduzi-las, pois elas são uma vazão inconsciente do amor que o outro também busca, ainda que ele igualmente não saiba.

O "superior" ao amor quer pertencer ao mesmo lugar "especial" em que põe aquele que idolatra. Ele não ousa ser o que é porque teme o desprezo do grupo ao qual quer se juntar. Seus preconceitos são dirigidos a quem se convenceu a olhar com desdém. Mas o mesmo desprezo que tem por quem considera mais fraco, também tem por si mesmo sempre que se vê agindo de forma semelhante, minando sua liberdade e o fazendo viver em constante tensão.

O "faminto" por amor sente a sua falta como uma enorme ameaça. Por compulsão em obtê-lo, acaba coagindo o outro, ao invés de se entregar. Sua doação não é livre, nem genuína, só sente um vazio que precisa ocupar. Apavorado com a rejeição, põe-se cego diante do outro. Falta-lhe calma para ver e sentir as suas reais necessidades. E mesmo quando o "amor" é preenchido, ele se desvanece no que era: apenas a compensação da sua menosvalia. Machuca demais a inabilidade infantil para suportar frustrações, pelo fato de ter tolhido o desenvolvimento da sua maturidade.

Toda essa carga de tensão precisa se tornar consciente. Apenas ao descobrir e experimentar as suas reações emocionais pouco razoáveis, aceitando-se como ser humano que é, com atitudes muitas vezes infantis, egoístas e míopes, será possível compreender os falsos conceitos por trás. A partir daí eles se dissolverão gradualmente, com o medo, a raiva, o desprezo e a piedade improdutiva pelo outro se transformando em compaixão. Isso irá torná-lo confiante para se relacionar, cooperando tanto em atitudes, quanto pela comunicação dos seus sentimentos verdadeiros. Vários acontecimentos e resultados intrigam quando as suas causas não são percebidas. Conhecendo-se melhor será natural descobri-las para muitos dos seus efeitos, o que trará liberdade e força. Enxergar as suas barreiras que o separam da verdade e do amor é o passo mais construtivo a ser dado em direção à felicidade.

◆ ◆ ◆

## PW 124 – A LINGUAGEM DO INCONSCIENTE

O que o homem nomeia como "destino" se deve, muito mais do que ele imagina, a eventos gerados em seu próprio inconsciente. As forças inconscientes são mais poderosas do que as da mente consciente, por serem mais difíceis de detectar e de controlar. Mas o inconsciente não abriga apenas conclusões erradas, congeladas em imagens negativas, senão o universo seria um caos. Nele habita também elementos construtivos, da maior sabedoria, criatividade e amor infinitos. Essas fontes de energia positiva podem ser alcançadas na medida em que os seus obstrutores são postos para fora. O universo pode ser explicado por duas correntes primárias, a do "sim" e a do "não". A primeira está em acordo com a verdade e usa a energia construtiva para gerar amor e unidade. A segunda compactua com a mentira, germinando ódio, desunião e destruição. Desânimo, indiferença, confusões e dramatizações, assim como a projeção da raiva contra quem o ajuda são manifestações da "corrente do não". Para alcançá-la será preciso ir às suas origens, aprendendo a interpretar a linguagem pessoal do inconsciente. É impossível resolver um problema quando se lida com o deslocamento dele.

A "corrente do sim", no entanto, frequentemente é mal utilizada para ocultar a "corrente do não", na ideia de que assim a eliminará, mas esta se dirige ao subterrâneo onde continua o seu trabalho. São forças que se opõem e levam a personalidade a uma tensão cada vez maior. Abolir esse curto circuito exige revelar a "corrente do não" e suas falsas premissas. Mas não basta compreender as imagens e os conceitos errôneos ou como eles vieram a existir na infância. Isso por si só não irá mudar as reações emocionais mais profundas. Elas podem ser impulsionadas pelo desejo infantil de não querer pagar o preço ou por um sentimento de não ser merecedor da felicidade. Seja o que for, é necessário observar e questionar as suas vagas e difusas impressões emocionais. Em toda fantasia há uma sensação sutil de que a vida deveria fornecer a realização idealizada sem exigir mudanças, ajustamentos ou renúncias, algo que é rígido e irreal. Todo desejo que se revela como um frenesi urgente prenuncia uma negação oculta à sua realização. Se não puder acontecer, muitas vezes pela letargia em reconhecer a "corrente do não", essa pessoa precisa saber que ele nunca é determinante à sua felicidade. Para isso a revisão diária é muito útil, ao focar na observação das suas reações emocionais e fantasias semiconscientes. A análise dos sonhos permite acessar camadas ainda mais profundas, embora exija a interpretação de uma linguagem mais complexa.

É preciso desafiar a parte petrificada do inconsciente, de modo que a "corrente do não" apareça menos disfarçada na superfície. Para que possa haver uma mudança concreta é necessário disciplinar o ego a ser vigilante e determinado, não permitindo que o hábito sorrateiro se instale outra vez. Desnudar tais restrições e inibições alivia a frustração e a dor sofridas na infância. Elas ainda fermentam e causam de forma inadvertida, em função das defesas destrutivas instituídas. Na medida em que obtiver sucesso na comunicação com o seu inconsciente, será estabelecida uma conexão com a parte dele mais profunda e sábia. Ao fazer isso com calmo desapego, será possível não só se comunicar conscientemente com ela, mas também com o inconsciente do outro. Todos os seres humanos se relacionam em níveis inconscientes, perceber o que os governa por trás das suas atitudes e fachadas é uma libertação revolucionária. Mal-entendidos, mágoas, medos e ameaças que tornam as relações tensas e defensivas deixarão de existir. Este, porém, é um desenvolvimento orgânico que não se sustenta na impaciência e na ilusão de que não é preciso trabalhar para que ocorra.

◆ ◆ ◆

## PW 165 – O DOMÍNIO DO SENTIMENTO PELA RAZÃO E PELA VONTADE

Todo organismo vivo que toma o curso do seu desenvolvimento precisa ter bastante consciência de si mesmo. Assumir-se como é, incluso o desagradável, consiste em um passo chave para a liberdade, para o encontro da Verdadeira Identidade. Pôr-se face-a-face com as próprias armadilhas, tão diligentemente ignoradas, é parte do progresso. Através de muitas vidas cada entidade aprende a desenvolver as faculdades da razão e da vontade, permitindo ver causa e efeito das suas ações e adquirir autodisciplina para não ceder aos impulsos destrutivos. Porém é dessa forma que também tem sido contido o reino dos sentimentos, a mais viva e criativa das faculdades. O ser humano o vem doutrinando há muito tempo, buscando manter sua destrutividade controlada. Teme os sentimentos porque eles se encontram, em parte, em um estado primitivo. Essa não foi uma escolha equivocada, foi necessária, pois eles se manifestavam de modo muito negativo e danoso. Mas inúmeras pessoas ainda se encontram vivendo quase que exclusivamente identificadas com a parte centralizadora da razão e da vontade, conduzindo-se pelo ego em detrimento do seu Eu Verdadeiro.

Isso explica a imensa ameaça experimentada quando os sentimentos reclamam presença nas encruzilhadas da vida. Para muitos a intimidação é tão grande que eles optam por seguir inflando as faculdades do ego, aumentando o poder de fogo da razão e da vontade contra os seus sentimentos. Mesmo várias das tentativas de pregar amor e espiritualidade têm tido pouco a ver com a verdadeira experiência emocional. Elas são apenas ideias e teorias, filosofia à qual aderem conceitualmente, sem as sentir de fato. Os escassos sentimentos que o ser humano médio experimenta são via de regra controlados, temperados e abordados de forma muito cautelosa. Para aqueles que trilham um caminho de significativa honestidade consigo mesmos, é chegada a hora de permiti-los em sua consciência, ao invés de dominar, limitar e conter os seus sentimentos. Deixando-os estar e observando-os sem medo, verão o quanto é fácil deliberar sobre a ação subsequente sem ser dominado por impulsos e compulsões. Isso só pode acontecer encarando-os de frente, inclusive sua dor e destrutividade. Quando os sentimentos são temidos, a vitalidade também se esvai, assim como a consciência da sua Natureza Divina.

Transformar a mágoa em acusação, ainda que de forma elaborada e com fatores verdadeiros sobre quem o feriu, é no máximo uma diminuta partícula do quadro total. Negá-la igualmente não resolve, senão para expandi-la em uma raiva artificial e exagerada. Este é o dano causado pela manipulação dos sentimentos que não quer suportar. É preciso aprender a acalmar a mente, pondo fim à agitada busca de adequar o evento que o machucou por imagens e teorias fixas. Deixe estar, sinta o que sente sem se obrigar a agir ou concluir a respeito. Essa experiência irá despertar seu maravilhoso Centro Espiritual sem ter que se ocupar com simulações, dogmas ou manifestações dependentes de circunstâncias externas. Quanto mais relaxado e atento "escutar" a natureza do seu sentimento, mais ele será o original, não a capa resultante da negação da verdade. Apenas através desse encontro é possível eliminar o entorpecimento, lentamente disseminado pelas faculdades da razão e da vontade, levando-o a agir como um robô. Ao se revoltar contra a dor ou negá-la, o homem evita a experiência cuja aceitação integral é necessária para crescer e escapar do sofrimento. Senti-la é premissa fundamental para que possa se tornar verdadeiramente saudável, forte e feliz.

◆ ◆ ◆

## PW 166 – PERCEPÇÃO, REAÇÃO E EXPRESSÃO

A meta de toda criatura é libertar o seu Espírito Eterno à plenitude da vida, mesmo que isso lhe seja inconsciente. Mas as pessoas em geral não querem sentir as poderosas emoções condensadas que as aprisionam. O Eu Espiritual tem todo o poder, no entanto Ele não pode se manifestar quando o organismo interior é temido e a sua expressão é negada e contida. Sem essa energia, a profundidade da experiência pela qual anseiam jamais poderá acontecer. Dessa forma todos os caminhos espirituais escolhidos como panaceia serão apenas mais uma decepção. É preciso tomar a decisão fundamental de vivenciar essas emoções, deixando-as aflorar para aprender a lidar com elas. Uma vez superada a relutância será possível ver como é perfeitamente factível controlar os sentimentos apenas pela decisão voluntária de trazê-los à superfície. Negá-los ou reprimi-los por muito tempo só os fará explodir a qualquer momento. Trazê-los à tona, quando e por quanto tempo desejar, irá mostrar que as suas emoções não são um poço sem fundo, mas a mais pura Energia Vital, transformada em fonte de bem-estar, alegria e prazer.

Além do medo dos sentimentos negativos, há muitas pessoas que deram as costas ao amor, ao desejo de contribuir positivamente à vida. Elas não querem entregar nada de si mesmas em um nível profundo e secreto da sua existência. Esse tipo de negatividade também impede a sua superação, além de tornar realmente muito perigoso vivenciar os sentimentos destrutivos. Quanto menos a vida lhes dá, porque não se doam a ela, mais ressentidas elas ficam e mais se recusam a doar-se. No cerne da questão está a crença de que a felicidade vem de recursos finitos, se opondo à do outro, o que as fazem temer empobrecer ao se doarem. A negatividade é, via de regra, uma defesa decorrente do trágico mal entendimento da dualidade, sempre subtraindo uma coisa da outra. A raiva e a angústia vão se tornando mais violentas, parecendo intermináveis enquanto o homem não se dispor a abrir mão dos seus ressentimentos, desistindo dos jogos desonestos e de pôr a culpa no outro. Esse comportamento é fruto da inviabilidade das suas expectativas descabidas por relacionamentos perfeitos, desconsiderando a legitimidade do real intercâmbio humano.

Os três pilares do "perceber, reagir e expressar", quando funcionam de modo verdadeiro, saudável e harmônico tornam os relacionamentos frutíferos e prazerosos. Mas é preciso aplicá-los a si em primeiro lugar, desembaraçando-se da autoimagem idealizada que insiste em viver à altura de padrões impossíveis. Quando a percepção é verdadeira, vê-se o bom e o mau em si mesmo, as reações deixam de ser dirigidas pela crosta de emoções represadas e a sua expressão torna-se cada vez mais positiva, abrangente e criativa. Grande parte da raiva, irritação e da dor não é tanto relacionada às condições de impotência da infância, mas da luta contra o que é, contra não conseguir ser o que deseja. Uma abordagem comum é procurar por bodes expiatórios, culpados por suas reações desagradáveis. Assim, a expressão passa a ser de hostilidade e rejeição, quase sempre não admitida, porque contraria a autoimagem idealizada. A saída está em perceber e vencer o medo das emoções com as quais não quer lidar, bem como abrir mão da negatividade que usa em certas áreas da sua vida. Trata-se de deixar que a criança interior destrutiva, ignorante e irracional se expresse, mas sem pactuar com ela, sem acreditar que a verdade dela é a Verdade Final. Isso significa manter um diálogo inteligente e permanente com a sua parte que resiste à vida, o que requer total compromisso com a Verdade Interior, perseverança e visão madura da dinâmica do crescimento.

# MÓDULO IV - LIVRE-ARBÍTRIO E INTENCIONALIDADE

É pelo intelecto que o homem decide e exerce o livre-arbítrio, mas seus desejos não serão vigorosos nem capazes de trazer felicidade quando comandados apenas pela mente. A força de vontade na direção certa deve ir ao encontro das tendências interiores que querem realmente servir, não do egoísmo ou da vaidade. Ao revelar o seu inconsciente, virão à tona tanto o eu inferior, coberto por máscaras de falsidade, quanto o Eu Superior. A essência precisa ser libertada para que possa ser alcançada pelo influxo das Correntes Divinas. É quando ocorre o Verdadeiro Êxtase, a princípio em seu interior, mais tarde em suas manifestações. As maiores realizações que lhe cabem só podem ser alcançadas indo ao encontro dos seus níveis ocultos que dizem não, os mesmos que combatem o esforço da descoberta e da mudança. A "corrente do sim" é um fluxo interior natural e tranquilo, onde o homem se põe em contato real consigo mesmo. O desejo se afirma com todas as suas forças quando sintonizado à Força Vital, a Deus e ao "agora", desprovido da ansiedade de um querer voraz e tenso. Mesmo que o momento seja de estagnação, depressão ou de violência, se encarado com vontade sincera de manifestar a verdade, as negatividades acabarão por se dissipar. Ir ao encontro de si mesmo é a condição para se livrar de dogmas impostos por medo, recompensas ou submissão que só aumentam o apego a uma falsa imagem de Deus.

O plano dualista é o plano do ego, cujo senso de identidade está associado ao outro, não ao Eu Real. O ego acredita que se passar despercebido deixará de existir, referendando o alto poder destrutivo da sua autoimagem idealizada. Quanto mais evoluído é o ser, menos fronteiras do ego existem. Para entrar no Estado Unificado, onde os talentos são desenvolvidos para enriquecer a vida em espírito de paz, é preciso se desvencilhar da necessidade de superar o outro e de ser especial. Por estar tão identificado com as suas crenças ou por não perceber melhor alternativa, o homem teme abandoná-las, ainda que no fundo saiba estar enganado. Suas tribulações veem de eventos nos quais a Força Vital prazerosa é bloqueada. A dor original foi suportada na infância pelo prazer obtido do desprazer, perpetuando seu sofrimento por não perceber como a recria, insistindo em defesas que não fazem mais sentido. Todo instante na vida, bonito ou feio, fácil ou difícil, tem o potencial de ser uma ventura. A atitude em relação à dificuldade é o que conta. É nesse "agora" que se encontra a alternativa entre adotar a verdade, construindo em bases firmes, ou viver na ilusão do autoengano. A verdade traz amor e o amor traz verdade. Não importa qual deles seja escolhido como ponto de partida, um sempre leva ao outro e ambos se tornam um só.

A luta humana diz respeito a captar o sentido por trás das manifestações e expandir a sua percepção. Não é apenas a consciência ou os conceitos inconscientes que criam, mas também o clima interior. Ao deixar de reprimir os seus sentimentos negativos, não será mais necessário criar um canal de vazão para legitimá-los, o que permite defender as boas causas sem uma hostilidade oculta. Será preciso vencer a falsa vergonha, o orgulho e a vaidade escondidos por trás dos disfarces e da sutil desonestidade de não encarar e não mudar. Toda vitimização e medo são truques manipulativos de uma mente infantil, em busca por evitar aceitar a vida como ela é. Existe uma parte da alma, em um canto oculto da psique, que quer sentir ódio, despeito e retrair-se, ainda que isso lhe cause privações. Por menor que seja em relação aos aspectos liberados e positivos do eu, essa intencionalidade negativa detém um enorme poder de atração. O trabalho do ego é admiti-la e transformá-la, o que só pode ser feito pela identificação verdadeira com seu Eu Superior.

◆ ◆ ◆

# PW 6 – O HOMEM NO MUNDO MATERIAL E ESPIRITUAL

É muito difícil para o ser humano sujeitar-se à Vontade de Deus, tanto por não confiar Nele, quanto por não confiar em si mesmo. Muitos preferem duvidar da Justiça e do Amor Divino do que da justiça e do amor humano. O que ocorre na vida de uma pessoa pode ser desagradável, porém não porque Deus quer assim, mas pela Lei de Causa e Efeito, baseada nas atitudes passadas de cada um nesta e em outras existências. Após aprender a aceitá-La, qualquer carga ficará bem mais leve. Se o intelecto for suficientemente desenvolvido e se houver vontade honesta de compreender as Leis Espirituais, o exame das decisões e das reações emocionais ficará muito mais claro. É preciso distinguir o que é a Vontade de Deus em uma determinada situação da que não é. Por esse Tesouro Real é necessário pagar um preço. A decisão cabe a cada um, não pode ser terceirizada nem mesmo a Deus, que respeita o livre-arbítrio, embora acelere a entrega, se o pedido tiver respaldo em Suas Leis. O autoconhecimento não deve ser seguido por nenhuma outra razão que não seja a de abraçar a autonomia do livre-arbítrio, com a finalidade última de servir, ajudar e amar profundamente. A felicidade não pode ser atingida nem mantida enquanto se busca apenas a própria satisfação. O verdadeiro amor e serviço só podem ser prestados por quem é feliz e livre, por quem se encontra em um círculo virtuoso de iluminação.

O livre-arbítrio precisa envolver autorresponsabilidade, dever e disciplina, caso contrário pode levar à catástrofes. É o homem quem deve superar os problemas que ele mesmo criou, nenhuma dificuldade é realmente enviada por Deus. Em nada ajuda ficar tenso, buscando afastar as tribulações de imediato, é necessário primeiro aceitar e confirmar que elas são efeitos, consequências, mesmo que ainda não seja possível enxergar as suas causas. Toda dificuldade pode servir para libertá-lo e elevá-lo, se assim quiser. Depende apenas da sua atitude assumida frente a ela, o que fazer, de que maneira abordá-la. É preciso tanto identificar as situações em que basta mudar alguns atos para vencê-la, quanto não se deixar levar pelo que aparenta ser mais fácil. Se houver muita resistência em acreditar em Deus ou em si mesmo, procure examinar os seus sentimentos ocultos contra os pais. Talvez tenha havido transferência de emoções de rebeldia da juventude para uma revolta inconsciente contra Deus-Pai; ou talvez uma submissão inconsciente a Ele como compensação, tentando abrir mão da liberdade e da racionalidade dos seus atos. Nenhuma das alternativas acaba bem, pois Deus não é procurado na Sua Totalidade.

É o ego deturpado que ergue uma parede de cegueira e separação em torno da alma, querendo o melhor para si em detrimento do outro. Os seres humanos cometem o erro de acreditar que abandonar o ego significa perder a individualidade do ser. Ao contrário, a consciência do "self" se amplia e se intensifica quanto maior o nível de desenvolvimento, pois as tendências separadoras do ego são superadas. Quanto mais evoluído é o ser, menos fronteiras do ego existem. Em esferas superiores do desenvolvimento espiritual, todos sentem o sofrimento e as alegrias do outro como se fossem de si mesmos, em total irmandade, amor e união, mas com características perfeitamente distintas. O ego deturpado é parte do eu inferior, que irá diminuir ou desaparecer, enquanto o que é bom e puro no caráter crescerá e permanecerá. É pelo intelecto que se decide, que se exerce o livre-arbítrio, sendo importante desenvolvê-lo. Mas se este for o objetivo único ou o maior, não um meio para encontrar Deus, produzirá desarmonias e fará fenecer os seus demais sentidos, impondo dificuldades à intuição e ao desenvolvimento emocional do homem.

◆ ◆ ◆

## PW 18 – O LIVRE-ARBÍTRIO

Para quem não consegue compreender o mundo espiritual, a ordem e as Leis Divinas, parece lógico duvidar ao menos parcialmente do alcance do livre-arbítrio. Aquele que sente a verdade da Lei de Causa e Efeito e a existência de vidas passadas, no entanto, visualiza o quadro de forma mais ampla. Reconhece que cada indivíduo é fruto das suas escolhas, embora nem todos os efeitos que percebe resultem de escolhas que ele se recorde. Isso não altera o fato de que não há nada que aconteça na vida que não seja da sua responsabilidade ou que não tenha sido em algum momento. Deus deu a cada um a oportunidade de escolher livremente entre seguir ou não as Suas Leis de Perfeição. Se uma criatura fosse obrigada a permanecer Nelas, Elas não seriam a beleza e grandeza que são. Através do seu desenvolvimento e progresso espiritual, o objetivo do homem deve ser o de conhecer, viver e respeitar, sem imposição, as Leis Divinas em todos os aspectos possíveis, o que só pode ser feito pelo exercício do livre-arbítrio. Enquanto depender de acontecimentos externos sobre os quais não tem controle algum, ele jamais será feliz de fato. Poderá vivenciar contentamentos temporários, porém sempre com o temor de perdê-los. A criação de Deus é perfeita, Suas Leis têm tal sabedoria e amor que, mais cedo ou mais tarde, cada um acabará encontrando o caminho de volta a Elas e, assim, ao Estado de Total Contentamento e Perfeição.

É possível conseguir quase tudo pela força de vontade saudável. Estabelecer formas de pensamento claras e concisas do que é desejado é a primeira condição. Mas se a motivação não for pura, haverá angústias inconscientes ou subconscientes que irão atrapalhar o seu livre fluir. Ao se deparar com uma forte pressão do ego, é necessário distanciar-se de si mesmo, aprendendo a eliminá-la gradualmente através do exame repetido dos seus impulsos. Depois de separar as tendências interiores de egoísmo e vaidade daquelas que desejam realmente servir, torna-se possível desenvolver a força de vontade na direção certa, pois as máscaras e as motivações erradas terão caído. Nesse momento é possível "ensinar" a vontade a permanecer não apenas no cérebro, mas no plexo solar, local do campo espiritual radiante onde existem as emoções. Lá estão profundamente gravados todos os fatores relativos ao ciclo de existência de uma pessoa. Enquanto forem apenas mentais, comandados pelo seu intelecto, os desejos jamais terão um caráter vigoroso que alcança toda a unidade da personalidade humana.

Uma pessoa com aspectos emocionais imaturos e instáveis pode ter desejos fortes e até compulsivos, mas sendo pouco conscientes, eles não se originam nem do cérebro, nem do campo espiritual. Ao revelar seu subconsciente virão à tona não apenas sua ignorância e pouca visão, mas também seu Eu Superior. Ele costuma estar acobertado pelo eu inferior, maquiado por máscaras de falsidade que nada têm a ver com a sua Verdadeira Natureza. Quando o Eu Superior se liberta, pode brilhar a tal ponto de ser alcançado pelo influxo das Correntes Divinas. É nesse momento que o Verdadeiro Êxtase acontece, a princípio no interior dessa pessoa, mais tarde alargando para os acontecimentos externos da sua vida. Não imagine que, ao morrer, o estado humano será totalmente diferente porque uma casca foi deixada para trás. Toda a personalidade, seu modo de pensar, seus sentimentos e opiniões muito arraigados, idiossincrasias e fixações, tudo isso não faz parte do corpo físico, mas do corpo sutil que continua vivo. Seja qual for a personalidade agora, ela será assim depois da morte, presente na alma em desenvolvimento. No mundo espiritual todas as ideias abstratas têm forma e substância, é através das próprias escolhas que o ser humano estabelece a sua morada.

◆ ◆ ◆

## PW 55 – A TRÍADE CÓSMICA DA EXPANSÃO, CONTRAÇÃO E INAÇÃO

A expansão, a contração e a inação são os três princípios básicos que tudo formam no universo, inclusive a alma humana, governando e influenciando qualquer coisa que foi ou que será criada. O princípio de expansão é criatividade, construção, crescimento para fora, com altruísmo e união que afasta o egocentrismo. Em seu aspecto negativo se revela como impaciência, hostilidade, agressão, destrutividade ou crueldade. O princípio de contração representa estabilidade, equilíbrio, movimento para dentro, prudência e reflexão, representando a busca por si mesmo, impedindo que o movimento ao exterior se descontrole. Em seu sentido negativo significa retrocesso, bloqueio ao progresso, covardia, hipocrisia, avareza, orgulho e egoísmo. O princípio de inação, por sua vez, é um estado de preservação, de iluminação e de presença atemporal do ser, não se estabelecendo por esforço. Em seu aspecto negativo se põe como estagnação, putrefação, ausência de vida. Embora seja o menos conhecido deles, é de fato o mais importante, o estágio final da evolução.

O crescimento saudável ocorre em estágios distintos, nos quais cada um dos três princípios prevalece: o movimento ao exterior em busca do outro, que põe o ego em segundo plano; o movimento para dentro em busca do eu, assimilando e aplicando a si mesmo o que foi absorvido pelo movimento para fora; e o repouso, que armazena e prepara o impulso para um novo ciclo. Os princípios devem operar em harmonia, sustentando, complementando e ampliando uns aos outros. Na pessoa desarmônica eles caem em contradição e entram em guerra. Em cada ser criado predomina um deles, embora todos eles estejam presentes. Mas como consequência de conclusões errôneas, a maioria inconscientes, há muita ignorância em relação a esses Princípios Cósmicos. Muitos imaginam a sua Verdadeira Natureza como "má", optando por suprimi-La, deixando de utilizar o melhor da sua personalidade. Outros cultivam em excesso apenas essa sua parte, em detrimento das demais que precisariam ser trabalhadas. Pode ocorrer, ainda, uma fuga para um estado aparentemente espiritual, que embora repleto de bons motivos, serve apenas para acobertar a sua alienação, submissão ou estagnação.

Quando o indivíduo se esforça para avançar, para usar a sua energia em busca da verdade, isso é expansão. Quando chega o tempo de assimilar o que foi aprendido, aplicando-o à sua personalidade pela busca interior, isso é contração. A inação é a condição intermediária entre um e outro. Não importa se breve, é o elemento mais relevante por conferir ritmo e aliança. Mas quando esse estado de repouso é deturpado, torna-se também o mais impeditivo ao desenvolvimento humano, pois onde existe estagnação o progresso não pode ocorrer. O movimento retrógrado, ainda que ruim, é melhor do que a paralisia, porque ao se mover erroneamente, acaba sendo alcançando um ponto em que se percebe que a direção tomada não é a correta. O conhecimento precisa crescer naturalmente, nunca de maneira forçada. Uma vez que esteja condicionado a ficar imóvel, é extremamente difícil reunir a força necessária para se pôr em movimento. Quer isso seja por orgulho ou compulsão, por neurose ou esquizofrenia, rotular não o fará avançar mais. O Caminho Verdadeiro consiste em descobrir e transformar a concepção errônea, a ideia equivocada, a mentira profunda que existe sempre que a harmonia não se estabelece.

◆ ◆ ◆

## PW 125 – A TRANSIÇÃO DA CORRENTE DO NÃO PARA A CORRENTE DO SIM

A "corrente do sim" expressa a Força Vital criativa com a sua Inteligência Suprema. Manifesta a verdade e o amor, na busca por união e harmonia. Tudo que se adapta à "corrente do sim" alcança a perfeição e a realização em níveis cada vez mais elevados do ser. Ela acolhe e aceita a vida em movimentos suaves, ampliando o alcance e a experiência, não sendo interrompida por conceitos contraditórios equivocados. A "corrente do não" é o oposto, consiste de ignorância, distorção e falta de conhecimento dos fatores. Ao se apartar da verdade, teme e distribui o medo, opõe-se ao amor e espalha discórdia, desarmonia e isolamento. Quem nela está imerso segue um movimento de alma áspero, desarmônico e vacilante, resultando em mais cegueira, erros e meias-verdades.

Muitos acreditam que ter uma atitude positiva diante da vida exige retirar o foco dos seus aspectos negativos. Nada poderia estar mais longe da verdade. O ímpeto da autotransformação não pode sobrevir se o indivíduo não enxergar a natureza destrutiva das suas falsas imagens, se não avaliar os seus efeitos sobre ele mesmo e os outros, reformando o que alimenta no inconsciente. Caso não tenha uma visão clara da área específica em que opera, a "corrente do não" combaterá o próprio esforço da descoberta e da mudança. A tentação de não enxergar o problema real, de projetá-lo e deslocá-lo, acaba apagando da memória as vitórias passadas, fortalecendo a sensação de que todo o esforço é em vão. O fato de haver uma atitude que pareça positiva também não garante que ela não provenha de ganância e medo. A "corrente do sim" funciona como um fluxo interior natural e tranquilo, em que é possível afirmar o desejo com todas as forças, sem traços ansiosos de um querer voraz e tenso.

O destino de uma pessoa nada mais é do que a soma total da sua personalidade, daquilo que ela expressa e emana, de como cria com a substância da alma, moldada por seu grau de consciência. Para que possa alcançar na vida realizações que lhe são cabíveis, é essencial revelar os níveis ocultos que dizem não. Esses "nãos" estão diretamente relacionados aos falsos conceitos produzidos por sua imagem original. Por exemplo, se uma pessoa tem uma ideia incorreta de que é inadequada e não pode ser bem-sucedida, essa convicção faz com que ela se comporte mal, confirmando a sua fantasia. Qualquer um que alegue que se se esforçou ao máximo, mas não logrou o que necessita, sofre de autoengano. Pode ter feito esforços em áreas de menor importância, mas se recusa a ver a verdade onde ela dói mais, onde ainda está faltando libertação.

Quando o jovem começa a vida, ele prepara alguns "remédios" contra os seus pavores ilusórios que quer evitar. São pseudossoluções oriundas da autoimagem idealizada, a quem ele atribui os seus sucessos. Sendo ainda forte e vigoroso, não desanima facilmente com as repetidas decepções que ela lhe causa. Acaba convencido de que não se empenhou o suficiente para expressar o eu que idealiza. A ideia de desistir dessas falsas soluções se mostra para ele como um enorme perigo, aparentando o expor à humilhação e à aniquilação. A "corrente do não" é usada para evitar essa ameaça imaginada, algo no início ainda bastante inconsciente. A melhor maneira de começar a vencer o problema é falar dele com alguém, superando a profunda e ilusória vergonha provocada pela imagem original. Isso não pode ser feito de uma assentada, mas o sucesso é certo se a questão for atacada no autoexame frequente e honesto, auxiliado pelo Eu Superior e, acima de tudo, reconhecendo a realidade sem procurar retocá-la.

◆ ◆ ◆

## PW 126 – CONTATO COM A FORÇA VITAL

Estar em sintonia com a Força Vital é o mesmo que se encontrar com Deus, é o mesmo que viver no "agora", e isso só pode acontecer pondo-se em contato consigo mesmo. A Força Vital é profundamente inteligente e está sempre à disposição do homem, não havendo para Ela questões maiores ou menores. Não é preciso ser perfeito para se sintonizar com Ela, nem mesmo é preciso esclarecer as suas confusões, basta perceber os sentimentos, pensamentos e estados de espírito presentes. Mesmo que o momento seja de estagnação, depressão ou de violência, se tais sentimentos forem encarados sem evasão, com o desejo sincero de que a verdade se manifeste, Ela irá penetrar no ser e as suas negatividades acabarão por se dissipar. Quanto maior a percepção de que não há nada para viver que esteja além da sua capacidade, mais fácil será estar no "agora", pois não haverá razão para fugir.

A beleza da criação é que a realidade é a felicidade, e esta está disponível e não envolve luta. Ir contra essa "corrente do sim" é a tragédia humana, acreditando em conceitos errados e temendo a verdade. Quando os sentimentos desagradáveis são atribuídos a fatores externos, a ilusão ainda é grande e pouco pode ser feito para eliminá-la. Se a responsabilidade por si mesmo, se a condição de adulto fosse mais difícil do que a de criança, assumi-la seria, de fato, se aprisionar. No entanto, não há por que evitar que o desenvolvimento orgânico prossiga. As pessoas querem que a vida seja animada, mas pensam que para isso seja preciso renunciar à paz de espírito. Também desejam paz e serenidade, mas igualmente acreditam ser necessário sacrificar aspectos estimulantes da vida. Ao associar prazer com inquietação e paz com tédio, elas se afastam ora de um, ora de outro, inviabilizando experimentar a vida em plena felicidade.

Enquanto resiste em ser responsável por si mesmo, o homem se apega a alguém ou a um deus que assume o lugar de um pai bondoso, levando-o fatalmente a se decepcionar e a se revoltar. Sua autodeterminação, seu livre-arbítrio, precisa se entregar à união com a Força Vital. Isso se faz pondo em movimento seu eu menor, deixando de lado a vontade cobiçosa e infantil, até que, aos poucos, seu Eu Maior assuma totalmente o controle. Ele se ilude ao sustentar a ideia errônea de que um fato exterior, como rejeição, crítica ou perda, possa lhe provocar infelicidade. Esta jamais pode ser produzida pelo outro, senão por suas próprias atitudes em relação à vida.

Colocar-se em harmonia apenas quando as circunstâncias externas estão de acordo com os seus desejos não é realmente estar em harmonia. Mesmo que as coisas corram bem agora, haverá um medo profundo de que isso não venha a se manter. Em vez de se opor freneticamente à "corrente do não", confirme a presença dela e afirme o desejo de ajuda para entender as suas falsas premissas. Isso é viver o "agora", isso é acessar a Força Vital, única abordagem que realmente põe fim à perturbação e à desarmonia interiores. Muitos só pensam em Deus à semelhança do homem, mas Ele não é um disciplinador, não determina o bem e o mal. Ir ao encontro de si mesmo é a condição para se livrar de postulados e dogmas aceitos por medo, recompensas ou submissão que só fazem aumentar o apego a uma falsa imagem de Deus.

◆ ◆ ◆

## PW 143 – UNIDADE E DUALIDADE

Poucos seres humanos transcendem o plano dualista. A maioria experimenta apenas um gosto ocasional do panorama ilimitado de sabedoria e liberdade do Estado Unificado. Nele não há opostos, não existe certo ou errado, bem ou mal, vida ou morte. Há apenas o bom, o certo, a vida. Porém não é o tipo de bom, certo ou vida que abrange apenas um polo dos opostos dualistas, é completamente diferente de cada um deles. Ele combina ambos, eliminando todo o conflito. Quando a estrada para o Princípio Unificado é escolhida, o que parecia ser o lado bom, e o outro o mau, aos poucos deixa de ser assim. Seguindo mais adiante percebe-se que não existe mais o mau, mas apenas o bom. Essa estrada conduz ao interior profundo de uma verdade que vai muito além dos interesses medrosos e mesquinhos do ego. Mas a educação e o ambiente humanos têm sido há tanto tempo atrelados a padrões dualistas que não é surpresa ver tantas pessoas atadas e adaptadas a tal estado de consciência.

O plano dualista é o plano do ego, cujo senso de identidade está associado ao outro, não ao Eu Real. Sua salvação parece residir no reconhecimento alheio. A pessoa se sente mais confiante quando se faz notar do que quando produz verdadeiros esforços positivos. O ego acredita que se passar despercebido deixará de existir, o que explica por que a autoimagem idealizada é tão destrutiva. Cada pseudossolução pessoal é um meio de buscar eliminar as obstruções do caminho que o "impediriam" se sentir especial. Simples discussões tornam-se questão de vida ou morte, daí a intensidade das emoções. Quanto mais busca provar que o seu oponente está errado, mais fricção produz e menos sucesso obtém, senão apenas momentâneo. O insucesso da autoimagem faz com que a pessoa vá à sua caça com maior obstinação e mais armas para vencer a luta, aumentando o abismo e a ansiedade. A fim de evitar uma ruptura total, com todas as ameaças reais e imaginárias que produz, apenas duas alternativas se põem à frente: ceder contra a sua vontade, para evitar mais danos, ou continuar a brigar. Como está convencida de estar certa e o outro errado, o apaziguamento parece privá-la de respeito próprio, fazendo-a lutar contra isso. Em qualquer das alternativas ela se encontra dilacerada entre lutar ou se submeter. Ambas as atitudes criam tensão, ansiedade e desvantagens. O plano dualista está sempre fadado a produzir novas armadilhas causadas por crenças errôneas oriundas de uma ilusão.

O fundamental é simplesmente perguntar qual é a verdade da situação. Nunca é uma questão "ou/ou", pode haver aspectos de acertos e erros que não tinham sido vistos na visão de um e de outro. No momento em que se concentrar mais na verdade do que na necessidade de provar que está certo, o contato com o Eu Real passa a acontecer. O conhecimento dessa inteligência nascida de dentro supera em muito a do ego. Ela é completamente objetiva e não considera pequenos e fúteis interesses, sendo por isso tão temida e evitada. É preciso se dispor a abrir mão daquilo a que se aferra, quer seja uma crença, um temor ou um modo de ser. Quem precisa ser melhor do que o outro no que dá ao mundo, o oferece em espírito de guerra, e isso acaba se voltando contra ele. Mas quem dá os seus talentos para enriquecer a vida e os outros, o faz em espírito de paz, ampliando o alcance das suas ações. A única maneira de poder entrar de fato no Estado Unificado, em que há domínio real, é se desvencilhando da falsa necessidade de vencer, de ser especial, de estar certo. É preciso evocar esse Centro Interior abrindo-se às mensagens intuitivas e atendo-se ao que o faz se sentir mais desconfortável, que é sempre o que o leva a desviar o olhar. A verdade está em si mesmo, não é necessário lutar contra o outro para obtê-la.

◆ ◆ ◆

## PW 148 – A FORÇA VITAL E O PRAZER PRESENTES NO BEM E NO MAL

Existe apenas um poder, uma mesma Força Vital que energiza cada expressão de vida. Embora possa fluir de forma construtiva ou destrutiva, consiste da mesma energia, do mesmo material psíquico. Muitos dos problemas humanos surgem do conceito dualista que põe essas correntes como de origens opostas e exclusivas. Nenhuma emoção negativa pode ser substituída por outra positiva, ela pode apenas ser convertida ao seu Estado Original. Cada manifestação problemática na vida resulta da repetição de eventos em que a Força Vital positiva e prazerosa é bloqueada, transformando-se em desconforto. Mas mesmo no desprazer produzido por uma corrente negativa, um mínimo de prazer é vivenciado, pois a vida não pode existir sem prazer, ainda que alguns o mantenham em segredo. Quanto mais desenvolvida a consciência, menor é o bloqueio e maior o prazer da Força Vital que flui de forma construtiva.

Quando o prazer está muito ligado à destrutividade, livrar-se dela aparenta ser a própria morte. Isso faz com que, em algum nível interior, a pessoa se segure firmemente à negatividade com que se habituou, mesmo sentindo culpa e medo. Os sentimentos passam do amor para o medo e a hostilidade, da confiança à desconfiança, até se tornarem tão insuportáveis que entorpecem. A dificuldade em livrar-se da negatividade também se deve ao desejo de punir o outro, culpando-o pelo problema. Para se libertar dessa armadilha que jamais pode torná-lo feliz, é necessário antes reconhecer o aspecto prazeroso da negatividade, de modo a compreender que abandoná-la não significa se esvaziar de prazer. A despeito do mal-estar que isso possa provocar, ao invés de reprimi-la e se culpar ou o outro, é necessário deixar que a corrente destrutiva se expresse de forma controlada, segura e consciente.

A energia bloqueada precisa tornar-se fluida de novo, descongelando antigas imagens que criam eventos sancionadores dos seus falsos conceitos. Voltando ao Eu Interior será possível compreender a origem dos repetitivos problemas. Eles frequentemente nada têm a ver com as manifestações atuais. A dor original causada pela destrutividade foi, em tempos remotos, amenizada pelo prazer obtido do desprazer. Como a corrente de prazer na Força Vital se manifesta primariamente na sexualidade, segue-se que o problema exterior deve ser simbólico de como a energia sexual foi, em seus primórdios, proibida por condições exteriores. Cada uma dessas experiências contém um núcleo onde a corrente original foi bloqueada, produzindo um vínculo inconsciente de prazer a uma situação negativa. Ao vê-las como realmente são, será possível perceber como a distorção é alimentada por compensações que não têm mais razão de ser.

Enquanto a desonestidade e a malícia presentes na psique não forem reconhecidas, o prazer positivo será rejeitado, com o prazer negativo sendo a única forma parcial de experimentá-lo. É preciso primeiro estabelecer a autoaceitação antes de poder pôr fim ao medo do sentimento original, temendo que ele leve à aniquilação do prazer e, portanto, da vida. A vontade exterior é parte importante desse processo, desde que focada exclusivamente em liberar os poderes internos, viabilizando o desenvolvimento de forma orgânica e harmoniosa. Não é crível produzir diretamente sentimentos construtivos por um ato de vontade. Trata-se sempre de um movimento evolutivo interior, no qual a destrutividade irá se dissolver por si mesma.

◆ ◆ ◆

## PW 159 – A VIDA É A MANIFESTAÇÃO MÚLTIPLA DA DUALIDADE ILUSÓRIA

A vida é crescimento contínuo estabelecido em movimentos oscilantes. Cada descida traz uma nova subida, cada subida uma nova descida, para subir novamente. Não pode haver vida a menos que ela tenha passado por alguma forma de morte. Esse ritmo prevalece até a consciência não estar mais dividida pela ilusão dualista. Quando a curva para baixo provoca medo e revolta, a pessoa passa a lutar contra o produto da sua criação, pondo-se em guerra consigo mesma. A repulsa contra a curva descendente demonstra o medo da mudança, na inútil tentativa de parar o movimento em sua busca por segurança. É apenas através da aceitação e da compreensão desse estado que é possível transcendê-lo, pondo fim a essa luta inglória. Significa combater em meio ao lixo e à lama de conceitos errados e destrutividades, mergulhando nas profundezas do Ser Interior. A curva descendente é um ato criativo realizado pelo próprio indivíduo. A única diferença é que ela é criada de forma inconsciente e despercebida. Não ver que a negatividade é um produto de si mesmo só produz mais revolta. Sua responsabilidade acaba negada ou transferida, desvinculada das causas e dos processos interiores do eu, desconexão que é a raiz de todo o sofrimento.

A infelicidade é criada pelo homem, assim como a sua felicidade. O que ele tem ou deixa de ter é gerado diretamente do que pensa, sente e quer. Pode não querer com sensatez e consciência, mas inconscientemente ele quer. Enquanto isso não for entendido, será impossível dominar a criação, moldar o próprio destino, sentir-se seguro e em paz com o mundo. Quanto maior o material inconsciente, maior a força do processo destrutivo. A separação entre a mente consciente e inconsciente leva a temer o mundo e o Ser Interior. O resultado disso é mais ilusão e desconhecimento, não apenas em relação à própria destrutividade, mas também da Força Vital disponível que poderia trabalhar a seu favor, não contra. Seu poder criativo não é apenas construtivo, bom e sábio, é também destrutivo, mau e obtuso. Nem por isso é menos Divino quanto à sua origem e essência. Ele opera sempre de maneira perpétua e neutra, conforme a consciência do ser naquele momento. O consciente e o inconsciente não se originam de mentes diferentes, eles são, em sua substância, uma coisa só. O mesmo ocorre com a Consciência Universal, embora o homem tenha Dela se tornado em grande parte inconsciente, como faz diariamente com outros materiais. Todo o conhecimento do universo está dentro de si, desde os fatores psicológicos reprimidos, até as grandes verdades metafísicas das quais se "esqueceu".

Uma dualidade específica muito profunda e importante, que não decorre apenas de influências do período da infância, é a oposição entre prazer e bondade. A parte destrutiva da consciência humana está profundamente impregnada por ela. As pessoas imaginam precisar escolher entre ter prazer, na forma de felicidade, realização e autoafirmação, ou ser bondoso e altruísta. Ao se privarem do prazer em nome da decência e da moralidade, elas bloqueiam a Força Vital. Mas tanto os prazeres físicos, quanto a Plena Identidade, a autonomia e a busca espiritual são necessidades legítimas. O homem se põe em um doloroso estado de falta, dependência e fraqueza apenas porque no fundo pensa que é este o modo "certo" e "humilde" de ser. A abnegação e a doação verdadeiras nunca são uma forma de privação, mas de enriquecimento. Quando esse entendimento vem com o despertar emocional, é algo de abalar o mundo, revelando a grande liberdade de ser, buscar e de viver plenamente a vida. A experiência do prazer, assim como a do desprazer, só pode fazer mal quando temida.

◆ ◆ ◆

# PW 162 – OS TRÊS NÍVEIS DE REALIDADE PARA A ORIENTAÇÃO INTERIOR

Os seres humanos estão apartados da sua realidade interior em maior ou menor grau. O primeiro nível da realidade é o que pensam que existe; o segundo é o que de fato existe; e o terceiro é aquilo que poderia existir. Os poucos que conseguiram se conectar à realidade foram e serão os líderes espirituais verdadeiros da humanidade. Todos os esforços deste caminho visam restabelecer essa conexão. A maior dificuldade do homem decorre de acreditar que ele vive em um universo rígido, que nada tem a ver com os seus processos interiores e da forma como se coloca diante da vida. Ele frequentemente se refugia em rótulos coletivos simplistas, que supostamente deveriam ajudá-lo a expressar o que percebe. Contenta-se apenas em nomear as suas emoções, afirmando-se "nervoso" ou "ansioso", "agitado" ou "deprimido", como se não fosse preciso ir mais a fundo na questão. Ao não conseguir discernir o momento, a vida, os outros e o seu eu, vive em um estado de alienação. O grande objetivo da psicoterapia é alcançar o nível de realidade, aquilo que de fato existe. Quando o paciente aceita os seus valores e defeitos manifestos, lidando com o mundo de modo a gerar os seus melhores sentimentos e ações frente às suas limitações, ele atinge o ponto em que pode receber alta. Mas este é apenas o início do Caminho Espiritual, ainda que se trate de processos que se intercalam, não sendo exclusivos nem estanques.

A arrogância intelectual torna tudo mais difícil. Ao superestimar o intelecto o homem nega seus equívocos infantis, deixando de usar a sua sabedoria intrínseca, algo ainda mais prejudicial do que a soberba de se colocar acima dos outros. Mesmo que no fundo saiba estar enganado, ele teme abandonar as suas falsas ideias, seja por se ver muito identificado com elas, imaginando que lhe fazem bem, seja por não perceber melhor alternativa. Também se veste com crenças e impressões errôneas que supõe verdadeiras. Para emergir dessa ilusão e alcançar o nível de realidade, precisa trazer à tona os seus sentimentos mais profundos, indo além da "explicação" estereotipada das suas emoções. Assim pode ser que perceba que não consegue lidar com a rejeição por sua baixa estima ou, inversamente e simultaneamente, por dar a si mesmo uma importância tão exagerada que o faz exigir privilégios especiais. Ao manter tais suposições sem examiná-las, torna-se incapaz de transformar o seu presente em uma realidade favorável, pois isso não é possível negando os fatos ou acreditando em magias ilusórias.

Por não saber o que deseja, pensa e acredita, a pessoa fica confusa entre o seu aspecto infantil, que quer amor e atenção irracionais, e a necessidade adulta e natural de ter calor humano e afeto. Nessa confusão, acaba rejeitando o que é legítimo e se revoltando por não obter o impossível. E ainda se confunde sobre o que o outro realmente sente, não reconhecendo um Amor Verdadeiro, quando não é igual ao que imaginou para si. Da mesma forma ela interpreta muito mal a rejeição, encarando-a como algo exclusivamente pessoal, sem perceber a imaturidade e o medo de amar do outro. O mal é todo erro e confusão presentes no enevoado inconsciente, levando a sentimentos e a atos destrutivos. Reconhecer a realidade traz um enorme alívio frente à ilusão de até então. Permite identificar as muitas possibilidades de criação no universo, abrindo as portas para a expansão da cocriação humana, o nível do que pode de fato existir. Perceber e exercer essa verdade a partir do Ser Interior é o objetivo maior da vida, pois é através dela que o indivíduo mostra o seu real valor, onde a felicidade pode existir em plenitude. Tal bem-aventurança jamais irá ocorrer enquanto a pessoa evitar lidar com as suas limitações, no empenho inconsciente pela presença de uma força mágica que faça o esforço que só a ela é devido.

◆ ◆ ◆

## PW 168 – DOIS MODOS DE VIDA: PARA PERTO OU PARA LONGE DE SI MESMO

A verdade traz amor e o amor traz verdade. Não importa qual desses elementos seja escolhido como ponto de partida, um sempre leva ao outro e ambos se tornam um só. A consciência humana encontra-se na condição de poder escolher tomar um de dois rumos fundamentais: um vai em direção a esse desdobramento e à eliminação das obstruções interiores, enquanto o outro se afasta. Essa condição pode ser descrita como uma luta para renunciar a um modo de vida e descobrir outro. O caminho para mais perto de si mesmo, para esse Centro de Verdade e Amor renova-se sempre em novos panoramas e possibilidades, em um processo infinito e ininterrupto. Não se pode descrever em palavras a incrível beleza desse estado de ser.

Mas boa parte das pessoas ainda procura pela felicidade em seu exterior. Ignoram que contêm em si mesmas tudo mais que poderiam precisar. Buscam o que necessitam fora, nos outros, em substitutos, em ilusões. Quanto mais avançam para longe de si mesmas, maior o seu medo, não apenas porque não podem construir e ser felizes sem que se conheçam de fato, mas também porque a infelicidade parece ser o seu destino final. Elas se desesperaram quando se veem cada vez mais distantes de realizar o que pede a sua Natureza Intrínseca, algo que almejam, ainda que não saibam. Parece não existir solução à vista, o que é errado, embora seja certo que naquela direção haverá um colapso, um fim que viabilizará a troca de rumo.

Cada um tem o poder de buscar estar e manter-se firme no caminho construtivo que o leva a criar e a se desenvolver, abandonando a insistência teimosa e rígida através de atitudes cuja natureza ainda não investigou. Todo instante na vida, não importa se bonito ou feio, fácil ou difícil, tem o potencial de ser uma ventura. A atitude em relação à dificuldade momentânea é o que conta. É nesse "agora" que a pessoa escolhe adotar a verdade, construindo em bases firmes, ou viver na ilusão do autoengano. Sua maior dificuldade são os seus medos inconscientes, superados apenas pelo desconhecimento do que se passa em seu íntimo, este também o maior responsável pelo medo. Toda destrutividade tem origem no medo ou a ele leva e o perpetua. Ao se sintonizar com os movimentos da alma, fica fácil perceber o impacto da atitude adotada, pois há uma enorme diferença entre equilíbrio e fúria, entre amor e medo.

Por trás do medo há sempre um forte desejo rígido e teimoso, carregando uma dinâmica tensa e contraída que paralisa o movimento da alma, bloqueando o seu fluxo criativo. Existem filosofias que pregam a falta de desejo porque perceberam esse fato. Mas tal atitude generalizada acaba levando à indiferença, à resignação e à fuga de relacionamentos, na busca por evitar conflitos naturais em estágios incipientes da consciência. Às vezes é preciso de fato abandonar o desejo por completo, porque ele é destrutivo. Em outras ocasiões ele é saudável, no entanto o modo de realizá-lo é irrealista ou o que o motiva é negativo, produzindo dor e dependência. Neste caso basta renunciar ao movimento contraído da alma, não ao desejo em si. O que é doentio, seja o desejo, seja a forma de obtê-lo, seja a sua motivação, é o que dá causa à grande dor interior. Para que tais movimentos da alma sejam desbloqueados e a mudança de direção se consolide, é necessário transformar a avareza e desconfiança com a vida, exigindo trazer à consciência os seus medos específicos para vivenciá-los e superá-los.

◆ ◆ ◆

## PW 181 – O SIGNIFICADO DA LUTA HUMANA

A realidade observada pelo homem é apenas um pequeno fragmento da realidade total. Também é muito fora de contexto por sua dificuldade de compreensão, tornando imenso o seu desafio. Quando a consciência não está ligada ao significado mais profundo das coisas, a vida não pode deixar de ser uma batalha constante. A luta humana diz respeito a captar o sentido por trás da manifestação e de como expandir a sua percepção, a sua consciência. O homem aprende arduamente, no decorrer do seu crescimento pessoal, a distinguir causa e efeito, realidade e manifestação. Isso só pode ser obtido por experimentação pessoal, embora alguns conceitos gerais sejam necessários. É exatamente assim que o cientista faz as suas descobertas, sempre supondo uma nova hipótese, à qual temporariamente a ela dá todas as oportunidades de se provar. Com a consciência não é diferente, o que ela pode conceber e expressar em pensamentos, sentimentos e vontade, a Matéria Vital constrói. Essa substância criadora é a energia mais poderosa que existe. A consciência determina e a Matéria Vital "obedece", como a argila nas mãos de um escultor. Ao contrário da matéria condensada, no entanto, Ela é tão viva quanto a consciência que lhe dá forma.

A Substância Vital borbulha de energia, sendo imediatamente afetada pelo poder formador da consciência, incluindo a que fica abaixo da superfície, ainda que a sua manifestação neste plano possa demorar mais. Não é apenas a consciência ou mesmo os conceitos inconscientes que criam, é também o tom do sentimento, seu clima interior. Quando é deprimido e negativo, ainda que com pensamentos positivos, indica a presença de uma camada oculta contraditória na questão. Portanto, nesta não há total sinceridade, denotando a sua indisposição para aceitar a possibilidade da expansão feliz. Ao deixar de reprimir seus sentimentos negativos, não será mais necessário criar um canal oculto de vazão para legitimá-los, permitindo que a boa causa passe a ser defendida sem se contradizer internamente. Esta é a difícil conjuntura em que muitos tropeçam. A luta precisa ativar todas as energias para reconhecer as forças negativas, mesmo que pareçam inocentes. Cansaço, ansiedade, desesperança, doença, frustração, insucesso, inadequação, desprazer e desatenção são algumas das suas manifestações. Elas quase nunca são admitidas, sendo negadas porque as pessoas internamente as consideram uma defesa à qual não têm intenção de renunciar. Mas não é possível se livrar de algo sem, antes, aceitar que ele existe e que faz mal.

Quando o desenvolvimento avança e o espírito criador deixa de ser percebido como algo de fora, o destino aleatório tão temido pelo homem passa a ser o seu próprio inconsciente, mais do que a figura de autoridade distante de um deus punitivo. A luta humana consiste em aumentar essa percepção e, então, reconquistar o controle do próprio destino. Um empecilho é a cegueira materialista que desconsidera toda essa energia emocional envolvida, quase sempre oculta. Será preciso vencer a falsa vergonha, o orgulho e a vaidade escondidos por trás dos disfarces e da sutil desonestidade interior de não encarar e não mudar, preferindo adotar uma atitude vagamente queixosa que destrói as forças criativas à sua disposição. Toda vitimização e medo exagerados são truques de manipulação de uma mente infantil, esperançosa em assim evitar aceitar a vida como ela é. As dúvidas quanto a poder viver de forma rica e plena, sobre ter ou não ter recursos para isso, são um disfarce para a dificuldade de se envolver, de se expor às mágoas, interagindo com honestidade e profundidade, sem fingimentos, sem defesas ou destrutividades de qualquer espécie. É preciso compreender cabalmente que essa relutância é a razão das desventuras do destino humano, tão facilmente atribuídas a circunstâncias aparentemente dissociadas do seu Ser Interior.

◆ ◆ ◆

## PW 195 – IDENTIFICAÇÃO E INTENCIONALIDADE

Aquele que quiser descobrir quem é de fato, se dispondo ao sacrifício de abrir mão dos velhos padrões destrutivos de pensamentos e reações, irá constatar em seu íntimo um tesouro tão incomparável que torna ridículo o uso do termo "sacrifício". Ninguém abre mão de nada para ter tudo. Mas existe uma parte da alma, em um canto oculto da psique, que quer sentir ódio, despeito e retrair-se, mesmo se isso lhe causar privações. Ainda que soe absurdo para a mente consciente negar-se à saudável satisfação, essa porção expressa uma atitude básica negativa em relação à vida. Não deseja contribuir, buscar, receber, amar e viver com proveito. Reconhecer a intencionalidade negativa é muito mais do que aceitar e encarar os defeitos e falhas de caráter que compõem seu eu inferior. Por "menor" que seja em relação aos seus aspectos liberados e positivos, o querer inconsciente detém um enorme poder magnético de atração. O simples fato de saber que o mal que o habita não se deve ao seu destino, por si só já representa um grande passo evolutivo.

Hostilidade, falsidade, inveja, ódio, medo, orgulho e ira são algumas das manifestações do mal. A intencionalidade negativa vai além, significando a vontade de manter o estado de negar a vida e o eu. Ao trazê-la à tona já não será possível se iludir, dizendo que o mal lhe acontece. Mas não é tão fácil obter e transpor esse reconhecimento para mudar a mente e a vontade de forma consciente. É necessário empenhar-se em encarar a verdade, ativando seguidamente as mais puras energias espirituais, descobrindo como a própria intenção sabota as boas coisas da vida. A atitude negativa é uma pseudodefesa contra os sentimentos reais ocultos, contra o medo de ser humilhado, de sentir dor, contra assumir responsabilidades quando as circunstâncias não são as ideais. A infelicidade por manter esse padrão também é uma forma de "vingança", como se a sua derrota pudesse punir a vida e os seus pais. Na infância o bloqueio dos sentimentos reais pode ter sido o único meio de mitigar as ameaças, mas como adulto não é tão difícil perceber como é inadequado manter essa defesa destrutiva.

Então por que a recusa ilógica de querer algo que se sabe provoca dor a si e aos outros? A chave para responder a essa questão diz respeito à identificação. Existe uma enorme diferença entre identificar algo e identificar-se com algo. Só é possível modificar sua máscara e seu eu inferior, sua intencionalidade negativa e seus jogos desonestos quando não se está identificado com eles. Apenas assim os sentimentos reais podem ser vivenciados honestamente, sem desperdiçar energias em fantasias e ilusões. Do contrário, a renúncia àquelas práticas assemelhar-se-á à própria aniquilação. Nessas condições, seu Eu Superior, Espiritual, aparenta-se irreal, talvez até uma farsa. É este o sentimento, o clima não verbalizado. Por isso muitos só se sentem "verdadeiros" e energizados quando manifestam a negatividade e a destrutividade. O embotamento e o amortecimento parece ser o único resultado que alcançam quando "renunciam" ao mal. De fato, essa energia só pode ser transformada se não precisar ser negada, embora não seja necessário nem recomendado pô-la em prática em seu dia-a-dia. Basta se dispor a sentir os sentimentos reais, "bons" ou "maus", sem jamais negá-los, para que seu "self" endurecido, rígido e limitado possa ser transformado. O trabalho do ego é executar essa tarefa, identificando-se cada vez mais com seu Eu Espiritual. Não é preciso ser uma pessoa diferente, Ele é muito familiar, seguro e verdadeiro, o melhor de si. Não trai sua realidade, não é algo de que tenha que se envergonhar. Ele é seu Eu Real, é preciso acreditar nisso e se soltar, confiante que a realidade é benigna e que a verdade e o amor são um só.

# MÓDULO V - DESEJOS E NECESSIDADES

O ser humano tem uma vontade consciente e outra inconsciente que, com muita frequência, correm em direções opostas. A desconexão com a Voz Interior é o problema fundamental, pois enquanto os seus desejos não forem livres de dúvidas e receios, eles inibirão a plena satisfação. Quando a questão não é devidamente considerada, episódios isolados na infância acabam generalizados e distorcidos, pondo em movimento padrões destrutivos repetitivos que estendem a dor. Até as impressões favoráveis provocam exaustão, impedindo a assimilação da experiência. A pessoa desconhece que o seu sofrimento resulta de perseguir desejos de infância que não são mais necessidades reais, não raras vezes projetados em outros que toma como "pais" substitutos. Ao buscar por vantagens indevidas, tentando manter relações próximas sem se doar de fato, acaba se sentindo dividida em sua culpa, dificultando tomar pulso do processo e o investigar sob a luz da razão. Sem nem mesmo saber bloqueia a própria satisfação, pois lá no fundo sabe que há algo errado. A incapacidade em discriminar pode assustá-la a ponto de fazê-la fugir de relacionamentos relevantes. Sua parte imatura continuará levando-a para longe da felicidade, até que ela se convença de conhecer e purificar a sua vontade.

As necessidades reais de um adulto são a autoexpressão, o prazer, o amor, bons relacionamentos e o desenvolvimento dos seus potenciais, de modo a contribuir de forma significativa com a vida. Desejar algo para o próprio desfrute nunca é egoísta se não prejudica o outro. Porém basta a vaidade fútil e a necessidade de ser superior para distorcer as motivações e tornar os desejos doentios. O que poderia produzir ampla e genuína satisfação se transforma em um prazer pueril e efêmero, que nem de longe podem ser comparados. Ao se perguntar sobre o significado de determinadas reações emocionais, serão encontradas, antes de tudo, algumas necessidades falsas. Mas por ter se afastado tanto de si mesma, a pessoa se torna menos vívida, criando uma rigidez que não se desmancha com facilidade. É preciso uma boa dose de autoexploração honesta, antes que possa voltar a se orientar pela verdade. Quem opera no Eu Real reconhece a sua Riqueza Interior, é autoconfiante para acolher ou renunciar, afastando a compulsão e a ansiedade. Permite-se relacionar sem se superestimar nem precisar ser toda a glória e perfeição. Perceber as deficiências do outro não lhe traz qualquer sensação de superioridade, tampouco de inferioridade ao observar no outro qualidades que lhe faltam.

A transformação ocorre quando a pessoa passa a disponibilizar a parte livre do seu fluxo de energia e consciência para influenciar a sua substância de alma empoçada e presa. Uma força superior de cura espiritual pode ser invocada, mas necessita funcionar em mutualidade, recebendo e deixando operar, até liberar essa mesma força de dentro para fora. É preciso desapegar-se do ego contido em seus desejos, desprendendo-se de medos, desconfianças e concepções equivocadas, livrando-se da teimosia de limitar a sua felicidade à exclusiva ocorrência de eventos escolhidos a sua maneira. Para alcançar tal graça é necessário se apropriar dos estados provisórios de consciência que criou, de modo a poder compreendê-los e anulá-los. Trata-se de viver no "agora" da maneira certa, o que significa ter ampla consciência do momento, do seu significado e verdade, colocando-se em sintonia com o que é, ao invés de fantasiar no que deveria ser. Quando vive no presente, o homem não busca criar devaneios com situações pré-fabricadas. Ele vive de forma flexível, conforme o momento, ainda que este possa ser difícil ou obscuro. Mas se nem mesmo se esforça para mudar, nem se reconhece incapaz de fazê-lo sem ajuda espiritual, ou ele não está de fato interessado nesse processo ou duvida que as Forças Construtivas possam prosperar dentro de si.

◆ ◆ ◆

## PW 47 – A PAREDE INTERIOR

Todo ser humano tem dentro de si uma Chama Divina que o faz lutar pela perfeição, pelo amor, pela bondade e verdade. Mas essa Luz nem sempre penetra em suas camadas de imperfeição. É como se o sol brilhasse através de um vidro sujo e os seus raios saíssem pelo outro lado como sombras indistintas. Tal desejo, ao menos em parte, frequentemente não provém apenas do Eu Superior, mas também do eu inferior, porém com uma motivação egoísta, em busca de poder e admiração. A confusão resultante em torno da real motivação pode bloquear o desejo, levando a boicotá-lo, deixando de praticar o bom e o certo, o que é ainda pior. O único modo de obter clareza a respeito é tomar consciência do que se passa. Uma vez admitido o conflito, descendo do pedestal em que se coloca, é possível começar a se encarar na verdadeira acepção da palavra. A verdade é sempre saudável e calmante para quem se convence da decisão de não mais lutar contra ela. Apenas em um ego orgulhoso ela provoca dor.

Negar as suas motivações egoístas de forma hipócrita faz com que estas se dirijam ao subconsciente, o que só agrava a questão, adoecendo a alma e precipitando conflitos. No mundo espiritual a matéria sutil é uma substância tão real quanto a matéria do universo. Com a finalidade de manter o negativo oculto, por covardia, orgulho ou teimosia, é formada uma parede interior entre o consciente e o subconsciente da pessoa. Mas trancar e esconder o que precisa ser eliminado, por impaciência, vergonha ou acomodação, ainda que buscando acelerar o encontro da perfeição, é totalmente inapropriado. Somente quando o homem se despe diante do seu Criador, sem mascarar o que esconde de si mesmo, pode a Substância Divina fincar raízes. A meta deve ser a destruição total dessa parede, mas é necessário empreendê-la aos poucos, evitando graves complicações que podem surgir pela dificuldade humana de sustentar a verdade.

O subconsciente é inerentemente contrário a abandonar os seus subterfúgios. Para ele, expor-se é um sério perigo, opondo-se ao desmoronamento da parede com estratagemas de todo tipo. É comum que pessoas que reconhecem uma nova verdade passem a usá-la como um escudo protetor, manipulando-a para esconder outros de seus medos, tendências negativas e conflitos emocionais. Quando a verdade não mais produz Força Vital, é sinal da presença de uma parede muito espessa que detém o indivíduo e o faz caminhar em círculos, sem penetrar mais fundo.

É preciso pedir a Deus para primeiro enxergar a parede e depois buscar coragem e humildade para pô-la abaixo. A atitude saudável é reconhecer que a vida impõe certas dificuldades que devem ser acolhidas de forma voluntária. Quando o dever não é emocionalmente aceito, a pessoa passa a agir por compulsão, como uma criança a quem só resta obedecer.

O amor saudável depende de uma atitude madura para que o eu passe a existir de forma livre e independente, o que eleva os poderes intuitivos e atrai relacionamentos sem abusos. A esfera de vida de um indivíduo, que também se tornará o seu lar após a morte, é o produto da atividade da alma, dos seus atos, pensamentos e sentimentos conscientes e inconscientes, e isso não se muda com facilidade. Os seres humanos costumam julgar uns aos outros pelo mesmo gabarito, mas não é assim que funciona no mundo espiritual. Cada um se encontra em níveis de desenvolvimento distintos nos muitos aspectos da sua personalidade. Quanto mais agir contra as Forças Universais e se afastar do seu plano de vida, tanto mais tumultuado será o processo. A própria força de cura da natureza o empurrará contra a parede interior, facultando perceber com mais clareza os impeditivos para que encontre equilíbrio e harmonia.

◆ ◆ ◆

## PW 56 – OS DESEJOS E AS SUAS MOTIVAÇÕES

É saudável todo desejo não destrutivo que existe por si mesmo, sem subterfúgios ou anseios subliminares. Mas quando ele significa um meio para conseguir algo cuja motivação não é clara, torna-se uma necessidade tensa e compulsiva que carrega o medo em seu rastro. Sem nem mesmo saber, essa pessoa acaba bloqueando a própria satisfação, pois lá no fundo sabe que há algo errado. A segurança financeira, por exemplo, é saudável se desejada pelo simples prazer de desfrutá-la. Mas ela se torna um desejo doentio quando matizada pela necessidade de impressionar o outro, na busca por aplacar os seus sentimentos de inferioridade. É verdade que muitos querem ter renda para obter poder, para serem importantes, e ainda assim são bem-sucedidos. No entanto, embora a sua falta de consciência naquela área específica não os impeça de alcançá-lo, inevitavelmente as suas forças autopunitivas acabam projetadas em outras áreas da vida. A consciência sempre fortalece inibições contra motivações erradas, sendo um antídoto eficaz para purificar os desejos e conectá-los à Força Vital criativa, poderosa e boa.

Desejar algo para o próprio desfrute não é por si mesmo um ato egoísta, a não ser que o desejo prejudique alguém, ainda que não seja por um dano óbvio. O resultado passa a ser destrutivo quando o seu interesse acaba tolhendo o do outro, por mais sutil que aconteça. A vaidade fútil e a necessidade de ser superior são suficientes para distorcer as motivações e tornar os desejos doentios. Querer impressionar o outro é sempre prejudicial quando oculta a intenção de provocar inveja à custa da inferioridade dele. Assim, o que poderia ser uma satisfação ampla, genuína e feliz se transforma em um prazer pueril e passageiro, que nem de longe pode ser àquela comparada. Quase todos os desejos humanos ainda não são inteiramente livres de dúvidas e receios, o que inibe a sua satisfação plena. Enquanto não se convencer de que o autoconhecimento e a purificação da vontade são vitais para obtê-la, a parte imatura da sua personalidade continuará o levando para longe da felicidade. Os pequenos desvios da verdade, que são sempre registrados pelo indivíduo, produzem uma sensação de não merecimento. Se não forem trazidos à consciência com clareza e objetividade, eles serão usados para bloquear mesmo os seus desejos mais legítimos, impulsionando sentimentos de inferioridade.

É extremamente construtivo e fortalecedor declarar-se responsável pela própria vida, buscando corrigir as suas atitudes e conceitos errados. Mas é totalmente destrutivo e debilitante concluir que, por ter toda a capacidade de direcioná-la, mais culpado deve ser pelos seus fracassos. A maior consciência das reações e emoções imperfeitas não irá deprimir nem trazer desesperança para aqueles que persistirem. Entretanto há que se ter paciência até que o preço a pagar pela Verdade Interior não pareça ser uma desvantagem. As reações emocionais só mudam aos poucos, pelo reconhecimento dos seus vários aspectos, antes que possa ser alcançado o devido estado de desenvolvimento. Todos podem desfrutar da glória que a vida pode ser, dedicando-se honestamente ao trabalho interior e buscando por ajuda espiritual. Ela virá na proporção da clareza e da motivação dos seus desejos. Aprenda a apreciar o trabalho honesto e sério que leva à felicidade, ao invés de buscar por truques ou atalhos para alcançá-la.

◆ ◆ ◆

## PW 71 – REALIDADE E ILUSÃO

Uma pessoa pode estar em relativa realidade em certos locais da sua vida interior, mas em outros se encontrar em profunda irrealidade. A resistência à verdade exige um esforço debilitante, pois a ilusão não pode se manter por si mesma. Nessa área cada indicação de realidade desaponta, criando hostilidade inconsciente, tensão, confusão e medo. É a verdade que liberta, como afirma o próprio Jesus na passagem bíblica em João 8:32, *"veritas liberabit vos"*, e a felicidade não se mantém sem liberdade. A realidade acessível depende da maturidade mental e emocional, que equivale à capacidade e disposição de amar. Quanto mais imatura for a pessoa, mais ela anseia por ser amada sem assumir o aparente risco de amar; e quanto maior essa discrepância, mais dilacerada se torna a sua personalidade. Alguém assim, ainda que obtenha o que deseja, não percebe o que é realmente oferecido pelo outro, com todo o seu sabor e atmosfera. Os sinais "favoráveis" às suas construções ilusórias são supervalorizados, bem como é irrealista a sua esmagadora decepção quando eles são "desfavoráveis".

O indivíduo prefere se iludir tanto por não querer encarar o que pode ser desagradável, quanto para evitar se punir, pois no fundo sabe que não deveria se desapontar de forma tão infantil. Sua criança interior quer obter tudo a seu jeito, às vezes camuflada por trás de reações corretas, mas superficiais. Ela reage ao momento como um animal irracional. Falta-lhe o discernimento para avaliar o fato pela verdadeira significação do seu valor enquanto realidade. Exagerar a importância do momento, dessa forma, é a maneira errada de viver o "agora". Mesmo as tragédias reais que se abatem sobre os seres humanos, quando vistas em retrospectiva, são sentidas de modo muito diferente da sua ocorrência. Viver no "agora" da maneira certa significa ter ampla consciência do momento, do seu contexto, significado e verdade. Isso só pode ser conseguido colocando-se em sintonia com o que é, ao invés de focar no que poderia ou deveria ser. As situações imaginárias rigidamente construídas buscam iludir a realidade, impedindo a experiência plena do que a vida tem realmente a oferecer. Quando se encontra no presente, no "agora", o homem não busca produzir devaneios com situações pré-fabricadas. Ele vive conforme o momento de forma flexível, mesmo que este "agora" possa ser difícil ou obscuro.

Uma vez que a criança interior está sempre clamando por atenção, ela usa a dramatização, sutil ou explícita, como meio de forçar o outro a atendê-la. Pode se colocar como pobre sofredora, injustamente tratada, ou como má e perversa, buscando demostrar a sua "coerência" e "honestidade". Tal representação ainda assume outras formas, mas sempre destinadas a aumentar a sua própria importância. A realidade, porém, se torna muito inóspita quando exige a aprovação do outro. Qualquer sinal a indicar que a circunstância imaginada não está sendo reproduzida traz decepções e hostilidades. Com isso, cada situação favorável que poderia surgir acaba sendo sabotada, estragada ou destruída. O medo de amar faz com que a pessoa se retire e lá no fundo se sinta culpada por isso. Para amenizar as suas culpas, precisa forçar que alguém a ame. Ela também faz isso para buscar provar que as suas vozes ocultas estão erradas. Não percebe que, sem essa corrente de pressão, seria possível aproximar-se muito mais do amor do que com todos os ardis que utiliza para dramatizar a vida, na busca sem fim de tentar levantar artificialmente a sua combalida autoestima.

◆ ◆ ◆

## PW 95 – SUPERANDO A AUTOALIENAÇÃO A CAMINHO DO EU REAL

A forma vegetal ou animal é um estado de ser em harmonia, mas sem consciência comparável à do ser humano. Este despertou dessa etapa, porém ainda não é capaz de integrá-la totalmente ao seu ser. Tal desarmonia traz não realidade, não verdade e impõe sofrimento. A paralisia das suas faculdades resulta de não agir pelo seu Eu Real. É esta a sua luta fundamental. Mas a autoalienação é tão difundida na humanidade que os seus sintomas não se destacam, sendo tomados como "normais". No entanto, mesmo a mais inteligente das pessoas, quando não usa o seu Eu Real, fica bloqueada. Seus mecanismos de defesa, marejados por imagens emocionais, fazem com que sua razão não funcione em áreas específicas. Nelas ela não entende, interpreta erroneamente, fica ansiosa e confusa, se entorpece ou reage de forma violenta.

Ao se perguntar sobre o significado de determinadas reações emocionais, serão encontradas, antes de tudo, algumas necessidades falsas. Essa falsidade só pode ser trazida à consciência depois de uma boa dose de autoexploração honesta. As pessoas evitam ter consciência das suas necessidades reais de receber e dar, não apenas porque pode ser doloroso encará-las, mas mais ainda por medo de se sentirem inferiores. Somente quando arregimentarem coragem e humildade para vê-las de frente, sustentando as suas frustrações temporárias, perceberão a insensatez de como buscam tentar substituí-las por falsas necessidades. A incomparável força adquirida por esse "insight" as fortalecerá, aproximando-as da realidade, do Eu Real, o âmago do seu ser. A desmobilização dessas faculdades se deve ao afastamento de si mesmas, por uma percepção distorcida da vida, por não quererem ceder e por medo de se sentirem inferiores.

O autoalienado oscila entre se ver como muito pequeno ou muito grande. Os outros acabam fazendo-o se sentir menosprezado ou com o ego inflado. Ele percebe a frustração de um objetivo de forma muito mais intensa do que a própria insatisfação das suas necessidades reais. Isso explica a dor desproporcional que sente por um fracasso, rejeição ou por um insucesso em determinada área. Como a satisfação dos seus desejos não pode depender apenas de si, esse indivíduo investe a sua força nos outros a quem, conscientemente ou não, pressiona para cumprir as suas ordens. Assim, ele não percebe o contexto da realidade, acabando por vê-los como inimigos ou como escravos potenciais, uma vez que também é, alternadamente, uma coisa ou outra. Sua força, recursos e razão são usados apenas para o exterior, o que o torna tão dependente e impotente quanto aquele que é francamente submisso e fraco. É preciso muita auto-observação, em um novo nível das emoções, para tomar consciência da limitação dessa perspectiva.

Quem opera a partir do seu Eu Real percebe a sua Riqueza Interior, sabe o poder que tem. Confia em si mesmo porque consegue renunciar, o que o afasta da compulsão e da ansiedade. Isso lhe permite relacionar sem que se superestime, sem precisar ser toda a glória e perfeição. Perceber as deficiências dos outros não o faz se sentir superior; observar neles qualidades que lhe faltam não o faz se sentir inferior. O Eu Real não será alcançado enquanto não for tomada a iniciativa de mudar. Pode ser algo automático e muito gradual, pelo simples "insight" e entendimento das distorções, como também pela busca de instituir um novo padrão em certas facetas da sua personalidade. Mas a disciplina, embora necessária, quando mal usada leva à repressão e à supressão, trazendo ainda mais ansiedade e a sensação de que a mudança é desvantajosa, embora certamente não seja. Portanto, antes é preciso voltar o foco para entender melhor por que tal corrente de força existe, deixando de viver superficialmente para satisfazer o mundo, mas não os seus próprios valores.

◆ ◆ ◆

# PW 111 – A SUBSTÂNCIA DA ALMA E O IMPACTO DAS EXIGÊNCIAS

A alma é a soma total da personalidade interior. Contém tudo que está por trás do ser físico, exceto seus disfarces e falsas soluções de problemas não resolvidos, embora estas também sejam manifestações da alma. Constitui-se como "matéria sutil" não perceptível aos sentidos convencionais, não se encontrando em um local específico do corpo humano. A alma contém a mente consciente e inconsciente, havendo regiões mais profundas dela que vão ao Eu Espiritual. Quando a criança recebe as impressões da vida, o impacto varia conforme os potenciais que a alma possui para assimilá-las. Se ela é saudável para lidar com as questões específicas, nem mesmo fortes marcas negativas criam raízes. Os acontecimentos são registrados de acordo com seu significado real, de modo que a personalidade aprende e cresce com eles. Quando não é assim, episódios isolados acabam generalizados e distorcidos, pondo em movimento padrões destrutivos que estendem desnecessariamente o sofrimento. Até as impressões favoráveis provocam exaustão, impedindo assimilar as experiências. As deturpações da realidade e as falsas soluções exigem um esforço enorme, frequentemente produzindo pensamentos repetitivos, incapacidade de esquecer e de perdoar e, principalmente, reações automáticas desproporcionais às ocorrências externas.

A rigidez da alma entorpece os sentimentos ou maximiza as emoções, impedindo ver a realidade como ela é. A unilateralidade e a incapacidade de se ater a outra percepção são alguns dos seus sintomas, sendo comum também a insistência em se apegar a detalhes de facetas incompletas. A personalidade foca apenas no que percebe de imediato, de forma muito exagerada, pondo à sombra todos os demais aspectos envolvidos. São reações que se originam de feridas entalhadas na alma. Uma emoção, ainda que correta, mas que não considera de forma ampla e atenta a realidade que se passa, demonstra que alguma imagem ou pseudossolução se encontra operante. O Eu Real emana sentimentos muito mais profundos, reagindo à realidade do momento de forma objetiva e substancial. Os sentimentos se baseiam na objetividade, as emoções, na subjetividade, em ambos os casos podendo ser agradáveis ou desagradáveis. Mas não se deve esconder de si mesmo nem um, nem outro, nem nada, senão não é possível reconhecer as distorções e as falsidades, impedindo que o Eu Real responda por seus sentimentos e intuição.

Quando a substância da alma é muito impressionável, as suas exigências inconscientes e as dos outros têm um efeito indevido. É como se soasse um alarme interior produtor de grande tensão. Ou a pessoa as interpreta mal, desencadeando defesas internas, ou cede às exigências imaturas, buscando evitar sentir culpa ou ser punida. Reage assim porque a culpa e o medo não lhe permitem tomar pulso do processo e o investigar sob a luz da razão. Sua luta não é tanto contra as exigências, mas contra a tentação e a compulsão de ceder a elas. A incapacidade de discriminar pode deixá-la tão assustada a ponto de fazê-la fugir de relacionamentos significativos. Seu medo e rejeição indicam a procura por vantagens indevidas, na tentativa de manter relações próximas sem se doar de fato, ainda que possa oferecer excessos em alvos distintos. Como o outro recebe o que na realidade não necessita, as exigências dele ficam ainda mais prementes. E quem "se entregou" à ela naquelas condições sente-se não apenas magoado, mas também culpado, pois no seu íntimo percebe o falso jogo jogado. Um antídoto eficaz para lidar bem com as exigências externas é descobrir as próprias exigências infantis. A dignidade está em levar esse esforço adiante, a despeito do custo de encarar os seus aspectos negativos e abalar a sua autoimagem idealizada.

◆ ◆ ◆

## PW 138 – O DESEJO E O MEDO DA PROXIMIDADE

A dor do isolamento sempre induz as pessoas a procurarem escapar dele. Quando parecem bem sucedidas, o medo da proximidade as faz recuar e se afastar do outro novamente. Como puxam e empurram em direções opostas, desejando e temendo a mesma coisa, o resultado é sempre doloroso e repleto de conflitos. A insistência em se apegar a ambos os sentimentos as mantém isoladas e presas em um torturante redemoinho. Por prestarem pouca atenção às suas manifestações, deixam de notar os sutis objetivos negativos que carregam, normalmente encobertos por uma meta geral positiva. Somente encarando a questão em sua totalidade poderão resolvê-la, desistindo de vagar ora pela proximidade, ora pela separatividade. Mas não basta apenas se concentrar em eliminar a sua destrutividade, é preciso também ativar os seus poderes reais ocultos. Cada um possui muitas qualidades valiosas que negligencia ou que percebe apenas sutilmente. Uma vez que as ofereça ao mundo, o que era extenuante e solitário se torna relaxado e seguro, possibilitando se apropriar de um profundo sentimento de unidade com a vida.

As pessoas em geral acreditam que só podem alcançar riquezas, prazeres e atender os seus desejos quando se concentram em obter vantagens sobre os outros. A falsa convicção por trás é a de que, se não se preservarem, serão aniquiladas. Isso se deve a metas interiores ao menos parcialmente destrutivas, o que as induz a duas tragédias. A primeira decorre de que, por acreditarem nisso, acabam realmente prejudicadas quando buscam se doar em certas áreas da vida, sancionando a conclusão equivocada do "eu contra o outro". A segunda porque, enquanto conservam essa crença em sua psique, o isolamento lhes fornece algum senso de identidade que parece preservar a sua individualidade. Mas quanto maior a submissão a uma disciplina rígida e superficial, sem adentrar em suas questões interiores, maior o perigo de fazer desta uma pressão insuportável, até que a psique, exaurida, se perca em um processo de autoalienação. Quando as negatividades estão conscientes e impera o desejo de entregar-se à vida com o seu melhor, apegar-se ao ego só se presta para reduzir a livre autoexpressão, impedindo bons relacionamentos e um viver relaxado e alegre.

O "eu contra o outro" é toda a luta humana, cujo denominador comum consiste em cultivar na alma uma atitude negativa ou um medo e uma recusa a se entregar à vida. Somente quando o indivíduo se encontra na verdade consegue oferecer o seu melhor sem conflitos, permitindo experimentar a enorme segurança e alegria de viver a união. Nessa mesma proporção passa a receber em paz e alegria, até que os aspectos de dar e receber se tornem um só. Quando não existe esforço para se doar, também não há esforço para receber e, portanto, não há frustração. Assim a pessoa não mais se sente ludibriada, pois igualmente não ludibria a vida. Isso torna absolutamente supérfluo e sabidamente desnecessário o controle ansioso e tenso do eu. As Verdades Universais parecem contraditórias na superfície. Para perceber a unidade por trás de Seus aparentes paradoxos, é preciso vê-Las e experimentá-Las de forma pessoal. Não basta apenas buscar compreendê-Las com o intelecto, embora as Suas revelações jamais fujam à razão, como resultados de Leis Espirituais que são.

◆ ◆ ◆

## PW 183 – O SIGNIFICADO ESPIRITUAL DA CRISE

A crise é uma tentativa da ordem natural e cósmica do universo de viabilizar uma mudança estrutural. Quando a parte da consciência que comanda a vontade obstrui a mudança, o resultado é uma crise, sem a qual a entidade não pode chegar ao equilíbrio. Este é o seu significado último, não importa se manifestada como dor, compulsão ou insegurança em mudar o velho estilo de vida. Somente a crise pode demolir e quebrar a estrutura construída sobre falsas premissas. Se as ideias, conceitos e sentimentos são baseados em erros, o impulso posto em marcha irá aumentar e se reforçar, mas nunca para sempre. A depressão, o medo ou qualquer outro sentimento original é a primeira crise à qual não se prestou atenção, cujo verdadeiro significado não foi compreendido. Aos poucos a consciência vai se distanciando dele, tornando mais difícil identificá-lo. Mas, ao contrário da verdade e do amor, que são Atributos Divinos inesgotáveis, a distorção e a negatividade sempre encontram em um colapso o seu próprio limite. Esta é a crise dolorosa à qual geralmente o indivíduo resiste com todas as suas forças.

O verdadeiro olhar para dentro e a profunda preocupação com o Ser Interior, o abandono de atitudes e de ideias fixas é a postura a ser cultivada. Dessa maneira é possível evitar a crise caracterizada por dor e ruptura, porque não haverá uma ferida crescendo ao limite de estourar. O último caso é a morte, erupção que ocorre com o espírito se separando do corpo, até que encontre outras circunstâncias de vida em que irá lidar, novamente, com as suas distorções internas. Assim como o processo de morte e renascimento, a crise sempre visa desativar os velhos modos de funcionamento. Quanto maior a abertura e a disposição para mudar e quanto menor a necessidade da mudança, menos grave e dolorosa será a crise. Mas o mesmo processo de autoperpetuação se aplica aos aspectos positivos construtivos, a diferença é que aqui não há um ponto de ruptura, ele pode durar para sempre. No começo é preciso se esforçar para colocá-lo em funcionamento, mas depois que está em marcha ele se transforma em um movimento interior contínuo que não exige esforço. Crescer como ser humano significa libertar os seus potenciais intrínsecos ilimitados. Quando as atitudes negativas estão cristalizadas, esse desenvolvimento é impossibilitado.

O homem frequentemente passa de um extremo errado ao outro. Em um ele se acha o único responsável por realizar a sua transformação interior. Como no fundo sabe ser impotente para mudar, nem tenta de verdade. Em outro, professa a crença de que Poderes Superiores, ou Deus, devem fazer tudo por ele. Aqui também o eu consciente não tenta. A falsa esperança e a falsa resignação são dois lados da mesma moeda da passividade absoluta. Se a pessoa nem mesmo se esforça para mudar, nem se reconhece incapaz de fazê-lo sem ajuda espiritual, ela não está de fato interessada ou duvida da realidade das forças superiores dentro de si. Todos têm "noites escuras" a encarar, em alguns elas veem e vão, em outros são sempre cinzentas. E também há aqueles que já acharam a saída. Cabe a cada um não projetar os seus problemas nos outros, não os responsabilizando pela própria situação, o que só prolonga a sua agonia. Mas também não deve identificar-se com energias autodestruidoras, afirmando-se como "muito mau ou sem valor", esta é sempre uma atitude desonesta. É preciso trazer à tona essa desonestidade para que a crise faça sentido. Ao resistir à mudança o medo aumenta, pois o Ser Interior sabe da inevitabilidade do colapso. Por isso é preciso repetir a lição muitas vezes, até desnudar o ilusório erro do medo de mudar.

◆ ◆ ◆

## PW 185 – O PRINCÍPIO CÓSMICO DA RECIPROCIDADE

A reciprocidade é o movimento que transpõe o abismo entre dualidade e unidade, pondo fim à separatividade. Na verdade, não há nada que possa ser criado sem reciprocidade. Primeiro a ideia deve ser formada na mente, inspirada e imaginada além da percepção do que já existe. Então é preciso cooperar com a sua execução, o que implica esforço e perseverança. O pensamento inspirado nunca pode completar a criação sem que a sua produção seja levada a cabo na tarefa. As pessoas não atendem a muitas das suas necessidades reais, tanto por serem por demais contraídas para abrir os canais criativos, quanto por não se disporem a adotar a autodisciplina para ir adiante. Nos relacionamentos humanos, particularmente entre casais, o desequilíbrio é mais evidente. O movimento que reúne duas pessoas quase sempre negligencia o trabalho de resolver as suas dissensões ocultas, como se a atração espontânea e o amor iniciais pudessem se manter por si só. Seus movimentos expansivos precisam fluir um na direção do outro para que haja uma interação harmoniosa de dar e receber, de real colaboração. A capacidade de dizer "sim" quando um "sim" é oferecido, de aceitar, suportar e sustentar o prazer depende diretamente da integridade emocional e espiritual do indivíduo.

A reciprocidade é a ponte que conduz à unificação, demandando abertura e expansão. Todos têm algum medo de se colocar na verdade, ainda que não percebam ou não admitam. Talvez pensem ter uma falha horrível e exclusiva que lhes retira todo o valor. Por considerarem ser mais seguro se reprimir, retêm energias, sentimentos e Força Vital, calando os seus desejos de expansão e de reciprocidade até por vidas inteiras. Muitos só conseguem realizá-los através de fantasias. Quando surge uma oportunidade real, suas almas se contraem e nada se concretiza, pois o velho medo ainda é maior. De fato os seus parceiros podem trazer obstruções que impedem que elas realizem o que sonham. No entanto, são as suas próprias contradições interiores que se certificam de atraí-los por compatibilidade. Por lhes faltar coragem para encarar as suas distorções internas mais profundas, sobrepõem a questão com subterfúgios e desculpas. O fracasso nos relacionamentos sempre indica um despreparo na prática da reciprocidade, seja porque eles são formados sobre bases diferentes do amor, seja pela desistência em manter acesa a sua chama original.

Para que os processos interdependentes de expansão e reciprocidade se realizem, é igualmente necessário que o indivíduo tenha contato com o seu lado destrutivo, o seu mal interior. Ao rejeitá-lo, ele ignora e desperdiça a enorme energia criativa que todo mal contém. É preciso pôr à sua disposição essa força para se tornar inteiro e para transformá-la. A reciprocidade se afasta não porque os seus aspectos negativos ainda estão lá, mas porque não se tem consciência suficiente deles. Se não há reciprocidade consigo mesmo, seja por desleixo, exigências ou expectativas irrealistas, torna-se absolutamente impensável que ela possa coexistir com o outro. Mas não é necessário nem devido esperar se tornar um Ser Totalmente Unificado antes de partir ao encontro de relacionamentos construtivos. Os atritos permitem identificar distorções internas que são bem mais fáceis de ocultar quando se está só. A unidade não pode ser experimentada sonegando ou amputando uma parte de si mesmo, nem a embelezando ou a exagerando por vergonha e medo. A ilusão da separação é a mais desastrosa armadilha perpetuadora do ódio entre os seres humanos, impedindo reconhecer que somos todos integrantes de uma mesma consciência única universal.

◆ ◆ ◆

## PW 186 – A FORÇA CURATIVA QUE MUDA A VONTADE

# NEGATIVA INTERIOR

O crescimento interior pelo encontro da verdade do ser é a base da felicidade pessoal e da plena realização social do indivíduo. Trata-se de um caminho longo, mas que só é árduo quando a mente está perdida em sua própria névoa. Tal estado de desorientação sempre se origina de uma divisão de desejos que bloqueia a capacidade de moldar o futuro. O ser humano tem uma vontade consciente externa e outra interna inconsciente que, com frequência, correm em direções opostas. A falta de vínculo com a sua Voz Interior é o problema fundamental. O trágico é que ele luta contra essa conexão consigo mesmo quase tanto quanto combate a destrutividade e o mal.

Boa parte da resistência deriva da necessidade de mascarar e negar a divisão da própria vontade. Em vez de desperdiçar energia com toda a tensão e agitação que causa, lutando para superar o que parece bloqueá-lo por fora, muito melhor faria se cuidasse de identificar e revelar esse seu conflito interior. Como não age assim, o resultado é que ou ele se põe em grande tensão e amargura, por se empenhar sem sucesso com tanto afinco e frenesi pelo que inconscientemente nega com igual fervor, ou entorpece os seus sentidos, sentimentos e anseios, superpondo e negando o que deseja. Em ambas as alternativas as suas falsas concepções produzem negativismos e erros que paralisam a substância da alma.

Outro aspecto do problema está associado às necessidades reais sonegadas. Aqueles que estão conscientes da existência de uma lacuna em suas vidas de fato sofrem muito enquanto não eliminam a própria vontade interior oposta. Mas os que se embotaram também sofrem com a não realização, ainda que de forma indireta. E por não estarem nem mesmo conscientes das suas necessidades legítimas, eles ainda enfrentam outro problema. Ao se afastarem tanto de si mesmos, tornam-se menos vívidos, o que exige muito mais trabalho para que os seus desejos reais se façam conscientes. Seus desejos neuróticos distorcidos, corruptores das suas necessidades reais, no entanto, raramente são uma total ilusão. Sempre abrigam o germe de necessidades legítimas.

A rigidez não se desmancha com facilidade. O único modo de realizar a tarefa é fazer com que seu fluxo livre de energia e consciência influencie aos poucos a substância da alma empoçada e presa. Uma força superior de cura espiritual externa também pode ser invocada para facilitar o processo, mas ela precisa funcionar em mutualidade. Embora alguns sensitivos consigam eliminar sintomas físicos de receptores passivos, muitas vezes esse processo não consiste de uma cura espiritual de fato, ainda que aqueles que o fazem com sucesso recorram a uma poderosa energia universal. O empreendimento mútuo necessita da admissão exata do que a pessoa deseja em seu íntimo, e ainda por que e como ela se opõe a essa sua vontade consciente. É preciso disposição para cooperar, recebendo e deixando operar o poder exterior de cura, até libertar essas suas mesmas forças vivas curadoras de dentro para fora. Valores externos e fixos nunca constituem em uma resposta confiável sobre a verdade dos desejos. Não é apropriado fazer generalizações, a resposta legítima é sempre a interior. Portanto, é importante postergar as suas conclusões por um tempo, até que a personalidade esteja mais ciente de si mesma e do significado das várias vozes. Sempre que houver um problema que pareça de difícil resolução, que lance sombras sobre a sua alegria, essa abordagem é altamente recomendável.

◆ ◆ ◆

## PW 192 – FALSAS NECESSIDADES PERPETUANDO DORES DA INFÂNCIA

A maioria dos seres humanos ainda não está consciente do seu imenso potencial e dos poderes espirituais que possui. Eles vão muito além do que é considerado "normal" na Terra. São poderes a utilizar na cura de si e do outro e para aumentar a realização e a consciência. No entanto, se houver abuso do Eu Espiritual, acasos infelizes, doenças e mortes serão o seu resultado provável. A autopurificação precisa ser sempre priorizada e o amor deve ser o primeiro poder a ser despertado. As pessoas em geral iniciam esse processo por uma situação negativa que buscam superar. Partem de um objetivo positivo somente como exceção, embora muitas delas de fato apenas finjam honrá-lo. Ao chegar o momento de aceitar as suas dificuldades e abrir mão de padrões de vida destrutivos, o compromisso consciente com o objetivo positivo acaba se esvaindo. Embora esteja sempre presente, ele só pode ser alcançado e fortalecido na medida do aprofundamento interior. Essa busca é uma necessidade legítima e saudável que, quando consciente, permite estabelecer e focar no objetivo positivo. Mas enquanto o seu desejo for dependente do outro, como um pedinte que implora que o tirem da sua infelicidade, a confusão sobre o caminho permanecerá.

Quem não traz as suas experiências emocionais à tona para trabalhar carrega essa carga reprimida, até que ela encontre circunstâncias e condições para retornar nesta ou em outras vidas. Os pais ou o ambiente podem parecer responsáveis pelas dores passadas na infância, mas esse estado "inadequado" propicia a imersão em imagens que, de outro modo, permaneceriam inacessíveis à consciência. À medida que o indivíduo se conscientiza dos seus sentimentos e experimenta esse material residual, percebe que as suas dolorosas experiências se repetem. E também compreende que elas são sempre baseadas no não preenchimento das suas necessidades reais quando crianças. No entanto, tais necessidades reais em um período anterior da vida são quase sempre falsas e irreais em um período posterior. O que produz as deficiências de hoje e perpetua as dores passadas é projetar necessidades sobre outras pessoas, sempre se ocupando em buscar o que não é mais necessário. Ainda que fosse possível para um adulto obter pais substitutos ideais e perfeitos, toda essa doação de fora nunca poderia lhe preencher.

As necessidades reais de um adulto são a autoexpressão, o desenvolvimento dos seus potenciais espirituais, ter prazer, amor, bons relacionamentos e fazer contribuições significativas para a vida, para a qual todos têm uma tarefa. Suas obstruções estão sempre conectadas a necessidades falsas. Elas criam inúmeras condições destrutivas na alma, obscurecendo a visão e induzindo ao ressentimento, ao ódio e ao despeito. Uma resistência passiva e rancorosa é usada para punir quem parece causar o seu estado negativo. Enquanto acreditar que o destino o desconsidera e o afasta de quem imagina querer encontrar, o indivíduo está apenas tentando preencher as suas demandas infantis por meio de "pais" substitutos. Para enxergar a necessidade irreal, perpetuadora da vingança que persegue e justifica, será preciso olhar para o seu interior quando se sentir muito ansioso e desconfortável, descobrindo o que está contido na forte reação a uma mágoa, crítica ou frustração. Não importa o quanto seus pais tenham falhado, a eles não pode ser atribuída responsabilidade pelo seu sofrimento de agora, menos ainda a quem deseja que pague por todos os males por que passou. Seu sofrimento atual resulta dessa distorção, de perseguir necessidades falsas e de insistir em realizá-las. É possível ludibriar seu eu exterior e os outros com explicações racionais sobre quão legítima é a sua causa, mas não é possível enganar seu Eu Espiritual nem a vida.

◆ ◆ ◆

## PW 208 – A IMENSA CAPACIDADE

# HUMANA DE CRIAR

A capacidade humana de criar é infinitamente maior do que as pessoas imaginam. A maioria não faz uso nem conhece essa sua condição inata, com exceção de um número muito reduzido de iluminados. O poder dos pensamentos, sentimentos e atitudes é enorme e se manifesta a todo instante. As pessoas, porém, negligenciam as ligações de causa e efeito do que vivenciam, ignorando que foram moldadas por elas mesmas. Na criação positiva, o entusiasmo, a alegria, o estímulo e a vitalidade são agentes poderosos. Mas os aspectos não purificados, submersos na personalidade total, impedem alcançar um nível de criação que em muito supera o atual escopo da consciência humana. A criação negativa se alimenta de sentimentos e pensamentos ocultos que ainda são mais poderosos do que quando estão conscientes. O medo e a culpa produzida têm enorme potência psíquica, atraindo o que não se quer vivenciar. Por isso é tão importante ser receptivo à Voz Interior e aos aspectos negativos ocultos da personalidade. Mas o homem frequentemente faz uma divisão entre o que chama de "viver" e o desenvolvimento da sua consciência. Evita conectar uma coisa à outra, focando muito na vida material por temer, em sua insensatez, restrições ao "viver", levando-o a oscilar entre a ansiedade e a depressão em sua dicotomia.

Os bebês reivindicam que os seus pensamentos se transformem de imediato em coisas e acontecimentos. Ainda estão muito sintonizados ao anterior estado espiritual, mas suas memórias acabam sendo distorcidas quando traduzidas para o meio confinado do ego. Sua frustração é evidente, seus acessos de raiva acontecem por causa disso. Pessoas adultas, imaturas e destrutivas, apresentam as mesmas reivindicações egocêntricas. Se o imediatismo de causa e efeito se mantivesse nessa dimensão, haveria um grande perigo de que pudesse ser utilizado contra si e os outros. Por isso esse imenso poder criativo é naturalmente limitado como autoproteção. Muitos até inconscientemente se negam a desenvolvê-lo, temendo consequências e responsabilidades. O foco por um bom tempo precisa ser levado sobre as suas áreas sombrias, buscando saber qual fraqueza trazer à tona, a feiura que não quer ver. Essas obstruções impedem a ampla criação direcionada ao que de fato desejam. Será preciso aprender a cuidar do que pensam, sem reprimir nem suprimir, mas questionando sua exatidão e abrindo-se a alternativas. À medida que avançam nesse processo passam a recriar de forma volitiva, não como recompensa por seu "bom comportamento", mas por cessar o conflito interior, sabedores do que e por que o fazem.

Embora o indivíduo possa até querer criar de forma positiva, enquanto se esconde de si mesmo ele não consegue desprender os seus pensamentos e lançá-los no solo fértil da substância da alma. Sua relutância é da mesma cepa da autoproteção comentada. São obstáculos colocados pela própria pessoa, por perceber algo de errado nela, bloqueando a experiência. Talvez seja a sua falta de vontade em doar-se e aceitar a realidade como é, talvez seja uma atitude negativa disfarçada com a qual não queira lidar. Seja qual for o obstáculo, ele precisa ser confrontado, compreendido e eliminado. Caso contrário, ainda que a criação ocorra, e ela sempre ocorre de alguma forma, a vontade imposta do ego fará estragos que não poderão satisfazer o coração e a alma. Em um relacionamento afetivo isso se manifesta na atração de um parceiro matizado e afetado por áreas que negligenciou, envenenando o relacionamento pela raiz. Será preciso aprender a ouvir as respostas do seu Eu Interior, dando toda atenção às obstruções e tratando delas, o que exige bastante autoconhecimento. Seu imenso poder de criar infindáveis belezas na vida só poderá ser alcançado quando não se furtar a percorrer as suas áreas sombrias até o fim.

◆ ◆ ◆

## PW 213 – O VERDADEIRO SIGNIFICADO DE "DEIXAR NAS MÃOS DE DEUS"

Frequentemente o homem não raramente se confunde no dito popular sobre "deixar nas mãos de Deus", pois não se trata de uma atitude meramente passiva. Significa desapegar-se do ego limitado à própria vontade e dos preconceitos, desprender-se de medos, desconfianças e concepções equivocadas, bem como se livrar da teimosia de limitar a felicidade à ocorrência de eventos escolhidos a sua maneira. Se essa atitude partir do âmago do seu ser, do fundo do coração, ela é o propósito final. Para alcançar tal graça, antes será preciso abraçar os estados de consciência provisórios que cria, de modo a avaliá-los, compreendê-los e anulá-los. Mas chegada a hora de mudar as suas atitudes egocêntricas, o indivíduo muitas vezes se rebela contra as incertezas momentâneas produzidas, preferindo as suas velhas falsas crenças. Nos relacionamentos não é difícil observar a pressão de tendências autoritárias que insistem em afirmar que o outro lhe deve amor, o que só serve para criar o oposto do que deseja.

Se o indivíduo envia correntes de dominação em sua luta contra as imperfeições ou a imaturidade do outro, é porque não confia em seu Deus Interior. Não importam quão corretas as suas ideias possam ser em teoria, ele não acredita que isso venha a ocorrer sem que tenha que impô-las. Todos os dominadores encontram dificuldades em lidar com a sua desesperança, mesma dificuldade que os negativos e submissos têm em conviver com os seus traços ocultos de dominação e manipulação. Eles são, inevitavelmente, dois lados de uma mesma moeda. Se uma pessoa o "ama" de forma neurótica ou quer explorá-lo, ela pode até se submeter ao seu domínio, porém irá se ressentir e o acusar, irá odiá-lo e o desafiará por isso. Mas o que acontece quando o dominador reúne coragem e integridade para soltar as rédeas, deixando o medo de que possa perder essa pessoa? Se perder, o que perdeu de fato? Se ganhar, irá descobrir a imensa alegria de ver que ela pode amá-lo sem a sua coerção, manipulação e dominação. Não é esta a verdadeira riqueza almejada? E caso venha a perdê-la, não significa ficar sozinho para sempre, embora talvez seja necessário mergulhar um tempo em sua desolação para anular os impedimentos que criou, "deixando nas mãos de Deus". O desapego verdadeiro implica em um enfrentamento árduo e honesto das suas ilusões, fingimentos e desonestidades.

Toda trapaça cria uma culpa que abala a confiança sobre o direito de usufruir livremente do amor e da abundância do universo. Isso só pode ser obtido quando conseguir dar da mesma forma que quer receber. Mas o ato de dar não pode ser apenas uma máscara, um falso artifício que encobre o regateio, a desonestidade, a trapaça no coração. A culpa real deve ser transformada em remorso verdadeiro, do contrário ela se tornará organicamente destrutiva, ainda que a pessoa crie mecanismos de autoalienação ou falsas culpas para não ter que encará-la. Sentir-se arrependido, aceitar que as suas distorções são prejudiciais a si e aos outros, mas que não são o seu todo, buscando corrigi-las, é totalmente diferente da vergonha e da culpa destrutivas. Muitos ainda duvidam da realidade da existência espiritual além do corpo, mas duvidando ou não, o mundo material é apenas um reflexo, uma projeção tridimensional à qual o Eu Real de cada um é lançado para cumprir uma tarefa. Dê ao outro o presente do Amor Verdadeiro, sem conluio com injustiças, mas permitindo que ele seja o que é, ainda que isso signifique perder por um tempo o que almeja. Com confiança e fé que a vida quer inundá-lo com toda a sua beleza e riqueza, à medida que perseverar no investimento de se deparar com a Verdade Interior, maiores e mais duradouras serão as suas experiências de alegria e segurança, de paz e prazer.

# MÓDULO VI - OS ELEMENTOS DO MAL

A barreira emocional e os padrões destrutivos adotados pelo homem veem de mágoas de infância não reconhecidas e aceitas. A criança que se sentiu ferida encontra no bloqueio dos seus sentimentos uma proteção contra a dor. Mas quando essa defesa passa a ser a sua segunda natureza, mantida muito tempo depois das circunstâncias terem mudado, ela se torna o precursor do mal. Ao optar por não considerar a questão, o que permanece é uma força compulsiva para praticar atos cruéis e afastar os sentimentos espontâneos. O mal é ou resulta do entorpecimento e da confusão sobre como controlar as emoções negativas. É necessário compreender o impulso de ferir como uma emoção interior que não precisa se transformar em uma ação exterior. Admitir a emoção negativa, trazendo-a à consciência, por mais desagradável que seja, é a única forma de transformá-la. O espírito humano sabe que o objetivo maior da vida é revelar esse poder e aplicá-lo ao seu destino.

As três vertentes do mal são a propagação da dor e do sofrimento, na ilusão de que quem o faz não pagará pelos seus atos; a alienação materialista, que impede enxergar um sentido maior da vida; e a distorção da verdade, que sempre leva à confusão. Quando as expressões negativas não são admitidas, elas geram culpa e dúvida, fermentando no inconsciente. Esse é um estado conflituoso de dor que só pode ser resolvido investigando a própria responsabilidade nele. Todas as negatividades humanas são sintetizadas na tríade orgulho, obstinação e medo. Ao orgulho pertencem as atitudes de viver por aparências, constrangendo os verdadeiros sentimentos e a Realidade Espiritual, sempre se comparando e se medindo pelo outro; a obstinação se manifesta como teimosia, rigidez, rancor e provocação, expressão da recusa ao movimento, na insistência em manter o isolamento e a separação; e o medo ilusório, mal confundido com instinto de sobrevivência, é a tentativa do ego doentio de impedir o avanço para fora desse estado confuso e limitado, se revelando em inquietação, ansiedade, paralisia e apreensão.

O homem comumente se identifica com o aspecto negativo do seu ego, fazendo parecer que abandoná-lo é a própria morte. Mas não importam quais sejam os artifícios usados para instilar autoconfiança, não há como se sentir digno e livre usando de intenções negativas, falsidades e exigências injustas. A honestidade é a forma de amor mais necessitada e rara do relacionamento humano. Dinheiro, altruísmo e até atenção e ternura são apenas presentes vazios quando se põe a sua culpa nos ombros do outro. Essa necessidade de se mostrar "perfeito" e "inocente" impede o relaxamento e a aproximação verdadeira nos relacionamentos. Aquele que retira a falsa culpa colocada sobre alguém ainda o auxilia a olhar para a culpa real dele, sem se devastar e sem o confundir. Não se trata, porém, de assumir toda a culpa, quem o faz torna o seu caminho pesado demais, além de dar permissão tácita ao outro para continuar a agir daquela forma.

O poderoso mar de energia da vida manifesta qualquer coisa, do mais sombrio inferno ao mais sublime paraíso. A tarefa inicial do ego é se esforçar a aprender e adquirir conhecimentos e habilidades, vencendo a tentação de sucumbir para onde houver menor resistência. O pensamento precisa mudar primeiro, pois nele repousa a intenção, antes que possa vazar para camadas mais resistentes da consciência. O processo ocorre, em níveis mais externos, pela via dos pensamentos volitivos e, em níveis mais internos, pelo Poder Divino mobilizado ao meditar e orar por ajuda. O novo pensar induz a um novo sentir, trazendo outras atitudes e realidades. A maioria das pessoas, por medo do ridículo, se contenta em teorizar sofismas impessoais, vivendo por procuração, nunca por elas mesmas. Precisarão descobrir que a verdadeira tarefa do ego é abrir caminho para seu Eu Real, seu Eu Espiritual.

◆ ◆ ◆

# PW 114 – LUTA SAUDÁVEL E LUTA DOENTIA

A vida contém luta, mas como em tudo o mais, existem lutas construtivas e destrutivas. Várias filosofias e religiões incitam a parar de lutar, uma verdade frequentemente mal-entendida por ser confundida com tornar-se apático, deixando de se afirmar e de buscar as suas necessidades reais. Essas atitudes acabam levando à indiferença, à estagnação e até ao masoquismo e à crueldade. O homem busca a intervenção externa muitas e muitas vezes, mas a vida não lhe pode dar nada que já não exista nele para ser trabalhado. Ninguém jamais irá encontrar uma dificuldade que não possua força interior suficiente para vencê-la. Ainda dormentes em sua alma há toda uma gama possível de bênçãos e de ajuda espiritual.

A luta saudável é orientada por motivações construtivas e metas bem definidas, estabelecendo-se de forma descontraída, sem tentar encobrir desvios psicológicos ocultos como subterfúgio. Ela não exaure as energias, nela não há luta contra a verdade em si mesmo. Ainda que o sucesso possa não vir diretamente dela, a luta saudável nunca é inútil. O homem usa muito do seu poder para resistir a tomar consciência do que está nele, estancando o fluxo das suas emoções, tornando a sua luta doentia. Quando a energia é usada assim, ela não se regenera, não sobram forças para desenvolver os seus potenciais, para se esforçar a atingir objetivos e para se defender contra quem lhe quer tirar proveito. Superar as distorções e a imaturidade não significa lutar contra si mesmo, mas deixar que esses aspectos aflorem à consciência para poder melhor entendê-los, aceitá-los e superá-los.

Quando as mágoas passadas e as atitudes destrutivas consequentes são temidas, o homem acumula esses destroços por trás de uma barreira. O fato de não querer vê-los não faz com que deixem de existir e de atuar nele. Por não conseguir lidar com o que acontece, suas emoções negativas passam fatalmente a comandá-lo. É preciso cuidado com a tentação de colocar um ferrolho nelas, tendência mais forte no início do seu reconhecimento, por nunca terem sido sentidas antes de forma consciente. É necessário vencer a resistência a olhar para dentro, reunindo todo o desejo de se enxergar aos olhos da verdade. No devido tempo, novos sentimentos generosos, amorosos e calorosos se farão presentes.

Um dos aspectos ocultos que motivam a construção da barreira emocional é que a psique espera que a pessoa possa continuar a ser como era quando criança. As lembranças dessa época se combinam com as suas áreas aflitivas de mágoas passadas e as defesas desenvolvidas contra elas. Como as forças psíquicas tenderam na direção da impotência proposital, o ego passou a não confiar em si mesmo, o que parece justificar ainda mais a dependência externa para satisfazer as suas necessidades. O homem prefere não se dar ao trabalho de ser responsável por sua vida, não querendo arcar com as difíceis consequências de não ter feito isso até agora. Assume responsabilidades falsas que não são suas, pois elas parecem mais fáceis e louváveis. A barreira emocional construída, a desonestidade e os padrões destrutivos adotados veem de mágoas de infância que ainda permanecem. Enquanto continuar insistindo em agir de forma imatura, fazendo o mesmo de sempre, não cedendo e tentando impor a última palavra, maiores serão o seu medo, a sua insegurança e o seu padecimento.

◆ ◆ ◆

# PW 132 – A FUNÇÃO DO EGO EM RELAÇÃO AO EU VERDADEIRO

Sempre que o homem funciona a partir do Eu Verdadeiro ele está na verdade, está feliz. As contribuições mais criativas e construtivas para a vida vêm desse Eu Interior, sua Natureza Real. Tudo que é grande e generoso, tudo que expande a vida, que é belo e sábio vem Dele. Tornar-se o seu Eu Verdadeiro é o principal objetivo do caminho evolutivo pessoal. Mas qual é a função do ego, o nível externo da personalidade? O ego é a parte que pensa, age, discrimina e decide. Há pessoas nas quais ele não cresceu o suficiente, são fracas e incapazes de dominar-se ou de fazer face à vida; e há outras cujo ego é exageradamente enfatizado. Na maioria das vezes ele é muito pouco desenvolvido em uma área da personalidade e superdesenvolvido em outra, com a pessoa tentando compensar o seu desequilíbrio. Mas não é possível alcançar o Eu Real sem um ego saudável. Todos que evitam desenvolvê-lo o fazem por pobreza do ego, talvez por preguiça. Pode ser que percebam que seu ego está deixando de ser necessário e então tentam pular a etapa; ou pode ser que se imaginem capazes de evitar esse passo vital, sabedores que desenvolvê-lo é realmente muito difícil. Trata-se de um erro para o qual pagam um alto preço, retardando a realização do objetivo que almejam. Apenas quando o ego é sadio e forte, mas não hipertrofiado, é que é possível saber que ele não é a resposta, o domínio final. Só assim se torna factível deixá-lo por um estado mais avançado de consciência.

O bebê ainda não possui um ego. Ele busca onipotência, prazer absoluto, uma bem-aventurança total que não quer conhecer a falta, a insatisfação ou a frustração. Esses esforços, quando mantidos na vida adulta, passam a ser irreais e destrutivos. É preciso aprender a deixar para trás a exigência do prazer absoluto, aceitando a limitação e a realidade deste plano como é. O homem não quer responsabilidades porque elas ainda lhe parecem um fardo. Em um ou outro dos aspectos do seu ser, ele acredita que o estado infantil possa ser mantido, clamando ter os seus desejos imaturos satisfeitos. Ao mesmo tempo, em um nível interno igualmente profundo, teme as consequências da sua fraqueza e dependência. Mas alguém assim não suporta abrir mão da versão infantil de desejos essencialmente irrealizáveis. Neste ilusório conceito que mantém, o único modo de se fortalecer parece ser insistir em falsas necessidades, não as deixando esvair. Na sua deliberada alienação, ele ainda age para negar e mascarar os efeitos inexoráveis de menosprezar as suas necessidades reais.

Apenas ao deixar de lado o sonho perfeito é possível apreciar de fato a realização que já existe. É quando o que se tem agora torna-se muito melhor e prazeroso. Não é viável alcançar um prazer dessa qualidade com a visão e o alcance limitados do ego. Isso só irá ocorrer ao permitir que a criação interior aconteça. As faculdades do ego devem ser utilizadas para ir para fora, experimentando as verdades a serem mais tarde compreendidas em um nível profundo da consciência. Mas o homem não se solta, desconfia da parte real da sua natureza. E agrava ainda mais a situação quando cria processos inconscientes de autopunição, buscando negar as suas culpas reais para justificar o fato de não abandonar os seus padrões destrutivos. Será necessário compreender essas questões, aprendendo a interagir com elas e a superá-las para que a sua autoconfiança cresça, pondo em movimento um círculo virtuoso entre seu ego, seu Eu Verdadeiro e as Forças Universais.

◆ ◆ ◆

## PW 134 – O CONCEITO DO MAL: ENTORPECIMENTO E CRUELDADE

Muitas vezes a criança que se sente ferida encontra no entorpecimento dos sentimentos a única proteção contra a dor. Mas quando essa defesa passa a ser a sua segunda natureza, mantida tempos após as circunstâncias terem mudado, ela se torna o precursor do mal. O entorpecimento e a insensibilidade consigo resultam em uma atitude igual de não compadecimento frente ao sofrimento do outro. Grande parte dos males do mundo tem origem nesse estado de espírito. A indiferença é fácil de camuflar, permitindo ceder aos impulsos mais egoístas sem ser detectada. Embora possa não ter um efeito imediato tão devastador quanto a crueldade explícita, a longo prazo ela é igualmente prejudicial. Ao retirar o amor a pessoa se entorpece, mas isso não a impede de sentir raiva, medo e irritação. São emoções que levam ao desequilíbrio e a tornam mais insegura para enfrentar o que se passa. Ao optar por afastar a questão da sua consciência, permanece uma força compulsiva à prática de atos cruéis, fortalecendo o entorpecimento que a impede vivenciar os seus sentimentos positivos espontâneos. O mal é sempre o resultado do entorpecimento das suas emoções negativas e da confusão sobre como controlá-las.

É preciso compreender o impulso de ferir como uma emoção interior que não precisa se transformar em uma ação exterior. Admitir e reconhecer a emoção negativa, trazendo-a à consciência, por mais desagradável que seja, é a única forma de eliminá-la. Culpar-se pelo sentimento indesejado resulta em uma profunda perturbação interior que impossibilita eliminá-lo. Quando o entorpecimento é levado às últimas consequências, ele fatalmente se transforma em crueldade ativa, a diferença entre os dois é apenas de grau. Aquele que vira as costas à crueldade, incapacitando-se a ajudar a removê-la, é invariavelmente uma pessoa que, de alguma forma, se entorpeceu. Ao adquirir íntima compreensão desse processo, o indivíduo se torna capaz de lidar com a injustiça do mundo, saindo da inércia, da dúvida e da confusão interior que até então o assolavam. Todo mal, toda destrutividade, resulta da negação do Eu Real, substituído por reações secundárias que, de uma forma ou de outra, estão sempre ligadas ao medo.

Além do entorpecimento, a segunda faceta do mal ocorre pela confusão sobre como controlar as emoções negativas, levando à rigidez e ao afastamento do Eu Real. Assim não se adquire nem flexibilidade, nem firmeza onde deveria haver. O homem tem inegável controle sobre uma ampla área dos seus atos, mas parece não ter sobre as suas reações emocionais espontâneas. Ele pode querer sentir algo melhor, mas não consegue, sendo incapaz de impedir que elas venham. Da supressão à repressão surgem compulsões estranhas e inquietantes que o tornam impotente, presa fácil da sua personalidade. Tal desequilíbrio é causado pela ignorância sobre seu eu exterior, seu Eu Interior e os papéis de cada um. É realmente verdade que não há qualquer controle sobre as faculdades interiores? Ou é possível estabelecer uma ligação entre a sua consciência, os seus sentimentos espontâneos e a vida? Da falsa ideia que existe um poder estranho e independente atuando em seu interior, surge o conceito de um deus exterior a quem é preciso implorar e aplacar. Mas o seu espírito sabe que o objetivo maior da vida é descobrir esse poder e aplicá-lo ao seu destino. Para isso, antes, será preciso eliminar as suas confusões interiores, deixando de tensionar a vontade exterior, passando a utilizá-la de forma flexível e resoluta, de modo a se entregar às escolhas do Eu Interior. É Dele o papel de redespertar, de trazer à consciência a sua identidade e beleza de possibilidades ilimitadas.

◆ ◆ ◆

## PW 152 – A CONEXÃO ENTRE O EGO E O PODER UNIVERSAL

Onde quer que exista consciência ela é totalmente a Consciência Original, o Princípio Criativo da Vida que se individualiza de diversas formas. Mas quando esse processo avança para além do estado de conhecimento da conexão com a origem, as Leis Divinas, sua natureza e potenciais ficam esquecidos. O significado e a realização da vida de alguém dependem inteiramente do relacionamento entre seu ego e este Princípio Universal que está contido em seu Eu Real. Ele se manifesta sempre como resultado indireto, nunca volitivo, tendo a espontaneidade como característica. O homem se encontra na irônica posição de ansiar profundamente por Suas manifestações, mas também de temê-Las e de lutar contra Elas. É um conflito trágico que só pode ser resolvido abandonando o medo de ver e aceitar a realidade como ela é. A honestidade precisa prevalecer, os pequenos processos de trapaças e defeitos de caráter devem ser eliminados. Isso se faz reconhecendo e observando-se objetivamente, sem mergulhar em desespero e negação. É uma questão de ser capaz de se ver silenciosamente no defeito. Uma pessoa que teme esse processo precisa remover a vaga teoria que alimenta, destinada a encontrar um "ajuste" entre o que sente que poderia ser e aquilo que teme. Precisa remover a sua equivocada crença que separa seu ser espiritual do físico, que o leva para uma vida esperando pela morte, que o retira da realização total do "agora".

Quando a individualização se afasta cada vez mais da Fonte Original, quando ela "se esquece" da sua essência, realmente parece ser uma entidade totalmente separada. Portanto, é compreensível que desistir do ego aparente aniquilar a sua individualidade. O estado separado se ampara na visão dualista na qual parece lógico que quanto mais se dê, menos se passe a ter. Este é o resultado da ilusão de que a personalidade externa é toda a sua individualidade, raiz do medo de abandonar as fechadas defesas do ego. Mas a realidade das Leis Espirituais é exatamente a oposta, quanto mais energia é entregue, mais energia é renovada e recriada interiormente. A Inteligência Maior se manifesta como inspiração, guiança e uma nova forma de intuição que não vem como um vago sentimento, mas em um conhecimento definido, compreendido em palavras concisas que podem ser traduzidas para a vida diária. Soltar o ego não significa aniquilá-lo, nem mesmo desprezar a sua importância ou deixá-lo de lado, mas reconectá-lo à sua origem.

O ser humano costuma ter uma vergonha estranha, um sentimento de exposição embaraçada em relação ao modo como realmente é agora, seu Eu Real. Independentemente de ser bom ou ruim, é como se ele tivesse de se mostrar nu. A nudez da realidade, como no simbolismo bíblico de Adão e Eva, é o paraíso aqui e agora, porque é onde pode ser iniciada uma nova existência de êxtase. O sentimento real parece deixar a pessoa nua e exposta, induzindo-a a criar falsos sentimentos em substituição. Isso acaba por anestesiá-la contra a vibração e a animação da vida, formando uma tela que a aliena do Princípio Universal. Cria um abismo aparentemente perigoso e intransponível, alimentado por medo e vergonha ilusórios. Busca-se, por compensação, ter um controle artificial sobre a vida, imitando e falsificando a própria existência. Enxergar o fluxo contínuo da vida como algo perigoso é uma trágica ilusão, da mesma forma que só é possível encontrar segurança real unindo-se à Fonte Original da Vida. Não há como obter dignidade verdadeira sem superar a vergonha de ser o seu Eu Real.

◆ ◆ ◆

# PW 194 – MEDITAÇÃO: ESTÁGIOS E LEIS

A vida confusa e perturbada que muitas pessoas levam resulta de suas crenças conflitantes e de suas drásticas reações emocionais. Elas desconhecem que os seus desejos, pensamentos e sentimentos inconscientes, insensatos e errôneos trazem um desfecho tão seguro quanto se praticassem um ato consciente. Não é possível simplesmente evitar o que existe internamente. Uma das metas mais importantes da vida é tornar-se senhor do que se pensa, percebe, acredita e deseja. A meditação é um poderoso mecanismo para pôr a mente no caminho de uma vida profícua e feliz, desde que a reação emocional ao pensamento emitido não seja ignorada, desde que o conceito consciente coincida com o conceito inconsciente. Ela é pura criação dinâmica deliberada, combinando, em maior ou menor grau, o princípio ativo e o princípio receptivo.

A meditação demanda que a mente esteja relaxada e atenta, o que pode ser obtido com técnicas específicas, mas esse aspecto não é o seu objetivo final. O estado meditativo aqui incentivado inicia-se com a mente consciente assumindo a parte ativa, expressando o conceito do que deseja criar, através da palavra sustentada de forma concisa. Mas se houver um apego neurótico inconsciente a uma alternativa negativa, a mente consciente se recusará a reconhecê-la, quanto mais a transformá-la. Enquanto isso estiver ocorrendo no inconsciente, a palavra será impotente ou terá muita dificuldade de se fazer ouvir, levando a pessoa a oscilar entre os estados de realização e de privação. As forças de intenção e de convicção de que se trata de algo merecido, possível e que está em concordância com as Leis Espirituais dependem da profundidade com que o desejo oposto oculto é encarado e liberado.

A unificação do desejo em todos os níveis torna a impressão forte, como uma semente que afunda em terra fértil, permitindo germinar sem ser interrompida por dúvidas, medos ou impaciência. É por isso que não basta a boa intenção de meditar, é preciso também abrir as defesas, o que, por paradoxal que pareça, precisa ser feito através da própria meditação. A irresponsabilidade e a ilusão abalam a força ativa do pensamento ou endurecem a força receptiva da substância da alma. Segue-se a visualização, o perceber-se no estado desejado. Não se trata de reproduzir detalhes, o que só acrescenta ansiedade, mas de se sentir íntimo e merecedor. Acreditar na experiência é o estágio final da meditação. A fé real só ocorre de fato dando-se a chance de experimentar a verdade. A maioria das pessoas, por medo do ridículo, se contenta em teorizar sofismas impessoais, vivendo por procuração, nunca por elas mesmas. Será sempre o ego que precisará abrir caminho para a sua Voz Interior Divina, pois Ela nunca é intrusiva.

Os quatro estágios de meditação comentados - conceito, impressão, visualização e fé - são interdependentes e se submetem a Leis Inexoráveis: "aquilo que acreditar será a sua experiência", "nenhum estágio pode ser burlado" e "não é possível receber mais do que está disposto a dar". A criação resultante depende da qualidade do querer, que vai desde o mais inócuo de "petição", passando pela "solicitação", até o "compromisso total" e a "certeza". Este último representa o Estado de União, no qual não há dúvida ou negação, onde o acontecido é sabido mesmo antes que se manifeste. O poderoso mar de energia da vida produz qualquer coisa, do mais sombrio inferno ao mais sublime paraíso, com todos os graus entre eles, cabe a cada um escolher. Uma existência significativa e boa só pode advir quando não se trapaceia com a vida, não se colocando acima dos outros, tampouco se sentindo inferior a eles.

◆ ◆ ◆

## PW 197 – A PERPETUAÇÃO DO MAL PELA SUA NEGAÇÃO

Embora o mal não exista no Estado Unificado, portanto sendo uma ilusão em última instância, a sua manifestação neste plano é real e precisa ser reconhecida para que possa ser transformada. Isso se faz primordialmente dentro do eu, lidar com o mal exterior sem se purificar sempre leva a um triste malogro. Jesus Cristo disse: *"não resistas ao mal"*, indicando que a resistência é em si mesma o mal e o alimenta. São palavras sábias que têm sido por diversas vezes desvirtuadas pelo homem em seus interesses escusos, sustentando a exploração do outro e o desrespeito à sua dignidade. A manifestação do mal é uma distorção da mesma cepa que separa a consciência da energia. Quando a consciência resiste ao fluxo da energia, esta se condensa, bloqueando o que deveria fluir.

Obstinação, orgulho e medo consistem da tríade básica do mal. A obstinação teima em resistir a qualquer caminho que não seja o seu, e o caminho dela muitas vezes é contra a vida, contra Deus. O orgulho é a resistência à unidade das entidades, baseada na separação uns dos outros, elevando-se e indo contra a verdade e o amor. Opõe-se à humildade, mal confundida com a humilhação que deveria combater. Tais abordagens decorrem do medo de que a verdade possa ser prejudicial. A obstinação declara: "vou lutar até o fim para não ser magoado"; o orgulho afirma: "nunca vou admitir que possa ficar magoado"; e o medo conclui: "preciso fugir de qualquer situação que possa me magoar". Em todos os casos desconfia-se da Natureza Benigna do Universo. Na realidade a mágoa passa, pois ela não é o estado final, como o mal também não é. Quanto menos resistência houver à dor, mais depressa ela se dissolverá em seus elementos originais de energia criadora de alegria e contentamento.

Resistir ao mal significa não o encarar e o negar dentro de si e no outro. Quando existem dois movimentos internos opostos, haverá um instante de ruptura que se manifesta como uma crise. Um lado quer admitir o que é o mal, confrontar-se para se livrar dos disfarces, trazendo à tona o que tem de melhor para poder dar e receber o mesmo da vida. O outro lado insiste em dizer não, querendo as coisas só do seu jeito, talvez até buscando se tornar alguém decente e honesto, mas não à custa de ver o que lhe parece ser muito incriminador. Antes que acabe cedendo, a personalidade pode ficar estagnada por longos períodos, tornando-se confusa e cega em suas manifestações destrutivas.

A resistência cria um enorme acúmulo de energia, até que ela desmorone e destrua o próprio mal que havia criado. Ainda que pareça que tudo tenha se despedaçado, o que é de real valor irá se reconstruir naturalmente. Não se pode afirmar com certeza qual configuração passará a existir, mas toda destruição acaba servindo à criação, mesmo que não venha a ser percebida assim no ciclo de uma mesma vida. Entretanto é sempre possível influenciar e diminuir a violência da crise pelo uso da verdade e pela conversão da intencionalidade negativa em positiva. Além do mais, ainda antes disso, ao admitir sua má vontade a pessoa se torna menos inclinada a concretizar o mal. Se outros duvidam, não é importante, em seu coração ela saberá onde está, e isso já é o bastante.

◆ ◆ ◆

## PW 198 – A TRANSIÇÃO PARA A INTENCIONALIDADE POSITIVA

Quando as expressões negativas não são admitidas, elas geram culpa e dúvida que fermentam no inconsciente. Isso faz com que as pessoas se sintam inadequadas em seu íntimo, percebendo-se ruins, o que as levam a buscar fingir ser algo diferente. Embora não sejam lembranças convenientes, por isso tão evitadas, para transformá-las é necessário reconhecer a intencionalidade que as sustentam. Quem nega a própria força e intenção de produzir o mal quase nunca distingue este mesmo efeito dos outros sobre si. A dor reprimida de angústias passadas é distorcida na reação presente, impedindo enxergar objetivamente as situações nas quais se envolve. Talvez até admita alguns sentimentos negativos, mas permanece considerando-se injustiçado e, portanto, com direito a tê-los. É sempre uma intenção negativa que afirma não ser possível evitar sentir isso ou aquilo, negando-se à possibilidade da mudança.

Trata-se de pôr para fora o pensamento que cria o mal, examinando-o com a sua parte madura, a exemplo do processo de meditação e purificação. Só então os sentimentos poderão começar a mudar. De nada adianta usar a inteligência adulta apenas para racionalizar a confusão dolorosa, montando uma argumentação de defesa que justifique a situação, para não ter que lidar com sua intenção destrutiva. Ainda que a pessoa reconheça seus sentimentos negativos, se não os examinar até o fim, acabará encontrando uma saída para se dar razão. As tentações do mal são muito sutis. Fazer o que em si parece certo não garante estar em harmonia com a Lei Universal, pois toda verdade pode ser posta a serviço de uma distorção. A transformação se alcança com vigilância e sinceridade no coração, cultivando amor e integridade, sustentados pela limpeza espiritual através da revisão diária, meditação e oração.

O poder da mente criativa pode buscar qualquer coisa que a pessoa se permita receber, desde que o seu desejo não viole o amor. Para isso é preciso se colocar sem defesas, descontraído e receptivo, sem tensão ou medo do que possa vir. A dúvida cria uma barreira aparentemente insuperável para a purificação, mas as Forças Divinas são capazes de eliminar qualquer obstáculo quando se acredita realmente Nelas. Ainda que muitos não queiram perceber, também é enorme o poder intencional negativo secreto para criar. Quem nega a sua própria força e intenção para produzir o mal em geral não distingue este mesmo efeito dos outros sobre si. Trata-se de um estado conflituoso de dor e confusão que só pode ser resolvido investigando a sua real responsabilidade nele.

Quando há clareza da situação, as pessoas podem vir a ter motivos para ficarem zangadas, mas não confusas, fracas ou temerosas, nem se sentindo inferiores. Então conseguirão diferenciar as atitudes negativas dos outros sobre elas, daquelas que não são absolutamente negativas, ainda que não lhes sejam agradáveis. A raiva e a mágoa podem eventualmente ser justificadas, mas nunca o ciúme, a inveja e a necessidade de se comparar ao outro. Esses sentimentos estão assentados na crença irreal de que o universo tem um suprimento limitado de coisas a oferecer e, assim, se o outro receber, algo lhes faltará. É preciso tratar disso consigo e com quem possa ajudar a encontrar a verdade. Somente ao desejar que os outros também tenham, com generosidade e justiça, será possível alçar e valorizar as próprias conquistas. Permita-se dar e receber, o universo só pode proporcionar riquezas a quem está aberto e receptivo.

◆ ◆ ◆

## PW 199 – O SIGNIFICADO DO EGO E A SUA TRANSCENDÊNCIA

O estado humano convencional é o de consciência fragmentada. Nele vive-se de maneira temerosa, limitada e desligada da realidade. Acreditando que a vida é isso, as pessoas a protegem vigorosamente, embora seja exatamente essa limitação que cria medos e sofrimento. Ao longo da evolução, havia um estado em que o homem possuía muito menor capacidade de criação, percepção e de sentir alegria. Foi preciso que usasse a sua consciência disponível, que era muito mais limitada e confinada, para ampliar as suas faculdades. Esse processo continuará até que não sobre mais fragmentos separados, até que ele se torne uno com a Realidade Final e com a Consciência Cósmica. Somente avançando, superando aos poucos a resistência intrínseca e inata desse estado separado, é que se descobre outra vida além de onde prevalecem os truques do ego. É preciso lutar pela consciência, algo que é gratuitamente obtido. Permanecer no estado de ego isolado pode parecer seguro e fácil, mas leva a um processo repetitivo de estagnação e morte.

As negatividades humanas são frutos de truques do ego condensados na tríade orgulho, obstinação e medo. Na categoria do orgulho pertencem todas as atitudes de máscara e de defesa, de viver por aparências, constrangendo os verdadeiros sentimentos e a Realidade Espiritual. O ego se mantém no "eu contra ele", não sabendo que é apenas em um nível superficial que os seus interesses são conflitantes aos do outro. Comparar-se e medir-se, esforçando-se para superá-lo, torna o seu confinamento ainda mais estreito, aumentando a ilusão de que essa experiência lamentável é tudo que a vida tem a oferecer. A obstinação engloba os aspectos de teimosia, rigidez, rancor e provocação. Demonstra o seu endurecimento contra a mudança, expressão do desejo de permanecer onde está. A recusa ao movimento pode ser classificada de forma superficial como uma mania ou neurose, mas em um nível profundo trata-se de mais um truque do ego para manter o *status quo* de isolamento e separação. À categoria do medo pertencem a inquietação, a ansiedade e a apreensão. O medo procura impedir o avanço para fora desse estado confuso e limitado. O truque do ego é fazer com que tal movimento pareça ameaçador e destruidor da vida. O medo distorce a verdade, cegando o senso de realidade, a ponto de poder até mesmo desalojar o instinto de autopreservação.

Quem rejeita a autodisciplina é sempre dependente, impotente e temeroso. Sua liberdade depende dela, mas só se pode conquistá-la de forma voluntária, não para causar boa impressão. A tarefa inicial do ego é se esforçar a aprender e adquirir conhecimentos e habilidades, vencendo a tentação de sucumbir à linha de menor resistência. Só então o influxo do Eu Espiritual pode fazer das suas novas aquisições uma experiência espontânea e sem esforço. O ego é parte da Consciência Divina e contém todos os aspectos Dela, da Qual um dia se separou. A capacidade criativa fenece quando a pessoa quer trapacear com a vida, frustrando o movimento natural de evolução e unificação. O ego doente e distorcido chega ao ponto de querer abrir mão de si mesmo por não se suportar mais. É uma carga muito pesada, podendo induzir a diversas formas de fugas, como as drogas e outras falsas transcendências, inclusive a própria insanidade. Em todas essas perigosas diligências o que se busca é evitar o esforço, os dissabores e o que discorda ou não entende. A única saída consiste em usar a sua parte saudável para lançar luz na sua parte doente. Isso exige muito investimento pessoal e um total compromisso consigo mesmo e com a vida.

◆ ◆ ◆

## PW 201 – DESMAGNETIZANDO OS CAMPOS DE FORÇA NEGATIVA

A fusão da consciência com a energia produz campos de força de enorme poder. Em seus moldes eles conformam eventos, padrões, ações e estados de corpo e de alma. Seu poder é tão forte que reações sucessivas são postas em movimento e continuam a perpetuar, atraindo semelhantes e repelindo eventos, pessoas e acontecimentos opostos. É como um mecanismo motor gravado, dotado de grande força doutrinadora que é posto em ação. Denominam-se como "imagens" os campos de força negativos derivados de concepções errôneas sobre a vida. As pessoas parecem eternamente capturadas nelas, mesmo percebendo a dor e a frustração que causam em si mesmas e nos outros. Embora seja muito difícil mudar esses campos de força, certamente isso é possível. Trata-se de descobrir as imagens específicas, experimentar sem defesas todos os sentimentos envolvidos e assumir a intencionalidade negativa presente. A vida é inexorável na revelação de crenças e atitudes subjacentes. Mas tais ações, por si só, não são suficientes para mudar o poder criativo delas. Uma energia mais forte precisa ser gerada e canalizada, até gravar profundamente na alma um novo conceito realístico positivo. Só então este passará a prevalecer em detrimento da imagem.

Há várias razões para o homem insistir em permanecer no estado de falsidade e dor. Ele se identifica com o aspecto negativo do ego, fazendo parecer que abandoná-lo é a própria morte, movimento que, portanto, iria contra o seu instinto de sobrevivência. Na medida dessa negatividade deliberada, a resistência em comungar com o Eu Espiritual passa a ser grande demais; e na medida da resistência em demandá-Lo, é muito difícil abrir mão da intencionalidade negativa. Boa parte do trabalho consiste em tornar consciente esse círculo vicioso, vendo-se enganchado e preso nele. Tome como exemplo a atitude semiconsciente, comum e difundida, de desejar punir os pais ou os seus substitutos instituídos ao longo da vida. Não é difícil perceber que tal destrutividade rancorosa só traz prejuízos. Mas como não consegue desistir dela, a pessoa não se vê limpa o suficiente para deixar que Deus se manifeste nela. A única maneira de sair dessa contradição que a mantém imobilizada é passar a usar os seus processos de pensamento de uma nova forma.

É o pensamento que deve mudar primeiro, pois nele repousa a intenção. Só então ele pode vazar mais e mais para dentro de camadas ainda resistentes da consciência. O processo ocorre, em níveis externos, pela via dos pensamentos volitivos e, em níveis internos, pelo Poder Divino mobilizado ao meditar e orar por ajuda específica. O novo pensar induz a um novo sentir, trazendo outras atitudes e realidades. Ao invés de procurar preencher as suas necessidades através de manifestações externas, como as impostas aos pais ou aos seus substitutos, elas passarão a ser buscadas internamente. Para isso é preciso vir de coração limpo, desistindo da desonestidade, do esconder, da projeção e dos jogos sutis na consciência. Um dos maiores obstáculos para estabelecer um canal com o Eu Real é a forma como as pessoas se esquivam ou se culpam pela dor infligida. Quanto mais escondem a dor que causam, mais cruelmente se punem e os outros; e quanto mais a sentem e a encaram, sem perder de vista a própria Divindade, menos necessitam se punir e se vingar. Ao perceber profundamente o remorso e a dor que impuseram e que lhes foram impostas, ambas se tornarão a mesma dor. Então será possível perdoarem-se e aos outros, o que já foi dito em uma das mais belas orações. É assim que cada vez mais o homem se sente em paz e feliz na sua missão, porque também cada vez mais ele se manifesta pelo seu Eu Real.

◆ ◆ ◆

# PW 202 – A INTERAÇÃO NEGATIVA PELA CULPA NAS RELAÇÕES

Quando está apenas vagamente consciente da sua negatividade, quando é muito difícil perceber o sofrimento que inflige aos outros, o homem fatalmente se põe em uma batalha interior revelada em rejeições, justificativas e vitimizações. Ele incorre em dupla culpa, primeiro pela própria atitude negativa em questão, sua culpa primária; depois por esconder e negar essa negatividade, sua culpa secundária. A culpa pela negação é um insulto acrescentado ao ferimento que tem grande peso na alma, consumindo muita Energia Vital, força de expressão e implicando sempre em atos danosos. Não importam quais sejam os artifícios usados para instilar autoconfiança, não há como se sentir digno e livre usando de intenções negativas, falsidades e exigências injustas. A intencionalidade negativa é uma defesa oriunda da crença de que o mundo não é confiável e que só é possível se preservar da exploração e do mal sendo tão mau quanto ou mais. Admiti-la honestamente é a maior graça que pode ser dada a si e ao outro. Dinheiro, altruísmo e mesmo atenção e ternura são apenas presentes vazios quando a sua culpa, ainda que com vaga consciência, é posta nos ombros do outro.

A maioria das pessoas, em diferentes intensidades, vive envolta numa luta dualista, tentando proteger sua autoimagem ilusória. Elas não dão afeto e se fazem de vítimas, colocando o outro como culpado por não atender as suas demandas, que muitas vezes nem são comunicadas. Não raramente caluniam severamente o caráter de quem acusam, inclusive punindo-o repetidamente por falhas anteriores. Quem recebe essa carga pode igualmente estar se escondendo em suas trincheiras, pensando que, do contrário, irá se ferir e ser explorado. Imagina ser melhor manter-se fechado, acreditando que abrir seu coração lhe trará frustrações, rejeições e injustiças. Nesse jogo viciado, a agressão e a vitimização do primeiro reforçam a resistência irracional a se abrir e a amar do segundo. E as defesas pelo afastamento deste alimentam as conclusões e atitudes daquele. Quem não assume a própria culpa, sempre justificando as suas atitudes, se torna ansioso e temeroso de sofrer invasões em suas defesas. A necessidade de parecer "inocente" o impede se relaxar e se relacionar verdadeiramente com o outro. Por outro lado, quem assume também a culpa que não é sua torna o seu caminho pesado demais, distorcendo e fazendo parecer justo e até "divino" o seu sofrimento. Além do mais, dá ao outro a permissão tácita para continuar a agir secretamente na intencionalidade negativa dele.

Aquele que toma a iniciativa de reconhecer a sua má vontade ajuda as pessoas a confiar na decência do mundo. Elas podem ponderar que talvez não estejam tão sozinhas em suas vergonhas e culpas ocultas, que talvez possam relaxar e admitir negatividades sem se considerarem as únicas responsáveis. A honestidade é a forma de amor mais necessitada e rara no relacionamento humano. A menos que essa expressão de amor exista, permanecerá sempre a ilusão de que todos estão separados, de que seus interesses individuais se opõem e que é preciso derrotar os dos outros para protegê-los. Apenas ao orgulho dói admitir exigências injustas, a covardia por não amar e a intencionalidade negativa, para nada mais. Ao retirar a falsa culpa que colocou sobre os ombros do outro, essa pessoa o auxilia a olhar para a culpa real dele, sem se devastar e sem misturá-la e confundi-la com as demais. Tal esclarecimento costuma levar à solução de problemas muito profundos, como se fosse necessária essa graça "externa". Alguém precisa dar um primeiro passo de coragem para afrouxar o laço e liberar os nós nas suas relações.

◆ ◆ ◆

## PW 235 – A ANATOMIA DA CRIAÇÃO

Cada espiral da vida é uma nova camada de criação cujas voltas não se encerram. Ao descobrir outra abertura, cabe ao ser humano escolher um compromisso mais profundo, dando-se totalmente à verdade e deixando-se ir ao encontro de Deus. As manifestações iniciais podem fazer com que se sinta anuviado, parecendo contrair-se em uma crise. Enquanto tateia nesse período, encontra uma oportunidade para descobrir o que precisa saber, ver e mudar, rumo a um novo compromisso. Se o fizer a partir do seu Ser Interior poderá assumi-Lo de fato, abandonando velhos hábitos de pensamento, sentimento e vontade, passando para um nível mais profundo da espiral. Na sua configuração externa a vida é experimentada em acontecimentos desconexos, cujas ocorrências parecem arbitrárias e insignificantes. Nesse estágio a pessoa está tão afastada das causas interiores que experimenta os seus efeitos como coincidências caóticas. A satisfação também aparenta chegar aleatoriamente, assim como as crises e tragédias. Por não se conectar a um sentido mais profundo da vida, ela se sente menos segura e mais assustada mesmo em seus estados felizes, quando tem saúde, segurança e desejos satisfeitos, afinal está sempre temendo perdê-los.

O universo exterior apenas revela o que existe no interior, recriando a si mesmo e reproduzindo as suas manifestações, havendo um constante intercâmbio entre ambos. O desenvolvimento das qualidades pessoais tem ritmo e tempo próprios, estando em níveis distintos no mesmo indivíduo. Cada uma delas encontra-se em um determinado elo da espiral, associado ao seu nível de consciência e à sua capacidade de sustentar a mudança. Toda criação contém os três princípios básicos de expansão, contração e repouso, que podem ou não ser harmônicos. A expansão é uma força ativa que impele para fora, penetrando o vácuo e o vivificando, sendo necessária para unir os novos reinos do ser. Mas quando se manifesta como agressividade negativa, força hostil conquistadora que desconsidera o outro, ela cria ainda mais separação. A expansão positiva significa arregimentar riquezas interiores e doá-las ao universo exterior, eliminando as muralhas para se tornar disponível a estados de consciência mais belos, exigindo que antes ocorra um processo saudável de contração.

A contração significa que o que aconteceu no estado expandido é recolhido e retorna ao interior do eu. Em sua versão positiva, ela consiste em reunir as riquezas do universo exterior, trazendo-as de volta para o interior com o propósito de servir ao processo criativo universal e levá-lo à plenitude. Mas é muito comum nos seres humanos que quando o princípio de contração se expressa, eles o obstruam com atitudes e ideias preconcebidas, percebendo-o como algo ruim e indesejável a ser evitado. Assim passam ao largo do seu significado, fracassando em ver que as suas manifestações têm razão e sentido necessários e benéficos. A contração só pode ser negativa quando motivada por desconfiança e medo, na recusa a se doar e fluir, pela busca irracional por segurança através de isolamento e separação. Entre cada alternância de expansão e contração ocorre uma pausa momentânea, princípio estático que, na sua forma harmônica, em nada se parece com estagnação. É estático apenas no sentido de permitir um repouso necessário antes de iniciar uma nova expansão, para que após cada contração possa ser processado o seu amadurecimento. Os núcleos criativos do movimento harmônico são como notas afinadas que juntas formam uma bela sinfonia.

## PW 248 – OS TRÊS PRINCÍPIOS DO MAL E A SUA PERSONIFICAÇÃO

Por numerosas gerações a humanidade se sentiu atormentada por espíritos do mal, levando muitas pessoas à submissão a eles pelo medo que suscitavam. Enquanto ainda estavam em estados mentais e emocionais imaturos, suas vontades não eram desenvolvidas o suficiente para que pudessem fazer escolhas apropriadas e sábias. A falta de autoconhecimento inevitavelmente produz insensatez, o que as tornavam presas fáceis do mal. Não faz muito tempo na história humana que ocorreu um afastamento dessas realidades sobrenaturais. O lado bom disso foi que muitos indivíduos se viram obrigados a corrigir os próprios defeitos, não transferindo culpas por seus delitos. Mas o lado ruim foi que também passaram a negar quaisquer influências dessas entidades espirituais. É chegada a hora de unir a falsa dualidade que põe o homem, por um lado, como onipotente do seu próprio destino e, por outro, totalmente submisso ao poder de forças externas. Cada ser é um campo de energia que atrai do exterior o que é proporcional ao seu interior. Caso deseje repelir influências deletérias, é importante conhecer os três princípios básicos do mal e a sua personificação.

O primeiro princípio do mal é buscar destruir e infligir sofrimento, algo associado ao diabo desde os primórdios da humanidade. Como tudo o que se refere a Satã, sua marca fundamental é a separação do outro, de Deus e do próprio eu. É por aí que a pessoa se ilude, acreditando não ser afetada pelos efeitos do sofrimento que causa. O segundo é o materialismo, que significa ausência de vida espiritual, alienação tornada mais relevante nas últimas gerações, face ao homem ter se posto como maioral, orgulhoso e onipotente de si mesmo. No extremo das esferas da escuridão reina uma condição mecânica apartada da pulsação da vida, onde tudo é matéria concentrada, desvalida e sem gosto, sem vida ou morte e sem a presença da natureza. O terceiro princípio é a distorção da verdade e as suas variações, incluindo o uso dela onde não cabe ou não se aplica. A verdade é sutilmente transformada em uma mentira de difícil detecção, podendo até ser distorcida como algo "divino". O resultado é sempre muita confusão, da qual tantas vezes se segue a ira ou a indiferença, que são não apenas armas do mal, mas também o próprio mal. Iniciando-se com qualquer um desses três princípios que predomine no indivíduo ou no coletivo, é fácil perceber como todos os demais coexistem e se reforçam uns aos outros.

Toda batalha que se passa no interior da alma humana também ocorre no nível universal, pois o mal e o bem se personificam em suas muitas gradações. A conexão entre as entidades satânicas e seu eu inferior individual causa enorme destruição, tanto na vida da pessoa que o faz, quanto de quem está ao seu redor. Sem saber por que, ela foge da felicidade, da realização, do prazer e do amor. A causa é sempre a resistência do eu inferior a se expor e a se transformar. Ao manter essa agenda escondida na alma, não importa o que mais faça, acaba reagindo de forma semelhante às entidades demoníacas que se escondem da Luz de Cristo, que foi a maior personificação de Deus na Terra. A razão desse desejo secreto só pode ser explorada ao deixar de negá-lo, na busca determinada por enxergar a sua intencionalidade negativa, esta que atrai os espíritos especialistas em mentir e confundir. É preciso ter sempre a verdade como meta, mesmo que parte dela ainda seja atacar, culpar e ver a vida sob uma ótica distorcida. A clareza fará a dor da culpa vir à tona para ser transformada, libertando-a da prisão em que se encontra. Lá ela se mantém enquanto segue no destrutivo processo de transferir ao outro o que teme em si mesma. A Vida Eterna só pode ser encontrada na verdade, condição necessária para iluminar os sombrios labirintos dos recônditos da alma.

# MÓDULO VII - O RELACIONAMENTO CONJUGAL

Em um passado não muito distante o casamento pouco se prestava à reciprocidade, à partilha ou ao amor. O homem fazia da mulher uma propriedade sua, não admitindo o seu medo de nivelar-se a ela no relacionamento. A mulher cultivou esse falso objeto e culpou o homem, ao invés de vencer o próprio medo de tornar-se plenamente responsável por si mesma. Ambos os sexos negavam o que temiam, mantendo em segredo o que os afastavam. Valores de fachada passaram a ser criados para justificar a união sem amor. Cultivou-se um apego à hipocrisia, ao poder e às vantagens sociais. A autoimagem idealizada, o orgulho e a vaidade ancoraram a ambição material. Ao considerar o desprezo da sociedade contra quem se desviava desses padrões, fica fácil perceber o seu vigor. O resultado disso não pode ser outro senão o fracasso ou um sucesso frívolo e tacanho.

A força erótica é o que põe na alma o desejo verdadeiro da união do casal. Quando ela chega, mesmo quem é muito egoísta passa a ter impulsos altruístas, pessoas preguiçosas saem da inércia, até os menos desenvolvidos são capazes de amar. Mas para que Eros se mantenha vivo como a ponte para o amor é preciso que as máscaras caiam. O maior erro do matrimônio é acreditar que há limites para a alma se revelar. Seu objetivo principal não é simplesmente procriar, mas capacitá-la a se conhecer e a se engajar na descoberta do parceiro. Um relacionamento saudável depende que os envolvidos reconheçam e trabalhem os seus pontos de atrito, de modo a eliminá-los gradualmente. A solução verdadeira raramente acontece tentando convencer o outro. Cada mal-entendido, por mais que o outro esteja claramente errado, indica que há algo distorcido e ignorado no próprio eu.

O ato de esconder a verdade é a antítese do relacionamento, da intimidade, do contato real e satisfatório. Indica falta de compromisso com a realidade e o desejo de manter suspeitas e acusações. A pessoa dissimulada ergue uma barreira que a separa do outro, para depois culpá-lo pelo seu isolamento. A falsa crença de que a verdade não será aceita deve ser sempre contestada de forma resoluta e paciente. A verdade não se alcança de uma única vez nem de uma vez por todas, senão aos poucos e com boa comunicação, até que as palavras sejam mais bem escolhidas, o tom de voz, seus matizes e distinções mais sutis. Naturalmente é preciso fechar as portas para quem quer apenas bisbilhotá-lo com más intenções. Mas enquanto insistir na disposição básica de manter disfarces, a intuição sobre quem é merecedor da sua entrega jamais será digna de confiança.

A entrega não se sustenta em expectativas irrealistas e jamais significa abandonar a habilidade de discriminar e decidir de forma independente. Quando o olhar é claro e livre de motivações destrutivas e infantis, é simples ceder onde for necessário, sem exigir que o outro seja perfeito para merecer a sua confiança. Por isso que aqueles que se negam à autorresponsabilidade são os mais ávidos e dependentes de uma autoridade perfeita no comando. Poder aceitar um "não", sem se tornar uma criança zangada ou magoada, faz crescer a independência e o respeito próprio. Ao compreender a realidade sem se consumir em frustrações, olhando para as suas exigências infantis com bom humor, será possível abrir os olhos ao que lhe falta e buscar o parceiro que necessita. A experiência do amor é uma tentativa de perceber a realidade múltipla do outro. Tal esforço requer se livrar da autoimagem ilusória e do conceito idealizado do que o parceiro deveria ser. O Amor Verdadeiro depende da clara percepção da realidade, construindo o dar e o receber em bases firmes, pela troca de sentimentos e de prazer genuínos, sem os quais não é possível manter-se são.

◆ ◆ ◆

## PW 44 – AS FORÇAS DE EROS, DA SEXUALIDADE E DO AMOR

A força erótica é dotada de impulso e impacto tremendos. Mas a apaixonante fagulha é de curta duração, só podendo permanecer viva quando se aprende a amar. Sem o amor, ela se consome em seu próprio fogo. Quando a força erótica chega, mesmo quem é muito egoísta passa a ter impulsos altruístas, pessoas preguiçosas saem da sua inércia, até os menos desenvolvidos tornam-se capazes de amar. A experiência erótica põe na alma a semente do anseio pela unidade, meta maior do Plano Divino. Eros, porém, só pode se manter como ponte para o amor se as almas envolvidas estiverem alicerçadas no desenvolvimento e na purificação espiritual. Há muitos que veem a beleza de Eros como grande tentação, perseguindo-a avidamente. Buscam um objeto de sentimento após o outro, não compreendendo o seu significado mais profundo. Como não se dispõem a aprender a amar, eles se exaurem, levando-os a procurá-la em outro lugar. É um abuso que não pode se manter sem produzir resultados prejudiciais. O mesmo acontece com os medrosos que resistem à experiência da força erótica, tentando enganar a vida se escondendo dela.

A força sexual é força criadora em qualquer nível de existência. Nas esferas mais elevadas, cria a vida espiritual, suas ideias e princípios. Em planos inferiores, produz a casca externa, o veículo da entidade destinada a viver ali. O sexo sem Eros ou amor é dito animalesco. Eros surge no próprio ser humano e o Amor Puro surge nos elevados reinos espirituais. No casamento ideal todas as três forças devem estar em harmonia. Com o amor parece não haver muita dificuldade, pois quase sempre ao menos há no casal a vontade de amar. A grande questão é como manter a força erótica. Na maioria dos casos, se a porta não estiver tão cerrada, ela chegará em certos estágios da vida. Depende de cada um usá-la na direção do amor, dispondo a se mostrar com coragem e humildade. O maior erro dos casamentos é acreditar haver limites para se revelar, pois a alma é infinita, eterna e está sempre em transformação.

Em um casamento é certo que quando apenas um dos dois - ou nenhum deles - está disposto a se entregar, o divórcio é mais apropriado do que ficarem juntos, evitando transformá-lo em uma farsa. Não se deve, no entanto, deixá-lo à toa. Mesmo que tenha sido um erro e não funcione, se ambos estiverem desejosos, é preciso tentar encontrar as razões e fazer o melhor para identificar e talvez superar os obstáculos. O propósito do relacionamento íntimo entre um homem e uma mulher não é meramente a procriação. Seu objetivo maior é tornar a alma capaz de se conhecer e se engajar na descoberta do parceiro. Quanto mais isso acontecer, mais feliz, firme e enraizado será o casamento. O hábito acaba contribuindo para lançar o casal na preguiça e na inércia, exigindo constante estado de alerta. As máscaras devem cair, inclusive as mais profundas, das quais não se tem nem consciência. Então o amor permanecerá vivo. Este é o casamento em seu verdadeiro sentido, o modo pelo qual pode se tornar a glória que deve ser. Por isso ele é a maior das aventuras humanas. A humanidade está muito longe do ideal de encontro entre dois "Selfs" Verdadeiros, mas a ideia permanece. Nesse meio tempo é preciso aprender e tirar o melhor da experiência.

◆ ◆ ◆

## PW 62 – A UNIÃO ENTRE O HOMEM E A MULHER

O relacionamento íntimo entre um homem e uma mulher tem um significado bem mais profundo do que a simples procriação. Nele existe muita coisa a superar e a ser aprendida. O amor é a meta derradeira e floresce mais facilmente na vida íntima do casal, podendo ser inspirado por Eros e pelo impulso sexual. Mas essa intimidade é onde também ocorrem os maiores obstáculos, pois as emoções pessoais estão fortemente envolvidas. Um relacionamento mais superficial tem menos chances de gerar atritos, sendo, nesse sentido, mais fácil de se manter. Portanto, não é de surpreender que o casamento tenha se tornado tantas vezes malsucedido ou apenas parcialmente bem-sucedido. Mas muito embora venha a ser o mais difícil de todos os relacionamentos, ele também é o mais frutífero, importante e venturoso.

A união de um casal é muito mais do que somente compreender e estar em sintonia com o parceiro. É uma mistura das suas naturezas física, mental, emocional e espiritual. A chave para a união é reconhecer e trabalhar os pontos de atrito, ao mesmo tempo em que eles vão sendo eliminados. Cada mal-entendido, por mais que um deles esteja claramente errado, indica haver algo distorcido e ignorado no outro. A parte desarmônica de um sempre reage à parte desarmônica do outro, ainda que não na mesma intensidade. As emoções ocultas permitem compreender porque se reage mal ao que aparenta ter uma bela motivação. É preciso investigar o que em si mesmo atrai a resposta negativa. A solução dos problemas raramente vem por tentar convencer o outro. É necessário buscar a verdade mais profunda. Nada compulsivo e não autêntico pode trazer algum benefício real. Só irá ressaltar a camada doentia, sobreposta e igualmente artificial do parceiro.

Com o amor, o entendimento se abre, e com o entendimento é possível a união. Mas o amor não deve ser forçado, precisa ser obtido pela eliminação pessoal dos bloqueios e erros da alma humana. Também não pode haver união se cada parceiro buscar se desenvolver apenas unilateralmente, principalmente para mascarar e evitar trazer à tona o que nele precisa evoluir. A inteireza consigo mesmo é um grande facilitador para a união com o outro. Desde que não estimule padrões doentios de fragilidade e dependência, sempre que o homem cultiva qualidades geralmente consideradas "femininas", ele se torna mais homem; e a mulher igualmente mais mulher, quando busca desenvolver qualidades consideradas "masculinas", desde que isentas de agressividade e hostilidade.

A determinação, a inteligência e a razão não podem produzir algo realmente construtivo sem os atributos do amor, da gentileza e da intuição. São qualidades que se retroalimentam. O amor sem a chama do discernimento facilmente se desvirtua ou se perde. Trata-se de mais um círculo autoperpetuado que pode ser virtuoso ou vicioso, a depender das escolhas e das atitudes dos envolvidos. O matrimônio é uma oportunidade ímpar para a concretização do Plano Divino de União, mas também um desafio quase inviável sem o impulso sexual e a ponte para o amor estabelecida pela força erótica. Estas, portanto, são emoções que precisam ser um objetivo em si mesmo da relação de união íntima entre um homem e uma mulher.

◆ ◆ ◆

## PW 72 – O MEDO DE AMAR

O amor é o maior poder no universo, de fato é o único poder. Com ele a pessoa é forte e segura, sem ele é pobre e separada, isolada e medrosa. O medo de amar vem do anseio inconsciente de ter o outro sob o seu domínio, respondendo a todos os seus desejos, quase um escravo submisso. Diante de tal conceito de amor, não é surpreendente se opor a essa força. Ao compreender que amar não significa desistir da dignidade e da liberdade, não haverá porque temê-lo. O indivíduo se torna mais realista em suas avaliações quando se desapega da tendência de forçar as coisas, passando a ceder e a respeitar também quem se opõe à sua vontade. Pode ser que algumas pessoas não lhe queiram como desejado, mas aceitar essa aparente imperfeição que existe fortalece a sua intuição e a confiança em si mesmo. É o que substitui o círculo vicioso vigente por toda uma cadeia de reações positivas. A intuição é o mais elevado sentido da percepção humana, embora nunca seja perfeita, o que é intolerável para quem exige respostas completas e imediatas. O imaturo nega a realidade por ela não lhe ser sempre agradável. Exagera a imperfeição a tal ponto de ter que fechar os olhos para ela. Isso apenas o expõe a ainda mais conflitos.

O medo contra o perigo real é construtivo porque dá oportunidade para a defesa da vida, mas não o medo de amar, assim como os demais medos da psique. A mudança e o crescimento são um processo lento que a criança interior não suporta. Ela só vive o "agora", porém da forma errada, já que quase não percebe a realidade do amanhã, imaginando que aquilo que não é alcançado no momento não conta. Para argumentar com ela é preciso experimentar as suas exigências injustas, observando as emoções quando as coisas dão errado. Na proporção do abandono da hostilidade e da tendência sutil de forçar as coisas, a sensação será muito diferente. A paciência construtiva, não a inércia ou a preguiça, é sempre vantajosa. Algumas vezes o indicado é esperar, em outras agir é o correto. Mas quem age pode ser paciente, e o inativo impaciente em sua ansiedade e tensão. São sensações derivadas da inadequação e insegurança em conseguir seja lá o que for. A paciência é um atributo da maturidade de quem sabe as suas limitações, mas que, conhecendo também os seus potenciais, confia em si mesmo.

Há muitos graus e variações do amor. Por não ser capaz de alcançar a meta que idealiza, muitos acabam se retraindo totalmente. Mas não é saudável negar o possível agora apenas por não ser o ideal, assim como invalidar o amor oferecido. Isto se deve não somente à atitude imatura "ou/ou", mas também a uma tendência à dramatização. Para alcançá-lo no grau desejado é preciso começar pelos degraus inferiores da escada. Um dos primeiros passos é adquirir a maestria de permitir que os outros sintam o que quiserem a seu respeito. Quando isso passar a ser natural, essa pessoa irá descobrir uma nova afeição por aqueles cuja "rendição incondicional" exigia e a quem detestava quando não o faziam. Querer alcançar a meta maior com todos estes sentimentos, além de impossível, é desencorajador. São muito poucos os capazes de não ter qualquer egoísmo ou vaidade. Aprender sobre as próprias emoções através de uma análise diligente e deixá-las amadurecer – é esta a meta atingível. Maturidade é a habilidade de amar.

## PW 119 – MOVIMENTO, CONSCIÊNCIA, EXPERIMENTAÇÃO E PRAZER

O movimento, a consciência e a experimentação são três elementos essenciais da vida. O universo inteiro está em movimento porque se encontra vivo, assim como todas as partículas do ser humano. No plano físico, se os músculos não são exercitados, eles se atrofiam. No plano mental, o intelecto perde a capacidade de raciocínio quando não é educado para pensar, para se movimentar. Os sentimentos, se proibidos ou manipulados, também embotam e morrem. Um ser completamente vivo tem todos os planos da personalidade em movimento orgânico e natural. Uma dessas características é a busca do que está fora pela comunicação e compreensão. Não há união sem movimento, pois este é o que possibilita ultrapassar os limites do eu.

O grau de consciência é outro indicativo da vivacidade do ser. A crescente percepção de si mesmo aumenta a compreensão do outro e da vida. É a consciência que determina a medida e a direção do movimento e o sintoniza à realidade. O discernimento é necessário ao movimento para que este não conduza a canais errados. Mas de nada adianta integrar os planos da personalidade se o conhecimento for direcionado apenas ao exterior. Quando o movimento de busca não se volta para as próprias áreas escondidas, as emoções se desequilibram, seja de forma selvagem, pela hostilidade descontrolada, seja paralisando as melhores habilidades do indivíduo. As emoções cegas derivam da falta de consciência do seu nível emocional.

A experimentação permite que o movimento e a consciência interajam entre si. Quanto maior o desenvolvimento, maior a capacidade de avaliar e se expor a experiências mais completas e harmônicas. Participar do contentamento contido na Força Vital é um desejo inato do homem, mas isso só é possível quando o organismo experimenta a realidade sem medos, inibições ou paralisias. Se as emoções do adulto ainda estão estacionadas na infância, com frequência essa pessoa utiliza o prazer apenas para atenuar a sua inadequação, tentando contrapor a sua insegurança e impotência.

Quando isso acontece, muitas vezes a agressão e a hostilidade se infiltram e se manifestam no impulso sexual, desvirtuando-o para a perversão descabida.

Na infância é comum que o bebê erotize a experiência dolorosa de modo a atenuá-la, permitindo vivenciar a Força Vital até certo ponto. Sua vida poderia ser insuportável se não fosse assim. A criança sente intenso prazer no contato com seus pais, isso é normal e saudável, mas os rótulos induzem-na a perceber que tais sentimentos são pecaminosos e perversos. O resultado é que, em vez de superar naturalmente esse estágio, a culpa, a vergonha e o medo se fixam em seu inconsciente. Por isso que grande parte das pessoas só reage eroticamente quando existe algum elemento de rejeição, temor ou dor. Embora não seja em si vergonhoso ou errado, todos os aspectos negativos da criação humana, em última análise, estão associados a esse bloqueio. Ainda assim, é importante manter em perspectiva que se a Força Vital não entrasse nas áreas distorcidas, o organismo ficaria cada vez mais incapacitado. É esta a janela do panorama espiritual da união, seu alcance é bem maior do que a psicologia convencional pressupõe.

◆ ◆ ◆

## PW 122 – SATISFAÇÃO E REALIZAÇÃO DO HOMEM E DA MULHER

A satisfação e a realização pessoal dependem do encontro da sua vocação básica, de crescer nela e através dela, bem como de fortalecer os seus talentos individuais e potencialidades. Isso requer construir a personalidade, encontrando e transformando as partes ainda não desenvolvidas, com a ajuda das suas partes em que já não há obstruções. Todos os que se satisfazem consigo mesmos contribuem com algo útil para a vida. Eles a enriquecem, não apenas com suas habilidades vocacionais, mas também pela capacidade de se relacionar. Na medida do seu desenvolvimento, o medo de si mesmo e do outro desaparece, as barreiras caem e os relacionamentos se aprimoram. Mas nenhuma realização poderá ser completa sem pôr à frente os aspectos básicos do masculino e do feminino. A força e a disciplina no homem e o desapego e a entrega na mulher podem servir como protótipos disso. Em um estado saudável são tais atitudes que irão proporcionar o alcance da contraparte respectiva, pois elas precisam existir em ambos os gêneros.

As pessoas abrigam muitas falsas ideias do papel do homem e da mulher na sociedade, o que dificulta a realização pessoal e a união entre os sexos. Os homens secretamente invejam as mulheres por sua posição aparentemente privilegiada de não ter de lutar do mesmo modo para sobreviver. Sentem as próprias responsabilidades mais pesadas, imaginam que deixar de ser bem-sucedidos profissionalmente é um forte indicativo de falha pessoal. As mulheres, por sua vez, invejam os homens por sua suposta maior liberdade e por serem considerados o sexo dominador. Mas tais ressentimentos são uma questão menor diante do medo profundo de ter de abandonar a própria identidade na união. O homem teme perder a masculinidade no desapego que um relacionamento completo impõe, assim como teme a disciplina necessária a tal responsabilidade. A mulher, por medo de se entregar, ser abandonada e desamparada, acaba pondo fim à feminilidade. E quanto mais ela exerce controle, tentando evitar a perda temida de si mesma, mais ela se torna fraca e dependente em outros níveis da sua personalidade.

Quando um homem, com a vontade disciplinada que traz em seu cerne, aceita as suas responsabilidades em todos os níveis do próprio ser, ele pode se desapegar sem perigo. E quando uma mulher não luta contra a sua essência feminina de desapego, ela ganha força e individualidade, sentindo-se segura consigo mesma para se entregar. É o círculo virtuoso que se completa. Não que não haja justificativas para se manter em defesa, pois há muitos homens e mulheres egoístas que abusam da abertura e da sociabilidade, ainda mais se ela for cega, oriunda de uma crença ilusória. Mas o envolvimento saudável não cria necessidades mais fortes e não produz mais dor. A autossatisfação está fortemente entrelaçada com a capacidade de suportar frustrações. Poder aceitar um "não" sem se tornar uma criança zangada ou magoada faz crescer a independência e o respeito próprio. A chave está na vontade de ver a realidade, mesmo quando ela não é bem-vinda, olhando para as suas exigências infantis com bom humor. Só assim é possível buscar o que falta em si mesmo, bem como o parceiro que necessita, porque os olhos estarão abertos, não deliberadamente fechados por medo da frustração.

◆ ◆ ◆

## PW 135 – O VÍNCULO DO PRAZER ÀS SITUAÇÕES NEGATIVAS

Todos já sofreram algumas mágoas e dores na infância. Naquela ocasião, a criança passou inconscientemente a enxergar algum prazer na situação, de modo a fazer do acontecimento negativo algo mais suportável. O prazer é um princípio erótico vital, expressando-se em mobilidade e descontração que abrem o mundo e formam a unidade do ser. Ao utilizá-lo daquela forma, o prazer juntou-se à condição negativa e às emoções desagradáveis associadas à mágoa original. Por isso que tantas pessoas o vinculam às suas fantasias de crueldade. É este o núcleo da maldade neste mundo, criador de todas as guerras e circunstâncias indesejadas. A negatividade, sem o princípio do prazer, jamais poderia ter força, que é o que dá potência à destrutividade.

A associação entre o princípio vital do prazer e a crueldade pode existir tanto por infringi-la ao outro, quanto por sofrê-la. Isso leva a pessoa a temer o amor, limitando e inviabilizando os seus relacionamentos. O amor passa a existir apenas como um desejo ardente, mas que não pode ser mantido nem desenvolvido. Uma profunda desesperança é a consequência lógica do boicote ao amor, dado o temor inconsciente da negatividade associada. Em certos casos e gradações, a corrente do prazer só é ativada quando ligada à rejeição, o que produz muitos conflitos. A conexão da crueldade com o princípio do prazer torna o relacionamento amoroso muito perigoso. Ele acaba, então, ou sendo totalmente evitado ou sendo reprimido pela vergonha dos desejos ocultos inapropriados, vinculados à imagem do que representa, pondo fim à espontaneidade e entorpecendo os sentimentos.

Cada um precisa encontrar o vínculo interno específico entre a corrente do prazer e a sua condição negativa. Ao formulá-lo de forma clara e concisa, verá por que o mantém escondido de si mesmo e da vida, por que se retrai de seus próprios sentimentos e por que reprime e resguarda as suas forças mais espontâneas e criativas. Há muitas possibilidades. Quem se sentiu descartado na infância por um de seus genitores pode projetá-lo em seus parceiros. Passa, inconscientemente, a buscar por uma vingança sutil ou por relacionamentos em que é rejeitado. Estes eventualmente são conectados a sofrimentos, humilhações e hostilidades sadomasoquistas. Na medida da compreensão e da transformação da presença desses vínculos, os sentimentos prazerosos passarão a não mais depender de circunstâncias negativas, a mobilidade virá sem tensão e a descontração sem estagnação.

As pessoas desejam ser aceitas e amadas, mas muitas vezes não conseguem reagir bem a uma situação de total aceitação. Por isso quando se sentem bastante seguras, perdem a centelha do interesse. É o que ocorre quando o sexo, Eros e o amor são separados na relação dos casais. Temendo perder prazer, na falsa crença de que os seus relacionamentos reais nunca serão satisfatórios, apegam-se a todo um conjunto de fantasias. Imaginam que, se não fosse assim, seria enfadonho e maçante. Tensão e ansiedade emergem na proporção dessa combinação, podendo até fazer com que a estagnação pareça um alívio ao esforço fadigado da luta contra o eu. É preciso remover o medo de trazer essa questão à consciência, percebendo que não se trata de um julgamento devastador, mas exatamente do oposto. Considerando-a nas meditações e na autoanálise, será possível, aos poucos, associar e vincular o princípio do prazer ao que é positivo, natural, abundante e inigualável.

◆ ◆ ◆

## PW 172 – OS CENTROS METABÓLICOS DE ENERGIA VITAL

A Força Vital é a força criativa que põe vida em todo o universo. Ela contém os elementos e os potenciais para serem expressos e manifestados em uma miríade de formas. É tão poderosa que precisa ser adaptada e modificada, do contrário explodiria o organismo cuja consciência não fosse forte o bastante para acolher o seu poder total. Por isso o fluxo Dela deve ser metabolizado, distribuído e ajustado, o que se passa nos centros vitais de energia presentes em seus corpos sutis conectados ao sistema endócrino humano. Eles se tornam congestionados quando a sua consciência está atrofiada ou em conflito. Em um estado leve, descontraído, sem defesas do corpo, da mente e dos sentimentos, os centros vitais estão desimpedidos. Todo indivíduo que esteja em verdade sobre si mesmo é aberto à vida, é alegre e confiante para se expandir de forma harmoniosa, pois percebe a Natureza Benigna do Universo.

Os principais centros humanos de Energia Vital podem ser classificados em seis tipos, aos quais, se acrescentado o quarto centro cardíaco, intermediário entre os centros básicos e avançados, completam os sete chacras fundamentais mencionados nas abordagens orientais. Os três primeiros, descritos adiante, referem-se às funções humanas básicas do sentir, do saber e do poder, elementos que afetam uns aos outros. O centro sexual, localizado próximo à base da espinha, representa a capacidade de dar e receber sem defesas, de se entregar aos processos involuntários. No centro da sabedoria profunda, próximo ao plexo solar, estão todas as memórias emocionais, sendo onde o medo deve ser transformado para fazer fluir o amor. O centro de Energia Vital das costas representa o ego, a afirmação, a autonomia. Quando fraco ou rígido não há boa fluidez através dele. Em harmonia tem-se uma interação perfeita entre eles, não há exagero de um às expensas do outro. Nessa condição, entre os olhos se abre o centro de Energia Vital de uma intuição espiritual inteiramente nova. Seu pleno funcionamento é o anúncio da integração total com o universo, expressa pelo fluxo desempedido de Energia Vital através do centro coronário localizado no alto da cabeça. É a manifestação da inteireza do preenchimento espiritual, da ampla realização do Eu Divino no homem. Quando acontece, sabe-se que não há limite e que tudo é um.

Enquanto estiver em dualidade, se sentindo obrigado a decidir entre bondade e alegria, moralidade e prazer, interesse próprio e amor, o homem não consegue escolher com inteireza. Fica confuso e perturbado, reagindo de forma cega e rígida, sem saber o que o governa. Aquilo que acredita cria a condição, a experiência, até que possa superá-la. Isso exige aceitar as dificuldades autoimpostas por suas falsas crenças, com todo um investimento e envolvimento decente e íntegro em cada questão, não importa o quão insignificante ela pareça. O ser consciente com frequência tem o conhecimento certo, mas não é sustentado por suas percepções e reações inconscientes. A abertura de cada centro de fluxo de Energia Vital reclama a mudança da consciência, significando também dizer, e talvez ainda mais, o mesmo do seu inconsciente. Os centros vitais, funcionando em harmonia, irão descartar a energia residual acumulada no interior do corpo físico e de seus envoltórios imateriais. Não pode haver intoxicação maior do que os resíduos de energia não eliminados que deveriam deixá-lo. Assim como o alimento, a água e o ar, tudo o que funciona deve ser renovado para que possa absorver o novo. O trabalho é longo e demanda muito empenho, mas nenhum bem exterior pode trazer tanta paz e alegria quanto a compreensão e a superação das dificuldades pela harmonia com a Força Vital.

◆ ◆ ◆

## PW 177 – PRAZER: A PLENA PULSAÇÃO DA VIDA

Um ser humano liberado, com poucos bloqueios e inibições, distorções e negatividades, é capaz de um alto grau de prazer. O estado final de liberação da alma é de prazer total. Não se trata de uma recompensa por ter sido "bom", mas a bem-aventurança natural de um ser unificado e em harmonia consigo mesmo e com o universo. Nesse estado não há culpa nem hesitação, o indivíduo sabe que quanto maior o prazer e a alegria, maior é a sua contribuição à vida. Essa Consciência Interior faz da exploração do inconsciente o seu objetivo fundamental, de modo a trazer à luz as obstruções e removê-las. A corrente de prazer é Força Vital, promove saúde, renovação e regeneração. Na medida em que é negada, não importa se por vergonha, medo ou por falsas crenças, o homem se separa da Fonte de Fluxo Universal. Quando sacrifica a própria integridade, insistindo em enganar a vida de forma secreta e neurótica, buscando que outros paguem por suas ações ou pela falta delas, nesta mesma medida ele inviabiliza experimentar o prazer genuíno. Tampouco se trata de tentar obtê-lo por favor de alguma autoridade. O amor só é possível quando é livre e o êxtase quando se ama.

Todos querem o prazer e até lutam por ele em alguma medida, mas ignoram que também não o querem porque o temem. O medo do prazer precisa se tornar consciente, senão a sua oposição se manifestará em conflitos excessivos, resultando em ansiedade e desencanto por não ser possível alcançá-lo. Essa batalha inconsciente faz com que a pessoa se ponha, com frequência, nos extremos negativos da hiperatividade compulsiva ou do pessimismo e descrença com a vida. O prazer real é um estado que demanda confiante calma mental e emocional, uma espera tranquila e despreocupada. É necessário estar atento à sua negação para que seja possível tomar as rédeas, parando de responsabilizar a vida por suas privações. O prazer negativo que o substitui não preenche a necessidade legítima, apenas satisfaz objetivos outros do ego. É por isso que tornar qualquer condição interna consciente é a tarefa mais importante do ser humano.

O prazer negativo acolhe um orgulho distorcido que se opõe à dignidade saudável. Baseia-se em um constante medir-se e comparar-se em relação ao outro. Na tentativa de dominá-lo ele diz para si mesmo: "eu sou melhor que você" ou "eu sou pior que você, mas devo ocultar e fingir que sou mais". É uma caçada sem esperança e sem fim de uma meta ilusória, uma busca que deixa a personalidade exausta e frustrada. O orgulho sempre requer algum fingimento e não é possível ficar relaxado enquanto se está fingindo. O medo é ainda pior, pois representa a contração total, nele uma pessoa não pode confiar em si mesma e em ninguém mais. Um estado relaxado é pré-requisito absoluto para o prazer e em nada se assemelha à passividade, apatia ou inércia. Significa seguir os movimentos da alma, afinados ao ritmo cósmico, em calma interior. Embora esse estado não venha a ocorrer sempre, pode ser buscado repetidas vezes, a cada tentativa deixando-o mais forte e completo, integrando o ego ao Eu Maior. O prazer genuíno precisa ser um objetivo em todos os níveis - físico, mental, emocional e espiritual - por ser o agente curativo sem o qual não é possível ficar são.

◆ ◆ ◆

## PW 207 – O SIMBOLISMO ESPIRITUAL DA SEXUALIDADE

A força sexual é uma expressão da consciência que busca a fusão. O termo "sexualidade", nesse sentido, representa a força criativa total, pois a união é o propósito da Criação. Quando dois seres humanos são atraídos um para o outro, eles anseiam por se conhecer e se deixar ser descobertos. Ainda que exista atração física, é impossível que uma pessoa se funda a outra de forma plena enquanto se mantém separada nos níveis emocional e mental. A fusão emocional pode enfrentar crises ocasionais, momentos propícios para questionar a origem do medo ou da crueldade que impedem dizer a verdade. Mas quando "verdades" são ditas pela vontade de ferir, ainda que não reconhecida, o resultado jamais será o desejado. Afirmar-se de forma positiva é muito diferente de fazer exigências recriminadoras. A belicosidade e a hostilidade com o outro são proporcionais à insegurança e à defensividade consigo mesmo. Já a fusão mental depende da capacidade do casal de trocar ideias e pensamentos sobre a vida. É preciso humildade para buscar ver a Verdade Maior, deixando de focar no suposto erro do outro. A União Total reivindica um profundo processo pessoal de autoconhecimento, autopurificação e unificação.

Toda experiência é sempre simbólica de uma realidade mais ampla e plena. Exatamente por ser uma energia tão poderosa, muitas atitudes mínimas da personalidade humana acabam representadas em fantasias sexuais. Mas por temor de que revelem tendências negativas de caráter, como ter prazer em ser cruel ou em ser humilhado, elas acabam não sendo bem compreendidas. Quando as negatividades do sistema psíquico são bloqueadas no inconsciente, a sexualidade se torna mecanizada e compulsiva ou monótona e até paralisada. É tendo consciência das suas imaginações sexuais que se rompe com o negativo, fazendo fluir na sexualidade a Força Vital estagnada, de modo que ela possa ser concretizada em uma relação íntima e segura. Obviamente não se incentiva aqui realizar fantasias cruéis e destrutivas para identificar o seu significado. Não se vence o mal pactuando com ele ou reproduzindo os seus meios, mas pelo seu reconhecimento e enfrentamento ético e destemido.

Quando uma pessoa se sente ameaçada e se defende contra a dor por não ter as coisas a sua maneira, torna-se insensível, não consegue se fundir ao outro e, portanto, não logra um prazer verdadeiro. A dificuldade em unificar a espiritualidade e a sexualidade se deve tanto ao medo de que esta possa revelar o mal e a destrutividade negados, quanto por aquela ser estereotipada por um deus punitivo, incompatível ao regozijo. Um estado de estagnação acaba, então, sendo preferido como um mal menor. E quando, como válvula de escape, ela procura forçar o impulso sexual de forma artificial, acaba afastando ainda mais a sexualidade do resto da sua personalidade. A experiência do amor é uma tentativa de perceber a realidade múltipla do outro. Tal esforço requer que se ponha temporariamente de lado as expectativas e preocupações pessoais para se fazer vazio, o que significa abrir mão da autoimagem ilusória ou de como o outro deva ser. O amor, a capacidade de dar e receber, depende da clara percepção da realidade, base sólida na qual se constrói a troca genuína de sentimentos. São estas as chaves para libertar do envolvimento negativo a Força Vital simbolizada na sexualidade, integrando-a ao Eu Espiritual, que é quem constrói a União Verdadeira.

◆ ◆ ◆

## PW 251 – A EVOLUÇÃO E O SIGNIFICADO ESPIRITUAL DO CASAMENTO

Em um passado não muito distante o casamento pouco se prestava à partilha, ao amor ou à reciprocidade. Os homens consideravam-se superiores às mulheres. Casar significava para eles pouco mais que adquirir uma serva para o seu exclusivo conforto e conveniência. Em troca de tais serviços, que incluíam que ela fosse seu objeto sexual, o mais das vezes bastante impessoal, a mulher recebia segurança material. Ao invés de admitir que temia uma relação nivelada, o homem fez da mulher uma de suas propriedades. Mas isso não era apenas resultado da negatividade e da distorção do homem, a mulher também cultivou esse objeto e o culpou, ao invés de reconhecer seu medo de tornar-se plenamente responsável por si mesma. Ambos os sexos negavam aquilo que temiam, o que, em um sentido mais profundo, pode ser chamado de causa ou culpa primária real, mãe de todos os conflitos dos relacionamentos, pois bem no íntimo era cultivado um segredo contrário à vida. Falsos valores morais foram criados para justificar a união sem amor. Cultivou-se o apego à aparência, ao poder e às vantagens sociais. A autoimagem idealizada, o orgulho e a vaidade ancoraram a ambição material, alimentando o eu inferior. Ao considerar o farisaísmo demonstrado no desprezo da sociedade contra quem se desviava desses padrões, fica fácil perceber a sua força.

O moralista fiel, que se dedica a uma união sexual com o parceiro por um dever marital, não é, em essência, diferente daquele que seleciona de forma promíscua os seus parceiros temporários, sem estabelecer vínculos mental e emocional. Ambos têm medo da corrente do amor-sexo unificada pelo poder de Eros. Temem as poderosas energias espirituais envolvidas nessa corrente de força. Trata-se do mesmo Poder Cósmico da Criação, de onde deriva o êxtase mítico, no qual Deus é experimentado como uma realidade viva e física. Ele não é expresso apenas na ligação entre os sexos, mas também pode ali ser encontrado em situações nas quais ocorre a fusão completa entre um homem e uma mulher. Isso reclama por almas que enfrentam os seus medos e fazem da purificação pessoal o seu compromisso mútuo. Do contrário os parceiros podem até se dar relativo respeito e amor, mas só se realizam sexualmente quando manifestam o objeto que de alguma forma reproduzem à sua frente. Daí ser tão comum, principalmente no homem, tentativas de submissão sexual e, sobretudo na mulher, a negação da realidade do corpo, experimentando vergonhas e falsas culpas no sexo.

Em todos os movimentos evolutivos o pêndulo tende a oscilar de um extremo ao outro. Isso às vezes é inevitável, por vezes é até desejável. Porém em geral eles são maiores do que o necessário, com fanatismo e cegueira desenvolvendo-se exatamente como no extremo oposto. É o caso da liberdade sexual descomedida, manifestada na troca descompromissada de parceiros, em oposição aos pesados grilhões do passado. Cada indivíduo deve compreender a enorme importância da inteireza do amor, Eros e da sexualidade, da afeição e respeito, da ternura e paixão, confiança e parceria mútua, da partilha e auxílio recíprocos. Mas a defesa de um relacionamento comprometido dessa qualidade jamais pode ser imposta por um decreto moralista, é preciso buscá-lo de forma orgânica. Não é possível tornar-se imediatamente um indivíduo unificado. Isso exige muitas experiências e lições, tentativas e erros. Todas as atitudes forçadas são destrutivas e equivocadas. É vital escolher livremente o parceiro motivado por amor, sem se resignar e subestimar que, ainda assim, isso possa levar a enganos e desencantos, principalmente nos muito imaturos para formar uma União Verdadeira.

◆ ◆ ◆

## PW 252 – PRIVACIDADE E SEGREDO

A privacidade é uma necessidade legítima da alma. Todos precisam de tempo para explorar o seu íntimo e descobrir novos níveis de realidade interior, sem a perturbação de outras influências, mesmo as mais favoráveis. Não são períodos de isolamento ou de separação, mas de estar consigo mesmo. O que é amadurecido na privacidade é sempre positivo e acaba sendo mais tarde revelado. Mas o segredo nunca o é, exceto para surpreender alguém amado ou como uma reserva necessária para manter a verdade apartada de quem tem interesses contrários a ela. Quem quer manter segredos, senão por estes motivos, sabe que se trata de algo negativo, do contrário não precisaria escondê-los.

Esconder a realidade é a antítese do relacionamento, da intimidade, do contato real e satisfatório. Seu dissimulado senhor ergue uma barreira que o separa dos outros, para depois culpá-los pelo seu isolamento, usado justamente para "justificar" mantê-lo. Ao se convencer de que a sua exposição apenas o fará ser criticado e mal-amado, na verdade pressupõe que a aprovação exterior é mais importante do que a dele mesmo. Não leva em conta que a coragem e a honestidade em ser transparente, por mais que isso demande revelar facetas desagradáveis, cria mais autoestima do que qualquer sigilo poderia fazê-lo e, no fim das contas, irá produzir estima também por parte dos outros.

Preservar segredos indica falta de compromisso com a verdade e o desejo de manter opiniões negativas, acusações e suspeitas. Mas também é uma distorção querer que os outros o aprovem imediatamente ao revelá-los, principalmente os seus mais destrutivos. Isso requer paciência, esforço e toda a boa vontade possível. Acusações feitas em público com hostilidade e agressividade, em nome da "verdade", em geral não indicam abertura, principalmente se são mais fortes do que a motivação que as fez revelar. Pelos segredos que muitos parceiros mantêm, não é surpresa que tantos casamentos não funcionem bem. Entre governos existe ainda mais desconfiança e enganos, fomentados por segredos que bloqueiam a paz, a justiça e a fraternidade verdadeiras.

O simples acreditar que é preciso ocultar algo também cria uma névoa que absorve o que há de melhor na pessoa, fazendo-a se constranger com os seus pensamentos, sonhos e desejos mais íntimos. É essencial dissipar o que está oculto, não importa se já negativo na origem ou se passou a ser assim pela sua própria ocultação. A deliciosa sensação de não precisar mais fingir é a ponte direta para a autoestima, buscada com tanto afinco por trilhas erradas. Mas quando alguém quer bisbilhotá-lo com más intenções, talvez para aplacar a combalida dignidade dele, as portas devem ser fechadas. Não obstante, enquanto for exercida a disposição básica de manter os seus disfarces, tal escolha jamais será digna de confiança.

A resistência em revelar-se deriva da ignorância sobre como comunicar a verdade e do medo de ser rejeitado e ficar vulnerável quando a "casca" se romper. A pretensa vulnerabilidade é acompanhada da descoberta da destruição causada pelo mal. Mas esta é uma dor saudável, vinda da profunda compaixão e amor, limiar da alegria e do êxtase. A falsa crença de que a verdade não será aceita precisa ser contestada sempre pela boa comunicação. Ela não se alcança de uma única vez nem de vez por todas, senão aos poucos, abrindo-se à Inspiração Divina, até que as palavras possam ser mais bem escolhidas, o tom de voz, seus matizes e distinções mais sutis.

◆ ◆ ◆

## PW 254 – ENTREGA

Os seres humanos muito rígidos, defendidos e fechados são incapazes de se entregar, não conseguem encontrar o seu centro, a sua Natureza Divina, não conseguem amar e aprender de fato. A habilidade de render-se é um movimento interno essencial para o desenvolvimento pessoal. Entregar-se pelo bem da verdade significa liberar o ego de ideias, metas, desejos e opiniões por tanto tempo acalentados. Uma vontade pessoal hipertônica sempre traz disputas. Quando duas vontades assim se chocam, criam a guerra em pequena ou em grande escala. Para que a paz seja possível, entre indivíduos ou nações, é preciso que haja entrega, que haja concessões. Mas como evitar a capitulação e a resignação sob o disfarce da entrega? Ou o seu equivalente oposto, de persistência falsa e rígida, quando a entrega seria o mais apropriado a fazer? E como saber quando a pessoa em quem se deposita confiança é realmente digna dela? Existem poucas questões na vida sobre as quais permanecem tantos mal-entendidos e ideias errôneas.

A confiança não se sustenta com expectativas irrealistas. O olhar precisa estar claro, livre de motivações destrutivas e infantis. Só assim é possível que a intuição funcione bem e as observações se tornem precisas e confiáveis. Nesse estado é simples ceder onde é necessário, não sendo preciso exigir que o outro seja perfeito para merecer confiança. A entrega verdadeira jamais significa abandonar a habilidade de discriminar, de tomar decisões independentes. Talvez indique uma mudança de rumo, se isso for apropriado, porque na vida nada é fixo. Por isso que aqueles que se negam à autorresponsabilidade e que não se dão o benefício da dúvida são os mais ávidos e dependentes de uma autoridade perfeita no comando, são os que mais se defendem contra a entrega. O caminho para superar a incapacidade de confiar, de ceder, passa por interromper a corrente interior que rejeita a sua autonomia. Ao mesmo tempo é preciso orar para ser capaz de seguir a liderança de quem mereça confiança. É verdade que apenas a Vontade de Deus é absoluta, mas muitas vezes Ela só pode funcionar através do ser humano.

Não se render à Vontade de Deus faz com que o homem permaneça apegado à própria vontade míope e pequena, o que traz dor e confusão. No entanto, embora Deus seja a fonte de tudo, isso jamais exclui a livre escolha humana de permitir que o Poder Divino flua através de si. Por isso é tão comum que pessoas que se dizem crentes em Deus, mas que negligenciam a autorresponsabilidade, afundem na impotência e na derrota nas adversidades. É preciso render-se igualmente aos seus sentimentos para não se tornar um autômato, dispondo-se a ceder quando isso servir à causa da verdade. Tudo pode ser transcendido, até a dor, se o conceito de entrega for realmente entendido e incorporado na alma. Quando a luta é abandonada no nível involuntário e a entrega total acontece, toda a dor cessa e se transforma em êxtase. Este, aliás, é um fenômeno bem conhecido dos torturadores diabólicos que, ao verem tal transformação acontecer, interrompem a tortura, permitindo que as vítimas voltem a resistir à entrega, induzindo-as a retomar o seu sofrimento.

# MÓDULO VIII - CULPA E PERFECCIONISMO

As pessoas acreditam ficar mais expostas quando se conectam com todas as suas partes e as do outro, iludindo-se que assim acabarão vítimas de fatores fora do seu controle. A convivência com quem se encontra em batalhas semelhantes torna as coisas ainda mais complicadas, com mal-entendidos, falsos julgamentos e mágoas. Mas onde quer que estejam separadas, elas se encontram em sofrimento autoperpetuado. É um rumo que só pode ser mudado se o prazer negativo que sustenta os seus desejos destrutivos for rompido. Isso demanda aceitar as próprias imperfeições, desenvolver pensamentos conscientes com uma atitude firme, mas descontraída e livre de tensão. A energia criativa dos aspectos negativos do eu precisa ser trabalhada, sem justificar ou racionalizar os seus traços indesejáveis. É irrealista a expectativa de querer eliminar, por um passe de mágica, algo vital em si mesmo. O maior ódio, o despeito mais vingativo, os piores impulsos de crueldade, quando não manifestos irresponsavelmente, nem reprimidos ou negados, jamais são prejudiciais. São, de fato, a matéria-prima para se transformarem nos seus opostos, não há o que temer nesse autoencontro.

As doenças da alma são causadas pelo não olhar, pelo descompromisso com a realidade. Quando a pessoa exige um protetor forte e sempre amoroso, é natural que se decepcione e se torne hostil. Ao se submeter, ela não se relaciona com a humanidade, com as necessidades e inseguranças do outro. Se age com arrogância, ele passa a rejeitá-la, negando o seu desejo de afeto e comunicação. Sua autoimagem idealizada dificulta a aproximação, temendo ser desmascarada. Ao forjar rígidas regras de comportamento, inviabiliza aceitar-se e os outros, privando-se da experiência plena de viver. Toda essa rejeição, isolamento e dor fortalecem os seus padrões destrutivos. Passa a se sentir falsamente culpada por não conseguir atender as suas elevadas exigências, levando a uma ansiosa busca por aprovação. Assim, ou se inclina para trás, permitindo que se aproveitem dela, ou se torna defensiva e hostil, irritada consigo e com o mundo, assolada por uma vaga sensação de não merecimento. Quando há amor nunca é necessário ser a perfeição, é o medo do fracasso que torna a vida tão sofrida.

Para cessar o movimento tenso de afastar-se de um objetivo para aproximar-se de outro é preciso confiar na eternidade da vida. E também que Deus age certo mesmo diante do incompreensível, o que não se confunde com indiferença nem apatia. A luta em um nível é necessária, é pré-requisito para avançar pelos labirintos da mente. Mas em outro é um movimento que encrespa as águas e impede a paz. Descubra qual luta deve continuar e qual deve cessar. Não há nada como a paz sentida quando o desejo é buscado sem temer o seu oposto. A razão maior que impede o homem de ser realmente quem é, o melhor de si, indivíduo único criado por Deus, é a sua exigência de querer se colocar acima dos outros, buscando ser cobiçado para submetê-los e provar a sua "superioridade". Há um ego orgulhoso, com enormes imposições, quando o que se pede é que seja resoluto e humilde, com toda a sua dignidade e nobreza inatas. Aquele que precisa se ver acima dos outros o faz porque se imagina menor. Mas será realmente que se sentiria tão pouco se não precisasse ser tão superior? Este mundo seria muito melhor se as pessoas se entregassem, fosse no que fosse, com todo o coração, em seus relacionamentos, na leitura de um livro, numa caminhada ou numa conversa. Há tanta infelicidade na Terra porque elas estão divididas, nada fazem sem fracionar a sua atenção e motivação. Se olhassem realmente para si mesmas, não viveriam tão focadas em superar o outro, mas para se conhecer, crescer e contribuir de fato.

◆ ◆ ◆

## PW 75 – A GRANDE TRANSIÇÃO NO

# DESENVOLVIMENTO HUMANO

Existem duas correntes das mais básicas no universo. Uma é a força do amor. Significa doar, comunicar e elevar-se acima do pequeno ego que se considera o centro de todas as coisas, quando na realidade é apenas uma parte de um todo muito maior. A outra é o princípio invertido, autocêntrico, com o qual boa parte dos seres humanos ainda vive. Nele passam pela vida se sentindo sozinhos, não importa quantos entes queridos tenham à volta, parecendo impossível compartilhá-la de fato. As pessoas acreditam estar mais seguras no isolamento, sentindo-se vulneráveis quando se expõem à vida. Imaginam-se vítimas da influência dos outros, de fatores fora do seu controle. Ao se aprofundarem o suficiente, fatalmente verão que estão erradas. Todos os medos psicológicos, que não inclui o medo saudável para a autopreservação, são sempre baseados em ilusão.

A depender do seu estágio de desenvolvimento, o amor, o talento ou qualquer outro dom criativo tenta fluir do indivíduo, mas devido ao seu separatismo autocentrado, eles retrocedem. Depois do esforço de atingir os outros e o cosmos, se retraem e ficam inativos. É esta a grande frustração contra a qual a sua natureza mais íntima se rebela. Ela precisa se rebelar porque o isolamento vai contra a criação e a harmonia, provocando muitos conflitos. Embora a dissolução das imagens e rótulos criados na infância seja essencial para instituir o novo estado de ser, resolver os desvios psicológicos não é o resultado final do autodesenvolvimento. Provavelmente nem será possível resolvê-los de fato se isso for considerado como um fim em si mesmo. A autopurificação é apenas o meio de atingir a meta final de transição do isolamento para a união, como parte da criação que luta incessantemente por esta realização maior.

O temor primordial de abandonar o velho estado autocentrado cria todos os outros medos. As pessoas pensam que, ao estarem conscientes deles, sofrerão mais e que eles passarão a representar um perigo maior. É exatamente o contrário, ainda que muitos nem saibam que têm medo. Para superá-los é necessário se dispor a ir ao fim, até porque tal situação não pode ser evitada. Precisam identificar o que, por que e de onde vem o medo, usando de paciência, perseverança e de uma vontade maior de se conhecerem. A única abordagem saudável consiste na aceitação das suas imperfeições, significando acolher a vida como um todo, inclusive o ainda negativo em cada um. Não há nada a temer na mudança. O que é valioso e válido é o próprio ser, que se torna mais enriquecido à cada negatividade revertida. Somente o que não for a sua Essência Verdadeira irá gradualmente se desmoronar, como uma velha capa desgastada.

Desde o começo do mundo material, todos os sentimentos, bons ou maus, positivos ou negativos, alegres ou dolorosos, estavam lá. O fato de parecer que cada um gera um sentimento não significa que seja assim. As pessoas simplesmente sintonizam com o princípio já existente. Isso ocorre em função das suas vibrações, equivalente à soma total da sua personalidade, caráter, conhecimento e consciência. Ninguém é vítima de ninguém. O erro fundamental, gerador de profunda culpa, consiste em achar que para ser feliz é preciso tirar dos outros. Essa culpa destrutiva sabota todos os sucessos, produzindo enorme resistência. Encará-la com um espírito moralizador, sem antes se aprofundar na percepção superficial, torna o trabalho ainda mais árduo do que já é.

◆ ◆ ◆

## PW 100 – ENFRENTANDO A DOR DOS PADRÕES DESTRUTIVOS

A criança sofre devido às imperfeições sobre o amor e o afeto dos pais e por não ter a sua individualidade plenamente aceita. Esse ambiente geral durante a fase de crescimento pode deixar mais cicatrizes do que um choque traumático, levando ao que se denomina de neurose. A dor e a frustração originais, com as quais ela não consegue lidar, são reprimidas, mas ficam latentes na mente inconsciente. Daí passa a formar imagens que arregimentam os seus mecanismos de defesa, falsas soluções adotadas para combater o que quer evitar. É somente após considerável entendimento de si mesma que a pessoa vê como o seu "remédio" é irrealista e míope. Só assim vai querer mudar, preferindo enfrentar a dor que a faz sofrer, a continuar no estado de alienação de si mesma. Mas as primeiras reações não são agradáveis e nem podem ser. É o trabalho constante e a travessia corajosa dos períodos de desânimo e resistência que permitem romper a dura casca da insensibilidade.

Os padrões destrutivos foram criados para fugir de algo que ocorreu na vida, se verdadeiro ou imaginado, faz pouca diferença. É exatamente esse processo de não olhar, de deixar de enfrentar a realidade, que causa as doenças da alma. Quando a pessoa exige um protetor forte e sempre amoroso, é fatal que se decepcione, tornando-se hostil, talvez sem consciência disso.

Ao se submeter ela não se relaciona com a humanidade do outro, suas necessidades, pontos vulneráveis e inseguranças. Quando é arrogante, negando o desejo real de encontrar afeto e comunicação, ela rejeita o outro de forma expressa. E quando a sua autoimagem idealizada entra em ação, dificulta ainda mais a aproximação pelo temor de ser desmascarada. O perfeccionismo arraigado imposto pelo disfarce a impede aceitar a vida, os outros e a si mesma, privando-a da experiência plena de viver. Toda essa rejeição, isolamento e dor autoinfligida acaba fortalecendo os seus padrões destrutivos e daqueles com quem convive.

A observação constante das emoções e reações irrealistas e imaturas atenua o seu impacto, dando início a um processo de eliminação natural. Os padrões construtivos não podem ter um alicerce firme antes que a pessoa experimente, compreenda e assimile o que virou as costas Quanto mais esse processo é postergado, tanto mais difícil e longa se torna a passagem da infância para a idade adulta. Ao tomar conhecimento do cerne da questão, a pressão e a dor tendem a se intensificar, algo inevitável e necessário ao processo de cura. É o que impulsiona o enfoque na causa central, onde efetivamente se encontra o problema, deslocando a ênfase da fuga para o encontro da realidade. Este é o túnel a atravessar. Observando-se de forma objetiva, essa pessoa irá descobrir as causas e acelerar o seu processo de crescimento. Seus padrões mudarão de forma gradual, fazendo com que os acontecimentos infelizes diminuam. Mas será preciso cuidar para não fugir de novo, pois a mudança exterior não ocorre logo após a mudança interior, e o amor não é algo que se possa aprender por um simples ato de vontade. Ao se abrir para a vida, com coragem e paciência, será natural ajudar-se e os outros a enfraquecer as suas defesas e padrões destrutivos.

◆ ◆ ◆

## PW 108 – A CULPA FUNDAMENTAL POR NÃO AMAR

O mundo na Terra é cheio de problemas. A vida é difícil, não apenas por causa da luta pela sobrevivência física, mas mais ainda pela sobrevivência da alma. Em muitos seres humanos elas estão perturbadas de alguma forma. A causa fundamental é sempre a recusa a amar, obstrutora do fluxo orgânico e natural das Forças Cósmicas presentes em seu interior. A mesquinharia e a covardia constroem um muro de separação da corrente de Amor Universal, fazendo com que a felicidade não pareça ser merecida. Ao enfatizarem a forma como se apresentam aos olhos dos outros, as pessoas são presas em uma armadilha de desassossego, ansiedade e culpa que estimula a sua própria alienação.

Ações "corretas" e perfeccionismo muitas vezes servem de disfarce para a dificuldade de amar. Esta é a culpa basilar que deve ser reparada, não as pequenas culpas injustificadas que funcionam para escondê-la. A reconciliação é necessária para que a alma se torne saudável e pacífica. O conhecimento teórico não irá ajudar, exceto para inspirar o processo inicial de revelação. O valor de uma atitude ou pensamento só pode ser determinado descobrindo o seu motivo real. A mesma ação pode ser um ato de amor, uma experiência libertadora ou algo mesquinho e degradante. Avaliá-la exige usar a intuição que só é desenvolvida sendo totalmente honesto consigo mesmo.

As pessoas costumam ignorar as ações e os motivos egoístas por trás dos seus atos "corretos". Com frequência se convencem de que eles são éticos e morais, mesmo quando não se originam do amor. Mas é sempre egoísta a busca por aprovação ou por receber amor como pré-requisito para amar, ainda que em nada pareça deixar a desejar. O egoísmo, mesmo camuflado, está presente nessas ações e afeta tudo que as cercam de forma danosa. É preciso ser autêntico e cultivar um profundo desejo de mudar, deixando de lado os pequenos medos e apreensões, a vergonha e a vulnerabilidade imaginadas. Embora seja grande a tentação, é infrutífero transferir o foco para aqueles de quem ressente. A condução deve se dar pelo que, em si mesmo, é bom, construtivo e de interesse coletivo.

Há que se considerar ainda a questão das obrigações. O desejo de permanecer saudável só se concretiza dizendo sim à vida com disposição e prontidão, não apenas se submetendo a ela por obrigação moral. Em sua busca interior, é muito comum detectar uma rebelião contra o ato de viver, por indolência, apatia ou absoluto desmazelo. Mas a luta pela sobrevivência exige um estado de alerta, um poder de tomar decisões e disposição para se expor e se arriscar, aprendendo com os erros. É preciso se livrar de todos os ideais ilusórios que parecem confortáveis. Quando há amor, nunca é necessário ser a perfeição. É o medo do fracasso que torna a vida tão árdua.

São poucos, porém, os que percebem ser a neurose, em certo sentido, o passo inicial para a cura da alma. A doença emocional não é causada pelo que ocorre vindo de fora, mas pela violação interior do seu potencial. Sem essa manifestação dolorosa, a pessoa não daria conta da falta. O que é considerado uma doença também é um remédio, permitindo induzir o indivíduo ao crescimento, como é da Lei Espiritual correspondente. A chave do trabalho de cura terapêutica é alcançar a assimilação emocional.

◆ ◆ ◆

## PW 109 – OS EFEITOS DA CULPA NA SAÚDE EMOCIONAL E ESPIRITUAL

Diversas áreas psíquicas precisam ser exploradas e compreendidas, antes que o homem possa enfrentar as suas culpas reais. Isso não é fácil nem indolor, mas é a única forma de alcançar a realização que de fato importa. A culpa real é um alerta saudável sobre as ações do eu inferior, embora possa ser facilmente deturpada. Temendo as implicações de algumas dessas revelações, ainda que não as percebam, as pessoas preferem se culpar por outros motivos, em geral engendrados pelo perfeccionismo e moralismo. Esses sentimentos as desconectam da realidade, produzindo grande ansiedade e tensão, induzindo-as a cometer crueldades ainda piores do que fariam se não usassem de tais subterfúgios. A mais profunda razão da infelicidade humana é o abandono da própria integridade, que sempre ocorre pelo medo de enfrentar o seu eu inferior.

Além da culpa original, fruto do egocentrismo e da falta de amor, a fuga do eu inferior faz com que as pessoas também se sintam culpadas pela covardia e pelo fingimento de tentar negá-lo. Por não se disporem a reparar a dor que causam, acabam se impondo rígidas regras de comportamento que as fazem viver a vida de modo muito neurótico. Passam a se sentir falsamente culpadas por não conseguir cumpri-las, gerando desrespeito próprio, insegurança e inferioridade que culminam em uma ansiosa busca por aprovação. Ou elas se inclinam para trás, permitindo que outros lhes tirem vantagens, uma forma inconsciente de tentar compensar a sua culpa real, ou se tornam defensivas e hostis, irritando-se frequentemente consigo e com o mundo, com uma vaga sensação de não serem merecedoras, algo que não conseguem compreender, muito menos aceitar.

A maioria das pessoas ainda luta contra essas falsas culpas, sendo incapaz de encarar as suas culpas reais. Mas é inútil e perigoso forçar-se ou forçá-las a isso. Será preciso que elas mesmas se decidam entre empanturrar-se na dor e na autocomiseração ou olhar para si mesmas de forma serena, reconhecendo tanto as suas tendências negativas, quanto as construtivas que coexistem lado a lado. Se este for o seu desejo sincero, continuamente expresso e cultivado, as suas reações extremas a certas tendências destrutivas passarão a ser experimentadas sem a sensação aniquiladora de antes. Não precisarão mais rechaçá-las de antemão, não as levando a flutuar entre os polos de emoções "boas" ou "más". Para isso será necessário que granjeiem coragem e humildade para se aceitarem calmamente, sem cair nas armadilhas do tudo ou nada, da divisão "ou/ou".

A auto-observação permite detectar as reações de recuo ante a possibilidade do enfrentamento de si mesmo. Apontar o dedo sobre elas é uma ação que pode até vir a removê-las, mas não é o bastante. As dores infringidas aos outros também precisam ser reparadas, embora não exija necessariamente o perdão deles. Isso pode ser mais fácil em fatos específicos, mas não naqueles pouco tangíveis e cotidianos, como nas sutis reações emocionais e atitudes perniciosas e indolentes. Desistir do muro do isolamento, cultivando a habilidade de dar a si e ao outro o seu melhor, também pode concretizar a restauração. O sentimento de integridade resultante produz muita força e flexibilidade, libertando para que se vá ao encontro da vida em todos os seus aspectos. Capacita a comunicação sem inibições e dá independência da necessidade de aprovação externa. É este, de fato, o caminho para a cura final da alma.

◆ ◆ ◆

## PW 116 – A CONSCIÊNCIA SOBREPOSTA OBSTRUTORA DO EU REAL

Uma das mais épicas batalhas humanas, que acaba se transformando em um conluio inconsciente, é a luta deflagrada entre seu eu inferior e a sua consciência sobreposta. O eu inferior não é apenas aquela parte da sua natureza que contém falhas e defeitos de caráter. É, também, uma sutil perspectiva emocional de egocentrismo disfarçado, onde a pessoa quer reinar de forma absoluta. Ainda que em outras áreas ela possa ter boas intenções e realize atos altruístas, nesta ela viola os interesses alheios a todo custo, buscando prevalecer os seus desejos mesquinhos e vaidades sobre questões mais importantes dos outros. Mas a simples existência deste eu inferior não é o maior problema. Ao tentar acobertar os seus impulsos destrutivos por medo, vergonha e culpa, toma como padrão regras morais exteriores, formando uma consciência sobreposta extremamente opressora. Isto fortalece ainda mais o eu inferior, exagerando sua atribuição de importância e destrutividade. Ainda mais trágico é o fato de que as atitudes criativas e construtivas da sua Consciência Interior, seu Eu Real, acabam bloqueadas em consequência.

Apesar do que pregam muitos religiosos, a consciência sobreposta nem mesmo é necessária para impedir ações instintivas primitivas destrutivas. Naqueles que não estão desenvolvidos para impedi-las, as leis sociais podem cumprir esse papel. São forças que poderiam ser manejadas na consciência, mas por estarem ocultas, acumulam-se, criando enorme tensão interior. Negar e esconder o eu inferior impedem que ele seja superado, além de bloquear a Força Vital construtiva e criativa dessa pessoa. Instila-se nela uma visão irrealista e distorcida de si mesma e da vida, levando-a a adotar padrões de autopunição que coíbem as Qualidades Divinas da sua alma. Quando se cansa e se revolta contra leis e normas éticas e morais, o faz através da sua implacável consciência sobreposta. Essa não tem misericórdia, é inflexível nas exigências, cega na avaliação e a massacra e os outros. O erro está em se apegar a ela como a única capaz de impedir as ações baseadas nos instintos do eu inferior, uma tarefa que, na verdade, só cabe ao seu Eu Real.

O bloqueio da intuição é um dos maiores problemas causados pela consciência sobreposta. Seu objetivo é evitar o risco de desaprovação, minimizando ter que fazer escolhas quanto às mensagens recebidas. O instinto sexual e erótico igualmente acaba desvirtuado da sua natureza criativa que leva à união. A ênfase maliciosa da sociedade em seu aspecto pecaminoso faz com que ele se torne oculto, autocentrado e produza culpa. É importante ressaltar que não se defende aqui qualquer grau de licenciosidade nos relacionamentos. Não se trata de quantidade, mas de qualidade nas atitudes e sentimentos. Se a abordagem for sincera, sem divisões, respeitando-se e ao outro e arcando com a responsabilidade, não pode haver nada de errado. Quando alguém acha, do fundo do seu ser, que alguma coisa é certa, então ela é. E isso não depende do resultado da situação. Este mundo seria muito melhor se as pessoas se entregassem, fosse o que fosse, com todo o coração, em seus relacionamentos, na leitura de um livro, numa caminhada, numa conversa. Há tanta infelicidade no planeta porque elas estão divididas, nada fazem sem fracionar a sua atenção e motivação. Se olhassem de verdade para dentro de si mesmas, ao contrário do que fazem as egocêntricas, não viveriam para impressionar, mas para se conhecer, crescer e contribuir de fato.

## PW 140 – O PRAZER NEGATIVO COMO ORIGEM DA DOR

Sempre que a direção universal do amor, da união e do crescimento é confrontada, forma-se uma perturbação. Os desejos negativos nos bastidores da consciência sustentam a luta de opostos que ali se desenrola, criando tensão e dor. É preciso compreender e aceitar a sua existência, deixando-se entrar na dor para que ela possa cessar. Isto não deve ser confundido com masoquismo autopunitivo, ao contrário, trata-se do princípio que o próprio Cristo explicou quando disse "não resistas ao mal". No nível físico, se a luta se torna muito feroz, o único resultado é a morte, que também pode resultar na renúncia do positivo. Nos planos mental e emocional acontece algo semelhante. A dor se perpetua quando o negativo é desejado ou quando o positivo é negado, só sendo interrompida ao viver o "agora", aceitando a existência provisória daquilo que é.

É inevitável sentir-se impotente quando não se sabe que o efeito foi criado por si mesmo. A separação entre causa e efeito na consciência produz confusões, dúvidas e desespero. O que desorienta e fere é desconhecer que o impulso positivo é boicotado pelo seu inviável desejo simultâneo de coisas opostas. Estar ciente dos desejos negativos deliberados ou dos resultados positivos que evita, o que no fim é a mesma coisa, é um passo fundamental do caminho evolutivo. O universo inteiro existe por causa do princípio da autoperpetuação. Os círculos viciosos ou virtuosos somente são interrompidos quando algo novo é posto em movimento pela consciência. Pensamentos, atitudes e sentimentos se locupletam por si mesmos. Todos os mundos positivos e negativos existem sem tempo ou espaço, dentro e fora do homem. É possível alcançá-los na própria psique. Eles são o produto de expressões das várias esferas de consciência. O medo do positivo faz com que ele seja negado, produzindo privação e sofrimento. Esta esfera de consciência deve ser experimentada profundamente para que se possa transcendê-la. É preciso não negar ou lutar contra ela, mas olhá-la e aceitá-la, aprendendo a compreender a sua natureza, o que é a essência deste Pathwork®.

Onde quer que esteja separado, o homem está em sofrimento autoperpetuado, tecido por seus desejos destrutivos. As coisas tornam-se ainda mais complicadas e conflitantes na convivência com pessoas engajadas em batalhas semelhantes. Há muitas possibilidades derivadas de tais situações, com todas as consequências psíquicas de mal-entendidos, falsos julgamentos e mágoas. A orientação destrutiva não seria difícil de vencer se o princípio do prazer não estivesse ligado a ela. Embora perceba a sua precariedade, o indivíduo chega à situação de não querer se separar do prazer negativo, algo que nasce de forma sutil, insidiosa e inconsciente. Nos relacionamentos não é incomum que quando uma pessoa expressa alguma orientação positiva em direção à união, o outro se assuste, se afaste e a rejeite. O resultado frustrado acaba atribuído à tentativa positiva, convencendo-a de que o movimento saudável da alma põe em risco a sua integridade. Assim, ela se volta novamente para a negação do que seria bom, mas como isto é muito doloroso, o prazer negativo se liga à dor para torná-la mais suportável. Esse comportamento acaba se tornando um padrão, fazendo com que ela passe a ter prazer com situações negativas. O ciclo se manterá enquanto não compreender que a sua fraqueza e desamparo não existem pela vontade maior dos outros, mas pela força autoperpetuadora de desejos negativos incitados pelo tênue prazer obtido às expensas do próprio sofrimento.

◆ ◆ ◆

## PW 173 – ABRINDO OS CENTROS DE ENERGIA

A serenidade e a alegria resultam de centros energéticos abertos, através dos quais a energia do universo flui livremente com o poder de criar, moldar e recriar as circunstâncias. Isso só é possível de fato em um estado relaxado, onde não existe tensão. Embora os bloqueios internos funcionem de forma involuntária, é possível influenciar os sentimentos destrutivos que impedem a abertura. Para tanto é necessário olhar profundamente para si mesmo, o que na mesma medida aumenta a percepção do outro e, portanto, a capacidade de se relacionar. A resistência em usar a sabedoria interna se deve às respostas recebidas, pois elas jamais bajulam ou deixam prosseguir os sentimentos que a natureza imatura quer se arrogar. Alguns métodos alternativos para desenvolver a percepção e a liberação podem ser úteis, desde que precedidos por suficiente trabalho de confrontação dos autoenganos e ilusões. Eles não devem ser mecânicos, precisam estar associados a atitudes e a conceitos de si mesmo, da vida e do que originam.

Um bom exercício para promover a abertura desses centros é sentar-se com a espinha reta mantida em seu próprio equilíbrio, sem necessariamente apoiá-la. Feche os olhos e sinta cada parte do corpo, relaxando-o deliberadamente. Então tente ver o que acontece ao não pensar, mas não se force a isso, pois apenas iria deixá-lo tenso. Observe calmamente os seus processos de pensamento, como eles penetram na sua mente sem que seja possível controlá-los. Enquanto o faz, respire muito calmamente pelo abdômen, de forma bem definida. Sinta subir e descer a região abaixo do estômago da maneira mais calma, regular e harmônica que puder. Cada inspiração e expiração deve expressar uma atitude mental positiva até que, gradualmente, a mente volitiva deixe de atuar. Passe, então, apenas a observar a mente involuntária. Nesse momento você estará tão imóvel e desprovido de tensão, tão posicionado e presente em atenção e consciência, que os agitados processos mentais serão acalmados. Dedique-se a essa postura alguns minutos de forma bem relaxada, talvez antes ou depois da meditação que faz para descobrir ou para redirecionar as suas negatividades.

Cada exercício, cada meditação, cada autoexame e autoconfrontação devem ter sempre em mente a eliminação das suas ilusões, soluções equivocadas e falsos conceitos mantidos como padrão. O medo da frustração é um aspecto tremendamente importante nesse contexto. Qual ser humano não teme a frustração? Mas é um medo que precisa ser superado, pois é um erro em si mesmo. Nele há sempre alguma conotação do tipo "eu devo fazer isso para evitar aquilo", produzindo uma corrente de tensão proporcional a esta dualidade. Um novo estado de satisfação é obtido ao aceitar a realidade na qual a frustração é parte dela. Encontrada a atitude madura para lidar com isso, virá o estágio no qual se percebe que toda contingência contém uma possibilidade equivalente de desenvolvimento e, portanto, de prazer. Cada motivo de distúrbio oferece a melhor das oportunidades, basta valorizar a verdade do problema, do momento, mais do que qualquer outra coisa. Ao afirmar-se dessa forma, esta vai se revelar, mostrando a um só tempo tanto a sua humanidade falível, quanto a sua Divindade Potencial.

◆ ◆ ◆

## PW 175 – CONSCIÊNCIA

Toda criação resulta de uma consciência individual ou universal, não importa se produzindo algo passageiro e insignificante ou algo capaz de mudar o mundo. A consciência é a capacidade de perceber, pensar, sentir e querer. O homem é a primeira entidade da escala evolutiva que pode criar deliberadamente com a sua consciência. Nada pode existir sem que ocorra primeiro nela, embora nem todos que criam consigam tê-la sob o seu comando. Cada um traz em si mesmo a sabedoria mais pura, o Espírito Universal, e não é que Ele esteja em cada um, cada um é que é de fato Ele. Mas o homem também abriga em seu íntimo a expressão distorcida da consciência criativa, com a qual deseja de maneira negativa e destrutiva, mesmo que não saiba.

Para perceber e vivenciar seu Eu Real como Eu Universal é preciso sintonizar-se com Ele, compreender a parte Dele que se tornou negativa. É necessário treinar a mente para que ela fique calma, capaz de parar de sussurrar, de produzir padrões involuntários. Ao descobrir, pouco a pouco, que abriga em seu íntimo tudo o que realmente importa, um sentimento de segurança virá, fazendo com que jamais se sinta impotente ou inadequado. Não é possível ativar a presença do Eu Universal mantendo-se cego às suas criações negativas. É uma virada capital a migração da sensação de impotência para a de um gestor ativo da criação. Isto requer muita honestidade e disciplina que só podem se realizar por processos conscientes de pensamento, com uma atitude descontraída e sem tensão. É preciso disposição para mudar as suas condutas interiores desonestas e falhas, do contrário o atendimento das próprias necessidades reais acabará bloqueado.

Na criação negativa a pessoa, no limiar dos seus desejos, percorre os mesmos canais de pensamentos muito estreitos, produzindo um ciclo vicioso de revolta e frustração. Ela não se aventura além das suas cercas, barreiras que estão lá para serem ultrapassadas por um salto do seu processo mental. A descoberta de como cria destrutivamente nunca é algo ruim, porque igualmente evidencia o poder de criar novas experiências renovadoras da vida. É preciso vencer a resistência infantil que quer trapacear, recebendo mais do que está disposta a dar. O lado destrutivo que renuncia à realização frutífera e à felicidade é muito intencional, não é algo que se abate do nada sobre a pessoa. A religião o nomeia de pecado ou mal, a psicologia de neurose ou psicose. Seja qual nome for, o fato é que é uma doença de maior ou menor gravidade. Muitos ainda se encontram no estado em que não querem tentar se curar. Perdem a consciência de quem realmente são e a capacidade de redirecionar as manifestações negativas que os fascinam.

O poder e as energias da criação se autoperpetuam numa direção que somente a própria consciência que a produziu pode mudar. O homem também é um imitador primaz da sua coletividade, o que dificulta ainda mais a mudança. Parte das tentativas deve ser a de pôr ordem na sua confusão mental, removendo a cegueira. O ego é a estrutura que o protege de si mesmo, mantendo o negativo sob algum controle. O que confunde é o mundo interior, não o mundo de fora. O poder da mente cria o negativo, mas a força para o positivo é muito maior, pois no negativo há diversos conflitos e oposições à sua Natureza Divina. A vontade de ser feliz e de se desenvolver é a pedra fundamental do poder de criar positivamente. Quanto mais conciso isso for formulado e maior a disposição para eliminar as atitudes que dificultam, tanto mais efetiva e bela será a criação.

◆ ◆ ◆

## PW 184 – O SIGNIFICADO DO MAL E A SUA TRANSCENDÊNCIA

A abordagem dualista do bem e do mal, pregada por muitas religiões, reforça a culpa e o medo que o homem tem de si mesmo. Outras filosofias postulam que não existe o mal, que ele é uma ilusão. Ambas as abordagens, embora opostas, expressam grandes verdades, mas a exclusividade com que são concebidas e perpetuadas fazem delas igualmente grandes mentiras. Negar o mal não amplia a consciência do homem, ao contrário, cria nele um quadro falso da realidade. A maioria das pessoas ignora o fato de que o que há nelas é energia criativa. Quase todas só têm noção de uma pequena parte de si mesmas. Não conhecer o que é indesejável na sua atual manifestação não apenas as separa do que têm de bom, já liberto e purificado. Também fazem com que pouco se amem e se respeitem, inviabilizando mudar os seus elementos destrutivos e estagnando o fluxo da vida. Tão ruim quanto a manifestação da destrutividade é a sua negação, por isso que nem todas as emoções supostamente negativas são necessariamente indesejáveis.

Buscar se tornar bom negando o mau, forçando-se a estar como ainda não pode ser, apenas o fará permanecer no doloroso estado de divisão interior, paralisando a Força Vital. É irrealista a expectativa de querer destruir ou eliminar por um passe de mágica algo vital em si mesmo. É preciso trabalhar a energia criativa contida nos aspectos destrutivos do eu, sem justificar, desculpar ou racionalizar os seus traços indesejáveis. Muito pelo contrário, trata-se de admiti-los plenamente, expressando-os de forma segura e honesta, sem procurar desculpas, sem colocar a culpa nos outros e, mesmo assim, sem perder as esperanças e sem se rejeitar por isso. Ore para ter consciência da sua beleza, assim como da sua feiura, uma não aniquila a outra. O maior ódio, o despeito mais vingativo, os piores impulsos de crueldade, quando não manifestos irresponsavelmente, nem reprimidos ou negados, jamais se tornam prejudiciais. Aos poucos o ódio se transformará em amor, a crueldade em confrontação saudável e autoafirmação, e a estagnação em alegria e prazer, pois o mal é a distorção do bem.

O orgulho, a obstinação e o medo são formas ainda mais perigosas do que o próprio mal que negam. A obstinação do eu enrijece o homem, contrariando o fluxo da vida e impedindo a sua verdadeira admissão. O orgulho falseia seus traços indesejáveis, afastando a verdade sem a qual não é possível reunir coragem e humildade para enfrentá-los. E o medo vem da suposição de que admitir a maldade fará com que ela predomine, o que é um erro em si mesmo. Ainda que estas suposições não sejam enunciadas, muitos constroem as suas vidas com base nelas. Qualquer um que aceita os seus aspectos negativos, sem pactuar com eles, descobre o contrário do que a sua apreensão indicava, vindo a gostar e a se respeitar mais. Invariavelmente passará a ter mais alegrias na vida, pois será capaz de moldar o seu próprio destino, não pelo controle do ego, mas pela capacidade realista de criar com a Matéria Vital posta ao seu dispor.

◆ ◆ ◆

## PW 212 – RESGATANDO TODA A SUA VERDADEIRA GRANDEZA

As pessoas que trabalham honestamente no rumo do autodesenvolvimento pessoal aos poucos se dão conta das suas atitudes destrutivas e más intenções. Para transformá-las é necessário superar o medo e a vergonha delas, não as negando ou camuflando, mas tampouco se arrogando com culpas exageradas. Só um estado de ser cônscio e dedicado, vigilante para rejeitar a vaidade e o orgulho, pode proteger das ilusões, evitando as dolorosas desilusões que via de regra as procedem. Mas os bloqueios interiores produzem inevitáveis crises que devem ser percorridas até o fim. Sempre há uma configuração em espiral cujas elipses, na medida da sua dedicação ao trabalho pessoal, convergem para um único ponto onde tudo se torna muito simples. A unicidade é Puro Amor, mas isso quase nada significa nas primeiras camadas da evolução pessoal. Nelas o ego ainda está muito separado da unidade, o "amor" ali é apenas uma palavra desgastada, vazia de sentimentos e vivências, pouco ou nada tendo a ver com o Amor Verdadeiro.

Cada ser humano possui um modo próprio de pensar, um talento e inteligência únicos para criar. Deus se encontra em cada um de forma individualizada. Mas em geral as pessoas ainda se sentem muito relutantes em ser a sua Verdadeira Grandeza. Ficam inibidas, envergonhadas e se amedrontam com Ela. O que é esse estranho muro que as impede de ser quem realmente são, de ser o melhor delas? A razão maior é a exigência do ego em querer se colocar acima dos outros, comparando e competindo com eles, desejando ser cobiçado para submetê-los e provar a sua "superioridade". Traduzindo em palavras: "admirem-me, sou tão melhor que vocês, amem-me por causa disso", o que, no limite, é a máxima loucura. Há um ego orgulhoso fazendo exigências enormes, quando o que é necessário é um ego humilde, com toda a sua dignidade e nobreza inatas. Quem precisa se ver acima dos outros o faz porque se imagina como quase nada. Mas será realmente que se sentiria tão pouco se não precisasse ser tão superior?

Parece um paradoxo, mas é o próprio ego que deve ser o instrumento para buscar o que é maior que ele dentro de si. Essa humildade torna desnecessário se provar ou usar de qualquer tipo de pressão. O conhecimento verdadeiro é interno e quieto, passando a não ter importância ser afamado pelos outros. Isso só virá a ocorrer, de fato, quando não houver mais tal insistência. Este trabalho de autopurificação busca resgatar a grandeza interior, havendo um efeito benéfico à vida quando as suas criações são deflagradas. Mas o trabalho também precisa ser retransmitido para outras pessoas, cada um sabe como pode contribuir de maneira própria e singular. Aqueles que dele se beneficiam devem superar os seus interesses mesquinhos em favor de questões maiores, pelo menos por um tempo. É uma ilusão acreditar que tal dedicação implica em masoquismo e privação, em pobreza e frustração. O que acontece é justamente o contrário.

◆ ◆ ◆

## PW 226 – A ABORDAGEM DO EU – PERDOAR SEM COMPACTUAR

O homem tem grande dificuldade para reconhecer e acolher todos os aspectos do seu eu inferior e ao mesmo tempo encará-lo sem rodeios. Ambas as atitudes são necessárias para reparar e transformar a sua destrutividade. Por se impor uma culpa arrasadora, raramente consegue admitir honestamente o que em si mesmo encontra-se de fato errado. Confunde aceitação e perdão com cumplicidade e encobrimento dos aspectos negativos. Seu descrédito na eternidade da vida tem relação direta com essa confusão. É muito difícil perdoar-se quando prevalece a percepção de que a vida é finita e que a eternidade lhe será tomada em definitivo. Ele associa as falhas imperdoáveis cometidas pelo seu eu inferior ao que pensa ser a extinção da vida, um castigo supremo da natureza. O medo da morte gera o medo do movimento, pois a vida, em sua manifestação, parece estar em constante jornada em direção à morte. A mudança é vista como uma atividade que acelera a sua chegada. A imobilidade, portanto, reforça a ilusão de que ela possa parar o tempo e, assim, retardar a morte, quando o que está sendo reprimido é, de fato, a própria vida.

Como impulsor da proteção física, o medo da morte é muito saudável, porém não quando afeta negativamente a vida, seus julgamentos e a sua felicidade. É certo que a vida pode retirar-se da manifestação que criou, permitindo que esta se dissolva e volte à substância original. Mas a fonte segue o curso, criando novas formas compatíveis e as animando. É um processo de mudança contínua, o processo de evolução. O ser e as suas experiências, a sua capacidade de querer e desejar, além da própria personalidade atual, pensamentos e sentimentos, tudo isso compõe a fonte. O eu inferior nada mais é que uma criação surgida do encontro da fonte com o vazio, da vida com a não vida. Nesse momento em que a energia produz matéria, a consciência se fragmenta, limitando o alcance da visão e confundindo a verdade e a realidade. O corpo físico é uma expressão, um reflexo da sua consciência, mas quando ela se retira dele, a evolução continua exatamente do que era. Tudo o que vive, tudo o que existe é uma manifestação de Deus e, portanto, é essencialmente eterno.

É preciso compaixão para encarar o eu inferior e as dores que provoca. Nessa condição a pessoa se enxerga sem restrições, sem encobrir ou forjar justificativas e sem transferir suas responsabilidades aos outros. É muito comum que ela continue a tropeçar na pedra do ódio, tanto porque acredita que o seu rancor é justificado, quanto por imaginar-se incapaz de suportar a culpa pelas dores que provoca. O medo de se perdoar, bem como a postura oposta de se bajular, satisfazendo desejos mesquinhos e negando o seu eu inferior, são expressões simultâneas da mesma confusão. Os padrões diários de pensamentos repetitivos produzem formas invisíveis de sofrimento que, via de regra, são o seu pior inimigo. Aprenda a examiná-los à distância, observe como você se submete a eles, como lhes dá ânimo e energia, criando medo e ódio que levam à desconfiança e à impotência. Ao permitir vivenciar a existência consciente de Deus em seu íntimo, será possível amar-se de forma saudável, sem tolerância excessiva e sem negar ser o que é. Haverá respeito, amor e compaixão pela magnífica luta travada com enorme dignidade, mesmo enxergando a covardia que ainda existe e as atitudes medíocres e desonestas do seu eu inferior. Só assim será possível que ele se transforme na sua Manifestação Original, que é a Mais Pura Luz.

◆ ◆ ◆

## PW 253 – PERSEVERAR NO ESFORÇO E DESISTIR DE LUTAS INÚTEIS

A esfera terrestre deve se transformar, aos poucos, em uma morada mais espiritual de unidade, harmonia e luz. Este não é um processo "dado" de fora, só pode ocorrer pela transformação consciencial dos seus habitantes. Talvez o aspecto mais difícil da jornada evolutiva humana seja entender o mito da aparente realidade dualista. Dela deriva todo o seu medo, toda dor e sofrimento. Nessa transição é preciso aceitá-la plenamente, reconhecendo ao mesmo tempo a nova visão que aos poucos emerge da névoa. Mas fazê-lo apenas por uma vaga noção de que outro estado mental possa ser atingido só expressa o seu desejo infantil e negligente de onipotência. É uma forma de enganar a si mesmo, acreditando que um ato exterior de vontade pura e simples fará evitar as etapas do desenvolvimento, que às vezes incluem um necessário sofrimento temporário.

Quanto mais convencido, mais "provas" o homem consegue reunir para mostrar quão correta é a sua convicção. É um emaranhado mental difícil de superar. Ele cria dela a sua visão, em um círculo vicioso que se autoperpetua. É preciso, pelo menos por um tempo, muita vontade para abrir a mente e pôr de lado esse seu juízo. Ao lidar com a vida de maneira honesta e madura, produtiva e construtiva, o processo evolutivo do indivíduo prossegue naturalmente. Aos poucos ele enxerga a sua contribuição na situação, onde antes parecia não haver qualquer responsabilidade dele. E, talvez, também lhe permita identificar uma clara intenção de criar situações negativas. Este reconhecimento muda todo o quadro. Não que o ônus da culpa passe a recair todo sobre ele, nem que o vilão se transforme em vítima, mas fica mais nítida a percepção da influência recíproca de ambos.

A maior das dualidades é a oposição da vida contra a morte. É preciso examinar o medo interior e os sentimentos inconscientes de raiva, amargura e irritação com a vida por lhe "impor" a morte e o sofrimento. Se a pessoa se defende da dor, mesmo em um nível oculto, passa a enrijecer o que impede a cura. Esta requer um relaxamento profundo de todo o organismo, mais do que o físico, para que possa se ligar às Correntes Divinas sempre presentes que impregnam tudo que existe. No medo da morte e da dor e no esforço para afastar-se delas, normalmente existe muita raiva, amargura e mágoa. São sentimentos que passam a ser a sua segunda natureza, a tal ponto de impedir discernir o todo, enxergando apenas as partes, sem conectar causa e efeito reais. O fato de serem mantidos no inconsciente, sem que disso tenha conhecimento, torna o seu efeito ainda mais prejudicial.

A vida é tão temida quanto a morte, o prazer tanto quanto a dor e o sucesso tanto quanto o fracasso. Ao tomar contato com os dois medos que parecem opostos, há um relaxamento automático no esforço e o homem se confronta com a questão da fé. Deixa aos poucos de ver a vida em fragmentos e fora de contexto, passando a ter uma visão maior do universo que o rodeia, através da fé que o justifica. Essa questão pode demandar muitos anos de um embate sério e belo, a mais nobre luta da alma humana. Ao compreender que Deus age certo, mesmo quando um grande desconhecido é enfrentado, a mente se aquieta. O movimento tenso para afastar-se de um "objetivo" e aproximar-se de outro cessa. Não se trata de apatia e passividade. A luta em um nível é necessária, é pré-requisito para avançar pelos labirintos da mente. Mas em outro é um movimento que encrespa as águas e impede a paz. Descubra qual luta deve continuar e qual deve cessar. É incomparável a paz sentida quando o que se quer é buscado sem temer o indesejado.

# MÓDULO IX - A ORDEM ESPIRITUAL

A pessoa imatura talvez diga que seria feliz se tivesse isso ou aquilo ou se as suas preocupações fossem eliminadas. Para ela, felicidade significa ter os seus desejos satisfeitos. Só que mesmo quando eles se realizam, permanece uma inquietação, um mal-estar arraigado, uma consciência pesada indefinida. Ela desconhece que a felicidade só pode ser efetivamente experimentada pelo encontro com Deus, que está em si mesma e em todos os lugares, e que o único meio de alcançá-Lo é pelo estreito caminho do autodesenvolvimento. Uma pessoa autorresponsável e um Criador Onipotente não se excluem mutuamente. Os seres humanos forjam os próprios destinos, não podem ser felizes sem fazer o trabalho que isso exige, precisam aceitar, se esforçar e confiar em superar as causas dos seus problemas. É este o tipo de pensamento positivo que constrói a felicidade.

O orgulhoso exacerba-se no ego porque não estabelece relações de confiança, dependente que é da sua necessidade de ser superior predominar para poder controlar. Mas a cobiça manipuladora é um falso domínio, não suporta frustrações, agride e se retrai, tensa pelo medo de perder. O inconsciente é o verdadeiro senhorio de quem nega e repele com ansiedade o mal que o aflige, sem saber que quanto mais o esconde, mais forte ele fica.

Todos merecem consideração, mas não à custa de sonegar-se e ao outro a verdade. O crescimento espiritual jamais se assenta no autoengano, isso não é purificação. Vencer o medo da sua parte negativa, tantas vezes superdimensionada e oculta, é o grande limiar da transformação. Admitir um erro jamais fere a própria dignidade. O automatismo compulsivo sempre traz desânimo e desgosto. A percepção elimina os sintomas, embora não impeça o seu retorno. A compreensão é necessária para dissolver as causas interiores, mas só o saber produz a cura verdadeira. Essa luz nunca é um fim em si, senão algo vivo, em constante crescimento, rumo a novas experiências plenas de autoexpressão.

As pessoas constroem muitas defesas elaboradas, fugindo do envolvimento e deixando de encarar as suas faltas e atitudes destrutivas. Sua visão distorcida da realidade e sua baixa estima as impedem perceber as necessidades do outro, tornando-as hostis, mesmo quando camufladas por uma submissão exterior. Sempre que têm uma visão desvalida de si mesmas, ainda que não lhes ocorram que seja assim, não conseguem mensurar a importância das suas atitudes. A maior razão do seu tumulto interior vem do hábito de tentar sonegar a verdade. Colocam-se em confusão, enxergando o caos e a desordem, com uma perspectiva fragmentada e fora de contexto. A menos que se disponham a pôr ordem em seu lixo psíquico, continuarão a tecer com meias-verdades em suas velhas colchas de retalhos, até que entrem em colapso. A obstrução da Força Evolutiva se deve à parte que teme e desconfia. Este eu inferior não é apenas trapaceiro e egoísta, mas também ignorante. Prefere desconhecer o que o torna teimoso, além de destrutivo e negativo em vários aspectos. É necessário compreender as relações de causa e efeito geradas na vida, lidando com os seus sentimentos e desenvolvendo uma profunda intenção positiva. A parte do eu escolhida como aliada depende sempre do nível de consciência. É ela que possibilita agir pelo Eu Superior, seu Núcleo Divino com o qual precisa aprender a se sintonizar.

◆ ◆ ◆

## PW 11 – AUTOCONHECIMENTO E O MUNDO ESPIRITUAL

Todo ser humano anseia pela felicidade. A pessoa espiritualmente imatura pensa que será feliz apenas se tiver esta ou aquela satisfação, se suas preocupações forem eliminadas. Mas mesmo quando seus desejos se realizam, permanece uma inquietação, um mal-estar arraigado, uma consciência pesada indefinível. Quem é espiritualmente maduro sabe que a felicidade não depende de circunstâncias externas ou de outras pessoas. Muitos não querem reconhecer isso, pois é mais fácil culpar o destino e os outros, fazendo-se de vítimas, visto que assim não precisam se sondar com total honestidade. A base para a felicidade é o autoconhecimento, o que significa encarar características que não são lisonjeiras, numa longa e contínua busca pela verdade. O eu inferior prefere a velha cova, não quer ação de esforço, de mudança. A maioria das pessoas ignora muitas de suas falhas, o que é um grande obstáculo, pois não há como superar as causas do que é desconhecido. Elas são todos os defeitos e tendências que violam as Leis Espirituais, cujas manifestações em formas exteriores precisam de tempo para serem modificadas.

Os Espíritos de Deus trabalham para ajudar a humanidade nessa missão. Mas se submetem a limites estritos, muitos deles frequentemente violados pelos seres humanos e por espíritos que não pertencem à Ordem Divina. As Leis Espirituais determinam que o livre-arbítrio seja sempre respeitado. Cada um precisa escolher buscar ajuda espiritual por si mesmo, só havendo interferências não solicitadas em casos muito especiais e desde que haja merecimento ao longo da sua existência. Existem muitíssimos espíritos e hierarquias, acima de todos está Jesus Cristo, depois Deus. O contato com o Mundo dos Espíritos Divinos é uma dádiva inestimável, porém exige percorrer um íngreme caminho de autodesenvolvimento e purificação. Buscar esse encontro com qualquer tipo de espírito é muito perigoso, tanto do ponto de vista espiritual quanto físico. Todo aquele que alega ter autoridade total não merece confiança. Um espírito da Ordem Divina é sempre paciente e amoroso, nunca humilha, nem magoa de maneira desagradável. Tampouco lisonjeia, apesar de às vezes dizer coisas simpáticas para fomentar o desenvolvimento de quem ajuda. Estes e outros testes devem ser feitos para determinar a identidade dos espíritos, palavras bonitas e até devotas não provam nada.

Os Espíritos de Deus podem auxiliar quando seu Eu Superior não o fizer, porque ainda coberto por muitas camadas de imperfeições, matéria densa que a vida na Terra coloca. Se pudesse se manifestar com toda a liberdade, não seria necessário ao espírito encarnar tantas vezes. Mas pouca diferença faz se quem fala é seu Eu Superior ou uma Criatura Espiritual de Deus. Antes que a porta se abra, será preciso superar a resistência natural a ouvir verdades incômodas. São muitas as formas de recepção, pode ser um pensamento novo percebido aos poucos como certo, não restando mais dúvidas sobre o seu esmero e verdade. Pode ser uma inspiração vinda de alguém ou a percepção direta de uma Voz Interior ou de uma visão pictórica. Para muitas pessoas nem sempre fica claro quem fala com elas, se seu subconsciente, seu Eu Superior, seu guia pessoal ou outra entidade espiritual. A voz do subconsciente é rápida, nítida e alta. Quando a resposta vem do Eu Superior ou do espírito guardião, a voz é baixa, suave e serena, nada que force ou pressione. A vaidade manifestada no desejo de impressionar o outro é o maior obstáculo ao desenvolvimento espiritual. Somente o próprio indivíduo pode concluir se há autoengano, egoísmo ou ansiedade maior do que o desejo de descobrir a Verdade Interior, única resposta real para a felicidade. Ela pode ser vivenciada exatamente aqui e agora, pois todo universo já se encontra dentro de cada pessoa, portanto Deus está em cada pessoa. Nele habita a felicidade espiritualmente madura, cujo único meio de alcançar é pelo caminho do autodesenvolvimento.

◆ ◆ ◆

## PW 12 – A ORDEM E A DIVERSIDADE DOS MUNDOS ESPIRITUAIS

Os seres humanos fazem os seus próprios destinos. Ter de carregar fardos tão pesados é o resultado da quebra de Leis Espirituais, com frequência de forma inconsciente. Se somente uma pequena parte da humanidade plantasse as sementes da paz, as guerras não existiriam mais, apesar de alguns políticos inescrupulosos. A maioria das pessoas ancora a desconfiança, quando não o ódio e a separação. Cada pensamento, emoção e atitude desse tipo é uma contribuição significativa para precipitar uma catástrofe de massa. Ela precisa ser formada em espírito, antes de se concretizar no plano material. É pela purificação de dentro para fora, pela limpeza dos pensamentos e emoções que o homem pode se tornar um condutor da paz. Ao olhar com cuidado para uma pessoa com quem tenha alguma dificuldade, perceba que ela pode ter reagido por ignorância e insegurança interior, tentando se proteger da forma errada. Não se justifica nem é inteligente devolver na mesma moeda, pois a Lei de Causa e Efeito é inexorável. Peça a Deus para ver a situação como ela realmente é, não como tenta ajustá-la ao seu ponto de vista preconcebido.

A receptividade para a felicidade, harmonia e completude depende do estágio de desenvolvimento de cada um. A Terra é uma esfera de purificação.

Há várias esferas espirituais com muitos níveis de desenvolvimento, até os Anjos que habitam a "Casa de Deus". Nos mundos espirituais, os objetos e paisagens são a expressão individual do respectivo ser espiritual. Na Terra eles são uma imitação grosseira, tudo é separado, nada parece ter a ver com o indivíduo. Nas esferas de recepção, a vida futura é preparada por seres que conhecem cada alma individual, sendo capazes de averiguar e planejar as condições mais adequadas. Há esferas onde a vida pregressa é revista, às vezes até várias delas. O espírito que recém concluiu a sua vida humana passa a enxergá-la com clareza, a tal ponto de não mais poder fingir e dar desculpas. Há outras esferas destinadas a treinar seres missionados para ajudar seres humanos e espíritos inferiores. Alguns têm a tarefa de receber quem desencarna muito despreparado. Outros de ir às esferas da escuridão para levar luz e ajudar certos seres, se a atitude deles justificar. Caso mudem a sua perspectiva, os anjos poderão erguê-los a uma esfera superior.

É possível que um evento ou um destino pesado de uma pessoa no mundo material gere nela um sentimento de enorme paz quando estiver no mundo espiritual, desde que tenha passado bem por ele. Produz uma sensação de felicidade ter aprendido o que era necessário. Por outro lado, um tempo agradável, vivido com satisfação, pode causar grande inquietação se, naquele período, a tarefa espiritual não tiver sido cumprida. A pessoa que puder atingir na Terra essa compreensão da vida já terá realizado muito. A sua purificação será mais célere, menos dolorosa e lhe trará mais paz e satisfação. Embora nem sempre carregar fardos faça com que o homem se desenvolva espiritualmente, o mais comum é que quem busque um destino fácil não se prove, tornando-se exacerbado e separado de Deus. Mas há pessoas que se mostram respeitáveis durante períodos de boa fortuna, trabalhando até com mais afinco no seu desenvolvimento espiritual. Certamente que, para quem ainda não se ocupa das questões espirituais, tudo isto pode parecer estranho e peculiar. O entendimento virá pela eliminação dos obstáculos internos e pelo fortalecimento do autoconhecimento. A fé é um saber superior, uma Graça Divina. Para fazer jus é preciso manifestar uma firme e honesta boa vontade de alcançar as correntes inconscientes que tentam negar a verdade.

◆ ◆ ◆

## PW 13 – PENSAMENTO POSITIVO: O TIPO CERTO E O TIPO ERRADO

A experiência da Verdade Absoluta é como um organismo vivo, precisa ser cuidada e estimulada. Não pode vir por um acontecimento milagroso do exterior. Todo desenvolvimento físico ocorre aos poucos, o que não é diferente do crescimento emocional e espiritual. O homem precisa entender os seus conflitos internos e descobrir onde e como tem reações inadequadas que quebram as Leis Espirituais. Indo em direção à libertação dos seus grilhões interiores, aos poucos as dúvidas serão menores, até desaparecerem por completo. O eu inferior representa não apenas as falhas e fraquezas, mas também a ignorância das Leis de Deus e as atitudes com as quais Elas são rompidas. Muitas pessoas preferem permanecer leigas do mundo espiritual para se sentirem livres da obrigação de vencer seu eu inferior, o que de fato não é uma tarefa fácil. Este, por medo e orgulho, desqualifica a parte que deseja a verdade, tentando evitar qualquer desapontamento. Mas a mentira, por mais prazerosa que possa parecer, nunca produz Paz Real. A felicidade vem do âmago onde reside o Eu Superior, que sabe a resposta correta sentindo-a. Se ela não satisfizer essa Voz Interior, é preciso novamente pedir a Deus pela verdade, de forma paciente, relaxada e serena. Quando as barreiras internas forem superadas, as provas desejadas virão inclusive de fora, não apenas uma, mas centenas de vezes.

Certamente que manter pensamentos positivos é importante para o crescimento emocional e espiritual. Mas, infelizmente, isso tem sido muitas vezes mal utilizado e aplicado. As pessoas ficam tão preocupadas em evitar pensamentos negativos que acabam os empurrando para o subconsciente. Assim, desconsideram a discrepância entre o que desejam e o que realmente pensam e sentem. Embora os pensamentos e ações possam ser controlados e direcionados pela força de vontade, os sentimentos não podem. Sua transformação só acontece de forma indireta, de modo gradual e natural. Para mudar os sentimentos é preciso tornar consciente o que está parcialmente ou totalmente inconsciente. Ainda que de forma bem-intencionada, ao tentar induzir algo que ainda não criou raízes, alimenta-se de fato uma ilusão. No subconsciente a inverdade escondida faz muito mais estragos do que quaisquer dos piores pensamentos conscientes.

É recomendável buscar e afirmar os pensamentos positivos, mas jamais negando o eu inferior, para o qual não se deve fechar os olhos. É preciso observá-lo em si mesmo com desapego, de modo descontraído e sem culpa. Todos querem ser felizes, um desejo natural que vem do Eu Superior, mas também do eu inferior. Só que este não sabe ou prefere negar que há um preço a pagar. Em seu orgulho, quer a perfeição sem fazer o trabalho necessário e até cansativo que exige. O pensamento positivo mal aplicado almeja a perfeição com muita rapidez, pelo mero controle da mente. Mas ele não é suficiente, a felicidade só pode ser alcançada aceitando as Leis Espirituais, inclusos os efeitos das dores causadas pela Sua violação. Isso não significa que as pessoas devam se resignar e se desesperançar, ao contrário, precisam enfrentar as dificuldades com dignidade, buscando a sua causa interior. Assim poderão eliminá-las de vez, cientes de que elas foram e que provavelmente ainda são autoinfligidas. É este o tipo de pensamento positivo que constrói a felicidade.

◆ ◆ ◆

## PW 37 – ACEITAÇÃO CERTA E ERRADA: DIGNIDADE NA HUMILDADE

Se colocar do lado de Deus significa sempre renunciar a algo, a uma opinião, a um desejo ou até a um modo de vida. Embora seja necessário praticar a renúncia ao que se tenha muito apego, gerador de compulsão e de falta de paz, na realidade não se perde nada, além de receber muito mais em troca. O ato de sacrificar-se por Deus consiste em vencer a parte medrosa, teimosa e embrutecida em si mesmo que não quer se libertar para amar. O que é mau e falso encontra-se por trás, quase sempre disfarçado e manipulado para aparentar ser bom e verdadeiro. Assim é com toda a possessão do ego, que nada tem a ver com amor, embora por este se passe.

Aceitar a vida com uma atitude positiva, diante de tudo o que ela traz de bom e de mau, suas dores e dificuldades, belezas e alegrias, é a Postura Divina Verdadeira. Negar a realidade, por ela não revelar o quadro idealizado que almeja, é tão doentio quanto aceitar passivamente as dificuldades sem se empenhar em resolver o que em si mesmo a produz. Fazer o papel de vítima para angariar aceitação, ou de teimoso ou orgulhoso para demonstrar poder, não pode produzir amor e felicidade. É preciso buscar enxergar de forma construtiva as causas interiores, sem nunca se permitir acreditar que será sempre assim. A confusão a respeito do que é a aceitação real põe em risco a própria família, que é um pilar da civilização. É o que ocorre quando a mulher rejeita a sua condição feminina, negando-se a determinados estados passivos, embora isso possa ser facilmente deturpado; ou quando o homem se nega à monogamia, ao cavalheirismo ou a dar proteção, eventualmente inclusive financeira.

Só é possível perder o medo aprendendo a aceitar a infelicidade como um remédio necessário, sem achar que sempre será assim. Por orgulho e teimosia, a pessoa rejeita a lição que a vida tem a lhe dar. Não está disposta a evoluir, não aceita as Leis Espirituais e se nega à responsabilidade sobre as dificuldades que ela mesma criou, ainda que não saiba. O fato de não querer aprender a lição demonstra que reivindica demais para si, temendo desvantagens. A verdadeira dignidade só pode existir ao lado da total humildade, que nada tem a ver com humilhação. Admitir um erro jamais fere a própria dignidade. É sempre orgulhoso quem tem o ego exacerbado, a ponto de ter que predominar a sua vontade ou precisar ter o controle porque não estabelece relações de confiança.

Quando alguém não consegue pensar em seus medos, é sinal que o seu subconsciente ainda está preso a eles. Algo nele acredita que se os seus impulsos e desejos se tornarem conscientes, será vencido por eles. Mas os desejos ocultos sempre encontram canais de vazão, enquanto conhecer o que é indesejável em si mesmo jamais obriga a ceder a ele. Ocultar os impulsos e desejos dos quais se tem tanto temor não é uma proteção. Quando os fragmentos do que é temido surgirem na mente, essa pessoa sentirá ansiedade e os tentará afastar, talvez por querer parecer "boa". Isso não é purificação. É preciso aceitar com humildade o que ainda é negativo, mas sem pactuar com ele. Trata-se de agir de forma digna, com coragem para buscar o crescimento espiritual, que é sempre gradual e jamais se assenta no autoengano.

◆ ◆ ◆

## PW 105 – OS VÁRIOS ESTÁGIOS DA RELAÇÃO DO HOMEM COM DEUS

O homem primitivo vivia cada dia no "agora", cuidando das suas necessidades imediatas, mas tinha pouca consciência. Sua mente ainda não estava desenvolvida e, portanto, era despreparada para pensar e discriminar. Lentamente passou a perceber a grandiosidade da natureza e das Suas Leis. Ao concluir que deveria haver um Criador muito superior, sábio e inteligente, sentiu que precisava se ligar a este Ser Supremo. Mas sua imaturidade produzia muitas emoções problemáticas, matizando o conceito de Deus. O homem atual ainda se apega a uma autoridade que pense, decida e que seja responsável por ele. Como resultado da sua projeção neste deus, não consegue separá-lo da crueldade que se manifesta na vida, levando a temê-lo. Passa, então, a bajulá-lo, a submeter-se e a se deixar reprimir por ele. No fim, deus para ele acaba se tornando de fato uma superstição, com pouca verdade e muito dogma. Pode haver um período de transição que faça com que ele se volte ao outro extremo, se tornando ateu. Ao renunciar à expectativa de obter recompensas, libertando-se do medo de ser punido, até se aproxima mais da verdade. Mas isso não significa que ser ateu seja necessário, assim como não é necessário ter uma crença infantil e dependente de Deus.

Atravessando essas várias fases, fatalmente o homem alcança um ponto em que passa a questionar as suas motivações. Ao desenvolver a sua consciência e encarar a realidade interior, níveis cada vez mais profundos na psique são liberados. A experiência autêntica de Deus é o resultado inevitável. Nela não há uma ação voltada apenas pelo desejo de ter as expectativas atendidas ou porque imagina que Deus espera isso dele. Ele se torna consciente de que não é a sua imperfeição em si que é má, mas a inconsciência dela, bem como o seu medo de ser punido e o orgulho de querer estar acima dela. Ao ganhar tranquilidade para observar, entender os seus antecedentes e a razão da sua existência, o homem supera a imperfeição. Deus não é mais percebido como ação de punição, recompensa ou orientação para evitar esforços, mas como a onipresença que é. Muitas vezes ele já se encontra em uma nova fase, mas ainda se mantém agarrado a velhos hábitos de uma etapa anterior. O hábito entalha certas experiências de forma tão profunda que elas se transformam em uma rígida imagem, sustentáculo de concepções errôneas e de generalizações que são, no máximo, meias-verdades. Para superá-las é preciso reconhecê-las sem sentimentos impeditivos de culpa, que é a maior de todas as barreiras à purificação, evitando entrar em agitação por achar que "não deveria ser assim".

Quando Deus criou o espírito, foi fora do tempo, fora da mente, no estado de ser. Cada espírito é, nesse sentido, semelhante a Deus e cria a sua própria vida. Um Criador Onipotente e um ser humano responsável por si mesmo não se excluem mutuamente. Isso só ocorre quando Deus é visto como alguém que atua como o homem, no espaço-tempo e a partir da mente. Embora verdadeiros, os grandes ensinamentos espirituais foram adaptados a cada etapa da história humana, que precisa ser vivenciada até o fim. Quando o homem percebe a sua real participação em ter ou não a sua prece atendida, ele perde a sensação de impotência e arbitrariedade de um deus caprichoso. A verdadeira prece é a integridade para consigo mesmo, atenta à própria resistência, assumindo o que foi escondido por vergonha. É quando a oração deixa de ser um ato exclusivo de pensamentos e palavras, com a vida passando a ser um sentimento de estar no eterno "agora", numa corrente de amor com todos os seres.

◆ ◆ ◆

## PW 127 – OS QUATRO ESTÁGIOS DA EVOLUÇÃO

A fase mais baixa da consciência humana é o automatismo. São reações cegas, emocionais, reflexos baseados em conclusões e generalizações profundamente arraigadas. Mesmo quem cuida ativamente do seu desenvolvimento pessoal possui áreas em que tem reações compulsivas, sem que saiba por que reage, sente e sustenta certas opiniões e atitudes. Isso atrofia a criatividade, dificulta dar e receber, ter prazer e alegria. A passagem do automatismo para a percepção é uma das etapas mais difíceis da evolução humana. Trata-se de enxergar os seus erros, os desvios da verdade. Exige coragem, humildade, cultivo da vontade interior. A iniciativa de crescer precisa sempre partir da própria pessoa. É tão difícil admitir ser levado por medos irracionais, superstições e generalizações porque isso vai contra a sua vaidade, sempre querendo se ver mais evoluído e livre do que é. Os dissabores que se impõe são proporcionais à sua presunção e podem ser evitados, mas este mesmo sofrimento também é o remédio que acaba por levar à honestidade para consigo mesmo.

Depois de adquirir suficiente percepção de modo a eliminar os reflexos cegos em determinada área, segue-se a etapa de compreensão. Significa entender por que a reação indesejada existe, o que a introduziu e ainda a desperta, como a situação original e a atual se relacionam e por que ela é baseada em falsas premissas. A compreensão não pode ser apenas intelectual, como quando se decora uma lição, precisa ser uma realidade profundamente sentida. Compreender é relacionar causa e efeito de emoções e padrões destrutivos, entendendo como são prejudiciais e estão imersos em ilusões e equívocos. Mas isso ainda não é saber. A fase mais elevada da evolução é saber a verdade. É o que torna natural e inevitável a mudança para um modo de vida mais construtivo. É o que permite avaliar, de maneira intuitiva e espontânea, quando e como falar ou calar. O saber emana uma sapiência calma que afeta as pessoas, ainda que elas não compreendam o porquê. Não se trata de algo metafísico e remoto, mas a própria cura, a harmonia, o pleno domínio da vida.

O falso domínio é a cobiça manipuladora que não suporta frustrações, que agride e se retrai, tensa pelo medo de perder. O homem só se torna autocentrado de forma saudável quando deixa de fraudar os seus sentimentos para controlar o outro. Todos merecem consideração, mas não à custa de sonegar a verdade para consigo mesmo. Só assim é possível ver os relacionamentos como um espelho do que já o habita. Vencer o medo da sua parte negativa, tão superdimensionada e oculta, é o grande limiar da transformação. O automatismo compulsivo só reforça esse medo, trazendo mais desânimo e desgosto, perpetuando o que a própria pessoa desaprova. A percepção elimina os sintomas, mas ainda não é a mudança definitiva. Ela não impede ver onde e quando as manifestações retornarão. Isso se dá pela compreensão, ao dissolver as suas causas interiores. No entanto, só o saber produz a cura verdadeira, perene e natural. E só o saber integra a questão particular ao todo, dando ciência de que viver a verdade não é o fim em si, mas um crescimento permanente rumo a novas experiências plenas de autoexpressão.

◆ ◆ ◆

## PW 133 – O MOVIMENTO ESPONTÂNEO DO AMOR

O amor é um movimento livre e espontâneo da alma. Quando ele existe os relacionamentos humanos são bem-sucedidos, pois em sua plena presença não há medo, desconfiança ou ilusão. A irrealidade irradia desarmonia, não podendo haver realização total, segurança e crescimento criativo quando ela se faz presente. Quanto mais as pessoas tentam amar por razão e obediência, como se fosse um dever, menos o amor se manifesta de fato. Ele só pode florescer no solo substancial da realidade e da confiança. O amor e a autoconfiança são, inevitavelmente, interdependentes. Onde falta amor, a psique fica confusa; e onde existe confusão, está faltando amor. No Amor Verdadeiro não existe dúvida entre ceder de forma saudável ou se submeter, assim como não há uma rebeldia teimosa. Diante de exigências injustificadas, quem ama sabe quando colocar os seus direitos sem hostilidade e, portanto, não produz conflitos.

O homem, porém, constrói muitas defesas elaboradas para fugir do envolvimento com os outros e para não encarar as suas faltas e atitudes destrutivas. Ele adoece por não se permitir amar, o que ocorre por dois enganos básicos. O primeiro é a má interpretação da realidade, ilusão que produz confusão, medo, hostilidade, separatividade, autopiedade e vingança. O segundo é a subestimação de si mesmo, que o faz se sentir inferior e desprotegido, pondo o outro como gigante contra quem precisa se defender. Passa, então, a rejeitar, ressentir ou desprezar, tornando-se agressivo, vitimado ou orgulhoso. Isso o impede perceber as necessidades e vulnerabilidades humanas. A sua baixa estima o força a um papel hostil, ainda que eventualmente camuflada por submissão exterior. Quando o homem tem uma visão tão inferior de si mesmo, não é possível avaliar a importância das suas atitudes. Ao tornar-se precavido em relação ao amor, ele se ausenta e se isola, criando todas as condições e impedimentos, com seus muitos "ses" e "mas". A falta de amor advinda da ilusão e da baixa estima distorce a percepção e evita uma autoavaliação real. Surgem daí interações perturbadas, emoções e percepções desarmônicas que formam um núcleo, quase um corpo estranho na alma.

O Ser Espiritual Original, como criado, desconhece esses distúrbios. Sua natureza é o amor, um estado desprovido de medo e imerso em abundante capacidade de expansão. Tanto o medo que descubram as suas falhas e o rejeite, quanto que esta seja a sua Verdadeira Identidade tornam muito difícil enxergar esse corpo estranho. O homem sente que apenas a máscara que o reveste pode lhe assegurar ser quase tão completo e decente quanto deseja. Mas por lhe faltar senso de realidade, não percebe em si o que é genuinamente bom, gentil e amoroso. Ele se esforça para não admitir o que lhe parece estranho à sua Natureza Real, ignorante de que apenas reconhecendo o próprio egoísmo poderá se convencer do seu potencial altruísta. Para tanto precisa de coragem para se enxergar como é, o que significa reconhecer, ao invés de fugir disso. Não é possível se livrar do presente estado negando e impondo sentimentos. Não é o problema ou o conflito por si só, tampouco a sua má-concepção que tumulta a alma, mas sim o seu hábito frequente de tentar sonegar a verdade. Se houver desarmonia em algum lugar dentro de si, é porque também há uma interpretação errada. Faça com que o seu desejo de estar na verdade seja maior do que a sua resistência. Ao reconhecer a verdade do momento haverá paz, o que por si só é um aspecto do amor.

◆ ◆ ◆

## PW 189 – A AUTOIDENTIFICAÇÃO

# VERDADEIRA PELA CONSCIÊNCIA

A consciência não é exclusividade do ser humano, tampouco está associada apenas ao cérebro. Todo o universo contém consciência que, na medida da evolução, se torna mais vibrante e energizada. Muitos dos seus traços individuais são partículas que flutuam livremente de uma consciência geral. Para que sejam purificadas e harmonizadas, elas precisam ser incorporadas em quem as manifesta. A tarefa humana é assimilá-las, purificá-las e unificá-las, dando sequência ao processo evolutivo. Sua maior dificuldade está em vencer a cegueira nos seus conflitos e as tentativas desavisadas de perpetuá-los. Não é a sua consciência punitiva ou mesmo os seus traços negativos ou positivos já integrados ao ser que representam a sua essência. Ela é, de fato, a parte que consegue realizar a unificação, que decide absorver no seu "self" o que se encontra apartado como um apêndice. Descobrir e pôr em prática o Eu Verdadeiro é a única forma de cumprir com a tarefa. Seu senso de identidade desviado para a máscara não é real. Ao levar uma vida de "faz-de-conta", lutando para não expor a sua farsa, sem abandoná-la, não sobra outra saída senão adentrar em um doloroso conflito.

Antes que a Consciência Universal possa se manifestar, há um aspecto Dela que já está a sua disposição. É apenas uma limitada manifestação do Eu Espiritual, mas suficiente para pôr ordem na confusão. Essa Consciência se encontra sob o seu domínio em muitas áreas, porém a Ela não é dada atenção. As pessoas pouco se utilizam Dela em seus conflitos, preferindo persistir sob o comando de negatividades e máscaras. Enquanto cedem ao envolvimento cego, abrindo mão de encontrar a sua Real Identidade, acomodadas a uma existência não concretizada, mantêm-se presas à velha rotina de reagir por hábitos e de justificá-los com leviandade. Seus pensamentos negativos compulsivos impedem que essa Consciência acolha, purifique e integre os aspectos mais profundos do Eu Espiritual. As facetas malignas certamente expressam seu eu inferior, mas a gigantesca culpa que as ameaça de punição e aniquilação não é uma manifestação do seu Eu Superior. Na verdade, essa falsa identificação é mais destrutiva que o próprio mal que desejam combater.

Quão diferente é a atitude do homem quando percebe que a sua tarefa exige carregar alguns aspectos negativos, com o propósito de integrá-los e purificá-los. Que dignidade empresta assumir esta missão pela causa da evolução, tornando seu sofrimento algo muito menor. O medo desproporcional das suas imperfeições existe porque ele não sabe que há nelas a Essência Divina. Na medida em que se acha secretamente identificado com os aspectos que mais odeia, resistindo até em observá-los, na mesma medida a sua consciência é incapaz de percebê-los, quanto mais de transformá-los. Acaba escorregando para o desânimo e a desesperança, imaginando ser impossível agir diferente; ou se ilude por uma drástica mudança imediata que só serve para justificar mais frustrações e negatividades. Ao experimentar ser a parte que observa, não a que está sendo observada, não haverá mais porque aniquilar-se ou limitar a sua identidade à máscara fraudulenta, ao egoísta mesquinho ou ao maligno odioso. Quanto mais se ater a essa prática, mais fácil será se identificar com seu Eu Verdadeiro, acolhendo a Consciência Universal, repositório de todo o poder e de onde não há nada a temer.

◆ ◆ ◆

## PW 200 – O SENTIMENTO CÓSMICO

Cada pessoa possui um núcleo de Herança Divina direta que precisa vivenciar, pois é de fato quem é, a sua Verdadeira Identidade. O amor humano não passa de um pálido reflexo quando comparado ao Eu Real imerso no Estado Unitivo com o universo. É um Sentimento Cósmico de alegria, verdade e amor que não provoca cisão com o seu pensamento, onde se sabe não haver medo, morte ou tempo. Para obtê-Lo é preciso alcançar quatro requisitos chaves.

O primeiro é compreender as relações de causa e efeito na vida. Ao criar sem consciência, a pessoa fica impotente e esquecida do seu poder. Enquanto permanece no jogo sutil de dissociação das causas que põe em movimento, seus erros e distorções fazem com que acuse e sinta-se vítima, o que usa para justificar o seu ódio e ressentimentos. São mentiras e intenções ocultas de receber mais do que está disposta a dar. Ainda que seja doloroso no início, é preciso sentir e superar a dor da culpa, vendo o seu significado e ramificações, sem jamais fazer dela a razão para se encolher em depressão. Então será possível perceber que, assim como esses fatos e estados mentais foram inconscientemente criados, o seu oposto saudável também pode ser produzido de forma deliberada.

O segundo ponto-chave é ser capaz de lidar com os sentimentos. Ao vivenciar plenamente a dor, a pessoa se torna apta a desfrutar e manter o prazer. A segurança e a coragem não podem advir senão da completa experiência de vivenciar o medo. É assim porque se trata da mesma corrente de energia. A vibração muda quando a unidade dos opostos é descoberta. Ao esconder os sentimentos, cria-se um muro, um inimigo temido, gerador de estresse e fadiga. Forma-se, então, um processo de afastamento "em segundo grau", desconcertante e doloroso, o medo do medo, a dor pela dor, o ódio do ódio. É preciso ventilar o que é negativo e seus subprodutos. Da exibição do que é feio nasce o belo. Ser o que é, livrando-se de fingir, faz de todo sentimento uma bela fonte de energia criativa.

O terceiro requisito é desenvolver uma profunda intenção positiva, onde se deseja a verdade e o amor *per si*, não para obedecer a regras, não pelo que quer obter com isso. É preciso enxergar e eliminar as intenções negativas e a desonestidade em relação à vida, verdadeiras causas da infelicidade. Vê-las sem negar, sem recuar diante delas, faz da intenção positiva uma forte expressão. O amor é boicotado à medida que a intenção negativa fermenta na psique. Não há como experimentar o Sentimento Cósmico se não houver amor. Esse compromisso sincero de efetuar uma troca justa com a vida deve ser ratificado todos os dias. Ainda que seja fácil atribuir a causa aos outros, que muitas vezes de fato têm participação, é preciso que a pessoa veja onde ela mesma intenciona o mal para si e para a vida.

A quarta e derradeira chave para vivenciar o Sentimento Cósmico é aguardar com calma, internamente relaxada. Observe-se no seu ímpeto, afoiteza e pressa. A princípio pode ser doloroso, mas depois não haverá resistência. Aprenda a arte de se sintonizar. Peça ajuda específica ao Deus Interior e persevere na execução dos demais três pontos. Dê com boa vontade o melhor de si. Quando conseguir silenciar as suas dúvidas e pensamentos discordantes, o seu Núcleo Divino fatalmente irá se manifestar com maravilhosas orientações, através de um poderoso canal de conhecimento, visão e audição.

◆ ◆ ◆

## PW 205 – A ORDEM COMO PRINCÍPIO UNIVERSAL

O ser humano experimenta amor e verdade, paz e felicidade apenas de forma relativa e em certos graus. A ordem é igualmente um subproduto da Harmonia Divina que lhe foge à visão. Na medida da sua falta de consciência, ele se põe em confusão, enxergando o caos e a desordem por sua perspectiva fragmentada e fora de contexto. As meias-verdades são como uma colcha de retalhos com a qual tenta cobrir as lacunas do seu lixo psíquico. A menos que se disponha a pôr ordem nele, continuará a tecer nesse frágil substrato, até que a sua falsa estrutura entre em colapso.

Um aspecto da ordem é a realidade. A pessoa iludida se encontra em confusão. A evasão, a falta de consciência, a atitude de não tratar o que deve ser resolvido trazem prejuízos emocionais e materiais na vida. A ordem é um princípio espiritual, a sua manifestação ou a ausência dela revela o desenvolvimento interior da pessoa. Quem é espiritualmente maduro também é organizado em seus hábitos exteriores. Cuida das tarefas diárias sem procrastiná-las, mesmo com esforço, ao invés de seguir a linha de menor resistência. Valoriza a paz que daí resulta e não se ilude que possa alcançá-la sem investimento. Aprecia esse estado de coisas, pagando um justo preço por isso.

A desordem destrói valiosas energias criativas que poderiam ser usadas para encontrar-se com Deus dentro de si. A autodisciplina é um pré-requisito indispensável à realização espiritual e material. Só assim será seguro entregar-se aos processos involuntários. A pessoa autodisciplinada pode dar-se à sua espiritualidade e sexualidade, aos seus sentimentos e processos mais profundos. O imaturo recusa-se à disciplina, pois a associa à autoridade parental, contra a qual ainda está em guerra. Quanto mais deseja que ela tome o comando da sua vida, mais se rebela e menos adota atitudes que o preencheriam com conforto e paz. Por interpretar a autodisciplina como privação, se recusa a escolhê-la livremente, o que o priva ainda mais.

A desordem expressa profundos problemas interiores, mas é muito útil lidar com ela também a partir de fora, reorganizando as coisas, os hábitos e a vida de uma maneira nova. É preciso focalizar o desconforto que ela traz, sentindo o quanto perturba e exaure. Pode ser surpreendente, mas muitas tensões e ansiedades atribuídas a conflitos insolúveis desaparecem pela simples prática de aceitá-los. Fazê-lo apenas por obediência cega, porém, só gera mais ressentimentos, pela frustrada expectativa de agradar à autoridade parental. É por isso que não se deve lidar com a desordem de fora para dentro de início, sem consciência, do contrário ela se tornará apenas outra atitude compulsiva.

É necessário se dar ao trabalho de avaliar as próprias atitudes e crenças, reações e sentimentos. Significa superar os velhos padrões de procrastinar o que deve ser feito, liberando a vida dos bloqueios causados pelos acúmulos.

Só assim é possível instituir uma condição fluida e harmônica em seu sistema psíquico. Uma vez que outros hábitos se formem, entregando atenção e foco imediatos ao que se passa, uma nova paz interior será estabelecida. Quando o positivo passa a ser insuportável, a ponto de não poder mais ser mantido, significa que a pessoa já não reconhece as suas atitudes negativas. Sua ilusão demonstra desconhecimento do modo e da força com que elas são perpetuadas. A incapacidade de suportar bons sentimentos e intimidade, amor e prazer é a exata indicação disso.

◆ ◆ ◆

## PW 210 – O PROCESSO DE VISUALIZAÇÃO PARA O ESTADO DE UNIÃO

A visualização é uma etapa relevante da meditação, pois sem enxergar o estado almejado, é quase impossível atingi-lo. Mas onde existem muitos bloqueios de imagens, as figuras de modelo desejadas não podem ser visualizadas a contento. Nesses casos é preciso que a psique escolha por figuras de exemplo reais com as quais se identifique. Na forma saudável isso jamais significa uma imitação falsa, uma renúncia à própria singularidade. Os traços e atitudes emulados acabam adaptados à personalidade da pessoa. Somente a identificação negativa resulta na traição do eu. No começo é mais difícil porque, por não possuir os conceitos correspondentes, as suas distorções podem fazê-la optar por falsos heróis.

Toda figura parental é prototípica para o filho. A forte rejeição a traços paternos demonstra uma identificação negativa, resultado da imagem interior limitada que impede perceber alternativas. É uma visão que exclui fatores importantes, fora de contexto e irrealista, com a qual a pessoa convive cegamente. Na medida do seu desenvolvimento, os filhos percebem os atributos dos pais a serem usados em seus protótipos de vida e aqueles que devem rejeitar, assim como nas figuras de autoridade posteriores. Um dos maiores obstáculos desse processo é o autoengano. A menos que reconheça o nível contraditório por trás da sua boa vontade, este compromisso consciente jamais prevalecerá.

É preciso coragem, humildade e honestidade para expor a parte resistente e contraditória que quer as coisas somente do seu jeito. Alguns conseguem soltar e confiar apenas em último caso, quando estão em grandes dificuldades, raramente o fazendo em suas tarefas diárias. É somente aos poucos que um novo padrão de hábitos pode ser alcançado. Se a unificação e o Processo Divino forem efetivos, o conteúdo interior será expresso no exterior em todos os aspectos possíveis. Ao buscar uma expressão externa que não provém da harmonia interna, ou ela não funciona ou desmorona. Mas se a consciência se convence de que apenas o interior importa, isso igualmente bloqueia o fluxo. Sempre que o desejo é motivado pelo medo do seu oposto, os resultados não são confiáveis. Quando o Eu Interior está liberto para se manifestar, são emitidas advertências, discordâncias e conselhos antes de deixar a decisão para a personalidade exterior, o que já é um Estado de Graça.

Ao se encontrar descontraída em todas as suas partes, a pessoa elimina a necessidade de encobrir qualquer aspecto de si mesma. Passa a ler pensamentos e a entender as ligações mais profundas com o outro, o que lhe permite melhor ajudá-lo e amá-lo, sem precisar temer e se defender com as forças destrutivas do ego. Assim ela pode deixar para trás a necessidade de rejeitar, passando a sentir prazer e alegria. Em vez de criar solidão, estabelece a ventura do relacionamento íntimo com um parceiro e a satisfação de amizades profundas e abertas. Sua capacidade de viver no "agora", com empolgação e paz, aumenta em profundidade e amplitude. As manifestações exteriores se refletem em saúde física, vitalidade e energia, alcançando também a sua aparência externa, com beleza e elegância. Esses são gabaritos que não devem ser usados para diminuí-lo ou para deixá-lo impaciente ou intolerante. São modelos para usar na visualização interior, motivando-o a aprofundar a investigação do que ainda obstrui o seu caminho.

◆ ◆ ◆

## PW 223 – A NOVA ERA DE UMA NOVA CONSCIÊNCIA

O movimento inexorável da Força Evolutiva, quando obstruído, produz conflitos que podem levar à crise. A obstrução se deve ao eu inferior da pessoa, sua parte que teme e desconfia. Quanto menos percebe a luta insana, mais longas e tumultuadas são as suas manifestações. O eu inferior não é apenas trapaceiro e egoísta, é também ignorante. Prefere desconhecer o que o torna teimoso, além de destrutivo e negativo em vários aspectos. A consciência dos fatos permite escolher agir pelo Eu Superior, que abrevia a crise e pode transformá-la em uma incrível aventura. A parte do eu escolhida pela pessoa como aliada depende sempre do seu nível de consciência.

O trabalho evolutivo inicialmente precisa ser focado na purificação pessoal, no encontro da Verdade Interior. Só então a pessoa deve postular cumprir com a sua Tarefa Maior em jogo. A completa realização pessoal é encontrada no serviço que, por sua vez, não irá ser prestado de forma plena se a pessoa não for feliz. Não há contradição, apenas na aparência é que o individual se opõe ao todo. Caso ainda exista submissão e falta de identidade, servir a uma Causa Maior será prematuro. Seria feito mau uso desse serviço, direcionando-o para o canal errado e perpetuando os disfarces. É preciso aprender a ser "egoísta" da forma certa para cumprir com sua missão evolutiva.

A forma correta de egoísmo preserva o direito da pessoa de se desenvolver da melhor maneira, mesmo contra opiniões e razões externas, talvez acobertadas para explorá-la. Quem expressa o tipo certo de egoísmo não o faz à custa dos outros. É da Lei Espiritual que os disfarces da agenda oculta e da negatividade produzam culpa, impedindo-a de se sentir merecedora de felicidade e realização. Enquanto não purificar o seu interior não será possível se livrar dela, mantendo matizado o serviço como substituto ou como compensação do que a aflige por dentro.

Ao enfatizar o serviço cedo demais, também existe o perigo de que ele seja usado como manto que acoberta o próprio egoísmo, buscando esconder a sua mesquinhez. Essa máscara faz com a pessoa adote elevados padrões para parecer muito boa, na tentativa de evitar fazer o árduo trabalho necessário de purificação. Não foram poucas as vezes que iniciados se destituíram dos seus autênticos interesses, dos seus verdadeiros direitos para satisfazer a uma autoridade imaginária. Agiram assim não por puro espírito de serviço, mas porque queriam agradá-la de modo a se beneficiar. Para que possam afirmar o seu direito ao melhor da vida, precisam deixar de fingir. A culpa cessa sempre que se vive com honestidade.

A Nova Consciência requer almas fortes, desprovidas de culpas. Nela as decisões não são tomadas de forma superficial, com foco apenas no curto prazo. O Eu Superior é sempre consultado e a resposta é aguardada com serenidade e paciência. Esvaziado de opiniões fixas e mantendo-se confiante e aberto, o desconhecido é acolhido, livre de dogmas. O altruísmo verdadeiro jamais sacrifica a realização pessoal. O que é necessário "sacrificar" é o eu inferior, com seus métodos e objetivos mesquinhos. É preciso assumir responsabilidade por ele, superando a vergonha de admitir isso, assim como do Eu Superior, que deve ser celebrado como o verdadeiro herói. Só assim é possível sentir o privilégio, a beleza e a empolgação de se dedicar a esse imenso movimento.

# MÓDULO X - AMOR E MEDO

Nada que não seja genuíno redunda em sucesso verdadeiro. A necessidade de provar, de impressionar o mundo, precisa ser percebida e analisada. Ao se tornar consciente do anseio original que essa atitude substitui, da frustração e da corrente de força que abriga, será possível ver que ela jamais fará com que o outro o ame. A dádiva do amor não é perdida pelo fato de não ter sido bom o suficiente, mas porque ser aprovado pelo outro não é um valor real. Ninguém precisa amá-lo se não quiser. Talvez isso traga tristeza, mas não drama, tensão ou compulsão. A única espécie de Amor Verdadeiro é aquele que é dado de graça. Para experimentar essa verdade é preciso abandonar a atitude contumaz de fazer do outro a sua referência. Mas o medo de ver os seus fracassos na batalha pela aprovação faz com que o ser humano resista em aprofundar-se na investigação interior. O medo é a maior barreira para o amor.

A realidade mais profunda pode ser bem diferente da que prega a sociedade, outro motivo tantas vezes despercebido de olhar para o Eu Interior, temendo vê-Lo conflitar com o seu eu exterior. Os valores de fora, certos ou errados, constituem grilhões quando não são livremente escolhidos. É um grande erro querer que todas as ansiedades e incertezas sejam apaziguadas de fora para dentro. Se funcionar, será somente por um curto período, ao qual se segue uma instabilidade ainda maior. Embora não seja possível usar da força de vontade para obrigar-se a sentir, é ela que permite observar com sinceridade e sem autoengano. Mas para ser resiliente, diante do tremendo esforço que isso requer, é preciso sustentá-la com um profundo trabalho de autoexame.

Nenhuma das suas partes deve ser desligada, rejeitada ou negada. Não ceder às birras e exigências infantis permite descobrir que ser firme consigo mesmo é um aspecto do amor, tanto quanto é a ternura. Ao reconhecer a crença negativa sobre certas áreas da vida, será possível ver quão tentador e frequente é acreditar no negativismo. Aparenta ser seguro esperar sempre o pior, em busca de não ceder espaço à decepção. Existe ainda um elemento de rancor em relação a sua condição, como se a pessoa quisesse responsabilizá-la por seus fracassos. Sem se desfazer desses tênues prazeres negativos, não há como sair do círculo vicioso. A atitude habitual de avaliar os seus conflitos permite descobrir que as perturbações vêm através dos outros, mas não ocorrem por causa deles. Para escutar e assimilar os sinais e as lições que a vida traz, é preciso resistir à tentação de se colocar como vítima.

Quando duas entidades, individuais ou coletivas, estão envolvidas em uma interação negativa, elas servem a um objetivo mais elevado, mesmo que estejam na unilateralidade, onde só veem a própria razão. O que parece indesejável pode ser uma necessidade para restabelecer novos valores, baseados na verdade e no amor. Mas quando a destrutividade avança a um ponto em que não pode mais ser moldada ou transformada, precisa ser eliminada para dar espaço a uma estrutura melhor. Um dia vivido em estado de ventura, emanando alegrias e efetuando trocas profundas e significativas, significa que, naquele dia, o homem não se defendeu contra a vida. É possível, porém, que ele tenha tido a sorte de entrar na circunferência psíquica de uma energia espiritual muito forte, clara e livre. Caso tenha sido este o motivo determinante para a sua felicidade, ele não estará de fato seguro e livre. A chave da vida é reconhecer com honestidade a sua parte primitiva e destrutiva, sem perder de vista que há algo muito mais importante e dominante dentro de si.

◆ ◆ ◆

## PW 69 – OS INFORTÚNIOS DA VIDA E A BUSCA POR APROVAÇÃO

Os problemas podem ser atenuados após algum tempo de trabalho de autoconhecimento, mas é totalmente irrealista medir o desenvolvimento pessoal de alguém pela maior ou menor presença de altos e baixos em sua vida. O único meio de mensurar esse progresso é a mudança nas reações aos infortúnios que ela inevitavelmente apresenta. As pessoas nascem com conflitos básicos, o tempo dedicado a dirimi-los por si só também não é um indicador do desenvolvimento pessoal. Anos devotados podem redundar em menos resultados do que alguns meses para aqueles que apresentam pouca resistência interior. Ainda assim, os problemas manifestados só podem desaparecer de forma gradual, depois de um longo período, desde que se aprenda com eles, entendendo as suas origens e causas.

É um grande avanço poder compreender com clareza as reações emocionais irrealistas e irracionais. No entanto, as forças da alma estão tão acostumadas a funcionar em determinada direção, que a criação de um novo padrão de hábitos exige tempo considerável e reconhecimento constante. As crises eventuais e os pequenos reveses resultam de reações erradas, por tendências que ainda estão vivas no íntimo, frutos do que já foi semeado há algum tempo. As mudanças começam realmente a acontecer quando desaparecem as barreiras do medo de encarar a si mesmo e a qualquer coisa. Aos poucos se passa a perceber os períodos ruins da vida de forma construtiva, como um aprendizado que leva a ser mais forte e livre, mais feliz e sereno.

A frustração e a infelicidade das pessoas têm sempre raízes no seu conflito entre serem amadas e serem aprovadas. Elas passam pela vida testando a si mesmas, à procura de respeito e admiração. A busca por mostrar-se melhor do que os outros, impressionar e ser importante, substitui o desejo legítimo de ser amado. As pessoas quase nunca estão cientes desse anseio original, às vezes nem mesmo do seu desejo substituto. A luta por aprovação as torna autocentradas, arrogantes ou patologicamente submissas, contribuindo para o resultado negativo de não serem amadas. E mesmo que seja possível, por algum tempo, conseguir admiração, sempre ficará um gosto amargo de insatisfação. Fatalmente haverá decepção, o sucesso não será permanente, nem virá na intensidade desejada. Acima de tudo, isso se deve ao fato do desejo substituto de ser aprovado pelos outros não ser um anseio real.

Nada que não seja genuíno redunda em sucesso verdadeiro, apenas o Eu Real pode amar e ser amado. A necessidade de provar, de impressionar o mundo, precisa ser examinada, analisada, tornada consciente. Mas de tanto temer admitir os fracassos em suas batalhas pela aprovação, o homem resiste ferrenhamente em se aprofundar na investigação interior. A única espécie de Amor Verdadeiro é o que é dado de graça. Ninguém precisa amá-lo se não quiser. Talvez isso traga tristeza, mas não drama, tensão ou compulsão. Ao se tornar consciente do desejo original e do que o substitui, da frustração decorrente e do que é feito com ela, assim como da corrente de força que a abriga, será possível ver que tal processo não pode fazer o outro amá-lo. E também que a dádiva do amor é perdida não porque não se é bom o suficiente, mas porque ser aprovado pelos outros não é um anseio real.

◆ ◆ ◆

## PW 103 – O EFEITO DA FORÇA DE VONTADE NO AMOR E NOS RELACIONAMENTOS

É muito prejudicial se obrigar a sentir amor quando ele não existe. No entanto, é igualmente verdade que se o amor não é dado, também não pode ser recebido. Como querem a todo custo receber amor, as pessoas procuram se forçar a isso, acabando por não admitir que de fato não amam. Todo sentimento autêntico é sempre espontâneo, não é possível determiná-lo pela vontade exterior. O autoconhecimento, a própria percepção é que faz com que o amor se desenvolva naturalmente. Mas "amar demais" sem se ater à verdade, abusando do descomedimento e da idolatria, é tão insensível e egocêntrico quanto "amar de menos". Essa intensidade muitas vezes não é bem trabalhada, demonstrando falta de apreço e de respeito, o que acaba por destruir relacionamentos que poderiam vir a ser muito significativos.

É preciso se ater aos sinais, perceber o que existe no outro, evitando seguir cegamente adiante só porque este é o seu desejo. Se as pessoas fossem menos obcecadas e preocupadas com a frustração da sua vontade imediata, adquiririam nobreza de espírito para respeitar as escolhas do outro, mesmo as neuróticas. Dar a ele liberdade para arbitrar-se, sem desprezo, menosprezo ou mágoa, ainda que ciente da incapacidade dele, é sinal de crescimento emocional. Gera autoconfiança e respeito próprio e não se confunde com desistência de um desejo real, podendo parecer assim apenas pela renúncia à sua vontade imediata. Mas também não é correto forçar-se a ter sentimentos maduros, este é um processo orgânico que pressupõe enxergar as emoções quando a força amorosa intensa e exigente é repelida. Felicidade e amor não são volitivos, demandando a compreensão e a experimentação da realidade existente.

Há pessoas que não ousam se aventurar em seus relacionamentos, preferindo esconder-se quando alguém lhes dá a mão, lhes dá amor. E há outras prontas a dar com uma insistência descabida, não parando para pensar, se acalmar e olhar com serenidade. Não percebem que muitas vezes o outro não quer naquele momento, daquela forma. Quando o homem não está consciente do que quer, pensa que é errado querer. Então tenta acreditar que não deseja, contrariando o seu íntimo e fingindo para si mesmo e para o mundo. Independentemente se o que quer é ou não moralmente aceitável, não é o desejo em si que provoca o dano, mas o seu autoengano. Estando tão inseguro sobre si mesmo e sobre os seus direitos, ele reprime a capacidade de desejar, a sua força de vontade. Pode ser que a transforme em uma solução intermediária paliativa, mas a falta de clareza acaba provocando uma névoa doentia na psique, atrapalhando a sua expressão na vida.

A despeito de não ser possível usar da força de vontade para se obrigar a sentir, é ela que permite observar com sinceridade e sem autoengano. Esta é a condição para que a capacidade de viver em harmonia se desenvolva naturalmente. A vontade precisa ser cultivada sempre, mas de maneira descontraída, generosa e flexível, adaptada às circunstâncias. Tal atitude possibilita que a Energia Vital que brota do Eu Real funcione em sintonia nos relacionamentos. O crescimento e a liberdade interiores só surgem quando a pessoa é verdadeira. É preciso encarar o que sente, chegando às raízes, sem culpas ou julgamentos. Muita ênfase no entendimento teórico e em doutrinas frequentemente inibe a sua compreensão. Somente abandonando a vontade ávida, obcecada e a necessidade contumaz de ser aprovado pelos outros pode fazer com que a verdade e o amor se tornem uma experiência pessoal.

◆ ◆ ◆

## PW 115 – A PERCEPÇÃO, A DETERMINAÇÃO E O AMOR COMO ASPECTOS DA CONSCIÊNCIA

O ser humano é o produto de todas as experiências que acumula ao longo da sua existência. Como elas são assimiladas é determinante para a formação do seu caráter, das suas opiniões, sentimentos, atitudes e inclinações. Quanto maior a percepção da verdade, mais chances ele tem de desenvolver a determinação. Isso se demonstra pela qualidade e pelo alcance das suas escolhas e decisões, direcionadoras das condições para amar e relacionar. Por isso é tão importante descobrir as imagens e entender por que elas representam uma percepção falha que impede a adequada interpretação das novas experiências. As imagens fazem com que o homem continue a reagir intimamente da mesma maneira que na sua infância, sem a maturidade que uma vida plena exige.

O amor não consegue preencher quem ignora as próprias percepções. Nenhum conhecimento exterior pode ser bem assimilado enquanto os seus conceitos equivocados não forem revistos. O autoconhecimento é pré-requisito do amor, da espiritualidade, não existe meio de contornar isso. Se os seus mecanismos interiores se limitam a reflexos automáticos estreitos, não é possível enxergar a realidade, independentemente de quanta verdade seja absorvida, de quanto empenho haja para não sentir inveja, ira, avareza, o que for. Assim não haverá como perceber os sentimentos calorosos e produtivos de forma plena e ampla, que se enquadram na denominação de amor.

O homem sempre buscou por segurança, a falta dela talvez seja o principal fator responsável pelo sofrimento que consegue se infligir. Isso ocorre porque ele procura na direção errada, produzindo mais decepções e descrenças. Seu erro é querer que todos os seus medos, ansiedades e incertezas sejam apaziguados de fora para dentro. Se isso funcionar, será somente por um curto período, ao qual se segue uma instabilidade ainda maior. Ele pode procurar fugir de si mesmo, inclusive realizando valiosos trabalhos científicos, artísticos ou éticos. Porém não é possível encontrar segurança fora do Eu Interior, pois a base de uma vida plena é o autoconhecimento verdadeiro. Não que seja necessário deixar de fazer o bem, ao contrário, esta é uma consequência natural. Mas quem não se conhece não pode se sentir realmente seguro, tendo, portanto, poucos alicerces para amar de verdade.

Alguns talvez imaginem que o amor a Deus é o máximo, no entanto, amá-Lo como uma ideia não exige mais do que amar as pessoas. O relacionamento íntimo determina deixar os objetivos egocêntricos de lado. É por consequência de um profundo entendimento do eu e dos outros que cresce a percepção de Deus. Certamente que muitas manifestações de amor se originam de necessidades imaturas e de dependências, com discórdias e rompimentos, no entanto, ainda assim elas favorecem a capacidade de amar. Essas vidas podem ter bem menos harmonia do que a de um eremita, porém o processo de crescimento não deve ser medido pela ausência de conflitos. Embora a pessoa desse relacionamento tempestuoso possa ser mais imatura, talvez até uma alma perturbada, pelo menos ela não evita as suas lições, ainda que não consiga ou não queira compreendê-las. Cedo ou tarde a experiência lhe permitirá separar o erro da verdade, a percepção apropriada da má interpretação, premissas necessárias para alcançar o Amor Real.

◆ ◆ ◆

## PW 136 – O MEDO ILUSÓRIO DO EU

A maior alegria que se pode ter na vida é conseguir realizar de acordo com o seu potencial. Quando uma pessoa não age assim é porque intimamente teme encontrar uma parte sua que ainda não conhece ou que não admite. Enquanto a mantém oculta e secreta, ela não consegue ser livre, precisa estar em guarda, precisa fingir. Todas as suas dores e frustrações, em última análise, derivam de não entregar à vida aquilo que realmente acredita em seu íntimo. Essa pessoa vive uma mentira sustentada pelo medo ilusório de si mesma, razão fundamental do seu medo da vida. Manter-se afastada do próprio eu parece ser a alternativa boa, em oposição à alternativa ruim de ser o que é, desconhecendo ser isso totalmente irrealista. Ela não percebe que o modo negativo como se vê é tão exagerado e distorcido quanto o ideal "positivo" que deseja. Ao se oprimir pelo que é e pelo que teme em si, inviabiliza alçar uma percepção verdadeira da própria vida.

O medo ilusório do eu limita as escolhas ao "bem" ou ao "mal", restringindo diversos aspectos da vida à questão "ou/ou". Essa pessoa vive tensionada pela ilusão da exclusividade, o que aos poucos a faz enxergar ambas as alternativas como igualmente insatisfatórias. Até os seus aspectos mais interessantes passam a ser vistos como indesejáveis e amargos. Sua perspectiva se torna tão negativa que ela não consegue mais empreender a busca pelo desejo saudável, até que deixa de desejá-lo. Em compensação ela se convence de que o que pensa querer deva ser concebido à força, com uma cobiça obstinada. Mas a frustração é inevitável quando o desejo não provém da Força Vital, sem a liberdade e a abertura inerentes. A realização só pode ser vibrante se o Ser Interior estiver aberto e livre, sem esconderijos ou defesas. Se a alma se fecha, as atividades passam sempre a ter um fim, pois o eu é sentido como finito e a realização como rasa e consumada. A vida se torna fútil e confusa, deixando a sensação de falta de um sentido maior. O que deseja é temido tanto por poder não vir a ser alcançado, pela frustração e desgosto que fere a alma, quanto por poder vir a ser, pela prisão em suas defesas que a impede apreciar o sucesso.

Um dos componentes da autoalienação é a sensação de que os sentimentos destrutivos são inevitáveis, sempre demandando algo de fora que venha salvar. Quantas vezes uma saída se inviabiliza ao dizer "mas eu sinto isso, eu sinto aquilo", como se estas palavras explicassem todo o sentimento. Enquanto ocupada em manter a sua parte secreta distante, a pessoa não consegue nem mesmo saber qual é o seu desejo real. Deveria, em primeiro lugar, deixar de se iludir dizendo que quer, mas que não consegue. Ao negar escolher novos pensamentos e atitudes, perde o maior poder que possui, que é a autogestão. Embora muitas vezes confundida, ela em nada se compara ao falso controle exercido para manter em segredo a parte que oculta. Quando age assim, seus objetivos e realizações são, de certa forma, apenas um faz-de-conta. Para viver de forma autêntica é preciso decidir não se deixar guiar pelo negativismo, por medo, covardia, concepções errôneas e destrutividades. O medo gera disfarces, neuroses, culpas e perda da capacidade de gerir o que pensar, sentir e fazer. É a determinação de cultivar, dia após dia, a intenção sincera de renunciar a manter em segredo o seu interior que permite escolher os caminhos construtivos para os quais está destinada. Esta é, de fato, a grande batalha humana e, uma vez conquistada, não haverá como se sentir confusa, paralisada ou em desarmonia.

◆ ◆ ◆

## PW 142 – O VERDADEIRO PAPEL DO EGO NA BUSCA DA FELICIDADE

Quando a vontade exterior determinada diretamente pelo homem é mal utilizada, sua psique se desorganiza. Ao dirigi-la para áreas que não podem ser frontalmente controladas, ele se debilita, desperdiçando energias. O homem não realiza de acordo com seu potencial quando exagera na vontade, porque seu ego fica rígido demais, assim como quando não persiste, porque seu desejo não tem poder. Isso pode levá-lo a fugir de si mesmo, entregando-se a vícios perigosos, como o alcoolismo e as drogas ou a alienantes estados mentais de dissociação do eu. Todas as manifestações criativas resultam da inteligência e da sabedoria do seu Eu Interior. Alguns podem às vezes percebê-las, embora lhes pareçam separadas da vontade, como se viessem por um golpe de sorte. A única forma de premeditá-las é aprendendo a usar o ego com a finalidade de ativar seu Eu Interior, desenvolvendo o delicado equilíbrio de quando e como utilizá-lo ou deixá-lo em segundo plano.

As experiências humanas relevantes jamais podem vir do ego, a menos que este já tenha sido integrado ao Eu Interior. Todos os grandes atos de criação na arte e na ciência emanam desse Ser Profundo, assim como toda experiência espiritual verdadeira e o êxtase de amor entre os sexos. Falta ao homem comum a coragem de deixar que seu Eu Interior se manifeste, pois ele teme perder a própria identidade, visto confundi-la com seu ego exterior. Essa sensação de morte é a raiz mais profunda do medo de liberar o ego e, por consequência, do medo da felicidade. Não é possível ser verdadeiramente feliz sem a expansão criativa que só o Eu Interior proporciona. Oególatra não acessa a experiência real e o egoclasta não persiste no esforço inescusável que a mudança necessita.

Enquanto houver negatividade e destrutividade, é inevitável temer abrir mão do ego controlador. Como a destrutividade vem de um campo energético negativo, renunciar ao controle exterior significa dar livre curso a uma força desregrada. Porém ninguém possui apenas campos negativos, o simples fato deles serem reconhecidos já os fazem diminuir. Ainda que seja infrutífero impor a manifestação do Eu Real, é possível modificar a energia negativa que O impede de se revelar. É factível vivenciar uma nova atmosfera interior pela determinação e afirmação desse desejo. Mas quando uma pessoa está envolvida em um forte campo negativo, ela não consegue exercer pressão suficiente para mudá-lo apenas pela vontade exterior. Antes é preciso um trabalho profundo e honesto de autoexame, até alcançar o convencimento real da existência da possibilidade e do desejo de assim proceder, sem fugir ao esforço que isso requer.

O ego não pode ser enxotado nem sobrecarregado, é primordial evitar submetê-lo a tarefas profundas, destinadas que estas são ao Eu Interior. Boa parte da resistência em corrigir os campos negativos encontra-se no medo oculto e irracional de que o "prazer" associado também se vá. É preciso conscientemente combater essa imagem, experimentando o deleite infinitamente maior que se passa no que é saudável, no que é positivo, com sua origem genuína e natural. Mas não é cabível esperar que os bloqueios desapareçam de uma só tacada. Aceitar as limitações atuais, com tudo o que elas acarretam, é pré-requisito. Essa atitude permite que a realidade cresça com o que vier, pondo fim à ilusão do que "deveria" ser. Ao aprender a encarar as coisas por esse prisma, tanto o medo de perder o controle por deixar-se estar no seu Eu Interior, quanto o desânimo de usar seu ego quando necessário não farão mais sentido.

◆ ◆ ◆

## PW 146 – A FÉ, O AMOR E O EQUILÍBRIO COMO PILARES DA VIDA

Um conceito positivo do universo como força e destino benignos, a liberdade e o destemor de amar e um equilíbrio saudável entre atividade e passividade. Tudo isso forma um todo abrangente no indivíduo para que ele tenha harmonia consigo mesmo e com a vida, de modo a se realizar em todos os aspectos possíveis. Para isso é preciso ativar seu Eu Real, contatando-O através das faculdades do ego, com energia, resiliência e impulso que precedem a visão necessária. Sempre que se afasta da verdade, o homem experimenta a vida como uma força hostil, contra a qual quer se defender. As suas crenças negativas o levam a ser dominado e controlado por forças destrutivas, impulsionando-o a se fechar ainda mais à vida, contribuindo para perpetuar a situação.

Mas será verdade que a vida realmente se manifestaria daquela forma se não houvesse uma falha específica? É preciso formular essa pergunta com exatidão e ampliar a visão do efeito que ela tem sobre os outros, mesmo que apenas por pensamentos e sentimentos, ainda não por atitudes. Ao deixar de estar tão certo da crença negativa, será possível enxergar que ela traz mais prejuízos do que benefícios a si e aos outros. Nesse momento virá o desejo de desviar a energia investida naquela falha para uma nova atitude positiva. É muito frequente ao homem evitar fazer qualquer esforço para mudar, alegando que seria "falso", que não tem mais idade para a mudança, entre tantas alegações. Sentir de outra forma demanda questionar seriamente as suas conclusões, admitindo que elas possam vir a ser diferentes.

A realização plena também passa pelo destemor de amar. O molde natural da existência é o estado de amor, mas o homem consegue encobri-lo e desfigurá-lo com desvios e subterfúgios. O amor é tudo o que promove unidade, inclusão e expansão, tudo o que concretiza a Natureza Benigna do Universo. Cada um possui áreas em que não ama e onde tem medo de amar. Talvez isso ocorra por se sentir mais vulnerável à mágoa quando se dispõe a amar, o que não é verdade, ou talvez haja um desejo de vingança contra os outros e a vida. O sentimento do amor precisa ser permitido pela ativação intencional do Eu Real, mesmo que no começo isso se dê aos tropeços. O Amor Verdadeiro nunca será acionado por algo imposto de fora, condena-se ao fracasso quem se obriga a amar para atender às exigências sociais ou para ter a aprovação do outro. Seus esforços o exaurem a ponto dele se recusar a amar para não lhe acrescentar mais tensão. Então cai na passividade, o que parece um alívio, mas também jamais o preenche.

Igualmente não é possível conceber um processo criativo saudável sem que as forças ativas e passivas se harmonizem, se completando umas às outras. O movimento expansivo da ação deve se dar em um ritmo de paz. Quando o homem bloqueia as manifestações do Eu Real, ele teme a atividade, com todas as exigências que ela parece lhe fazer. O estado estático aparenta ser desejável por não trazer as expectativas e as obrigações que ele teme encarar. Também é verdadeiro afirmar que quando se identifica apenas com seu ego, o homem teme o estado passivo pela impotência que este lhe denota. Por isso não é incomum evitar a atividade em algumas áreas, enquanto em outras compensa, sendo superativo. Durante anos ele se condicionou a uma existência que não se rompe subitamente. Para que possa viver a vida plenamente, será preciso perceber a importância de dar ênfase ao autoconhecimento que lhe proporciona o equilíbrio.

◆ ◆ ◆

## PW 155 – AS PROJEÇÕES DO MEDO DO EU INTERIOR

Toda espécie de medo significa, em última análise, medo do Eu Interior que o homem projeta e desloca para uma série de outros. Eles podem ser negados e encobertos, canalizados e concentrados em medos específicos ou da vida como um todo. As proteções passam a ser a sua segunda natureza, a ponto de se perder a ciência de que elas não são naturais. A incapacidade de se deixar guiar por suas forças involuntárias sinaliza desconfiança do Eu Real, pois Este só pode se manifestar de forma espontânea, não por meio de um processo exterior memorizado. Somente quem não teme a si mesmo, ao menos em certo grau, tem coragem para reconhecer e seguir as manifestações intuitivas do seu Eu Interior. Os verdadeiros feitos da humanidade são realizados mediante tais processos não obstruídos nesses aspectos, embora os seus autores possam bloqueá-los em outros.

O medo de não estar de acordo com o ambiente é outra projeção do medo do Eu Interior, pois a realidade mais profunda, com seus valores reais, pode ser bem diferente do que prega a sociedade. Os valores exteriores, certos ou errados, constituem grilhões quando não livremente escolhidos, levando também ao medo do prazer. Todas as pessoas são criadas para sentir Prazer Supremo, alegria intensa, mas isso não acontece com a maioria delas. A manifestação predominante é o que pode ser chamado de afastamento de si mesmo. É um amortecimento que traz a sensação de vazio, de falta de sentido. A Força Vital, com seu fluxo vibrante, é interrompida e impedida por uma atitude muito preocupada e tensa. O bloqueio não vem de uma força distinta que passa a existir. Trata-se da distorção do que é positivo, passando a se manifestar de forma negativa. Para retornar ao Estado Original é preciso experimentá-lo plenamente de maneira não destrutiva, identificado ao sentimento, mas sem rejeitar toda a personalidade por ele. Isso pode ocorrer através de outras emoções, como a tristeza, a dor e a autoafirmação, que precisam ser assumidas e vivenciadas. É necessário soltar-se e deixar aflorar o que está lá, seja qual sentimento for, obviamente que sem causar danos a si ou aos outros.

Só é possível curar o dano provocado por ter recebido de menos após entender a dor muito pior da frustração que ocorre quando não se consegue dar. Embora a religião enfatize há muito tempo que dar é mais abençoado do que receber, ela distorce o amor, tornando-o um mandamento piedoso que exige sacrifício e sofrimento. O amor passou a ser mais uma ameaça, uma imposição de determinadas práticas contrárias aos próprios interesses de quem ama. Pela acusação de serem pecaminosas as sensações de prazer que o amor suscita e pela privação e empobrecimento criados, não é surpresa que haja tanto medo de amar. Quanto mais predominar essa falsa doação, tanto menores serão a generosidade real e o seu fluxo espontâneo. As pessoas em geral se fecham e se vigiam demais, sempre decidindo com a mente e a vontade, afastando a espontaneidade e a criatividade. Passam cegamente pela vida ressentindo-se por não receber, sem saber exatamente o quê. O ressentimento é ainda maior em relação àqueles que querem lhes dar algo, mas que elas mesmas se privam, o que também as ajudariam a dar. Na medida em que abandonarem a atitude egoísta, de vitimização e de autodestruição, o medo do Eu Interior diminuirá em proporção, permitindo que os seus poderes criativos comecem a atuar. Acostumar-se ao prazer e à felicidade só é difícil quando o desejo é apenas de receber, ignorando que dar torna a satisfação ainda maior.

◆ ◆ ◆

## PW 179 – O PODER DO DOMÍNIO DE SI MESMO NA CRIAÇÃO DA VIDA

A vida é sempre alterada, cresce e se modifica, em um processo contínuo de renovação. A criação humana se manifesta em ciclos que se perpetuam em função das suas crenças e atitudes. No ciclo positivo, a dinâmica é natural e ocorre pela vivência abundante e generosa que a vida de fato é. Nele o homem domina a si mesmo, vivencia o momento e lida de maneira realista e construtiva com os reveses. No ciclo negativo subsiste uma visão estreita da vida que a põe como madrasta, levando ao afastamento de si mesmo. Ocorrem reações destrutivas às frustrações e vive-se para ser aprovado pelos outros e impressioná-los ou para se rebelar, de modo a mostrar uma independência que não existe de fato. Quando a mente do homem percebe a vida como hostil e má, é exatamente assim que ela se manifesta. A desconfiança consequente produz impulsos e atitudes de suspeições injustificadas que o excluem da vida, tornando-o carente, frustrado e rejeitado. Ao contrário, quando reconhece a essência da vida como de abundância, seus sentimentos fluem com generosidade, sem medo, o que faz com que ela lhe traga mais dádivas. Em suas batalhas neuróticas o homem tem em cada conflito uma percepção negativa da vida, desconfiando dela e instituindo uma mesquinhez na maneira de encará-la. A única forma de superar esse ciclo é dominando a si mesmo, pois a Riqueza da Vida encontra-se essencialmente dentro de cada um.

Um ponto chave que determina o autodomínio é a capacidade de lidar com a frustração. Significa superar a tentação de se entregar a queixas e a acusações abertas ou disfarçadas nas reações e expressões emocionais. A aceitação certa inclui a disposição de ver e agir de forma positiva e com esperança, consciente das alternativas e de que pagar o preço não é uma exigência injusta da vida. Outro ponto chave é a capacidade de ser fiel à verdade do momento, de ser autêntico. Isso elimina a tendência de submeter-se, conformar-se ou de contentar as pessoas com a intenção primordial de receber a sua aprovação, o que só leva a mais ressentimentos e à sensação de injustiça. É preciso também se desfazer do desejo orgulhoso de provar ser melhor do que os outros e impressionar o mundo, bem como da tendência perniciosa de mostrar independência pela rebeldia sem sentido. A autoafirmação real inclui o risco de ser criticado e leva à abertura da mente, permitindo ouvir com honestidade e ponderar o que os outros têm a dizer. Dessa forma o homem será funcional e criativo, livrando-se de papéis e fingimentos, sentindo e pulsando plenamente.

Ao reconhecer a crença negativa sobre determinadas áreas da vida, com ajuda da meditação, será possível perceber quão tentador é acreditar no negativismo e quão frequente, forte e evidente é tal atitude. Aparenta ser seguro esperar sempre o pior, pois assim parece não haver espaço para a decepção. Existe ainda um elemento de rancor na atitude e na expectativa negativa em relação à vida, como se quisesse acusá-la de maldade. Esses talvez sejam os aspectos mais importantes do interesse em preservar os prazeres negativos. Enquanto não buscar se desfazer deles, não haverá como sair do ciclo de perdição. É preciso reconquistar essa visão muitas e muitas vezes, pois o velho fascínio pela crença negativa encontra-se enraizado. Mas o próprio processo de dar os passos, pelo aceite do estado temporário, com a esperança justificada em um modo positivo e realista de olhar para si mesmo, já propicia alcançar muitas das realizações almejadas.

◆ ◆ ◆

## PW 188 – AFETANDO E SENDO AFETADO

A consciência humana teme os aspectos demoníacos das partes distorcidas do seu Eu Interior. Ela se sente ameaçada por energias destrutivas das quais parece estar separada, afinal jamais as aceitou, não conseguindo se reconciliar com elas. Ainda é muito orgulhosa e impaciente, demasiadamente voltada para uma visão e raciocínio limitados, fechando espaço para os opostos que existem na sua alma. Nesse plano primitivo ela quer destruir implacavelmente e nem sabe mais por que é assim. É um nível totalmente egoísta, onde não admite frustração, não quer lidar com dificuldades e, portanto, não pode afirmar a sua personalidade de maneira significativa e eficaz. A inconsciência do ódio e da destrutividade dá causa a todas as doenças e sofrimentos emocionais.

À medida que avança no autoexame, o homem passa a perceber que também precisa lidar com a confusão da culpa. Quanto mais culpa sente, mais esconde o que o faz se sentir culpado e menor se torna a sua capacidade de eliminar e dissolver as causas. Assim ele se frustra e se priva do bem que a vida pode ser, tornando-se zangado, odiento e destrutivo. O ódio negado pode se manifestar como uma passividade aparentemente inofensiva, mas que ferve debaixo da superfície e o impede de amar e se doar. É verdade que existe uma enorme diferença entre a ação manifesta de destruição e a existência mental e emocional desse aspecto. Porém a negação do seu ódio e maldade, do seu egoísmo e despeito, tem efeitos muito danosos, pois é preciso culpar e acusar, tornando os outros responsáveis pelo que nele provoca culpa demais para ser encarada.

No momento em que assume plena responsabilidade pelo seu sofrimento, examinando as suas atitudes, distorções e tendências destrutivas, a pessoa se livra da culpa. Não se trata de assumi-la com exclusividade, falsamente inocentando quem também a tem. Quando existe uma interação negativa, ambos devem arcar com a responsabilidade. No entanto bancar o juiz que acusa e se põe como vítima equivale a uma negação. Ao esconder o próprio mal por trás do mal dos outros, a pessoa fatalmente se enfraquece e a sua luta passa a não dar resultado. A chave da vida é o reconhecimento honesto das suas partes primitivas e destrutivas, mas sem perder de vista que há algo mais importante e dominante dentro de si. Quanto mais as esconder, tanto mais irá acreditar, em segredo, que este é o seu Eu Real, a sua única verdade.

A defesa realista e adequada contra o mal é obtida pelo autoconfronto diário, determinado e cuidadoso. Os sinais reveladores de reações ansiosas, zangadas e confusas estão sempre presentes. A atitude habitual de avaliar os seus conflitos permite descobrir que as perturbações vêm através dos outros, mas não ocorrem por causa deles. Ao resistir à tentação de se colocar como vítima, passa-se a escutar os sinais e as lições que a vida traz. Um dia vivido em estado de ventura, emanando alegrias e efetuando trocas profundas e significativas, permitirá saber que, naquele dia, o homem não se defendeu contra a vida. Porém também é possível que ele tenha tido a sorte de entrar na circunferência psíquica de uma consciência, de uma energia espiritual muito forte, clara e livre. Não se deparou com qualquer destrutividade inconsciente dos outros. Se, no entanto, for esta a razão da sua felicidade, ele não estará de fato seguro e livre. Só é possível angariar paz e clareza perenes sobre essa questão reunindo coragem para descobrir os seus Verdadeiros Valores.

## PW 238 – O PULSAR DA VIDA EM TODOS OS NÍVEIS DA MANIFESTAÇÃO

Assim como o corpo humano vive pelas pulsações do coração e dos pulmões, há muitas outras harmonias mais delicadamente calibradas da vida física, mental e emocional. A matéria adquire vida pelo Pulso Divino que contém os três movimentos universais: os princípios de expansão, contração e estático. Durante a expansão a vida penetra na matéria; na contração ela se retira para o seu Reino Interior, fonte de toda a vida; e no "movimento estático" ela se recarrega, se regenerando com as poderosas energias do Núcleo Interior. Então fica pronta para se lançar de novo, como uma onda no vazio. A pulsação da vida pode ser influenciada pela consciência, que é de fato seu principal regulador. Na medida do seu aprofundamento, o homem passa a se apoderar da intencionalidade da pulsação, do bombeamento da vida espiritual no corpo de matéria, mente e sentimento. A disciplina é muito importante para realizar o trabalho no plano consciente, permitindo estabelecer canais mais diretos com Deus. Porém ela somente pode ser útil para lidar com o inconsciente quando harmonizada à Realidade Divina.

Cada um trouxe para esta encarnação alguns aspectos negativos, com a finalidade de vir a conhecê-los. Se a consciência deles não for adquirida, muitas dificuldades serão criadas que enfraquecerão o seu organismo. O ego-consciente pode até ser muito puro e se manifestar como um belo canal. Mas quanto mais ignorar os seus níveis inconscientes, maiores serão as suas limitações. Falsas necessidades passarão a predominar e a personalidade ficará ainda mais confusa. A Vida da Realidade Eterna não pode penetrar onde há medo ou negação do medo. Isso cria uma parede interior que impede a Plena Pulsação. Quando aprende a superar os seus medos, derrubando defesas que podem ser muito sutis e sofisticadas, o homem abre espaço para um sopro totalmente novo, uma expressão de Vida Divina que quer penetrar todo o seu ser. É necessário assegurar que nenhuma parte sua permaneça desligada, rejeitada ou negada. Caso contrário, ela se manifestará indiretamente com mais força, privando-o de algo necessário, seja saúde ou vitalidade, alegria ou felicidade, seja uma inspiração que precisa, mas que não vem. Leve à sério a existência do seu eu inferior, não da maneira errada, que é temendo-o, mas com firmeza e confiança para transformá-lo em sua Essência Divina.

Todo ser humano é um Canal de Deus e tem a especialidade preponderante da Sua Infinita Manifestação. Cada um deve encontrar o justo meio termo, aquele que tende a ser avarento precisa achar um equilíbrio diferente de quem tende a ser esbanjador. Somente um fanático diria ser necessário se desfazer de tudo, impondo uma vida de pobreza para o seu progresso espiritual. Esta é uma condição previamente escolhida ou mesmo exigida apenas de algumas pessoas, mas são exceções. Quando os bens materiais, como todo o resto, são somente meios, quando utilizados para trazer progresso não apenas material, o equilíbrio tende a estar correto. Todos que, com boa vontade, querem realmente progredir, devem buscar dentro de si, através da meditação profunda, aprendendo com as mensagens da vida. Basta se ater às condições básicas que são satisfazer a Vontade de Deus, eliminar os erros e trabalhar no autoconhecimento, construindo formas-pensamentos que, aos poucos, possam penetrar no seu corpo emocional.

◆ ◆ ◆

## PW 240 – ALGUNS ASPECTOS DA ANATOMIA DO AMOR

O amor permeia tudo o que existe e é a chave de tudo, o remédio que cura todas as doenças e mágoas. Está sempre disponível, mas muitas vezes as pessoas não o percebem porque dão uma falsa direção aos seus pensamentos e foco. No núcleo de quaisquer dos seus conflitos e confusões encontra-se a falta de amor. Ninguém duvida que se trate de um sentimento, mas ao considerar a questão de maneira profunda e ampla, vai se chegar à conclusão que amar também expressa inteligência, que o ódio é uma ignorância, por mais justificado que possa parecer. Igualmente, é impossível sentir a emoção do amor sem que haja o desejo de amar. Portanto, o amor alcança cada uma das divisões básicas da personalidade humana - emoção, razão e vontade - e ainda é muito mais. Trata-se de uma sensação em todos os níveis do ser, com a qual se percebe e se experimenta a vida com um sabor muito distinto.

O amor por si mesmo e pelos outros é um sentimento interligado e interdependente. As pessoas não têm consciência que frequentemente transferem para os outros o desamor acobertado que sentem por si mesmas. Mas o que é o amor próprio? Significa dar rédeas às aspirações do eu inferior ou do eu máscara, seguindo a linha de menor resistência? Significa focar em culpar o outro, ao invés de tomar a parte que lhe cabe? De forma alguma, quem age assim não pode se convencer, sofre de insegurança por ocultar a verdade, descuidando das suas facetas desagradáveis. Isso gera um enorme tumulto interior e muito sofrimento, fazendo o pêndulo oscilar entre o ódio ao outro e o ódio por si mesmo. Não ceder ao déspota interior e às birras e exigências infantis permite descobrir que ser firme consigo mesmo é um aspecto do amor, tanto quanto é a ternura.

Muitos acreditam que a rebeldia contra qualquer figura de autoridade vai lhes dar liberdade. Ficam furiosos com as frustrações que, segundo pensam, lhes são causadas por ela. Mas a estrutura e os limites existem em todos os traços da realidade. Se não houvesse Leis nem limites, o universo se desintegraria e se transformaria em um caos. Além das imagens da infância, a razão maior desse pensamento anárquico vem da desconfiança do seu próprio tirano interior, que quer reinar de maneira egoísta e cruel. Ao dissimulá-lo, acaba projetando-o no exterior, passando a supor que todas as regras e leis, restrições e limites, nascem de autoridades usurpadoras. Claro que há regras sociais que expressam a limitação da consciência humana, devendo ser combatidas. Mas ao associar amor à leniência e prevaricação, vingando-se da frustração com ódio, o homem se põe em confusão, distorcendo a realidade, cego para a magnificência da criação.

Se o estado é de amor, a pessoa não precisa sacrificar a sua liberdade e integridade, para depois culpar o mundo por suas frustrações. Mas quando o amor por si mesma ainda não foi consolidado, ela se contrai, temerosa, julgando ser esse estado por demais arrebatador. A pequenina voz do ódio continua a lhe afirmar que ela não é merecedora. Então é possível que caia no velho estado onde nega o que parece não lhe convir, iludindo-se para se sentir segura. Essa escolha por medo e fragilidade, dependência e submissão, jamais leva ao contentamento, como tampouco não o faz a rebeldia insana que despreza a razão e a sabedoria. A liberdade vem pela intenção de ver e viver pela verdade, mesmo que a princípio ela pareça restringir os anseios pessoais. Ao diminuir os seus acessos infantis de raiva e de rebeldia irracional, aos poucos será possível eliminar o que a impede de amar.

◆ ◆ ◆

## PW 257 – COMUNICAÇÃO, EXPOSIÇÃO

# E CONSCIÊNCIA DE GRUPO

A comunicação é uma arte que deve ser aprendida, exige boa vontade, intencionalidade positiva e desejo de cooperar. Há inúmeras pessoas que não não querem nem tentar expressar em palavras aquilo que realmente sentem e pensam. Elas são por demais orgulhosas ou exigem dos outros que as entendam, sem fazer o esforço necessário para serem compreendidas. Experimentar os outros como semelhantes, ainda que inicialmente apenas em coisas básicas, como viver, morrer, sofrer e desejar, elimina muito da ilusão, do medo e da inimizade. Existe muita ambivalência em relação à união, pois as pessoas temem abrir mão do que chamam de "individualidade". Acreditam que a unicidade, a sua Manifestação Divina particular, depende de estarem separadas. Presumem que ao se unirem ao todo perderão a sua identidade. A realidade é exatamente o contrário, pois agindo dessa forma elas lutam contra o anseio da alma pela unidade, algo que jamais será pacificado até que seja concretizada a união.

Quando duas entidades, individuais ou coletivas, estão envolvidas em uma interação negativa, mesmo que não alcancem um resultado dos mais desejáveis, naquele momento um propósito maior está sendo preenchido. O Eu Superior de cada uma se põe sempre em ação, usando o material negativo que existe com o propósito de dissolvê-lo. Essa transformação não pode ocorrer a menos que a negatividade se manifeste. Ainda que estejam na unilateralidade, onde só veem a própria razão, elas servem a um objetivo mais elevado. O que parece indesejável pode ser uma necessidade para estabelecer novos valores baseados na verdade e no amor. Mas será preciso aprender a distinguir entre esses eventos e aqueles que são somente a expressão do mal, opondo-se diretamente à vida. A destrutividade, quando avança a um ponto em que não há mais como ser mudada, moldada ou transformada, precisa ser eliminada para que possa ser erguida uma nova e melhor estrutura.

A comunicação depende da disposição de se revelar. Quando a exposição é negada, significa que existe um investimento para manter uma mentira. Se esta não for eliminada e renovada, a mudança virá através de uma crise que lançará a questão secreta à superfície. Quanto mais negada for, mais sofrimento irá acarretar. É importante ver os eventos pessoais e coletivos por esse prisma. Não há melhor maneira de estabelecer confiança e proximidade do que compartilhar e comunicar seu eu inferior de forma consciente e segura. Mas a exposição deve ser infundida com amor, do contrário ela derrota a si mesma. Deve haver respeito pelo indivíduo que tem essa coragem, assim como não deve haver concessão para o dissimulado que busca influenciar os eventos e destruir o ambiente. A força necessária para se expor ao outro, de forma apropriada e no momento certo, vem da convicção de se revelar com amor por uma Causa Maior. Quem torna isso possível é sempre o Eu Superior já desenvolvido. Quanto mais o homem se mostra, mais próximo ele fica de descobrir o seu próprio valor intrínseco, verdadeiro. O desenvolvimento espiritual, sem a honesta exposição pessoal, pode oferecer no máximo uma meia-verdade que conduz a um impasse.

# MÓDULO XI - AUTORIDADE E LIDERANÇA

O ser humano constantemente se recusa a ver a ligação entre os acontecimentos da sua vida e as suas atitudes. Quer uma autoridade benevolente que o conduza com toda a liberdade, deseja um deus indulgente que o mime, como um pai que estraga o filho. Desconhece não ser possível ser livre e, ao mesmo tempo, não ser responsável. Ao contrário, esta é uma receita para a escravidão. Também falta aprender a não reagir automaticamente a quem percebe como uma autoridade invasiva. Por se perder em suas reações emocionais infantis, acaba debilitando a própria intuição. Ao encarar o seu lado negativo oculto, pratica o ato mais relevante, que é a honestidade para consigo mesmo. Embora não seja possível modificar de imediato uma reação emocional pelo reconhecimento intelectual da falsa premissa, se não houver autoengano quanto a isso, tal processo vai acabar, aos poucos, retificando as suas percepções erradas.

Em seus relacionamentos, na medida da intensidade deles, as pessoas revivem a traumática relação inicial com os pais. Estando atreladas àquele conflito original, elas são convencidas de que o que percebem é real.

Inicialmente não é, mas acaba sendo por suas reações. Elas não ocorrem em resposta a quem se relacionam de fato, mas a pessoas e a situações imaginárias. Somente estando consciente dessa transferência é possível adquirir condições para resistir aos ataques que lhe são erroneamente direcionados. Ao se recusar a projetar as imagens das reações parentais em seus relacionamentos, o envolvimento negativo é deixado sem resposta. Ao final isso deve levar quem dirigiu mal o seu fluxo de consciência à percepção de que a situação original e a atual não são as mesmas.

Os falsos conceitos são sempre sustentados por premissas erradas de que são úteis e protetores. Depois de perceber que não é assim, não será mais necessário ter a aprovação do outro a ponto de violar a sua integridade para se livrar da dependência. É o que evita se tornar ausente e artificial ou compulsivo e agressivo. Muita infelicidade é causada pela necessidade repetida de corresponder a padrões externos, o que só conduz para mais longe do Eu Real. É preciso superar as ideias sobrepostas geradoras de vergonha contra ser o que é, olhando para a questão serenamente, sem pressa de ultrapassar. Embora a alma imatura tenha impulsos destrutivos que devem ser contidos com disciplina, a confusão nunca é eliminada por um ato volitivo de expulsão. Ao tentar "matá-la", ela simplesmente se disfarça, só podendo ser dissolvida através de um profundo trabalho de autoconhecimento e purificação.

É natural e necessário também desejar a liderança em algumas áreas, porém um líder verdadeiro precisa ter a grandeza de reconhecer quando as suas crenças e emoções o impedem de ser objetivo e imparcial. Alguns até admitem os seus pontos de vista fixos que não querem mudar, porém ainda assim alegam que são objetivos, mas isso não é possível. Para que a vida não se restrinja a limites muito estreitos, é necessário saber lidar com as frustrações e críticas. Temer essas reações é traiçoeiro e perigoso, por separar o homem do seu Eu Superior, da verdade da situação e da sinceridade do seu envolvimento. Enquanto lutar contra isso, o conhecimento dos aspectos negativos seus e da vida continuará provocando grande ansiedade e desconforto. A Lei Espiritual da Fraternidade opera a seu favor sempre que a força da alma flui em harmonia. É dando que se recebe, o amor unilateral permanece apenas onde anseios imaturos e doentios são a regra. Quando há livre prontidão para amar e comunicar, a reciprocidade é o seu resultado inevitável.

◆ ◆ ◆

# PW 46 – AUTORIDADE

O primeiro conflito de uma criança em crescimento é em relação à autoridade. Os mais velhos, seus pais ou substitutos e seus professores geralmente a representam. Eles lhe parecem hostis ao negarem a satisfação de muitos dos seus desejos. Se a reação permanece infantil na vida adulta, com atitudes compulsivas inconscientes projetadas na sociedade, no governo, nos chefes ou nas pessoas de quem dependa, essa alma não poderá dar um salto no seu desenvolvimento pessoal. Os dois modos distorcidos básicos de reagir à autoridade são, por um lado a rebelião, por outro o conluio pelo medo de não pertencer. Há poucos casos em que ocorre total dominância de um sobre o outro. Nos mais extrovertidos e corajosos, mas que ainda não superaram a questão, a luta toma uma forma em que resistem abertamente, podendo percorrer toda a escala da rebelião social. Já aqueles que buscam se tornar unos com a autoridade, mesmo não gostando dela, tendem a se manter fortemente adeptos da legalidade comportamental. Na corrente oculta do transgressor prevalece a obstinação, na do legalista prevalece o medo, ambas impulsionadas pelo orgulho.

Quando o homem descobre que uma atitude ou opinião está errada, ele normalmente oscila para o lado oposto, o que é igualmente um equívoco. Os dois extremos põem em movimento um círculo vicioso, pois quanto maior a rebelião do transgressor, mais severo e intolerante se torna o legalista. Este busca se proteger do medo da própria rebelião endurecendo as regras, o que reforça a reação do transgressor. Se esse círculo vicioso prosseguir inconscientemente por longos períodos sem ser interrompido, pode levar os inconsequentes a até cometer atos criminosos, precisando ser contidos pelas leis e forças sociais. Mas os problemas externos estão sempre conectados a conflitos internos e à carga emocional produzida. A solução, tanto de forma geral quanto pessoal, não é tão simples, pois antes de chegar à raiz do problema certas reações frequentemente desagradáveis acabam sendo deflagradas. Toda criminalidade, guerras, injustiças e doenças resultam de falhas de longa duração. Em certos casos são efeitos inevitáveis, visto que os fundamentos do problema foram negligenciados. As reações inconscientes despertam eventos que tendem a ser ainda mais prejudiciais do que quando reconhecidas. Essas forças só podem ser redirecionadas pela descoberta das emoções respectivas e do seu significado mais profundo.

O homem precisa aprender a não reagir automaticamente àquele que sente como autoridade, do contrário a sua intuição ficará debilitada. Certamente Deus é a única autoridade real, mas nenhum ser humano é tão desenvolvido a ponto de receber Manifestações Divinas a todo o tempo. É preciso perceber as próprias atitudes em relação às autoridades que estabelece, desvendando as suas reações infantis que vêm sem que se dê conta. É muito provável que elas tenham influenciado o seu conceito pessoal sobre Deus. A prática da meditação e a auto-observação constante permitem comparar as reações errôneas com o que é correto, sendo necessário também orar para a formação dessa consciência, mesmo que no início se trate apenas de um conceito intelectual. Embora não seja possível modificar de imediato uma reação emocional apenas pelo reconhecimento intelectual da falsa premissa, se a pessoa não se enganar sobre isso, esse processo vai acabar retificando as suas percepções erradas. Mas mesmo quando estiver desencorajado e triste, não se desespere, não há razão, a vida é eterna e cada um constrói a sua morada neste caminho que tão corajosamente trilha.

❖ ❖ ❖

## PW 57 – A PRESUNÇÃO DA AUTOIMPORTÂNCIA

O homem registra as suas imperfeições e inadequações no inconsciente, apesar de não querer reconhecê-las. As verdadeiras razões dos seus sentimentos de inferioridade acabam ocultas. Como não consegue erradicá-los, pensa poder reverter o problema obtendo admiração e aprovação externas. Uma imagem de massas muito difundida é a de que, se não agir dessa forma, acabará humilhado por ser considerado inferior. Mas esse alívio pode ser, na melhor das hipóteses, temporário. A necessidade de se sentir importante se deve à crença de que assim os seus sentimentos de inferioridade se dissiparão. Trata-se de uma atitude emocional inconsciente, comum a todos os seres humanos em algum grau. O remédio oposto - desafiar e se rebelar contra a dependência - é tão frequente quanto o pedido interno por admiração e aprovação. As duas coisas coexistem em muitas pessoas, sendo ambas igualmente prejudiciais, decorrendo do mesmo equívoco básico ilusório. Não há como ser autêntico quando se tem tanta dependência emocional do outro, o que leva a provocar ainda mais sentimentos de inferioridade.

Em seu íntimo o homem acredita que precisa ser especial para sobreviver.

Alguns entendem que a riqueza material lhes proporcionará maior estatura aos olhos do mundo. Para outros, pode ser demonstrar realizações a partir de um determinado talento. Há quem queira provar ser bom caráter, correto, leal e inteligente. E há quem use a infelicidade para suscitar solidariedade, pois isso também significa aprovação. Mas para alcançar o grau de importância almejado frente aos outros, acaba parecendo "vantajoso" ser impiedoso, desleal e egoísta, tentação combatida por suas boas intenções. No entanto, se o sentimento interior permanece, o resultado exterior responde conforme a Lei Espiritual da Atração. Como a pessoa se nega a concretizar o fato em atitudes, sente-se injustiçada, o que a magoa mais do que a própria decepção com os eventos negativos que atrai. Quanto mais inconsciente, mais fortes os resultados e maior a sua perplexidade. Ela não percebe que os seus sentimentos também são atos, embora não tenham resultados tão imediatos quanto as suas ações exteriores.

Ao encarar seu lado negativo oculto, o homem manifesta a mais corajosa de todas as emoções, que é a honestidade para consigo mesmo. A sua mágoa assim é atenuada, pois deixa de haver a sensação de injustiça. Ao entrar na consciência, o lado negativo da batalha também perde poder. Mesmo que permaneçam alguns eventos indesejáveis, eles serão sentidos de forma bem diferente, sendo possível enxergar os seus aspectos construtivos. Os falsos conceitos são sempre baseados na premissa de que são úteis e protetores. Depois de perceber que não é assim, não haverá necessidade de defendê-los. Não será mais necessário ter a aprovação do outro com tanta intensidade, a ponto de violar a própria integridade, tornar-se artificial ou rebelar para se livrar da dependência. É preciso trazer à tona a necessidade de fazer com que o outro admire a sua importância, percebendo que tal sentimento se deve à ideia equivocada do que significa a sua "sobrevivência". Enquanto não reconhecer em si essa tendência, não é possível ao homem se libertar das acusações destrutivas que secretamente se atribui. Quanto mais ele se fixa na opinião dos outros, menos pensa verdadeiramente em si mesmo.

◆ ◆ ◆

## PW 60 – O ABISMO DA ILUSÃO: LIBERDADE SEM RESPONSABILIDADE

Se as pessoas soubessem que os seus pensamentos e emoções criam formas na alma tão reais quanto a matéria do universo tridimensional, entenderiam porque é tão importante expor o seu inconsciente e olhar para o que ele contém. Elas desenvolvem um medo enorme de ter que confrontar algumas de suas convicções, o que se parece com estar à beira do precipício de um abismo. Enquanto esse temor existir na alma, todos os acontecimentos que desafiarem as suas crenças darão a impressão de que qualquer outra abordagem, senão lutar contra eles, é muito perigosa. A teimosia obstinada revela o medo de não controlar aquilo que aparenta poder atingi-lo. Tais fins acabam sendo usados para justificar o uso de meios nefastos para a sua pseudoproteção. Desconhecem que o abismo criado é uma ilusão que se desfaz ao se deixar cair nele. O que se assemelha a uma ameaça pessoal, que parece tão difícil de desapegar, não existe de fato. Mas não se trata de abrir mão de algo sem necessidade, nem de medos realistas enfrentados de forma construtiva. A ilusão diz respeito ao que é mal compreendido por culpas encobertas no inconsciente, gerando frustrações, ansiedades e situações negativas que se repetem na vida.

As pessoas querem uma autoridade benevolente que as conduza com toda a liberdade. Se o resultado for bom, o crédito é delas, se não for, é da autoridade nomeada. Recusam-se a ver a ligação entre um acontecimento e as suas próprias ações e atitudes. Encobertam tão bem as relações de causa e efeito que dificultam trazê-las à tona. Querem liberdade sem responsabilidade, desejam um deus indulgente que as mime, como um pai que estraga o filho. Esse conceito de autoridade faz com que elas se afastem inteiramente da Verdade de Deus. Suas expectativas são projetadas, o que se aplica a quase tudo, desde a escolha profissional à ideologia política, mas principalmente às suas atitudes mais profundas. Desconhecem não ser possível ser livre e, ao mesmo tempo, não ser responsável. Ao contrário, esta é uma receita para a escravidão. As doenças da alma se originam do desejo de viver em total liberdade sem querer pagar o preço da autorresponsabilidade, e ainda assim se dar bem na vida.

Para se afastar do "abismo da ilusão" que criam em suas almas, as pessoas desperdiçam valiosas energias por nada. Alguns defeitos, talvez nem mesmo defeitos, mas apenas atitudes ou um tipo de reação, podem lhes causar fortes sentimentos de humilhação e culpa. Não conseguem encará-los, desviam os seus olhos, tentam evitar vê-los. Nesse mundo de utopia, inevitavelmente temem os julgamentos e as atitudes dos outros. Não percebem que estes só se tornarão danosos quando elas cederem aos seus instintos mais baixos em suas reações. Tal conhecimento, quando compreendido e internalizado, sem ser imposto de fora, produz atitudes totalmente novas, oriundas de seres verdadeiramente livres e destemidos. Liberta forças e criatividade para serem usadas em finalidades construtivas. O arrependimento de algo destrutivo que possam ter feito se transforma em um remédio construtivo. As falsas culpas que as fazem se sentir envergonhadas, talvez por circunstâncias infelizes que tenham enfrentado, deixam de fazer sentido. Passam finalmente a saber que não são vítimas e que não precisam lutar contra as imperfeições dos outros, por não mais temerem que elas lhes causem danos.

◆ ◆ ◆

## PW 64 – VONTADE EXTERIOR E VONTADE INTERIOR - EQUÍVOCOS EM RELAÇÃO AO EGOÍSMO

Não é apenas o demérito que impede alguém de conseguir o que deseja, mas também as correntes contraditórias do seu querer. A vontade interior que provém exclusivamente do Eu Superior é segura, não conhece dúvidas nem ansiedades, é calma, descontraída e sem pressa. Por não duvidar, dá-se tempo ao tempo e ela acaba prevalecendo. Mas dúvidas quanto ao fato de que desejar algo para si seja egoísta são um grande entrave à vontade interior. E quanto menos clareza a pessoa tiver a respeito, mais ela compensa a falta com a vontade exterior. Esta é uma substituta muito ruim, que se interpõe de forma tensa e ávida, impedindo a vontade interior de se manifestar a seu tempo. A confusão dificulta obter o que deseja, fazendo-a se frustrar e realimentando sensações de inadequação e inferioridade. Pior ainda é o fato dos seus raciocínios imaturos fazerem com que as suas motivações doentias acabem se passando por saudáveis.

Existe uma opinião muito comum, inconsciente em alguns, em outros nem tanto, de que a felicidade é obtida forçosamente à custa dos outros, que é algo divisível e se esgota. Ao se encontrar nesse estado é inevitável que a pessoa se incomode em ser feliz e em amar. Como também aprendeu que é errado ser egoísta, ela acaba suprimindo o que é realmente bom para si, sem nem mesmo avaliar se os seus desejos são de fato egoístas. A frustração resultante causa ressentimentos que acabam transferidos a terceiros, responsabilizados por sua infelicidade. Além dos seus desejos legítimos não serem satisfeitos, a supressão dos seus desejos imaturos e egoístas dificultalhe aprender com os erros e evoluir.

A maneira normal e errada de tratar o egoísmo imaturo é suprimi-lo e sobrepô-lo por um altruísmo compulsivo. Por este parecer tão artificial é que nasce a sensação de que o seu oposto, o egoísmo, é que é de fato muito agradável. Essa noção deita raízes cujos frutos são reprimidos, pois se a pessoa ceder a ele sabe que não será amada nem aprovada. Ser bem aceita é algo que não quer perder, preferindo não abrir mão do que supõe a faria feliz. Essa confusão é responsável por sua desesperança, às vezes refletida em um mau humor ocasional, comumente justificado por motivos externos muito bem racionalizados. A ironia é que ela procura sair disso com a sua "verdade" manifestada em impulsos infantis e egoístas, provocando reações que contribuem para frustrar os seus desejos realmente saudáveis.

De modo geral, no início a pessoa se convence a praticar um ato altruísta, mas detesta isso, embora desconheça ser este o motivo da sua raiva e revolta. Só depois descobre ter transferido para os outros a própria culpa, acreditando que eles é que a obrigavam a se comportar assim. O que só se revela mais tarde é que ela agia dessa forma para não ofender os outros, pois buscava a aprovação deles, portanto seu altruísmo era apenas um deslocamento do seu egoísmo. Esse processo varia de pessoa para pessoa, mas é basicamente o que foi dito aqui, sendo necessário vivê-lo até o fim para que possa ser possível alcançar as suas necessidades reais.

Fazer algo que a própria pessoa aprova com todo coração aumenta o seu respeito próprio e diminui os seus medos e ansiedades no convívio social. À medida que equacionar essas confusões e decidir de forma independente, a inadequação e o desprezo que a deixam fraca e temerosa serão reduzidos. A livre escolha pelo altruísmo irá ocorrer por perceber que isso também lhe é vantajoso, ao contrário do ato egoísta proveniente da sua manipulação. No entanto, mesmo antes de ter plena consciência disso é sempre possível observar e julgar, sem precisar dar vazão ao egoísmo ou à conduta prejudicial, tampouco a abrir mão de ser altruísta.

◆ ◆ ◆

# PW 80 – COOPERAÇÃO, COMUNICAÇÃO E UNIÃO

A cooperação e a comunicação são condições básicas para conduzir as pessoas ao Estado de União. Mas se há muita impaciência e ansiosade, se o desejo de comunicar é exagerado, quase uma exigência, o movimento passa a ser súbito e o impacto forte demais. O universo baseia-se no equilíbrio, ao ser rompido ele opera para restabelecê-lo. Quando o processo é doloroso, as forças impostas fazem o outro se contrair, rejeitando a tentativa da pessoa excessivamente ávida. A necessidade exagerada é um anseio em geral inconsciente, às vezes encoberto por uma camada que indica exatamente o contrário. Quanto mais forte a demanda, maiores as chances de não haver consciência de quão descomedida e inoportuna ela é. A pessoa a acoberta por se sentir humilhada, visto nunca a ter satisfeita. Também pode gerar uma reação exterior oposta de extrema independência, mas falsa, porque ela detesta dar importância a quem precisa se submeter para tentar satisfazer os seus anseios. Somente quando descobrir ser essa mesma corrente que faz com que as portas se fechem, deixará de senti-la como uma rejeição pessoal, passando a entender que as forças inconscientes da alma do outro reagem invariavelmente a isso.

A premência da necessidade é uma ilusão que ressoa de imagens, conflitos e distorções surgidas por decepções não assimiladas da infância. O homem procura superá-las intensificando ainda mais as suas demandas, através de reações e motivações inconscientes. Isso faz com que exija amor, afeto e atenção de forma unilateral, como se a sua vida estivesse em jogo. Trata-se de um movimento interior desprovido de verdade, fazendo com que as forças de equilíbrio geradas se oponham a ele. Ao entender bem esse fato, já não precisará se proteger contra o perigo da mágoa que o faz se isolar, algo tão prejudicial quanto o outro extremo da avidez em comunicar o seu desejo. Quem se retrai no isolamento ou antagoniza de forma amplificada, na falsa convicção de que não se importa, mostra uma independência doentia que só agrava o problema. Tais padrões interiores de comportamento, por mais camuflados que sejam, nunca são a expressão da vontade livre e saudável. Não é de se espantar que a sua alma fique dividida e em desarmonia, dissipando forças e trazendo infelicidade e desesperança. Falta-lhe a percepção de que os acontecimentos exteriores, que culpa por suas frustrações, são o resultado natural do seu estado interior.

Em grande medida os relacionamentos humanos ainda são regidos por uma dependência velada, ao invés da verdadeira comunicação. Cada um subsiste preenchendo as necessidades do outro, mas com o objetivo oculto de ter as suas próprias necessidades satisfeitas. Este é o caso da maioria das pessoas em suas relações, no trabalho, no casamento e nas amizades. Ao passar a se comunicar de verdade ocorrerá necessariamente uma mudança de vida. Quando as forças da alma fluem em harmonia, as Leis Espirituais operam em plenitude, fazendo com que a pessoa receba em troca na medida do que entrega. No estado saudável, o Eu Real, intuitivo, faz com que seu afeto seja dirigido no nível adequado para quem é capaz de responder. Nessa condição as coisas acontecem por si mesmas, não existe falta de reciprocidade. O amor unilateral só ocorre em situações doentias, baseadas em um anseio imaturo. Quando há livre prontidão para amar e se comunicar, a reciprocidade é o seu resultado inevitável.

◆ ◆ ◆

## PW 104 – O INTELECTO, A VONTADE E A AUTORREALIZAÇÃO

A repetição insensível de uma palavra é obra do intelecto. A memória é a vontade de recapturar o que foi vivenciado um dia. Quando criada apenas por um ato de vontade, a palavra fica sem vida, com a experiência se tornando um padrão repetitivo. O ser humano precisa aprender, por sua memória, inteligência e vontade a superar os seus instintos destrutivos e a construir inclusive a vida material. Mas em busca de felicidade e satisfações, o homem acaba criando imagens de como deveria ser, baseadas em suas limitadas experiências passadas. Faz uso de um padrão sobreposto para encobrir o que sente, quem realmente é. Ignora que somente o autoconhecimento pode levá-lo a perceber além da sua confusão, mesmo antes que solucione o problema. Trata-se do Eu Real, uma experiência espontânea, criativa, que passa a existir sem convite, que surge como manifestação indireta do pensamento e da vontade, ambos necessários para compreender seus próprios erros e motivações mal dirigidas.

O harmonioso estado de ser em consciência só pode advir da aceitação do estágio em que a pessoa se encontra agora, qualquer que ele seja. Acima de tudo, seu Eu Real é Espiritualidade Genuína, é amor, com todos os seus derivativos. O amor decorre da remoção de erros, confusões, ideias preconcebidas e da independência de opiniões alheias, ele não pode ser forçado. Não é possível convencer-se a ser uma boa pessoa, a amar, ter compaixão e humildade, mas é possível decidir-se a descobrir e a remover o que impede. Quando menos se espera, lá está a criação, muito além do sentimento superficial, mental, que meramente recita e repete. Enquanto viver neste mundo, a mente humana será necessária, mas ela também é responsável por conclusões errôneas, generalizações e tudo o mais de paralisante. Ao transformar em imagem uma experiência e petrificá-la em uma lei e regra geral, a capacidade de experimentar o novo fica limitada pelo laço com o passado. A única maneira de dissolvê-la é tomando consciência de todo o seu alcance e profundidade. Isso só pode ser feito dispondo-se a se encarar com absoluta franqueza e a dispensar anseios imaginários sobre o que você deveria ser, em oposição ao que é.

O moralismo sutil e oculto impede a compreensão da causa da infelicidade, que é sempre produzida por si mesmo, não importa quanto possa parecer diferente na superfície. As pessoas se aferram exageradamente aos seus pensamentos e vontades porque se sentem inseguras sem eles. Não confiam no que seriam sem regras, leis e conceitos vindos de fora. Muita infelicidade não genuína é causada pela necessidade compulsiva de corresponder à opinião pública, por comparações e padrões externos mentais, um conhecimento exterior que conduz para longe do Eu Real. Enquanto as ideias sobrepostas geradoras de vergonha e orgulho induzirem à repressão do que é, não será possível crescer para superar o problema, pois ele ainda não foi compreendido. Embora a alma imatura tenha muitos impulsos destrutivos que precisam ser contidos pela disciplina, eles jamais serão eliminados por um ato volitivo de expulsão. Isso faz apenas com que sejam reprimidos na consciência. É preciso olhar para toda essa confusão com calma, sem pressa de ultrapassar. Ao tentar "matar" os pensamentos, eles simplesmente se escondem, pois não podem ser dissolvidos senão através do seu profundo entendimento.

◆ ◆ ◆

## PW 118 – DUALIDADE E ILUSÃO - TRANSFERÊNCIAS

Onde quer que exista confusão e, portanto, ilusão, deve haver necessariamente um conflito, uma divisão entre conceitos. As confusões e conflitos não resolvidos precisam ser enfrentados primeiro no relacionamento entre pais e filhos. Os conflitos cármicos mais intensos e dramáticos são aqueles provenientes da relação parental, porque refletem a divisão humana fundamental. A maneira de encarar os pais expressa o grau de dualidade que define o "modo de vida" ilusório do ser humano. São reflexos estereotipados, repetidos ao longo da vida pela reação aos outros como reagia aos pais, sem que haja consciência disso. Embora as experiências do início da vida produzam muito maior alcance do que na fase adulta, a criança já nasce com muitas das distorções trazidas para serem resolvidas neste plano.

Ao descobrir como recria os seus pais dentro de si mesmo, enquanto ao mesmo tempo continua a reagir a eles, o ser humano experimenta seu tipo particular de dualidade. Isso aumenta a compreensão das suas limitações pessoais, que se abrandam quando verdadeiramente percebidas. Uma vez que divisão e harmonia são incompatíveis, a cura da divisão pela compreensão inevitavelmente aumenta a harmonia. Esta é a razão e a necessidade da escolha dos pais pelos filhos, a natureza desse laço cármico. A ilusão se deve à própria dualidade original, o que esses pais específicos podem melhor manifestar ou representar para lhes revelar.

Trata-se de um processo de repetição de padrões largamente subestimado, negligenciado e mal compreendido. Um aspecto desse estado é a sua transferência. Na medida da intensidade dos demais relacionamentos, a relação traumática inicial com os pais é revivida. Estando atrelada ao conflito original, a pessoa é convencida de que aquilo que lhe acontece é real. Inicialmente não é, mas acaba sendo por causa das suas reações. Elas não ocorrem em resposta a quem ela se relaciona de fato, mas às pessoas e situações imaginadas. Aquilo que expressa é dirigido para o que pensa que existe e não para o que realmente existe. Como consequência, ela não pode atingir a realidade do outro.

Não é possível resistir aos ataques de respostas que lhe são erroneamente direcionados sem reconhecer a sua dualidade, deixando de transferir antigas reações parentais. É por estar consciente delas que a pessoa adquire condições para recusar expressá-las em seus relacionamentos, deixando o envolvimento negativo sem resposta. Ao final, isso deve levar aquele que direcionou erroneamente o seu fluxo de consciência a perceber que a situação original e a atual não são idênticas. Quanto mais consciente estiver do automatismo, das suas respostas estereotipadas, menos vai se sujeitar a isso.

A sua atitude básica, independentemente se direcionada ao pai ou à mãe que imagina, produz a divisão fundamental que resulta no seu "modo de vida". A relação dupla da criança, a um só tempo com o pai e a mãe, determina a dualidade que marca a esfera terrestre. Os pais simbolizam ou mesmo manifestam essa divisão básica com a qual ela vai ativar conflitos em sua vida. É vantajoso ter boas referências de pais que produziram relacionamentos sadios, contribuindo para psiques mais livres. Quando o envolvimento negativo é mais forte, a relação dupla com os pais reforça a divisão interior da criança. O medo inerente faz parecer que outras realidades também devam ser temidas. Muitas pessoas, simplesmente por não se analisarem à Luz da Verdade e por não usarem do perdão, persistem em agir na imaturidade, trazendo sofrimentos desnecessários para si e para os outros.

◆ ◆ ◆

## PW 151 – INTENSIDADE: UM OBSTÁCULO PARA A AUTORREALIZAÇÃO

Quem se conhece perfeitamente é capaz de usar todo o poder que tem dentro de si, que é imenso. A incursão pelo seu inconsciente é absolutamente necessária para percebê-lo. As pessoas temem olhar para si mesmas, recusando a se examinar e considerar. Abrigam atitudes, pensamentos e sentimentos inconscientes que muitas vezes contradizem completamente aqueles conscientes. A mente acredita não poder relaxar ou adotar uma postura flexível e aberta para a vida, impedindo sua conexão com a Força Cósmica, que é a essência potencial do seu poder. Trata-se de uma energia infinita, perene e revitalizadora, mas também de uma inteligência autônoma com a qual é possível se unir quando não há mais material inconsciente a temer ou a evitar.

Porém a contração provocada pelo excesso de intensidade torna as pessoas retraídas e retesadas, por mais frenéticos que sejam os seus movimentos artificiais. Os poderes inerentes da Força Vital são literalmente impedidos pela rigidez e tensão, podendo se manifestar tanto em movimentos bruscos quanto em paralisia. Toda atitude neurótica resulta de uma intensidade artificial semiconsciente que separa as pessoas do fluxo da vida. O motivo pelo qual elas cultivam esse *modus operandi* destrutivo é o seu equívoco dualista. De um lado há um desejo de serem salvas por obediência a uma autoridade externa, de outro prevalece uma atitude niilista de não se importar. Há, ainda, uma presunção infantil de estar acima dos demais, exigindo chamar atenção para si e fazer com que tudo que a envolva pareça muito importante. É um processo de dramatização que pode até não ser demonstrado, mas todos os desequilíbrios emocionais e mentais se originam da intensificação deliberada dos movimentos da alma.

O autoconhecimento e a unificação à corrente de poder da Força Cósmica significam ir em direção à vida e aos outros. No entanto, por acreditar que assim estará em perigo, o ser humano em geral se contém e recua. Assume certos maneirismos, artifícios superficiais que o faz até se esquecer que não quer se mostrar como é. Com suas máscaras e disfarces, abandona um contato honesto com o outro, o que o leva a muito sofrimento desnecessário. O impulso inato de abrir mão do ego e de confiar nos processos cósmicos sempre está disponível, significando amar de verdade. O medo, o orgulho e a obstinação, ao bloquearem essa direção, tornam o amor impossível e invertem a expansividade.

Uma personalidade alegre e natural, sem dramas e sem intensidade exagerada, é essencial para colocar-se por inteiro em suas motivações e experiências. Tanto os traumas da vida, mas também seus episódios felizes podem sustar o crescimento, incentivar a ilusão, a preguiça e a estagnação. Tudo depende de como agir diante dos acontecimentos. A veemência física, mental ou emocional pode parecer prazerosa, mas é uma postura do ego que obstrui processos involuntários que são a fonte real do prazer. As pessoas tendem a atribuir às condições externas o fator decisivo das suas vidas. O que é determinante, no entanto, é a sua atitude em superar os problemas externos que enfrentam, sempre reflexos das suas obstruções internas. Elas precisam estar em sintonia com as forças involuntárias necessárias para a autorrealização.

◆ ◆ ◆

## PW 227 – MUDANÇA PARA LEIS INTERIORES NA NOVA ERA

No plano físico de tempos em tempos ocorrem mudanças no sistema celular, os componentes químicos se alteram totalmente sem que isso seja perceptível, mas ainda assim o processo é muito real. No plano psíquico do ser humano existem os mesmos estágios, porém de modo ainda mais dinâmico e impulsionado por novas energias. É um processo natural e independente da mente humana, das expectativas e dos pensamentos conscientes. Quando a entidade segue o seu plano, essas energias tornam-se extremamente benéficas, ajudando a expansão que abarca uma porção maior da realidade. É a realidade interior, cuja meta é transformar a realidade exterior com a sua perfeição ilimitada de beleza e expressão. Mas se a consciência exterior resiste, ignorando os seus anseios, as energias não conseguem se desenvolver de forma harmônica.

Todas as atitudes repressoras e reacionárias, assim como as extremistas e radicais, são bloqueios internos projetados no exterior. Como seus princípios se baseiam em ilusão, é natural que acabem se mostrando dolorosas e inviáveis, até serem destruídas pelos influxos de Energia Divina. Cada crise por que o homem passa deriva de uma negação da verdade, uma violação da sua Divindade. O sofrimento resulta do bloqueio de uma poderosa corrente de energia e força. Se houver disposição para renunciar à atitude obsoleta e adotar outra mais apropriada, a crise e a destruição serão desnecessárias, com a mudança ocorrendo de forma natural e bela. Se persistir na negação, preferindo o autoengano, fingindo não ter importância ou que não consegue, brechas se abrirão para uma crise inevitável. Exatamente o mesmo processo se aplica ao planeta como entidade.

A obediência cega a regras impostas de fora representa uma fuga para não se ocupar dos problemas complexos da moralidade interior. Incentiva a acomodação mental, a saída fácil, na busca por evitar responsabilidades e tentativas que precederiam as verdadeiras respostas e a iluminação. A humanidade ainda não progrediu o suficiente para que regras exteriores não sejam mais necessárias, no entanto isso hoje se aplica apenas aos aspectos mais subdesenvolvidos do eu inferior. Em grau cada vez maior, elas começam a ceder lugar para o senso interno de consciência. A verdade somente é encontrada dentro de si mesmo, transcendendo preceitos, fachadas, interesses egoístas e a necessidade de agradar ou de se rebelar e contrariar. Mas quando desafia certas regras sociais, muitas vezes o homem costuma fazê-lo em nome do seu eu inferior. Apenas um cuidadoso exame das suas reais motivações pode determinar verdadeiramente quando é necessário infringi-las ou quando o devido é segui-las.

A Consciência de Cristo não é de rebeldia ou de revolução, não é de destruição do velho, mas a reformulação de valores eternos expressos de um modo novo. É preciso um corajoso e honesto trabalho de autoconhecimento para não se deixar corromper pelas motivações do eu inferior. É assim que age a entidade adulta e madura. A humanidade ruma para essa meta. Se alguém quiser tudo fácil para não precisar buscar, para não se esforçar em tentativas e atenção aos problemas, acabará usando de regras inflexíveis que confinam e escravizam. Somente podem ser livres aqueles que superaram a etapa da rebeldia contra a autoridade, porque são honestos e alinhados com a sua autoridade interior. Cada questão exige uma abordagem muito flexível, mesmo que pareça semelhante à outra. A liberdade depende totalmente da capacidade de mudar.

◆ ◆ ◆

## PW 231 – A EDUCAÇÃO INTEGRAL DA NOVA ERA

Cada pessoa tem uma contribuição única a dar à sociedade. Ao criar um canal para que haja plena consciência do processo, o seu potencial certamente será despertado. Para isso precisa compreender as Leis e os processos do Eu Interior, bem como desenvolver o seu intelecto. A educação integral é o instrumento para conhecê-los, uma via de mão dupla, interior e exterior, em contínua alternância. O plano interior deve despertar o Eu Superior, sua singularidade e potenciais ilimitados de criatividade, assim como facilitar o conhecimento das armadilhas do eu inferior. A outra faceta é encaixar o aprendizado exterior e os seus conhecimentos, sem os quais é quase impossível trazer seu Eu Interior à tona. Isso pode ser ensinado como um aspecto substancial em todo currículo escolar, iniciado ainda com as crianças, eliminando máscaras prestes a se formar e tornando a sua purificação mais precoce.

As crianças têm milhões de perguntas que deixam muitos pais e professores entediados e impacientes. Na melhor das hipóteses são dadas a elas respostas incompletas que dificilmente são realistas ou que não as levam a sério. É muito importante que elas cultivem essa curiosidade, pois quando esmagada, o processo se torna um sombrio "dever" que tira o espírito e a vida da aprendizagem. Os pais devem respeitar as crianças e alegrar-se com as perguntas feitas. Não precisam se esforçar e fingir que sabem mais do que sabem, basta que sejam honestos e interessados. Se possível, não deve haver punições, o que demanda criar um clima adequado. Quando reina a atitude de que a aprendizagem é "o preço a pagar" para se divertir, fica implícita a suposição de que a criança detesta aprender, o que acaba se transformando na crença dela.

A autodisciplina é fundamental, sem ela nada se ganha, nada se consegue na vida. Espontaneidade e autodisciplina não se excluem mutuamente, são forças que se interagem e se complementam. Existe uma imagem de massas muito generalizada que confunde viver em liberdade com ceder à linha de menor resistência e que a autodisciplina é o tédio de uma labuta. Talvez isso não seja dito, mas está no ambiente, na expressão emocional e na sensação que se espalha. É algo muito distante da verdade, pois a liberdade real, com toda a sua alegria e autoexpressão, não pode existir sem autodisciplina. A disciplina imposta, descartada sob qualquer hipótese a tirania, só deve existir quando a autodisciplina estiver ausente, quando o indivíduo agir de maneira destrutiva em relação ao ambiente ou a si mesmo.

Aquele que adquire consciência e consegue aceitar o seu eu inferior sem se rejeitar totalmente, por ser sabedor da sua Natureza Divina, consegue perceber o eu inferior dos outros sem que isso o afete diretamente. Ao contrário, enquanto ainda lutar contra isso, o conhecimento dos seus aspectos negativos e do outro irá lhe provocar ansiedade e desconforto. A compreensão muda completamente na medida em que se aceita e se enxerga como é, simultaneamente como eu inferior e Eu Superior, com a máscara começando a se desintegrar. A pessoa se liberta, compreende sem agitação, percebe sem perturbação, vê com clareza que não gera raiva ou medo. Na Nova Era as escolas integrais serão permeadas por essa Nova Consciência, fazendo com que as crianças se percebam na mais vibrante aventura, alegrando-se por saber como as coisas de fato funcionam, em compatibilidade à sua maturidade intelectual e emocional.

◆ ◆ ◆

## PW 232 – VALORES DE ESSÊNCIA VERSUS VALORES DE APARÊNCIA

Existem basicamente dois sistemas de valores pelos quais o ser humano é regido e com os quais opera. Um é o valor existencial, de essência, e o outro é o valor de aparência. Apenas alguns poucos, por já terem cruzado um longo caminho de autopurificação e transformação, atuam sempre por seus valores reais, pela coisa em si, não em função da aparência aos olhos dos outros. Porém existem vários graus, uma pessoa pode agir assim em certas áreas da vida, mas ainda estar presa à importância da aparência. Os valores de aparência sempre visam a impressão causada nos outros. Isso pode ser bem óbvio e patente, mas também sutil e dissimulado, atrelado a expectativas semiconscientes e a preocupações sobre "o que vão pensar de mim". O medo de que os outros tenham reações negativas produz enorme ansiedade. É algo traiçoeiro e muito perigoso, pois separa a pessoa da sua realidade interior, do seu Eu Real, da verdade do momento e da sinceridade do seu envolvimento.

Os valores de aparência conotam uma inverdade em que a pessoa visa, direta ou indiretamente, angariar poder ou vantagens sobre o outro. Sempre que há um conflito, ao menos uma das pessoas está presa a esses valores, possivelmente sem o saber. Ao ser respeitada ou elogiada, ela experimenta uma intensa gratificação e autoconfirmação momentâneas e até uma alegria temporária, mas são sensações não assentadas em solo firme. E quando a admiração e a aprovação são omitidas ou transformadas em críticas, seu chão balança e ela se sente perdida. Os valores existenciais, ao contrário, são tão enraizados naquele que se guia realmente por eles, embora as injustiças e a intenção de desvalorizar possam machucar, que a verdade inabalável da sua essência prevalece. Isso significa fazer o melhor possível para que a atividade cumpra o seu objetivo intrínseco, algo construtivo a si e aos outros, sem se importar em impressioná-los ou mesmo sem se fazer perceber. Não faz diferença se consiste de uma importante contribuição humanitária, uma obra de arte, um projeto científico ou a mais usual das tarefas diárias.

Quem é dominado por valores de aparência tem a autoestima constantemente corroída, pois lá no fundo sabe que não é autêntico. Não consegue se conectar com a identidade do seu Eu Superior. Age em função de algo que quer obter por orgulho ou vaidade e, bem no fundo, duvida de si mesmo. Ao despertar desconfianças e críticas, a pessoa não consegue encontrar o seu próprio centro. Talvez não lhe falte integridade na questão específica, mas por trair seu verdadeiro sistema de valores, ela não tem o senso de Real Identidade. Quando os valores de aparência dominam, a pessoa não sabe até que ponto ela e os outros estão certos ou errados. Muitas vezes nem mesmo se permite saber, pois o que realmente deseja parece capaz de diminuir a sua autoimagem, sendo para ela preferível granjear falsos elogios e admiração. Ao encontrar problemas no que cria, olhe para a desordem e para a contradição dos seus pensamentos e sentimentos. Perceba como decorrem do nível de aparências no qual opera. É por decidir, em todas as horas e atividades, dar o melhor de si de forma íntegra, por Puro Amor por si mesmo, pela vida, por Deus que surgirá aos poucos um conhecimento íntimo e descontraído, uma profunda paz e clareza que ninguém pode tirar. É um estado de segurança e felicidade sem defesa alguma, resultado da verdadeira autoestima que só pode ser assentada sobre valores existenciais.

◆ ◆ ◆

## PW 237 – LIDERANÇA E FRUSTRAÇÃO

Em seus conflitos as pessoas invejam a capacidade de liderança do outro. Elas se tornam competitivas e se enchem de ciúmes, escondendo tais sentimentos, mas se ressentindo deles. Velhos problemas com autoridades são reativados. Elas as consideram persecutórias, injustas e punitivas. Forma-se uma dicotomia angustiante, por um lado, ressentimento e inveja, por outro, o desejo real de também ser um líder. Mas a parte subdesenvolvida, que frequentemente prevalece, não quer assumir as responsabilidades que acompanham a liderança. Em um nível neurótico espera-se quase um deus pessoal e tendencioso como grande líder, alterando magicamente a vida e as Leis Universais para o seu próprio benefício.

Muitos querem os privilégios da liderança, no entanto sem pagar o preço necessário da doação verdadeira. Alguns até assumem compromissos, mas se entregando com segundas intenções, motivações subliminares e barganhas. Só que isso não é doação e deixa a todos com a sensação de vazio. A verdadeira doação é um ato muito simples que inclui o pensamento e a intencionalidade por detrás. Nela a pessoa afirma querer enriquecer a vida não para engrandecer seu ego, mas em nome da Divindade que se manifesta por seu intermédio. Essa atitude proporciona autoestima e sentimento de merecimento da abundância tão reclamada em dias de carência. A doação real é um ato de amor, se a pessoa não ama e não quer aprender a amar, não poderá preencher os seus anseios mais profundos.

Uma qualidade muito necessária à liderança é a capacidade de ser imparcial e objetivo. As pessoas até admitem quando têm um ponto de vista fixo e não querem mudá-lo, mas, em sua distorção, ainda assim alegam que são objetivas. Só que isso não é possível, suas avaliações nunca serão objetivas enquanto contaminadas por ressentimentos, culpas e cobiça. Um líder precisa ter a grandeza de reconhecer quando predominam essas e outras emoções perturbadoras que o impedem de ser objetivo. Outra qualidade do verdadeiro líder é a disposição para expor-se a críticas e para lidar com frustrações. Liderança significa um arriscar constante, quem não pode suportar a dor momentânea de ser mal-entendido e criticado não tem bases sólidas para exercê-la. Sem isso a vida fica restrita a limites muito estreitos, tornando-se frágil e vulnerável. Se houver um intenso desejo de conseguir algo, mas também um temor igualmente forte de que a sua falta não possa acontecer, haverá um doloroso conflito que irá dificultar o processo. Ao tentar pressionar a vida para lhe dar o que quer sem superar essa dualidade, a pessoa não só não aprende a alcançá-lo, como se põe ainda mais frustrada.

Para lidar bem com a frustração é necessário primeiro relaxar o medo e a raiva decorrentes, considerando a possibilidade de serem reações parciais e enganosas. Então é preciso buscar de forma deliberada e renovada o seu significado. Não há frustração que não encerre uma lição valiosa e libertadora. Isso trará uma nova confiança e visão consciente por trás de todas as coisas. Então, em um passo final, talvez seja possível focalizar a frustração de forma meditativa. Ao reverter totalmente de atitude, passando de rejeitadora a receptiva, será possível acessar a sua Divindade Interior. Ela é a mais elevada realização imaginável, muito além da tentativa de buscar fortalecer a sua autoestima. Trata-se do ponto no qual a frustração é transcendida, dádiva que jamais virá negando o sentimento que tenta fraudar a dor que o atinge.

# MÓDULO XII - OS PROCESSOS MENTAIS

As pessoas geralmente temem serem inadequadas, rejeitadas e menosprezadas, adequando as suas defesas para isso, em busca de resolver problemas que de fato não existem. Quando estão ancoradas em serem aprovadas pelos outros, através dos quais esperam ganhar identidade, respeito próprio e felicidade, elas não podem compreender os seus sinais internos. Ficam desconectadas de si mesmas, oscilando entre alternativas contraditórias, confusas sobre o que é certo ou errado. Quanto mais procuram fazer com que o outro lhes dê o que só podem encontrar em si mesmas, mais são levadas a trair a sua verdade e a do universo. E quanto mais se traem, menos se gostam e mais buscam aprovação externa para tentar atenuar as suas dúvidas. Se isso se mantiver oculto, a discrepância com as suas emoções será ainda maior, fazendo com que o rancor e a hostilidade se consolidem em egoísmo destrutivo. Só é possível eliminar a covardia do conformismo ou a necessidade de ser maior do que os outros tendo coragem e humildade para questionar essas questões. Somente sendo autênticas passarão a se respeitar e a gostar de si mesmas.

A luta humana tem sido projetada no exterior desde os seus primórdios, mas o embate é sempre consigo mesmo. As pessoas estão tão ocupadas em seguir reflexos de hábitos consolidados que raramente experimentam a vida com independência. São condicionadas a pensar como devem reagir, com ideias e comportamentos preconcebidos. A tensão em evitar as frustrações, pela convicção de que elas são muito dolorosas, faz com que os seus momentos não sejam verdadeiramente experimentados. E por achar que vida não pode ser apenas a frugal experiência do cotidiano, perdem o seu significado, sem saber que cada instante contém toda a vida. Os defeitos reais jamais levam ao desalento. Este se deve aos falsos veredictos pronunciados contra si mesmo ou contra o mundo, ligados a problemas ilusórios. O homem quer a perfeição, mas ela ainda não existe. Em vez de reconhecer-se imperfeito e trabalhar para atingir o ponto que deseja, ele se revolta contra ter que fazer esforços para se tornar o que quer ser. O único meio de gerar uma base segura para a vida é retirar a máscara criada com tanto afinco. Aquele que é espiritualmente desenvolvido e capaz de amar certamente não o amará menos; e quem é imaturo, portanto incapaz de amar, não vai deixar de fazê-lo, pois ninguém pode dar o que não possui.

Se o homem não acredita ser possível viver na alegria e na abundância, é porque se sente indigno e se nega a isso. Por medo de se escutar, ele não assume responsabilidade pelo que expressa, ignorando que a palavra interior cria vida. Um pensamento pode ser revisado, rejeitado e debatido, por isso é tão importante questioná-lo antes. A palavra já é a sua manifestação, o princípio da criação. Não se trata de repetir citações sublimes, mas incompatíveis com os níveis de consciência. É preciso coragem e humildade para penetrar nos níveis profundos de onde a palavra ecoa com todo o sentimento e convicção. A Realidade Final da alma conhece a sua Divindade, o seu poder de fazer e desfazer o eu de muitas formas jubilosas. A distorção dessa verdade vem da onipotência existente nos aspectos infantis do adulto. Nesse estado imaturo, a vontade egoísta e destrutiva impõe a ausência imediata de obstáculos, não importam as consequências. O mal reside no inconsciente, a consciência exterior precisa tratá-lo com firmeza, mas também com respeito à sua parte imatura e distorcida. É a dignidade pessoal que se deve ter com um ser que não pode ser coagido para que venha a encontrar o seu caminho.

◆ ◆ ◆

## PW 10 – A IMAGEM PROJETADA DA REALIDADE E OS PRINCÍPIOS MASCULINO E FEMININO

O estado mental e emocional do homem parece não fazer parte da sua realidade, pois ele não percebe os seus pensamentos e sentimentos como algo que possa ver e tocar. Mas no mundo espiritual os pensamentos e sentimentos produzem formas nítidas, o que torna fácil vê-los como construtores da paisagem, do ambiente, do vestuário e de todos os demais elementos da vida. O tempo e as dimensões também são bem diferentes na Realidade Espiritual. Quando o homem se livra do corpo, ele vai para dentro de si mesmo, em uma esfera compatível, pois todo o universo está efetivamente nele. O mundo material não é, de fato, a verdadeira realidade, mas apenas um reflexo, uma imagem projetada. O corpo, que encerra o espírito, ocasiona a separação. O que o homem considera abstrato, no mundo espiritual é concreto, tem forma, embora não possua densidade. Todo ser espiritual com determinado nível de elevação, purificação e limpeza é capaz de desintegrar-se, fundindo-se com as Correntes Divinas, para depois readquirir os fios fluidos de um ser de forma ("Gestalt"). No entanto, isso não o faz perder a sua individualidade, não sendo a consciência do eu, portanto, oposta ao derradeiro Estado de União.

É difícil compreender que a matéria, sentida pelo homem com um simples toque, é apenas um reflexo do universo que está em si mesmo. Talvez essa dificuldade possa ser parcialmente superada pela meditação, algo que depende muito do seu desenvolvimento pessoal. Neste caminho recomenda-se meditar de maneira não esquematizada, buscando ver onde estão e quais são os seus problemas, bloqueios interiores, falhas e fraquezas. Na meditação há que harmonizar os princípios masculino e feminino encontrados em todas as manifestações da criação. O princípio masculino é ativo, com maior participação dos pensamentos, enquanto o princípio feminino é passivo, fluindo mais com os sentimentos. Se um elemento masculino incomoda a mulher, é porque ela não vive plenamente no sentido espiritual. Se ela se desenvolver em harmonia, esse elemento masculino se transformará em algo positivo. O mesmo ocorre com o princípio feminino no homem. Mas de nenhuma maneira o elemento masculino precisa se transformar em feminino ou vice-versa.

O ser espiritual que ainda se submete ao ciclo de vida e morte normalmente tem um polo masculino ou feminino predominante que define o sexo com que encarna. As encarnações são sempre no sexo que corresponde à natureza do ser, podendo haver exceções em algumas delas. Quanto maior o desenvolvimento, mais as correntes da alma se ajustam e maior é a integração dos princípios. A divisão foi consequência da separação de Deus. É no retorno a Ele que esse equilíbrio é restaurado. A separação entre os sexos continua no ciclo de encarnações, mas não existe nos mundos espirituais mais desenvolvidos. A partir de um determinado desenvolvimento, o ser espiritual passa a tomar parte na decisão de reencarnar. Um pode querer viver com seus créditos transformados em boa saúde, outro querer riqueza e um terceiro pode buscar por evoluir mais depressa. Este já compreendeu que os prazeres terrestres são pouca coisa em comparação à felicidade proporcionada pelo seu progresso espiritual. Mas os seres elevados do Mundo de Deus, encarregados de definir essa escolha, não propiciam a evolução espiritual sem esforço. Na vida são oferecidas situações que exigem decisões baseadas no livre-arbítrio. Embora não falte guiança, é necessário um tenaz empenho pessoal para atingir a felicidade oriunda da libertação espiritual.

◆ ◆ ◆

## PW 31 – VERGONHA

Se o homem não é feliz, apesar das dificuldades externas, é porque nega ao espírito o caminho do desenvolvimento e do conhecimento de si mesmo. Orgulho, obstinação e medo são os três fatores responsáveis por toda infelicidade, toda inverdade que existe na alma humana. Um contribui para fortalecer o outro, em diferentes graus e combinações. Uma das suas consequências é o tipo errado de vergonha, um complexo de culpa destrutivo e negativo que o faz se sentir tão ruim a ponto de desistir de si mesmo. Essa atitude expressa a preguiça impeditiva de se levantar e se empenhar para eliminar o que está errado em seu íntimo. O tipo construtivo de vergonha, ao contrário, significa arrependimento real. Quanto mais ele for negado por si mesmo, mais amor e respeito serão exigidos dos outros para compensar a falta de respeito próprio. A não autoaceitação denota falta de humildade para se encarar como é agora. Em suas emoções, as pessoas querem a perfeição quando ela ainda não existe. Em vez de se reconhecerem imperfeitas e trabalhar para atingir o ponto que desejam, vivem negando fazer o esforço interior para se tornarem o que querem ser. Esse tipo errado de vergonha significa orgulho, preguiça e fuga da realidade, o que as faz se sentirem culpadas, mas não por causa dos verdadeiros defeitos que possuem.

O orgulho que traz a necessidade de suscitar respeito e amor do outro agrava o problema, fazendo com que a pessoa esconda o que realmente pensa de si mesma. Ela não ousa se mostrar como é porque as suas emoções lhe dizem que se for autêntica será desprezada. Trata-se de um círculo vicioso, pois quanto maior a falta de respeito próprio, mais importante se torna buscar o respeito dos outros. Uma máscara então é criada, fazendo dela uma impostora sutil, tornando-a ainda mais implacável consigo mesma e aumentando o seu autodesprezo. Cada um sabe como reage disfarçando, escondendo a sensação, parecendo não ter aquilo de que se envergonha. Esse é o muro que a separa dos outros, impedindo reconhecer-se realmente amada e apreciada. O tipo errado de vergonha cria um estado mental que não é apenas doentio, mas também gera uma sensação cada vez maior de solidão, arrastando para profundos conflitos emocionais. Enquanto não angariar coragem e humildade para interromper esse processo, no qual muitos até se apaixonam por alguns de seus defeitos, não haverá como superá-los. Nunca é por demais repetir, porém, que embora ser autêntico inclua aceitar seu eu inferior, isso jamais significa agir de acordo com as tendências dele.

Depende apenas de si mesmo dar o corajoso passo de assumir o que ainda é. Somente assim será possível conquistar verdadeira segurança e valorização. Quem é espiritualmente desenvolvido, capaz de amar, certamente não o amará menos. E aquele que é imaturo, incapaz de amar, não vai deixar de fazê-lo, pois não é possível dar o que não possui. Uma pessoa assim se encontra igualmente ansiosa por obter afeto, admiração e amor para atenuar a sua falta de respeito próprio. O único meio de formar uma base segura para a vida é retirar a máscara criada com tanto afinco. Não se trata de sair contando segredos para todas as pessoas, nem mesmo do que é dito, trata-se muito mais da atitude interior. Toda criatura merece amor e respeito, quem pensa que não, o faz pelo que também mantém escondido. Nessa visão distorcida, sofre de solidão e continua sutilmente fingindo. Falta-lhe o trabalho espiritual, mas que não tem utilidade se impessoal, abstrato ou focado apenas no exterior. Talvez ajude saber que há uma qualidade por trás de cada defeito, que eles são apenas a distorção de algo que, em sua origem, era bom e puro.

◆ ◆ ◆

## PW 32 – TOMADA DE DECISÕES

O ser humano, em sua maioria, é incapaz de tomar decisões emocionais bem definidas e maduras. É por isso que a alma adoece e sofre, gerando confusões e conflitos. Na maior parte dos casos, muito mais do que a própria escolha em si, importa decidir de maneira consciente, completa, sem fugir dos problemas e dos possíveis resultados. Uma atitude assim é infinitamente mais saudável do que uma decisão melhor e mais apropriada, mas tomada de forma inadequada. O erro está em decidir sem convicção, desejando com base na ilusão de que não será preciso pagar o preço. No mundo material, em cada alternativa há vantagens e desvantagens. Nas altas esferas espirituais, o lado negativo deixa de existir. E nas esferas inferiores de escuridão, é quase como se nenhuma das opções possíveis trouxesse benefícios. Mas mesmo na Terra, o desenvolvimento espiritual pode abrir caminhos para as esferas superiores e minimizar as desvantagens das decisões. Para alcançar esse ponto é preciso conhecer as Leis Espirituais que regem este mundo, aceitá-Las e segui-Las de bom grado, sem que a vida o obrigue a fazê-lo. Há que incluir também a incerteza, pois não há planos sem riscos. Ninguém que tome uma decisão dessa maneira vai se lamentar posteriormente.

Até certo ponto muitas pessoas aprenderam a decidir adequadamente em aspectos mais superficiais da sua vida. No entanto, há muito poucos que tomam decisões emocionais dessa maneira. Esperam obter vantagens em cada alternativa e ser poupados das desvantagens. Mas a vida não pode ser fraudada, fatalmente quem age assim irá receber uma lição dolorosa dela. Buscar por vantagens sem arcar com as responsabilidades sobre as consequências das suas decisões viola a Lei Espiritual da Autorresponsabilidade. A atitude comodista de não querer pagar o preço é um impeditivo para a obtenção da verdadeira felicidade e segurança. Querer o desenvolvimento espiritual e a paz de espírito sem ter que fazer esforços sérios equivale a um furto espiritual. A falta de vontade é um grave empecilho, mas o excesso de ambição, desvirtuado em obstinação, atrapalha tanto quanto. Tal corrente de desejo é doentia e tira a própria paz, tornando a pessoa implacável na busca do seu objetivo à custa dos outros.

São poucos os que têm força para fazer escolhas emocionais corretas, pois temem perder seu aparente conforto conquistado com dissimulações sonegadas da consciência. Porém ninguém pode se sentir à vontade nem realmente amado pelo que não é. As pessoas não percebem que jamais são rejeitadas por suas carências reais, por seu Eu Real, mas pelas máscaras que usam na vida. Claro que há casos em que a máscara escolhida é tão desagradável que o indivíduo acaba duplamente rejeitado. Cada um pode ajudar o outro a eliminá-la, o que se faz retirando as suas próprias e buscando vê-lo como é, não como um quadro retocado. Muitos acabam se ressentindo com aqueles que o amam, percebendo o amor recebido como parcial e enganoso pela máscara que usam. E também acreditam que se não agirem da forma esperada, o amor que recebem será comprometido. Existe orgulho, intolerância e falta de compaixão por trás da necessidade de não aceitar o outro. O melhor presente que pode ser dado a alguém é amá-lo pelo que ele é, sem precisar fechar os olhos às suas imperfeições. Não se trata de ser conivente com os defeitos dele, mas de não o induzir a se comportar de acordo com a sua imagem idealizada.

◆ ◆ ◆

## PW 45 – O CONFLITO DOS DESEJOS CONSCIENTES E INCONSCIENTES

A finalidade maior da vida é a purificação e o autoconhecimento. Em grande medida, a purificação ocorre pelo simples fato da pessoa se conhecer de maneira completa e cabal. Mas não é possível mudar os sentimentos e as reações emocionais apenas por um ato de vontade, é necessário entrar em contato com a sua Verdadeira Natureza. Existe ao menos um desejo por trás de toda reação emocional, de raiva ou irritação, de alegria ou otimismo, qualquer que seja. Mesmo ao desejar algo bom, muitos sentem desarmonia, ignorando que isso se deve por outras motivações que estão no seu íntimo. Mas o desejo nobre os convence de que ali não há nada de errado, dando de ombros à parte oculta que coexiste na mesma corrente. Não há como adquirir consciência concisa e explícita desses desejos sem o esforço de averiguar com frequência as suas reações cotidianas. Trata-se de um saudável estado de verdade, embora não seja ainda lisonjeiro. Lentamente será possível constatar uma mudança de consciência, quando as emoções de fato começarão a ser diferentes.

Do ponto de vista espiritual, os sentimentos produzem as mesmas formas que os pensamentos, embora as emoções sejam mais poderosas e intensas. São fracas as convicções, opiniões e visões não fortalecidas pelas emoções. As formas se dissolvem mais rapidamente do que aquelas que não as contêm. Portanto, é mais difícil rever e modificar uma opinião ou uma atitude quando há fatores emocionais envolvidos. A alma humana é pautada por hábitos, sendo necessário entregar muita dedicação, paciência e humildade para superar a tentação de comodismo e orgulho. As emoções, quando conscientes, se transformam em pensamentos, tornando as atitudes resultantes passíveis de serem tratadas pelo crivo da razão e da vontade pessoal. Isso é bem mais apropriado do que quando os atos são controlados por emoções e pensamentos inconscientes, ainda que lógicos.

Há tanta confusão gerada por desejos conflitantes, principalmente quando suprimidos antes de serem considerados, que desatar os nós desse enrosco exige muito trabalho. Ao ocultar tal estado de coisas, o intuito é se livrar do conflito, mas na verdade isso só agrava o problema. A parte imatura, por ódio e vingança, já que não pôde amadurecer, quer apenas que os desejos se anulem reciprocamente. Esse núcleo de desejos conflitantes é encoberto por outros superficiais e razoáveis, mas tudo permanece fermentando em seus bastidores. Impulsionados por arraigadas imagens, os desejos, sentimentos e pensamentos inconscientes são poderosos campos de força, despertando pessoas e situações que lhes correspondem. Também existem muitos espíritos à volta que são atraídos por algumas semelhanças básicas. Quanto mais autoconsciência, maior o controle sobre si mesmo, logo também maior a independência dessas influências.

Para descobrir as imagens subconscientes que produzem desejos conflitantes, é importante primeiro examinar as reações na infância, depois as reações atuais, até que os dois lados formem um só quadro. Isso permitirá entender por que alguns desejos são mais potentes, por que são entrecortados por outros contraditórios e por que foi escondida a existência deles do eu consciente. Reconheça e analise as suas emoções, mas sem projetá-las nem transferir a sua responsabilidade aos outros. Quanto maior a consciência de si mesmo, mais altruísta é preciso ser, ao menos com respeito ao efeito sobre o meio que o rodeia. Todos têm um "anjo da guarda", que é mais forte e poderoso na medida do desenvolvimento e da responsabilidade de quem protege em relação ao Plano Divino. Quanto mais uma pessoa se voltar para Deus, mais perto esse mentor espiritual poderá chegar. Peça ajuda e faça por merecer.

◆ ◆ ◆

## PW 68 – A REPRESSÃO E OS PROCESSOS DE PENSAMENTO

Um dos males mais comuns da humanidade é a tendência a generalizar e a padronizar. A dependência de opinião e aprovação públicas leva o homem a formar imagens subconscientes que o privam do melhor da sua natureza. Seu desenvolvimento espiritual foi muito obstruído por regras religiosas e, mais recentemente, por dogmas de vida materialista. Regras e dogmas são válidos para alguns tipos óbvios de condutas, como contra crimes e a favor de leis sociais benéficas à comunidade, mas a espiritualidade é algo eminentemente de cunho pessoal. Sempre que se curva às regras da sociedade à custa da repressão da própria evolução, sua alma passa a sofrer e a perder a direção. O que é errado para uma pessoa pode ser a coisa certa para outra, talvez exatamente o modo de vida que precisa para se desenvolver. Mas em muitos casos os seus pensamentos são disformes e incapazes de produzir o que ela realmente necessita.

Os processos de pensamento ocorrem em diferentes níveis ou camadas, podendo se distinguir entre pensamentos de frente e de fundo. Os de frente, quando não escapam furtivamente para o fundo, caracterizam-se por serem acompanhados até o fim, sendo voluntários, bem definidos e concisos. Os pensamentos de fundo vêm sem ser chamados, são desorganizados e predominantemente não construtivos. São vagos e ilusórios, sintomas de fantasias, de emoções arraigadas ou de conflitos íntimos não expressos, automaticamente repetidos em fragmentos de situações. Tanto por serem dissociados das necessidades reais, quanto ignorantes dos obstáculos humanos, caso não sejam transformados em pensamentos de frente e analisados pelo seu valor real, tornam-se muito destrutivos. Interrompem os pensamentos voluntários, sobrepõem-se à sua vontade e impedem a pessoa de tomar as rédeas da própria vida. O material de fundo dispersa a mente em muitas direções, exaurindo-a sem que ela perceba. Essa desordem é universal, havendo poucas exceções. Ainda assim, muitas dessas exceções aprenderam a controlar os seus pensamentos pela supressão das suas emoções, o que acaba anulando o benefício que teriam.

Ao invés de proibir-se de pensar o que parece indesejado, é preciso fazer o oposto, transferindo os pensamentos de fundo à frente, avaliando o seu significado e aprendendo a descartá-los. Se assim o desejar, escolha um horário e um lugar onde não seja incomodado. Sente-se confortavelmente, mas não se deite. Fique bem calmo, relaxe sem fazer qualquer esforço ou pressão. Respire muito calmamente, seguindo os movimentos abdominais da respiração, para cima e para baixo. Se preferir, imagine um ponto entre os olhos, o que for mais fácil. Esteja preparado para que sua mente seja perturbada por pensamentos de fundo. Aguarde e observe calmamente, caso não sejam de muita importância no momento, descarte-os sem ficar impaciente consigo mesmo. Fragmentos de pensamentos entrarão em cena sem serem convidados. Na maior parte do tempo eles são tão fortuitos e sorrateiros que só podem ser notados após algum tempo. Sempre que o fizer, tente se lembrar do que foi "forçado" a pensar. Escolha entre adiar a análise desse material ou fazê-la imediatamente, retomando a meditação em outra oportunidade. A repetição dessa prática aos poucos o fará vigilante dos seus pensamentos, permitindo começar a sentir o que realmente quer dizer calma e serenidade. Isso trará um grande poder de discernimento, vitalidade, memória, metas mais claras e significativas e maior habilidade para fazer funcionar a sua vontade interior.

◆ ◆ ◆

## PW 130 – ABUNDÂNCIA VERSUS ACEITAÇÃO

Quase todos os grandes ensinamentos espirituais trazem duas filosofias aparentemente contraditórias. Uma diz que para lidar bem com a vida é preciso aprender a aceitar o que não é possível mudar, aquilo que está além da sua zona de influência. Afirma que a falta de aceitação aumenta as dificuldades, cria desarmonias, ansiedades e afasta a paz de espírito. A outra diz que o sofrimento é totalmente desnecessário, que o destino é moldado pelo homem, construído por suas condutas. Postula que o Verdadeiro Despertar Espiritual se dá pela descoberta de um universo de absoluta abundância, disponível aqui e agora. Então, onde está a chave que unifica essas doutrinas? A resposta repousa no elemento medo. Quanto mais teme o desapego, maior é o seu desequilíbrio e mais ele se distancia do seu destino final. É preciso aprender o delicado equilíbrio entre conduzir o seu barco pelos rios da vida e a habilidade de se desapegar, entregando-se ao que parece desconhecido. Quem deseja a felicidade porque teme a infelicidade, nesta permanecerá. Mas se deseja ser feliz simplesmente porque se sente merecedor de compartilhar a Infinita Abundância Divina, não haverá impedimento à realização.

Os três maiores bloqueios do homem são o orgulho, a obstinação e o medo. Nessa tríade, orgulho e obstinação são facilmente vencidos quando não houver mais medo. Sem o temor de ter a dignidade ferida, qual a necessidade do falso orgulho? E por que da obstinação cega sem o medo de ser controlado pelo imponderável? A aceitação temporária das suas limitações não significa resignação à tragédia e ao sofrimento. Significa apenas passar por uma fase de menor expansão e contentamento, acolhendo o estado presente, sem temer a situação. O principal elemento do medo não é o evento indesejado em si, mas a qualidade do desconhecido nele. Isso se aplica à experiência de morte que é, na verdade, bem mais fácil e natural que a do nascimento. Ao largar o corpo físico, uma forte imagem de massas mobiliza tanto medo que o registro do evento é impossibilitado. A mente, por ignorar os fatores da morte, teme os elementos desconhecidos dela, anestesiando-se em grande medida. O baixo nível de consciência daquele momento faz com que a verdade não seja impressa. O pouco que fica registrado acaba não sendo absorvido, o que explica o porquê da alma precisar de tantas repetições para se livrar do medo da morte.

Quando comprime a alma, o medo impede que o homem se conecte às Forças Divinas que desejam envolvê-lo e suavemente conduzi-lo à fruição. Ele se opõe a Elas como se fossem o seu inimigo. Na realidade, o inimigo está dentro de si mesmo, produto dos seus falsos medos, conceitos errôneos e limitações desnecessárias. O grande perigo que acredita inevitável é menos ameaçador se trazido para perto de si, ao deixar-se conhecer. As experiências negativas, quando atraídas pelo medo, são muito mais difíceis de suportar do que as que resultam de limitações naturais. É essencial descobrir onde o negativo é temido, o que o faz se agarrar ao que erroneamente julga como o seu oposto positivo. É o que viabiliza se livrar do medo, permitindo experimentar a abundância da vida como alguém livre. Este planeta é o resultado direto das consciências que o habitam. Quando entidades com consciências similares se reúnem, obedecendo à imutável Lei Espiritual da Atração, forma-se uma esfera de consciência. Naquelas onde o nível geral de percepção da verdade é maior, é inevitável haver menos circunstâncias limitantes.

◆ ◆ ◆

## PW 131 – INTERAÇÃO ENTRE EXPRESSÃO E IMPRESSÃO

A imagem de massas de que a felicidade só pode ser obtida em um futuro distante faz com que o homem a procure lá. Ela é perdida porque as soluções são buscadas muito além de onde está a resposta.

Mesmo que as circunstâncias sejam todas favoráveis, se o momento não for reconhecido e vivido plenamente, não haverá felicidade verdadeira. A visão do mundo e a atitude em relação à vida espelham a visão e a atitude para consigo mesmo, como é da Lei Espiritual do Reflexo. Há duas abordagens complementares que permitem alcançar a felicidade real. Uma é a "expressão", o esvaziar-se do que está dentro de si, de modo a ser reexaminado pela ótica da verdade. A outra é a "impressão", que é o direcionamento dos poderes interiores de modo a criar as circunstâncias favoráveis para tanto.

Esvaziar-se significa reconhecer que o problema contra o qual se luta não é real, mas fruto da imaginação, uma imagem. Com base nele muitos equívocos destrutivos surgem. As pessoas têm um medo constante de serem inadequadas, rejeitadas e menosprezadas por serem elas mesmas. Adequam suas defesas para conseguir resolver este problema que não existe, bloqueando a manifestação dos seus desejos legítimos. Assim, uma forte e inconsciente "corrente do não" opera contra os seus desejos conscientes. Somente tornando clara essa rejeição oculta será possível eliminar a sensação de desesperança. Enquanto apenas os desejos conscientes estiverem claros, sem enxergar a negação interior à sua realização, não será possível alcançá-los. É necessário trazer à tona o problema inexistente contra o qual se luta, pois é ele que bloqueia os desejos. Isso é expressar, esvaziar o vaso psíquico.

A impressão, por sua vez, ajuda a superar a resistência à expressão, bem como reorienta e reconstrói o eu pelo entendimento e enunciação da verdade. Mesmo quando o vaso interior ainda está cheio de substância turva que precisa ser deitada fora, é preciso haver uma constante interação com a impressão da verdade. Mas esta não vai surgir se for ignorada, tampouco se buscada com regras rígidas e dogmáticas, daí a necessidade de iniciar pela expressão. Tomar conceitos externos, ainda que verdadeiros, e aplicá-los sem reconhecê-los, não passa de imposição e autoengano. Ao exercitar a interação superposta da impressão volitiva da verdade, *pari passu* aos movimentos da alma que expressam o que está profundamente guardado, será possível encontrar harmonia e razão para confiar no seu Eu Interior. Isso feito, as forças e a criatividade, que não podiam se mostrar, conduzirão para a felicidade tão almejada. Não será o fim do crescimento, não será o fim do aprendizado, mas de uma luta vã da qual é preciso se desapegar.

Os defeitos reais jamais levam ao desespero. O desespero resulta de um falso veredicto, pronunciado contra si mesmo ou contra o mundo, ligado a um problema imaginário. Tudo de bom que existe no universo se encontra no homem, mas ele não consegue alcançar essa fonte quando não compreende a luta enganosa que ocorre no seu interior. É preciso voltar-se para dentro, ouvir os movimentos da alma e pedir que a fonte se manifeste. O homem tem muito medo de reconhecer em si mesmo a chave de toda a vida, de perfeita sabedoria, inteligência, força e beleza, porque acha que isso seria um orgulho descabido. Teme até pensar nisso, pois enxerga presunção, dando-se ares de que não merece. Para ser considerado uma criança boa e obediente, nega-se a tal possibilidade. Teme ser castigado pelo orgulho e se frustrar. Não quer correr o risco de se decepcionar, inviabilizando reconhecer a ilusão que o impede de ser verdadeiramente feliz.

◆ ◆ ◆

## PW 150 – GOSTAR DE SI MESMO E O ESTADO DE CONTENTAMENTO

As pessoas têm propensão a achar que se algumas coisas fossem diferentes elas poderiam finalmente ser felizes. Mas a felicidade não depende de acontecimentos externos ou de algo distinto do que já existe neste exato momento. Sempre que não está em contentamento, o homem se encontra em desequilíbrio, transgredindo Leis Espirituais. A felicidade coexiste na mesma medida da autoestima, de quanto a pessoa se gosta. É por violar a sua integridade pessoal que ela se reprova e desiste de si mesma. Os motivos do desamor próprio, quando não reconhecidos e aceitos, criam culpas falsas e normas de perfeição exageradas. Toda vez que ecoam opiniões prontas, existe algum tipo de oportunismo dirigido pelo medo. O automatismo com que certas condições e regras da vida são tomadas como certas impede a autonomia do eu. Mas muitas vezes aqueles mais rebeldes são os que têm as convicções mais arraigadas, expressando opiniões de massas e falsas limitações. Eles não se revoltariam contra a vida se não acreditassem que precisam se curvar a algo inevitável. A covardia de trair a verdade, com o intuito cômodo de ser aprovado pelo outro é, ao menos em parte, o verdadeiro motivo do desamor e do estado de descontentamento.

Na medida em que toma por certo o que lhe foi dito, explícita ou implicitamente, o homem acredita em regras que não são naturais e em fatos que lhe parecem inevitáveis. Nesta mesma medida ele se sente levado a provar que é especial e a se afirmar com orgulho. A covardia que conduz ao conformismo é a mesma do orgulho de ser o melhor. São faces da mesma moeda da dualidade. Só é possível eliminar esses dois sentimentos se houver coragem para questionar os fatos e humildade para não precisar ser maior do que o outro. Quem é autêntico a esse respeito se respeita e se gosta. Muitos fogem de si mesmos usando a linguagem de forma ambígua, fazendo com que a verdade se transforme apenas em um clichê. Se existir o conhecimento da verdade, ainda que seja difícil praticar os atos consequentes, ao menos não haverá autoengano. Aquele que encara abertamente o seu atual estado de espírito, qualquer que ele seja, compreende que pode ser feliz neste exato momento.

O homem não pode crescer enquanto fugir do que é, sendo necessário trazer sua verdade pessoal à tona. Quem deixa a Energia Vital fluir pelo corpo tende a sentir estímulos físicos autônomos. Mas geralmente assim ele se percebe em perigo, enfrentando no seu íntimo o conflito primordial entre continuar sozinho, longe da alegria, ou aproximar-se de si e do outro, mas talvez morrer. Funciona bem perguntar a si mesmo "o que eu não quero olhar neste momento?". As respostas surgirão na proporção da sinceridade e da força desse desejo. Sempre há um temor oportunista em áreas onde se foge da verdade, às vezes sob a capa de uma aparente rebeldia. Quanto maior a tentativa de fazer com que o outro lhe dê aquilo que só pode ser encontrado em si mesmo, tanto mais o homem é levado a trair a própria verdade e a Verdade Universal. E quanto mais se trai, menos se gosta e mais precisa da aprovação do outro para atenuar as suas dúvidas. É necessário reunir coragem e humildade para se respeitar e se gostar, antes de poder vivenciar o estado natural de pleno contentamento.

◆ ◆ ◆

## PW 163 – ATIVIDADE E RECEPTIVIDADE MENTAL

As pessoas quase não passam por experiências de maneira original em suas vidas. Estão tão ocupadas em seguir reflexos condicionados determinados pelo hábito, que raramente as experimentam com independência, sob a batuta do seu Eu Real. São condicionadas a pensar o que devem sentir a respeito, com ideias e reflexos preconcebidos. A tensão em evitar frustrações, pela convicção de que os momentos são muito dolorosos, faz com que eles não sejam verdadeiramente experimentados. E também por achar que vida não pode ser apenas a frugal experiência do cotidiano, perdem o real significado do momento, sem saber que ele contém toda a vida. O objetivo deste texto é mostrar como lidar com o inconsciente oculto, responsável por tal comportamento, aprendendo a aceitá-lo como ele se manifesta. Encará-lo como é pode fazer muita diferença, permitindo exercitar uma relação de tensão e descontração mais adequada na forma de ver a si mesmo. O conhecimento desses conceitos, embora não baste, pois eles precisam ser vivenciados, é importante para trazer o clima propício à experiência

Existem duas forças ou atitudes importantes no universo e em cada personalidade humana. Uma é a "atividade", a iniciativa, o esforço, a ação. Trata-se da responsabilidade por si mesmo, da independência e autonomia, do poder do eu. A outra é a "receptividade", aprendendo a esperar o que vier a acontecer. Engloba a percepção de fazer parte de um todo, confiando nos processos da vida com paciência e humildade. A atividade significa uma ação direta, a receptividade uma manifestação indireta. Ambos os modos funcionam de forma inadequada, ineficaz e até destrutiva se não estiverem equilibrados. É importante para todos descobrir a sutil interação entre essas duas grandes Forças Universais. A batida pulsante de tensão e descontração expressa a assimilação do masculino e do feminino, do ativo e do passivo, da iniciação e da recepção. Quanto mais harmonioso for esse ritmo de abrir e fechar, mais produtiva será a troca entre dar e receber.

O ego exterior, consciente e volitivo, precisa se comportar de maneira firme, mas descontraída. Precisa não ceder ao inconsciente resistente e destrutivo, mas também não o pressionar com impaciência. A luta interna do homem tem sido projetada no exterior há milênios, de modo que ele supõe que o que existe é apenas uma guerra entre o seu eu e a vida exterior, entre ele e os outros. Mas a luta é sempre consigo mesmo. A consciência deve tratar o inconsciente com respeito, mesmo à sua parte imatura, destrutiva e distorcida. É o respeito que se deve ter por um ser que não deve ser coagido para que possa encontrar o seu caminho. Uma mente exterior muito tensa e ansiosa impossibilita que o inconsciente se revele e se unifique ao ego.

Como o mal resulta da compreensão inadequada da vida, ele só pode ser eliminado reconhecendo o inconsciente. É por observar as próprias reações, deixando o movimento existir por si mesmo, permitindo-se sentir a dor da frustração e perguntando-se quão dolorosa ela realmente é, que as novas experiências se farão presentes e serão verdadeiramente sentidas. Observando-se com calma receptiva, aceitando o que está dentro de si, pouco a pouco essa dor tensa e antecipada se transformará em um agradável movimento de pulsação. Naquele momento será concebível reconhecer a sua

Verdadeira Identidade, a princípio aparentemente como outra manifestação qualquer. Ao se entregar com mais e mais vivacidade, aos poucos será possível saber que aquele Fascinante Eu é de fato você, e que você é Ele.

◆ ◆ ◆

## PW 164 – POLARIDADES: EGOÍSMO SAUDÁVEL VERSUS DESTRUTIVO

Quanto mais livre e consciente é o homem, menos incrustado e escondido ele fica e mais claramente seu ego registra os sinais internos. Indivíduos menos desenvolvidos, cujo Eu Real se encontra encoberto, podem seguir por extensos períodos sem sentir descontentamentos, sem registrar apreensões, dúvidas ou dor quanto aos desvios das Leis Universais. O Eu Real é quem diz à personalidade que ela está conduzindo algo de maneira errada. São mensagens que buscam restabelecer a saúde física, mental, emocional e espiritual. Por isso que as neuroses, dores e doenças também são sinais de saúde. Embora indesejáveis, elas decorrem da luta a favor desse equilíbrio. É preciso enxergá-las como sintomas oportunos que levam à realização e à felicidade. É fácil exagerar em seu combate frenético, pois as rebeliões imaturas do indivíduo realmente são destrutivas e devem ser superadas. No entanto as neuroses não são a causa do mal, mas os seus efeitos. Reconhecê-las como um sinal de saúde demonstra a transcendência do conceito dualístico. O que é bom e o que é ruim são indivisíveis partes de um mesmo todo. Por isso que aquele que supõe que o oposto do que deseja é totalmente mau, vive em um estado perpétuo de tensão. Quanto mais acreditar na necessidade de sacrificar a sua felicidade pelo que considera "bom" e "correto", mais alimentará, às ocultas, um egoísmo impiedoso no que se refere às suas inclinações emocionais.

O egoísmo tem sido considerado errado, mau e indesejável pela sociedade, enquanto o altruísmo como louvável, bom e correto. Raramente se vê que há formas saudáveis de egoísmo que protegem o direito inalienável da pessoa de ser feliz, de crescer e evoluir. Também é raro perceber que o altruísmo pode ser uma manifestação de destrutividade, fraqueza e de controle do outro para servidão. Nesses casos não há uma preocupação genuína com os direitos dos demais. Quando o homem está ancorado não no seu Eu Real, mas em ser aprovado por seus congêneres, através dos quais espera ganhar identidade, respeito próprio e felicidade, ele não pode compreender os seus sinais internos. Fica desconectado de si mesmo, oscilando entre alternativas contraditórias, confuso sobre o que é certo ou errado. Quanto mais oculto o seu conflito em evitar romper com a estrutura criada, entre ser "bom" e ser feliz, maior a discrepância das suas emoções. O rancor e a hostilidade decorrentes irão construir o seu egoísmo destrutivo encoberto.

Como alguém que negligencia a si mesmo e a sua felicidade pode amar de fato os outros? Em suas emoções e desejos ocultos, a eles é dada muito pouca importância. Tal conflito interior traz uma culpa crescente não acolhida. A rebelião, a raiva, a falsa sensação de bondade e o espírito de ser vitimado apropriam-se da sua psique. Interesses de estagnação próprios e de terceiros também vão contra os objetivos saudáveis necessários para romper com esse estado. É por isso que não ser mal influenciado, não se sentindo culpado pelo que não merece culpa verdadeira, é uma grande luta e requer muita coragem. É preciso saber diferenciar o egoísmo saudável do destrutivo, para não cair no perigo de fingir que um é o outro, proclamando o que é destrutivo, separatista e exclusivista como saúde e autoafirmação. Ao considerar isso francamente e sem falso sentimentalismo, a coragem de fazer as escolhas corretas surgirá, permitindo que o indivíduo se torne cada vez mais o Ser Divino que é.

◆ ◆ ◆

## PW 233 – O PODER DA PALAVRA

Embora poucos percebam, todos estão envolvidos em um processo magnífico e universal, no qual o espírito penetra o que se afastou dele. Mas isso só pode acontecer completamente por uma profunda honestidade, coragem e integridade em revelar-se e transformar os aspectos inferiores do seu eu. Enquanto não agregada, a parte afastada existe por si mesma e cria o próprio impulso, com seus padrões particulares. Dessa forma a criação negativa acaba se tornando um dos aspectos mais fortes da vida desse ser, o aprisionando como se ela tivesse existência independente. Ele parece ser a vítima, mas é ele mesmo quem cria esse movimento, ainda que não o deseje de forma consciente. Cada um precisa perceber a importância pessoal e comunitária dessa tarefa, a partir de um lugar interior livre de vaidade e de orgulho. Um aspecto fundamental para isso é conhecer e utilizar corretamente o poder da palavra.

A palavra é um Ponto Psíquico Nuclear criador de movimentos e reações em cadeia, até se transformar em ação, fato e criação consumada. Não se trata de fazer citações sublimes, porém incompatíveis com o seu nível de consciência. Quem pratica de forma superficial a palavra positiva acaba sentindo como se a vida fosse injusta e indigna de confiança, pois dela muito comumente colhe experiências opostas ao que prega. O trabalho passa pela admissão franca e pela apropriação das intenções negativas e motivações do seu eu inferior, com o cuidado de não se ferir ou o outro. Isso requer uma postura de verdade, humildade e coragem oriundas do seu Eu Superior. Falar palavras que revelam princípios da Natureza Divina, mas que negam o eu inferior existente, demonstra orgulho por medo de expor o que ainda é imperfeito, além de preguiça pela esquiva em transformá-lo através do seu esforço pessoal.

A palavra é o produto do pensamento que a sustenta, sua manifestação inicial. Não é necessariamente consciente, articulada ou verbalizada. O pensamento é o conteúdo, a palavra é a sua expressão. A palavra que vem do interior do homem perfaz um sério efeito sobre o processo criativo. O problema é que, mesmo quando oriunda do eu inferior, leviana e sem nexo de causalidade, ela também tem esse poder. Se o homem não acredita na possibilidade de alegria e abundância em sua vida, é porque se sente indigno e se nega a isso. Daí a necessidade de ouvir seus ruídos internos, distanciando-se para avaliá-los por trás da névoa de separação. As pessoas estão tão ocupadas, com medo de se escutarem, que não assumem responsabilidade pelo que expressam, ignorando que as palavras criam vida. Um pensamento pode ser revisado, rejeitado e debatido, por isso é tão importante questioná-lo antes, enquanto a palavra já é a sua manifestação.

Para superar seus estados de infelicidade, as pessoas acham que tudo que precisam é ser amadas. Porém quando o amor lhes é dado, não importa o quanto desejem, elas não conseguem aceitá-lo. Receber depende diretamente de se sentir digno desse direito. E dar também, pois se não há consciência do próprio valor, o medo da frustração da rejeição bloqueia a palavra. Se alguém tem algo a dar e não é aceito, isso pode machucar. Portanto, quando outra pessoa aceita, ela também se doa. Mas para que dar e receber, amar e ser amado passem a ser para o homem a unidade que é para Deus, é preciso migrar do falso ao verdadeiro. Isso demanda coragem e humildade para penetrar em seus níveis interiores mais profundos, de onde as palavras ecoam com todo o sentimento e convicção.

◆ ◆ ◆

## PW 234 – PERFEIÇÃO, IMORTALIDADE E ONIPOTÊNCIA

Na Nova Era tudo leva à descoberta interior e à fusão das dualidades. Nela o homem descobre que não é perfeito, o que não significa que deva renunciar à perfeição; que não é imortal na forma material que vive agora, o que não significa que deva renunciar à imortalidade; e que não é onipotente, mas que não permanecerá para sempre limitado e separado. No nível exterior da personalidade, de fato o homem não é perfeito, é mortal e está longe de ser absoluto. Porém em seu âmago já existe a perfeição, a imortalidade e a onipotência. É somente por deixar de insistir em possuir essas qualidades de imediato que é possível saber o que é perfeito e imperfeito, vida e morte, poder e fraqueza. Mas o Deus Interior jamais força alguma coisa que o próprio eu não busque ativamente. Há que se ter cuidado para que o orgulho não o ensurdeça, impedindo-o de buscar ajuda dos outros que, de fora, muitas vezes podem melhor indicar o que o seu canal não consegue revelar. Muitos canais espirituais altamente desenvolvidos acabaram entrando em decadência justamente por ignorarem essa dinâmica.

A perfeição, no plano do ego, significa orgulho pela necessidade de tê-la para ser melhor do que os outros. Ao se comparar dessa maneira, há a ilusão de que existe uma cota limitada de perfeição disponível, parecendo ser necessário tomá-la dos outros. Ao mesmo tempo, o estado desenvolvido das outras pessoas parece diminui-lo. Assim, a perfeição é buscada à custa delas, o que anula a meta perseguida, pois nada poderia ser menos perfeito do que a cobiça, a inveja, a ambição estreita e a vaidade presentes. Fingir a perfeição também implica em profunda desonestidade por parte do seu eu inferior, aumentando a culpa e a difusa sensação de falta de valor. A humildade em renunciar ao perfeccionismo e a honestidade em pagar o preço do lento desenvolvimento pessoal são condições prévias indispensáveis para a felicidade, sendo, de fato, aspectos da própria perfeição.

A verdade da imortalidade também tem sido frequentemente distorcida, na tentativa de esconder o medo da morte. Aceitar tais princípios espirituais para negar esse sentimento é uma manifestação neurótica. Para a grande maioria dos seres humanos, a imortalidade não passa de palavras, pois ainda não lhes é possível conceber a transformação de consciência que ocorre quando o corpo é deixado para trás. De nada adianta dizer a si mesmo que acredita que tais sentimentos não devam ser temidos, para depois procurar evitar senti-los. É somente navegando pelo medo que é possível se livrar dele. Ao proceder assim todas as vezes que um sentimento de medo ilusório qualquer ressurgir, não restará, por fim, nenhum outro, inclusive o grande medo da morte.

O estado de onipotência tem sido igualmente desvirtuado pelo ego. A Realidade Final da alma conhece a sua Divindade, o seu poder de criar mundos e fazer e desfazer o eu de muitas formas jubilosas. Quando essa mensagem do Eu Superior é distorcida, a sua manifestação se dá como a onipotência existente nos bebês e nos aspectos infantis do adulto. Nesse estado imaturo, a vontade egoísta impõe a ausência imediata de obstáculos, custe o que custar aos outros, sejam quais forem as consequências. Tal senso de onipotência é a vontade de obter soluções mágicas para evitar a frustração, a dor, as dificuldades e o esforço de aprender com elas. Para que o homem possa ampliar verdadeiramentea a sua capacidade de criação, é fundamental renunciar à onipotência e às ilusões, tendo a humildade de aceitar as suas limitações inerentes a este plano de existência.

# MÓDULO XIII - OS PROCESSOS EMOCIONAIS

No mundo dos sentimentos experimenta-se o bom e o mau, a alegria e a tristeza, o prazer e a dor. Muito além do registro mental, a experiência emocional toca fundo. A luta do homem é pela felicidade, mas como as suas emoções imaturas levam à infelicidade, a meta acaba sendo deslocada para evitá-las. Ele não percebe que ao bloquear as emoções, a sua capacidade de sentir prazer também é embotada. Ilude-se pensando ser possível ser amado enquanto sabota os seus sentimentos por medo de sofrer, o que também o impede amar de verdade. A criança interior não quer aceitar o fato de que ter as duas coisas é impossível. A vida é acima de tudo relacionamento, mas a maioria das pessoas nem tem uma ideia clara do que é relacionar ou amar de fato. Suas preocupações são tão centradas em si mesmas que buscam o outro de maneira artificial e compulsiva. O egocêntrico precisa receber admiração e aprovação, antecipando regras e condições para obtê-las. Isso o impossibilita enxergar a realidade, inibindo a sua espontaneidade e intuição e destruindo a felicidade que poderia usufruir.

Quando são esperados padrões impossíveis de perfeição, a moralização é a sua consequência manifesta. Ela sufoca o espírito vivo, bom e verdadeiro, exacerbando a intolerância e a arrogância, impedindo respeitar o outro e a si mesmo. Equivoca-se aquele que confunde bondade com ser um santarrão, algo muito distinto da manifestação do Eu Superior. Qualquer tipo de bondade resultante desse estado é sempre uma imitação pálida e superficial. O mal não vem da existência de emoções negativas, mas da não aceitação do Eu Real, imaginando e culpando o mundo por não o deixar ser o seu ideal. A idealização atrapalha mais do que as próprias imperfeições. O Eu Superior representa a Centelha Divina, no entanto o conceito Dele é tão santificado que não apenas assusta, mas também desanima. A pessoa teme encarar o que lhe é prejudicial, pois se acha incapaz de conter o ódio que sente por si mesma e pelos outros. Por causa de ocasiões em que os seus instintos negativos foram postos em ação, com danosas consequências, ela comete o erro de concluir que eles devam ser ocultados. Assim não é dada a oportunidade de crescimento ao que precisa desenvolver na sua natureza intuitiva. Além disso, o que já é maduro passa a ser bloqueado por um nível sobreposto, cuja qualidade é muito inferior à intuição.

A consciência é a única arma verdadeira contra os males do mundo. Quando não são conscientes, as pessoas colocam em ação um círculo vicioso que vai se consolidando com o passar do tempo. É uma luta fútil e exaustiva que só pode terminar se uma delas enxergar as motivações da outra. Abrir mão do conceito infantil de felicidade, com o qual tenta inutilmente impor o domínio pela perfeição, irá trazer grande paz. Sua causa é o medo de parecer menor aos olhos dos outros, de ser menos digno de amor e respeito, temendo o menosprezo e a humilhação. Disfarçado nos recônditos da consciência encontra-se o oposto da autoimagem idealizada, que é o que de fato provoca profunda vergonha. A perturbação persistirá e se fará maior e mais amarga enquanto coexistir a sensação de que a vergonha e a dor resultantes não devam ser vivenciadas. É preciso determinação para sentir os sentimentos não sentidos, profundos e dolorosos, oriundos de imagens congeladas na psique. Elas compelem a experimentar outros postos em sua substituição, aprisionando o indivíduo num ciclo reprodutor do seu passado, em busca de uma saída impossível. Sem a Voz Divina não há como lidar efetivamente com a parte negativa, que é de onde brota a Nova Consciência transformada. Esse tesouro, o mais valioso, não será entregue pronto em uma bandeja de prata. O ego precisa querer, confiar, pedir e dar passagem ao Eu Real, não importa o quanto seja necessário persistir.

◆ ◆ ◆

## PW 58 – O DESEJO DE FELICIDADE

# E O DESEJO DE INFELICIDADE

Um bebê entende a felicidade como a realização exata e imediata de tudo o que quer. Quanto mais cresce, mais percebe que o domínio onipotente que deseja não é apenas negado, mas também é censurado. A criança aprende a escondê-lo, até essa ocultação avançar tanto que dela não se lembra mais. Passa, então, a imaginar que caso se torne perfeita, como o mundo a sua volta parece pedir, terá a aprovação suficiente para obter o que quer. Assim a sua frustração acaba se duplicando, pois tanto o desejo original de onipotência não é realizado, quanto tampouco o desejo secundário de atingir a perfeição para consegui-lo. Todo adulto traz consigo um pouco desse bebê dentro de si. A irrealidade das suas conclusões o faz culpar o mundo, por um lado, e a si mesmo, por outro. A sua consciência sobreposta não para de atormentá-lo em busca do objetivo irrealizável de ser perfeito. Cada fracasso provoca mais desespero e culpa, aumentando os seus sentimentos de inferioridade e de inadequação. O ser humano geralmente não se dá conta de que a saudável luta pela perfeição se torna doentia quando utilizada para atingir metas egoístas ou imediatas.

O desejo de infelicidade nasce desse fenômeno básico, complexo e universal da alma humana. A pessoa se vê cada vez mais distante do sonho de encontrar a felicidade conforme o conceito errado que conhece. Inconscientemente pensa que como a infelicidade é inevitável e imposta contra a sua vontade, é melhor tirar proveito da situação. Dessa forma também busca atenuar a humilhação por não ser atendida em seus desejos após tantos esforços. Ela mesma faz surgir a infelicidade, pensando que dessa forma não ficará impotente e sem importância. É possível que passe a provocar os outros de maneira tão sutil que lhe escape à própria atenção, bem como passe a apreciar a vitimização que se segue. Mas o prazer obtido com a infelicidade provocada nunca traz uma sensação real e completa. Há aspectos nele muito penosos que nem dessa maneira doentia podem ser apreciados. Não poder ser sempre feliz não é motivo de desespero para quem desenvolve um conceito maduro de felicidade. Assim, quando a infelicidade se apresenta, a pessoa não sente o seu mundo desabar, pois não é emocionalmente imatura a esse respeito.

Ter algum prazer com a dor e o sofrimento, ter a sensação de que isso seja necessário, é um comportamento onipresente na humanidade. Vai além das imagens pessoais ou de massas, é um sentimento oculto que está por trás de todas as imagens humanas. A autodestruição, o desejo de infelicidade resulta de sentimentos de culpa profundamente arraigados, mas o reverso dessa relação de causa e efeito é ainda mais verdadeiro. A culpa e a vergonha acarretadas por provocar infelicidade e colher seus infortúnios estão na raiz de todos esses sentimentos. Na medida em que descobrir em seu íntimo o desejo de dominar, aprendendo voluntariamente a abrir mão dele, nesta mesma medida a pessoa deixará de provocar essa tragédia tão difundida na humanidade. Não é fácil chegar ao ponto de realmente experimentar essas emoções, deixando de pôr a questão apenas como uma teoria intelectual. Em nada irá ajudar observá-las somente nos outros. É preciso rastrear as suas emoções e reações, buscando descobrir os padrões ocultos e sutis que dão origem às injustiças, malfeitos e mágoas. E perceber o quanto se compraz com a situação, por mais que abomine alguns desses aspectos. Ao compreender os seus devaneios, perceberá haver por trás um desejo de perfeição para dominar o ambiente ao redor, não importa se no berço, com os amigos, com o seu país ou o mundo. Quando escolher abrir mão desse conceito infantil de felicidade, que busca conquistar impondo o seu domínio, uma paz nunca antes experimentada será inexoravelmente alcançada.

◆ ◆ ◆

## PW 74 – CONFUSÕES DUVIDOSAS E MOTIVAÇÕES NEBULOSAS

Sempre que alguma coisa incomoda, seja um simples estado de espírito, uma reação interior desagradável ou um fato exterior real, é preciso descobrir no emaranhado de pensamentos onde está a falta de clareza sobre uma ideia, reação ou princípio de conduta. O trabalho com essas perguntas e a oração para pedir respostas, observando a resistência interior em recebê-las, prepara para "insights" que trazem grande liberdade. Uma das facetas mais notáveis desse procedimento é descobrir a presença de motivações negativas ou a ausência de boas motivações para vencer o incômodo e a confusão. Tal descoberta descortina a Lei Espiritual de Causa e Efeito, passando a não haver porque se ver frequentemente injustiçado, sentimento inconsciente que habita com frequência no ser humano. Ao perceber-se responsável pela situação, sem culpar a vida, os outros ou Deus, perde-se grande parte do medo e da insegurança. Mesmo quando ainda não é possível se livrar das motivações egoístas, a simples admissão da sua existência e a visão clara de si mesmo irão liberar muita força interior de renovada energia.

Aquele que se analisa honestamente se prepara para combater as influências negativas do seu subconsciente. Ao mesmo tempo, conforme a Lei Espiritual da Atração, ao resolver os seus problemas ele atrai cada vez mais a parte saudável e positiva dos outros. A consciência é a única arma verdadeira contra os males do mundo. Quando não são conscientes, as pessoas colocam em ação um círculo vicioso que passa de uma para a outra e piora com o passar do tempo. Convencidas de que o que querem é o que deve ser, as fortes energias em conflito se chocam. Cada energia, ainda que possa ser boa por si mesma, é a expressão da vontade do eu que não consegue enxergar as motivações do outro. Quanto mais "A" estiver certo sobre "B" estar errado, tanto mais a sua energia provocará uma maior resistência em "B", fortalecendo a vontade deste em manter-se em defesa, gerando mais certeza tanto em "A" quanto em "B" de estar com a verdade. Esta é uma luta fútil e exaustiva que só pode terminar se uma das pessoas mudar o seu modo de proceder. Trata-se não de se submeter às exigências injustificadas do outro, por fraqueza ou medo, mas de um trabalho construtivo de autoanálise que busca compreender as suas reações subconscientes, motivações ou a falta delas.

A mente humana cresce com a ideia de muitos assuntos, mas frequentemente eles são mantidos apartados, sem a devida análise e síntese. Essa separação é fomentada por conceitos exclusivamente intelectuais que fatalmente desviam e fortalecem a separação interior. A criatividade é bloqueada, pois ela só pode existir com inteireza, jamais como resultado de uma compartimentação. O principal aspecto da educação é o da unificação, não importa se em questões mentais, emocionais ou espirituais. O ser humano insiste no velho equívoco de atribuir excessiva importância ao ato exterior, esquecendo-se da abordagem interior que vai à raiz do problema. Ao descobrir as suas obstruções, os conflitos decorrentes fatalmente serão sanados com muita naturalidade, de uma maneira ou de outra. Alguém pode perguntar por que, então, certas pessoas têm tanto "sucesso", mesmo sendo tão egoístas e ausentes em termos de maturidade e amor. Antes precisariam compreender o significado de "sucesso". Um homem de negócios rico ou um influenciador muito poderoso podem apresentar, em seu íntimo, muita inquietação e infelicidade, culpa e ansiedade, mas ninguém fica sabendo por causa da sua fachada convincente. Eles não necessariamente são bem-sucedidos no que mais importa, que é a felicidade, a segurança e a paz interior.

◆ ◆ ◆

# PW 85 – DISTORÇÕES DO INSTINTO DE AUTOPRESERVAÇÃO

O instinto de sobrevivência objetiva conquistar, preservar e melhorar a vida. Por sua natureza ele atua contra tudo o que destrói a sua segurança. Assim como o corpo, também a alma objetiva saúde para poder viver de maneira mais construtiva. Mas a alma saudável e a alma doentia divergem bastante sobre o que consideram seguro. A alma imatura entende qualquer negação de afeto e de admiração como ameaças, deslocando o instinto de autopreservação para o canal errado. A parte imatura da alma acredita que é preciso lutar contra a rejeição como puder, inclusive criando uma autoimagem idealizada que entende ser o centro de tudo. Em vez de adquirir domínio interior e respeito próprio, decorrência natural da eliminação dos seus erros, sutilmente impõe aos outros sentimentos que ela acha que eles deveriam ter. A deformação do instinto de autopreservação faz com que as suas reações interiores passem a ser rigidamente contidas, quando deveriam fluir livremente.

A psique acredita que o autocentrismo preserva a própria segurança e satisfaz os seus desejos. O erro é trágico porque, ao contrário, nada induz maior insegurança produtora de frustração e tensão. Quem não é autocentrado pode ver e experimentar cada situação como algo novo e adaptar-se a ela, pois a preservação do ego não é o seu foco central. O egocêntrico precisa receber admiração e aprovação, buscando antecipar regras e condições para obtê-las. Planeja rigidamente as situações, o que acaba por impedir enxergar a realidade que se descortina. Inibe a espontaneidade e a intuição, dificultando a adaptação ao que pode ser até melhor do que havia concebido. Mas sempre que seus planos não se concretizam, pensa que a sua vida passa a correr risco. Acaba destruindo a felicidade exatamente pelo processo que pretende ocasioná-la. A verdadeira segurança provém de ver as pessoas como elas são, não apenas em teoria, mas no seu entendimento emocional. Isso é impossível quando a atenção e o peso interior se voltam quase que exclusivamente para si mesmo.

A criança interior imagina que quanto menos derrotas sofrer, maior ela será, o que é uma ilusão gigantesca. O homem é grande na medida em que enxerga a derrota com honestidade, humildade e compostura, sem embelezar, sem se humilhar, sem fingimento. Quando a autoimagem idealizada se enfraquece, não é mais necessário obrigar-se a ser vitorioso sempre. Não é incomum perceber que o outro talvez tenha agido de forma inconveniente por insegurança, mas ainda assim irromper-se contra em emoções de fúria e raiva. Isso ocorre quando o sentimento, ainda que nobre e correto, é reconhecido apenas em teoria. O processo de autotransformação demanda deixar vir à tona as negatividades, o que jamais significa agir com base nelas. Basta tomar consciência das exigências infantis e do real motivo de não querer reconhecer a realidade.

Por causa de algumas ocasiões em que os seus instintos negativos foram postos em ação, comete-se o erro de concluir que eles devam ser ocultados. Assim não é dada oportunidade de crescimento ao que precisa se desenvolver na sua natureza intuitiva. E o que já é maduro também passa a ser bloqueado por um nível sobreposto cuja qualidade é muito inferior à intuição. Passar pela derrota de maneira saudável e madura pressupõe generosidade de sentimentos e grandeza em admiti-la. É exatamente esta a atitude que aumenta a dignidade. Nada pode entregar e preservar mais a vida do que a Verdade Interior, libertadora que é do prazer e da felicidade real.

◆ ◆ ◆

## PW 89 - O CRESCIMENTO EMOCIONAL E A SUA FUNÇÃO

A maioria dos seres humanos cuida do físico e do mental, absorvendo conhecimentos, treinando a memória e a dedução lógica. Mas existe uma negligência generalizada em relação à sua natureza emocional. No mundo dos sentimentos experimenta-se o bom e o mau, o feliz e o infeliz, o prazer e a dor. Ao contrário do registro mental, a experiência emocional toca fundo. A luta do homem é pela felicidade, mas como as suas emoções imaturas levam à infelicidade, a meta original acaba deslocada para evitar todo o tipo de emoção. Isso se deve à conclusão inconsciente de que "se não sentir, não serei infeliz". As emoções infantis são suprimidas, retiradas da consciência e enterradas, onde fermentam em desconfiança e ódio, mesmo não havendo ciência da sua existência.

Apesar de ser possível anestesiar a experiência emocional para não sentir imediatamente a dor, também é verdade que a capacidade de sentir prazer e felicidade acaba embotada. Como resultado dessa fuga acovardada, sobrevém a amarga dor da solidão, o torturante sentimento de ter atravessado a vida sem desenvolver o melhor possível. A infelicidade acaba vindo por um modo ainda mais doloroso. A pessoa se ilude pensando ser possível ser amada, enquanto sabota os seus sentimentos temendo sofrer, proibindo-se a amar o outro de verdade. Ter as duas coisas é impossível, mas a criança interior não quer aceitar. É uma dupla perda, pois a infelicidade não só não é evitada, como tudo o mais que a pessoa poderia ter também é perdido, porque viver e sentir são uma coisa só.

Naturalmente que quem manifesta as suas emoções negativas acaba castigado pela sociedade. Elas são destrutivas e trazem desvantagens, mas o erro reside em achar que estar ciente dos sentimentos é o mesmo que transformá-los em atos. Soltar-se sem objetivo e disciplina, deixando a destrutividade sair de controle, certamente levará à própria destruição. Só existe perigo quando é dado vazão às emoções negativas com pessoas ou situações inapropriadas. O medo de sentir origina-se de imaginar ser possível fazer desaparecer a falsidade simplesmente omitindo a sua existência. Ao contrário, encarar essa farsa diminui a resistência que faz insistir no embotamento dos seus sentimentos. O forte impacto das emoções negativas e o temor de não conseguir controlá-las não se deve tanto à sua existência, mas à falta de aceitação delas não poderem ser como o seu eu idealizado deseja.

Revelar as suas emoções sem consciência, despejando acusações, culpando o outro e se pondo como vítima também não leva a lugar algum, não é assim que se remove o lixo psíquico. Sempre que estiver a ponto de perder o controle, observe a imagem que faz de si mesmo, no que está pensando que deveria ser. O mal não vem da existência das emoções negativas, mas da não aceitação do seu Eu Real, imaginando e culpando o mundo por não o deixar ser o seu ideal. Essa é a natureza dessas poderosas emoções, elas só podem representar um perigo enquanto não forem reconhecidas. O homem põe obstáculos totalmente desnecessários na sua vida. A evolução criativa é um processo intuitivo e só pode funcionar bem na medida em que a vida emocional for saudável e madura. A idade cronológica não importa, mas é preciso estar ciente que se trata de um processo de amadurecimento orgânico, não apenas de um ato de vontade. A vida em si é uma oportunidade ímpar para sanar o lamentável erro que assola a raça humana de negligenciar o seu crescimento emocional.

◆ ◆ ◆

## PW 90 - MORALIZAÇÃO, REAÇÕES EXAGERADAS E

# FALSAS NECESSIDADES

A humanidade ainda é muito subdesenvolvida para viver sem leis exteriores. Quando se trata de condutas e atos, elas servem de proteção. Mas outra coisa é querer ser santo, exigir que um ser humano seja sobre-humano, não aceitar o seu lado não desenvolvido. Aceitar não significa aprovar, tampouco manifestar negatividades. Significa simplesmente saber que tais aspectos continuam existindo, sem se menosprezar por ainda não os ter superado, sem desgostar da sua totalidade por isso. Quanto maior o medo dessas imperfeições, mais rígida passa a ser a estrutura moralizante, sentimento que é projetado no outro. Se existe imaturidade emocional, existirá também uma estrutura rígida de adesão a normas de conduta. Tomar regras de fora e decidir a vida com base em conceitos preconcebidos, muitas vezes subconscientes e não verbalizados, que não foram devidamente considerados, não é apenas ilusão, mas também afastamento do Eu Real. Essa tendência tem relação com a autoimagem idealizada, pois se são esperados padrões impossíveis de perfeição, a moralização, com o seu julgamento cotidiano implacável, é a consequência manifesta. Ela sufoca o espírito vivo, bom e verdadeiro, tornando o homem arrogante e intolerante, impedindo a humildade, o respeito próprio e pelos outros. Qualquer tipo de bondade resultante desse estado é sempre uma imitação pálida e superficial da verdade.

O segundo estado doentio são as reações desproporcionais. Um pequeno elogio pode salvar o dia, uma pequena crítica pode estragar por completo o humor. A pessoa madura é capaz de aceitar críticas e frustrações de modo descontraído e construtivo, pois se encontra em realidade. Ela não espera o impossível de si mesma, se aceita como um ser humano respeitável, de quem pode gostar sem ser perfeita. Ela sabe que a crítica não a torna totalmente má e errada. A desconfiança persistente de ser incapaz, de precisar ser aquilo que acredita que deveria ser, irá desaparecer com a aceitação de si mesma. É preciso deixar essas emoções aflorarem, sem transformá-las em atos e sem tentar mudá-las à fórceps. Reconheça a sua existência e aprenda a se aceitar com elas. Isso contribui muito mais para o respeito autêntico por si do que todos os seus vigorosos esforços para atingir a perfeição.

O terceiro estado doentio desse contexto são as falsas necessidades. Elas são sempre compulsivas e se manifestam como fortes desejos. Sua má administração torna o homem impotente e dependente dos outros para satisfazê-las. Uma necessidade emocional insatisfeita não é necessariamente falsa. Mas alguma coisa nela deve ter tornado impossível a sua satisfação. Após sentir o vazio da insatisfação e conseguir identificá-la, seja real, seja falsa, ficará claro por que ela foi negada. A grande maioria das pessoas é dotada de capacidade suficiente para satisfazer as suas necessidades reais. Mas será preciso aceitar que essa percepção não significa sua imediata satisfação, compreendendo que ainda assim é possível se respeitar e ser feliz. A capacidade de aceitar frustrações com uma atitude amadurecida faz com que ela deixe de ser um tormento. Haverá, então, como encontrar as razões e a forma pela qual essa insatisfação foi autoprovocada. Este, porém, é um longo caminho, engana-se quem pensa bastar enveredar por ele para que uma mudança imediata aconteça. Ele é parte do maravilhoso aprendizado que é a vida.

◆ ◆ ◆

## PW 92 – RENUNCIANDO ÀS FALSAS NECESSIDADES

Existem necessidades naturais, derivadas dos instintos básicos de autopreservação e união, como existem necessidades artificiais, doentias e impostas para impressionar o mundo exterior, associadas à autoimagem idealizada. A ignorância pessoal, dos pais e dos educadores gera uma visão distorcida que leva à repressão das necessidades humanas instintivas, quando estas precisariam ser estimuladas de maneira construtiva. A repressão provoca fortes sentimentos de culpa e a inconsciência desse mecanismo faz com que a frustração se torne insuportável. A pessoa não consegue abrir mão do que imagina necessário, inviabilizando o preenchimento das suas necessidades reais, acorrentada que fica à sua neurose. Necessidades falsas existem porque foram postas no lugar de necessidades reais e saudáveis que ficaram à míngua. Mesmo quando realizadas, as necessidades artificiais deixam vazios e insatisfações, prevalecendo na psique um fermentar de distorções geradoras de grandes conflitos. Parece restar apenas duas alternativas insatisfatórias: ou se submeter às necessidades doentias, sentindo em seu íntimo muita raiva e desprezo por si mesmo, ou se revoltar contra a vida, por deixar de satisfazer as suas necessidades reais.

Tais respostas inadequadas só podem pôr em movimento uma cadeia de reações negativas. Quem não ousa encarar uma situação real indesejável e lidar com ela, não consegue ser espontâneo, nem consultar a sua intuição. Suas respostas e reações são secundárias, baseadas na percepção das reações dos outros. Quanto mais reprimidas e prementes as necessidades reais, mais limitadas passam a ser as suas perspectivas e maiores as chance de se sentir magoado e rejeitado, quando na realidade nada disso existe. A pessoa não ousa permitir gostar do outro enquanto não está certa de que a recíproca é verdadeira. É preciso ter a liberdade de lidar com o fato do outro poder não gostar de você, de modo que prevaleçam reações espontâneas que inclusive favoreçam o contrário. A ausência de reações primárias faz com que a pessoa se torne cada vez mais dependente, levando-a ao medo do abandono e reforçando a sua própria escravidão. Ao tornar as emoções e as necessidades reprimidas conscientes, será possível descobrir a persistência em se apegar à ilusão e a pouca vontade de encarar a realidade. É por tomar ciência das suas verdadeiras necessidades que se percebe o que é realista e adequado para satisfazê-las, fazendo com que as necessidades falsas desapareçam naturalmente.

Somente sabendo quais são as suas necessidades reais, sua importância e objetivos, é possível reconhecer e superar os mecanismos de defesa adotados no passado para sabotar a sua satisfação. Só então pode-se chegar ao ponto íntimo, além das aparências, revelador de onde se é ferozmente conservador, não querendo abrir mão de nada. A satisfação real traz felicidade, mesmo que desprovida de perfeição. Ela é consequência da força e da autoconfiança adquiridas por saber que é do seu merecimento e da sua responsabilidade. Apenas isso mais que compensa o atendimento das necessidades reais em comparação às ilusórias. Essa abordagem psicológica é a oração em ação, que não entra em contradição com a abordagem espiritual. A ênfase no espiritual em detrimento do autoconhecimento é que leva ao escapismo e à falsa religião, expressão de uma esperança infantil de que basta falar sobre Deus para que seja possível mudar, sem dor ou desconforto. A mudança interior não pode ser induzida apenas por mais conhecimento intelectual sobre fatores espirituais. Tampouco se trata de ficar somente à espera de que o Criador proveja seja lá o que for. É preciso fazer o trabalho que só compete a você para que Deus o complete com o Dele.

◆ ◆ ◆

## PW 94 – EU REAL, NEUROSES E CONFUSÕES

O Eu Real representa a Centelha Divina, mas o conceito distorcido é de algo tão elevado e santo que não apenas assusta, mas também desanima. Este é um dos maiores obstáculos no caminho, a idealização atrapalha mais do que as próprias imperfeições. A concepção equivocada de Perfeição Divina leva o homem, por um lado, à rigidez e à compulsão em seguir princípios e regras, e por outro, à revolta contra tudo isso. Ele ignora que a perfeição é relativa e depende mais do processo dos seus atos do que do próprio ato em si. Trata-se muito mais de como se faz, do que sobre o que se faz. Se houver autenticidade e responsabilidade, o ato imperfeito é melhor do que aquele que, aos olhos do mundo, parece tão perfeito. Quando o ato vem do Eu Real não há tensão do tipo "o que vão pensar de mim", pois há nele o devido cuidado com o caminho tomado e as suas consequências.

Sempre que o homem se sente preso e sem alternativas satisfatórias, assim está porque seu Eu Real não consegue guiá-lo. Será preciso descobrir qual é o ponto de renúncia oculto específico daquele problema. Depois de descoberto, surgirá uma opção de saída que pode não ser a idealizada, mas que se está disposto a praticar, com tudo o que acarreta. Trata-se de caminhar com seu Eu Real na "imperfeição perfeita" do momento. Toda confusão enredada na impotência ocorre porque há um forte apego a uma falsa necessidade posta para subsituir a verdadeira. Ao descobrir esse ponto de renúncia, será possível ver que, na verdade, não há nenhum sacrifício nele, porque se renuncia a uma ilusão. A resistência a renunciar é a razão mais forte dos sentimentos de inferioridade, culpa e fraqueza. Para que o Eu Real venha à tona, será sempre necessário renunciar a alguma ilusão.

Onde existem neuroses configuradas em distorções, repressões e imaturidades, existe também o pecado. Esta, aliás, é uma palavra evitada neste caminho por suscitar tendências moralizantes, indutoras de sentimentos destrutivos de culpa. A neurose, mesmo sendo apenas um sintoma, não apenas prejudica a própria felicidade, mas também imputa dor ao outro. O desejo de mudar só pode brotar do arrependimento autêntico, a partir da coragem iniciada na aceitação da ignorância e das imperfeições que ainda existem. Mas em sua confusão o homem pensa que a aceitação e o perdão contrapõem-se à força para mudar. Ele teme o perdão porque imagina ser uma complacência que irá minar a sua vontade de mudança. Teme encarar o que lhe é prejudicial, pois se vê incapaz de conter o ódio que sente por si mesmo e pelos outros. Ao perceber a ilusão desse conflito, as duas negativas se anularão. Tanto a leniência quanto o ódio derivam da covardia, do orgulho e da vontade de mudar apenas o outro, não a si mesmo.

A pessoa imatura não consegue renunciar e se revolta contra o que não pode alterar ao seu gosto. Esse tipo de reação nada pode fazer pela mudança. Lembra uma máquina ineficiente, soltando vapor e esgotando as próprias forças. Na medida em que espera a renúncia total a tudo que rotula como negativo, ela se perpetua em sua confusão. Isso leva a conflitos interiores e exteriores, tornando mais difícil não se subjugar ou não se revoltar. Muitos acreditam que a bondade é entediante, sem variação, insípida. Atribuem à maldade mais humor, inteligência e prazer. Seu equívoco está em confundir bondade com ser santarrão, o que se opõe totalmente ao Eu Real. Quanto mais uma pessoa é emocionalmente e espiritualmente desenvolvida, mais ela está viva, mais é singular, simpática, corajosa e bem-humorada. A essência desses ensinamentos é libertar as pessoas de regras prontas para que se conheçam e se tornem verdadeiros indivíduos, felizes e realmente contributivos para a sociedade.

◆ ◆ ◆

## PW 98 – SONHANDO ACORDADO

Não existe quem não se entregue a algumas fantasias, às vezes até de forma consciente. Nelas se veem em situações nas quais provam àqueles que os menosprezam que são superiores ou maravilhosos. Sonhando acordado, passam a ser admirados e experimentam satisfação, vingança e orgulho. Assim, gozam a vida de uma forma totalmente oposta aos seus sentimentos enraizados de inadequação e inferioridade, buscando corrigir as suas realidades indesejáveis com devaneios.

Mas sempre que o homem resiste a descobrir a verdade sobre si mesmo, não pode ficar em paz consigo, com os outros ou com a vida. Por não conseguir aceitar as áreas afetadas por seus problemas, ele se afasta delas, experimentando nas fantasias o seu oposto. É verdade que elas trazem alívio para uma vida insípida, mas esse escape excessivo e frequente pode minar os esforços para encontrar a causa e o efeito dos problemas e para estabelecer novos padrões construtivos.

Há duas origens básicas de fantasias para realizar desejos: uma vem de impulsos, a outra de necessidades. Os impulsos derivam de compulsões oriundas da falta de confiança, de conceitos errôneos, imagens e da autoimagem idealizada. As necessidades, por sua vez, mesmo sendo reais e justas, podem se transformar em desejos insalubres. Por convicção de que não será capaz de atendê-las, a pessoa se afasta e não as tenta satisfazer. Mesmo a precária realização das suas fantasias parece ser muito melhor do que experimentar uma realidade objetivada tão distante.

Mas quem não se dispõe a abandonar o isolamento não pode ter as suas necessidades reais atendidas. Se alguém deseja encontrar sentido em sua vida, será preciso ver se tal propósito inclui outras pessoas, não apenas o objetivo imediato e proveitoso próprio das suas atividades. Quando há muito medo e egoísmo para quebrar as barreiras com os outros, é impossível experimentar a vida em totalidade. A repressão da percepção ou o deslocamento para falsas necessidades superpostas cria confusões, paralisando a espontaneidade e a capacidade de sentir e experimentar a realidade.

A pressão acumulada na psique, que se recusa a ser enganada, acaba escapando pelas fantasias. Seu excesso indica conflitos de conciliação com a vida real. Mas muito poucas fantasias também podem indicar uma desistência interior. A perda dos desejos conscientes, sonhos e metas tende a bloquear a Força Vital de tal forma que a pessoa já não se esforça em nenhuma direção, nem mesmo em fantasiar. Tais fantasias podem estimular a busca por realizações verdadeiras, encorajando perceber as necessidades reprimidas. Tudo depende do grau e da atitude em relação a elas.

Usar simplesmente alguma forma de disciplina para reprimir o desejo de fantasiar dá causa a ansiedades ainda maiores, com diferentes escapes e sintomas. O melhor a fazer é tomar distância e observar as suas fantasias. Ao se perceber absorto nelas, avalie e determine, sem pressão, compulsão ou estresse, com calma e tranquilidade. Faça com que elas sejam os sintomas úteis que devem ser, aprendendo sobre si mesmo, sobre as suas necessidades, impulsos e pseudorrealizações. Em um processo natural e orgânico a psique irá abandoná-las, aprendendo aos poucos a amar a vida como ela é e transformá-la para melhor.

◆ ◆ ◆

## PW 106 – TRISTEZA VERSUS DEPRESSÃO E OS RELACIONAMENTOS

Toda emoção autêntica, não deslocada, é uma experiência enriquecedora. A tristeza que ocorre por uma circunstância exterior específica é dor saudável que não deixa cicatrizes. Já a depressão consiste de muitas emoções ambivalentes e confusas, às vezes mal atribuídas a uma dor legítima. São sentimentos outros, usados para encobrir algo que não se quer encarar e aceitar. Para que não volte a se repetir, trazida pelos movimentos da vida, será preciso identificar e combater a sua causa interior. Embora muitas vezes não seja possível mudar o que vem de fora, é possível mudar o que vem de dentro, bastando enxergar os reais motivos desse sofrimento autoinfligido.

Ninguém se sente deprimido quando os seus relacionamentos são significativos. A vida é relacionamento, acima de tudo. Pessoas desenvolvidas se relacionam muito bem, se envolvem profundamente com os outros, não se protegem das experiências e dos sentimentos. Amam e se permitem amar de maneira pessoal e concreta, independentemente do "risco" pessoal. Não são santas ou perfeitas, têm os seus defeitos, estando erradas às vezes e com emoções negativas também. Mas em geral não temem se envolver, se libertaram das defesas. Apesar das decepções e dos reveses ocasionais, levam uma vida proveitosa e significativa. A maioria das pessoas, no entanto, nem mesmo tem uma ideia clara do que é se relacionar ou amar de verdade. Suas preocupações ainda estão muito centradas em si mesmas, buscando o outro de maneira artificial e compulsiva.

O único critério que define um relacionamento profundo é o seu grau de autenticidade, a ausência de disfarces e defesas e a disposição de sentir e se envolver com o que tem valor de fato. Somente a admissão da verdade para si mesmo torna possível relacionamentos verdadeiros. Isso não deve ser confundido com a compulsão infantil de contar tudo a todos, uma ideia ingênua e equivocada. A exposição insensata ou a "honestidade" cruel não passam de uma maneira de encobrir o retraimento oculto, provocando a "prova" de que não vale a pena se envolver. Embora ninguém esteja imune a erros de julgamento, aquele que se conhece de verdade escolhe intuitivamente as pessoas, as oportunidades e a maneira certa de se relacionar. Isso não significa que deva ter apenas relacionamentos profundos, algo impossível e irreal. Mas é preciso haver alguns deles, e diferentes, se a pessoa quiser que a sua vida seja uma experiência dinâmica e proveitosa.

Se os relacionamentos oscilam entre domínio e rebeldia, entre submissão e ressentimento, é porque existe uma luta oculta para saber quem é o mais forte. O ser humano sofre de duas tentações que se alternam, ou culpar exclusivamente o outro ou assumir a culpa toda sozinho. Desconhece que todos os envolvidos são sempre, de alguma forma, responsáveis. Quando a pessoa tem liberdade suficiente para não depender do outro como se fosse algo de "vida ou morte", ela não precisa se ressentir, pode tranquilamente preservar a sua integridade. O verdadeiro relacionamento significa envolvimento, entrando inteiramente nele. Mas todo crescimento e aprendizagem passa por curvas e ciclos. Se a pessoa ficar cega pelo sucesso, este será interrompido, fazendo-a retornar à situação das primeiras tentativas. É a persistência em se conhecer e se relacionar que torna possível adquirir autoconfiança para seguir adiante, sem se deixar aprisionar nos vales da depressão.

◆ ◆ ◆

## PW 117 – VERGONHAS E CIRCUNSTÂNCIAS DA INFÂNCIA

O homem tanto pode ter vergonha das suas necessidades legítimas, quanto dos seus defeitos ou dons. O grau de eliminação do disfarce e o enfrentamento do que é considerado vergonhoso demais para ser admitido determinam o grau de tranquilidade interior e de conforto emocional. Muitas vezes o disfarce continua sendo mostrado porque a admissão não foi plenamente investigada. Mas é melhor admitir não ser ainda possível revelar o que lhe causa vergonha, do que forçar em excesso. Isso só gera mais ansiedade e sofrimento a ponto de poder neutralizar o benefício, além de distorcer e matizar a questão, causando outros problemas na vida. É preciso aceitar essa inibição para que se possa avançar, buscando ver em que ponto está e o que fazer para se libertar da vergonha e do fingimento. À medida que obter a livre expressão do que parecia tão vergonhoso, será possível ver que aquilo era só ilusão. A razão é sempre o medo de parecer menor aos olhos dos outros, de ser menos digno de amor e respeito e do medo do menosprezo e da humilhação. Aqui postas de forma genérica, elas precisam ser especificamente constatadas e reconhecidas em cada caso.

A vergonha tem uma profunda conexão com a permissividade havida na infância. O normal é considerar que as mágoas e frustrações da época dão origem aos problemas atuais. Isso eventualmente ocorre de fato, mas situações aparentemente favoráveis podem ser igualmente responsáveis. Para compensar falhas humanas comuns, como impaciência, irritação ou ausência, muitos pais dão aos filhos uma quantidade excessiva de mimos e de permissividade. Se pais dóceis não conseguem restringir suas culpas por não serem perfeitos, suas confusões interiores acabam provocando problemas. Assim como os pais podem exagerar na indulgência como substituta da dificuldade de lidar com as questões dos filhos, estes também podem demandá-la compulsivamente para substituir as correntes negativas dos seus pais ou substitutos. A conduta, porém, não é o único critério do que é certo, também as condições interiores e motivações o são. Em determinado momento, pode ser adequado ser tolerante e permissivo, em outro é melhor restringir e até punir a criança. Aquele que deseja regras externas para seguir está destinado ao fracasso. Os pais que compreendem os seus problemas interiores, mesmo antes de tê-los resolvido por completo, sabem que conduta adotar.

Quem busca o tipo de amor substituto que obteve na infância não consegue aceitar que as pessoas não irão compensá-lo como seus pais fizeram, por não serem movidas pela culpa. A impossibilidade de poder repetir os prazeres da forma obtida no passado provoca mágoa, raiva e hostilidade. Esses sentimentos são oriundos do desejo oculto de continuar sendo tratado como criança. Isso gera culpa e vergonha por contradizer a imagem idealizada sobre o que é ser um adulto, fazendo com que passe a negar que faça uso dela. O disfarce do eu idealizado é o cerne da questão, pois não apenas esconde o que a criança pensava faltar em sua vida, mas também os prazeres substitutos que teve e que, já adulto, deseja manter. Pode ser que ela tenha sido elogiada por qualidades que desconfiava não possuir, mas que imaginava fundamentais para conquistar o amor dos pais. O oposto da autoimagem idealizada, disfarçado nos recônditos da consciência, é o que provoca a mais profunda vergonha. Conectá-lo às condições da infância, agradáveis ou desagradáveis, é a chave para pôr fim a boa parte das dores de alma que muitas pessoas sofrem.

◆ ◆ ◆

## PW 190 – A IMPORTÂNCIA DE VIVENCIAR OS SENTIMENTOS

Os sentimentos, convicções e atitudes, conscientes ou não, precisam ser encarados e aceitos. Sem isso não é possível libertar o Centro do Ser, núcleo a partir do qual o melhor da vida brota. Tal admissão é a ponte para a unidade interior que sustenta a sua expressão efetiva. A aceitação do seu ódio o tornará mais amoroso; a aceitação da sua fraqueza, mais forte; e a aceitação da sua dor, mais contente. Aceitar não é ser conivente, não é agir da mesma forma, ao contrário, é o alicerce da mudança. Para isso é necessário superar a crença fundamental de que tais sentimentos são inaceitáveis e que precisam ser disfarçados. Esta é, de fato, a parte mais árdua do trabalho pessoal e se dá aos poucos. A vergonha da sensação de não ser digno de amor e a negação das vulnerabilidades criam emoções e atitudes destrutivas. O mal é uma falsa tentativa de se defender contra o sofrimento, servindo apenas para ampliá-lo ao cortar a verdadeira ligação consigo mesmo.

Os sentimentos são correntes de energia postas em movimento, se não vivenciados a energia viva acaba sendo interrompida. Quando o fluxo natural é detido na substância da alma, o movimento perde a naturalidade, ocorrendo apenas pela força exterior. A energia represada por sentimentos que não foram plenamente vividos, expressos e compreendidos tem sérias consequências. Sua repressão manifesta-se por longos períodos muito comumente como estagnação e preguiça, apatia que reflete a prisão dos seus conceitos. A ânsia de tantas pessoas por uma vida sem desafios origina-se do medo de encarar os seus sentimentos. Fatos isolados são generalizados, impulsionados por imagens de cunho emocional congeladas dentro da psique. Esses conceitos e sentimentos estagnados as aprisionam em um ciclo reprodutor do seu passado, em busca de uma saída impossível.

Um senso de futilidade e confusão a respeito da vida toma conta daquele que resiste viver até o fim os sentimentos que abriga. Ele se ilude com a premissa de que evitá-los é uma forma de sofrer menos do que se expor a eles. A incapacidade de sentir prazer, de viver a vida plenamente, é um dos seus efeitos mais difundidos e generalizados. As experiências emocionais que não foram sentidas são como lixo tóxico. Assim também são os pensamentos inconscientes que promovem ações aparentemente involuntárias, inclusive quando são inventadas explicações para elas. O verdadeiro estado espiritual de ser é muito ativo, mas ao mesmo tempo calmo e descontraído. É movimento e ação alegres, em nada semelhante à agitação frenética criada como falso antídoto contra a estagnação.

A dor persistirá enquanto coexistir a sensação de que não deve ser vivenciada, tornando-se maior, mais amarga e distorcida. É preciso ter firme determinação de sentir os sentimentos não sentidos, profundos e dolorosos. A fé para pedir orientação, a intenção voluntária e o desejo de vivenciá-los criam um influxo natural de energia. Tal mecanismo ativa a sabedoria que norteia o Eu Espiritual, pondo fim à preguiça. Nessas condições, a orientação espiritual se instala na medida certa, permitindo sintonizar-se com ela e senti-la. Admitir honestamente o medo põe o homem muito mais perto de si mesmo do que quando o nega. Ao confrontar a sua origem ficará claro que seu sustentáculo é a vergonha e o orgulho, na ilusão de pensar ser humilhante sentir algo que possa demonstrar o seu estado de vulnerabilidade.

◆ ◆ ◆

## PW 220 – DESPERTANDO DA ANESTESIA DELIBERADA

A Realidade Espiritual faz com que o homem venha para esta vida sob um processo de anestesia que limita a sua percepção. Todo o conhecimento já está em si mesmo, mas o despertar é parcial e gradual e precisa ser conquistado. Se não fosse assim, mas em circunstâncias muito favoráveis, seus aspectos não desenvolvidos ficariam latentes e ocultos. Eles seriam simplesmente postos à margem pelo que nele já se encontra desenvolvido. Não seria possível que pudessem se tornar resilientes e confiáveis, não haveria como ser realmente integrados à Consciência de Deus. É necessário algo que o arranque do sonho, desencadeando o processo de purificação, o que exige alguma exposição e provocação. Esta é a única forma de adquirir o Conhecimento Divino que está entranhado nele. Na parte mais ignorante e escura do ser também se encontra essa essência, embora distorcida. Somente trazendo-a à tona, do seu estado de limitação e confusão, é que a purificação pode ser real, tenaz e completa.

A luta pela Luz Essencial vai diminuir a anestesia e despertar o homem para o que ele realmente é. Aos poucos reconhecerá a sua negatividade e a dos outros sem que isso o desestabilize. Vindo a entender intuitivamente as conexões, não há mais porque se sentir aniquilado por ofensas, provocações ou comparações depreciativas. Também passa a perceber a beleza da vida, trocando a inveja por admiração e gratidão. Uma Nova Consciência se forma, mas Ela não se origina no cérebro, nem é adquirida de fora. É um estado positivo e descontraído ao qual é preciso conquistar e reconquistar, porque muitas vezes haverá se perdido. Esse enfoque é impossível no âmbito do condicionamento de massas que representa o atual estado geral da consciência humana. O homem comum tem medo do ridículo, de desaprovação e falta-lhe coragem para estabelecer o Eu Interior como o centro da sua vida. A humanidade está condicionada a ver apenas alguns aspectos da realidade, à exclusão de outros. Existe um mundo despercebido que parece fantasia quando se fala dele, dado o reflexo condicionado por não conseguir superar a anestesia a que foi necessário se submeter.

Para focar em outro nível de consciência é preciso observar e confrontar os ruídos interiores egoístas e mesquinhos, sem se identificar e sem se deixar ser controlado por eles. Isso requer confrontar seu eu inferior por escolha do ego racional muitas e muitas vezes. No entanto, sem a Voz Divina não é possível acarear a parte negativa de onde brota a Nova Consciência. O ego, agindo por si só, irá buscar apenas silenciar e arrastar o mal. A Voz Divina fala dentro de si, sempre de maneira nova, adaptada ao que é mais necessário ao momento da sua vida. A voz do eu inferior acredita na divisão e na separação de interesses, quer ter as coisas em detrimento dos outros. O ego necessita aprender a diferenciar as duas vozes. É chegado o momento de despertar do sonho imposto pela anestesia, conhecer a vida verdadeira que existe em si mesmo. O tesouro mais valioso que pode ser obtido, a ligação com a Voz Divina, não será entregue em uma bandeja de prata. Ela não irá contar belas histórias da parte purificada, nem generalidades, mas apontará, com amor e firmeza, exatamente para onde ir. Para tanto o ego precisa realmente querer, pedir e dar passagem ao Eu Interior, além de persistir, pois isso não se dá em uma única tacada.

# MÓDULO XIV - OS PROCESSOS CONSCIENCIAIS

Os pensamentos e sentimentos criam formas de matéria sutil que se assemelham a uma parede intransponível. O homem esconde atrás dela o que não quer encarar, buscando não arriscar além do seu ponto de incômodo. Alguns defeitos ele admite, mas não revela o que realmente o incomoda, uma forma sutilmente hipócrita de continuar se escondendo. O subconsciente é inerentemente contrário a abandonar os seus subterfúgios, entende a exposição como um sério perigo. Opõe-se ao desmoronamento da parede e concebe estratagemas de toda ordem para impedir a queda dela. Porém a vida encurrala essas pessoas, pois elas põem em movimento formas que contradizem o seu plano de vida. Não se trata de um castigo de Deus, mas sim porque sempre que uma Lei Espiritual é violada, a Força Vital é distorcida e sufocada. É preciso ter humildade para perceber a parede e coragem para deitá-la abaixo. Não é possível alcançar seu Centro Vital abstendo-se da experiência emocional. Iludem-se os que pensam bastar o trabalho intelectual, inflando-se de crenças, ainda que verdadeiras, para que se processe a transformação pessoal. Os defeitos de caráter precisam ser transformados, ao invés de exibir uma versão idealizada de si mesmo.

Todas as experiências externas do homem são autoproduzidas, refletindo o que existe em seu interior. O mal nada mais é do que concepções erradas profundamente alojadas. Negar ou entrar em um jogo de revide das experiências negativas restringe a pulsação da consciência. Um estado aberto permite responder de maneira muito mais adequada do que quando se está tenso, em guerra e na defesa. Naturalmente há casos breves e excepcionais em que a tensão é automática e saudável, como para se prevenir de sofrer uma agressão física. Experimentar a dor, a raiva e o medo sem transferi-los é o que aos poucos permite dissolver os sentimentos e atitudes indesejados. O moralismo perfeccionista é um movimento torturado, sempre em busca de mostrar-se correto e superior, sonegando o medo de ser pior do que os outros. A parede emocional tolhe a vitalidade e a alegria, atraindo o que a pessoa mais teme. Quando é muito prolongada, acaba por se manifestar também como doenças no corpo físico.

Colocar a responsabilidade nas circunstâncias, na má sorte ou nas faltas alheias cria dor e conflito, bloqueando os sentimentos naturais e produzindo culpa real que, quando não revertida, impulsiona a ilusão. O perfeccionismo substituto, por sua vez, com as suas exigências impossíveis, produz culpa falsa por não poder ser alcançado, transformando-se em raiva e desconfiança. Tais negatividades acabam por gerar de fato uma culpa real que, se novamente não assumida e transformada, alimentará este círculo vicioso. As mudanças só são possíveis compreendendo e confrontando as próprias neuroses. Mas as pessoas quase nunca se dão oportunidade de descobrir as Leis Espirituais que tudo regulam, desesperando-se com as constantes decepções da vida. Preferem imaginar que não se importar com Elas fará com que não sejam afetadas, sem saber que a vida não pode ser enganada.

A mente humana sofre o ônus de ideias limitadas, mantidas por intencionalidades negativas não reconhecidas. O excesso de atividades vem do medo de não se sustentar, o medo do vazio. É necessário conhecer as armadilhas do seu eu inferior, em que aspectos é dado espaço à desonestidade e à corrupção. O estado humano limitado resulta da desconexão com as Verdades Divinas. O medo existencial que alcança toda a humanidade é o de não haver um sentido para a vida. Mas saiba que cada um está envolvido em algo muito maior. O ser humano distingue-se nos processos cósmicos porque tem o livre-arbítrio de determinar a força e a duração dessa investida. Cada um é parte fundamental do Esforço Maior de em tudo injetar vida e consciência.

## PW 48 – A FORÇA VITAL E O TRABALHO TERAPÊUTICO

Este caminho é uma forma gradual de dissolver as paredes interiores, permitindo à Força Vital fluir livremente através do homem. Sempre que uma Lei Espiritual é violada, a Força Vital acaba impedida em algum grau. As Leis Espirituais não têm qualquer relação com coerção ou compulsão, ao contrário, esses elementos as violam. Essa associação emocional opõe-se completamente ao seu verdadeiro significado. Talvez fosse melhor dizer Verdades Divinas, evitando a conotação com algo a que se é compelido a obedecer para atender os ditames de uma autoridade maior. Se um ser humano vivesse em completa harmonia com a Força Vital, ele transformaria gradualmente o seu corpo material em uma forma espiritual de existência.

Este caminho não é um conto de fadas. Pode haver mudanças consideradas até milagrosas para quem não compreende o processo, mas serão obtidas através do seu esforço pessoal. As imagens, conclusões errôneas e erros, conscientes ou não, sufocam a Força Vital. Ela deve ser restaurada pelo seu próprio trabalho, encarando-se e superando a sua resistência e indolência. Cada um tem a oportunidade de escolher permanecer na curva descendente, no estado em que sofre da dor degenerativa dos sintomas, ou escolher reunir coragem para chegar à raiz do mal, abrir a ferida e permitir que a Força Vital curativa se instale. Nessa cirurgia é preciso suportar um pouco da dor regenerativa do desprazer de olhar para os seus erros.

É necessário descobrir como sair do estado em que está há tanto tempo, buscando a origem, a causa das falhas. No trabalho terapêutico como "helper", perceba qual é a atitude do paciente. Ouça-o sobre temas gerais, como autoridade, família, dinheiro e sexo. Mas lembre-se que em nove de dez casos o entendimento intelectual e a atitude emocional dele são completamente diferentes do que é a realidade. O "helper" não deve impor um sistema rígido, sua intuição e personalidade precisam ser usadas. Observação, dedução e interesse realmente humano pelo outro, além de um sentimento positivo e distanciamento básico são qualidades essenciais. No entanto não é preciso que o "helper" tenha dissolvido todas as suas imagens, embora algum sucesso e alívio devam ter sido experimentados antes que o trabalho possa ser realizado de forma bem-sucedida com seus pacientes.

Em grupos terapêuticos, assim como na vida, existem atritos. Mas há uma boa técnica para eliminá-los ou reduzi-los. Trata-se de experimentar se tornar o advogado de defesa do seu contendedor. Ancorado na verdade, apresente o problema primeiro a si mesmo. Caso o defenda mal, porque ainda quer provar o quanto está certo, a missão não terá sido cumprida. Dirija-se, então, a alguém que seja objetivo e imparcial e repita esse processo. A depender da situação, o passo final pode ser apresentá-lo à pessoa com quem ocorreu o problema, o que exige coragem e humildade, dois atributos imperativos para alcançar o Sucesso Espiritual. Então a escute de forma a estender e a fortalecer a sua compreensão. Isso vai abrir novas perspectivas para o seu próprio processo de cura, além de permitir que a Força Vital criativa possa novamente fluir livremente através do grupo.

◆ ◆ ◆

## PW 145 – RESPONDENDO AO CHAMADO DA VIDA

O Chamado da Vida é um movimento que objetiva exclusivamente despertar o Eu Verdadeiro, a Realidade Absoluta. O faz de maneira totalmente não passional, desconsidera apegos pessoais, sociais e valores periféricos. Dor e prazer fazem parte Dele. Se o despertar requer o que parece ser uma destruição, esta termina por se revelar como um alicerce da verdadeira vida interior. E se parece muito prazeroso, prova haver mais sintonia com o Eu Verdadeiro do que a pessoa se dá conta. As empresas do ego podem aparentar dar poder sobre os outros, mas nunca oferecerão autonomia e independência. Cedo ou tarde, a ilusão será exposta como a falsidade que é. O "ego-self" deve ser tão somente o instrumento para ativar e para estar a serviço do Eu Verdadeiro.

Quem duvida de uma Realidade Maior e não se arrisca por Ela vive em um conflito existencial que lhe diz: "Se for altruísta, abrirei mão da minha realização pessoal; se for egoísta, serei rejeitado e abandonado". Nesse vai e vem, quanto mais acredita nas duas alternativas, mais a vida passa a ser experimentada de acordo com elas. Todos os problemas são a expressão e o resultado direto dessa dualidade gerada no nível do ego. Dentro da Realidade Maior do Eu Verdadeiro Universal, essa divisão simplesmente não existe. É possível igualmente amar, ser humilde, altruísta, permitir que os outros sejam livres e ser um vencedor, pois a vitória está intimamente ligada à decência.

Iludem-se os que pensam bastar a absorção mental e a reunião de crenças verdadeiras para que se processe a transformação pessoal clamada pelo Chamado da Vida. Eles assim procedem porque não querem experimentar as emoções que temem ou que desaprovam. Acima de tudo é preciso se dispor a transformar os seus defeitos de caráter, quem não o faz prefere uma versão idealizada de si mesmo. O moralismo perfeccionista é um movimento interior torturado, sempre em busca de mostrar o quanto é correto, bom ou superior, sonegando nos recessos da mente o temor de ser pior que os outros. A dor da solidão autoimposta só é aliviada superando o orgulho disfarçado de vergonha. É preciso sentir o que se sente de fato e ter a coragem de se transformar em um ser humano melhor, pelo singelo desejo de contribuir com a vida, ao invés de buscar impressionar e cobiçar aprovação e aplauso.

A insistência em agarrar-se a algo que viola a integridade e a decência mina o autorrespeito e represa o melhor que há a oferecer à vida. Ao contrário, aquele que se entrega à verdadeira disposição de transformar os seus defeitos irá gostar mais de si mesmo, abrindo-se à felicidade. O movimento interno de deixar-se fluir em completa afirmação passa a ocupar o lugar da velha negação. A transformação não parecerá tão arriscada quando for possível se mover em direção ao mundo com uma atitude relaxada e pronta para dar e receber. Nenhum bem desejado dessa forma tem um aspecto sombrio, pois há compreensão e experimentação de valores distantes da falsa moralidade e de crenças desprovidas de significado quanto ao Chamado da Vida. É assim que a jornada se apresenta como a linda aventura que pode ser.

◆ ◆ ◆

## PW 154 – A PULSAÇÃO DA CONSCIÊNCIA

Os movimentos involuntários ocorrem pelos princípios expansivo, constritivo e estático. A expansão e a contração significam respectivamente levar o que está dentro para fora e o que está fora para dentro, enquanto o princípio estático compreende-se da transição de um estado para o outro. A respiração e a pulsação demonstram essa verdade nos corpos físicos, Leis idênticas aplicam-se também no nível da consciência. No organismo perturbado e distorcido, o movimento expansivo aparenta ser carregado de perigo. A presença de concepções errôneas cria resistências ao crescimento, fazendo a expansão parecer dolorosa e ameaçadora. O medo faz o organismo se contrair em desprazer, quando deveria se expandir em prazer. E ao chegar o momento de estabelecer uma mudança rítmica pela contração natural, não há como, uma vez que ele está tão travado que a pulsação da vida se torna impossível.

Todas as experiências externas que chegam ao homem são produzidas por ele mesmo, refletindo o que existe em seu interior. Elas não o alcançariam caso já não estivessem em sua própria consciência. O mal nada mais é do que concepções errôneas profundamente alojadas. Mas quando a experiência negativa correspondente chega, geralmente é rejeitada, negada ou afastada. Lutar contra ela significa lutar contra si mesmo. Restringir a pulsação da consciência pela recusa da experiência viola a Lei Espiritual da Experimentação. Isso se refere às questões psicológicas externas geradoras de emoções e reações negativas, não a ameaças físicas ocasionais que vêm de fora. Nesses casos, a tensão é automática e saudável. Esta, porém, dura apenas um breve momento e é exceção.

Quando acontecer algum problema de ordem psicológica que o fizer recuar, que cause um leve aborrecimento, um forte medo ou qualquer dos sentimentos intermediários, permaneça interiormente relaxado. Não importa quão assustadora a experiência possa parecer, observe a reação reflexa automática de tensão no movimento da sua alma. Declare mentalmente que deseja explorar e conhecer a causa e faça o mesmo com o seu eu emocional, permitindo que a pulsação saudável da psique continue o processo natural. Esse estado aberto permite compreender e responder de maneira infinitamente mais adequada do que quando se está em um estado tenso de guerra e de defesa.

É possível ver a tremenda diferença dos movimentos da alma quando se está em harmonia consigo mesmo. O enfrentamento corajoso da experiência possibilita transcendê-la e assimilá-la de forma verdadeira. O movimento constritivo permanece orgânico, não trava nem congestiona e a ameaça desaparece. Durante o movimento na direção de níveis internos mais profundos, a consciência corrige as concepções errôneas que produziram a experiência externa indesejável. O movimento dirigido para dentro pode inicialmente intensificar a dor, mas com características inteiramente diferentes. Trata-se de dor que cria uma vida melhor, paulatinamente transformada em prazer. É assim que a energia contida na emoção encontra o caminho de volta à sua Essência Original.

## PW 160 – A CONCILIAÇÃO DA CISÃO INTERIOR

A maior de todas as dores é não saber que aquilo que deseja, ao mesmo tempo é o que você nega. Essa cisão interior é a verdadeira dor. O inconsciente humano recua, tomado pelo medo, sempre que está perto da realização almejada. A frustração resultante do desejo confunde e aumenta a tensão interior, levando a se debater e a se agitar ainda mais. Essa espécie de movimento, ainda que na direção correta, opõe-se ao suave fluxo universal. Na busca de uma solução para o que lhe acontece, a culpa é automaticamente colocada em algo ou alguém, trazendo resistências e ódio. Mas por mais errado que o outro esteja, ele nunca é responsável pelo sofrimento de quem o acusa. Tudo o que acontece no exterior, de alguma forma já existe em seu interior. Por outro lado, quando a culpa é destrutivamente posta sobre si mesmo, não passa de um disfarce do ódio ao outro.

Quase todos resistem a descobrir as causas interiores dos seus problemas. Não percebem que não ganham nada dessa maneira e que isso nem é mesmo possível, já que não podem mudar o outro a quem culpam. Mas o medo cego da imperfeição e o orgulho que o acompanha passam por cima desse fato. A Lei Espiritual de Causa e Efeito é inexorável, impondo buscar as causas onde elas realmente se encontram. Colocá-las no exterior distorce a realidade. Se não for possível evitar o medo, é preciso integridade e coragem para examiná-lo até o fim. O ego deve ser descontraído e ativo de modo saudável, confiando em outras forças sobre as quais flutua. O respeito e o apreço resultantes têm valor incomensurável. Dificulta muito o perfeccionismo gerado pelo orgulho, visto fazer com que as pessoas temam cair do pedestal onde se põem.

A simples percepção do clima interior de medo já diminui a compulsão. Haverá maior distanciamento ao se enxergar nas garras desse poder. No novo estado desaparece a veemência, mas não a profundidade e o envolvimento. O estado sereno e seguro é o único em que existe prazer total, por ser isento da veemência contraída para agarrar ou expandida para fugir. A redução da intensidade do prazer e da dor permite à alma ir até o fim e permanecer no estado fluente de vivenciar a vida como ela é. Antigos prazeres imaturos deixam de ser atraentes, abrindo espaço para outros mais profundos que não se opõem a nada, que existem por si mesmos numa realidade sem opostos, infinita e inexorável.

Alguns acontecimentos desagradáveis ocorrem porque as suas causas se situam muito no passado. Elas não podem ser eliminadas agora, sendo necessário arcar com suas consequências. Encarar o que está no interior requer honestidade, sem exageros nem autodestruição. No momento em que é admitida, a emoção destrutiva começa a se desfazer, porque ela é sempre ilusão, até se transformar outra vez na sua substância original. Se parece insuportável expressar o seu amor e ternura, por temer não os ver retribuídos, saiba que ter alguém para oferecê-los já é uma experiência maravilhosa. Na medida do sucesso em expressar esses sentimentos, nesta mesma medida serão naturalmente atraídas pessoas capazes de sentir, receber e retornar os seus bons sentimentos.

◆ ◆ ◆

## PW 167 – DESCONGELANDO O CENTRO VITAL

A chave de toda felicidade está dentro de cada um, pois o seu tesouro mais valioso é a sua própria Essência Vital. Vivenciar este Centro Interior é o objetivo maior da vida. Ao evitar se olhar e se aceitar como é agora, o homem se esforça na direção errada, tornando seu caminho muitíssimo mais tortuoso e penoso. Mas é uma ilusão acreditar bastar entrar em contato com seu Eu Espiritual para logo se transformar. Vivenciar as emoções e atitudes indesejadas, como a dor, a raiva e o medo, é o que permite dissolvê-las gradualmente. Não é possível abster-se da experiência emocional e alcançar seu Centro Vital, as barreiras são tão impregnadas que impedem o acesso apenas pela compreensão intelectual.

O maior infortúnio que alguém pode experimentar é o seu congelamento interior. Na criança pode ser que isso se torne uma solução temporária contra a dor e o medo, dada a sua imaturidade natural em encarar as experiências emocionais. No entanto esta é uma alternativa bastante prejudicial ao adulto, aceitar a emoção genuína é bem menos doloroso que negá-la. Ao recuar ou se debater contra o medo a pessoa se divide e se torna escrava dele. Não se trata de querer a dor, porém negar o mau sentimento faz com que também não seja possível sentir o que é bom. Tal batalha interior é a mais dolorosa das experiências, todos os conflitos, injustiças e guerras humanas representam uma manifestação dessa divisão que ocorre em variados graus.

A divisão interior só pode ser entendida e a sua causa eliminada experimentando e aceitando a frustração. Aos poucos a dor cederá lugar ao prazer e a pessoa se sentirá incrivelmente viva. Após revitalizar o seu Centro Vital jamais será tão difícil realizar outra vez este feito. Entretanto os reflexos condicionados são tão profundamente arraigados que uma única ocasião não irá eliminá-los em definitivo. O velho medo voltará quando houver novas decepções e ameaças de dor. Existem processos que não podem ser controlados apenas pela vontade, este trabalho requer contatar e interpretar as suas manifestações inconscientes. O compromisso de ver a verdade produzirá resultados, porém o autoconhecimento só se desenvolve aos poucos. Não desanime se eventos incompreensíveis, desagradáveis e inesperados persistirem.

Às vezes não é possível descobrir o que gerou o entorpecimento, no entanto algumas reações emocionais podem revelar o trauma original. Nem sempre é uma única experiência, muitas crianças passam por dores prolongadas ou por um clima sutil contra o qual se defendem. Pode ser que elas tenham sido ameaçadas de abandono na infância, sentimento que negam e ignoram. Alguma coisa se contrai quando percebem tais ameaças. É preciso observar e ir até o fim dessa experiência, passando por ela com uma nova perspectiva. A atitude defensiva tolhe a vitalidade e a alegria, atraindo o que a pessoa mais teme, quando duradoura se manifestando inclusive como doenças no corpo físico. As palavras são muito limitadas para descrever a atitude interior necessária para mudar a dinâmica dos movimentos da alma. Mas experimentar o Ser Real, mesmo se houver alguma dor, é sempre e profundamente curativo e prazeroso.

◆ ◆ ◆

## PW 171 – LEIS ESPIRITUAIS: VERDADES DIVINAS

**Lei do Reflexo**: As nuances da vida exterior refletem o produto total do seu estado interior. O desejo inconsciente responde por boa parte das manifestações exteriores. O homem espera por mudanças nas condições externas, quando são estas que dependem que ele mude.

**Lei da Autorresponsabilidade:** A única transformação possível é a produzida em si mesmo. Quem não se responsabiliza pelos seus atos não toma posse da vida. Nunca são as circunstâncias externas que levam ao colapso interior, mas a sua atitude errada diante delas.

**Lei do Esforço:** Nenhuma abertura de consciência ou resposta inspiradora poderá ser obtida por quem nutre preguiça ou leniência consigo mesmo. Por mais gênio que possua, sem aprender o ofício e a destreza técnica, não virá a inspiração do grande artista.

**Lei da Atração:** Atraímos os mesmos níveis de energia que emanamos, como um rádio que reverbera aquilo que sintoniza, em ressonância à sua fonte. A atração é a própria força evolutiva, levando ao aperfeiçoamento e à inclusão ao tornar o isolamento doloroso e vazio.

**Lei de Causa e Efeito:** A espiral evolutiva subordina-se à sua capacidade de identificar e atuar nas relações de causa e efeito, criadas por seu livre-arbítrio. O mal que permanece inconsciente dificulta a evolução para níveis mais profundos, criando um círculo vicioso que impera até que a causa seja rompida.

**Lei da Culpa:** Quem se culpa por um mal entendido encontra-se em ilusão. Tal inverdade cria condições negativas que produzem, de fato, uma culpa real. Para que a infelicidade não prevaleça, as culpas falsas precisam ser transformadas em realidade e as culpas verdadeiras em arrependimento e perdão.

**Lei do Desejo:** É preciso ser ativo para buscar e passivo para esperar pelo desabrochar. As motivações deturpadas prejudicam a capacidade de desejar, assim como não querer pagar o preço. As Forças Divinas estão sempre disponíveis, mas não são invasivas. A prece certa é aquela que pede para saber e cumprir a Vontade de Deus.

**Lei da Experimentação:** Para que um conhecimento se torne genuíno e seja utilizado de modo produtivo, é preciso vivenciá-lo emocionalmente. O crescimento nas espirais da vida pede pelo relaxamento interior. Quem teme viver sem o que almeja também teme alcançá-lo, dificultando se beneficiar da experiência.

**Lei do Equilíbrio**: Quando o equilíbrio é rompido, o universo opera para restabelecê-lo. Quanto mais o indivíduo age de maneira ávida e ignorante, tanto mais desarmônico é o processo. Tentar compensar uma distorção com outra é uma abordagem ilusória e inadequada de buscar o equilíbrio.

**Lei da Alavanca**: Certas distorções só podem ser abandonadas quando o velho princípio for localizado e modificado. O que é considerado uma doença pode ser o remédio que o alavanca a um novo patamar, fazendo da pedra de tropeço o seu ponto de apoio.

**Lei do Desenvolvimento**: Cada semente brota a seu tempo. Quanto maior o nível de consciência, mais rápido é o efeito e mais profunda a percepção da sua causa interior. E com mais premência as facetas subdesenvolvidas da sua personalidade são experimentadas, sendo também maiores os seus desafios.

**Lei da Fraternidade**: Nenhum ser humano pode prescindir da união com o seu semelhante, recebendo em troca na medida da sua doação. Todos possuem um mecanismo interior que sabe onde trapaceiam e teatralizam, buscando mais do que querem dar. Quanto mais ativado o amor, mais ele se expande em sua própria propagação, mas não é possível que prospere onde predomina o medo.

**Lei da Criação**: O mundo não é um caos, submete-se a Leis Espirituais oriundas da Absoluta Justiça e Sabedoria Divinas. Mas em respeito ao livre-arbítrio da Sua criação, Deus abriu mão da total presciência. Cabe a cada um libertar, purificar e expandir a Substância e a Força Vital, seus pilares passivo e ativo, até se tornarem unos com Deus.

◆ ◆ ◆

## PW 216 – OS PROCESSOS ENCARNATÓRIOS E A TAREFA DE VIDA

No núcleo da estrutura humana encontra-se uma essência infinita de verdade, sabedoria e amor, mas a sua consciência fragmentada desconhece isso. Embora conectada a esse Núcleo Divino, ter se afastado tanto Dele, na tarefa de preencher cada canto e "fresta" do universo, a fez se esquecer da sua origem. São fragmentos da Consciência Universal que flutuam no "espaço" e se tornam personalidades individuais, com os problemas decorrentes dessa desconexão. Para cumprir com o Plano Divino será preciso tatear em uma busca trabalhosa para expandir os seus atuais limites estreitos. Apesar desses aspectos inconscientes, a mente humana tem tal capacidade, pois possui todos as qualidades da Realidade Divina. Há, portanto, dois processos simultâneos em ação, um de expansão e outro de reunificação. Este último é a perspectiva de purificação da personalidade que é "enviada" ao reino material da vida de modo a cumprir com a sua tarefa. Neste estado mais ignorante e menos ciente, suas funções vibratórias são densamente desaceleradas, tornando o fluxo de energia rígido e as coisas mais estanques.

A Entidade Total determina as condições de vida de uma encarnação futura em função das passadas e de muitas outras circunstâncias. Há um vínculo completo com a tarefa de purificação e de espalhar influências benéficas aos outros, como também com o patrimônio espiritual da entidade, com os riscos a correr e as influências que precisarão existir na vida dela. Uma esfera espiritual específica conduz essa tarefa, dispondo de seres especialistas altamente desenvolvidos. O sistema fluido do corpo energético traz o plano de cada indivíduo dentro de si, sendo o campo magnético mais poderoso com o qual nasce e carrega ao longo da vida. Mas o grau de infusão de verdade, sabedoria e amor pelo Ser Interior que interpenetra o homem depende da sua disposição de atravessar o que parece ser mais difícil. Sempre fica a cargo do seu ser exterior decidir usar os aspectos purificados da alma para auxiliar a parte não purificada. O Eu Superior não pode se impor à mente consciente, isso iria contra o seu livre-arbítrio.

A paz interior e a ausência de medo apontam para o cumprimento da tarefa, o que não quer dizer que quem as alcança seja mais desenvolvido. Tarefas mais difíceis e amplas são dadas a seres com valências espirituais já purificadas. Estes costumam enfrentar maiores dificuldades para agrupar seus aspectos divergentes, às vezes passando por lutas exacerbadas. O menos desenvolvido não tem tanta consciência da conexão com sua Voz Interior, mas mesmo ele, ao recusar-se a buscar na direção real, sentirá em algum grau um vazio e o sussurro do seu Ser Interior. A personalidade tenta calá-La, fugir Dela, fazer muito barulho para não compreendê-La. Tal descontentamento é erroneamente tomado como sendo uma neurose a ser combatida, como se a ausência dessa experiência, sem que a personalidade mudasse o rumo da sua vida, indicasse saúde emocional. Isto se encontra muito longe da verdade, pois a semente do mal ainda está lá.

Por outro lado é falso presumir que quando os seus problemas estiverem resolvidos, a vida não terá mais sentido. A felicidade que se descortina nesta mesma encarnação, após a massa de nuvens ser dissolvida da alma, faz parte da tarefa, beneficiando a si e os outros. Naturalmente que quando a personalidade se afasta muito da Consciência Divina, o impulso negativo pode tornar necessária a sua morte física, para que possa viver outros "cenários" que possibilitem seu desenvolvimento. No entanto o ser humano não tem como fazer tal discernimento, jamais acredite que deva morrer por se encontrar em uma luta profunda ou desesperançada. Essas manifestações trazem à tona o que precisa vir à superfície para ser dissolvido. Abrir as portas da mente é muito importante para mudar a maré. Mas ainda mais curador é dar algum tipo de amor e amparo, mesmo parecendo rejeitado, principalmente quando essas ações estiverem conectadas aos seus sentimentos.

◆ ◆ ◆

## PW 218 – O PROCESSO EVOLUTIVO

A jornada evolutiva é um processo que passa a ser percebido gradativamente, em função dos seus esforços de crescimento, como uma realidade orgânica que se comunica com Leis, sequências e ritmos próprios. Mas é um erro acreditar que ela resulta da decisão de seguir um caminho de desenvolvimento pessoal. Esse processo sempre esteve presente. A única diferença é que quando não se está em um caminho como este, que ativa a percepção da realidade interior, é muito mais difícil reconhecer a jornada. O estado humano é, em si mesmo, o resultado dessa desconexão.

As pessoas pouco se dão a oportunidade de descobrir o quanto podem confiar na Verdade Divina. Ao mesmo tempo se desesperam com as constantes decepções, recusando-se a associá-las ao fato de que confiam sistematicamente em coisas erradas. Preferem adotar o lema de que o que não conhecem não existe, logo não pode atingi-las. Ao negar que negligenciam o potencial que têm, preferindo colocar a culpa no outro, na vida madrasta, criam mais ilusões e se tornam ainda mais superficiais. Elas temem e resistem à beleza da Realidade Benigna em que poderiam viver.

É muito importante prestar contas a si mesmo em todos os momentos das decisões tomadas na vida. São escolhas sobre o que pensar, de que forma encarar os acontecimentos e sobre como dirigir a atenção em sua vida cotidiana. É somente no princípio de cada decisão que tomá-la parece exigir um grande esforço. Na realidade o que exige esforço é ficar para trás e lutar contra o movimento. Nada do que acontece precisa ser exatamente como está, como se fosse uma obra predestinada por alguma divindade que prescreve punições ou recompensas. Esse tipo de raciocínio foge totalmente da verdade. As experiências externas são o produto de onde cada um se encontra em sua jornada interior.

O processo de crescimento é, em si mesmo, belo, significativo e merecedor de respeito. Se um organismo cresceu apenas até a metade, é exatamente nesse ponto que ele está, repreendê-lo não faz sentido. Seria uma bobagem uma criança ficar enraivecida e impaciente, cheia de culpa e autorrejeição, por ainda não ser adulta. Ocorre o mesmo com a evolução espiritual, que inclui a purificação de distorções e negatividades. Ela deve ser plenamente aceita e não obstruída, tornando o significado e desdobramentos claros, condição para que possa seguir sem maiores empecilhos.

Pode parecer que uma atitude de impaciência contra o estado limitado do eu indique uma grande vontade de crescer. Há realmente Qualidades Divinas por trás desse aspecto, mas é igualmente importante saber que tal forma de manifestação está distorcida e longe de incrementar o processo de crescimento. A negação e a repressão levam à culpa destrutiva e à inculpação do outro. É preciso abandoná-las para perceber o estado atual e a jornada como partes do Plano Divino de levar luz ao vazio. Aquele que não compromete o seu ser no processo de evolução pessoal, que se retrai por medo, vergonha ou omissão, imaginando que isso não tem importância, traz necessariamente para si experiências confusas e dolorosas. A tarefa reside em restabelecer a conexão com a sua Natureza Divina, onde quer que a consciência manifesta A tenha esquecido.

◆ ◆ ◆

## PW 224 – O VAZIO CRIATIVO

A mente humana sofre o ônus de ideias limitadas. Amparada pela intencionalidade negativa não reconhecida, ela se mantém em um circuito fechado, privando o homem do preenchimento interior pelo qual tanto anseia. O excesso de atividades é uma tentativa de defesa contra o medo de não se sustentar, contra o medo do vazio. É preciso encarar abertamente esse pensamento subconsciente. Ao conseguir aquietar-se com paciência e perseverança, tornando-se receptivo, irá ocorrer uma ocupação vívida. Haverá mais inspiração e sabedoria nas mais relevantes às mais ínfimas questões. A mente precisa ampliar suas fronteiras até se unir à Consciência Infinita do seu Centro Vital, tornando-se uma com tudo o que existe e, ao mesmo tempo, sendo absolutamente ela mesma.

Mas a abertura para a Consciência Divina não pode ser feita por atalhos que tentam eliminar o processo de crescimento e de aprendizado. Quem busca a magia, quem nutre preguiça e leniência consigo mesmo não receberá qualquer resposta inspiradora. Aquele que toma a falácia pela realidade obstrui o canal, contaminando-se com superficialidades e irracionalidades. Desenvolve crenças baseadas no medo e na culpa, igualmente indignas de confiança. É preciso reconhecer as armadilhas, seu eu inferior, em que aspectos você está propenso à corrupção e à desonestidade. Apenas quem é moldado pelo trabalho pessoal pode ser preparado para a finalidade maior de enriquecer o mundo e a si mesmo. Somente estes são alcançados por verdades e valores elevados.

Desejar demais é um obstáculo, assim como a resignação e a desesperança. A recusa em suportar a frustração de qualquer ordem cria uma tensão interior e uma estrutura defensiva que fecha o veículo da mente. É preciso abrir mão da rígida corrente do sim e do não, cedendo caminho para a confiança flexível que busca deixar ser guiada pelo Deus Interior, livre para uma virada, para outra mudança imprevista. Nada pode estar mais longe da verdade do que a ideia de estacionar, de fixar a vida. O que é apropriado hoje pode não ser amanhã. O que produz conflitos no nível inferior é mutuamente útil e interativo no nível superior. Na verdade da unificação, as dualidades e contradições deixam de existir, os opostos passam a ser dois aspectos válidos da mesma realidade. Para receber a Nova Consciência é preciso compreender esse princípio e aplicá-lo nas perspectivas e panoramas da vida.

O medo da Nova Consciência surge da possibilidade de decepção por um esforço infrutífero ou por obrigações e mudanças que Ela poderia impor. Mas após decidir entrar no vazio de forma serena e tranquila, em pouco tempo ficará claro o quanto havia de embotamento artificial por causa da rigidez da mente e do canal, devido ao ruído e à contração da postura defensiva. O Novo Homem não decide a partir do intelecto comum, é antes um receptáculo da Inteligência Universal, da Consciência Divina. Não se trata de descartar a mente, sem a qual o homem se transforma em uma ameba passiva. Mas quando a mente é colocada como a mais elevada das faculdades, ela se torna apenas um computador superativo. A mente receptiva ao Vazio Criativo é sempre estimulante, nunca é roteirizada, trivial ou redundante, porque está sempre preenchida pelo Espírito Superior vivo e valoroso.

◆ ◆ ◆

## PW 243 – O GRANDE MEDO E ANSEIO EXISTENCIAIS

O objetivo final da realização pessoal é estabelecer a verdade da Vida Eterna e do sentido benigno de todas as coisas em todos os cantos da consciência. Por trás de cada distorção existe o medo fundamental de que o mundo seja um lugar caótico e sem sentido, não havendo razão nas experiências humanas. Quanto mais reconhecidas e afrouxadas as defesas, permitindo um fluxo livre, tanto mais fácil será eliminar esse medo existencial. É ele que prende a humanidade, sendo o denominador comum que une os seres humanos no nível mais primitivo. O anseio pela eternidade precisa ser completamente consciente, mas via de regra ele é suprimido e substituído por outros menores. A dor mais angustiante é não perceber a conexão entre os seus pensamentos e as suas atitudes, entre as suas crenças e os seus sentimentos, levando à suposição de um universo impositivo, imponderável e perverso.

Após tomar consciência do medo existencial, será possível sentir o anseio por um estado em que não há nada a temer, não por fuga ou fantasia, porém como algo vivo e profundo. Nesse estado a sensação de estar seguro e em paz com a vida permeia todo o ser. Nessa vibração existe uma atitude de maior realismo em relação a todas as coisas. Por se sentir unificado com o mundo, nele se vive com alegria, animação e fascinação pelas inúmeras possibilidades de experiências significativas. Há uma percepção genuína do sentido da vida, das maiores às mais rotineiras questões. Esta é a condição mais desejável que o ser humano pode imaginar, sabendo disso ou não, é tudo o que deseja. Muitos supõem que tais elevados estados de consciência - Nirvana, Satori, Iluminação - seja qual for o nome dado a eles, são apartados deste mundo. A verdade está bem longe disso, o verdadeiro estado de União Espiritual significa estar profundamente enraizado na matéria. Mas sem uma ideia de que tal estado existe não é possível nem mesmo desejá-lo, muito menos visualizá-lo.

Com uma atitude suave e flexível, que aceita e afirma a vida, a força pessoal cresce de modo vigoroso e eficaz. Existe uma diferença sutil, embora nítida, entre a força bruta, obcecada e rebelde, que nada mais é do que fraqueza disfarçada, da verdadeira força que emana da fé na criação e no Criador. Para alcançar esse estado é preciso encarar os próprios sentimentos sob uma nova luz. A inquietação, o descontentamento e a vaga sensação de insegurança têm raízes psicológicas que devem ser investigadas e solucionadas. Mas mais além dessa origem existe o grande anseio existencial reprimido de Vida Eterna e o medo de não haver uma razão para a sua existência. É preciso não os pôr de lado, não os substituir por outras dúvidas e temores. Não espere que o anseio oculto se manifeste após alguma experiência mais destacada, às vezes trágica, para só então se voltar para essa direção. Há muitas manifestações sutis que podem fazê-lo despertar para o verdadeiro sentido da vida. Enquanto Deus não for vivenciado como uma presença próxima, a alma estará, ao menos em parte, em um estado de dolorosa separação e medo por desconhecer a continuidade imortal da sua existência.

◆ ◆ ◆

## PW 245 – CAUSA E EFEITO NOS VÁRIOS NÍVEIS DE CONSCIÊNCIA

Quando o homem pratica um ato manifesto maligno, como matar alguém, as consequências são óbvias. Mas se os seus pensamentos "matam" o outro através de calúnias, má vontade e acusações não questionadas, esse "assassinato" secreto também tem consequências muito nítidas. Quem não consegue percebê-las inviabiliza o seu uso como o remédio fundamental para identificar e transformar as suas causas. No Estado Iluminado de Consciência as causas e efeitos são tão prontamente discerníveis que já não existe "tempo" entre eles. A atitude mais sutil e secreta gera resultados e consequências imediatos. Não há espaço a percorrer entre a causa e o seu efeito, eles se tornam unificados, como tudo é nesse nível de ser.

A submissão ou a rebeldia cegas contra qualquer tipo de autoridade são efeitos de causas ativadas pela obstrução do movimento natural da alma de entregar-se a Deus. Isso gera confusão em relação a que autoridade servir, impedindo reconhecer as ocasiões certas em que é devido afirmar-se ou em que é devido obedecer. Ocorre uma falsa entrega em substituição, originando uma difusa e debilitante culpa como resultado. Grande parte das fraquezas humanas, suas dúvidas e autopunições derivam diretamente disso. Esse padrão contraproducente não pode ser invertido nem transformado enquanto não houver a sua cura espiritual, de modo a doar-se verdadeiramente ao Criador em todas as áreas e aspectos da vida.

A dependência que aprisiona o indivíduo a uma autoridade causa medo, levando à submissão ou à rebelião. Somente ao se entregar verdadeiramente a Deus será possível saber claramente se quem está com tal poder neste plano é digno dele ou se procura de fato subjugá-lo. Então poderá ser feita uma melhor escolha, talvez um novo chefe ou um companheiro mais autônomo que reaja de modo diferente. Mas sempre que o voluntarismo se torna um imperativo na vida, sempre que a insatisfação da sua vontade produz fortes sentimentos de humilhação e impotência, é porque a pessoa acredita firmemente que precisa ser a maior para não ser derrotada. Na busca por minimizar o impacto ao seu orgulho, ela procura substitutos de Deus, como o dinheiro, uma posição hierárquica superior ou jamais abrir plenamente o coração, mantendo-se distante e fazendo-se importante pelas necessidades neuróticas dos outros. A submissão ou a rebeldia desmedida a uma autoridade abusiva quase sempre mascara o desejo secreto de angariar este mesmo poder sobre o outro e abusar dele.

Para quem está na escala mais primitiva de desenvolvimento da sua consciência parece não haver causa e efeito. À medida que a consciência se eleva algumas ligações são percebidas. Aparenta-se como um paradoxo, mas é quando ela fica totalmente impregnada por Deus que de fato já não existe causa e efeito, pois não há mais um sentido de tempo. Como em muitos aspectos da Realidade Cósmica, o mais baixo e o mais elevado têm denominadores comuns. Porém como é grande a diferença de conteúdo, atitude, pensamentos e sentimentos entre esses níveis. Entregar-se a Deus é o destino final do homem, sem o qual não é possível ser feliz nem realizar a sua tarefa. Também evita um dos maiores obstáculos humanos, que é a submissão a fortes estruturas negativas de poder. Onde houver medo, insegurança, ansiedade ou discórdia, existe uma causa conectada à negação do Chamado da Alma para purificar e expandir a Substância e a Força Vital recebidas do Criador.

◆ ◆ ◆

## PW 255 – O PROCESSO DE NASCIMENTO – O PULSO CÓSMICO

O trabalho de purificação pode ser visto como um processo de nascimento e todo o universo como um ser que respira. Cada pulsação é mais uma investida da Força Vital penetrando a matéria e gradualmente infundindo-lhe vida. É da maior importância compreender a batida cósmica singular que é a vida, o vigor da sua pulsação. Cada planta, animal ou forma existente neste plano respira na matéria e a torna viva. Haverá um tempo em que a vida não mais se retrairá e as vibrações da matéria serão tão fortes e refinadas que ela se transformará em espírito. O estado humano distingue-se nos processos cósmicos, pois sua consciência pode determinar a força e a duração dessa investida. É preciso ampliar a imaginação e os sentidos interiores para que tal informação chave se transforme em saber pessoal. E também ter a atitude de não permitir que as experiências negativas enfraqueçam a sua pulsação interior.

O homem trabalha com diferentes níveis e camadas de consciência. O que para uns precisa ser examinado logo no início, para outros pode surgir bem mais tarde. O movimento em espiral parece repetir a mesma sequência, mas chega um momento em que o elo é reconhecido, para poder então vir algo inteiramente novo ao primeiro plano. Cristo bem disse da necessidade de nascer de novo, experimentando a Verdade de Deus. Alguns ocasionalmente passam por isso quando completam com antecipação o seu plano de vida. Ele é elaborado e injetado na substância da alma antes do nascimento físico. A alma ainda contém camadas de conhecimentos obtidos no passado e de tarefas necessárias no futuro. É muito difícil transmitir esses fatos em termos humanos, pois na Plena Realidade Espiritual não existe bom ou ruim, em cima ou embaixo, passado ou futuro. Renascer no mesmo corpo tem enorme valor, mas na maioria das vezes uma nova fase consiste apenas de outra faceta do mesmo plano de vida. O próprio nascimento físico não é imediato, a mente vai sendo liberada aos poucos, os valores espirituais ainda mais vagarosamente. Para que os talentos adquiridos se expressem é preciso afinar o instrumento.

Na medida do desenvolvimento pessoal, a compreensão de causa e efeito é aprimorada, até que um elo direto reduza o tempo ao imediato e a aparência descortine a realidade. Quando isso ocorre em relação à presença e ao Poder do Criador, é porque o homem foi purificado e unido. Então ele pode ser um só com Deus, pois a sua vontade é totalmente compatível com a do Altíssimo. Nesses momentos isolados nos quais a Realidade de Deus é experimentada, o interior e o exterior se fundem e tudo se torna conectado. Todos os objetivos individuais buscam esse único Ponto Central, cuja paz e alegria não podem ser expressas em palavras. Nele toda a pureza do espírito é percebida sem entraves, a força e a criatividade geram um poder sem igual, sabe-se tudo o que é necessário e o amor flui livre pelo corpo e pela alma. Tal processo depende da própria capacidade de abrir o coração. É preciso se dispor a correr os perigos imaginários, sentindo a beleza da criação, a vulnerabilidade e o amor por si e pelos outros que também lutam para encontrar a luz. O Plano de Salvação é um maravilhoso esforço conjunto para injetar vida e consciência em tudo. Tenha fé e confiança, sem medo, pois você está envolvido em algo muito maior do que transparecem as suas preocupações pessoais.

# SEÇÃO II - FORMAÇÃO DE "HELPER" DE PATHWORK®

O Criador tem por objetivo preencher todo o vácuo do nada com a Centelha Divina do todo. Nesse processo de ocupação, as partículas frequentemente se esquecem da sua completude. Não tendo recobrado o conhecimento acerca da sua conexão, passam a lutar contra o nada. A feroz batalha ilusória para "manter a sua existência" distorce a realidade. Essa transição cria um estado que pode ser chamado de mal, mas que inevitavelmente será alcançado pela Centelha. O Eu Superior de cada um assumiu a tarefa de materializar um aspecto negativo da consciência, de modo a conhecê-lo e influenciá-lo, não para ser influenciado por ele. Mas a consciência humana criou uma imagem de massas, muito antiga e arraigada, de que a mudança é como a morte e deve ser temida. A desconfiança do homem é refletida no medo dos seus instintos mais primitivos, levando-o a não baixar a guarda. O mal surge da exagerada preocupação infundada das pessoas consigo mesmas. Seu erro é pensar que o egoísmo e a idealização irão protegê-las e lhes trarão recompensas. Nada pode estar mais afastado da verdade. Se a humanidade não associasse o mal ao prazer, haveria pouca força destrutiva nele.

A recusa das pessoas a amar é muito mais determinada pela vergonha em demonstrar o que têm de melhor, do que do medo de se sentirem desapontadas. Essa traição é a mais profunda das culpas, grande responsável por sua desconfiança e insegurança. Elas traem a sua essência, temendo a expressão dessa Luz Interior, imaginando virem a ser objetos de rejeição e desprezo. A verdadeira tarefa humana consiste em expor a totalidade do que é, com o cuidado de não se ferir e o outro. Para que as Forças Divinas possam fluir livremente pela consciência é necessário moldar os pensamentos informes, os conceitos vagos e as emoções contraditórias, impregnando-os com a verdade. É a verdade que leva ao amor e o amor a ela se funde, tornando-se inseparáveis. Essa transição consiste do episódio mais significativo que pode acontecer na vida de alguém. Nessa identidade cria-se um ser social, contributivo para a comunidade, que mantém uma profunda visão de si mesmo e relacionamentos saudáveis com os outros. São atributos que somente podem ser formados por quem não precisa entrar em uma luta de poder. Há uma grande Força de Atração no universo voltada para o contato real entre as pessoas, mas elas pouco confiam nesta que é a maior das Forças Espirituais.

O homem ignora ser regido por duas consciências que ditam o seu comportamento, uma a expressão do Eu Real, a outra da consciência sobreposta. Por não confiar no seu valor, cria como defesa uma autoimagem idealizada cultivada em tiranias da pior espécie. Ao fugir da realidade, um círculo vicioso se forma, causando desilusões que põem a descoberto o seu embuste. Quem é seguro do seu valor intrínseco, por ter recebido amor suficiente na infância ou por entender que o que lhe faltou não pode afetá-lo, tem autoconfiança para não precisar se provar. Relaciona-se pelo prazer de fazer amizades, não se submete ao que não acredita, nem é agressivo para se impor. O sucesso é natural quando há concentração nas necessidades reais e menos na impressão passada aos outros. As ferramentas para a formação de um "helper" são parecidas às desse homem feliz e contributivo à sua comunidade. Trata-se, em essência, de meditar e orar por auxílio para purificar as motivações; reconhecer os truques do ego e afirmar o desejo de ajudar; conscientizar-se da impossibilidade de resolver o que ainda reprime; buscar clareza das suas imagens e conceitos errôneos que induzem às falsas defesas; e abster-se da ideia equivocada de que servir em devoção e doação prejudica as vantagens mundanas, a felicidade e o seu preenchimento.

# MÓDULO I - OS MUNDOS ESPIRITUAIS

O Criador Divino tem por objetivo preencher todo o vácuo do nada com a Centelha do todo. Mas no processo de ocupação, as partículas da Centelha Divina frequentemente se esquecem da sua completude. Não tendo recobrado o conhecimento acerca da sua conexão, passam a lutar contra o nada. A realidade é distorcida pela feroz batalha ilusória contra o que parece minar a sua existência. Essa transição cria um estado que pode ser chamado de mal, mas que inevitavelmente será alcançado pela Centelha. Nesse processo os seres criados, dotados de livre-arbítrio, abusaram do poder, numa lenta degeneração do Aspecto Divino para o seu oposto, gerando uma separação conhecida como a "queda dos anjos". O Espírito de Cristo, o primeiro e mais puro, junto com outros, não sucumbiu, ao contrário de Lúcifer e seu séquito, que passou a exercer um domínio total sobre os espíritos caídos.

Com o tempo, apanhadas pelo sofrimento, algumas almas oriundas das esferas da escuridão queriam se libertar. Mas somente mostrando ser possível ao homem manter-se fiel às Leis de Deus poderia induzir Lúcifer, o mais teimoso dos seres, a libertá-las. Essa tarefa Cristo tomou para si na Terra, encarnando-se como Jesus. Completada a missão, o grande pecado da queda deixou de ter como consequência a exclusão eterna dos Mundos Divinos. Isso possibilitou a todos os seres o retorno ao Estado Unitivo, a depender do seu trabalho pessoal. As esferas da escuridão também passaram a subordinar-se às Leis de Deus, embora os espíritos caídos frequentemente optem por negá-las.

O gênero humano fornece material ao mundo das trevas quando se perde na linha do menor esforço, cedendo ao eu inferior. Assim a influência das esferas desarmônicas torna-se maior, expulsando as Esferas de Luz e as lançando em um papel secundário. O oposto ocorre ao buscar aceitar-se e ser o melhor que puder ser. Mas não apenas a humanidade afeta o mundo dos espíritos, estes também afetam os seres humanos. Espíritos especialistas das esferas da escuridão são atraídos pelo mal, incentivando a intensificação dos defeitos humanos. Devagar eles buscam levá-las à depressão e para longe de Deus. Isso ocorre não tanto pela falha em si, mas porque as pessoas se desgostam e desistem de si mesmas, entregando-se aos vícios. Aqueles que lutam precisam conhecer muito bem os seus defeitos e disfarces, pois só podem ser tentados através deles.

A vida deve ser vista sob a ótica de trazer a verdade e a Divindade para o interior do homem. É a Centelha Divina se esforçando para penetrar as regiões exteriores e concretizar o processo criativo. O homem experimenta, em seus terrores mais íntimos, o medo de que o vácuo vá engolfar o seu espírito, seu Eu Superior, sua Centelha Divina. Mas a plenitude da vida significa viver sem covardia e sem jamais tornar-se insensível. É preciso orar a Deus de acordo com o que estiver vivendo, instruindo o subconsciente com a ideia clara do objetivo imediato à frente e de quão longe ele ainda se encontra. Tenha a presença de espírito de pedir orientação a Deus, seja quando sentir, no contato com as pessoas, uma indisposição desarmônica no ar, seja para evitar um boicote à sua sensação de prazer. É pelo domínio de si mesmo que o homem se torna, de fato, parte integrante e vital do grande Plano de Salvação. A melhor forma de encontrar Deus é amar o outro.

◆ ◆ ◆

## PW 4 – CANSAÇO DO MUNDO CONTRAPOSTO AO AMOR: A PRECE

São muitas as causas do sentimento de cansaço do mundo. Saber, bem lá no fundo, não ser a Terra o lar espiritual perfeito tão ansiado. O medo de se frustrar no amor, sinalizando foco no ego. A atitude doentia de sentir prazer com o infortúnio, resultado de fugir dos seus verdadeiros problemas e de compensar as carências da vida se lamentando. E também a discórdia interior pela revolta contra aquilo que não pode ser alterado. Aceitar sem amargura o que não é possível mudar pode gerar tristeza, mas jamais aprisionará a alma. A agitação interior dispersa a corrente do Amor Real e O afasta para direções opostas. É necessário se conectar interiormente para oferecê-Lo a outra alma, da qual carece e deseja, em detrimento de um ego vaidoso e orgulhoso. Só assim o sentimento de vazio se esvai, pois a vida passa a ser experimentada em harmonia com seu Eu Superior e o Criador.

O medo é o grande obstáculo ao amor, estando sempre presente quando a pessoa se acha superior, quando se apega muito ao seu bem-estar e evita se entregar. Enquanto as atitudes erradas levam à falsa dignidade, baseada em orgulho e vaidade, o Amor Real traz a dignidade natural. Ele é indivisível e jamais diminui, quanto mais ativado for, mais se multiplica e se expande em sua própria propagação. Por medo de perder amor muitos tentam mudar as suas personalidades, tornando-se fracos e sem convicção, o que é de fato humilhante para si e para o outro. Trata-se de um autoengano, pois quem ama de forma saudável jamais compromete a sua dignidade. É preciso tomar a decisão interior de eliminar o orgulho, a importância do ego, não a fidelidade ao seu Eu Real.

Não haveria desarmonia interior, tensão ou amargura se a meta fosse realmente agradar a Deus com todas as forças, de acordo com a sua tarefa pessoal e o seu nível de desenvolvimento. Dedique diariamente algum tempo à vida espiritual, pondo a prece conectada às suas intenções e sentimentos como um importante instrumento. Visualize com convicção na sua mente os elementos pelos quais deseja orar, condensando esse desejo do coração em uma única frase. Para isso escute tranquilamente o que se passa em seu íntimo, a prece certa é aquela que pede para saber e cumprir a Vontade de Deus, mesmo que contrária à vontade do eu. Porque há poucos seres humanos que oram assim que a Terra está como está. É preciso pensar nas próprias falhas, no quanto se agarra a elas e em tudo que provoca conflitos na vida. Essa forma-pensamento deve ser cultivada como uma planta preciosa a ser bem cuidada com frequência. Do contrário ficará demasiadamente fraca e irá se dispersar em muitos dos pensamentos que vagam pela mente. A prece incentivada a brotar do coração é a propulsora do Amor Real, o verdadeiro antídoto para o cansaço do mundo.

◆ ◆ ◆

## PW 8 – MEDIUNIDADE – CONTATO COM OS ESPÍRITOS DE DEUS

Quando o Mundo Espiritual de Deus observa um ser humano que toma decisões com sinceridade, que faz esforços honestos para progredir, apesar dos contratempos inevitáveis e dos fracassos ocasionais, ele recebe uma ajuda maior. Ao espírito que o guiou até então pode ser designada outra tarefa, sendo substituído por um mais poderoso que fará esse indivíduo se sentir melhor. Existem várias encruzilhadas na vida humana, uma maior proteção espiritual pode ser dada nas ocasiões em que passar por um teste importante ou tomar uma decisão verdadeira. O sentimento de felicidade, alegria e libertação após cada batalha vencida não pode ser comparado a nada mais vivenciado. Se o homem realmente progredir, seu contato espiritual será aumentado. Uns ouvirão, alguns verão, outros sentirão.

Certas pessoas nascem com o dom da mediunidade. Essa força inata não é exatamente uma benção, mas um grande teste. Quanto mais manifestações aparecem, com frequência mais elas se sentem infelizes, pois as forças inferiores se aproveitam em maior grau delas na proporção das suas obsessões. Outra possibilidade é que elas utilizem da sua capacidade mediúnica em um nível completamente exterior, sem trilhar o caminho da perfeição, tornando esse contato muito perigoso para o médium e para aqueles que participam do seu entorno. Mas quando o médium trilha o caminho do desenvolvimento e do autoconhecimento com disciplina e humildade, buscando a princípio apenas fazer contato com essa sua capacidade, ela se desenvolve de forma maravilhosa e proveitosa.

Espíritos que ainda estão próximos da Terra podem ser muito impressionantes, mas a sua força se dispersa facilmente. O homem só precisa ser esclarecido sobre a diversidade das condições, sobre as Leis Espirituais e como elas funcionam. A prova dada por espíritos de esferas elevadas é muito mais efetiva e duradoura se houver disposição para esperar e ser paciente. É preciso pensar onde estão as suas imperfeições, quais falhas lhe são atribuídas e quais são ou não reconhecidas. É necessário meditar sobre isso com toda a honestidade. Quanto mais resistência sentir, mais verdade haverá ali. Se realmente existir a intenção de receber a resposta - e ela pode não ser agradável - ela virá. Mas é fundamental ter o desejo real de que seja feita a Vontade de Deus. A felicidade é enorme quando a Verdade Interior, tão evitada, é reconhecida.

Os sentimentos, pensamentos e tudo que é espiritual são intangíveis aos humanos, mas para os espíritos são como formas sólidas, às vezes como paredes de granito. Não é possível ao mundo espiritual entrar com a verdade quando não se está aberto a ela. É preciso se ater a satisfazer a Vontade de Deus, eliminar os erros e trabalhar o autoconhecimento. Também é presunção esperar respostas imediatas do mundo espiritual sem provar merecimento. Quem é suficientemente forte não se atrapalha pelo dinheiro, embora seja muito mais difícil ao ser humano resistir às tentações que os bens materiais proporcionam. Em princípio isso se aplica a qualquer qualidade humana inata. O pré-requisito básico de um médium é subordinar o seu dom à Vontade de Deus, sem solicitar vantagens pessoais de natureza material ou espiritual.

◆ ◆ ◆

## PW 15 – A INFLUÊNCIA DOS MUNDOS ESPIRITUAL E MATERIAL

Uma vez que ninguém na Terra se encontra estabelecido em absoluta harmonia ou desarmonia em todos os seus aspectos, pode-se em determinado momento estar em contato com uma Esfera Espiritual Divina, e em outro com uma esfera bem diferente. Sempre que o "self" se desenvolve e atinge seu Estado Original, abandonando as camadas que constituem o eu inferior, ele busca as esferas mais elevadas e radiantes e se conecta a elas. É certo que espíritos maus podem influenciar, mas somente quando houver indolência no aprendizado espiritual, quando o indivíduo se inclinar à linha de menor resistência. Quem, em seu interior, é menos preso a tendências malignas, tem maior desenvolvimento e força, por consequência mais é esperado dele. Uma falha menor pode ser tão pesada para este, quanto um crime para outro de pouco ou nenhum esclarecimento espiritual. Por isso não se deve comparar falhas e desvios das pessoas em relação às Leis Espirituais.

Cada um atrai espíritos especialistas cuja particularidade já possui. Semelhante atrai semelhante inevitavelmente, como um ímã. Quando um ser humano evolui, ele é cercado por seus guardiões da Ordem Divina, mas são espíritos que só podem se aproximar caso o seu protegido os invoque e se empenhe em elevar-se. Do contrário eles só interferem para protegê-lo por seus méritos passados, segundo precisas Leis Espirituais. Essa mesma pessoa também é cercada por outros espíritos não incorporados à Ordem Divina. Alguns podem pertencer às profundezas do mundo das trevas, mas se ela não for realmente criminosa, eles permanecerão longe, pois não podem conseguir nada da sua especialidade. Para sua própria proteção, cada um deve se encarar com total honestidade. Os especialistas esperam uma oportunidade para inspirá-lo a ceder aos seus defeitos específicos. Quanto mais forte a falha e menor a consciência dela, mais próximo estará o especialista. Alguns espíritos intermediários também buscam influenciar os seres humanos, sendo pouco esclarecidos, porém, eles não os inspiram da melhor maneira. Muitas vezes eles perdem a oportunidade de aprender com a situação, por não seguirem um caminho de autodesenvolvimento.

Ao sentir uma indisposição desarmônica, com a sensação de conflito no ar, é fundamental ter a presença de espírito para orar, pedir orientação espiritual e buscar Deus dentro de si. Mas muitas vezes as pessoas se sentem cansadas, abandonam-se e caem como presas fáceis dessas influências. A única proteção real é trilhar o caminho do autoconhecimento, em busca da purificação. O gênero humano fornece constantemente material para o mundo das trevas quando se perde na linha do menor esforço, cedendo ao seu eu inferior. A influência das esferas desarmônicas se torna, então, proporcionalmente maior, expulsando as Esferas de Luz e as lançando em um papel secundário. O oposto ocorre quando se busca tentar o melhor que puder ser, repelindo o mal, a inveja, o ódio, o preconceito e a cobiça. Portanto, não apenas o mundo dos espíritos afeta a humanidade, mas a humanidade também o afeta. Um ciclo contínuo é sempre posto em movimento, quer seja vicioso ou virtuoso. Isso jamais mudará enquanto o mundo material continuar existindo. Simplesmente tem que ser assim.

◆ ◆ ◆

## PW 16 – O ALIMENTO ESPIRITUAL

As tendências inconscientes geram muitos danos, conflitos e desordem interior. É preciso limpar a alma como se limpa o corpo, examinando diariamente as suas reações aos episódios ocorridos, em um inventário de tendências e de correntes emocionais. É assim que a direção da vontade é mudada, livrando-se do que não faz mais sentido e tornando-se aberto e receptivo ao alimento espiritual adequado. A nutrição da alma inclui a boa literatura e conversas a respeito, bem como orar e meditar da maneira correta. Sempre existirá uma voz a afirmar o seu cansaço, que não faz mal deixar para depois e que Deus não irá se importar. Parece mais fácil ceder à depressão ou à desesperança, pois isso permite culpar o destino, as circunstâncias e os outros pelo que lhe acontece.

O homem lida exatamente com os mesmos problemas, vida após vida, até chegar a resolvê-los. A força de vontade é, em si mesma, um patrimônio de grande valor. Mas se for usada cegamente, a tarefa assumida para esta encarnação não será cumprida, tampouco a sua felicidade, pois uma depende da outra. É preciso se purificar e se munir de todo o autoconhecimento possível, conforme a sua força e evolução. Não existem coisas pequenas ou grandes. O que parece enorme talvez seja muito pequeno em termos da Verdade Absoluta e vice-versa. O que parece ser mais ínfimo pode ser um sintoma muito significativo, chave de vários problemas. Quando a vida é colocada nas mãos de Deus de forma verdadeira, quando é entregue a Ele, inevitavelmente haverá felicidade. Simplesmente não há alternativa.

Tropeçar sempre na mesma falha não é mau, desde que seja reconhecida e se aprenda com ela. Não se pode nunca é desistir de si mesmo. Ao irradiar raiva, egoísmo, inveja, espíritos especialistas do mundo das trevas são atraídos, incentivando a intensificação desses defeitos. Eles conseguem recompensas especiais no mundo deles e sabem muito bem que nada obterão inspirando uma pessoa a algo alheio à natureza dela. Agem explorando os seus defeitos sutis, aparentemente inofensivos, que os atraem. Devagar, buscam levá-la à depressão e para longe de Deus. Isso ocorre não tanto pela falha em si, mas porque ela se desgosta de si mesma, desistindo da luta e se entregando aos vícios. Aqueles que lutam precisam conhecer extremamente bem os seus defeitos e disfarces, pois só podem ser tentados por meio deles.

A atitude humana também gera impactos reais no mundo espiritual. O espírito mau aprende, embora não diretamente, pois ainda se encontra muito imerso na escuridão. Mas se for vencido, derrota após derrota, chegará a um ponto em que começará a sofrer. E para uma alma ignorante, somente o sofrimento pode levá-la para perto de Deus, como um último recurso, em total desespero. Cada vitória humana desencadeia uma reação no mundo espiritual. Se o homem soubesse o quanto consegue com cada vitória contra o mal, não apenas em relação à sua vida e ao seu ambiente imediato, mas também para diversos espíritos, se esforçaria realmente muito mais. É dominando de forma verdadeira a si mesmo que o ser humano se torna parte integrante e vital do grande Plano de Salvação.

◆ ◆ ◆

## PW 20 – DEUS: A CRIAÇÃO

Deus é o princípio, o Criador do universo e de todas as Suas Leis, é Força Vital no máximo grau. Sua substância fluida é matéria radiante herdada por tudo o que é criado. Deus e os seres mais elevados podem dissolver esses fluidos para que o nada se transforme em um fluxo, uma Corrente Divina a se desenvolver. A Força Vital contém a força de vontade que diminui a cada falha fomentadora de resistências. Muitas pessoas a usam para finalidades destrutivas, depois carecem dela para o seu desenvolvimento e purificação. Todos os problemas da vida resultam exclusivamente da negligência espiritual.

Deus tem o poder da presciência no mais alto grau, mas não no que diz respeito ao livre-arbítrio humano, pois foi Ele quem o deu. A total presciência Dele e o livre-arbítrio de cada pessoa excluem-se mutuamente. Certamente Deus, sendo onisciente da Sua criação e de Suas Leis, na Sua sabedoria infinita, pode prever em imensa medida e planejar. Mas nunca tudo poderá ser conhecido *a priori* com total exatidão. Deus usa Seu infinito conhecimento e poder sem violar as Suas Leis, que são o mais Puro Amor.

Os mundos espirituais são mundos psicológicos produtores de substâncias e formas. É somente no mundo material que os pensamentos e sentimentos são abstratos. Os espíritos criam as esferas em que vivem de acordo com o seu estado mental, compartilhando ambientes semelhantes. Para alguns é algo que facilita a vida, mas isso também torna o seu desenvolvimento mais lento. Há muitos mundos com variados graus de harmonia. O mundo material é um deles. Se as pessoas lembrassem que os seus pensamentos, sentimentos, desejos e atitudes determinam o seu mundo, seriam mais cuidadosas nas suas expressões.

Os espíritos desenvolvidos combinam plenamente os aspectos masculino e feminino. O estado do gênero humano é a última forma antes que possam voltar à origem. Seres menos desenvolvidos, minerais, plantas e animais, ainda estão em um estado de maior divisão. O impulso humano para encontrar o parceiro certo resulta do seu profundo anseio pelo reencontro da parte sua que foi separada. Todo ser passa por algumas encarnações com a verdadeira contraparte para que, pela felicidade que isso acarreta, se cumpra o dever de preencher certas coisas. Em outras encarnações ele vive sem ela, embora possa haver parceiros com os quais usufrua de grande felicidade e realize os seus deveres.

Quanto mais elevado o ser, tanto mais cedo virão as consequências dos seus atos. É da Lei Espiritual do Desenvolvimento que aquele que adquiriu certo grau de conhecimento e de percepção espiritual relacione o efeito à causa com maior rapidez. Isso é uma dádiva de Deus, pois permite corrigir os erros antes que cometa outros mais graves, evitando ativar um círculo vicioso. Para a pessoa espiritualmente mais fraca, suportar as consequências das causas que criou, mesmo por uma única vez, pode ser demais. A depender da situação, talvez seja melhor que ela não tenha esse grau de conhecimento. Aquele que ainda não se encontra suficientemente pronto e maduro tende a distorcer a verdade, por mais que esta o escancare à porta. No devido momento, no entanto, ele terá que angariar clareza e arcar com a responsabilidade pelo mal que pôs em ação, condição necessária para que as suas sementes de iluminação possam vir a germinar.

◆ ◆ ◆

## PW 21 – A QUEDA

Muito antes da existência do mundo material, uma parte dos seres criados, dotados de livre-arbítrio, abusou do seu poder. A "queda dos anjos" foi uma lenta degeneração do Aspecto Divino para o seu oposto, gerando a separação. Lúcifer, o primeiro espírito a sucumbir, exerce total poder sobre os seus seguidores. O reverso de Deus e de Suas Leis é o domínio dos mais fracos pelos mais fortes e a proibição da livre escolha. Para Deus não só o fim importa, mas também os meios. Somente a fidelidade a esses princípios poderia permitir ao mais teimoso dos seres perceber a dignidade das Leis de Deus. Era natural que para escapar das penosas circunstâncias criadas por eles mesmos, isso se desse à custa de muito sofrimento. Quando um número suficiente de espíritos passou a sentir o anseio pela libertação, havia chegado a hora de criar o mundo material.

Outras formas de vida ainda foram produzidas pela Força Vital, antes dos espíritos caídos terem progredido para nascer em matéria. O homem passou a existir somente depois de muitos estágios intermediários de evolução. Na Terra era possível criar um mundo melhor, tanto material quanto espiritual. O mundo espiritual era para onde iam após a sua morte física, assim como quando os seus corpos descansavam durante o sono. Mas recebendo constantes influências das esferas malignas, era impossível que se desenvolvessem realmente. Por isso alguns espíritos puros das Esferas Divinas também encarnaram, equilibrando as forças e permitindo que pudessem escolher o outro lado para dar ouvidos.

Nenhuma incapacidade ou lesão nos órgãos físicos ocorre sem que afete o corpo sutil correspondente. No retorno a Deus, não importa quantas camadas ainda existam além do corpo físico, elas acabarão por se desintegrar. A alma é um desses corpos sutis que culminarão no espírito purificado e desenvolvido. Este é o ser final e indestrutível que vive eternamente, indicando a direção com conhecimento profundo e inquestionável. A alma se expressa por sentimentos muitas vezes subconscientes, demandando autoconhecimento e observação para fazê-los se manifestar de forma volitiva e consciente. Em geral as pessoas são escravas das suas reações emocionais, não tendo a percepção do que lhes é real, sendo dominadas por elas, ao invés de dominá-las e controlá-las.

A obstinação e a vaidade existem em profusão, sendo o maior entrave à harmonia e ao amor. A humildade é essencial para fazer o que é mais difícil, para alguns pode ser dizer a verdade, para outros dar ou aceitar algo. Há quem se sinta humilhado ao se mostrar sem máscaras, apresentando-se com arrogância e superioridade para impressionar. O autoconhecimento só frutifica quando o olhar do outro para as suas deficiências já não importa, quando a sensação de ser humilhado já não existe mais. Até que essa nova conduta seja incorporada à sua natureza, será necessário se acautelar contra a tentação de desistir. Quanto maior o desenvolvimento de uma criatura, menos honras e admiração ela vai querer, por saber que estas são devidas apenas ao Criador.

◆ ◆ ◆

## PW 22 – A SALVAÇÃO

A vinda do Cristo à Terra teve um importante papel para todo o universo. Naquela época algumas almas encarnadas oriundas das esferas da escuridão queriam se libertar, mas Lúcifer impedia. Ele sabia do embate iminente çom as Forças Divinas lideradas por Cristo, mas afirmava que não iria reconhecer a justiça das Leis Espirituais, ainda que fosse vencido. Ele só as reconheceria caso um espírito encarnado na Terra conseguisse manter-se totalmente fiel às Leis de Deus, desde que tentado por ele e sem orientação ou Proteção Divina em momentos cruciais. Essa missão Cristo assumiu para si.

Os ensinamentos que trouxe foram importantes e maravilhosos, mas não sucumbir à Lúcifer como homem foi a Sua grande tarefa. Encarnado, Jesus Cristo não sabia exatamente o que envolvia a Sua vida na Terra. Todos os Anjos de Deus precisaram deixá-Lo quando o embate realmente começou. Lúcifer se dedicou com o maior empenho ao esforço de fazê-Lo cair. Recorreu às mais diversas artimanhas com os seus ajudantes. Cristo foi submetido a todas as tentações do mundo da escuridão. Suas qualidades mediúnicas só eram vantagem enquanto o Mundo de Deus estava próximo d'Ele. Quando a ligação foi cortada, as manifestações que vinham se originavam de espíritos caídos. Mas Cristo nada teve senão um enorme sofrimento psicológico e moral, humilhação como não se pode imaginar, além de grandes dores.

Depois da Sua morte física, Cristo travou e venceu também a batalha espiritual no mundo da escuridão. Isso pode parecer muito humano, mas as guerras humanas são apenas reflexos das guerras espirituais. Ao não se submeter às tentações de Lúcifer, foram satisfeitas as condições nas quais jamais poderia ser alegada injustiça nas Leis de Deus. As portas foram abertas para que todos pudessem se unir ao Criador e habitar mais uma vez as Esferas Divinas. Quem se sentir sofrendo, sem saber o porquê, pode pensar na história da salvação pelo Cristo. Lúcifer permanece no seu papel de tentar subjugar o homem, buscando sucumbi-lo à sua natureza inferior, mas desde então todos podem escolher para onde ir. O Mundo de Deus também passou a ter direito de interferir para que as Leis Espirituais tenham validade nas esferas da escuridão. Elas agora afetam as atividades de Lúcifer e de seus seguidores que, em última análise, ficaram sob a jurisdição de Deus.

Cristo não salvou todos de seus pecados, mas o grande pecado da queda deixou de ter como consequência a exclusão eterna dos Mundos Divinos. Através d'Ele, agora há a possibilidade de atravessar o limiar pelo próprio esforço e desenvolvimento. O Plano de Salvação continua pela compreensão e combate do eu inferior em cada um, penetrando aos poucos na sua Identidade Verdadeira e permanente, seu Eu Superior. Esse é um processo lento que deve vir à tona para se manifestar de forma consciente pelo intelecto, pela vontade exterior, tendo como destino final a sua completa união com Deus.

## PW 33 – O TRABALHO COM O EU – FÉ CERTA E ERRADA

Pensar em si mesmo não é prova de egoísmo, assim como pensar no outro não é garantia de boa atitude espiritual. A maneira errada de pensar em si mesmo é ficar reclamando e remoendo o que perdeu na vida, o que não é possível mudar. Doar o seu tempo a assuntos que não lhe dizem respeito, com críticas e julgamentos, tampouco contribui para se tornar menos egoísta. Tudo depende de como é feito, devendo estar à mercê do autoconhecimento e da purificação das motivações, requisitos indispensáveis para o desenvolvimento espiritual.

Aquele que não se conhece e não se ama também não consegue amar os outros. O pequeno eu - autocomplacente para fugir da dor inerente à vida - é que não deve ser benquisto, é ele que precisa ser conduzido sob rédeas curtas. O respeito e o amor próprio, da maneira certa, só podem existir pela realização do que foi planejado em espírito. O subconsciente sabe quando isso não está sendo cumprido, levando ao autodesprezo que aumenta o complexo de inferioridade, impedindo o amor saudável.

Não se desespere ao descobrir mais imperfeições do que imagina, assim como também não queira permanecer estagnado. As tendências humanas extremas são sempre erradas, o modo correto é o difícil caminho do meio. Nada é intrinsicamente bom ou mau, certo ou errado, trata-se sempre de como. Só é possível mudar a si mesmo, os outros podem apenas ser influenciados, o que deve ser feito dando bons exemplos.

A razão do desespero humano é saber que quando passam por uma provação, veem as coisas totalmente distorcidas, convencendo-se de que a perspectiva negativa que têm é a única verdade. Nesses momentos esquecem o que já sabem muito bem. Ficam tão paralisados pelas atraídas forças do mal, que não conseguem pensar e perceber o que normalmente pensariam e veriam muito claramente. Não lhes ocorre perguntar a Deus a verdade, pois até para isso os seus pensamentos estão por demais envoltos em escuridão.

É preciso aprender a aceitar as pessoas como elas são. Muitas vezes o homem condena no outro os mesmos defeitos que tem, embora estes possam se manifestar de outra maneira. Mas para ser tolerante não é necessário ser cego. O intolerante não quer enxergar a realidade de quem ama pois, no fundo, teme não conseguir continuar usufruindo desse amor. A verdadeira aceitação acontece em quem enxerga claramente os defeitos daqueles que ama, porque não tem medo de amá-los menos por isso.

A alma humana é repleta de correntes contraditórias. Se esse árduo trabalho não puder ser feito em nome de Deus ou pelo outro, faça-o por si mesmo. A falta de fé não é impeditiva do esforço. O autodesenvolvimento pede pelo questionamento da Verdade Espiritual. As dúvidas e desconfianças não devem ser negadas, pois nada que é empurrado para o subconsciente pode prosperar. Muitos que pensam desfrutar de uma posição especial aos olhos de Deus costumam não ter tanto amor pelas pessoas quanto diversos outros que não dispõem de tanta fé.

◆ ◆ ◆

## PW 35 – VOLTANDO-SE PARA DEUS

Muitas pessoas voltam-se para Deus quando o contato com outros seres humanos não traz os resultados que esperavam. Pensam que Deus não irá decepcioná-las, que Ele tem amor suficiente e que elas nunca se arriscam no amor por Ele. Mas esta não é a maneira correta de ir ao encontro de Deus. Ainda que seja melhor do que negá-Lo ou culpá-Lo por suas decepções e falhas, a busca por Deus não deve significar fazer Dele um substituto. A plenitude da vida significa viver sem covardia, sem jamais tornar-se insensível, aberto ao que ela pode trazer - dificuldades e alegrias, infelicidade e felicidade, períodos de escuridão e de luz. É preciso estar disposto a confiar novamente nas pessoas com um coração que sabe perdoar e, acima de tudo, jamais temendo os próprios sentimentos, a vida como ela é.

A melhor maneira de encontrar Deus é sempre aprender a amar os outros, conquista de uma longa jornada. Nada, a não ser o amor por seus semelhantes, pode levar à plenitude da vida. Tantos se esforçam para serem amados sem saber que o que querem, de fato, é amar. A parte mais grosseira da alma confunde o desejo de amar com o anseio de receber amor. Nela está o ego, com ambição e vaidade, orgulho e medo, querendo receber amor sem o risco de se ferir. Mas isso não pode funcionar e mesmo quando assim parece, não traz felicidade. Quem não está disposto a amar recebe amor com uma carga de culpa pela trapaça que faz com a vida, por seu orgulho e covardia. É preciso começar superando nem que seja uma única fraqueza, de modo a amar da forma que for possível, ainda que não seja capaz de dar o Amor Real que jamais busca manipular para receber algo em troca.

Não é o abundante conhecimento que está no cérebro, é o que há na alma que realmente importa. O ser humano, em sua grande maioria, possui muito mais conhecimento intelectual do que espiritual verdadeiro. Para reequilibrar-se precisa desenvolver e se conectar com os seus sentimentos mais profundos. Se há falta de satisfação na vida é porque alguma Lei Espiritual foi violada. Às vezes acontecem testes desagradáveis, mas que nada mais são do que respostas a uma prece. Deus torna consciente o bloqueio através de manifestações. A Espiritualidade Verdadeira passa por se perguntar como descobrir as violações praticadas e como mudar as correntes interiores. Toda falha é um empecilho à Graça Divina e todo esforço real para superá-la abre portas a essa Graça.

Deus não determina de forma dogmática isso ou aquilo. O Verdadeiro Caminho traz equilíbrio, com a motivação real e o respeito ao processo distinguindo o certo do errado. É surpreendente ver como o homem pode ser tão pouco flexível em relação a alguns assuntos, se tem uma ideia preconcebida, é quase impossível convencê-lo, uma falha muito comum. Somente quem se abre para o novo pode receber ajuda. Na medida da sua abertura, mais a alma será elevada a Deus, quanto menos amargura e revolta, quanto mais humildade para buscar e orar, maior o efeito da bênção. O ápice da ventura de um espírito desenvolvido é servir a Deus pelo amor a Sua Criação, não poderia ser diferente.

◆ ◆ ◆

## PW 36 – A PRECE

A busca por Deus é como andar pela selva, ao encontro de um caminho e de oportunidades para dar mais um passo. As falhas são matagais que precisam ser abertos por picadas. Há rios a enfrentar, em emoções descontroladas, e precipícios a saltar, como o medo da vida, da dor e da decepção. Durante um tempo parece que se caminha em círculos, perdido no mesmo cenário. É um tatear, às vezes penoso e sombrio, clareado pelo sol de algumas vitórias. Cabe a cada um buscar a Luz e a Graça Divinas, que estão sempre disponíveis pela prece. O simples empenho por desejos altruístas já muda os corpos sutis e, no limite, até o corpo físico. A prece pode produzir limpezas maravilhosas na alma.

Mas não se trata apenas de pensamentos positivos. Quando não vêm dos recônditos do seu interior, quando as correntes emocionais não acompanham, eles não passam de autoengano. A prece é necessária para descobrir a verdade e o abismo entre o mundo dos pensamentos e dos sentimentos, bem como para fixar a atenção sobre si mesmo de forma construtiva. Orar e meditar são em essência a mesma coisa. Os pensamentos cotidianos vão para todos os lados. Às vezes focam em um detalhe menos importante, às vezes dão ênfase mais ao efeito do que à causa. É pela meditação que os problemas são apresentados e esclarecidos a si mesmo e a Deus. A meta final é que toda a vida seja uma prece.

Um elemento fundamental trazido pela prece é o estado de espírito de humildade. As pessoas que se acham o centro do universo são orgulhosas demais até para orar. O seu conceito de Deus é frequentemente adaptado às suas próprias necessidades impuras. Pedir e aceitar um favor de alguém requer humildade. É preciso vencer as dificuldades para transformar o trabalho diário de limpeza da alma em sua segunda natureza. Através do esforço pessoal, gradualmente essa atitude passa a ser a de todos os seus momentos. Mas aquele que adquire a disciplina da prece deve tomar cuidado para que ela seja algo vivo. É preciso orar em concordância com o que estiver vivendo. Orar significa instruir o subconsciente pela ideia clara do objetivo imediato à frente e de quão longe ele ainda se encontra.

É preciso pedir pelas almas infelizes, pela difusão da verdade e também pelo inimigo que criou, mas sem se deixar iludir ao negar a parte que ainda luta contra isso. Os seus pensamentos e sentimentos íntimos podem fomentar ou impedir a verdade, a paz e o amor. Muitas das desarmonias da alma se devem às correntes hiperativas que não aceitam as suas imperfeições e as do mundo. Tal revolta se expressa no excesso de atividades e críticas, não perdoando erros e julgando sem apelação. Falta humildade para perceber sobre o quê não tem o poder nem o direito de mudar. É preciso aceitar emocionalmente o erro e a sua importância para crescer. Mas o extremo oposto da passividade exagerada é tão errado quanto. São os esforços corretos pela prece que disponibilizam as forças necessárias para descobrir qual é a verdade que se aplica.

◆ ◆ ◆

## PW 203 – INTERPENETRAÇÃO DA CENTELHA DE LUZ DIVINA

O medo de atravessar o abismo entre a consciência pequena e separada do ego e a Consciência Universal tem origem na ideia de que o ser vá se perder. O Criador Divino infinitamente bom tem por objetivo preencher o vácuo do nada, com a Centelha do todo. A Centelha Divina possui luz e vida incríveis, uma qualidade de ser tudo, com todo o poder concebível e inconcebível para criar mundos e seres. Mas no processo de ocupação as partículas foram se esquecendo da sua completude, acreditando serem pontos isolados de consciência atirados na escuridão exterior. O mal emerge quando as partículas da Centelha perdem a sua memória e lutam contra o vácuo, por não terem recobrado o conhecimento acerca da sua conexão. A feroz batalha ilusória contra abrir mão da existência distorce a Realidade e a Energia Divinas. Essa transição cria um estado que pode ser chamado de mal, mas que inevitavelmente será alcançado pela Centelha. Toda a natureza, com as suas mais variadas formas de vida, é parte dessa grande onda. A vida precisa ser vista sob a ótica de trazer a verdade e a Divindade para o seu interior. Isso é a Centelha se esforçando para penetrar as regiões exteriores e concretizar o processo criativo.

O ser humano experimenta, em seus terrores mais íntimos, o medo de que o vácuo vá engolfar a sua Centelha Divina. À medida que aprende a aceitar e a unificar os seus aspectos positivos e negativos, passa a se sentir confiante também em relação ao ambiente e aos outros. E percebe que o negativo, tanto em si quanto fora, é apenas uma fachada do que é positivo. Quanto menos o negativo for reprimido e temido, quanto mais for assumida a responsabilidade por ele, ao invés de projetá-lo no outro, tanto mais fácil também será mantê-lo à mercê da sua vontade. Para transformar a energia de um sentimento destrutivo, é imperativo não o jogar fora. É falso o ideal de um estado espiritual completamente destituído de raiva, medo ou dor. Quanto mais o indivíduo for capaz de experimentar qualquer sentimento, menos será escravizado por ele. É possível tornar-se consciente de um estado flexível em que se fica no comando de si mesmo, possibilitando que os seus sentimentos sejam colocados ou retirados.

A tarefa demanda o seu exercício, mas nem sempre é chegada a hora apropriada. Às vezes é necessário aguardar para evitar falseados, porque ainda não está pronto, do contrário os sentimentos produzidos acabam distorcidos em dramatizações, exageros e farsas. É assim que a obstinação é usada para produzir um desempenho não genuíno, cultivando a ilusão de que a sua alma está em estado de fluência; e o orgulho, transvestido de falsa serenidade, usado para encobrir os seus sentimentos negativos não trabalhados. Faz-se necessário pedir guiança para experimentar novas alternativas com dignidade, sem orgulho nem humilhação; e também sem obstinação teimosa, mas com postura e convicção para se afirmar de forma relaxada e aberta a ceder quando necessário. Há que arrebanhar coragem para perceber o seu medo e desconfiança para com o universo, superando a ansiedade que surge. O indivíduo saudável se move não por obrigação, mas por prazer, dando espaço à escolha deliberada para que a sua Centelha Divina se sobreponha e ocupe todo o espaço do seu ser.

◆ ◆ ◆

## PW 258 – CONTATO PESSOAL COM JESUS CRISTO: O SENTIDO DA SALVAÇÃO

Para a imensa maioria das pessoas, Deus tem sido uma experiência impessoal e dogmática. Isso porque só é possível vivenciar de fato o que acreditar e conceber. A percepção do amor pessoal de Jesus Cristo vem da busca e da oração. As primeiras respostas podem passar despercebidas, bloqueadas por barreiras que impedem essa vivência. Ao começarem a cair, será possível experimentar o que significa sentir o Seu amor pessoal. A verdadeira autonomia só pode ser estabelecida pela total rendição à Vontade de Deus. Inclui a disponibilidade de ser temporariamente ferido e rejeitado, com coragem para arriscar e para sacrificar uma meta egoísta. Isso se dá também em benefício próprio, mesmo de um ponto de vista puramente humano. A atitude principal na vida deve ser a dedicação à Vontade e ao Plano de Deus. A grande batalha acontece entre as Forças do Bem e as forças do mal, travada na penetração gradual da vida em direção ao vazio. Essa percepção leva à fé, ao conhecimento do Deus eterno e da imortalidade individual da alma, serenando o seu profundo desejo existencial.

A salvação é uma responsabilidade pessoal, mas não é possível obtê-la sem a ajuda dos outros, que sempre servem como seu espelho. Tampouco é possível sem a assistência pessoal de Deus, porque o empreendimento é vasto demais. Pode parecer um sacrifício despender tempo e energia para abandonar os hábitos originados do eu inferior que parecem trazer alguma gratificação por um período. Mas este é o preço a ser pago para que incomparáveis prazeres possam se enraizar. É preciso estar aberto ao outro com Verdade Interior, mesmo que a princípio isso o faça se sentir vulnerável. Todos os seres estão juntos, em um sistema interconectado. Quando o peso da dependência é posto em Deus, em Seu aspecto íntimo e pessoal, então é possível criar um centro de gravidade saudável ancorado na alma. Sua presença se funde com o Eu Superior da pessoa e unifica o sistema. As relações se tornam livres de neuroses, sendo acompanhadas da habilidade de saber onde a confiança é justificada e onde não é, afastando o medo, a confusão e a ingenuidade.

A vontade exterior precisa ser agressivamente ativada pelas muitas decisões diárias de encarar a verdade em situações difíceis, pela escolha de vivenciar as Leis Espirituais e de superar as resistências em se mostrar como é. Os Poderes Superiores invocados ajudam a encontrar o caminho em direção a níveis mais profundos e a efetuar as mudanças que a mente sozinha não pode concretizar. A covardia e a fraqueza, em certo sentido, são mais perniciosas do que o ato direto de maldade. Quem é conivente contra lutar pela verdade encoraja o mal, sustentando a ilusão no outro de que isso é ser esperto e que muitas pessoas o apoiam. E ainda fomenta o engano da suposta necessidade de vender a sua integridade e decência para ser aceito. No nível da consciência o covarde se alimenta de dupla culpa: por um lado pela cooperação com o mal; por outro se fingindo de bom, enquanto sorrateiramente dá uma silenciosa permissão para os atos malignos praticados por terceiros. Quem faz o mal diretamente ao menos assume a possibilidade de ser reprovado e de ter que encarar as suas consequências. É por isso que a qualidade mais baixa não é o ódio, mas a inércia, que é o congelamento do fluxo de Energia Divina.

# MÓDULO II - OS CAMINHOS E SUAS DECISÕES

A busca pela felicidade através da via espiritual denota, para a maioria das pessoas, algo vago e distante, quando deveria significar, de fato, o alcance do Prazer Supremo em todos os níveis do ser. Mas poucos são conscientes que as dificuldades que encontram na vida decorrem de efeitos de transgressões de Leis Espirituais, assim como da sua indecisão em segui-Las. O mal surge da demasiada preocupação infundada das pessoas consigo mesmas. Seu erro básico é pensar que o egoísmo e a idealização irão protegê-las e lhes trazer recompensas. O homem procura se ver como perfeito, pois não quer encarar o que fere a sua vaidade, nem passar pelo esforço do aperfeiçoamento. Mas a felicidade duradoura, genuína, só pode ser construída sob a fundação da verdade.

A inércia é o maior impeditivo da mudança, pois é matéria que não quer ser vivificada pelo espírito. Seu alimento é a falsa culpa posta em substituição, inviabilizando o arrependimento verdadeiro. A culpa real não é a incapacidade de ser perfeito, mas não querer reconhecer e fazer o esforço para aprender e melhorar. A atitude correta é voltar-se para dentro, na direção da importante lição trazida pelo doloroso momento. É preciso enfrentar a situação indesejada com humildade, buscando aprender com ela, como relaxar e se concentrar nas causas, ao invés de esperar que a vida mude por si mesma. Nunca são as circunstâncias externas que provocam uma crise ou colapso, mas a sua atitude errada diante delas.

A chave do universo é o Amor Real, não o falso amor que sujeita o outro. A recusa das pessoas a amar é muito mais determinada pela vergonha em demonstrar o que têm de melhor, do que pelo medo de se sentirem desapontadas. Essa traição é a mais profunda das culpas, maior responsável por sua desconfiança e insegurança. A consequência natural é atrair pessoas que confirmam não haver razão para confiar nelas. Não é possível mudar algo escondido da consciência, faz-se necessário remover as camadas de ilusão. Aqui se enquadram os ideais perfeccionistas muito exigentes, rígidos e rigorosos. Seus motivos são o orgulho, a vaidade e o fingimento para manter as aparências e impressionar. Eles violam Leis Espirituais, o que acaba por impedir a própria felicidade.

É por viver a realidade do ser que a tentação de inventar situações em que sonhos impossíveis aconteçam se esvai. Os devaneios não são engendrados pelo desejo que vem do Eu Interior, mas por um ego diminuído em busca de um falso remédio contra a sua pequenez. Neles a pessoa sonha em ser alguém importante para impressionar os outros, mas não se vê exercendo uma vocação produtiva para contribuir de modo alegre e significativo para a vida. Não se vê bem-sucedida e próspera pelo simples prazer de desfrutar os frutos do seu trabalho. A verdadeira tarefa é começar a expor a totalidade do que se é agora, com o cuidado de não ferir os outros, nem a si mesmo. Somente sendo verdadeiro em relação às próprias negatividades é possível encontrar a grandeza do seu Eu Criativo, o que significa ser, sabendo ou não, um Veículo de Deus.

◆ ◆ ◆

## PW 2 – DECISÕES E TESTES

A velocidade do progresso espiritual depende do bom exercício do livre-arbítrio. Pode ser necessário reencarnar várias vezes para realizar ou superar algo se o homem se deixar levar por atalhos aparentemente mais fáceis. Mas também é possível escolher reconhecer as verdades básicas e tirar as suas conclusões para se reorientar. Isso não significa se afastar dos problemas terrenos, pois estes são, na realidade, a expressão de problemas espirituais. Implica ampliar conhecimentos sobre a natureza da criação e das Leis Espirituais, sem deixá-Las apenas em teoria, mas fincando raízes na vida pessoal. O saber externo precisa estar em harmonia com a assimilação interna. Se há ausência de felicidade em algum setor, essa falta está relacionada a um bloqueio interno. É necessário identificar e questionar a parte oculta, às vezes sutil, que o afasta do Amor Real. E observar todas as noções lisonjeiras sobre si mesmo, principalmente aquelas que levam com muita facilidade à ilusão. Cabe a cada um estabelecer relacionamentos verdadeiros, nos quais as Leis Espirituais se cumpram dentro de si.

Um grande número de pessoas não consegue tomar decisões interiores. Suas reações emocionais, muitas vezes encobertas, as impedem decidir pelo caminho do progresso espiritual. Para compreender a realidade de uma situação e saber como agir, é preciso descartar todos os disfarces do autoelogio e tudo o que atrai para o caminho de menor resistência. E também é necessário muito empenho pessoal e autoconsciência, de modo a avaliar as suas emoções e motivos íntimos que escondem a verdade e criam confusão. Deus e Seus seguidores espirituais raramente fazem o trabalho que cabe ao próprio ser, mas nele inspiram sabedoria quando há um pedido. Aqueles que passam toda a vida evitando tomar decisões interiores sofrem as consequências de reações em cadeia. Produzem uma forma espiritual que cria uma máscara em volta deles, tornando ainda mais difícil desembaraçar os nós e aprender a decidir. Mesmo do ponto de vista humano míope e egoísta, esconder-se das decisões é muito prejudicial, não só em termos espirituais, mas também em assuntos terrenos.

Mas não é justo julgar as pessoas pelas aparências. Pode ser maior a desarmonia interior de quem não sente dor e aparenta sucesso. Aquele que sofre com a dor tem mais chances de aproximar-se de Deus, ainda que como último recurso. Aos poucos a superação das suas resistências substituirá a dor, até que nem mesmo a luta contra elas será necessária. Todos podem se lembrar de como chegaram mais perto da harmonia interior após sentirem claramente uma dor. Isso não ocorre em um estado de revolta ou de divisão, quando se está possuído por sentimentos desarmoniosos. Os que são marcados pelo destino de forma pesada muitas vezes são mais capazes de passar nas provas, pois as aceitam pelo que elas são e aprendem o que precisam com elas. Deus nunca impõe a alguém mais do que é possível suportar e realizar. Também é falsa a crença de que a dor e a morte física são as piores coisas possíveis. A morte espiritual, pela submissão às forças sombrias que isolam do Mundo de Deus, é que é de fato o pior que pode acontecer. Ela é encontrada naquele que se entrega à fraqueza do caminho de menor resistência.

◆ ◆ ◆

## PW 7 – PEDINDO POR AJUDA E AJUDANDO OS OUTROS

As verdades da criação, as Leis Espirituais e todas as coisas que o homem é capaz de compreender precisam ser vivenciadas pessoalmente para que se tornem conhecimento genuíno a ser utilizado de forma produtiva. As dificuldades encontradas são efeitos de transgressões a essas Leis, assim como da indecisão de segui-Las. Mesmo um "não" pode ser melhor do que a tentativa de se convencer de que são alguns problemas concretos que o impedem experimentar a vida em plenitude. Por mais que se arrependa dos seus erros, em parte o homem gosta deles e não quer deixá-los para trás pelo relativo prazer que lhe proporcionam. As forças negativas estão sempre à espreita, procurando por pessoas que se encontram ponderando a decisão de trilhar um Caminho Espiritual. E estas normalmente cedem à primeira reação que lhes parece mais fácil e prazerosa.

Para avançar é importante escolher amigos e ambientes que possam dar contribuições positivas à sua busca interior. Devem ser contatos que não lhe causem danos à alma, algo que precisa ser bem observado, pois não é raro que isso venha inclusive de quem aparenta um inocente descompromisso. Mas os seres humanos que atingiram um nível mais alto de desenvolvimento não deveriam se afastar completamente desses relacionamentos. Quando alguma coisa inquieta a alma desenvolvida, é provável que a causa seja a ruptura com quem agora necessita ser ajudado, devendo servir como fonte de aprendizado. Se houver certeza que as vibrações desarmoniosas dessas relações não podem mais machucar, foi alcançado o ponto em que tal contato é devido.

Existem muitas pessoas que apresentam um falso tipo de arrependimento, ecoado em culpas alimentadoras de reações negativas. Pensam que são humildes, quando querem apenas o conforto de dizer que o seu problema é irremediável. Uma análise correta as faria descobrir que se trata de um tipo de orgulho e presunção de fingir ser mais do que ainda são. O homem procura se ver como perfeito, pois não quer enfrentar o que fere a sua vaidade, nem passar pelo esforço do aperfeiçoamento. Mas a vida deve ser construída sob a fundação da verdade. Quem não consegue se encarar como é, constrói com facilidade sobre inverdades. A humildade verdadeira é alcançada ao viver de maneira relaxada, colocando as forças benéficas em movimento e reconhecendo a essência de Deus contida na raiz torcida por um erro.

É preciso pedir energia e disciplina, paciência e perseverança para concretizar a decisão de se ver como é. Requer tornar-se consciente de quanto orgulho e vaidade são revelados quando se fica exageradamente chocado a respeito de cada falha. Com esforço contínuo, meditação e oração, é possível controlar as reações e quebrar o padrão anterior. Aos poucos as correntes erradas mudarão, permitindo que as emoções se adaptem às ações exteriores já transformadas. O homem é esperto demais para achar subterfúgios que "explicam" porque ele não quer ou não precisa disso ou daquilo, agarrando-se ao mais fácil. Mas o que é ganho com facilidade nunca é tão precioso. Simplesmente não pode ser diferente.

◆ ◆ ◆

## PW 27 – A FUGA DO CAMINHO

É muito comum ao homem, de maneira sutil, achar que basta buscar avançar espiritualmente para que os seus conflitos terminem de uma forma ou de outra. Ignora que as suas ideias precisam mudar, de modo a reconhecer o que de fato deve ser trabalhado. Ele se encontra em um ponto crucial do círculo vicioso, esperando mudanças nas condições, embora sejam as condições que esperam dele que mude as suas ideias preconcebidas. Fato é que seguir alguns dos conselhos dados aqui, ler palestras e meditar todos os dias não é garantia de encarar a si mesmo. Se as palavras tiverem uma interpretação condizente ao autoengano, se não houver uma escuta do que poderia ser proveitoso, trata-se de uma fuga. O problema que deseja mudar no exterior só pode ser feito pela transformação interior, com novas ideias e pensamentos. É preciso começar uma mudança real em si mesmo e orar. Peça ajuda ao plano espiritual quanto a que contatos manter ou não. O livre-arbítrio é muito poderoso, mas sem ajuda de Deus não é nada. A fuga dos problemas e a recusa em perceber os muitos sinais obstruem a evolução. E o que evita enxergar não é sempre algo que está oculto no inconsciente, muitas vezes se encontra bem embaixo do seu nariz.

No caminho da autopurificação é preciso lidar com três grandes partes, a mente consciente, o inconsciente e o subconsciente, cuja linha divisória é tênue. O inconsciente é aquilo do que não se está ciente simplesmente porque o olhar interior se encontra voltado para outra direção, bastando ir ao seu encontro para revelá-lo. As camadas subconscientes consistem das muitas imagens que se formaram na primeira juventude ou que são trazidas de outras encarnações. Devido à sua existência na alma, alguns episódios ocorridos na vida as trazem à superfície. A vida é feita de ciclos positivos virtuosos e negativos viciosos. Os ciclos negativos funcionam enquanto houver um estado de espírito que viola Leis Espirituais, tornando as correntes tão mais fortes que a pouca qualidade positiva presente acaba se perdendo. Seu rompimento faz iniciar um ciclo positivo potencialmente inesgotável, pois todas as qualidades espirituais puras têm a natureza de se autorregenerar. Quem entrega muito amor, mais amor tem para doar. Mas as pessoas agem como se o amor fosse um recurso escasso que tivessem de poupar, o que acaba referendando as suas ideias ao minar o ciclo positivo, haja vista as muitas correntes contraditórias postas em ação.

As três principais distorções do ser humano, das quais derivam direta ou indiretamente todas as suas deficiências individuais, são a obstinação, o orgulho e o medo. O medo está em todas as pessoas que têm defeitos, e não há pessoas que não os tenham. Não é à toa que o oposto do medo é o amor. Onde existe obstinação, coexiste o medo de que essa vontade não seja satisfeita. Onde existe orgulho, existe também o medo de ser humilhado ou ferido. Normalmente não há um único defeito responsável pelos problemas manifestos, porque um está sempre ligado a outro, interagindo e se afetando mutuamente. É preciso relacionar as várias deficiências com o problema, pedir e buscar a abertura dessa percepção. Não apenas o defeito em si, mas a sua parte resistente também deve ser reconhecida como um poderoso oponente. O fator mais importante talvez seja perceber, em si mesmo, o lado que não quer o que o outro lado deseja. É preciso examinar diariamente as suas reações interiores desagradáveis e a forma sutil com que o medo se encontra presente. A observação distanciada do funcionamento das correntes leva ao seu enfraquecimento gradual, até que ocorra a liberação final.

◆ ◆ ◆

## PW 49 – OBSTÁCULOS NO CAMINHO:

# HÁBITOS E FALSA CULPA

O mal surge da demasiada preocupação infundada das pessoas consigo mesmas. Seu erro básico é pensar que a autoidealização e o egoísmo irão protegê-las e lhes trazer recompensas. Falsear emoções e reações aos olhos dos outros para se mostrar superior impossibilita a mudança. As emoções não respondem à coação e o motivo em si já prova o seu egoísmo. Só haverá melhora pela consideração verdadeira e pelo desejo sincero de dar alegria e amor, mesmo que seja possível se ferir. Sentir-se culpado por ainda não ser a maravilha que deseja leva a pessoa a tentar parecer ser muito mais do que é. É louvável buscar a perfeição, mas sonegar o justo preço do trabalho obstrui o que quer alcançar, tornando a meta impossível ao violar Leis Espirituais.

As culpas injustificadas são, em sua maioria, aquelas sentidas por não ser perfeito. A pessoa busca evitar ser punida pelas suas culpas reais sonegadas, pois bem no fundo sabe que são falsas aquelas que admite em substituição. A verdadeira culpa não é a incapacidade de ser perfeito, mas não querer reconhecer-se assim, nem fazer o esforço necessário para mudar. Uma falsa culpa comum é a reação aos impulsos sexuais. A repressão à sua existência só faz fomentá-los, impedindo amadurecê-los com o restante da personalidade. A solução é deixar de ter medo de amar, o que permite ao sexo se incorporar ao amor na relação do casal. As culpas verdadeiras dizem respeito a ferir alguém por ignorância, erro, desvio da verdade, não importando se de forma ativa ou por omissão. Simpatizar com a pessoa ferida, tomar a própria responsabilidade, desejar fazer diferente e soltar os medos de amar, eis aí o embrião da mudança.

A coragem de se arrepender do mal feito aos outros põe a Força Vital em movimento. Essa corrente de verdade e de coragem vai aos poucos dissolver toda a destrutibilidade enfurecida por imaturidade e ignorância. A pessoa madura aceita as mágoas e os desapontamentos eventuais, não os teme e reconhece o seu valor. Acolhe as suas emoções negativas, pois entende que a compreensão dos motivos permite o controle real sobre elas. Também não teme as suas emoções positivas, suportando as mágoas e frustrações ocasionais. O tipo falso de aceitação é a autocomplacência e o martírio, assim como o tipo falso de pensamento positivo é a obstinação e a impaciência. Um extremo sempre cria outro, o caminho saudável é o do meio, aceitando as imperfeições e as atravessando com coragem e humildade.

A única maneira de decidir pela atitude correta a respeito de qualquer coisa é compreender as reações subconscientes, seus conflitos e problemas interiores. Até que isso seja feito no caso específico, recomenda-se neutralidade, deixando de lado a teimosia, seja otimista ou pessimista. Tudo o que acontece de negativo é quase sempre uma repetição padrão de conclusões errôneas oriundas de imagens. As medidas externas podem algumas vezes parecer eficazes, no entanto os problemas da vida só serão resolvidos quando a resistência a olhar para dentro for superada, retirando as paredes de defesa. Haverá sucessos e fracassos, a vida deve trazer ambos, mas enquanto estiver mais preocupada em tomar atitudes para se proteger de seus desapontamentos, mais coragem faltará à pessoa para enfrentá-los.

◆ ◆ ◆

## PW 51 – DE QUEM É A CEGUEIRA? DE QUEM É A OPINIÃO?

Sempre que se sentir vítima do outro, o melhor a fazer é cuidar da sua própria responsabilidade na questão. Concentrar-se no quanto se sente machucado dificulta ver novos pontos de vista e aceitar o que não pode modificar, que é tudo ou todos, exceto a si mesmo. Isso não significa ser masoquista, satisfazendo sentimentos de culpa, mas reconhecer que o dano causado pelo outro nunca poderá de fato lhe fazer qualquer mal, exceto se a sua atitude errada for mantida. O subconsciente não aceita assumir um erro e dá a mensagem de que tudo só ficará bem se as circunstâncias que odeia se modificarem da forma que quer. Mas a atitude correta, ao contrário, é voltar-se para dentro de si e aprender a importante lição trazida pela dolorosa situação. Nunca são as circunstâncias externas que provocam a crise ou o colapso.

Uma entidade passando de uma encarnação a outra com uma atitude em que prevalece a teimosia e a vitimização vai buscar forçar o mundo a se encaixar em seus desejos. Quando isso não for possível pelo uso do poder, tentará outros meios, como a rebeldia exacerbada ou até a doença. Essa entidade violenta os movimentos da alma a tal ponto que se predestina à loucura. O princípio da raiva que fomenta o colapso é o mesmo da insanidade, tanto do ponto de vista espiritual quanto psicológico, o que varia é apenas o grau. É preciso enfrentar a situação indesejada com humildade, buscando aprender a relaxar e a concentrar-se nas próprias causas, ao invés de esperar que a vida mude por si mesma.

A personalidade humana é tão envolvida em seus problemas emocionais que deixa de se dar conta que sustenta opiniões que não lhe são próprias, perpetuando a sua cegueira. Ter uma opinião errada, porém honesta e refletida, é melhor do que ter uma opinião alheia à própria escolha, ainda que certa, pois esta resulta da falta de coragem e de razões doentias que violentam a personalidade. Quanto mais houver apego a opiniões externas, seja por medo de uma escolha consciente, seja por preguiça, submissão ou negação do desejo encoberto, mais haverá um velado autodesprezo e boicote. Mas ser honesto em suas atitudes não significa cometer atos danosos e egoístas. Tanto o conformismo leniente quanto a rebeldia compulsiva contra uma autoridade odiada, por razões emocionais que evitam um julgamento maduro e objetivo, trazem camuflados o medo de expressar as suas verdadeiras opiniões.

É preciso agir na esperança de um dia se sentir em unidade consigo mesmo. Harmonizar-se com o mundo através da transformação pessoal é superar a separatividade, o egocentrismo e a ignorância. Não é possível encontrar amor absolutamente seguro de reciprocidade na amplitude que deseja. Isso vai contra o livre-arbítrio, sustentáculo da criação. Mas há muitos tipos diferentes de amor, mesmo um pequeno gesto tem significados e pesos distintos em cada um. Ao entender isso, chega-se ao ponto onde se pode amar sem esperar um retorno igual da mesma fonte. A melhor atitude é amar os outros com as falhas deles e esperar ser amado com as próprias falhas. As pessoas são julgadas e colhem resultados na medida da sua tolerância. Esta é a forma como se dá o magnetismo dos movimentos da alma.

◆ ◆ ◆

## PW 66 – A VERGONHA DO EU SUPERIOR

A criança quer ser amada e aprovada de todas as formas e com exclusividade. Na sua mente imatura em construção, o amor que tanto deseja parece sonegado por um dos pais, personificando-se na figura dele. Ele é visto como "forte", seja por sua frieza, seja pela agressividade que percebe nele, atributos confundidos com autonomia e poder que tomam o lugar do amor. Por emoções vagamente percebidas, a criança compreende que não ser amorosa é compensador. Em seu íntimo conclui que se agir como o seu progenitor, ela será tão desejada e "vitoriosa" quanto ele. Também se vê profundamente humilhada por sentir-se rejeitada em seu anseio por amor e afeição. Seu subconsciente forma a ideia de amor como algo vergonhoso a ser escondido. Esse conflito interior se manifesta como um agudo sentimento repressor das suas necessidades reais, entre elas o próprio amor, deixando de buscá-las em si mesma, no outro e em Deus. Mas por trás do muro onde se esconde habita toda a ternura, compreensão e vulnerabilidade de um coração amoroso, porque a natureza do Eu Superior é amar. A recusa humana ao amor, por este ser confundido com fraqueza, é muito mais pela vergonha em demonstrar o seu melhor, do que pelo medo de se desapontar.

As crianças absorvem a situação interna e a registram de forma muito clara, mas conservam na memória intelectual apenas a situação externa, cujo efeito é muito menor. Por isso é preciso mais do que um esforço mental para resolver os problemas emocionais. As pessoas, com suas imagens infantis e crenças derivadas, negam o que há de melhor nelas mesmas. E também carregam a culpa por trair o seu cuidador amoroso, apegando-se ao outro que lhe teria sonegado o amor. Encontrar essa traição interna é muito importante para pôr fim a um sofrimento bem maior do que é possível perceber. Trata-se de uma culpa profunda, grande responsável por sua desconfiança e insegurança. Como é possível confiar em si mesmo, sabendo ser um traidor que se nega o melhor? E como confiar em alguém quando não confia em si mesmo? A consequência natural é atrair pessoas que confirmam não haver razão para confiar nelas. O simples fato de se dar conta desse conflito já faz vivenciar uma grande força interior que pode sustentar a sua autotransformação.

O objetivo da purificação é deixar a personalidade livre e forte no sentido real e saudável. É este o verdadeiro significado de liberdade e é esta a única maneira possível de ser feliz. A vida na Terra é uma realidade temporária, o que se vivencia aqui, as conclusões alcançadas pela lógica superficial do intelecto humano, ignorante da Verdade Espiritual, tudo isso é enganoso. Ao perceber as suas crenças errôneas e conseguir anulá-las, a sua parte egoísta não terá mais propósito, não mais poderá aprisionar a liberdade necessária para o amor. A libertação neste mundo se dá pela elevação da consciência. O mal não tem efeito sobre a realidade de quem vive a verdade, senão no momento da experiência. Daí em diante afeta apenas os que ainda se encontram em ilusão. A alegria de estar na Terra, vivendo sem culpas pelo seu Eu Superior, sabedor da Infinita Bondade Divina, se dá pelo próprio desenvolvimento espiritual para um nível mais elevado de consciência.

◆ ◆ ◆

## PW 81 – CONFLITOS NO MUNDO DA DUALIDADE

O desejo profundamente enraizado dos seres humanos pela felicidade encontra-se em constante conflito com a sua realidade. A palavra "felicidade" denota para a maioria das pessoas algo vago e distante, quando, de fato, trata-se do Prazer Supremo em todos os níveis do ser. A vida, em essência, quer dizer prazer. No plano material a morte física se põe como o grande obstáculo à vida. O medo da morte cria o mundo da dualidade que diz não ao anseio pela completa satisfação. O homem tem buscado fazer frente à morte desde sempre. Suas tentativas são insatisfatórias e fadadas ao fracasso, por se basearem em respostas prontas. A morte refere-se a tudo que é posto em oposição ao impulso do prazer, como perdas, mudanças e o desconhecido. O inconsciente tenta fazer face à morte por evasão ou indo deliberadamente ao seu encontro. Aceitá-la da maneira saudável é uma escolha muito diferente. Somente com o enfrentamento pessoal dessa questão fundamental é possível resolver o problema da dualidade.

Muitas das manifestações de desejos exagerados vêm de frustrações da infância, originadas do anseio da criança pelo Prazer Supremo. Embora tenha uma origem sadia, é impossível satisfazer todas as suas expectativas no plano terrestre. É preciso aprender a distinguir a necessidade de amor maduro da ardente busca infantil por ser amado. Não existe uma verdadeira experiência de bem-aventurança à custa do outro. A consciência disso liberta da carência excessiva. A satisfação instantânea à maneira infantil coloca o prazer de um contra o do outro, o que não é verdade do ponto de vista expandido. Quando o homem amadurece espiritual e emocionalmente, passa a compreender o caráter ilusório do tempo. Quanto mais maduro for, mais será capaz de relacionar causa e efeito. Ao retirar o imediatismo do desejo, é possível descobrir até certo ponto como se elevar para fora do tempo.

Dirigindo o olhar aos seus vários humores, emoções, medos e ansiedades, todos representando uma forma de perda pessoal, torna-se perceptível ver como a morte é realmente encarada. É necessário aprender a estar consciente de tudo do que foge, sem reprimir o medo. O que é temido não é apenas o negativo, mas também a mudança para o desconhecido. Esta é a grande batalha entre um espírito inquieto, que vai adiante, e a suposta segurança da rotina. A estagnação é uma distorção do elemento atemporal do ser. A vida é mudança constante, trazendo perdas e fatores inesperados fomentadores de ansiedades. Existe a luta e o trabalho pela subsistência diária e pelas obrigações impostas. Como existe a morte física e a doença, pois o mundo da matéria é destinado à decadência, realidade desse estágio evolutivo. Um enfrentamento honesto do eu, através de uma atitude relaxada, produz a força necessária para conviver e reduzir a dualidade inerente ao plano material. É ela que distorce e bloqueia a satisfação possível do desejo natural pelo Prazer Supremo.

◆ ◆ ◆

## PW 170 – O MEDO VERSUS O ANSEIO PELA BEM-AVENTURANÇA

Para quem não conhece a natureza do seu inconsciente, é extremamente difícil perceber e compreender o medo que tem daquilo que mais deseja. Por mais verdadeiras que sejam algumas das culpas postas nos ombros dos outros, elas nunca reduzem o seu sofrimento. Ainda que venha a fazer com que eles se dobrem, sua lacuna e carência não podem ser atenuadas assim. Sempre que as limitações humanas não são aceitas, Leis Universais estão sendo violadas, trazendo efeitos negativos inexoráveis. Mas não existe um poder externo que assim delibera, não se trata de uma punição de Deus, como se costuma interpretar. A violação simplesmente cria no organismo psíquico um ambiente mal equipado para suportar os sentimentos de contentamento e alegria. É como uma "gosma energética" a impossibilitar o livre fluxo de prazer da vida.

A chave do universo é o Amor Real, não o "amor" que sujeita o outro, tantas vezes oferecido. O Amor Real, autêntico, liberta e consegue aceitar um "não" como resposta. O falso amor é como um laço que quer dominar e prender. Parece fácil fingir que o segundo é o primeiro, porém não é possível enganar o seu Eu Interior. Existe um mecanismo muito preciso em todos os seres humanos que indica exatamente quando se trapaceia na vida, quando quer obter mais do que quer dar. As pessoas frequentemente estabelecem padrões ilusórios de perfeição, seus ideais autoimpostos são muito exigentes e rigorosos. Embora possam parecer bons, a obediência a eles viola Leis

Universais, pois o motivo é sempre o orgulho e a vaidade, com a máscara servindo para manter as aparências e causar uma falsa impressão.

Conhecer a experiência da rejeição do prazer é o início da eliminação do bloqueio. Não é fácil nem rápido, requer uma nova ênfase, sintonia e observação das suas reações emocionais, às quais não esteve acostumado a perceber. É preciso descobrir o que não aceita em si mesmo e quais aspectos não quer enxergar. Será necessário cultivar uma disposição intencional de ver as suas reações ocultas, mas fortemente presentes, que o afastam do prazer. Nelas incluem-se as atitudes de fuga quando algo de bom vem em sua direção. Aceitar a verdade sobre si mesmo e aceitar a felicidade são uma só e a mesma coisa. Isso vai diminuir a raiva com que transfere culpas aos outros e à vida, dissipando a atmosfera envenenada da sua psique que antagoniza o contentamento. O prazer e a satisfação exigem a maior de todas as forças. Este potentado é gerado pela ativação e estímulo deliberado dos Poderes Divinos do Eu. Eles devem ser convocados para que seja possível entrar e permanecer no Estado de Contentamento.

◆ ◆ ◆

## PW 211 – EVENTOS EXTERNOS E A AUTOCRIAÇÃO

Há muitos aspectos da consciência humana que estão em total desacordo, encontrando-se em diferentes estágios de desenvolvimento numa mesma pessoa. A sua compreensão psicológica ignora a autorresponsabilidade de criação nas coisas que são menos óbvias. E a sua compreensão espiritual pouco ajuda a angariar meios de fazer um bom uso prático da Verdade Criativa. É preciso agregar e unificar essas duas facetas na consciência humana. A mente infantil consegue enxergar apenas a causa do que produz efeitos imediatos, evidentes e estreitamente relacionados. É por galgar as etapas de crescimento que se chega à maturidade necessária para compreender a enorme extensão do seu poder criativo.

O espaço interior é ilimitado, nele existem todos os estados concebíveis de consciência, expressão e de criação. O corpo material é o estado fronteiriço, com a consciência cumprindo o papel de agente transportador, cuja missão é levar a realidade interior ao vazio. Mas muitas vezes o homem esquece que é ela o verdadeiro mundo, não a realidade exterior que percebe. Todos os panoramas, condições e realidades resultam desses estados de consciência. A tarefa humana consiste em reeducar, purificar e unificar os seus aspectos imaturos. Quando a mente se esquece e fica desligada da verdade, o ego identifica-se e mistura-se com os traços inadequados que busca esconder, perdendo a noção da sua Verdadeira Identidade. Este é um estado extremamente sofrido que ocorre ao permitir que o orgulho, a obstinação e o medo reinem sobre a consciência.

As pessoas se colocam em uma situação incrivelmente difícil e dolorosa quando escondem o que mais lhes causa vergonha e medo. Isso as acaba convencendo de que esse "pior" que tentam ocultar é o seu Eu Real. Suas falsas conclusões as deixam mais decididas a se camuflar, tornando-as isoladas, negativas e destrutivas. Em um círculo vicioso elas acabam projetando a própria culpa nos outros e maquiando os seus defeitos. Será necessário reunir coragem e humildade para reconhecer as partes negativas do seu eu repetidas vezes, antes que se possa enxergar a totalidade do que é por ora. Não há como contornar esse aspecto fundamental e precioso do desenvolvimento humano. Todos os que buscam crescimento espiritual, mas que iludem os outros e a si mesmos, em algum momento terão um brusco e doloroso despertar.

À medida que as conexões entre os acontecimentos são percebidas, passa a ocorrer uma curiosa inversão como se vê o eu e a vida. O acontecimento exterior, que parecia a causa, torna-se o seu efeito. Essa nova percepção dá origem a um leque completo de novas reações. Surge um profundo senso de segurança pela noção de si mesmo como criador ativo da vida. Os pensamentos, opiniões, sentimentos e atitudes não mais serão tratados com irresponsabilidade, afastando a ilusão de que não haverá maiores consequências. É somente sendo verdadeiro em relação às próprias negatividades que é possível encontrar a grandeza do Eu Criativo, permitindo se reconhecer como Veículo de Deus.

◆ ◆ ◆

## PW 236 – A SUPERSTIÇÃO DO PESSIMISMO E OS DEVANEIOS

Há um tipo de superstição pessimista muito sutil dentro das pessoas. Trata-se de um pensamento, uma frase interna, que as faz não ousar acreditar naquilo que é bom, por medo de não acontecer.

Seu motivo oculto é subornar a substância da alma, ignorando que a crença gerada produz as circunstâncias que a sancionam. Com o tempo passa-se realmente a acreditar no que antes era apenas uma medida de segurança. Não há como brincar com esse poder sem fazer com que o negativo se torne realidade.

O pessimismo é vencido tomando distância, observando e conectando com a intencionalidade negativa presente, para então afirmar a vontade de parar e impedir o truque. É necessário ser honesto no nível mais profundo do ser, fazendo das eventuais frustrações um degrau que o leva adiante. Todo aprendizado pode ser uma gloriosa experiência, não há porque temer que algo não aconteça da forma e no momento que deseja, há muitas outras maneiras. O passo crucial é acreditar em um Universo Benigno, o que exige muita coragem para eliminar a distância entre a afirmação da fé e a sua realização.

Mas acreditar em um desabrochar positivo também pode facilmente levar a sonhos e a devaneios que consomem enorme energia e criatividade mal canalizadas. Imagina-se que o desejo cairá no colo, sem nenhum investimento no processo de purificação e de criação. Espera-se por uma superautoridade que assegure que tudo irá acontecer conforme a sua imaginação. A desilusão reforça a crença negativa, alimentando um círculo vicioso que faz a pessoa oscilar entre devaneios e frustrações. Os devaneios não são engendrados pelo desejo do Eu Interior, mas por um ego diminuído em busca de um falso remédio contra a sua pequenez. Neles ela não se vê exercendo uma vocação produtiva para contribuir alegre e significativamente com a vida. Não se vê bem-sucedida e próspera pelo simples prazer de desfrutar os frutos do seu trabalho. A dignidade que busca é confundida com um orgulho mesquinho, sonhando ser alguém importante para impressionar os outros. É por viver a realidade do ser que diminui a tentação de devanear e de inventar fantasias em que sonhos impossíveis e egoístas se realizem.

Muitas pessoas que têm algum sucesso pensam ser melhores do que outras. Esse pensamento destrutivo elimina o prazer que poderia ser colhido e mantido. Se há em parte esse desejo de superioridade, é preciso afirmar que o seu "todo" não o tem e não o quer. E orar para que as Forças Divinas o ajudem a criar outro tipo de postura, outra realidade. Todos os seres humanos são maravilhosas manifestações de Divindade. A montanha não é melhor do que o mar. O pinheiro não é melhor do que o carvalho. Uma flor não é melhor do que a outra. É preciso pensar em si e nas pessoas nesses termos, afirmando a vontade de deixar que elas sejam o que possam ser. Só assim será possível dar o melhor de si e realmente usufruir os frutos dos seus esforços.

◆ ◆ ◆

## PW 244 – "ESTAR NO MUNDO SEM SER DESTE MUNDO" – O MAL DA INÉRCIA

O Plano de Deus é lançar o espírito adiante para preencher o vazio. Sua lenta penetração faz com que os Atributos Divinos se manifestem, mesmo que inicialmente apenas em pequeno grau. O encontro da luz com a sombra distorce a visão, fazendo com que o ser seja tomado pela ameaça de não ser. A consciência é fragmentada, os conceitos divididos, a visão é limitada. Durante esse empreendimento o mal passa a existir pelos erros, medos e ignorância. Mas quanto mais o espírito se apresenta, mais a verdade e o amor o transformam. E quanto mais a vida penetra o vazio, mais a imortalidade se torna um fato vívido.

No nível da realidade humana esse processo gera um conflito. O homem anseia pela Vida Eterna, mas sabe que ela não existe para o corpo físico. A luta humana é a expressão desse medo, cuja solução passa pela compreensão do tamanho da tarefa e da importância de "estar no mundo sem ser deste mundo". É isso que elimina os vestígios mais profundos do medo da morte física, permitindo viver no corpo com vontade e prazer. A personalidade percebe que existe uma vida mais plena nos níveis internos do infinito, onde está livre da ameaça de não ser, da dor, injustiças e solidão. A vida no corpo, a despeito da morte física que um dia virá, passa a ser uma alegre permanência por uma Causa Maior.

Quanto mais a ênfase da vida recai sobre fins egoístas, maior a insegurança e a sensação de que ela não tem sentido. Isso leva a um círculo vicioso que reforça a crença e entorpece o espírito, dando ênfase a realizações que nada têm a ver com o amor. Romper com essa atitude requer muita coragem. Quando a fraqueza domina, quando não há insurgência contra o mau comportamento e não há luta pela verdade, é mantida a ilusão de que o mau não é "tão mau", que é ser "esperto" e "popular". É quando outra ilusão se perpetua, a de que para ter "sucesso" é preciso renunciar à integridade e à decência.

A inércia estagnada é o maior oponente da luta do bem contra o mal, sendo mais destrutiva do que a prática ativa do próprio mal. Quem faz o mal diretamente ao menos se expõe, arriscando-se a ser censurado e a arcar com as consequências. A testemunha passiva se compraz com a maldade sem correr esse risco. O fluxo da Energia Divina é como que congelado e incentivado pela culpa primária de cooperar com o mal, em uma silenciosa permissão. A esta se sobrepõe a culpa secundária de negar participação e até se passar por bom, quando sabe da sua covardia por nada fazer contra tais interesses mesquinhos. A inércia é a matéria que não quer ser vivificada pelo espírito, por isso ela é a mais negativa das distorções, mais do que o ódio. É preciso doar-se a Deus de forma ativa, arriscar-se e lutar contra o mal. Todo o resto deve ser o seu efeito natural e se cumprir de acordo com isso. Somente então haverá a libertação da culpa que lhe permirá receber o que o universo quer lhe dar.

◆ ◆ ◆

## PW 250 – O SIGNIFICADO DA GRAÇA E A VIDA NO DÉFICIT

A Graça de Deus É, existe em todos os tempos, permeia tudo o que há. Encontra-se na própria natureza da Realidade Última e é profundamente benigna. A graça significa que tudo trabalha para o melhor, não importa quão mau, doloroso ou trágico possa parecer no momento. Quando as experiências negativas são assimiladas e superadas, o ciclo vicioso se encerra para voltar à Luz do Amor e da Verdade, na Realidade Última onde reside a Graça Divina. Não se trata de atraí-La, pois Ela já preenche cada poro do seu ser. O desencontro se dá pela falta de visão do homem, por seu ponto de vista limitado, interpretações distorcidas e bloqueios pessoais. Quem está em harmonia com a vida, alegre e esperançoso, já participa da Graça de Deus. Ao se ver infeliz, temeroso ou desencorajado, fará uma enorme diferença apenas compreender que esta não é a Verdade Final.

Um círculo vicioso é criado quando se está na ilusão de que o universo externo e o interno são vazios e empobrecidos. Tal crença faz com que as suas riquezas e talentos inatos não sejam compartilhados. Esse mecanismo de avareza torna impossível receber, parecendo confirmar a imagem de pobreza da vida e do eu. Trabalha-se no déficit sempre que se acredita secretamente ser alguém inaceitável e indigno de ser amado, quando as culpas impedem voltar-se para Deus ou quando a imagem que se tem é a de um universo hostil, do qual é preciso se proteger com defesas destrutivas. A vida no déficit é experimentada como um decreto hipocritamente piedoso, emitido por uma autoridade arbitrária que faz exigências e depois talvez dê algo em troca. Ao contrário, ao arriscar a se dar a Deus com confiança e amor, a fé interior e a visão obscurecida são libertadas, fomentando um círculo benigno. Então é possível ver a abundância fluindo através de si, pondo fim à sua tendência de funcionar no déficit.

Tudo se encaixaria mais facilmente se fosse possível apenas começar a pensar que nunca falta Graça Divina no universo. As pessoas conhecem a teoria de certa forma, mas seus pensamentos habituais resistem. Pensam em si mesmas como um vaso vazio que precisa ser preenchido por algo de fora. Buscam ser alguém adquirindo do exterior o que não têm. Na realidade, porém, cada um já é tudo o que jamais poderia desejar ser, cada um já possui, ainda que oculto, o estado de consciência que busca atingir em quaisquer das suas facetas. Mas somente uma fração limitada do seu ser funciona na verdade, sendo sua a tarefa de libertar as suas partes que persistem na ilusão. Considerar a possibilidade de que não é necessário temer a vida, que ela ocorre em um Universo Benigno, preenchido por um Deus Vivo, faz com que os seus medos e crenças negativas possam ser confrontados. Isso torna muito mais fácil confiar na vida, permitindo arriscar-se a doar. É somente dando de si mesmo, do fundo do seu coração, que é possível receber e ser verdadeiramente feliz.

# MÓDULO III - A EVOLUÇÃO PELA CONSCIÊNCIA

Tantas vezes o homem tem buscado se disciplinar pela compulsão cega, forçando seus aspectos imaturos à submissão. Não compreende que são os seus próprios medos não enunciados que o fazem adotar a negatividade das defesas egocêntricas. Todas as coisas viventes no plano dualista movem-se em um círculo repetitivo de vida e morte, construção e destruição, de ser e vir a ser. Enquanto a humanidade viver nesse dualismo, seus conflitos e infelicidade persistirão. O Estado Unificado resulta de estar no "agora", da descoberta do que já se encontra dentro de cada um, por trás dos níveis de confusão e de dor. Para que as experiências possam ser ampliadas, os sentimentos precisam ser verdadeiramente vivos. Toda atividade, ainda que pareça fútil, é útil quando vivenciada de maneira espontânea e autêntica.

Há uma grande Força de Atração no universo voltada para o contato real entre as pessoas. Mas o homem não confia nesta que é a maior das Forças Espirituais, nem na própria Força Vital. Sua desconfiança é refletida no medo dos seus instintos mais primitivos, impedindo que baixe a guarda. A grande luta da humanidade é compreender e experimentar com profundidade a vida, a criação, não julgando como última instância a manifestação negativa do contato. Quem insiste com rigidez perde o prazer que deseja, seja porque a natureza do esforço inviabiliza a sua satisfação, seja porque, mesmo quando tem êxito, a qualidade do seu estado interior torna impossível saborear a vitória. É um erro supor que aquilo que é desejado é mais importante e mais prazeroso do que o estado da sua mente. O amor somente pode prosperar em uma atmosfera onde não existe medo.

O homem teme demasiadamente os processos involuntários e a espontaneidade dos sentimentos. Quando a disciplina é usada contra a entrega, pelo temor de vir a reconhecer fatos que não quer encarar, ocorre um rígido confinamento do processo criativo. Todos que se sentem infelizes, improdutivos e vazios de alguma forma temem a felicidade, a realização e o prazer, por estarem bloqueados em seu inconsciente. O ego é frequentemente levado a agir por impulso em defesa dessa sua parte medrosa que nega a vida. Romper com isso exige confiança e coragem para se render a um movimento interno que não se processa exclusivamente com a mente ou com as faculdades da vontade. De modo a superar as suas resistências, o ego precisa desenvolver uma delicadeza para sentir quando ser ativo e afirmativo e quando ser passivo para escutar seu Eu Interior, fazendo Deste cada vez mais manifesto e integrado.

O crescimento é sempre um processo de unificação, implica construir pontes, dominar conflitos, resolver contradições. As faculdades voluntárias devem ser o esforço persistente de eliminar vaidades e defesas ilusórias. É preciso vencer os equívocos que confundem amor e dor, prazer e vergonha, autoafirmação e agressão, levando à negação de aspectos vitais da vida. As pessoas que se aferram à crença de que certas atitudes não podem ser mudadas tornam-se indisponíveis ao crescimento. A consciência humana criou uma imagem de massas, muito antiga e arraigada, de que a mudança é como a morte e deve ser temida. Vive-se em dor e em confusão pela desconfiança de um universo injusto, corroborado pelo "êxito" provisório de algumas atitudes destrutivas. Grande parte das dissensões e disputas humanas tem por base esse nível superficial de consciência que é essencial transformar.

◆ ◆ ◆

## PW 34 – PREPARAÇÃO PARA REENCARNAÇÃO

A próxima vida de cada um já está sendo preparada, mas até a última vivência terrena é possível afetá-la. As mudanças são mais difíceis no mundo espiritual, pois a vida ali é menos desafiadora, à exceção das esferas da escuridão. A partir de certo estágio de desenvolvimento cada espírito tem o direito e o dever de decidir as circunstâncias da próxima encarnação. Há pessoas que pouco se esforçam para atingir formas mais elevadas de consciência e felicidade, escolhendo uma vida mais fácil do que seria bom para elas. E há as que escolhem mais do que estão preparadas para enfrentar, faltando a elas enxergar as suas próprias limitações. Quando uma entidade não está desenvolvida o suficiente, as decisões sobre sua reencarnação são feitas por uma autoridade superior. Existem muitas entidades que encarnam por conta própria, mas que também devem planejar antes e prestar contas depois, o que é feito em esferas inferiores e de maneiras diferentes. A prestação de contas no além é perfeita e visível para a entidade, não sendo possível que ocorra um conflito de opiniões. As formas criadas são tão substanciais como qualquer objeto material é na Terra, não importa quanto ela tenha tentado se enganar.

É comum que as consequências de uma vida só produzam efeitos após algumas encarnações. Mas geralmente quanto maior o desenvolvimento, mais rapidamente vem o carma. Por isso não se deve julgar a sorte das pessoas. Se a cruz que carregam é pesada, pode ser que delas se espere mais, por serem mais desenvolvidas espiritualmente. Caso a pessoa complete a sua missão antes, isso também pode levá-la a uma espécie de segunda encarnação na mesma vida. Esta é a razão pela qual alguns que trilham este Caminho Espiritual exibirem, de repente, tendências que jamais haviam sido notadas. Algo novo vem à superfície para ser trabalhado, às vezes até gerando decepções em seus conhecidos. Há o tempo de descanso para muitos espíritos antes da próxima reencarnação e existe o tempo de prestação de contas. Depois, em proporção aos méritos pessoais da sua existência, há um período no qual o espírito recebe instruções relacionadas às suas necessidades pessoais. Ocorre com todos os desencarnados uma purificação em esferas específicas, o que em parte pode ser feito em contato com os seres encarnados. Para entidades que atingiram maior desenvolvimento, os períodos entre encarnações incluem, em muitos casos, serviços em missões específicas do Plano de Salvação.

Os pais podem ser escolhidos para proporcionar um ambiente que se preste a revelar algumas desarmonias na alma, sendo necessária a existência de certas imperfeições no ambiente. Muitos pais também podem estar ligados a seus familiares por vidas anteriores, de modo que alguns carmas possam ser equilibrados. Quando a concepção ocorre, a entidade a nascer é colocada em um estado de inconsciência profundo. Uma parte desse conhecimento retorna durante o sono, mas a maior parcela dele apenas depois de desencarnada. Algum sentimento de autoconsciência lentamente irá despertar durante a sua vida na Terra. Mudanças também podem ocorrer caso os genitores modifiquem as suas atitudes na gravidez. Existem muitas possibilidades, o que foi dito aqui é uma simples adaptação para o entendimento humano do que foi permitido compartilhar.

◆ ◆ ◆

## PW 120 – O INDIVÍDUO E A HUMANIDADE

O entendimento livre e profundo, resultante do incansável autoexame, liberta do confinamento e da compulsão. Quanto mais o indivíduo percebe que toda fase negativa contém uma lição, mais fácil ele consegue transformar as suas perturbações e crises em experiências produtivas e menos sofridas. Existem aspectos desconhecidos e incontroláveis nele que acabam impedindo-o de integrar a sua personalidade, destruindo a paz e a União Verdadeira com o outro. Um bebê não tem consciência do seu eu. Tudo o que vivencia são impressões sensoriais de prazer e de dor. Elas provocam-lhe raiva desproporcional quando são negativamente impactadas. O adulto possui áreas subdesenvolvidas que representam esses aspectos dentro de si, subjugados por outros da sua personalidade que cresceram. Enquanto o bebê autocentrado comandar partes dessa pessoa, a sua personalidade estará em conflito. Para que possa crescer é preciso dar permissão para que o seu lado imaturo se manifeste em sua consciência. A Plena Identidade só é obtida sem aniquilar o eu, sem martírio. Implica alcançar um senso de justiça no qual a escolha é por renunciar a uma vantagem se ela gerar dor desnecessária ou desvantagem injusta aos outros.

A humanidade como um todo segue as mesmas Leis que se aplicam ao indivíduo. O homem primitivo era muito mais impotente e dependente, possuía poucos meios de controlar a natureza e se defender da injustiça e da força bruta. Não existia uma legislação ou um código de ética que protegesse aqueles que atentassem contra a decência. Ele oscilava entre mandar e ser mandado e o seu conceito de Deus e de governo era condizente com a noção de ser comandado. Mesmo tendo enorme ressentimento contra os mais fortes, não podia deixar de obedecê-los, pois ao mesmo tempo também precisava deles. A passagem do autocentrismo absoluto para a preocupação real com os outros é um período crucial de transição do desenvolvimento humano. Mas cada mudança em direção ao crescimento é sempre repleta de crises no indivíduo e na coletividade.

Ao ceder ao raciocínio cego da resistência, a crise se arrasta e se torna muito aguda, a ponto de ficar intolerável, até que a pessoa se liberte dos conceitos desgastados e do seu isolamento infantil. Quanto mais fundo for para dentro de si, mais será capaz de também ir ao mundo exterior e estabelecer contatos proveitosos. E quanto mais viver em um nível superficial de manifestação, tanto mais isolada ficará do mundo. É inútil tentar resolver um problema considerando apenas os seus aspectos externos. Uma solução assim ou é de curto prazo, com a questão se manifestando depois de forma mais intensa, ou torna essa pessoa ainda mais confusa e negativamente envolvida, fazendo-a vagar em círculos. Igualmente não funciona impor-se uma disciplina rígida enquanto se rebela em suas reações emocionais, forçando os seus aspectos ainda imaturos à submissão, pois eles acabam se manifestando em compulsões cegas. É inevitável ter que desenvolver as faculdades interiores para se relacionar mais e melhor com os outros, o que necessariamente determina ampliar a sua consciência.

◆ ◆ ◆

## PW 141 – A VOLTA AO NÍVEL ORIGINAL DE PERFEIÇÃO

O verdadeiro significado deste trabalho é ajudar na descoberta do que se é e de como realizar a sua tarefa pessoal. A eventual cura física de alguma doença é algo secundário. Todo o necessário para ser feliz existe potencialmente em si mesmo em Total Perfeição. Quando está insatisfeita e infeliz é porque a pessoa se encontra longe do seu Núcleo Interior. O afastamento leva a um erro grave que implica em maior distanciamento da verdade. Cada causa produz um efeito que se torna uma nova causa, e daí um novo efeito, em um ciclo autoperpetuador. Ao invocar e permitir que os poderes curadores atuem, sentindo a sua direção e removendo os obstáculos que violam as Leis Espirituais, essas forças também se tornam cada vez maiores a impulsionar à frente.

Qualquer um que queira viver a vida com sucesso precisa descobrir o caminho do encontro com o seu Potencial Original, que é ilimitado. Isso se dá pelo conhecimento e respeito às Leis que regem os sistemas físico, mental e emocional. Não se pode usar ou ativar esse poder se não houver domínio de si. É preciso tomar consciência do que prejudica a integridade e viola essas Leis, deixando a falsa segurança do ódio e da crueldade em prol do Amor Verdadeiro. Enquanto o eu e o outro parecerem separados, haverá um conflito de interesses a forçar o homem a escolher um deles, um conflito ilusório porque ambos são um só. Qualquer conceito errôneo gera reações negativas em cadeia e resulta de não querer ficar do lado da verdade. O desejo de estar com os outros, não contra eles, necessita ser expresso.

Mas muitas áreas obscuras devem ser esclarecidas antes que se possa atingir o seu Núcleo Interior. O medo vago, nebuloso e indistinto precisa ser colocado em foco. Há o medo do êxtase de viver em perfeição, assim como o medo da morte e de toda grande experiência que o tira de si mesmo. São esses medos não enunciados que fazem adotar a negatividade das defesas do autocentrismo e do isolamento. Fica-se encalhado quando não se quer ver como a destrutividade é proposital. Em alguns casos a negatividade advém da necessidade de provar a um dos genitores que nada do que eles esperam do filho será cumprido. É necessário perceber e meditar sobre o medo da alegria e da felicidade descontraída, como a tensão aparece quando as coisas vão bem e como, nos bons momentos, surge uma compulsão por alguma atividade que destrói a felicidade.

Muitos também acreditam que a morte é um alívio quando estão infelizes e que serão compensados pelo seu martírio. Portanto, por mais estranho que pareça, eles não se permitem ser felizes para não sofrer depois. Enganam-se novamente, mais uma vez trata-se do medo do fim, de não ter individualidade, de não ter consciência. Para que haja entrega à Corrente da Vida na Realidade Cósmica do Ser, o ego precisa escolher abrir mão dele mesmo de forma saudável. É quando passa a ser verdadeiramente parte descontraída da Consciência Maior, trazendo a confiança inabalável só experimentada em seu Núcleo Interior, seu Nível Original de Perfeição.

◆ ◆ ◆

## PW 144 – O PROCESSO E O SIGNIFICADO DO CRESCIMENTO

A consciência, a percepção e a experiência humana ainda estão atreladas em grande medida ao princípio dualista. Tudo é percebido em opostos - bem ou mal, desejável ou indesejável, vida ou morte. O crescimento dualista é um movimento cíclico em perpétua oscilação, determinado por causa e efeito, com uma curva ascendente, um pico e uma curva descendente, expressando os dois contrários. Todas as coisas viventes no plano dualista movem-se em círculo permanente de vida e morte, construção e destruição, de ser e vir a ser. A alegria durante a curva ascendente nunca é completa, despreocupada e sem ansiedade, pois mesmo antes que o cume seja alcançado, o declínio é antecipado. Enquanto a humanidade viver assim, o conflito e a infelicidade persistirão.

No Estado Unificado o crescimento se expande infinitamente e nunca se repete, não sendo ameaçado por um oposto, não precisando ser temido ou combatido. A Verdade Cósmica presente é absoluta e universal, mas não significa que lá se encontra apenas o lado do bem idealizado. São conceitos muito diferentes, a unicidade concilia os extremos, enquanto a dualidade os separa. O Estado Unificado pode começar a existir em determinadas áreas da vida, mas nunca por conhecimento acumulado, pelo desejo de ser diferente ou pela representação de algo que não é. Decorre do enfrentamento dos erros pessoais e do autoengano, permitindo que o eterno Ser Divino Interior venha ao primeiro plano. Resulta de estar no "agora", da descoberta do que já se encontra dentro de si, por trás dos níveis de confusão e de dor. O Estado Unificado é o destino para o qual todos gravitam quando não há mais medo no coração.

O medo se origina da necessidade da mente dualista de criar uma referência oposta ao que deseja. Para se libertar é necessário reconhecê-la e experimentá-la, descobrindo ser possível vivenciar a unicidade sem dor. A verdade nunca dói ou põe em perigo, mas a dor é constantemente abraçada pela ilusão de ser inevitável e velha conhecida. Quanto maiores as construções errôneas, maior o período de tumulto, dor e confusão. Só é possível descartar essas camadas parando de fugir de si mesmo. Os níveis profundos dos "insights", que fazem da entrega um ato natural, necessitam ser sustentados com ajuda externa. É preciso reconhecer que a destruição do erro é necessária, mas não a sua construção. No ato de destruí-lo, a verdade reconcilia os opostos, fazendo deles um único movimento em que não se combatem mais. Ao perceber quão desnecessário é precisar de um oposto, dá-se o passo substancial em direção à unificação. Os efeitos desse imenso poder são muito reais, fluindo de forma abastada e profunda para todos que o forjam corajosamente em seu caminho de crescimento pessoal.

## PW 147 – A NATUREZA DA VIDA E A NATUREZA DO HOMEM

A natureza da vida tem a mesma substância da alma, tão altamente potente e criativa que é capaz de se moldar completamente ao homem. Assim, quando a pessoa está convencida de que a vida é determinada coisa, ela acaba se transformando naquela coisa, inclusive os limites que estabelece. Para que as experiências possam ser ampliadas, seus sentimentos precisam ser vivenciados. Mas eles são propositadamente amortecidos, o que torna muito difícil encontrar a área sutil e oculta onde o fluxo é interrompido. Isso ocorre por acreditar que a vida é inimiga e que para evitá-la é preciso emudecer e dificultar os sentimentos. Tal equívoco acaba trazendo à tona o próprio aspecto temido que se busca evitar. As defesas contra um erro assim são tão falsas quanto o próprio erro. Há poucas pessoas nas quais essa situação absurda e trágica é irrelevante, do contrário não estariam encarnadas nessa forma de expressão trazida por sua consciência. A descoberta da discrepância entre o que acredita e os seus conceitos inconscientes é sempre o primeiro passo rumo à Identidade Plena.

Quem teme a vida também teme a morte e vice-versa, não apenas a morte física, mas qualquer forma de aniquilação pessoal. O que precisa ser destruído são apenas as ilusões e a falsidade, jamais a positividade real e os sentimentos naturais. Estes são sempre afirmativos e alegres, assim é a essência da vida sem o entrave de falsas ideias. O objetivo deste trabalho é penetrar na ilusão que diz "estou satisfeito", quando se está insatisfeito; que diz "o mundo é mau", quando se percebe os próprios sentimentos como inaceitáveis ou perigosos; que ignora determinada infelicidade quando ela existe; e que não deixa ver como ela detém o fluxo espontâneo dos sentimentos. Dramatizar as emoções é tão sabotador quanto fingir sentimentos positivos. Falsos sentimentos servem para atenuar o pavor de não sentir, um estado de não-vida, pois aparentam ser melhores que o amortecimento. Mas eles rapidamente envolvem e enredam tão fortemente que, embora não passem de uma invenção, torna-se muito difícil sair de lá. O que era uma falsa raiva ou um falso medo se torna muito mais assustador e perturbador do que o próprio sentimento negativo real.

Sentimentos negativos reais existem neste plano temporário de existência, mas por si só eles jamais podem tirar a tranquilidade ou enfraquecer alguém por mais tempo do que o necessário para a sua finalidade específica. Eles nunca levam o homem a uma armadilha sem saída. A verdadeira raiva pode ser expressa, ela desanuvia o ambiente quando não contaminada por transferências. O medo real é uma advertência válida, permitindo lidar com a questão com sucesso até que ela deixe de existir. Reconhecer a mágoa real suaviza e torna a pessoa mais sábia, ampliando os seus horizontes. Nenhuma emoção autêntica é inútil quando experimentada de modo espontâneo e honesto, sem os entraves do eu temeroso, desconfiado e ardiloso. Somente o embotamento dos verdadeiros sentimentos é um desperdício, assim como os falsos sentimentos. É lastimável dilapidar a vida afastando seus sentimentos reais, separando o eu do Centro Vital, cujos processos são infindáveis em escopo e profundidade.

◆ ◆ ◆

# PW 149 – A ATRAÇÃO CÓSMICA PARA A EVOLUÇÃO

Há uma grande Força de Atração no universo voltada para o contato real entre as pessoas. Ela se manifesta com enorme Energia Vital, tornando o isolamento doloroso e vazio. A consciência individual se opõe a essa atração pela ideia errada de que, ao ceder a ela, a pessoa será aniquilada. Mas a atração não pode ser eliminada, pois é a própria Força Evolutiva, realidade viva que perpassa todas as partículas da existência. Em última análise não há nenhuma distorção humana que não tenha origem nesse profundo conflito metafísico. O homem não confia Nela que é a maior das Forças Espirituais e, por conseguinte, em seu próprio processo vital. Nasce daí uma culpa seminal que se manifesta no medo dos seus instintos, impedindo-o de descontrair e baixar a guarda. Como eles são parte da vida da qual não confia, segue que também não confia em seu Eu Interior, projetando falsas culpas das quais não consegue se livrar.

A Atração Cósmica não pode ser eliminada, mas pode ser bloqueada e distorcida, originando contatos dolorosos. Em algumas experiências da infância, reais ou mal interpretadas, o princípio do prazer é associado a uma situação negativa. Como subproduto inevitável engendram-se o desejo de ferir e a sensação de ser ferido. Quanto mais dolorosas, maior a tensão, o medo e a culpa, aumentando o conflito e o círculo vicioso associado. A grande luta da humanidade, o problema evolucionário de toda consciência, é entender e experimentar com profundidade a vida, não julgando como última instância a manifestação do contato e do prazer negativos. É preciso adotar uma atitude aberta para ir ao encontro da sua Verdadeira Natureza, que é essencialmente construtiva e digna de confiança. Sempre que falta coragem para encarar esse conflito sem disfarces e nos mais profundos recessos do eu, fica-se isolado e envolto em dolorosa negatividade e divisão interiores.

A incapacidade para suportar frustrações distorce a atuação da Força de Atração. A pessoa que se revolta contra a ausência de gratificações imediatas é tensa, exclusiva e teimosa. Quem insiste com rigidez perde o prazer que deseja, seja porque a natureza do seu esforço inviabiliza a sua satisfação, seja porque mesmo quando tem êxito, a qualidade do seu estado interior torna impossível experimentar a vitória. É um grande erro supor que aquilo que deseja é mais importante e prazeroso do que o estado que já existe em sua própria mente. A flexibilidade de descontrair-se e aceitar o que é, mesmo não sendo o desejo do momento, produz um sentimento bom de harmonia com o movimento cósmico. Desde que não haja prejuízo às Leis Espirituais, mais tarde também virá o que deseja. Quem teme a própria crueldade, quem teme sentir prazer ao ferir outras pessoas pode, inconscientemente, inverter o movimento e dirigi-lo a si mesmo. Quanto mais olhar para dentro, para o seu Eu Interior, maiores serão as condições de contato real com os outros. O amor somente pode prosperar em uma atmosfera onde não existe medo.

◆ ◆ ◆

## PW 153 – A NATUREZA AUTORREGULADORA DOS PROCESSOS INVOLUNTÁRIOS

O objetivo da vida é despertar os potenciais adormecidos pela integração do ego aos processos involuntários. O ego consiste da faculdade exterior de raciocínio e de vontade. Os processos involuntários são os sentimentos, a intuição e as manifestações do que é mais significativo e legítimo na vida. O homem teme desesperadamente os seus processos involuntários, a espontaneidade dos seus sentimentos. Ele pode ignorar esse fato por confundi-lo com meros registros de sensações que o cercam. Mas as percepções não espontâneas, volitivas e diretamente governadas pelo ego não se confundem com os seus sentimentos.

Quanto mais busca controlar os processos involuntários, mais conflituosa e vazia a vida se torna. Concepções errôneas profundamente alojadas na alma compelem à ação baseada em falsas premissas, cujas consequências são inevitavelmente destrutivas e dirigidas para defender algo que não existe. Os processos involuntários são realmente destrutivos quando a energia é capturada de imagens inconscientes, sendo natural temê-los. Mas a pessoa que segue um caminho de autoconhecimento irá, aos poucos, dissolver as imagens e instalar ideias verdadeiras na alma. Recriando as conclusões corretas, passa a trabalhar construtivamente com a Realidade Cósmica. Esta possui um poder tão grande que pode moldar qualquer coisa. É a força criativa em si mesma, porém é neutra por só fluir na direção que a mente estabelece.

A única maneira de confiar nos processos involuntários é perceber que eles são perfeitamente e completamente autorregulados. Não ocorre a ninguém querer controlar a sua corrente sanguínea, o seu sistema nervoso ou os seus batimentos cardíacos. O mesmo princípio dessa autorregulação biológica se faz presente de uma maneira geral na natureza. Quando o ego não interfere, ela ocorre sem esforço, pois é natural. A mente humana pode cultivar pensamentos sombrios que encorajam emoções destrutivas ou escolher desmascarar os seus autoenganos, olhando para si honestamente. Cabe ao ego apenas desenvolver hábitos saudáveis, conduzindo os processos involuntários pela atividade da mente, de modo a estabelecer a direção adequada.

Para dar plena exteriorização ao que possui de melhor é preciso integrar o ego aos seus potenciais altamente criativos, ainda adormecidos e involuntários dentro de si. Isso se faz com disciplina relaxada e pela entrega adequada. Mas quando a disciplina é usada contra a entrega, porque abrir mão da vigilância do ego significaria reconhecer fatos que não quer encarar, ocorre um rígido confinamento do processo criativo. A entrega também se torna destrutiva quando utilizada para manter atitudes doentias de autocomplacência. O cultivo diário da verdade deve levar em consideração os muitos aspectos de si mesmo, dos outros e da vida, estendendo-se e se expandindo por respostas interiores. As faculdades do ego precisam ser utilizadas para encontrá-las. Trata-se de dar consciência à natureza autorreguladora dos processos involuntários, permitindo que eles fluam alinhados com seu Eu Interior, na maravilhosa torrente cósmica da vida.

◆ ◆ ◆

# PW 158 – A COOPERAÇÃO OU OBSTRUÇÃO DO EGO AO EU REAL

A predominância exagerada do ego é o maior empecilho para uma vida produtiva e saudável, mas um ego fraco também é incapaz de estabelecê-la. O ego só pode memorizar, aprender e copiar o conhecimento de pessoas criativas, equipado que está para lembrar, separar, escolher e mover-se numa determinada direção. Não são suas as funções de sentir, conhecer e experimentar de modo profundo. O Eu Real é que ativa cada um dos simples atos de viver de forma criativa, fazendo de toda experiência - não importa quão desnecessária e fútil ela possa parecer a princípio - um degrau profundamente significativo em direção a uma maior expansão.

Todos que se sentem infelizes, improdutivos e vazios temem a felicidade, a realização e o prazer por estarem bloqueados em seu inconsciente, que não é seu ego nem seu Eu Real. O ego é frequentemente levado a agir em nome da parte medrosa que nega a vida. Romper com isso exige confiança e coragem para se render a um movimento interno que não se processa exclusivamente pelo pensamento externo ou pelas faculdades da vontade. Os sentimentos são uma expressão do próprio processo criativo cujo desbloqueio não pode ser forçado, apenas encorajado ou desencorajado. Quando há tentativas de enganar a vida, também há incompatibilidade com as Leis Divinas e com o seu poder criativo. É necessário descobrir as áreas onde ainda se trapaceia. Elas podem estar muito escondidas pelo acobertamento do Eu Real, mas sempre existem onde houver infelicidade e descontentamento.

O ego é uma partícula separada da Consciência Maior que ainda permanece em todas as pessoas. Quem quer que tema abandoná-lo, que tema e negue o prazer por causa desse medo, corteja a morte. Este é o verdadeiro significado da morte, a negação da semente original da vida. Mas isso não deve levar ao mal-entendido disseminado por algumas filosofias de que o ego deva ser dispensado. Fazer isto conduz ao extremo oposto, e os extremos são igualmente errados, prejudiciais e perigosos. A força do ego para a autoafirmação responsável e saudável é que torna possível render-se aos sentimentos, ao processo criativo, às qualidades desconhecidas da própria vida e à realização com um companheiro.

Depois de ter escolhido a tarefa de decidir pela verdade, integridade, esforço e boa vontade, o ego precisa ficar de lado, permitindo que o Eu

Real passe à frente com a intuição e a inspiração, de modo a estabelecer os passos seguintes e dirigir o seu caminho individual. O ego deve estar disposto a aprender, compreender e distinguir a linguagem mais profunda do inconsciente, que a princípio é bastante obscura, mas aos poucos se torna cada vez mais óbvia. Precisa também desenvolver uma delicadeza para perceber as mensagens internas, em sutil integração com o Eu Real cada vez mais manifesto. E, ainda, precisa aprender quando ser ativo e afirmativo para superar as resistências e quando ser passivo para aguardar e escutar. É este o caminho da cooperação íntima que produz a realização pacífica, amorosa, prazerosa e feliz.

◆ ◆ ◆

## PW 178 – O PRINCÍPIO FUNCIONAL UNIVERSAL DA DINÂMICA DO CRESCIMENTO

Toda vida é um processo de crescimento proposital e comprometido, mas também aleatório e inconsciente. O crescimento é sempre um processo de unificação, implica construir uma ponte, dominar um conflito, resolver uma contradição. Quando um obstáculo não é superado, mantido obstruído por forças cegas que puxam para a estagnação, produz desunião interior e exterior. Haverá limitação inconsciente até que a dificuldade seja reconhecida e se decida por fazer algo a respeito, tenteando-se e colocando-se à prova. No fim será atingida uma nova unidade que eliminará a impotência e o medo específicos. Pode até parecer mais seguro permanecer onde está, mas isso só ocorrerá se a transformação não for percebida como um movimento desafiador e agradável da vida.

As faculdades voluntárias consistem do esforço persistente na eliminação das defesas e vaidades, demandando coragem e autenticidade. O crescimento não sobrevive sem as dores do parto, fruto do trabalho de testar diferentes abordagens na busca pela unificação. Mas esta só ocorre verdadeiramente de forma involuntária, desvinculada de atitudes volitivas diretas, o que não deve gerar a ilusão de que isso não demande esforço. Tampouco deve ser aguardada como uma manifestação imediata, visível e direta, pois a expectativa frustrada costuma gerar desânimo. A busca pela unificação deve ser testada, é necessário atingir o equilíbrio certo entre o esforço disciplinado e a descontração.

Qualquer um percebe a diferença entre a fase de trabalho duro de praticar e tentar aprender, daquela naturalidade presente quando a habilidade se transforma em sua segunda natureza. Mas na hora de dar alguns dos passos mais difíceis do crescimento, é comum o recuo diante do que é aparentemente desagradável. A vaidade de não querer se expor a um possível fracasso, junto a seus preconceitos e ilusões, precisa ser questionada. A unificação não se dá de uma vez por todas, às vezes desaparece porque há novas atitudes a adquirir, a aprofundar e a ampliar. Faz-se necessário mais esforço voluntário e paciente, até que a nova habilidade aos poucos se incorpore definitivamente à personalidade.

A dinâmica do crescimento precisa vencer a ignorância e a negatividade. São equívocos que relacionam o amor à dor, o prazer à vergonha, a autoafirmação à agressão, negando aspectos vitais da vida. Essas falsas conexões devem ser cindidas antes que possa ser possível a derradeira unificação. Habilidades físicas e mentais são desejáveis, mas também podem dificultar quando distorcidas para acobertar o objetivo primordial, que é o crescimento interior. O destino de todos os seres é eliminar a sua ignorância. Aquela ligada aos níveis emocionais ocultos são as mais difíceis, por não serem manejadas pela vontade, nem serem conscientes. As funções voluntária e involuntária são uma mesma unidade, elas parecem distintas apenas na proporção da inconsciência da percepção da Verdade Universal.

◆ ◆ ◆

## PW 225 – A EVOLUÇÃO DA CONSCIÊNCIA INDIVIDUAL E DE GRUPO

Na história da humanidade, a partir de clãs familiares, o ser humano se estabeleceu em tribos para se proteger, algo necessário para que aprendesse a conviver. Grupos maiores e nações foram formados em tempos mais recentes, mas a consciência separativa de muitas pessoas ainda não permite - não havendo tampouco vontade suficiente - uma ampla convivência saudável na Terra. O desenvolvimento do indivíduo e do planeta é um movimento em espiral, havendo ainda muitas outras espirais secundárias, com pequenas e constantes flutuações. Parece que se anda em círculos fechados, mas se este crescimento for real, se repetirá em níveis mais profundos e elevados da consciência.

Quanto mais os direitos e as necessidades individuais se afirmam, menos necessário é o grupo à pessoa e mais livre ela se torna. É dessa forma também que ela se faz mais atenciosa e capaz de se doar e se integrar ao grupo. Ao ofertar mais, passa a receber mais em proporção, o que a leva a demandar ainda mais amor e intimidade. Trata-se de um grande equívoco pensar o desenvolvimento humano em termos de "ou/ou", de "isso ou aquilo". Há períodos em que o foco no coletivo é essencial ao indivíduo e à humanidade, havendo outros nos quais a permanência na estrutura daquele grupo representa estagnação. Cada situação se aplica caso a caso, mas a direção do movimento interior é o que norteia a paz e a alegria.

Quando uma entidade individual ou grupal está pronta para a mudança, novas e fortes energias de esferas superiores são liberadas no planeta. Isso se manifesta como um movimento interior poderoso que, se interrompido pela estagnação, produz uma dolorosa crise. Esse grande movimento, quando barrado pelos resistentes a essa transformação, resulta em cidades apinhadas e pessoas afastadas da natureza, sujeitas a valores e a regras distorcidas por interesses outros. Nesses conglomerados e nações a consciência coletiva se transforma em consciência de massas e a consciência individual em separatismo e alienação. Se esses grupos resistirem ao desenvolvimento orgânico - e aqui pouco importa o seu tamanho - quem os segue pode ter que se estabelecer em outras comunidades onde a nova energia prospere.

Não é incomum que no início da emancipação prepondere um pouco de individualismo, com as pessoas exagerando na rebeldia e na negação dos valores do grupo. É uma fase natural, mas não será expressa de forma cega por muito tempo se prosseguida organicamente. Isso porque as reações dos outros irão dar o reflexo de onde elas se encontram presas. Então se segue um novo ciclo onde predomina a consciência de grupo em um nível mais elevado, sem que o indivíduo perca a privacidade e o direito de ser diferente. Aqueles que se aferram à crença de que certas atitudes não podem ser mudadas tornam-se indisponíveis à Nova Consciência. Ao se voltarem contra Ela, fazendo pouca diferença se por teimosia ou por ignorá-La, o Fluxo Divino acaba bloqueado, criando um perigoso desequilíbrio. É fundamental desenvolver a percepção intuitiva para aprender não apenas pelo intelecto, mas de forma vibrante e vívida. Enquanto a consciência de massas elimina o indivíduo, a Verdadeira Consciência de grupo o honra e o aperfeiçoa.

◆ ◆ ◆

## PW 230 – A UNIVERSALIDADE DA MUDANÇA – REENCARNAÇÃO NA MESMA VIDA

Não há nada que exista no universo que não busque se expandir, consonante ao Plano Divino de infiltrar em tudo que existe. Ocorre sempre uma parada de consciência e energia quando esse movimento é interrompido. A expansão consiste de mudanças que se revelam na autoexpressão e que dependem da disposição pessoal de superar o medo de vivenciá-las. A consciência humana criou uma imagem de massas muito antiga e arraigada de que a mudança é como a morte e deve ser temida. Essa imagem assemelha-se a uma restrição física impeditiva da expansão natural, atrofiando a musculatura espiritual e psíquica do organismo, travando-o em um estado de não movimento. Com alguns graus de variação, ainda é esta a condição humana geral.

É preciso começar, de modo intencional e consciente, a conceber a mudança como um movimento desejável e jubiloso. Sempre requer coragem assumir um risco aparente, pondo fé em algo novo e positivo. O próprio tempo é uma ilusão, produto da ideia de que o passado deva ser mantido, pois define a existência do indivíduo, e o futuro temido porque leva ao seu fim. Somente mudando essa falsa crença com coragem é que as manifestações do tempo e da morte também mudarão na Terra. Quando a ameaça do amanhã desconhecido for retirada do caminho, intuitivamente a vivacidade da alma será percebida além da existência física. Quem conhece de fato a Natureza Divina em si mesmo não teme a morte.

Pode acontecer que, ainda nesta vida, uma nova tarefa seja destinada àquele que cumpriu com a sua tarefa original de forma mais acelerada do que o previsto. A vida pode ser prorrogada e um novo plano tornar-se a sua tarefa ou sofrer uma completa alteração de ambiente, sentimentos e expressões. Novos talentos se manifestam e velhos talentos se modificam, encontrando outras formas de expressão. É uma aceleração do movimento, mas de maneira muito natural. Quando não há oposição ou fuga, quando se confia no movimento, é possível viver uma segunda encarnação numa mesma corporificação.

Conhecer a si mesmo é sentir-se à vontade em uma nova autoexpressão. Significa ampliar a "casa psíquica" para depois tomar posse de outras esferas, até finalmente sentir-se íntimo de todo o universo e de todos os estados mentais e de consciência. É algo percebido interiormente e intuitivamente, não precisa de confirmação externa. A ligação com a realidade do Eu Superior é que demonstra se a mudança é verdadeira ou apenas uma fuga. Nessa nova condição o indivíduo está sempre pronto para mudar, mas não por medo da profundidade do "agora". Vive em harmonia com o seu movimento interior e no firme propósito de dar-se inteiramente ao que faz, sabendo que tudo é flexível e se move, que o que é certo e natural hoje pode não ser amanhã.

◆ ◆ ◆

## PW 249 – A DOR DA INJUSTIÇA – REGISTROS CÓSMICOS DE TODOS OS EVENTOS

A sensação disseminada de dor pela injustiça da vida provém, em essência, do medo de um universo permissivo à destruição sem sentido, no qual o bem praticado não tem efeito na história evolutiva. O campo humano de visão normalmente é estreito demais para perceber que as suas manifestações têm profunda relação de causa e efeito com a Consciência Universal. Sempre que a impunidade do eu inferior se sobressai, o triunfo momentâneo e superficial das atitudes destrutivas pode levar à conclusão de que o universo não é digno de confiança. É por fazer as ligações microcósmicas com os acontecimentos macrocósmicos que estes revelam o seu significado. Mas a vida na matéria, presa ao tempo, não permite que muitas destas conexões se tornem visíveis. A fé é necessária para que elas sejam descobertas, trazendo as benesses de afastar o medo e de curar as feridas da dor da injustiça.

Uma das maiores ilusões humanas é a ideia de que os seus pensamentos, intenções e desejos possam ser mantidos em segredo. Por isso há tanto ressentimento quando ocorrem reações intuitivas à intenção não verbalizada ou a desejos negativos secretos. A vida é um livro aberto com todos os seus registros - em algumas tradições conhecidos como "akáshicos" - não podendo ser escondidos da Consciência Universal. Como tal sistema de registros existe além do tempo e da matéria, o futuro pode estar tão disponível quanto o passado, com o livre-arbítrio permitindo ao homem alterá-lo. O "juízo final" dá a visão completa de tudo o que foi expresso, de modo que as consequências inevitáveis possam ser a régua e o remédio do crescimento rumo à Totalidade Divina. Significa revelar a beleza impecável da Lei de Causa e Efeito, com a alegria e a segurança da justiça da descoberta sobrepujando em muito o preço a ser pago pelas infrações. Ainda que um carma negativo apareça, o seu significado passa a ser aceito com tranquilidade, dado o imenso valor que é viver em um universo justo e digno de confiança. Entender esse mecanismo como punição retrata a limitada visão do atual estado de desenvolvimento da humanidade.

Grande parte das dissensões e disputas humanas tem por base um nível de consciência superficial. Vive-se em dor e em confusão pela desconfiança de um universo injusto que nega a harmonia da Criação Divina. No nível da realidade humana pode-se tanto representar Deus, quanto fazer o trabalho do diabo, mesmo sem querer. As consequências não dependem do dolo, embora a simples consciência da intenção tenda a mudar para melhor o rumo da criação. É preciso orar com fé na Essência Divina que só pode se revelar plenamente removendo o que A encobre. Os pensamentos podem ser dirigidos ao invés de sobrevirem, aos poucos formatando os sentimentos e direcionando as energias vitais. É uma ilusão acreditar que nenhum efeito é exercido na indecisão, principalmente quando não se busca a verdade. É a coragem que permite saber que a sua negatividade provoca dor nos outros e em si mesmo, com consequências nefastas ao universo. A veracidade e maturidade dessa atitude restauram a fé em si mesmo, em Deus e em tudo o que é bom.

# MÓDULO IV - A TRANSIÇÃO DA DUALIDADE

O trabalho de autoconhecimento existe para que o homem possa renunciar ao seu egoísmo para servir, unir-se ao outro e viver a vida sem medo da morte. Para conquistar a sua Real Identidade é preciso exercer o livre-arbítrio, não sendo possível renunciar ao que não conhece. A natureza de todas as imagens é que elas acabam sancionadas. Elas trazem o conceito dualista e limitado do bem contra o mal e de que existem poucas formas de autoexpressão e realização. O grande perigo do mal não é a mentira descarada, por esta ser de fácil detecção, mas a verdade distorcida, aplicada de forma desonesta ou como uma rígida crença irrefletida.

Em sua mente consciente o homem ignora que nele habita uma criança impotente, chorosa e teimosa por lhe ter sido negado o prazer esperado na infância. Não percebe que é livre para buscar ser feliz e conseguir o que realmente deseja e necessita. Torna-se desesperado na urgência de satisfazer-se, traindo a própria verdade, que é o que tem de melhor. Na distorção dos fatos, espera que a satisfação venha da fonte errada, iludindo-se e mantendo as suas reais necessidades insatisfeitas.

Ninguém que tenha medo de olhar para si mesmo, sob a Luz da Verdade, pode superar a negatividade e se conectar com a sua Natureza Divina, pois não é possível transformar o que ignora. É a verdade que leva ao amor e ao amor se funde, tornando-se inseparáveis. Essa transição é o episódio mais significativo que pode acontecer na vida de alguém. Ao abrigar sentimentos de amor, todo o corpo vibra em contentamento, com um ânimo seguro e pacífico, prazeroso e descontraído. Dar e receber passam a ser tão intercambiáveis que é impossível discerni-los, indistinguíveis que se tornam em um só movimento.

Não há diferença maior entre as pessoas do que aquelas que sabem que criam o seu próprio destino, das que ignoram esse fato. Há muita negatividade no mundo, por isso também há tanta infelicidade, pois só é infeliz quem expressa o mal em sua vida pessoal, mesmo que de forma inconsciente. A ilusão de ser vítima do outro, a quem culpa, advém do medo de se conhecer. A principal tarefa humana é libertar-se do emaranhado de males em que se embaraçou. O ego-consciente deve se esforçar para observar e remover a falsa crença de que a experiência negativa não é deliberadamente produzida por si mesmo.

A consciência que se recusa a perceber os sinais do círculo vicioso encontrará o seu absurdo derradeiro, gerando uma crise como fruto dessa experiência. O afastamento do presente cria uma falsa realidade substituta. O Estado Pleno de Presença somente se manifesta naquele que readquiriu a sua pureza, após trabalhosa descida e ascensão de autopurificação. Nele os pensamentos são objetivos e se fundem no eterno "agora". A Verdadeira Identidade formada cria um ser social com íntima relação com os outros, contributiva para a comunidade. A autorresponsabilidade fortalece e permite ao espírito e à vida penetrarem na matéria, concretizando este que é o Plano Divino de Salvação.

◆ ◆ ◆

## PW 53 – AMOR PRÓPRIO

Toda verdade pode ser distorcida e transformada em uma mentira. A inverdade sutil talvez seja a mais poderosa arma do mal, não a mentira completa, por esta ser facilmente detectável. O grande perigo do mal é a verdade distorcida, correta em certas circunstâncias, mas não quando aplicada de forma parcial, desonesta ou irrefletida em uma rígida crença.

O amor próprio, na versão errada, também tem muitas formas. A mais tosca delas é o egoísmo de se colocar na melhor posição, de querer vantagens que são desvantagens para os outros, manifestando uma admiração doentia por si mesmo. É mais difícil percebê-lo quando oculto em emoções não manifestas, às vezes encobertas por uma conduta exterior oposta que não é autêntica.

A falta de respeito próprio faz com que essa pessoa manifeste por si mesma um egoísmo exagerado em certas áreas da sua vida. Se houvesse o adequado amor próprio, não seria necessário admirar-se de forma tão demasiada. O autodesprezo é consequência da procura por atalhos na vida, pela busca de coisas do jeito fácil e pela fuga das responsabilidades. São estas as causas dos seus sentimentos de inferioridade escondidos e projetados que inviabilizam o amor e minam a felicidade.

Muitas pessoas admiram alguns de seus defeitos, entendendo que eles são importantes e necessários. Bastaria que analisassem as próprias manifestações e reações para chegar a essa conclusão. Sentir-se lisonjeado pelos defeitos é algo sutil, facilmente confundido com gratidão e alegria de viver. A linha divisória entre essas emoções é muito tênue. Independentemente de uma análise moral, o caminho do autoconhecimento leva à compreensão de que uma vantagem obtida pela desvantagem do outro exige um preço que nunca é compensador.

A sensação de insegurança e inferioridade se alimenta e é alimentada pelo lado que foge da vida, buscando conseguir o que quer sem se arriscar, sem se expor ou se empenhar. Origina-se de um desejo ou crença de que é possível trapacear com a vida. A plena consciência dessa ilusão leva à descoberta do que motiva tais sentimentos de inferioridade, determinante da falta de respeito próprio. O autoconhecimento permite romper com o círculo vicioso, possibilita amar da maneira correta, sem o egoísmo desproporcional que só contribui para o autodesprezo.

◆ ◆ ◆

## PW 123 – LIBERAÇÃO E PAZ PELA SUPERAÇÃO DO MEDO DO DESCONHECIDO

As pessoas podem ainda não ter ciência dos seus talentos inerentes, da sua coragem e engenhosidade, da amplitude da sua mente e da criatividade do seu espírito. Mas é quase certo que nenhum desses aspectos alcançará o esplendor se persistir uma barreira à união com o outro. A separatividade indica bloqueios em áreas a explorar, resistências em desenvolver a própria identidade e a insistência em um infantilismo artificial.

Os três entraves humanos básicos são o orgulho, a obstinação e o medo. Todos os equívocos, distorções e confusões são derivados deles. Essa tríade tenta barrar as três facetas saudáveis de autoexpansão respectivas, a serenidade, o poder e o amor. O medo do desconhecido impede a plena conexão e experimentação das maiores venturas da vida, que são a união com um parceiro e a ocasião inexorável da morte física.

O orgulho bloqueia o caminho entre a consciência e a mente inconsciente, por pouco considerar o que é revelado, incompatível à sua autoimagem idealizada. Mesmo que o resultado da descoberta não seja depreciativo, há o medo de que seja. A importância de ser visto com admiração faz com que essas pessoas adotem normas e valores dos outros, cuja aprovação buscam ter, dificultando que adquiram "insights" verdadeiros.

A obstinação barra o caminho do autoconhecimento, pois há a apreensão de que a revelação obrigue a fazer algo que o ego distorcido não está disposto a renunciar. Essas pessoas querem ficar no controle, por isso se agarram ao que lhes é conhecido. Evitam assumir um estilo de vida que leve a novas abordagens e atitudes, seja por lhes parecer desagradável, seja por entender ser cômodo permanecer no que lhes é familiar.

O medo sustenta tanto o orgulho quanto a obstinação, pois representa a falta de confiança na vida. A Realidade Cósmica, impregnada do seu inconsciente profundo, na verdade não é senão benigna, trazendo realizações e felicidade. É o medo que, em última análise, bloqueia a busca e descobertas que só o autoconhecimento pode propiciar.

Somente pela liberdade da renúncia é que a sua Verdadeira Identidade pode ser acessada. Mas não é possível renunciar ao que lhe é desconhecido. O trabalho de autoconhecimento existe para que se possa renunciar a si mesmo, unir-se ao outro e viver a vida sem temer a morte. Não é preciso tornar-se perfeito, embora a perfeição já exista, em certo sentido, ao conseguir calmamente encarar, reconhecer e aceitar as suas imperfeições.

O instinto vital autoprotetor ajuda a evitar o suicídio e a morte por motivações destrutivas, como por não conseguir lidar com o que se apresenta. A preservação da vida possibilita experimentar repetidas vezes a questão, até que finalmente aquele aspecto seja dominado, como resultado do autoconhecimento. É então que a aguda diferença entre vida e morte começa a esvanecer-se, até que ambas possam ser reconhecidas como partes da sua eternidade.

◆ ◆ ◆

## PW 128 – CERCAS ERGUIDAS POR ALTERNATIVAS ILUSÓRIAS E LIMITADAS

Muitos não acreditam em cercas ou barreiras mentais, emocionais e espirituais que lhes impedem a livre movimentação e o seu pleno desenvolvimento. Mas eles se enganam, e não são cercas simples, senão produtos de intrincadas falsas premissas e atitudes contraditórias. É tarefa de cada um encontrar a saída desse labirinto de vias secundárias. O medo de tentar, o medo da própria liberdade é o que traz tantos sofrimentos desnecessários.

A cerca inicial é crer não poder ter o que deseja. Segue-se a vergonha pela privação desnecessária e o fingimento de que, se quisesse, teria, quando acredita no contrário. Por fim, aguarda-se que o destino elimine sua privação. São labirintos de medos e esperanças, baseados em falsas premissas. Não é de surpreender, portanto, do enorme sentimento de impotência que se encontra disseminado na humanidade.

Embora possam haver algumas relações cármicas em diversos graus, há uma série de ligações muito diretas e visíveis de causa e efeito para quem decide entendê-las. A cegueira medrosa e autoinfligida paralisa a alma. Esforços ansiosos de movimentos compensatórios são feitos, quando o necessário é uma quietude serena. É fundamental admitir o medo da rejeição e entender os seus mecanismos. E também buscar olhar o outro com autenticidade, ao invés de apenas fingir. Veja se há tanta disposição de gostar dele quanto o seu desejo de ser amado.

O esforço enfadonho, aparentemente forçado, resulta de ainda estar atrás de cercas, enredado no limitado entendimento da Realidade Espiritual. É claro que essas pessoas precisam se esforçar para não deixar de viver.

Mas se empenhar em conflitar provoca fadiga, tornando cada novo passo mais trabalhoso e gerando ainda mais ressentimentos. Já o esforço livre e voluntário, embasado na escolha e no reconhecimento da sua justiça, é alegre e jamais cansa, sendo parte do resultado do Despertar Espiritual.

A natureza de todas as imagens é que elas acabam sancionadas. Além do equívoco geral da necessidade de sofrer, as imagens trazem o conceito dualista do bem contra o mal e da existência de apenas poucas e limitadas formas de autoexpressão e de realização. O que costuma ser feito na ilusória postura "ou/ou" é adotar regras prontas sem questioná-las. E quando confrontada, recorre-se a uma autoridade externa para descobrir por que a adota, a rejeita ou a condena, não usufruindo dos próprios recursos para decidir.

Aceitar as limitações não significa resignar-se a permanecer nesse estado. Trata-se de ver o que é real e de tomar responsabilidade por si mesmo. Revoltar-se contra a ignorância passada, por ela ter acarretado as dificuldades presentes, é um entrave à eliminação da sua causa. Se houver a intenção sincera de cumprir com os Requisitos Divinos, a resposta inevitavelmente virá. Deus não priva ninguém de ser feliz, ao contrário. Este será o estado da alma quando houver o verdadeiro desejo de transformar a causa interior que gerou a sua infelicidade.

◆ ◆ ◆

## PW 157 – EXPERIÊNCIAS PREJUDICADAS PELA DEPENDÊNCIA EMOCIONAL

Os processos mentais e emocionais são, em grande medida, motivados de forma negativa. Usar de desculpas para embelezar as suas fraquezas, fazendo delas um trunfo, impede a visão das perspectivas infinitas da experiência de expansão, bloqueando o fluxo espontâneo e natural dos sentimentos. Também dificulta ao corpo vivenciar o seu direito ao prazer, que é justo, importante e espiritual, ao contrário da negação sugerida por muitas crenças.

Todo ser humano abriga alguma atitude de medo e fraqueza. Muitos instrumentos diferentes são inventados para esconder essa área na qual há uma profunda sensação de impotência que impede até mesmo proteger a sua integridade. Aqui a pessoa é constantemente compelida a se trair para precaver-se da desaprovação, da censura e da rejeição. Todos os mecanismos de defesa não passam de meios para conseguir ser aceito pelos outros ou para esconder essa vergonhosa submissão.

O bebê é rigidamente unilateral na insistência em receber, pois esta é a sua necessidade, estando à mercê dos pais para ter prazer. Mas a pessoa verdadeiramente adulta utiliza a sua inteligência e intuição, talentos e observação para conviver e ter prazer. Seu senso de justiça a torna suficientemente flexível para ceder. E a consciência que desenvolveu do seu crescimento pessoal a faz assertiva para não sofrer abusos.

Em suas mentes ainda pouco despertas, as pessoas ignoram que nelas existe uma criança impotente, chorosa e teimosa por lhes ter sido negado o prazer esperado na infância. Elas não percebem que são livres para buscar satisfação e conseguir o que desejam e necessitam. Tornam-se desesperadas na urgência de ter os seus desejos satisfeitos, traindo a verdade, que é o que têm de melhor. Na distorção dos fatos, esperam pela satisfação da fonte errada, iludindo-se e mantendo as suas reais necessidades insatisfeitas.

A contínua frustração sofrida pela suposta recusa do outro em cooperar leva para a alma raiva, desejo de vingança e impulsos de crueldade. Isso enfraquece ainda mais a personalidade, pois sobrevém também a culpa pela inadequação do que sente. Busca-se a aceitação daquele que, em algum canto da psique, ela odeia e se ressente. A insistência aumenta a culpa na mente, que não é capaz de separar as mensagens vindas da sua criança interior. Quanto mais exige do outro, mais seus próprios poderes são desativados e mais ela se torna paralisada.

A inatividade causada por sua dependência emocional produz a necessidade de obter o que precisa do outro. Isso gera ou obediência passiva, com recusa a cooperar de fato, ou agressão exterior, com tentativas de persuasão por intimidação. Na medida da sua alienação a esse modo de existência, mais enfraquecida e separada fica a pessoa do seu Núcleo Interior. Lá é onde ela encontra tudo o que necessita e deseja, mas para isso precisa saber que ninguém, além dela mesma, pode satisfazer as suas expectativas.

◆ ◆ ◆

## PW 161 – OBSTRUÇÃO DA ENTREGA DO EGO PELA

# NEGATIVIDADE INCONSCIENTE

O ego deve aprender a desapegar-se de si mesmo. Qualquer um que esteja profundamente perturbado, assim se encontra por estar envolvido demais com o seu ego. Mas não importa quanto conhecimento intelectual exista sobre o papel menos importante do ego em oposição ao da Inteligência Universal, ele jamais será suficiente. É necessário se reabastecer com os Aspectos Divinos pelo bom sono, pelo amor mútuo entre os sexos através da aceitação do outro ser e também pela meditação profunda. Trata-se de doar-se ao pleno propósito de se conhecer, tanto de maneira geral, quanto as barreiras e obstáculos específicos criados pelo medo da verdade.

O ego não é totalmente ignorante, de certa forma ele está "quase certo" em não querer se abandonar. Ao menos uma sanidade mínima será mantida enquanto a destrutividade não for eliminada. O autogoverno de uma condição de ego-exagerado é preferível à desintegração. Não importa quão limitada seja a compreensão do ego-separado comparado ao Eu Maior, ele ainda possui alguma razão e entendimento da realidade. Mas o colapso é inevitável quando a personalidade exterior não confia nas Forças Divinas.

Onde há incapacidade de entrega, profundas forças e atitudes destrutivas ainda estão ativas. Em algum lugar existe a vontade de ser negativo e destrutivo. Quando se toma consciência dela, é fácil ver quão deliberada é essa vontade. A intencionalidade negativa só não será percebida enquanto essa área, por ser contrária à autoimagem idealizada, for negada. A destrutividade causa insegurança pelo medo de encará-la e reconhecê-la. Eliminar o autoengano coloca a pessoa em uma posição completamente diferente, reduzindo imediatamente a destrutividade, não importa o quanto ela ainda queira ser destrutiva.

Talvez a atitude destrutiva seja pensar secretamente: "ninguém sabe o que eu realmente penso e sinto, portanto isso não conta". Tal pensamento inclui a ilusão de que a vida possa ser burlada. Conta a história de uma pessoa que não se dá honestamente ao trabalho de viver, mas transforma a aparência e o fingimento no critério com o qual deseja ser julgada e colher frutos. Confiar na vida torna-se impossível nessas circunstâncias. Uma vez que o desejo de aplacar os outros e usá-los para atingir os próprios objetivos seja descoberto e desmascarado, não será difícil identificar onde mais ela viola as Leis Espirituais.

A destrutividade será preterida ao olhar diretamente para ela, ultrapassando o medo e permitindo que os Aspectos Divinos sejam ativados. Essa transição é o episódio mais significativo que pode ocorrer na vida de um indivíduo. Absolutamente nada é capaz de superar esse acontecimento. Aquele que teme confrontar as suas negatividades, que evita se encarar com honestidade, não pode alcançar essa passagem, pois não é possível abandonar o que ignora. É a verdade que leva ao amor e o amor à ela se funde, tornando-se inseparáveis.

◆ ◆ ◆

## PW 174 – AUTOESTIMA

Deus só é encontrado no âmago dos instintos, onde reside a verdadeira vivacidade. Por isso é necessário saber lidar com os seus impulsos sem negá-los, inclusive os destrutivos, evitando a opressão generalizada que também suprime as Manifestações Divinas. Só é possível amar e encontrar a paz reconhecendo e confrontando o que há de pior em si mesmo, sem perder de vista que ele é da mesma natureza do seu melhor, embora se encontre distorcido.

Mas como é possível não perder a autoestima adentrando em culpas destrutivas ao admitir, aceitar e confrontar os próprios traços negativos, esses pontos fracos que trazem separatividade, orgulho, egoísmo e crueldade fria e vingativa? Esta é uma profunda dificuldade humana, confusão "ou/ou" que faz parecer impossível reconhecer as suas condições desagradáveis sem perder a autoconfiança necessária para superá-las.

Depois de perceber a falta de respeito próprio oriunda do conceito dualista do "tudo ou nada", será necessário compreender a sua ignorância. Ela deriva de rejeitar-se ou rejeitar o outro como um todo por uma característica indesejável específica qualquer. Isso compreendido, não será preciso justificar, falsear ou embelezar os aspectos negativos e destrutivos dele ou os seus para se safar, na ilusória tentativa de, assim, vir a ser amado.

O que o homem vivencia é sempre o resultado do que ele acredita. A visão não consegue ir além da forma imposta por suas crenças. As ações resultantes são determinadas para provar a veracidade delas, por mais desnecessárias que sejam e por mais que existam alternativas.

Enquanto o pressuposto for que a abordagem habitual é a única rotina possível, não haverá compreensão das possibilidades e dos poderes que a vida oferece. A tendência será cair nos velhos reflexos condicionados, queixando-se dos tormentos da vida sem dar atenção ao que faz. Assim será perdida a percepção de que seu descontentamento, infelicidade e fracasso se sustentam por reações automáticas unilaterais e negativas.

Mas tudo muda ao alcançar o conhecimento de que a Verdadeira Natureza da vida virá à tona mais cedo ou mais tarde, eliminando o desespero e a culpa posta sobre si mesmo pela dificuldade de se encontrar. É possível sempre ampliar os pensamentos, empreender realizações e proporcionar novas direções de vontade, energia e sentimento, isso é mudança, sempre haverá escolhas.

Dar de si não representa perder o que é dado, senão o amor seria realmente impossível e a doação uma loucura. Amar é o verdadeiro prazer, um não se mantendo sem o outro. Ao abrigar sentimentos de amor, todo o corpo vibra de contentamento, em um ânimo seguro e pacífico, de forma descontraída e prazerosa. Dar e receber passam a ser tão intercambiáveis que é impossível discerni-los, indistinguíveis que se tornam em um só movimento.

◆ ◆ ◆

## PW 176 – SUPERANDO A NEGATIVIDADE

Não há diferença maior entre as pessoas do que as que sabem que criam o seu próprio destino, daquelas que ignoram esse fato. Há muita negatividade na sociedade, mas só é infeliz quem a expressa em sua vida pessoal, ainda que de forma inconsciente. A ilusão de ser vítima do outro, a quem culpa, advém do medo de se conhecer. A principal tarefa humana é se libertar do emaranhado dos males nos quais se embarçou.

A cura passa por observar, descobrir e aceitar as suas atitudes e sentimentos negativos, suas mentiras sutis, o desejo de enganar e a resistência aos bons sentimentos. É necessário questionar profundamente a intenção que sustenta essa produção negativa, compreendendo a autorresponsabilidade pela sua infelicidade. Conseguir vencer essa etapa é um dos avanços mais difíceis de serem alcançados pelo ser humano.

O entendimento exato dos efeitos prejudiciais da criação negativa precisa se tornar muito claro. Não adianta aplacar seu sentimento de culpa, convencendo-se de que o prejuízo é apenas a si mesmo, o que nunca é verdade. É necessário compreender minuciosamente como a criação negativa sacrifica uma existência significativa, destemida, alegre, pacífica e prazerosa em todas as dimensões.

Para esconder a própria negatividade é comum buscar aparentar o oposto. Esse papel passa a ser um hábito do qual só é possível se livrar dispondo-se a olhar o que está por trás. Trata-se de desmascarar a artificialidade da imagem projetada no mundo, de cuja autenticidade procura se convencer, mas que contém os mesmos aspectos do que quer ocultar. A atitude fingida de ser vítima do ódio dos outros também é uma atitude de ódio. A energia negativa tem total envolvimento com a imagem apresentada.

Ao passar por alguma contrariedade, a tendência é retomar as reações originais de negatividade, muitas vezes apenas buscando evitar frustrações. Quanto maior a compreensão do jogo que se joga com a vida, no qual se perde sempre, maior a motivação de deixar tudo isso para trás. Mesmo que alguém lhe descarregue um bocado de hostilidades injustificadas, a defesa efetiva só ocorrerá se não houver reações e sentimentos destrutivos. Para isso será preciso recriar a substância da alma através da meditação, prece e pensamentos intencionais sobre a verdade, invocando ajuda dos Poderes Superiores.

As atitudes destrutivas não enfrentadas e modificadas produzem a mais dolorosa ambivalência. Não se pode jamais ir numa só direção quando se quer ser negativo. Sempre existirá o Eu Real que clama e puxa para a verdade. A unificação da direção interior se dá quando a personalidade é autenticamente construtiva, sem destrutividades ocultas. Essa luta de opostos talvez seja o evento mais agonizante, perturbador e paralisante que ocorre na psique, demandando sempre a escolha consciente do bem para a sua solução.

◆ ◆ ◆

## PW 187 – ALTERNÂNCIA DOS ESTADOS DE EXPANSÃO E CONTRAÇÃO

As experiências felizes e prazerosas originam-se de atitudes positivas, criando movimentos de expansão na alma que se integram ao círculo virtuoso da vida. A contração derivada de atitudes negativas, por outro lado, cria um círculo vicioso interno que passa a agir com propósitos opostos àquele. Mas é a alternância desses movimentos que faz com que as impurezas ocultas venham à superfície, condição necessária para a transformação pessoal. Um ego vaidoso ou temeroso, ao exagerar ou negar as implicações causadas pela dor resultante das experiências negativas, torna-se um grande empecilho a esse crescimento.

No círculo vicioso o procedimento automático é o de criar um estado contraído de movimentos, onde a personalidade é incapaz de perceber a abundância da vida, aumentando o rancor e as experiências indesejáveis e dolorosas. O ego-consciente, volitivo, deve se esforçar para observar a contração e remover a crença de que a experiência negativa não é deliberadamente produzida por si mesmo. O estado negativo da dualidade precisa ser transcendido para que a sua contraparte positiva possa ser reconhecida e acolhida.

A capacidade de administrar a dor traz autoconfiança e respeito próprio para que se possa fazer o melhor na vida. Nessa abordagem a experiência negativa, que do contrário levaria à pseudodefesa do movimento de contração, não é encarada como algo a ser negado. Assim é possível permanecer aberto e vibrante, mesmo que a princípio isso signifique suportar alguma emoção desagradável. Este é um grande passo da evolução humana, referendando a importância de reconhecer e aceitar a realidade negativa que existe. Só assim os pensamentos, sentimentos e atitudes que a sustentam podem ser efetivamente transformados.

Os ciclos negativos, quando percebidos, tornam-se experiências positivas, desde que prevaleça essa intenção deliberada. O sentimento doloroso é parte da vida, é Energia Vital e substância criativa. Na história humana a presença de sentimentos negativos tem sido tão negada quanto o medo de suportar a grandeza dos bons sentimentos e experiências de um estado de bem-aventurança. O medo faz da perda uma confusão inócua, impedindo o estágio de aprendizado que traz luz ao material não purificado da alma.

A fantasia, com suas preocupações hipotéticas, pensamentos errantes e satisfação com imagens mentais inventadas, é o estado de consciência menos desenvolvido. Viver com o objetivo de impressionar os outros é um estado intermediário, no qual opiniões e valores externos não examinados acabam repetidos, comportamento que não reflete as qualidades inerentes do ser, nem se aplica ao próprio prazer. Viver em fantasia ou pela referência externa gera contrações que desperdiçam Energia Vital. O mais desenvolvido dos estados de consciência ocorre no "aqui e agora", quando os movimentos de expansão e contração se dão sem subterfúgios ou luta consigo mesmo, sem ceder à resistência e ao medo de olhar para dentro.

◆ ◆ ◆

## PW 214 – PONTOS PSÍQUICOS NUCLEARES

Toda criação no universo utiliza seus dois princípios essenciais ativo e receptivo. Na criação positiva eles se encontram de forma harmoniosa, flexível e se intensificam mutuamente, mas na criação negativa os princípios acabam por se chocar e se extinguir, não sem produzir dor. Seja de forma construtiva ou destrutiva, quando entram em ressonância as forças são tremendas, formando um núcleo fundamental altamente concentrado de matéria criativa intensa que se pode denominar de "Ponto Psíquico Nuclear" (PPN). Eles são responsáveis pela manifestação de todo objeto, organismo, de tudo que é criado, sendo tratados como "psíquicos" porque a sua natureza não é oriunda da matéria, mas da emissão de consciência precedente, com característica mental planejada e pensada.

A aceleração contínua, a força crescente de cada PPN é sempre resultante de pensamentos e intencionalidades. Quando há um círculo vicioso no sistema psíquico, fica-se preso a ele até que o indivíduo tenha consciência da sua existência e da atitude necessária que possibilita rompê-lo. Essas condições viabilizam reverter o círculo vicioso em um círculo benigno, pondo-o em movimento em seu lugar. Isso exige desistir da intencionalidade negativa que materializou o PPN impeditivo da religação, o que é impossível quando se está sob a ilusão de ser indefeso. Nenhuma criação ocorre sem que haja uma intenção embutida na força trazida à tona.

Quando um círculo vicioso encontra o seu absurdo derradeiro e não pode mais funcionar, porque a sua consciência teimosamente se recusou a perceber os sinais e deliberadamente deixou de encontrar o "ponto de ruptura", a situação explode em uma crise. As manifestações da vida, mudanças significativas e acontecimentos momentaneamente traumáticos são tais explosões, com a reforma que se segue, inclusive eventualmente a morte física sendo um desses fenômenos. A crise é uma oportunidade para a consciência procurar compreender o significado do que está acontecendo, passando a se responsabilizar de forma deliberada por transformar em positiva a imensa energia negativa criada.

É possível sentir um ímpeto intenso de energia quando se está com raiva, destrutivo e enfurecido. Embora muitos tenham aprendido a expressar atitudes negativas de forma não destrutiva, ainda temem o que vem pela frente, preferindo permanecer no estado de amortecimento, por medo de agredir. Não descobriram que eles mesmos têm o arbítrio de transformar as energias oriundas da sua intencionalidade negativa. Há fases na vida em que o amortecimento cumpre o seu papel, como existem fases em que a retenção constante das energias é uma procrastinação e um desperdício. Essa função se dá pelo mecanismo interno regulador em cada um, desafortunadamente suspenso por uma mente temerosa e fragmentada. É preciso vencer a teimosia que retarda compreender ser confiável viver a vida de forma positiva, em um estado de carga e com permanente júbilo, paz, ânimo e realização.

◆ ◆ ◆

## PW 215 – PONTOS PSÍQUICOS NUCLEARES – O PROCESSO NO "AGORA"

Cada momento do tempo, nos termos humanos, cada momento do ser, nos termos espirituais, é em si mesmo uma construção oriunda de "Pontos Psíquicos Nucleares" com significado e consciência, parte de uma rede gerada de um padrão integrado ao plano maior. Enfileirando segundo após segundo no tecido da Consciência Universal, não apenas sequencialmente, mas também em profundidade e largura, talvez seja possível perceber que não existe tempo algum, mas um único ponto de criação infinito e perene. O "ponto agora" é um estado de completa ausência de medo que torna a personalidade susceptível à ventura eterna do universo. Nele as mudanças pulsantes de carga e descarga alternam-se com abertura e receptividade; nele participa-se benignamente da criação.

Existe apenas uma maneira segura de atingir o "ponto agora" que descortina a realidade em suas dimensões ilimitadas, e essa maneira é cumprir a tarefa que o trouxe à Terra. É preciso aprender a examinar a dor da ilusão, das culpas, do seu lado não desenvolvido. Mesmo práticas aparentemente saudáveis, como a meditação, quando utilizadas como substitutas da busca e da mudança de si mesmo, são em essência semelhantes às vias destrutivas de escape, como as drogas, o álcool e o sexo irresponsável. Tais mecanismos de fuga violam Leis Espirituais, pois se quer o resultado sem querer pagar o preço.

O afastamento do "ponto agora" cria uma falsa realidade sobreposta. Quando se está no futuro, passa-se ao largo do que proporcionaria a chave para caminhar em direção ao que é almejado. O mesmo efeito se dá reagindo ao presente como se este fosse o passado, acreditando que o acontecimento precise ser igual ao que já foi. Não se trata de desconhecer o futuro nem o passado, mas saber que ambos são criados no presente. Não viver no passado nem no futuro, porém, não é algo para se determinar diretamente pela mente. O ato de vontade tem apenas a função de estabelecer a percepção do que se quer encarar e tratar. Somente pela autoinvestigação é que o passado e o futuro deixarão de substituir o presente; somente sendo verdadeiro no "agora" é possível construir um futuro em que se confia plenamente.

O deslocamento, a projeção e a negação são outros modos de se evadir do presente. No deslocamento a forte energia retesada é posta em outra direção para não se envolver com a questão. Além da culpa pela desonestidade, vive-se apartado da realidade, inconsciente do "agora". Na projeção não se quer ver algo em si mesmo, passando a enxergá-lo em alguém. A energia, que deveria ser usada para confrontar a própria questão, é canalizada para a raiva e o aborrecimento de outras pessoas. Na negação simplesmente procura-se não ter consciência da questão. Todos esses mecanismos buscam criar uma falsa realidade, mal utilizando das faculdades criativas. Mas o que se obtém é apenas mais fragmentação e afastamento do venturoso significado e vínculo com a Consciência Universal que só pode ser gerado no "ponto agora".

◆ ◆ ◆

## PW 217 – O FENÔMENO DA CONSCIÊNCIA

O poder da consciência para escolher que pensamentos pensar deriva de fortes movimentos energéticos. Os pensamentos resultantes energizam todo o sistema psíquico do homem. A energia derivada de pensamentos objetivos contém sentimentos de imensa paz e o entendimento intrínseco das Leis Universais, levando à alegria e ao contentamento. Pensamentos subjetivos criados a partir do egoísmo e do medo pessoal, de um estado de separação, por sua vez, jamais são verdadeiros e se tornam matizados por negatividades.

A negatividade pode fechar os órgãos de percepção e instalar o entorpecimento. A única maneira de escapar desse estado de ignorância, impotência e separatividade é a tentativa sistemática de se conhecer como se é agora, não o universo ou algo de fora, isso virá mais tarde e naturalmente. O que se requer é aquilo que é de fato possível, lidar com o que está bem diante dos seus olhos, bastando querer enxergar. Não existe nenhuma fração de tempo na vida em que isso não seja possível. Sempre que o homem se encontra em desarmonia é porque não está tão consciente quanto poderia. Tornar-se mais consciente requer intensa atividade de tatear e buscar, com coragem e determinação para ir até o fim.

A noção de tempo na mente humana não existe nos estados inferiores de consciência, mas nesses também não há consciência de si próprio, do seu poder de criação. O estado humano tem a qualidade da autoconsciência, porém se encontra na dimensão temporal do ego. No nível avançado, vive-se em um estado de ser que alcança a Consciência Universal, permitindo ao homem reconhecer-se presente em tudo que existe. Esse estado somente se manifesta naquele que readquiriu a pureza, após trabalhosa descida e ascensão de autopurificação. Nele os pensamentos são objetivos e se fundem no eterno "agora".

No decorrer do caminho chega um momento em que o autoconhecimento se torna bastante razoável, mas ainda não há efetivo reconhecimento do outro. Sem perceber as negatividades externas, muitas vezes as pessoas se perdem, confusas e perturbadas. Prosseguindo com o trabalho honesto, essa percepção virá de forma clara. Em muitos casos somente uma crise com outras pessoas é capaz de trazer à tona tais aspectos até então ignorados.

Todos podem descobrir a verdade do poder da consciência e do pensamento, assumindo o compromisso de serem verdadeiros nas atividades diárias e nas reações e experiências que os deixam confusos ou perturbados. Ao sentir alguma resistência é preciso admiti-la, não passar por cima dela. Nesse exato instante, na mente pensante, existe o potencial de expressar a Consciência Universal. Não se deve, porém, almejar atingi-La diretamente, pois tal estado avançado precisa ser cultivado em um profundo trabalho de autopurificação.

❖ ❖ ❖

## PW 256 – ESPAÇO INTERIOR
## – FOCANDO O VAZIO

Deus vive nos espaços interiores e lá deve ser encontrado. A mente está cheia do seu próprio material e fazê-la calar não é fácil. Nas abordagens orientais isso é realizado normalmente mediante longa prática e disciplina de meditação que, em conjunto à solidão e à quietude exterior, podem acabar realmente gerando quietude interior. A abordagem sugerida aqui é diferente. São ensinamentos que não querem tirar ninguém do mundo, mas adaptá-lo ao mundo da melhor maneira possível, aceitando-se, entendendo-o e criando com ele de forma produtiva e construtiva. Isso precisa ser feito pelo foco interior no autoconhecimento e na compreensão da vida.

A meta primordial do homem é se tornar autônomo, o que significa se respeitar e descobrir os seus valores pessoais. Significa amar e realizar a sua tarefa espiritual na Terra, vivenciando a experiência de Deus dentro de si e à sua volta. Não há autonomia enquanto prevalecer o anseio por uma autoridade que assuma as rédeas da sua vida quando ela se torna perigosa, quando as imperfeições precisam ser compreendidas. Nesse estado ilusório, sonha-se com uma "vida perfeita", nutrindo a falsidade de que é possível evitar arcar com a responsabilidade pela tarefa e as consequências dos erros cometidos. O esvaziamento da mente, sem perder o foco interior, viabiliza a autonomia libertadora de negatividades e produtora de paz perene.

Se a mente conseguir aquietar-se o vazio será encontrado, algo que pode ser muito assustador, pois aparenta confirmar a suspeita de que o indivíduo consiste apenas do eu exterior mortal. Esta é a razão pela qual ela se faz tão ocupada e cheia de ruídos. É preciso coragem para atravessar o túnel de incertezas da grande quietude, que a princípio não tem significado, nada que indique vida ou consciência. E também se abster de expectativas, evitando a tensão provocadora de decepções e emoções negativas de medo, dúvida ou desânimo. Ir além do nada significa superar o vazio desfocado pela frouxa consciência, avançando além do vago perambular de uma mente sem sentido. O vazio focado é concentrado, flexível e presente, elevando a consciência na medida da transformação dos obstáculos interiores.

A boa intenção exterior e as boas obras requerem ressonância interior com os seus pensamentos e sentimentos, evitando uma perigosa divisão que traz desarmonia. A Verdadeira Identidade cria um ser social que não destoa do seu ambiente, tendo íntima relação com os outros, contributiva para a comunidade. Uma pessoa assim é autônoma e colaborativa, pode ser um líder forte ou um seguidor consciente, pois a sua visão é clara e a sua identidade é centrada na Realidade Divina. Nesse estado seu Eu Real se manifesta em sabedoria, entendimento e capacidade de sentir e amar com uma força insuspeitada. A chave é fortalecer a responsabilidade por si mesmo, viabilizando que o espírito e a vida penetrem na matéria, esforço fundamental do Plano Divino de Evolução.

# MÓDULO V - UNIFICAÇÃO E INTEGRAÇÃO

Uma entidade que ingressa na Terra é atraída para o seu correspondente estado de consciência. Nele o medo dos seus sentimentos interiores se torna a mais insidiosa das emoções. Somente quando o que se teme é vivenciado é que a dor correspondente pode ser sentida, tornando possível reconhecer e tomar as atitudes cabíveis contra a própria negatividade e a dos outros. A plena autoafirmação depende de aceitar o que existe e lidar com isso de frente. Ninguém é submetido ao que não pode suportar. Esse conhecimento elimina boa parte do medo, abrindo espaço para o movimento criativo.

A principal razão de temer o autoexame é a crueldade pessoal criada como defesa ao longo da sua existência. Mas nenhum problema ou falha pode originar uma perturbação profunda e persistente se houver consciência da sua forma original. Quem acredita que as suas necessidades e sentimentos reais não deveriam existir acaba os deslocando, negando e reprimindo, trazendo incertezas, medos e culpas. É preciso se mover para corrigir os seus erros com ações ativas e receptivas, invocando as Forças Divinas. Reflita sobre o que significa seguir o seu eu inferior ou nada fazer para desafiar a vontade dele. O Eu Superior de cada um assumiu a tarefa de materializar um aspecto negativo da consciência, de modo a conhecê-lo e influenciá-lo, não para ser influenciado por ele.

Existe um nível do eu inferior em que o desequilíbrio é buscado propositadamente, na tentativa de provar que nada funciona. É muito importante perceber a jogatina, confrontá-la e não o deixar assumir o controle. O desequilíbrio também ocorre pelo desconhecimento da realidade e da sua importância. Ao tomar consciência, deve-se pedir orientação ao Eu Superior para alcançar o equilíbrio e avançar para além do que se acredita estar a salvo. Sentindo-se seguro nos novos estados de consciência e abordagens da vida, será possível vivenciar todas as riquezas lá contidas. A personalidade ignorante é que força a permanência em um espaço estreito no qual não cabe mais.

Em sua imaturidade, ambos os sexos desejam vantagens sem pagar o preço. O homem quer a posição superior, mas reclama da contrapartida de cuidar de uma dependente. A mulher quer as vantagens de ser cuidada, mas reclama de perder a sua autonomia. Essa realidade era bem mais presente no passado, mas ainda prevalece para muitos. Ao não obter o que desejam, instala-se a revolta, a vitimização, mas não a percepção da causa. O fracasso dos relacionamentos deriva do retraimento e da vontade de não se arriscar à doação pessoal. Rouba-se uma parte vital do organismo, acarretando prejuízos à psique e à estrutura pessoal.

Para que as Forças Divinas possam fluir livremente pela consciência, a meditação e a oração são muito importantes. Trata-se de moldar uma massa informe de pensamentos, conceitos vagos e emoções contraditórias, impregnando-os com a verdade. A dúvida gera impaciência, não deixando tempo para a incubação ou para o crescimento subterrâneo interior e invisível. O Centro Vital é ativado pelo trabalho de revelar e transformar as imagens, as emoções e os padrões de comportamento destrutivos, reconhecidos como partes de si mesmo. Aos poucos o lado negativo e destrutivo irá se decompor e o lado positivo e construtivo se tornará cada vez mais próximo do ego-consciente, até que se transformem em um só, alcançando o maravilhoso Estado de Unidade e Completude.

◆ ◆ ◆

# PW 86 – AUTOPRESERVAÇÃO E REPRODUÇÃO COMO INSTINTOS EM CONFLITO

A verdade é sempre flexível e não conhece regras. Quando um ser humano se considera ameaçado por não ser amado, admirado e aprovado, trata-se de um perigo irreal. A distorção do instinto de autopreservação leva a alma a adotar formas inadequadas de proteção, assim como a distorção do instinto de reprodução leva a alma a bloquear o amor. E quando a pressão gerada pelo conflito interior é muito grande, é frequente a adoção da falsa solução sobreposta da serenidade através da indiferença.

A alma imatura quer satisfação e prazer sem ousar dar os passos necessários. Ao não obter o que deseja, instalam-se a revolta e a vitimização, mas não a percepção das suas causas. Se a pseudossolução for mantida, a impotência aumentará até a alma ficar de fato ameaçada pela negação e pelo afastamento do Eu Real. O fracasso resulta do retraimento das forças de expansão e de não se arriscar à doação pessoal. Rouba-se uma parte vital do organismo interior, acarretando prejuízos à psique e à estrutura da personalidade.

Tentar se colocar acima do outro jamais induz ao amor ou o torna maior, pois quem é menosprezado se ressente quando julgado inferior, por mais sutil que se dê tal menosprezo. Tampouco isso será obtido pela subserviência, visto que o impulso de poder existente no outro o fará aproveitar dessa pessoa que, inevitavelmente, irá se ressentir e se revoltar. Tal sentimento pode não aflorar externamente, mas a sua força sabotadora fatalmente rejeitará, fazendo com que o outro reaja da mesma forma, dando sequência a um círculo vicioso.

Quanto mais exigências, mais a personalidade supõe que precisa escondê-las por medo da crítica. Adquire uma dupla culpa tanto pelas demandas inadequadas, quanto por sua falsa modéstia e servidão. É necessário descobrir qual é a finalidade original da pseudossolução, qual é o efeito dela sobre si e os outros, por que não leva aos resultados desejados e qual a razão espiritual disso não poder acontecer. Para isso as emoções sentidas na infância, que permanecem no subconsciente, devem ser reconhecidas e transformadas.

O que não é assumido por vergonha frequentemente acaba substituído pelo seu oposto. Onde há orgulho, hostilidade ou superioridade, a essência pode ser a criança impotente à procura de amor e proteção, vulnerável e submissa, insegura e dependente. Se a manifestação que predomina é a autonegação, o apagamento de si mesmo ou o masoquismo, por trás pode haver egoísmo, orgulho, superioridade e exigências exageradas.

É preciso inicialmente dar permissão interior para descobrir o que realmente sente, cultivando essa intenção pela prece, meditação e revisão diária. Ressentimentos, culpas, ansiedades e outras emoções negativas devem subir à consciência. É um processo sofrido, mas é dor saudável de crescimento trazido à tona para ser desembaraçado, do contrário não haveria como interromper o sofrimento. Aprenda a acolher as emoções e sentimentos "proibidos" que fluem de você, sem usá-los como instrumentos de agressão. São eles que, quando escondidos ou negados, fomentam toda a sua negatividade.

◆ ◆ ◆

## PW 121 – DESLOCAMENTO E TRANSFERÊNCIA, SUBSTITUIÇÃO E SOBREPOSIÇÃO

Sempre que alguma confusão perturbadora se faz presente, como no envolvimento negativo de um relacionamento, é sinal que certas necessidades emocionais ou sentimentos específicos foram deslocados para outros canais ou sobrepostos por outros distintos do original. Transferir ou substituir necessidades e sentimentos é muito comum e está na raiz de inúmeros conflitos. Quando se acredita que não deveriam existir, eles acabam negados e reprimidos, produzindo medos e culpas. Ter consciência das suas reais necessidades e sentimentos é um dos pilares para uma vida plena. Nenhum problema ou falha, por mais grave que seja, pode originar uma perturbação profunda e persistente se houver consciência da sua forma original e autêntica.

Procure compreender e atender as suas necessidades reais, evitando a decepção e o sofrimento decorrente de negá-las e sobrepô-las, às vezes pelo seu oposto, ou de transferi-las para outro canal. Pode ser, por exemplo, que esteja ocorrendo um deslocamento ou transferência que dá origem a um rígido e excessivo envolvimento com o trabalho ou com determinada relação. A necessidade legítima de receber, quando negada, acaba substituída pela cobiça infantil e egoísta. E quando sobreposta por uma falsa e compulsiva doação, se torna fonte de desarmonias, ressentimentos e até induz à exploração injusta pelo outro. Também é preciso admitir, sem falsas culpas, a necessidade de certo grau de aprovação e gratificação do ego. São legítimas as demandas não exageradas de prazer e de se sentir útil. Essa consciência ainda o liberará a aceitar com alegria algumas satisfações semelhantes, não fazendo mais esperar pelo impossível.

Uma das principais razões pelas quais os sentimentos e necessidades são reprimidos é acreditar que assim eles deixarão de existir. A pessoa supõe que eliminará a dor imaginada da frustração, quando na realidade acaba produzindo um sofrimento muito mais sério e amargo. É essencial admitir serenamente a sua insatisfação, de modo a identificar as camadas de substituição e sobreposição, sentindo-as e dando real importância a elas. Na negação costuma-se criar o seu oposto em exagero, uma tentativa compulsiva de provar a sua inexistência. Insatisfação, culpa e ressentimentos, além de confusão pela impossibilidade de lidar com as emoções contraditórias, são as consequências oriundas dessas pseudossoluções.

Em um relacionamento é comum deslocar e transferir ao parceiro o que se sentia inicialmente pelos pais. Para que a atual situação negativa se esclareça, avalie a possibilidade dessa transferência. A necessidade original e legítima do prazer também pode mudar de canal, passando a ser preenchida por um anseio intenso por luxo, gula ou sexo. Apenas a consciência desse fato já alivia a intensidade e a tensão da necessidade deslocada. Na medida desse reconhecimento, o relacionamento se fará mais verdadeiro e menos sujeito aos antigos padrões. E mesmo que permaneçam alguns elementos deslocados, pode-se crescer ao manter-se atento a esses processos, pois é raro não haver outros sentimentos espontâneos e diretos que possam torná-lo compensador.

◆ ◆ ◆

## PW 129 – VITORIOSO VERSUS FRACASSADO: INTERAÇÃO COM AS FORÇAS CRIATIVAS

Cada um ressente no outro aquilo que teme e combate em si mesmo. O "vitorioso" teme os seus impulsos autênticos de afeto, tanto quanto as suas fraquezas e desejos de dependência. O "fracassado" teme as suas frustrações e tendências egoístas, pois sua pseudossolução falsa e rígida exige a aprovação dos outros, incapacitando-o a suportar críticas. O que mais ressentem um no outro é a própria tendência que ocultam, lado oposto da sua escolha sobreposta. As duas atitudes envolvem culpa e incerteza.

O "vitorioso" faz pesadas exigências que são impossíveis de realizar, destrutivas a todos os envolvidos. O "fracassado" exige recompensas pela felicidade que sacrificou para exercer a sua "bondade". São conceitos tragicamente errados, escolhas desnecessárias e ruins. É trágico porque parecem tão verdadeiros que os levam a se comportar por suas falsas crenças que acabam sancionadas em suas "vitórias" e "derrotas". Quando se sacrifica o próprio respeito para obter uma realização ou quando esta é sacrificada para conquistar respeito, ambos acabam inexoravelmente perdidos.

A tendência a fugir da realidade baseia-se não apenas no medo dos seus aspectos desagradáveis, mas também por temer a felicidade, a realização e a plenitude. Não basta querer superficialmente ou achar que o que deseja está garantido por parecer "evidente". O querer verdadeiro precisa descobrir e eliminar as oposições, limitações e dúvidas inconscientes. Onde há o medo de não viver sem o resultado desejado, indubitavelmente também se encontra o medo de alcançá-lo.

É preciso saber que a realização está no Plano da Criação, é boa e certa para todos os envolvidos e que não existe nada destrutivo ou errado nela. Alinhavar a consciência equivale ao jardineiro preparar o solo. Eliminar conceitos errados é como arrancar as ervas daninhas. Afastar bloqueios assemelha-se a retirar as pedras que atrapalham a expansão das raízes. Implantar conceitos verdadeiros é como plantar sementes, providenciar luz, umidade, nutrição e aguardar com paciência. O jardineiro apenas dá origem ao processo criativo, não é capaz de transformar a semente em árvore, em fruto ou flor, isso cabe à natureza.

Para que as Forças Universais possam fluir livremente pela consciência, a prece e a meditação são muito importantes. Significa moldar uma massa informe de pensamentos, conceitos vagos e emoções contraditórias, impregnando-os com a verdade. A dúvida gera impaciência, levando à falsa conclusão de que os resultados serão negativos. A ansiedade subtrai o espaço para a incubação e para o crescimento subterrâneo, interior e invisível. Quanto mais complicado o problema, mais arraigados são a negatividade e o conflito e mais as Forças Curadoras têm que trabalhar para alcançar o resultado desejado. Não se pode trapacear com a vida. Deus faz o que Lhe cabe, mas não a parte que é devida ao jardineiro. É da sua responsabilidade se comprometer com a vida e, acima de tudo, amar a verdade.

◆ ◆ ◆

## PW 137 – EQUILÍBRIO NO CONTROLE INTERNO E EXTERNO

No caminho humano há momentos de descoberta interior de um poder e de uma inteligência sentidos como se fosse algo externo e muito distinto de si mesmo. Essa divisão, essa parede, é uma ilusão, reconhecê-la consiste no primeiro passo para a reunificação. A separação das suas partes faz o indivíduo ignorar a existência nele mesmo de toda a sabedoria, amor e poder. Trata-se da Consciência Divina que ocupa o universo e o seu Centro Vital, sendo o objetivo inconsciente de todos a Ela se integrar. A literatura espiritual fala sobre a "queda dos anjos" como algo acontecido no tempo e no espaço, no passado, mas é um equívoco. A "queda" nada mais é do que um estado de consciência presente de estar separado do Criador, de Deus, que também é outro estado de consciência.

A inconsciência do seu Centro Vital deriva da não percepção das causas negativas postas em marcha ao longo da sua existência. Para que o Poder Divino seja percebido é necessário revelar e transformar as imagens, os conceitos errôneos e os padrões de comportamento destrutivos. Somente quando tais manifestações são contempladas e reconhecidas como partes suas, não externas, é que é possível integrá-las, sentindo-se responsável por sua "entidade interior". O lado negativo e destrutivo irá se decompor e o lado positivo e construtivo estará cada vez mais próximo do ego-consciente, até que ambos se tornem um só.

Enquanto a autorresponsabilidade sobre os efeitos negativos manifestados for ignorada, é inevitável sentir medo e agitação, pois são muitos os fatores desconhecidos. Mas só por querer enxergá-los já trará algumas melhorias, mesmo permanecendo a imperfeição. É preciso acolher e conter as negatividades com vontade e pensamentos adequados. Sempre aparecerão dificuldades e estados de espírito que exigirão mais compromisso e determinação. Quanto mais consciência dos processos interiores houver, maiores as possibilidades de integração do ego ao seu Centro Vital, esta que é a "entidade" capaz de lidar com isso.

Ter equilíbrio no controle implica doar-se de maneira livre e destemida e dar liberdade a quem ama. Não é preciso possuí-lo, ser dono, exercer rígida fiscalização ou pressão. Por não temer ou resistir a amar e a ser amado, também não se é possuído ou controlado. O Amor Verdadeiro é a maior das liberdades, não se extingue, é seguro, não envolve perigo ou conflito. Quem teme ser controlado teme amar, e quem teme não ser capaz de se controlar teme ser amado. Nessa distorção causada pelo medo, o amor é emocionalmente associado à falta de liberdade, levando ao retraimento, à indiferença e ao amortecimento dos sentimentos.

O ser humano tem muita facilidade em ceder ao negativo e ao destrutivo por não conquistar poder sobre a mecânica impulsiva dos seus instintos primitivos. O antídoto é permanentemente controlar os seus pensamentos e formular desejos para sair da negatividade. Este é o único esforço necessário, bem menor do que é preciso para suportar e romper as reações do círculo vicioso oriundas da desconexão do ego com o Centro Vital. Nas áreas bem-sucedidas da vida, em que se caminha sem tropeços, a unidade já foi estabelecida, não sendo nem mesmo necessário esforço da mente exterior. Basta mergulhar no Centro Vital para que as respostas se mostrem, a iluminação ocorra e as crises desapareçam.

◆ ◆ ◆

## PW 139 – O AMORTECIMENTO DO CENTRO VITAL E A REALIDADE INTERPRETADA

Um rumo nítido para uma vida melhor só pode existir quando a situação atual, com toda a sua carência, for compreendida. Mas o presente resulta de muitos anos de padrões profundamente arraigados que não podem mudar de uma hora para outra. Tal expectativa de instantaneidade e de recusa rancorosa em cooperar com as Leis Espirituais dá causa à insatisfação. Isso também leva a pessoa a não enxergar os seus dons, deixando de desfrutá-los e apreciá-los. As soluções surgem pelo enfrentamento daquilo que mais é temido em si mesma, via de regra a sua própria crueldade. Enquanto não puder encará-la sem reservas, em situações difíceis e desconfortáveis, não será possível a plena realização.

A criança não consegue lidar com o seu Centro Vital brando e maleável que contém as mais potentes, criativas e inteligentes das forças. Sua vulnerabilidade a faz separá-Lo da consciência como forma de proteção. Mas quando se torna adulta e o ego amadurece, essa separação transforma-se em uma desvantagem lamentável. A pessoa passa a ter a vida mutilada, deixando de fora as suas melhores e mais confiáveis características. Os aspectos cruéis do isolamento, retraimento e entorpecimento dos sentimentos, a sua negação e substituição por simulacros, são meios de desativar o Centro Vital. Busca-se inutilmente tornar invulnerável o ponto vulnerável dentro de si. Quando isso persiste, a energia se faz destrutiva e o resultado é o caos, com a vida parecendo difícil, distante e sem sentido.

Ao imaginar que o mundo está contra, é normal endurecer. Em um ambiente assim, a crueldade se torna a sua arma de defesa. Seus aspectos cruéis constituem as principais razões de toda a resistência e medo do autoexame. Para superá-los, integrando ao ego o seu Centro Vital, é necessário relacioná-los à sua crueldade não reconhecida, sondar as razões dos seus impulsos cruéis, compreendendo o que magoa e o que acredita acontecer por causa dos outros e do destino. Relate por escrito todas as vezes em que se sentir desconsiderado, rejeitado, discriminado ou quando perceber em si mesmo um certo impulso de crueldade. Após algum tempo será possível observar que alguns desses sentimentos são antecipados antes mesmo do contato contra quem se opõe.

Os elementos subliminares do Centro Vital vulnerável serão vistos assim que as suas manifestações e emoções, inicialmente inquietantes, atingirem a consciência. Ao integrá-Lo ao ego, mais atenção será entregue a tudo o que vivenciar. Isso produzirá mais e mais resultados desejáveis e satisfatórios, pois nada será feito com indiferença, tensão ou motivação dividida. Em vez de encobrir o ponto vulnerável, ele vai ser trazido à tona com vitalidade ampliada e fortalecida. Só assim é possível encontrar o caminho da realidade, da verdade e da luz, onde o mundo se revela mais confiável e belo.

◆ ◆ ◆

## PW 169 – OS PRINCÍPIOS MASCULINO E FEMININO NO PROCESSO CRIATIVO

Os dois princípios fundamentais, ativo e receptivo, estão presentes em toda criação. O ativo é deliberado e dotado de autodeterminação; o receptivo é um movimento interno pulsante e involuntário de deixar acontecer. Todo ser humano possui e expressa esse poder criativo universal determinante das circunstâncias da vida, mas quase sempre de forma inconsciente. A esfera da Terra, a consciência humana, está no estado dualista, com as funções criativas perceptíveis separadas ao meio. De forma errada a masculinidade ativa é comumente associada à força bruta e superioridade, enquanto a feminilidade receptiva à fraqueza, passividade e inferioridade.

Tanto homens quanto mulheres precisam solucionar os mesmos problemas, mas as suas interações são distintas e em nível complementar. É um grande momento quando se compreende que não foi uma sorte hostil que criou as suas obstruções e infelicidades, mas os seus atos, principalmente aqueles dos quais há pouca consciência. Na medida em que é descoberta a raiz da experiência negativa, é possível transformá-la. Quando se quer ser um parasita, sobrecarregando o parceiro com a pressão das próprias responsabilidades, o resultado é o aumento do medo da vida e da escravidão pela submissão autoimposta.

A realização saudável não é possível a menos que as pessoas se tornem homens ou mulheres por inteiro. Por isso os problemas humanos sempre envolvem primariamente a relação entre os sexos. Para haver harmonia entre um homem e uma mulher é preciso que os princípios masculino e feminino estejam equilibrados em cada um deles. Mas mesmo que isso ocorra com apenas um, a harmonia do outro e do relacionamento já será facilitada. Essa regra se aplica a qualquer relacionamento matrimonial, familiar, social ou profissional.

Em um estado evolutivo e transitório, o princípio ativo é pouco utilizado, pois seria baseado em muita negatividade, daí haver tantas pessoas paralisadas em inatividade e estagnação. Enquanto essa destrutividade reprimida não for encarada de frente, o princípio ativo acabará contido pelo temor de retaliações e de outras consequências, o que é de fato justificável. Mas somente quando houver coragem e honestidade para ver e aceitar as emoções e os desejos danosos, apenas quando isso for compreendido, será possível enxergar a superficialidade dessas defesas que impedem a criação almejada.

Nenhuma obstrução pode ser removida, nenhuma infelicidade pode ser eliminada sem o uso do princípio ativo. A pessoa precisa se mover na direção de corrigir os seus erros interiores e ao mesmo tempo invocar a sabedoria e os Poderes Superiores presentes em seu ser. O princípio receptivo deve entrar em ação após essas forças serem ativadas. Quem não pode esperar, quem quer resultados imediatos viola o aspecto feminino da criação. Assim não terá sucesso ou o terá apenas no grau em que os dois princípios puderem funcionar. É necessário encarar as suas obstruções, aceitá-las e eliminá-las para que os mais altos poderes criativos se estabeleçam, dando significância ao seu Potencial Divino de Criação.

◆ ◆ ◆

## PW 191 – EXPERIÊNCIA INTERIOR E EXTERIOR

Uma entidade que ingressa na Terra é atraída para o seu correspondente limitado estado de consciência. Pode-se viajar pelo mundo, aprender muitas coisas, passar por diversas situações diferentes e vivenciar todas as experiências possíveis debaixo do sol. Mas se faltar a experiência interior, a experiência exterior pouco ou nada acrescentará. O medo dos sentimentos interiores talvez seja a mais insidiosa de todas as emoções. Os sentimentos bloqueados amortecem a experiência, impedindo o seu pleno preenchimento. Somente vivenciando o que teme, via de regra a rejeição e a frustração dos seus desejos, é possível dominar um quinhão da vida que não precisa mais evitar.

A maioria dos seres humanos não tem consciência dos imensos poderes espirituais que se apodera quando deixa de temer a dor, os infortúnios e o medo da morte. O mal se encontra em todas as pessoas em algum grau, aceitá-lo sem se identificar com ele é o caminho para preencher as suas necessidades reais. Quando a dor é temida, um bloco de energia se ergue na psique, uma força poderosa que inevitavelmente arrasta para a experiência. É da Lei Espiritual da Atração que a ferida interior que se busca evitar fatalmente chegará do exterior muitas e muitas vezes, até que não seja mais possível postergar a sua cura. A crise retorna para que seja dada a oportunidade de superar o medo. A plena expansão do ser espiritual somente pode existir em um estado descontraído e destemido. A primeira tarefa para alcançá-lo é investigar e tomar consciência dos seus mecanismos de proteção. Ao se perguntar contra o que se protege, perceberá que é sempre de uma dor que teme sentir.

Uma atitude interior de forte negação, falsa resposta produzida pelo medo, gera raiva, irritação e violência. Mas se a pessoa desiste do medo e o experimenta plenamente, a dor desaparece, retornando à sua natureza original, como uma vibração venturosa e pacífica do rio da vida fluindo através de si. Temer vivenciar os sentimentos bloqueia a capacidade de sentir, passando a substituí-la por processos mentais. Porém não importa quão brilhantes sejam as suas formulações, uma mente apartada do sentimento sempre irá pôr em dúvida a vida e a realidade do próprio ser, criando ilusões muito difíceis de abandonar. O que era para ser apenas tristeza acaba deslocado, transformando-se em desesperança, frieza, agressividade e depressão, emoções de fato debilitantes e destrutivas.

Enquanto a experiência original e pura é negada, a ilusão perpetua um círculo vicioso. O caminho da libertação determina sentir, vivenciar e ir até o fim da dor, sem que tal reação se torne destrutiva. Quando repetidamente negada, a dor se transforma em rancor, crueldade e hostilidade, sentimentos que acabam encobertos para adequar às normas sociais. Essa pessoa fica cada vez mais afastada do que realmente sente, tornando-se distorcida e distante. Quanto menos a dor for bloqueada, tanto mais ela se transforma em prazer, na esteira do processo de unificação da dualidade, fazendo da vida uma experiência plena. Infunde-se, assim, uma profunda e íntima percepção de que a vida está sendo vivenciada da melhor maneira possível. A felicidade real jamais será alcançada por vícios substitutos das suas necessidades originais, prática desafortunada, ansiosa e inesgotável amplamente disseminada ao longo da história humana.

◆ ◆ ◆

## PW 206 – DESEJO CRIATIVO OU DESTRUTIVO

Equívocos, ilusões e fingimentos, pensamentos confusos e sentimentos não assimilados, tudo isso forma uma crosta espessa que é a parte mais difícil de penetrar na jornada interior. Todo "agora" é uma expressão de movimentos da alma resultantes de sentimentos, pensamentos e atitudes para os quais é preciso focar a atenção. Quando se tem uma sensação de abertura, bem-estar e felicidade, os movimentos interiores são uniformes e suaves, mas com uma enorme força. Ansiedade e perturbação, ao contrário, derivam de movimentos brutos e angulares da alma.

O desejo é uma condição prévia do processo criativo, senão não haveria motivação para superar as resistências que às vezes parecem incontornáveis. Mas quando é tenso e sentido como algo imprescindível, ele se transforma em uma corrente compulsiva, exigente e ameaçadora. O querer descomedido traz uma mensagem à vida de que ela é má e injusta se não o produzir. Isso acaba comprovado pelos resultados melancólicos criados, como é da Lei Espiritual da Atração. No próprio ato de dizer um "não" rígido e frágil, ao invés de um "não" saudável, uma contração impede a receptividade criativa, assim como um "sim" cobiçoso e insistente inviabiliza igualmente o processo. Por outro lado, é enorme a força da energia liberada pelo desejo descontraído.

Quando há medo da dor dos sentimentos não assimilados, é natural não querer vivenciá-los. Esse desligamento inerente impede reconhecer e combater a sua negatividade e a dos outros. A plena autoafirmação depende da aceitação do que existe, lidando com isso de frente. Se assim não for, não haverá como enxergar e reagir devidamente à falsidade, destrutividade e aos joguinhos dos outros. A verdadeira compreensão jamais implica em fraqueza e submissão. O entendimento de que ninguém é submetido ao que não pode suportar elimina boa parte do medo, abrindo espaço para o movimento criativo.

A manifestação ostensiva contra o outro também deve ser desestimulada, não precisa acontecer, o que não significa que o outro esteja certo. A humanidade está tão impregnada de negação, projeção e atribuição de culpa, que às vezes parece uma façanha irrealizável simplesmente admitir a raiva sem precisar manifestá-la estupidamente ao rival. Isso requer compromisso com a verdade, prece interior e boa vontade para permitir que Deus indique as ações e proporcione as condições para isso. A verdade é um presente do Eu Interior, de Deus que está em cada um, é preciso estar receptivo para vivenciá-la.

Abrir o coração para conhecer o bem e o mal em si e no outro, desejando vê-los como de fato são, é o que torna possível a experiência de união. As negatividades irão interagir sem precisar agir, assim como a beleza e a bondade permitirão transcender a raiva. Quando se culpa o outro jamais se está com toda a razão. Ele de fato pode possuir os aspectos negativos e fazer tudo aquilo, porém esta não é a verdade completa. Sintonizar-se com as correntes de desejo da alma, enxergá-las, sejam boas ou más, é pré-requisito para viabilizar os novos estados de consciência que permitem proporcionar a criação saudável.

◆ ◆ ◆

# PW 222 – A TRANSFORMAÇÃO DO EU INFERIOR

Normalmente decorrem-se anos antes que os primeiros passos de uma efetiva transformação possam ser dados. Somente após reconhecer e lidar com os níveis mais profundos do eu inferior é possível modificar de fato alguns dos aspectos negativos dele, tarefa que é devida ao seu Eu Superior. Essa fase é sempre precedida por um duro e doloroso trabalho de atravessar as defesas, ver e aceitar as negatividades com realismo e espírito construtivo. Quando se admite o melhor e o pior em si mesmo, sem perder a perspectiva, também se percebe os outros com o mesmo realismo.

A separação e os disfarces são eliminados parcialmente a duras penas, começando pelo compartilhar das suas mágoas, alegrias, dúvidas e dores. Passa-se, assim, a não estar mais solitário, mas em comunhão com o outro, dividindo o fardo da culpa e os prazeres do amor e da verdade. Ao superar as dificuldades sem ceder à linha de menor resistência, as alegrias e a consciência do sentido da vida e da tarefa são aumentadas em proporção.

Contentamento e segurança começam a ser sentidos e percebe-se o alto preço pago por persistir no negativismo. A mente racional sabe que não é lógico prender-se a uma intenção negativa, no entanto permanece uma teimosia sem sentido que continua no controle de maneira quase incompreensível. De modo intrigante muitas pessoas não querem abandonar os aspectos que causam a sua própria detenção, preferindo optar pela astúcia ardilosa em detrimento da sabedoria.

Quando os demônios são apenas expulsos a transformação não é executada, pois o que os motiva continua existindo. Se alguém se descobre egoísta, mas acredita que é algo que não lhe pertence e que deve ser escondido ou eliminado, inviabiliza aproximar e ir além de onde se encontra detido. Para que o conflito possa ser pacificado é igualmente importante perceber a presença de um egoísmo saudável que deseja incluir amor e generosidade à sua vida, não ódio e vingança.

Mesmo a verdade de uma Lei Espiritual se transforma numa afirmação superficial quando não percebida de um ângulo independente, com autoconfrontação e busca. Tantas vezes prevalece apenas uma aceitação cômoda, de fachada, com o intuito de evitar o esforço e os riscos do autoconhecimento. É por isso que muitas religiões perdem o poder da verdade. Esse comodismo precisa ser evitado pela continuidade dinâmica do trabalho de crescimento pessoal. Não há necessidade de temer o fim, até porque não há um fim.

A humanidade encontra-se em um estágio que permite reconhecer a destrutividade e a dor causadas pelo medo, mas permanece um orgulho e uma obstinação que não deixam que Deus assuma o comando. Desconfiam dessa entrega mesmo os que já sentiram o contentamento que ela proporciona. É preciso refletir sobre o que significa se alinhar ao seu eu inferior e nada fazer para desafiar a vontade dele, sempre há a opção deliberada de escolher ter o controle da sua negatividade. O Eu Superior de cada um assumiu uma tarefa e a trouxe, tendo sido necessário materializar um aspecto negativo da consciência para conhecê-lo e influenciá-lo, não para ser influenciado por ele.

◆ ◆ ◆

## PW 228 – EQUILÍBRIO

Equilíbrio é o que mantém o universo intacto. Se não houvesse nenhuma consciência e leis equilibradoras, tudo se desintegraria. Todas as Leis Naturais conhecidas e desconhecidas são leis de equilíbrio. A matemática contém a chave desse conhecimento, mas muito além do que se conhece, apenas poucos seres humanos iluminados perceberam a sua relação com a criação. A grandeza das Leis Divinas é que a desintegração é apenas um passo em direção à integração. Tudo leva ao equilíbrio, fonte de ordem, harmonia, amor e inteligência.

A autopurificação permite alcançar o equilíbrio interior através de um árduo caminho de desconstrução e reconstrução. É um processo de descoberta do balanço das expressões, sua ênfase e modos, quando ser ativo, quando permanecer firme na aglutinação de forças, e quando ser receptivo. Por tentativa e erro aprende-se a encontrar o equilíbrio, expressando-se, afirmando-se e cedendo de forma harmônica e natural. O equilíbrio não pode ser imposto, assim como não se impõe o amor, mas é preciso se dispor e se imbuir dessa vontade. Trata-se de uma das manifestações resultantes do esforço do aperfeiçoamento pessoal e da sinceridade consigo mesmo, sendo necessário girar a chave interior para liberar o atributo.

Muitos atingidos por infortúnios ocasionais no nível exterior da existência se rebelam contra a desarmonia e o desequilíbrio criados. Sua tendência é lutar contra as ocorrências desordenadas causadas por fatores ainda desconhecidos para a sua mente consciente. Aí reside uma oportunidade para que não se fixem apenas na batalha e na insistência exteriores, voltando-se também para a ordem e o equilíbrio interiores. É preciso admitir essa possibilidade, ter fé e confiança de que ela se manifestará. Não é possível ser verdadeiramente proativo se não houver um estado mental harmonioso, receptivo e tranquilo. A atividade só é tensa, cansativa e estressante quando não contém o princípio receptivo.

Existe um nível do eu inferior em que o desequilíbrio é buscado propositadamente para provar que não funciona, que nada funciona. A negatividade argumenta que tudo que se faz é errado, que a vida não presta e que a toalha deva ser jogada. É muito importante ter consciência disso, perceber a jogatina, confrontá-la e não deixar que essa tendência assuma o controle. Em outro nível de ignorância, o desequilíbrio se deve ao desconhecimento da realidade e da sua importância. É tomando consciência que se vence o medo de escolher abrir o coração e a mente, pedindo orientação ao Eu Superior para alcançar o equilíbrio. Isso não acontece apenas por uma decisão intelectual, mas é necessário formular pensamentos que expressem essa vontade.

Acredite ser capaz de dar um tanto de si mesmo e depois parar. Aceite a possibilidade de se valer de uma força interior que sabe quando e quanto. É preciso cultivar na consciência e nos processos mentais o conceito de equilíbrio, da manifestação saudável do agir e do esperar aparentemente opostos. À medida que esta compreensão amadurecer, o eu inferior não vai mais poder continuar com o jogo dele, porque haverá confiança na sua própria capacidade de ser um adversário à altura.

◆ ◆ ◆

## PW 229 – A MULHER E O HOMEM NA NOVA ERA

O domínio físico do homem e a desconfiança entre os sexos se manifestavam abertamente nas fases iniciais da humanidade. Esses traços podem ser eclipsados por uma visão mais realista e madura, mas permanecem em um canto oculto da psique, precisando ser trazidos à tona para serem realmente transformados. Na medida em que o homem não encara nem aceita os seus sentimentos de inferioridade e fraqueza, assume uma postura de arrogância e superioridade sobre os mais dependentes. E quanto mais teme os mais fortes, maior o seu impulso de subjugar as pessoas mais fracas, um traço humano comum de compensação. A mulher se colocava, e muitas ainda se colocam, na posição de vítima, manifestando a negação por si mesma para que cuidassem dela. Queria uma autoridade para tomar decisões e assumir responsabilidades dela, usufruindo o falso conforto da pessoa subjugada.

A verdade é que a mulher possui as mesmas faculdades do homem de inteligência, engenho, criatividade, força psíquica e autoexpressão produtiva. Na medida da sua imaturidade, ambos os sexos desejam vantagens sem querer pagar o preço. O homem quer a posição superior, mas reclama da contrapartida de cuidar de uma parasita. A mulher quer as vantagens de ser cuidada, mas reclama por perder a sua autonomia. Em um nível mais profundo, o homem também possui aspectos que o fazem fugir da responsabilidade da idade adulta. Por invejar a mulher, que durante tanto tempo foi socialmente aprovada por agir assim, ele passa a compensar, exagerando no jogo de poder. A mulher, por sua vez, tem uma parte oculta que deseja e manifesta a agressão, o poder e a força que observa e inveja no homem.

Na Nova Era o relacionamento entre os sexos é verdadeiramente igualitário e não há uma sensação de estar sendo ameaçado. O homem admite as suas fraquezas, as enfrenta e com isso ganha força real. Percebe que isso deriva de culpa e autorrejeição pela negação da sua própria integridade. E a mulher não é mais escrava do homem nem compete com ele. Ela pode amar e o seu amor intensifica a sua autoexpressão criativa. Ambos os princípios masculino e feminino precisam estar representados na pessoa saudável, expressos de forma distinta entre os sexos, porém sem diferenças qualitativas. Quando alguém se acha superior passa a ter menos respeito pelos outros, e quando se acha inferior é inevitável que se ressinta, tema e inveje. Porém quase sempre é necessário garantir um mínimo de autonomia e independência profissional antes que os problemas de relacionamento possam ser de fato resolvidos.

Mas de nada adianta postular essas ideias sem enxergar em quê e como ocorrem os desvios delas. Este é o único meio de proteção do desequilíbrio, da desarmonia interior e de suas nefastas criações exteriores. Nada pode ser consertado, unificado, nenhuma verdade pode ser alcançada sem amor, assim como não se pode obter amor sem verdade. Num cantinho afastado do coração dos homens e das mulheres ainda prevalecem o ódio e o medo, o ressentimento e a desconfiança. A intenção de perpetuar e esconder tal fato impede a transformação. Na medida em que isso ocorre, tanto o homem quanto a mulher deixam de ser donos de si mesmos, não sendo assim possível que usufruam de relacionamentos plenamente saudáveis.

◆ ◆ ◆

# PW 241 – A DINÂMICA DO MOVIMENTO E A RESISTÊNCIA À SUA NATUREZA

A expansão do estreito espaço em que muitos se contentam estar é o que permite a realização do seu Potencial Divino. Para escapar da estagnação e do desperdício de uma vida que poderia ser muito criativa, é necessário coragem para avançar além do que se acredita estar a salvo. Na medida da intimidade com este novo ambiente, a segurança em se autoexpressar irá abranger uma esfera maior. Entende-se mais, vê-se mais e passa-se a habitar uma porção maior do espaço disponível no universo. Ao se sentir seguro nos novos estados de consciência e abordagens na vida, será possível perceber as riquezas que estão ali contidas. A personalidade ignorante é que força a permanência em um espaço estreito onde já não cabe mais.

Como o movimento na vida humana significa uma passagem de tempo, ele também induz à ideia de que tal estado leva para mais perto do seu fim. Cria-se, assim, uma imagem irracional de que a resistência pode deter o tempo e impedir a morte. Ao não experimentar o movimento libertador por medo da morte, adentra-se em um círculo vicioso que reprime as novas experiências. Quem vive uma vida plena não teme a morte, mas se esforça para se aprimorar e se desenvolver na vida, nutrindo e sendo nutrido por ela.

Todo movimento implica na necessidade de deixar algo para trás. A luta desesperada em busca de um novo lugar é uma procura impossível quando a pessoa se agarra rigidamente ao que já foi, insistindo em não abrir mão do que lhe é familiar. A tentativa de segurar o tempo, suas posses e sentimentos restringe o movimento pelo qual anseia, gerando impaciência com as velhas estruturas, reclamações e transferências de responsabilidade.

Sob muitos aspectos a pessoa pode ser amorosa e generosa, mas as suas partes não reconhecidas, avarentas, imóveis e contidas, acabam projetadas. Isso faz com que toda a vida pareça pertencer a este mesmo gênero e, portanto, também seja temida. Num mundo desses não é possível se movimentar com confiança e lançar-se ao novo. A negação do movimento adequado gera uma busca compulsiva pela saída, manifestada na incapacidade de estar totalmente presente, de ir até o fim e de ser perseverante. Essa pessoa pode começar muitas coisas sem jamais terminá-las nem ser capaz de se estabilizar emocionalmente.

A princípio o movimento pode criar uma turbulência temporária, resultado do enorme acúmulo negativo de energias que antes não eram movimentadas. No entanto, mais cedo ou mais tarde tudo se encaixará em uma nova ordem harmônica, pacífica, alegre e rica até então inimaginável. Para se soltar nesse movimento é preciso reivindicá-lo a si mesmo, meditando e o sentindo de maneira muito ativa. A intenção de deixar algo para trás, na busca por alcançar um estado melhor, não se confunde com ganância ou impaciência. É, ao contrário, um profundo conhecimento interior da Natureza Infinita da Vida, que é de direito e do destino de todos os seres.

# MÓDULO VI - A VERDADE DIVINA

Ninguém pode dar o que não possui e poucos seres humanos possuem a si mesmos, pois não se conhecem o suficiente, perdendo facilmente a sua sustentação. As mudanças pela purificação podem acontecer somente encarando-se como realmente se é. Enquanto desejar a própria felicidade não como um elo dessa corrente, é o ego que estará no centro, inviabilizando encorajar os outros, dar amor, carinho e consolo verdadeiros. É preciso ser capaz de controlar-se, o que não acontece quando o cuidado recorrente com o desenvolvimento espiritual é omitido. O propósito neste trabalho é dominar-se, sem se deixar ser dominado pelos estados de ânimo que impedem o contato com Deus.

Jesus passou pelo sofrimento sem esconder a Sua dor, o Seu medo e a Sua vulnerabilidade. Essa faculdade infantil é o que permite a experiência da verdadeira alegria. A forma saudável de encarar o sofrimento talvez seja o segredo mais importante da vida, cujo resultado é a felicidade. É preciso enfrentá-lo sem reservas, disposto a aprender, mantendo as faculdades mentais intactas, mesmo que emocionalmente possa estar mergulhado em escuridão. Trata-se de aceitar o valor terapêutico do indesejado momento, trabalhando as suas causas ocultas com a convicção de que o problema foi gerado por si mesmo, por seu estado dualista prevalecente.

Neste caminho pouco se usa a palavra pecado, pois ela traz uma conotação religiosa que estimula a culpa autodestrutiva e improdutiva. A verdadeira religião - a Espiritualidade Autêntica - objetiva libertar o homem, torná-lo forte e autorresponsável. Se não houver consciência das suas necessidades originais não atendidas, substituídas por outras sem sentido, não será possível preencher o vazio. Quanto mais a realidade é percebida em si mesmo, mais aguçada se torna a percepção do outro, evitando o julgamento hostil e a negação da realidade. A verdade deve prevalecer pela compreensão, perdão e correção das ilusões.

O homem não gosta do presente, esperando algo melhor no futuro; e ainda teme determinados aspectos da vida, querendo torná-los parte do passado. Se investigasse as razões da sua insatisfação, seria capaz de viver o "agora" de maneira plena e significativa, obtendo todas as muitas alegrias de cada momento que não consegue compreender. Ao se perceber em transferência, é preciso aquietar-se e se perguntar o que aconteceria se assumisse a sua parte. É assim que se chega ao Vazio Criativo onde precisa adentrar e confiar, deixando-se estar Nele para vivenciar o seu Eu Real.

O objetivo deste caminho é efetuar o desenvolvimento pessoal até o máximo potencial do indivíduo em todos os níveis, pela ampliação sem precedentes da sua consciência. Os pensamentos devem ser recorrentemente esvaziados, algumas crenças reinstauradas e outras descartadas. As emoções necessitam ser ancoradas em pensamentos que sustentem a aceitação dos sentimentos, para que possam ser expressas sem danos a si mesmo e aos outros. Então será possível mudar com toda a inteligência, maturidade e ajuda espiritual. Essa renovação expande a felicidade e a realização pessoal, cuja meta final é tornar-se um indivíduo a serviço da Causa Maior de Deus.

◆ ◆ ◆

## PW 5 – FELICIDADE PESSOAL E O BEM-ESTAR COLETIVO

Os Espíritos de Deus tentam ajudar as pessoas a ultrapassarem as suas dificuldades, mas não podem obrigá-las. Dificilmente os ajudantes espirituais são percebidos, não se presta atenção e não há fé que os problemas cotidianos serão afetados ao pedir ajuda. Fecha-se a porta, vira-se para a direção errada e caminha-se para longe do foco. Se as pessoas se aproximassem de Deus e de Suas Leis, sua independência iria aumentar. São Leis nascidas da sabedoria e do amor, a revolta contra elas resulta invariavelmente em prisão interior. Mas Deus faz uso da imperfeição como caminho para a perfeição. A Justiça Divina se alavanca nas injustiças resultantes do livre-arbítrio do homem. Sempre que os objetivos humanos são egoístas, conscientes ou não, o clímax do que se obtém é superficial e se dispersa rapidamente.

Se o desejo de ser feliz for apenas de fachada ele jamais irá prevalecer de verdade. O pensamento sobre a felicidade deve ser profundo, criando raízes na alma e assumindo uma forma espiritual para penetrar completamente nas emoções. E deve conter o princípio da sua Origem Divina e da necessidade de partilha com o outro, mesmo que seja necessário sacrificar algum desejo pessoal. As Leis Espirituais passam a ter um efeito benéfico quando a própria felicidade deixa de ser o único objetivo. Ela precisa ser obtida e transmitida para manter o fluxo vivo sem se deteriorar. Enquanto a felicidade não for buscada como mais um elo dessa corrente coletiva, é o ego que estará no controle. Assim não haverá como encorajar os outros, dar amor, carinho e consolo verdadeiros. Deve-se primeiro cuidar das suas feridas de mágoas internas para ser um ajudante eficiente, o que não significa ser perfeito. Não é possível dar o que não possui e são poucos os que possuem a si mesmos, porque não se conhecem o suficiente, perdendo facilmente sua sustentação.

Os seres humanos são em grande parte escravos dos seus erros e emoções mais baixas. As mudanças e a purificação podem acontecer apenas encarando-se como realmente se é. Enquanto houver vergonha das imperfeições, não haverá liberdade. A harmonia deve ser construída sem depender de coisas que não se pode controlar. É preciso pensar na compulsão de trazer o ego para o centro das atenções, em como a vaidade faz desviar do Caminho Espiritual. A mudança só ocorre penetrando no centro do inconsciente. Encobrir reações emocionais empurrando-as de volta para lá ou explicá-las com uma visão superficialmente intelectualizada consistem apenas de subterfúgios para evitar se conhecer. A busca da sua essência leva ao reencontro com Deus, verdadeiro significado da palavra religião. Quanto mais consciência houver desse desejo, mais harmônicas se moverão as correntes da alma. A libertação é encontrada na trilha do autoconhecimento, cada um receberá a parte que está apto a absorver, conforme o seu desenvolvimento. É assim que a verdade se manifesta e as decisões refletidas passam a ser livres de emoções cegas, para finalmente representarem, no livre-arbítrio do homem, a própria Vontade de Deus.

◆ ◆ ◆

## PW 9 – PRECE E MEDITAÇÃO: A PRECE DO SENHOR

A prece é o prelúdio da meditação, focada na disciplina e na concentração dos pensamentos. Pela prece também se atinge a grandeza, se construída com o coração e o desejo de atingir a verdade. Mas quando o excesso de disciplina transforma a prece em apenas uma tarefa, é a meditação que abre os rincões mais profundos da alma. A meditação é a prece que incorpora os sentimentos e as forças da alma sem perder o foco. A princípio é difícil se concentrar, os pensamentos divagam, algo terreno se intromete. É importante não se perturbar e retomar o fio tranquilamente, com o tempo haverá continuidade e concentração. A prece é formada na cabeça, a meditação no plexo solar, centro espiritual onde tudo fica marcado. É preciso ir além dos pensamentos, liberando os sentimentos para contatar Deus, dominando o eu e os obstáculos terrenos.

O que quer que exista sem ser reconhecido no inconsciente é um bloqueio. Ali, onde se sente a resistência, há uma violação não reconhecida das Leis Espirituais que mantém a alma doente. O autoconhecimento e a eliminação dessas obstruções são o remédio. Isso deve ser feito com orientação e aconselhamento externo e não ocorre instantaneamente. Cada pessoa necessita encontrar o seu recanto interior que tem ressonância com a Corrente Divina. É fundamental buscar se controlar, o que não é possível quando o cuidado sistemático com o desenvolvimento espiritual é omitido. O propósito deste trabalho é dominar-se, não ser dominado pelos estados de ânimo que impedem entrar em contato com Deus. Nesse sentido, a oração do Pai Nosso, postada adiante, é de grande valia, mas precisa ser uma prece viva, com a sua interpretação podendo ser tratada em meditação:

> *"Pai nosso que estais no Céu, santificado seja o Vosso nome, venha a nós o Vosso reino, seja feita a Vossa vontade, assim na Terra como no Céu. O pão nosso de cada dia nos dái hoje, perdoai as nossas ofensas, assim como nós perdoamos a quem nos tem ofendido. E não nos deixeis cair em tentação, mas livrai-nos do mal, amém!"*

Para que o Pai seja nosso é preciso considerar-se Filho de Deus e irmão de todos, incluindo aqueles que nos provocam sentimentos desagradáveis. O Eu Superior é eterno, imortal e de Origem Divina. O eu inferior é perecível, produto de ilusões e mentiras. Quem é capaz de identificá-los e distingui-los em si mesmo está pronto para amar o próximo. O Reino de Deus na Terra é o Céu dentro de cada um, honrado pelo conhecimento e pela aplicação das Leis Espirituais. A Vontade de Deus é que as pessoas se encarem honestamente, ao invés de transferir responsabilidades ou negar o que lhes provocam mal-estar. O homem evita encarar as suas culpas reais por orgulho e preguiça em efetuar a árdua mudança interior. É necessário pedir ajuda, pois não se trata apenas da sua força de vontade. Ambas são necessárias, assim como perceber as tentações que levam a repetir os erros. Nenhum espírito do mal causa danos a quem não os atrair com as próprias falhas. A prece e a meditação devem trazê-las à consciência, retirando-as da surdina para serem corrigidas com ajuda espiritual. Somente o Poder de Deus, solicitado e compreendido, ilumina a verdade, impulsiona o amor e traz felicidade.

◆ ◆ ◆

## PW 19 – JESUS CRISTO

Cristo é a primeira criação de Deus, o espírito mais elevado, mas não é Deus, embora seja da mesma substância, amor e sabedoria do Pai. Todos têm algo dessa Fonte, seu Eu Superior ou Chama Divina revelada através do desenvolvimento espiritual. Jesus, o homem, foi a única encarnação de Cristo por um motivo muito especial. Na esfera terrena e nos mundos espirituais, a Luz de Cristo tem se espalhado. Quando os seres que vivem no mundo da escuridão A veem, os que estão prontos acolhem com alegria, dispostos a segui-La, enquanto outros se encolhem, sentindo extrema dor. Todo ser humano que consegue trazer para fora a sua Luz Interior, por ser da mesma fonte, fica protegido das criaturas da escuridão, seja por lhes mudar o comportamento, seja pela repulsa que lhes causa.

O objetivo principal da vinda de Cristo não era espalhar ensinamentos, por mais verdadeiros e belos, eles podem ser encontrados em outras fontes. Também não foi apenas para mostrar a necessidade de permanecer fiel a Deus na adversidade, crucificando toda a vaidade e obstinação pessoal do ego. Sua tarefa principal consistiu em cumprir o Plano de Salvação para que todos, até a última das criaturas caídas, pudessem reencontrar o Caminho da Luz. Deus poderia ter feito qualquer coisa para impedir que Jesus Cristo viesse à Terra sofrer. Mas com isso muitos ficariam permanentemente separados na escuridão. Deus não violou Suas Leis Espirituais nem interferiu no livre-arbítrio do homem Jesus, que assim pôde provar ser possível ao ser humano escolher por Deus, mesmo sob as maiores tentações.

É possível atingir o desenvolvimento espiritual e conhecer a Verdade Absoluta através de qualquer uma das grandes religiões, inclusive as não cristãs. Todas contêm verdades suficientes para satisfazer o espírito puro, o Eu Superior, que é muito exigente. A religião precisa apenas ensinar a fazer o que realmente importa - o autoconhecimento e a autopurificação - em absoluta honestidade consigo mesmo. Nesse momento não é necessário reconhecer Jesus Cristo para alcançar Deus. Mas Cristo é o Seu mais forte ajudante e, em um estágio avançado, não será possível atingi-Lo sem reconhecer Cristo. Isso é parte da autopurificação, quer aconteça nesta vida, quer depois dela. Seu feito permitiu a todos que ainda não estiverem prontos uma nova chance de iluminação.

Jesus, ao dizer *"meu Deus, por que me abandonaste?"*, mostrou que, como homem, não conhecia todas as implicações da Sua tarefa. Ele tinha que passar pela escuridão, por terríveis provações, sem saber de tudo. Teria sido mais fácil se Ele conhecesse o quadro todo de antemão, porém o elemento de livre-arbítrio não seria correspondido. Ele precisava provar a Sua confiança completa no amor e na Vida Eterna promovida por Deus. Com isso não apenas deu um exemplo aos outros, mas também o elemento mais importante da tarefa, que foi a possibilidade de salvação da humanidade. Se há injustiça, é preciso ir além da mágoa, sem ressentimentos, o que é um maravilhoso remédio para a alma. Deus não abandona, ninguém está sozinho. Este é um túnel pelo qual é preciso passar. Nenhum ser espiritual jamais poderá unir-se a Deus se não for por livre escolha.

◆ ◆ ◆

## PW 82 – A SUPERAÇÃO DA DUALIDADE PELA VIDA E MORTE DE JESUS

Uma pessoa que evita enfrentar a morte e o sofrimento também se afasta da vida e do prazer. Quando Jesus disse *"sejam como as criancinhas"*, um dos significados é que as crianças vivem e sentem de forma muito aguçada as experiências da vida, o que evita o entorpecimento da alma, simbolizando a disposição de viver integralmente as experiências. Jesus passou pelo sofrimento sem esconder a Sua dor, o Seu medo e a Sua vulnerabilidade. Essa faculdade infantil é que permite experimentar a verdadeira alegria. A forma saudável de encarar o sofrimento talvez seja o mais importante segredo da vida, cujo resultado é a felicidade. É preciso vivenciá-lo sem reservas, disposto a aprender, mantendo as faculdades mentais intactas, ainda que emocionalmente possa estar mergulhado em escuridão. Trata-se de aceitar o valor terapêutico e trabalhar as causas ocultas do momento, com a convicção de que ele foi gerado pelo estado dualista existente em si mesmo.

A alma de quem finge uma serenidade artificial não se desenvolve como em quem tem a coragem de se mostrar na vida. A passagem por altos e baixos realmente é um indicativo de uma pessoa ainda muito envolvida com a ilusão da dualidade. Mas isso é algo honesto e produz crescimento, deixando de existir quando a lição for finalmente reconhecida. Manter uma atitude cega e ignorante diante do sofrimento apenas acrescenta mais dor desnecessária por mais tempo. Só é possível crescer encarando as perturbações das reações diárias aparentemente insignificantes. Todos os pequenos conflitos derivam da dualidade amor versus medo, vida versus morte. Ao escolher o que não quer, pelo medo de não obter, cria-se o autoengano que entorpece a alma. É preciso vivenciar o sofrimento real com o intelecto saudável, sem impor à força as emoções que tentam negá-lo.

Qualquer um que cobice a imortalidade, seja um artista, cientista, escritor ou político, pouco importa, traz a mesma essência do religioso que se agarra à fé por medo da morte. O ateu também deseja a imortalidade, mas teme tanto o seu fim que não se arrisca à decepção de poder estar enganado através da fé. Todos eles são incapazes de dizer com sinceridade que não têm certeza e que precisam aceitar o desconhecido. O desejo de morrer, por outro lado, expressa um cansaço com a vida, resultado da dificuldade de enfrentar as perdas. Em todas as situações prevalece o apego que mantém a alma aprisionada. Se a pessoa for honesta, perceberá quando as suas crenças resultam de fraqueza pessoal ou quando resultam da Verdade Maior. São as suas motivações que fornecerão a resposta. Quem é sincero consigo mesmo, no seu mais alto grau, não se decepciona. Adquirir essa honestidade pessoal é uma missão desse caminho.

## PW 88 – RELIGIÃO: VERDADE E FALSIDADE

A verdadeira religião não ordena, ela liberta. É um processo livre, autodeterminado, decorrente do entendimento. Ensina a pessoa a agir com base em sua plena convicção, não por medo ou por desejo de agradar e aplacar um ser ou uma autoridade mais poderosa. A religião não precisa transmitir a ideia de uma autoridade divina grave e severa para prevenir crimes. No estágio atual da humanidade, isso pode ser feito pela sua própria legislação.

A falsa religião incentiva tendências da qual tira proveito. Institui regras e dogmas, transformando Leis Espirituais em conceitos rígidos, em busca de submeter os seus seguidores à autoridade religiosa. Fomenta o medo e a impotência, com uma tendência sutil à humilhação e à subserviência. Para a criança interior parece muito melhor continuar impotente, forçando o mundo adulto, Deus ou os substitutos deles a assumir responsabilidades que são da própria pessoa Mas delegar o que é devido apenas a si mesmo viola a Lei Espiritual da Autorresponsabilidade, reforçando uma sensação profunda de desamparo e abandono.

Parte da tarefa de autoconhecimento é averiguar se existe, no fundo da sua alma, preceitos emprestados de uma falsa religião que servem de esconderijo e de desculpa para tendências infantis de recusa a crescer. A verdadeira religião, a Espiritualidade Autêntica, objetiva libertar o homem, torná-lo forte e responsável por si mesmo. Ensina-o a ser justo e a não esperar que a justiça lhe seja entregue de bandeja. A falsa religião é mais prejudicial do que o total ateísmo e materialismo, pois deturpa a verdade e a autenticidade da Divindade, dando argumentos verdadeiros aos antirreligiosos.

A observação das suas emoções negativas permite descobrir onde há medo da autonomia e o porquê da insistência na infância emocional, sentimentos reforçados pela falsa religião. A ampliação da consciência faz com que a pessoa deixe de exigir de Deus ou de Seus substitutos o que é devido a ela, proporcionando respeito próprio e autoconfiança. A humildade não vem por submissão, humilhação ou obediência cega, mas pelo livre reconhecimento da Glória de Deus. Sua ajuda não deve ser solicitada para substituir a tarefa a ela cabida, mas pelo seu reconhecimento como parte integrante e contributiva do universo, com conhecimento e fidelidade às Leis de Deus.

As igrejas que sustentam uma falsa religião em algum momento chegarão ao fim. Quanto mais pessoas seguirem o caminho do autoconhecimento e da autopurificação, menos precisarão da autoridade religiosa. A lei humana bastará para proteger a sociedade dos elementos indomados e destrutivos. A Verdade de Deus somente pode operar em almas livres. As Forças Divinas estão em cada um, basta mobilizá-Las, ao invés de esperar que venham de fora. É preciso abandonar as atitudes prejudiciais e destrutivas, outra tarefa individual a realizar. O verdadeiro conceito de Deus se manifesta quando não é mais preciso usar a Graça Divina como um oponente da sua fraqueza e impotência.

◆ ◆ ◆

## PW 102 – OS SETE PECADOS CAPITAIS

Pecado é a manifestação de pensamentos, sentimentos ou atos por imaturidade e desvios psicológicos que incapacitam os relacionamentos, a comunicação e o amor. Objetivando reprimir a prática de atos destrutivos às sociedades da época, os ensinamentos religiosos pouco focavam nas causas, concentrando-se nos seus efeitos e incentivando o seu combate pelo medo de represálias de Deus. Por isso essa palavra é pouco utilizada no Pathwork®, o que não significa em nenhuma hipótese a negação da existência do mal, impeditivo à identificação e correção do cerne do problema. Vale ressaltar que o pecado tem consequências mesmo quando não materializado em atos, embora naturalmente estes devam ser evitados.

Os sete pecados capitais comentados adiante, conforme elencados pela igreja católica, são a soberba, a avareza, a luxúria, a ira, a gula, a inveja e a preguiça. Eles podem contradizer uns aos outros, mas ainda assim existirem simultaneamente. É por isso que uma pessoa madura considera o outro como um todo, não o tomando por apenas um aspecto dele. Tudo que é prejudicial, como tudo de saudável que falta na vida, ocorre por um conflito interior, por temor do que deseja ou por desejar o oposto da satisfação. Em todos os casos é preciso primeiro se aceitar como é, afastando-se de culpas destrutivas, condição para desbloquear as causas que levam ao mal. E também ter consciência das suas verdadeiras necessidades, sem o que não é possível tomar providências para satisfazê-las.

**Soberba:** Orgulho que tenta compensar sentimentos de inferioridade e inadequação, mascarando a baixa-estima sem resolvê-la, resultando sempre em separatividade.

**Avareza:** Atitude ignorante e egoísta de acreditar que a posse trará felicidade, trazendo consigo o medo de não ser capaz de prover as próprias necessidades.

**Luxúria:** Propensão à sensualidade exagerada, à lascívia sexual, mas não apenas a ela, se fazendo presente onde a necessidade de receber é voraz e unilateral, por temer ter sua vontade frustrada ou ter que renunciar a ela.

**Ira:** A dor é substituída pela raiva extrema por esta parecer menos vergonhosa, sendo a mágoa e a tristeza os sentimentos originais que, se fossem assumidos, permitiriam combater a sua causa sem o descontrole emocional.

**Gula:** Compelida pelo vazio interior, origina-se de desejos reais insatisfeitos que buscam vazão em outros canais, sendo realmente necessário preencher a si mesmo, mas não por compulsão alimentar ou por vícios substitutos.

**Inveja:** Sua causa é semelhante à avareza, mas se manifesta em relação ao outro, denotando uma mentalidade dualista ("ou/ou") que desconhece a abundância do universo e a Origem Divina de todos os seres.

**Preguiça:** É a indiferença, a apatia e o retraimento diante da vida, optando pela linha de menor resistência até que as circunstâncias se tornem insuportáveis.

◆ ◆ ◆

## PW 112 – A RELAÇÃO DO HOMEM COM O TEMPO

A existência do homem nesta dimensão está presa ao tempo. O tempo é um produto da mente, sem a mente ele não existe. Quando se atinge um grau maior de consciência, tempo, espaço e movimento se unificam até se tornarem um só. Há muitos tempos estendidos em esferas superiores do ser, antes que seja possível atingir o estado totalmente atemporal. Esse fragmento limitante dado ao homem, chamado tempo, foi colocado à sua disposição para que ele possa experimentar, viver e atingir a felicidade e a liberação até certo grau. Quando as oportunidades de crescimento são usadas para ir à raiz dos problemas, sendo estes profundamente reconhecidos e purificados, o homem vai se unindo ao tempo. Passa a viver o "agora" em alegria e confiança quase permanentes, evoluindo organicamente para outra dimensão menos afetada pelo tempo.

As pessoas em geral não gostam do presente e esperam algo melhor do futuro. Também temem determinados aspectos da vida, querendo torná-los parte do seu passado. O estado insatisfeito e desagradável do presente e as suas vagas esperanças em relação ao futuro são suficientes para que elas não queiram permanecer no presente. Se investigassem as razões da sua insatisfação, seriam capazes de viver o "agora" de maneira plena e significativa, obtendo as muitas alegrias de cada momento que não conseguem perceber. Ao não fugir do presente, passa-se a utilizá-lo da forma devida, não precisando se afastar dele. Isto é ser, não ainda o Estado Elevado de Ser, porém compatível com a esfera terrena, permitindo evoluir com naturalidade e graça à próxima dimensão estendida de tempo. Mas a pressa em entrar nesse estado, em oposição ao medo do desconhecido, faz com que o movimento seja contido pela tensão, paralisando o crescimento e a experiência evolutiva.

Todas as emoções negativas resultam do tempo não utilizado para buscar enxergar a verdade, letargia que boicota a eliminação dos conflitos e confusões interiores. A revisão diária é um dos melhores meios para viabilizar esse processo. Nas dimensões onde há fragmentos mais extensos de tempo, basta o pensamento para vencer as distâncias. O espírito e a psique podem experimentá-las ainda na Terra, embora o cérebro em sua vigília natural raramente guarde tal consciência. Ao reconhecer a própria distorção negativa em toda a sua profundidade será possível perceber uma paz viva, dinâmica e serena, permitindo viver o "agora" em total plenitude. Quando há impaciência ou tensão, de alguma forma a verdade está sendo ocultada, impedindo esse estado. A paz trazida pela profunda experiência do autoexame faz com que se cultive maior vontade de compreender a si mesmo. Mas nunca é razoável julgar ou comparar as pessoas, o equilíbrio depende da tarefa, do esforço e do desenvolvimento de cada um.

♦ ♦ ♦

## PW 209 – NEGATIVIDADE E CONSCIÊNCIA - PALESTRA DE ROSCOE

Em sua visão distorcida, o homem acredita que o inconsciente não o perturba. A verdade é exatamente a oposta. A inconsciência dos próprios atos, pensamentos e sentimentos agrava os efeitos da manifestação do mal. Quanto maior a coragem e a honestidade em reconhecer os sentimentos interiores, maior a liberdade para transformar as atitudes negativas em positivas, absorvendo o seu imenso poder criativo. Mas quando as negatividades vêm à tona, frequentemente a realidade acaba sendo negada e distorcida. Sua transformação exige reconhecê-las, assim como as mentiras usadas para camuflá-las, confrontando-as com o que se tem de melhor. É uma árdua batalha até poder assumir, sem culpa autodestrutiva, toda a sua parcela de responsabilidade pela negatividade infligida a si e aos outros.

Quando a intencionalidade negativa aflora, com os seus sentimentos de ódio, raiva, cobiça e desconfiança, é necessário compreender por que isso não é bom, fazendo uso da parte mais desenvolvida da sua inteligência. Em boa-fé não é difícil entender e perceber a falsa realidade criada para encontrar desculpas às intenções e sentimentos negativos, em oposição à Realidade Benigna que poderia existir. Percebendo com clareza essas duas maneiras de ver a vida, pode-se decidir internamente com maior certeza por se abrir, dando mais de si mesmo. É fácil notar quando se quer odiar, desconfiar, guardar as coisas para si e culpar o mundo pelos infortúnios. Esse é o ponto no qual a maioria das pessoas ainda se encontra.

O homem torna o outro responsável por suas desgraças, ao invés de associá-las ao mal gerado por si mesmo. É preciso admitir a intenção imatura de não se doar e, no entanto, esperar que tudo lhe seja dado. Para isso é necessário fazer a ligação das atitudes negativas com a infelicidade, as frustrações e a sensação de estar passando pela vida sem preencher as suas necessidades reais. Os mecanismos de escuta devem ser calibrados e utilizados para discernir as motivações ocultas, permitindo se ver como é, não como quer dar a impressão de ser. Não é possível sair do círculo vicioso em que está preso atribuindo culpas ou fazendo mais exigências, entre necessidades reais insatisfeitas e egoísmos invejosos. A vida se revela na medida do tanto que a ela é dado. A conclusão de que sempre vale a pena o retorno sobre o risco de se doar passa por incluir o sentimento de ser parte do universo, de tudo e de todos.

A intenção positiva é um passo fundamental para a transformação da negatividade, representando um desejo verdadeiro de pôr as Forças Benignas em movimento, o que exige fé em si e no universo. Caso expresse ódio, expresse intencionalmente também o amor, pois ele igualmente existe. Caso expresse avareza, expresse também a sua generosidade. Então, guiado pela sabedoria da mente consciente, seu Centro Interior vai poder ser vivenciado como é, repleto de energia e amor. Viver esse processo em comunidade é algo raro e vai atrair Poder Espiritual, servindo de exemplo para governos em todo o mundo. Cada um tem a capacidade de permitir que Deus se manifeste em si, abrindo mão da autoimagem idealizada e da soberba. A verdade e o amor são muito mais valiosos do que a miserável hipocrisia pela qual têm sido frequentemente trocados.

◆ ◆ ◆

## PW 219 – MENSAGEM DE NATAL E PARA AS CRIANÇAS

Celebra-se no Natal o nascimento da Consciência de Cristo. Velas são acesas a cada "insight", a cada máscara que cai, a cada ruptura de uma defesa e a cada negatividade assumida. A alma é iluminada ao trazer a verdade para dentro da própria escuridão. Estar preso ao ódio faz com que o sentimento de culpa seja transferido. E não haverá luz enquanto as sombras estiverem sendo projetadas para fora. Não há nada que deva ser negado ou rejeitado, nada que não possa ser acolhido e perdoado. Os traços negativos são apenas distorções de qualidades positivas e divinas para serem reconhecidos e transmutados. A grande iluminação de toda a "árvore da vida" é um processo em andamento. Há muitos túneis a iluminar e a atravessar até que as luzes convirjam para o núcleo criativo e amoroso da vida.

Quanto mais a verdade é vista em si mesmo, mais aguçada se torna a percepção do outro. Isso evita o julgamento hostil e a negação do que é real. A verdade deve prevalecer com perdão, compreensão e correção da ilusão, na certeza de que por trás do mal há a expressão do bem. O despeito e a teimosia são bloqueios cuja semente positiva é a qualidade de ser centrado, assertivo e seguro, ao invés de submisso e dependente. A rebeldia, que é sempre destrutiva e insensata quando cegamente dirigida, contém o espírito de coragem e independência. A desconfiança e a falta de fé trazem em seu cerne a consciência daquele que sabe não haver autoridade que irá fazer o que compete a ele mesmo. A tendência a se afastar e a se esconder também tem por trás a qualidade de deixar fluir, evitando que o ego exagerado apague a Chama Divina do Ser.

Mas o conhecimento do que é positivo na coxia de cada negatividade, não deve ser usado para evitar enfrentar e combater a sua ação deterioradora. A ganância e a inveja distorcem o movimento interno que busca criar o melhor possível, tornando-se um empecilho que põe um contra o outro. Todos podem ser o melhor de si, buscando alcançar o seu potencial, sem prejudicar, sem querer ser superior ao outro, senão melhorar a si mesmo. Em cada vida saudável há um equilíbrio harmonioso entre partilhar e estar em isolamento para reabastecer a partir de dentro, ambos coexistindo em absoluto conforto emocional.

Há coisas que não se pode ver e não há quem não possua algo que aquele a quem inveja tenha. Cada um é digno do Amor de Deus que distribui muitos talentos. Não existe injustiça divina, mesmo que assim pareça. Ser responsável significa ser paciente e se doar, cuidar dos mais imaturos, dar-lhes compreensão, em vez de revidar o que o deixa com raiva. Nenhum adulto pode ser alegre, criativo e feliz sem estar aberto a questionar e a aprender, sem se libertar da obrigação de ter respostas para tudo. As crianças, em particular, trazem tais qualidades inestimáveis, mas precisam ser ouvidas e ajudadas nas suas necessidades reais, para que possam seguir o amadurecimento orgânico saudável dos seus organismos em crescimento.

◆ ◆ ◆

## PW 239 – PALESTRA DE NATAL DE 1975

O Natal simboliza o nascimento de novas maneiras de expressar Deus em vida e de novos níveis de consciência. Cada nascimento dá origem a uma alegria, com a ressureição que se segue à morte de Jesus sendo representada pela Páscoa. A morte nada mais é do que outra forma de renascimento, em uma imensa cadeia. Equivoca-se quem supõe que a nova vinda do Cristo ocorrerá da mesma forma. Hoje Ele está em tudo o que vive e tem consciência. Mas cada negatividade, bloqueio ou ignorância obstrui a Sua presença. Cada um deve gestá-Lo em si mesmo, no entanto a ansiedade e a contração de uma alma despreparada farão abortar essa experiência de êxtase. Ela precisa ser purificada, o que significa exercer a amorosidade, viver a verdade e a humildade, renunciando aos interesses mesquinhos que impedem que os outros e a própria pessoa venham a ser o melhor que poderiam.

É necessário conhecer, aprender a aceitar e a cultivar as Forças Divinas. Ao mesmo tempo perceber que quanto mais fortes a Sua manifestação no indivíduo, maior a exigência de responsabilidade e de autodisciplina. Sem responsabilidade não é possível vivenciar o prazer sem culpa. Sem autodisciplina não é possível suportar e combater a força social voltada à destrutividade. Não se trata de negar o prazer, bem ao contrário. A sexualidade imatura e egoísta, por exemplo, é vazia, insatisfatória e geradora de culpa quando desprovida de amor, independentemente dos costumes sociais. Muitos vivem a vida correndo porque querem calar os seus medos e ansiedades, mas assim acabam provocando-os em grau muito maior. Melhor fariam ficando quietos para sentir os pensamentos negativos que os afligem, um reconhecimento inicial importante para a sua transformação.

No começo é difícil retirar as máscaras. A confusão do eu máscara com o que imagina ser seu Eu Superior faz com que a pessoa pense que eliminá-las a fará uma pessoa pior. A distorção advém da tentativa de camuflar o ser que reconhece a artificialidade das suas máscaras. Enfrentar o eu inferior sem ajuda do Eu Espiritual é realmente desesperador e não deve ser feito. É necessário insistir em abrir mão da negação e orar pela presença de Deus. Ao se perceber em confusão, experimente aquietar-se e pergunte-se o que aconteceria se assumisse a sua parte. Nesses momentos é possível vivenciar vários estados, inclusive um buraco desolador, um Vazio Criativo que exige coragem para entrar, confiando e deixando-se estar para conhecer o seu Eu Verdadeiro. Ao sair Dele os seus sentimentos negativos tão temidos, como o próprio medo, serão apenas uma capa do que parecia ser. A vida terrena são sonhos, sonhos que também são tarefas. A Verdadeira Natureza de todos os seres é benigna. O mal não passa de um pesadelo temporário, mas com um profundo propósito e significado, que o ser humano precisa enfrentar para se reconhecer e se transformar.

◆ ◆ ◆

## PW 242 – O SIGNIFICADO ESPIRITUAL DOS SISTEMAS POLÍTICOS

Liderar exige forte autodisciplina que os muito complacentes não querem exercer, evitando o risco da crítica, da injúria e da hostilidade que os que estão no centro das atenções precisam enfrentar. O líder não pode se dar ao luxo de ser preguiçoso, comodista ou covarde. Os líderes desenvolvidos são totalmente devotados, dão o melhor de si e atraem um séquito de seguidores que os auxiliam em suas tarefas. Usam o poder para o bem de todos e não se esquivam de inconvenientes pessoais. Esse quadro pode ser facilmente distorcido por seres cruéis, egoístas, ignorantes ou irresponsáveis que abusam do poder para o seu próprio benefício ou para obstruir a concretização da justiça, da cultura e da consciência. O verdadeiro líder é sempre um canal de Inspiração Divina para que os abusos sejam evitados. Tanto o governante fraco, que dispensa a disciplina saudável porque não quer ser incomodado, quanto o muito severo, que não atenua o seu domínio, sendo imune aos sentimentos de compaixão, erram e causam grandes prejuízos à sua comunidade.

Quando alguém resiste a se tornar um líder e se revolta contra a liderança que recusa assumir, comete injustiças e desonestidades tão graves quanto o dirigente que abusa do poder. Mas a liderança exterior só deve ser assumida se for uma expressão verdadeira e integrada de si mesmo. Havendo autocontrole surgirá uma pequena esfera de liderança natural, quase sem intenção exterior. Com o desenvolvimento do talento nato de quem é designado a essa tarefa, a sua esfera de influência e o seu poder positivo se ampliarão, vindo a abranger mais seguidores. Nessas condições, a liderança harmoniosa passa a ser uma expressão sublime que, em certos casos, se estende à vida pública.

Os abusos trazem a dolorosa confusão do dualismo que fez por séculos oscilar, em direções opostas, o pêndulo dos sistemas políticos, até se estreitar e se aproximar de um ponto de equilíbrio. O Significado Divino da monarquia absolutista e do feudalismo se encontrava na tentativa de replicar na Terra uma autoridade confiável e esclarecida. Essa forma de governo, porém, acabou deturpada por abusos que exacerbaram a desigualdade, privilegiando os consortes em detrimento dos demais cidadãos. O socialismo e o comunismo surgiram na tentativa de eliminar tais privilégios, trazendo como Significado Divino a igualdade, a justiça e a imparcialidade. No entanto, embora tenham sido criados iguais, os seres humanos não são iguais em seu desenvolvimento, aspirações e escolhas. Tal nivelamento passou a ser exagerado, tornando o sistema incompatível à vitalidade humana, às suas divergências e diversidades de expressões. A democracia constitucional, ao possibilitar a livre escolha pelos cidadãos de seus governantes públicos, quando comprometida com a redução da pobreza e a garantia de direitos fundamentais a todos, tende a ser uma resposta compatível à evolução social, mas também precisa ser conduzida por líderes e seguidores que cultivem um canal de Inspiração Divina.

A grande maioria dos seres humanos, sobretudo na vida política, ainda funciona no nível do eu máscara, sobrepondo o eu inferior que em priscas eras embasava abertamente a ação dos seus dirigentes. A máscara, portanto, já é um progresso ao se tornar uma faceta de percepção de que o eu inferior é inaceitável. Mesmo que isso aconteça de maneira hipócrita, atendendo a finalidades próprias, é uma fase temporária até que uma maior maturidade seja alcançada e o eu inferior possa ser avaliado e transformado. Este é o único caminho que leva ao Eu Superior, seu Eu Real, seu Eu Espiritual, o verdadeiro inspirador da política da Nova Era.

◆ ◆ ◆

## PW 246 – TRADIÇÃO: SEUS ASPECTOS DIVINOS E DISTORCIDOS

A verdadeira tradição é um contínuo reexperimentar de irrupções originais do mundo espiritual. Significa a continuação da fé nas verdades e valores eternos. Na distorção, torna-se um peso morto e sem sentido, cujo significado é desprezado ou esquecido em rituais mecânicos que enfraquecem ou obliteram a verdadeira tradição. Esta precisa ser sempre acompanhada de mudanças, combinando o velho e o novo, só podendo existir quando a restrição ao movimento for desobstruída. O que é novo na Terra é um aspecto da última realidade que vibra através da matéria, passando a existir quando formas espirituais se expandem. Quando a contração ocorre, a vida se retira e a matéria se desintegra.

Somente pela profunda autoinvestigação é possível encontrar a verdade, o que determina enfatizar a sutileza dos processos inconscientes. Do contrário acaba sendo sobreposta uma crença que encobre o material com o qual é preciso lidar. Tudo o que se pede é a abertura a novas considerações e possibilidades, mas jamais de forma cega. Se as palavras não forem sentidas como verdadeiras, não devem ser aceitas; mas se forem, não deve haver defesa contra elas. É preciso compreender e experimentar a verdade para que o indivíduo possa ser quem é de fato, até que venha a alcançar o seu verdadeiro potencial.

O objetivo deste caminho é efetuar o desenvolvimento pessoal do indivíduo até o máximo do seu potencial em todos os níveis, pela ampliação sem precedentes da sua consciência. No nível mental os pensamentos precisam ser recorrentemente esvaziados, algumas crenças reinstauradas e outras descartadas. No nível emocional é necessário um processo mental que sustente a aceitação dos seus sentimentos, não importa quão destrutivos eles sejam. Isso demanda aprender a expressá-los sem danos a si mesmo ou aos outros. Então é possível começar a mudá-los com inteligência e maturidade, o que requer muita ajuda espiritual. Essa renovação expande a felicidade e a realização pessoal, mas a meta final é tornar-se um ser consciente a serviço da Causa Maior. Nele o seu pensamento é o seu sentimento, que é a sua sensação corporal e que é a prece. Tal totalidade representa muito maior liberdade e poder, numa ampla individualização que também é a completa rendição à Vontade de Deus.

Neste caminho há psicologia, filosofia, sociologia, política, religião e muito mais. É a criação de um homem planetário, com novos valores e velhas verdades renovadas, influenciando gradualmente os que querem obstruir o desenvolvimento. Cada argumento contrário vem do medo de se expandir na direção do que já existe, em um nível potencial ainda não manifesto da realidade. A personalidade precisa estar alinhada com a Verdade Espiritual em qualquer momento da jornada evolucionária. O medo de perder a sua autonomia é falso e irracional, pois esta repousa na Verdade Cósmica Universal que flui no belo ritmo da transformação interior, em harmonia com os ciclos mais profundos do universo.

# MÓDULO VII - CAMINHO PARA O EU REAL - FASE I

As Leis Espirituais, assim como as Leis Físicas, são impessoais. Podem ou não funcionar a favor do homem, a depender do uso do seu livre-arbítrio. A vida verdadeira consiste em elevar as experiências, ter mais prazer, equilíbrio, harmonia e confiança. Nela todas as situações têm um profundo propósito de união. A evolução ocorre em espiral, há que se observar e compreender as reações emocionais mais profundas e confiar. As escolhas do homem dependem do seu inconsciente, mas este não se permite revelar com facilidade. As pessoas traem o que têm de melhor em si mesmas, por temerem sua Luz Interior, imaginando-se objetos de rejeição e desprezo. Não percebem que a Natureza de Deus é de generosidade absoluta e que a prece sobre em qual direção investigar será atendida. O trabalho de busca é a força ativa participando do crescimento, um acontecimento externo nunca é o responsável por sua felicidade ou infelicidade.

Mas alguns querem fazer coisas demais, acreditando precisar encontrar todas as respostas. Esse tipo de vontade obstinada produz um enorme vazio, por ter que abandonar muito do que é parte de uma vida plena. Outros excessivamente focados no raciocínio deixam de lado os seus sentimentos, enquanto o tipo exagerado nas emoções caminha cegamente. Todos eles relutam em usar os atributos que lhes faltam. Daí o enorme alívio ao detectar a "corrente do não", pois nada pode ser mais doloroso do que desejar algo e sabotá-lo em seu íntimo. Um problema real pode causar dor e tristeza, nunca angústia ou culpa, as perturbações resultam de falsas ideias. Muitas crianças crescem em uma atmosfera em que a expectativa de perfeição está implícita, sendo natural que se defendam dessas e de outras de suas dores. O adulto que ainda se defende delas, no entanto, produz exatamente o resultado que quer evitar. Suas conclusões equivocadas acabam parecendo corretas, pois o padrão de defesas que usa não pode despertar outra reação senão sancioná-las. Não importa se positiva ou negativa, a identificação desproporcional com os pais impede viver no Eu Real. Sem perceber, a pessoa passa a reencenar a sua antiga história familiar, na esperança de que ela tenha outro fim.

Quem não tem certeza do seu valor, vivendo dilacerado por conflitos mal resolvidos que diminuem a sua autoestima, também tende a ser muito afetado por imagens de massas, cuja sustentação mais comum é a falsa necessidade de sofrer. E assim cria, por defesa, uma autoimagem idealizada cultivada em tiranias da pior espécie, causando-lhe desilusões que põem a descoberto o seu embuste. A imagem é um conceito errado básico, tomado como regra geral. Mantém a pessoa prisioneira, forçando-a a sentimentos e a atos destrutivos, apesar das suas boas intenções. Para eliminá-la é preciso total entendimento e vivência emocional, com as defesas reconhecidas e abandonadas. Observar os sentimentos deve se tornar a sua segunda natureza, como numa divertida e fascinante história de detetives. A pessoa integrada, que opera a partir do seu Eu Real, é a sua própria autoridade. Acolhe críticas e sugestões, mas não teme examinar as questões até o fim. Toma decisões maduras e responsáveis e arca com as suas consequências. Assim ela honra o Criador em Sua essência, cumprindo com galhardia a missão humana.

◆ ◆ ◆

## CAPÍTULO 2 – A ESTRUTURA DA PERSONALIDADE HUMANA

Muitas das mais elevadas expressões humanas vêm de uma região inconsciente do eu. O gênio científico, o grande artista, o gigante espiritual, os mais generosos impulsos manifestam-se de forma repentina, sem que a mente consciente as imagine. Mas enquanto os pensamentos e a intenção conscientes podem ser escolhidos, sendo gentis, decentes e altruístas se a pessoa decide assim, isso não ocorre com o seu inconsciente. Não é incomum que, subitamente, quando a guarda baixa, tendências vis, maldosas e até cruéis se manifestem, aparentemente incompatíveis com o seu caráter. Quem quer que tenha algum conhecimento de si mesmo e da vida acaba concluindo que o ser humano possui uma natureza superior, mas também outra inferior, ainda que esta última seja provisória. Este seu eu inferior é um estado temporário, ilusório, enquanto seu Eu Superior é verdadeiro, o Eu Real. No estado natural, sem ansiedades, tensões ou fingimentos, o homem opera a partir dessa sua Centelha Divina. É onde Deus se encontra nele e de onde brota toda a sua sabedoria, verdade, poder e amor. Não há quem não possua esse tesouro, inclusive aqueles que expressam muita destrutividade.

Para contatar seu Eu Superior é necessário dissipar a névoa ao redor, o que precisa ser feito reconhecendo as falsas ideias produtoras de toda a sorte de atitudes e de sentimentos negativos. Trata-se do eu inferior, que não é apenas egoísta, cruel, cheio de falhas e de motivações desonestas, mas, acima de tudo, é ignorante. Carecendo de consciência, visão e sabedoria, ele julga por conclusões supérfluas, baseadas em aparências e falsas generalizações, de modo raso e banal, vivendo iludido. Ele também impõe restrições e limitações desnecessárias à pessoa, induzindo-a a seguir padrões de comportamento improdutivos e danosos. Esquiva-se da realização, deixando-a sem ampliar a sua expressão e recuando de belas experiências apenas por parecer "virtuoso" sofrer. Para transformá-lo é preciso estar preparado para se ver sem acusações e sem rejeição total. É essencial perceber que a presença de traços mesquinhos não elimina os outros valores elevados dentro de si.

O eu inferior ainda é envolvido por um verniz, uma camada que pode ser chamada de eu máscara, eu falso ou eu idealizado. O eu máscara age e se manifesta para fins egoístas, motivado pelo medo de desaprovação, por culpa, vergonha ou pela necessidade de seguir regras. Trata-se de um disfarce que visa enganar o outro, embora frequentemente também engane a si mesmo. Há nele tensão, teatro, falso senso de sacrifício, cobrança para fazer, dizer, pensar ou sentir de determinada maneira. Tanto o Eu Superior quanto o eu inferior podem ter metas idênticas, mas por razões, motivações e emoções totalmente diversas. O Eu Superior quer criar para dar mais felicidade aos outros e a si. Por não haver sentimento de culpa nem reservas a respeito de desejar essa meta, prevalece uma corrente que flui naturalmente.

O eu inferior objetiva impressionar, menosprezar o outro, triunfar sobre ele, em especial aos que o menosprezam. Tentar eliminar à força as motivações teimosas e negativas só faz enterrá-las no inconsciente, tornando-as ainda mais poderosas. O simples fato de estar serenamente ciente desses sentimentos já reduz a intensidade das motivações e a destruição que causam. Quando a consciência se sobrepõe sem considerar a realidade do que o aflige, introduz culpas, idealizações e ideias de não merecimento, fazendo emergir um conflito na alma. O homem cria o próprio destino, produto do seu livre-arbítrio sobre o que pensar, como agir, suas ideias e crenças. Ao ativar o Eu Real através do seu eu volitivo, com firmeza e suavidade, investigando e eliminando as más intenções e pondo em marcha as boas, passa a assumir o timão da vida, tornando tudo possível com tal libertação.

◆ ◆ ◆

## CAPÍTULO 3 – DEUS, O HOMEM E O UNIVERSO

A vivência interior da realidade somente é possível quando são removidos os desvios emocionais e as falsas ideias, quando o eu é encarado sem medo e com total franqueza, quando não mais se evita a si mesmo. Como Deus é verdade, falsas ideias impedem viver a Experiência Divina. Deus é inteligência espontânea e intencional, logo não atua para o homem, mas através do homem, pois Deus está no homem. A confiança em si e em Deus, portanto, são inseparáveis, embora não se trate da mesma coisa. A diferença está entre o pequeno eu exterior e o Eu Interior, este último que é a parte de Deus personalizada no homem, embora tão pouco ativado.

O atual estado de desenvolvimento humano só permite vivenciar Deus em dois aspectos: como Consciência Espontânea e como Lei Automática. Ambos formam uma unidade que interage e é necessária para criar. A Consciência Espontânea é o princípio ativo, energia potente, Força Vital. Ela impregna toda a criação e pode ser dirigida pelos seres vivos conscientes. A Lei Automática é o princípio passivo, é a Substância Vital sobre a qual age o princípio ativo.

A Substância Vital reage à Força Vital, não importa se esta ocorre de forma consciente ou inconsciente, certa ou errada, favorável ou desfavorável, construtiva ou destrutiva. Quando o homem se dilacera em motivações mutuamente excludentes, passa a flutuar entre ações propositadas e reflexos condicionados, com a soma disso resultando em criação que muitas vezes reforça os seus conflitos. Mas quando desperta, ele começa a usar a Força Vital propositadamente, ao invés de "sem querer", sem consciência. Descobre ter sido sempre rodeado e impregnado por poderes de amor, inteligência e propósitos tão grandes que não há palavras para descrevê-los.

Nos animais o direcionamento do seu princípio ativo, seu Espírito Divino, encontra-se adormecido. Isso não impede que a Força Vital crie através deles e a Lei Automática siga o seu curso. Ela só começa a funcionar a favor do homem quando a sua Natureza Imutável é aceita. Se combatida, Ela funciona contra ele. As Leis Espirituais, assim como as Leis Físicas, são inexoráveis, operando com base em princípios impessoais.

O homem pode expressar o tanto de Deus que desejar. Quando essa verdade é finalmente entendida, ele passa a ser o senhor de si, nunca mais igual ao que era, no entanto sendo mais ele mesmo do que jamais foi. Como Deus está no homem que é, em sua essência, Deus, o homem só pode se encontrar quando O encontrar. Ao se apoiar em Deus como fuga, o homem não amadurece e não é responsável por si mesmo, por isso o deus exterior que encontra é falso.

A vida espiritual significa a elevação de todas as experiências, não importa se corriqueiras ou aparentemente irrelevantes. Significa mais capacidade de sentir prazer, mais equilíbrio e harmonia, maior segurança e confiança em si mesmo e em lidar com todas as situações da vida. É vitalidade dinâmica mais saborosa em suas expressões e facetas. Nela todas as situações contêm um propósito profundo e transmitem um senso de união com o todo. Quanto mais estiver unido ao universo, mais intensificada será a noção da sua individualidade.

◆ ◆ ◆

## CAPÍTULO 4 – PASSOS INICIAIS DO AUTOCONHECIMENTO

Todos os seres humanos abrigam sentimentos dúbios. É normal que se tenha ao mesmo tempo respostas afirmativas e negativas para as mesmas questões. Mas o homem é ensinado a acreditar que isso não é possível. Emocionalmente não consegue aceitar esse fato, mesmo que intelectualmente o reconheça. Em seu estágio atual de desenvolvimento é perfeitamente factível amar autenticamente uma pessoa e ao mesmo tempo ter ressentimentos por ela. A aparente contradição, quando reprimida, alimenta o inconsciente e dá causa a muitos problemas. Para eliminar esse curto-circuito emocional é preciso questionar as áreas de descontentamento e tomar consciência dos seus sentimentos, desejos e das motivações excludentes.

No trabalho, por exemplo, podem existir vários motivos pelos quais não se tem satisfação. Um deles talvez seja a convicção inconsciente de que ali não é um local para ter prazer; que o sucesso é errado, materialista e vão; ou que as suas exigências e responsabilidades são temidas. Talvez existam motivações infantis, como o desejo de menosprezar os outros pelas suas realizações ou um sentimento de culpa pelo anseio de sucesso profissional, levando a acionar os freios sem perceber. Associar pobreza com espiritualidade é um grande erro, um forte fator de estresse financeiro. E pode haver outras questões que precisam ser enfrentadas.

É importante inventariar-se com perguntas, mesmo que algumas respostas fiquem para depois, incitando o inconsciente à ação e à manifestação, mas sem ficar remoendo constantemente de forma não construtiva. O que se passava em um nível oculto da consciência irá aos poucos ocorrer abertamente, podendo ser observado. Tudo que se exige é um estado de atenção e disposição para permanecer consciente. A ventura máxima sonhada pelo homem é possível, mas para que se transforme em realidade a sua natureza emocional precisa amadurecer. Esse processo acontece pelo exame e pela compreensão de todas as suas motivações ocultas. Sempre é possível mudar a si mesmo, desde que as suas atitudes sejam diferentes, só não é possível mudar o outro diretamente.

O amortecimento dos sentimentos compromete a alegria de viver, sendo muitas vezes resultado de uma decisão inconsciente que busca evitar a dor. Esta é uma troca ruim, pois a dor plenamente vivida não deixa cicatrizes. Para concluir se o comportamento e a abordagem são maduros e produtivos, é preciso "insights" sobre as reações que estão por trás, sobre o clima emocional. O ato exterior, por si só, raramente pode ser avaliado. A intuição dá respostas perfeitas, no entanto ela precisa estar acompanhada de um elevado grau de autoconhecimento. Mas uma coisa é certa, a pessoa bem integrada, que não teme seu Ser Interior, tem hábitos exteriores bons e saudáveis, sem jamais tornar-se fanática nesse aspecto. Regras prontas não são confiáveis, quem não se dá ao trabalho de ponderar e discriminar, tende a aderir a formadores de opiniões que os aliviam da responsabilidade de produzi-las, de cometer erros e de crescer com eles, procrastinando o seu desenvolvimento pessoal.

❖ ❖ ❖

# CAPÍTULO 5 – ATITUDES CONSTRUTIVAS NO AUTOEXAME

Ódio, vingança, inveja e medo podem existir no melhor dos seres humanos. Seus efeitos pioram pela culpa causada pela crença de que nenhuma pessoa decente deva tê-los. Há outros que pensam que manifestá-los é a atitude honesta, senão seria hipocrisia. Mas a verdade também se opõe frontalmente a isso. A repressão ou a manifestação de sentimentos infantis e destrutivos não elimina o mal, sendo inclusive parte dele. É a consciência que o faz, ao neutralizar os conceitos errôneos que habitam o inconsciente. Nunca um acontecimento externo é o responsável pela felicidade ou pela infelicidade, é sempre a própria atitude em relação a ele que determina o seu efeito. Quem tem coragem de encarar-se olho no olho com a devida firmeza, sem dramatizar a própria maldade, fatalmente gosta muito mais de si mesmo. Isso aumenta sua autoconfiança e a permissão interior para ser feliz. Não é possível trapacear o Eu Real, Ele sabe de tudo e tem os próprios meios de reagir.

No eu inferior habita uma criança insensata e ignorante que o restante da personalidade amadurecida sabe. É importante ajudá-la a crescer, embora ela não queira e resista de todas as formas, esperando desesperadamente que a sua utopia seja possível. Será necessário conseguir a boa vontade da criança, mas o inconsciente não pode ser forçado a capitular. A resistência precisa ser reconhecida na ansiedade, na impaciência, por esquecimentos constantes ou por falta de concentração. Observar, anotar e compreender as reações é da maior importância. Depois que for constatado um padrão repetitivo, é preciso examiná-lo à luz do que foi aprendido. Essa revisão sistemática, diária, irá torná-lo cada vez mais ciente das suas falhas ocultas e das verdadeiras reações emocionais, não apenas as que permite ter. É muito importante entender que este caminho é uma espiral. Se não houver esperança quanto ao movimento produtivo das pretensas repetições sem sentido, é possível que o autoengano e o desânimo se instalem. A sequência reincide em espirais cada vez mais concêntricas, com o aprendizado em níveis mais profundos, até convergir para um único ponto onde a verdadeira solução é encontrada.

A vergonha do Eu Superior é tão frequente quanto a vergonha do eu inferior, sendo importante investigar tanto uma quanto a outra. Muitas vezes as pessoas traem o que têm de melhor, fingindo ser mais egoístas e insensíveis, intolerantes e grosseiras do que já são. Não ousam viver de acordo com sua Luz Interior, temendo se tornarem objetos de riso, rejeição e desprezo. Há muita vergonha quando se percebe impotente e rejeitado? A frustração traz uma sensação de humilhação? As respostas a estas perguntas darão uma boa indicação das defesas específicas e em que direção procurar por elas. Principalmente para quem trabalha sem ajuda terapêutica, é particularmente importante perguntar por alguém que o conheça como ele a vê. O amigo respeita quem o procura com a séria intenção de entender e enxergar a si mesmo. Haverá o dia em que será possível confrontar em paz inclusive aquele com quem se tem muitos ressentimentos. Um inimigo percebe apenas o lado negativo, fora de proporção e de contexto, mas dele é possível depreender profundas e reparadoras verdades.

◆ ◆ ◆

## CAPÍTULO 6 – PRECE E MEDITAÇÃO

O homem contém os Princípios Divinos e cria continuamente, sabendo ou não. Cada pensamento, cada emoção vagamente sentida, todas as suas ideias e opiniões, reações e impressões, as atitudes que toma, tudo isso exerce um efeito sobre a Substância Vital, formando o seu destino pessoal. Quando as suas criações ocorrem sem consciência, ele ignora os poderes que utiliza, não percebendo suas forças e valores, tampouco suas tendências e atitudes negativas. Mas se de fato sempre que opera do seu Eu Real o homem é feliz, sua vida é significativa e isso lhe dá paz e segurança, qual é a função do eu exterior, o chamado ego? Ocorre que é preciso estar na posse total das faculdades exteriores, entendê-las cabalmente antes de deixar de acreditar que elas são a sua sabedoria final. Quanto mais o homem luta para controlar a vida e a si mesmo com as faculdades do ego, tanto mais tenso e frustrado ele fica e menos controle alcança de fato. Por outro lado, existem aqueles cujo ego é fraco demais, incapazes de cuidar da vida, de exercer a vontade onde ela deveria atuar. Numa interação equilibrada o ego é, de certa forma, o intermediário entre o princípio ativo e o passivo, que são as sementes de toda a criação.

Ser ativo de maneira saudável e harmônica significa entender que a resposta de Deus às preces não acontece pelo homem, mas através do homem. Ao orar pedindo que lhe seja mostrado em que direção investigar e mudar, a resposta sempre virá a seu tempo. O trabalho envolvido, a disposição e até a formulação da própria confusão constituem a sua participação ativa na aventura do crescimento. Essa abordagem é totalmente distinta daquele que usa Deus como um meio de fugir das suas responsabilidades. Mas muitas vezes a pessoa quer fazer coisas demais, acredita que seu eu exterior, finito e pequeno, precisa saber todas as respostas. Por isso ela só dá crédito ao intelecto, ignorando as faculdades mais criativas do seu ser. Estas só podem manifestar sabedoria quando demandadas e quando é dada abertura a elas. Aqui as forças passivas precisam entrar em ação, o que demanda aprender a meditar, descontraindo a alma com calma e serenidade interior, ao mesmo tempo fazendo-se atento, concentrado e sintonizado.

Confiar apenas em uma ferramenta tão limitada quanto o intelecto, usando-o além do que lhe cabe, depositando nele expectativas que jamais ele poderá satisfazer, resulta na perda do equilíbrio interior. É preciso não se enganar, tampouco querer saber a verdade para se torturar, mas sim para se tornar um ser livre e feliz, de modo a dar mais aos outros e à vida. Ao se sentir injustiçado, questione se os seus sentimentos foram tão honestos quanto os seus atos. Talvez o seu inconsciente de alguma forma tenha afetado o inconsciente da outra pessoa, que reagiu externamente. O tratamento sistemático desses desvios e desarmonias, mediante prece, meditação e revisão diária, varre da psique os resíduos supérfluos. Outro aspecto da prece é a gratidão. A Natureza de Deus é de generosidade que se manifesta em toda a vida. Essa percepção tem um efeito terapêutico sobre o sistema psíquico, colocando em movimento algo vivo e vital que o direciona à Grande Unidade Universal.

◆ ◆ ◆

## CAPÍTULO 7 – PRINCÍPIOS CÓSMICOS MANIFESTOS NAS CORRENTES DA ALMA

Princípios idênticos se aplicam ao ser humano e ao cosmos, ao Criador e à criatura, forças determinantes de um fluxo natural, embasadores das Leis Universais. Quando o homem está totalmente imerso em seu Eu Real, permanece em harmonia com essas forças e é capaz de utilizá-las a seu favor. Não se trata de um ato proposital, acontece automaticamente, pois o universo é todo permeado por essas faculdades. Entre elas está o tríplice princípio de razão, emoção e vontade. A Verdadeira Criação Divina se completa quando esses aspectos funcionam em harmonia. Um deles só é demasiadamente enfatizado porque, em algum momento da evolução, parecia oportuno à determinada consciência concentrar-se exclusivamente nele.

Muitas vezes a personalidade que leva a vida excessivamente focada nos processos de raciocínio deixa de lado os sentimentos, por medo ou por desconfiança deles. O excesso de ênfase nas faculdades mentais funciona em detrimento da experiência interior, dos bons relacionamentos, da intuição e da criatividade. Mas a razão, sozinha, não consegue acessar o âmago da sabedoria interior. E se a vontade também estiver prejudicada pelo excesso de ênfase na razão, faltará intuição e também a compreensão necessárias para atingir os objetivos desejados.

A pessoa que foca exageradamente nas motivações emocionais caminha cegamente. Não percebe os Princípios Universais, nem a si mesma de fato, tampouco os outros. Para essa finalidade a razão é de grande importância, pois permite avaliar e discriminar o que se passa. Quem é muito emotivo acaba arrastado por sentimentos descontrolados, cuja natureza ignora, perdendo acesso à razão e à vontade. E mesmo quando estas parecem funcionar, ela acaba levada por forças cegas, mal compreendidas, sem finalidade e direção.

O tipo em que a vontade predomina de forma exacerbada objetiva conquistar o mando e o domínio sobre os outros, não pondo em prática o amor de forma sábia. Mesmo quando alcança seus objetivos, fica um enorme vazio, pois tal unilateralidade o obriga a abandonar muito do que é parte de uma vida plena. Além disso, até a mais forte das forças de vontade encontra obstáculos maiores. A sensação de inadequação e fracasso decorrentes destrói o alicerce da vontade, um dos princípios fundamentais da vida, quando não obstinado. Qualquer um desses tipos usa a faculdade que não é a sua preferida com culpa, relutância e algum grau de fingimento.

A efetiva correção dos desequilíbrios resulta de "insight" pessoal, reconhecimentos específicos e da permissão para que as emoções alcancem a sua consciência. Se o homem não reconhecer as próprias falhas até a raiz, acabará tomado por culpa e vergonha, impotência e incapacidade. Mas se perceber que a sua natureza original é divina, embora se encontre deturpada, ele não vai se desesperar. O orgulho é uma distorção da dignidade; a avareza, da cautela; a preguiça, da descontração; o egoísmo, da autoafirmação; e a hostilidade, da coragem. Não se trata, porém, de justificar ou sentir vantagens nas distorções pelo fato das suas origens positivas. Isso é totalmente improdutivo, com um efeito muito destrutivo sobre o eu e os outros. É preciso reunir vigor e disciplina para investigar o que gerou o trauma original e distorceu os Princípios Cósmicos, redirecionando as correntes da alma.

◆ ◆ ◆

## CAPÍTULO 8 – A LINGUAGEM DO INCONSCIENTE: AS CORRENTES DO SIM E DO NÃO

Conhecer a linguagem do inconsciente é muito mais importante e recompensador do que saber uma dúzia de línguas estrangeiras, por mais útil que isso possa ser. As mensagens do inconsciente refletem os grandes problemas, padrões repetitivos, doenças ou insatisfações e carências. Tais ocorrências precisam ser compreendidas como uma mensagem que alguma coisa está desarranjada na psique, antes que se possa eliminá-las de fato. Os devaneios, projeções e compulsões são outros desses sinais, alguns deles manifestados em sonhos. Todas as perturbações resultam de falsas ideias, mesmo quando existe um problema verdadeiro. Os problemas reais podem causar sofrimento, perda e tristeza, mas nunca angústia, amargura ou apatia. Raiva e irritação frequentes contra determinada pessoa também são uma boa indicação de que essas características estão encobertas. Outra projeção comum é deslocar opiniões para Deus ou para outra autoridade, por medo de ser punido ao se arriscar a buscar e assumir a sua verdadeira posição.

Quando a energia é mal utilizada, duas forças opostas passam a existir. A primeira, a "corrente do sim", constrói, é positiva e se expande como satisfação criativa. A segunda, a "corrente do não", traz decadência e manifestações negativas em todas as acepções. O que é desejado pode demandar renúncias nem sempre agradáveis, mas quando existe uma verdadeira "corrente do sim", haverá a real aceitação interior de que perdas fazem parte do escopo. Porém quando a "corrente do sim" se dá apenas pelo lado mais agradável e a "corrente do não" predomina onde mais esforços seriam necessários, um curto-circuito é gerado nos sistemas mental e emocional, consumindo muito da energia necessária para a criação. A "corrente do sim" é falsa, distorcida, premente e exagerada quando está em conflito com a "corrente do não", pois lá no fundo há dúvida e negação. Ao entender e unificar os seus motivos e desejos divididos, a pessoa deixa de invejar o sucesso do outro, fica mais atenta e focada, passando a enxergar uma saída.

A "corrente do sim" precisa sempre observar a "corrente do não". Nada pode ser mais doloroso e sem sentido do que desejar desesperadamente um resultado que simultaneamente é temido e sabotado por si mesma. Quanto mais isso acontece, mais desesperado o desejo, maiores os conflitos e mais afastada se torna a meta ambicionada, aprofundando a desesperança e gradualmente afetando toda a personalidade. É por isso que é um alívio tão grande detectar a "corrente do não". Seus canais de vazão são escolhidos de forma muito mais proposital do que se pensa. É o tipo de parceiro que inviabiliza a sua satisfação real, chefes que lhe criam problemas exteriores, espelhando os interiores, entre tantos outros relacionamentos doentios. Antes de poder transformar a "corrente do não" na "corrente do sim" é preciso detectar o seu impacto, torná-la consciente, como também entender o equívoco por trás. Ao descobrir a estranha, empolgante e assustadora, mas revigorante realidade do inconsciente, suas poderosas facetas ocultas passarão a ser vislumbradas. Elementos produtivos extraordinários, que nem se sabia que existiam, também serão liberados na transformação das tolices, medos e dos equívocos inúteis que provocam a sua cisão interior.

◆ ◆ ◆

## CAPÍTULO 9 – PERFECCIONISMO

Um grande obstáculo ao autoconhecimento e à concretização das suas tarefas é o perfeccionismo. Embora confundido com a luta pelo crescimento, desenvolvimento e aprimoramento pessoal, o perfeccionismo entrava o movimento gradual de passagem da imperfeição para a perfeição. O perfeccionista quer a magia de eliminar as etapas necessárias para alcançar o seu objetivo. Quando isso se mostra impossível, torna-se impaciente, raivoso, destrutivamente tomado de culpa, punindo-se e rejeitando totalmente a imperfeição. De fato o que ele não quer é pagar o preço de encarar o que lhe é desagradável e trabalhar para eliminá-lo aos poucos.

Se a pessoa, de forma consciente ou não, acredita na ideia de que deva ser perfeita, a descoberta da imperfeição se torna não apenas difícil, mas também dolorosa. Ela fica tentada a matizar a verdade e a não encarar determinados fatos e fatores indesejáveis. Quanto mais forte o perfeccionismo, tanto mais pesada é a autocondenação. A projeção é a saída escolhida por uma tentativa inconsciente de minorar esse peso. Quando o impacto da autocondenação fica muito difícil de aguentar, ela põe a culpa nos outros, nas circunstâncias e na vida.

Muitas crianças crescem em uma atmosfera em que a expectativa de perfeição está implícita. Algumas não são nem mesmo recompensadas por serem boas, algo tomado como natural. Quando mal comportadas e imperfeitas, são punidas e levadas a se sentirem inadequadas. Essa imperfeição ameaça lhes custar o necessário amor e segurança dos pais. Um clima desses na infância fica preservado no mundo interior dos seus sentimentos, com a expectativa automática de que ele também reina no mundo adulto. Isso não é pensado, mas pode ser fortemente sentido mesmo nas pessoas que, do ponto de vista do entendimento intelectual, são as mais sensatas.

Uma simples falha humana induz a um sentimento de extrema infelicidade, como se fosse um crime. A descoberta de uma qualidade e o recebimento de um elogio trazem um êxtase igualmente desproporcional. Esse exagero nas reações indica não apenas falta de autoconhecimento e fortes sentimentos de insegurança, mas também perfeccionismo. A voz oculta que reclama torna impossível acreditar que o elogio é real, fazendo necessário gerar um estado de grande satisfação para se convencer disso. O perfeccionista impede o seu desenvolvimento emocional por entender que dar livre curso às suas emoções significa ser indisciplinado e destrutivo.

Mas como é possível auferir benefícios da própria intuição e se sentir seguro quando há desconfiança dos próprios sentimentos? O alívio percebido quando a pessoa compreende que as suas demandas de perfeição são impossíveis e irrealizáveis cria um clima interior totalmente novo de bem-estar, gerador de melhores circunstâncias externas. A aceitação do que é não se confunde com a resignação de que precisa ser sempre assim. A resignação vem da desesperança sentida por não ser tão perfeita quanto acha que deveria ser. Quando prevalece a autoaceitação realista é porque ali se encontra o desejo real de aprimorar.

◆ ◆ ◆

# CAPÍTULO 10 – IMAGENS DOS PAIS

A influência dos pais nos filhos não se refere apenas a conceitos e atitudes, mas principalmente ao clima emocional no qual a criança cresce. O subentendido é tomado como certo e impregna toda a sua psique, surgindo mais tarde como reflexos automáticos tão sutis quanto o próprio clima emocional. Se o ambiente deixar de proporcionar algo, ela pode ansiar por aquilo por toda a vida, mas sem saber o que é. O déficit sentimental inconsciente faz a pessoa ser levada por instintos que não entende e que teme encarar. Os problemas decorrentes aparecem quando são postos à prova por circunstâncias exteriores. Porém ainda que as imperfeições dos pais possam ser dolorosas, elas só produzirão conflitos se a pessoa também as tiver em sua própria psique.

A defesa contra a dor sentida na infância ocasiona no adulto exatamente o resultado que ele deseja evitar. Enquanto sofre por dificuldades nos relacionamentos e por fracassos profissionais, pode perceber vagamente um clima de rejeição, mas não ser capaz de identificá-lo. Ele não consegue admitir esse fato doloroso, mas finge ser por inveja ou por represálias à sua capacidade, tornando-se mais distanciado e provocando ainda maior rejeição. O fato insidioso é que as conclusões equivocadas parecem corretas, pois o seu padrão de comportamento não pode despertar outra reação nas pessoas senão sancioná-las.

As conclusões erradas formam um círculo vicioso de medos injustificados, experiências negativas e frustrações. Esse processo se deve, em última análise, à imagem original criada na infância. Uma imagem é simultaneamente uma avaliação errada de uma situação passada e uma proteção contra a sua recorrência, tida como certa em todas as situações. Isso normalmente acontece em um nível muito subliminar das emoções. É importante descobrir e encarar essas questões, porque além das manifestações, a carga de culpa e de vergonha ocultas enfraquece a Força Vital.

Não importa se positiva ou negativa, a identificação com os pais impede a descoberta do Eu Real. A pessoa passa a viver de acordo com a atração ou a repulsa pelo genitor e a buscar parceiros que reencenem a sua antiga história, na esperança de que tenha um outro fim. Um adulto que depende dos pais ou substitutos para se nutrir materialmente ou emocionalmente ainda não rompeu os laços que devem ser cortados. Por mais que tente disfarçar, a sua aura de insegurança é captada pelos outros, que passam a tratá-lo sob essa percepção de incapaz.

O trabalho com as imagens constitui a etapa mais importante do crescimento emocional. Ao sintonizar com o canal congestionado da memória, é possível se lembrar de episódios que talvez pareçam pouco significativos, sem mágoas ou dramas específicos, mas que podem ser relevantes no contexto. O mais comum é ter havido uma situação, um clima que deixou um vazio, uma insegurança. O ambiente, assim como os fatores hereditários, são manifestações visíveis da Lei Cármica, condizentes com as suas imagens. Estas só podem vir à tona se desafiadas por ocorrências e condições externas. Caso contrário elas ficarão latentes, impedindo que a alma se livre das suas obstruções.

◆ ◆ ◆

## CAPÍTULO 11 – IMAGENS DE MASSAS

Toda cultura, toda civilização e toda era têm as suas imagens de massas específicas. Algumas persistem e são passadas por gerações. Quando um número suficiente de pessoas se liberta, influenciando a coletividade, a imagem de massas se dissipa e cede espaço para conceitos verdadeiros. A sociedade e as pessoas, quando não conseguem conviver com a frustração de uma necessidade ou quando não conseguem encontrar um meio de preenchê-la, põem em seu lugar regras e normas de imagens de massas que se reforçam com suas imagens pessoais. Mas quando estas não se encontram na psique, aquelas não fazem efeito no indivíduo, por mais difundidas que estejam na sociedade.

Muitos do sexo masculino envergonham-se das suas emoções, intuições, sensibilidades e necessidades de afeto. Acreditam que elas revelam fraqueza e falta de masculinidade. Ao negar e reprimir esses aspectos, eles impossibilitam uma vida rica e criativa, sem nunca saber por que se sentem subtraídos e por que subtraem dos outros em suas vidas de déficits. A mulher, por sua vez, é incentivada a ser atraente e prendada, voltada para o olhar do outro, muitas vezes devendo se abster do prazer sexual, de contestações e de escolhas. O resultado desses graves equívocos é a revolta contra o seu gênero, passando a invejar e ao mesmo tempo a ressentir das vantagens do outro sexo.

Na sociedade capitalista a riqueza é considerada virtude e sucesso, sua falta é sinônimo de fracasso e inadequação. Isso leva ao empobrecimento do Eu Real, não pelo resultado material em si, mas pelo seu uso como anteparo, como máscara de seus conflitos interiores. Na sociedade socialista, por outro lado, idealiza-se a coletividade em detrimento da individualidade, coibindo a iniciativa e a ambição, acabando por empobrecer a personalidade de outra maneira. O homem que não tem certeza do seu valor, que está dilacerado por conflitos mal resolvidos, diminutivos da sua autoestima, tende a ser muito afetado por imagens de massas. A pessoa integrada, que opera a partir do Eu Real, é a sua própria autoridade. Acolhe críticas e sugestões sem temer examiná-las até o fim, tomando decisões próprias maduras e responsáveis e arcando com as consequências. Por refletir valores reais, as suas atitudes não necessitam buscar por aprovação externa.

A imagem de massas principal por trás das atitudes errôneas do homem é a necessidade de sofrer. Sua influência difusa há séculos dá causa a muitas outras imagens e erros. Várias religiões glorificam o sofrimento, transmitindo que o prazer é um pecado e que a pessoa espiritualizada deva sofrer. As convicções sobre a inevitabilidade e as virtudes do sofrimento geram uma corrente negativa sobre o contentamento. A satisfação traz uma carga de culpa e de sabotagem veladas da própria realização do desejo. A sensação é de que não é possível buscar a felicidade sem ser punido e sem sofrer terríveis consequências. Quando abordado por ela, acomete-lhe uma vontade inexplicável de se afastar da satisfação possível, sucumbindo à sutil força destrutiva. Aquele que se deixa levar por essa imagem de massas é normalmente incapaz de sentir ou até mesmo de afirmar que deseja ser feliz, que isso é possível e que contribui para a felicidade do mundo. Enquanto lida com seu eu infantil, a personalidade precisa aprender a suportar com serenidade algum grau de frustração, bem como perceber que o sofrimento não é necessário, de modo a descobrir que qualquer situação contém mais do que as suas alternativas "ou/ou".

◆ ◆ ◆

## CAPÍTULO 12 – A AUTOIMAGEM IDEALIZADA

Autoimagem idealizada é a fachada que as pessoas criam de si mesmas, como gostariam de ser e de parecer aos outros. Há muitas variantes, entre o santo e o gênio, do autocrata implacável ao dirigente protetor. Sua finalidade é obter o que desejam pelo fingimento, sem dispêndios ou riscos. Um dos seus principais elementos é o perfeccionismo. Ser perfeito, de acordo com os ditames do eu idealizado, é um meio de conseguir a autoconfiança ausente, de eliminar culpas vagas persistentes e de obter magicamente amor, sucesso e respeito. Aceitar a necessidade de desenvolver essas tendências parece diminuir a sua glória e provar a sua mediocridade. Mas assim o homem nunca granjeia o apreço verdadeiro que tanto anseia. Quando é realmente amado e respeitado é porque seu Eu Real foi sentido por quem reage a ele. Os exemplos adiante, com nomes fictícios, mostram na prática algumas dessas situações.

Os pais de Beatriz se divorciaram quando ela era pequena. O pai casou-se de novo e ela ficou com a mãe. Achava sua madrasta fria, uma "vamp" elegante, enquanto a mãe era uma "boa mulher". Seus valores nos relacionamentos com homens baseavam-se exclusivamente em ser bonita, glamorosa e sexy. Sua autoimagem idealizada era ser "vamp". A reprodução da madrasta foi utilizada para impossibilitar a dor indesejada de ser abandonada, como sua mãe lhe pareceu ter sido. Mas a rejeição tão temida acontecia justamente porque a personagem acabava eliminando a sua capacidade de afeto, de generosidade e amor. Os homens sentiam-se atraídos pela "vamp", não por uma mulher com quem quisessem se relacionar. Sua conclusão errada era a de que uma mulher só poderia conservar um homem e ser feliz se fosse fria, distante e superior.

George teve um pai ausente, cruel e retraído que parecia não ligar para os filhos e desprezar as mulheres. Tudo que sabia era que amava a sua mãe calorosa, generosa e amorosa tanto quanto odiava o seu pai. Foi preciso muita auto-observação para perceber que a sua maneira de relacionar era muito semelhante à dele. Inconscientemente parecia-lhe que sendo assim estaria assegurada uma invulnerabilidade que imaginava no pai. Mas o resultado dessa falsa defesa foi torná-lo sem valores próprios e bastante inseguro. Ficou chocado ao descobrir a semelhança da sua imagem à do pai que conscientemente reprimia tanto. À medida que foi observando o significado das suas emoções, deixando que aflorassem e checando a sua realidade, começou a se desembaraçar dessa autoimagem destrutiva, passando a viver bons relacionamentos.

As imagens idealizadas estão sempre associadas ao modo como a criança sentiu os seus pais, ao clima interior da sua psique, às mágoas e às falsas soluções que escolheu para sanar a situação. A personalidade tenta, com empenho cada vez maior, terminar aquilo que não pode ser concretizado, cultivando uma tirania da pior espécie. Ela se flagela, se pune e se sente fracassada sempre que fica provado que não teve sucesso. Quanto mais busca a identificação com seu eu idealizado, mais dura é a desilusão na vida, pondo a descoberto o seu embuste. Muitas crises pessoais têm por base esse fator. É a realocação dessa energia a canais realistas que faz desaparecer a baixa autoestima. Uma imagem suficientemente observada e entendida fatalmente se desintegra, pois se percebe que ela jamais poderá cumprir com a sua finalidade. Só é possível ter paz e ser feliz quando se vive na riqueza do tesouro do seu Eu Real.

♦ ♦ ♦

## CAPÍTULO 13 – PARA ENCONTRAR A IMAGEM

A fase mais crucial do desenvolvimento humano é a descoberta de imagens específicas, não apenas a autoimagem idealizada ou uma imagem de massas. A imagem é o conceito errado básico que resulta da assimilação falha de experiências emocionais na infância, sendo tomada como regra geral aplicada nas situações da vida. A autoimagem idealizada e outras falsas soluções são uma proteção contra a ocorrência do problema imaginado, dado como certo se não for devidamente defendido. A tragédia é que as imagens perpetuam por si mesmas, pois é da Lei Espiritual da Atração que as emoções temidas tendam a ocorrer. As imagens mantêm as pessoas prisioneiras, forçando-as a sentimentos e a atos destrutivos, apesar das suas boas intenções. Veja o caso real adiante no nome fictício de Lucy.

A vida amorosa de Lucy era insatisfatória e indicava um distúrbio específico, embora ela não percebesse. Seu padrão oculto era o medo de ser rejeitada pelos homens que considerava interessantes, dos quais se defendia com sutil arrogância. Esta também era utilizada para desprezar aqueles cujo afeto e amor a ela não deixavam dúvidas. Como tomava por certa a rejeição do homem que considerava atraente, ficava automaticamente ansiosa e desconfiada. Sua crença consciente e o seu comportamento indicavam uma grande dose de autoconfiança, de modo que foi um baque quando se percebeu insegura e temerosa. Mas aos poucos a realidade revelada lhe trouxe alívio, descontração e segurança interior. Ela viu que não era rejeitada pela sua suposição inconsciente de falta de valor, mas pelas atitudes tomadas em função desse sentimento.

Lucy nunca se sentiu segura quanto ao seu amor e proteção quando criança, que precisavam ser conquistados por obediência e negação da própria individualidade. A imagem formada foi a de que todos os homens desejáveis reproduziam aquele clima familiar. Daí a situação paradoxal que vivia de buscar segurança e proteção em homens que a rejeitassem. Mais tarde veio a perceber que o pai não a rechaçava especificamente, seu jeito áspero servia para encobrir as inseguranças dele. A falsa solução encontrada por ela foi idealizar uma autoimagem com as características do pai. Aos poucos foi tirando a máscara, não controlar as situações já não a deixava aniquilada. Tornou-se mais humana, feliz e segura. Passou a gostar mais de si mesma e se sentiu digna de ser amada.

A eliminação definitiva de uma imagem só pode ocorrer quando a aflição básica da alma é totalmente entendida, emocionalmente vivenciada, suas defesas reconhecidas e abandonadas. É indispensável reviver o relacionamento com os pais na infância. Algumas situações são muito dolorosas para a criança, que pode tentar evitá-las fingindo ser superior a elas. Os outros, com os seus problemas e inseguranças, talvez se sintam humilhados e rejeitados e reajam a isso. É necessário olhar-se profundamente, mesmo quando o seu distúrbio resulta de erros flagrantes que alguém cometeu. Trata-se de investigar as suas reações emocionais, particularmente em relação à situação familiar na infância. Traduza-as em um enunciado conciso que explicite um padrão constante, determinante da conclusão errada que sustenta o círculo vicioso. A descoberta das motivações pessoais interiores para cada desarmonia muda toda a atitude da pessoa em relação à vida, evidenciando que tudo o que precisa de fato é encarar a si mesma. Observar os próprios sentimentos passa a ser a sua segunda natureza, tornando esse trabalho fascinante e emocionante, como uma divertida história de detetives.

# MÓDULO VIII - CAMINHO PARA O EU REAL - FASE II

Quando influências externas conflitantes moldam a psique da criança, para conquistar o que deseja ela adota falsas soluções que permanecem generalizadas em seu inconsciente. Nesse indivíduo o amor pode se transformar em submissão e perda de identidade, o poder em agressividade e prepotência e a serenidade em recusa de envolvimento e de compromisso. Toda imagem pessoal contém algumas dessas distorções. O homem ignora ser regido por duas consciências que ditam o seu comportamento, uma a expressão do seu Eu Real, a outra a sua sobreposição. O Eu Real interessa-se pelo bem-estar, opera de acordo com a realidade, não é rígido nem busca agradar a códigos externos. A consciência sobreposta é ávida em condenar, busca ocultar o eu inferior e, como seu cúmplice, gera falsas culpas e autopunição que levam a danos a si e aos outros. Ao parar de transferir culpas e ao cultivar a observação e a intuição, é possível perceber como a compreensão silenciosa é mais eficiente que a discussão acalorada. Apenas o entendimento e a reparação da culpa real podem propiciar mudanças verdadeiras, desde que as dores e as necessidades sejam consideradas sem exigências de perfeição.

Para apaziguar direções opostas, o homem permanece na fachada da sua autoimagem idealizada, raramente fazendo contato com seu Eu Real. Mas quem desvia da realidade se põe em um círculo vicioso. A arrogância e a superficialidade, a passividade e o egoísmo utilizados para protegê-la magoam os outros, fazendo-os se sentirem menosprezados e rejeitados. E porque toda a energia é consumida para afastar perigos imaginários, muitos acabam tirando proveito dessa pessoa. Quem é seguro do seu valor intrínseco, por ter recebido amor suficiente na infância ou por entender que o que lhe faltou não pode afetá-lo, tem autoconfiança para não precisar se provar. Relaciona-se pelo prazer de fazer amizades, não se submete ao que não acredita, nem é agressivo para se impor. Relacionamentos saudáveis somente podem ser formados por quem não precisa entrar em uma luta de forças. O sucesso é natural quando há concentração nas necessidades reais e menos na impressão dada aos outros.

A maioria das pessoas ignora o drama desenrolado em seu inconsciente, mas o que faz e diz importa muito menos do que o que sente. O inconsciente precisa ser dirigido pela razão e pela vontade, o desejo só é uma fuga da realidade quando se espera que a vida faça pela pessoa o que ela não faz por si mesma. Motivações deturpadas, não querer pagar o preço e a tensão imposta prejudicam a capacidade de desejar. É necessário aprender a conservar a dignidade quando não se obtém de imediato o que deseja, reconhecendo o estado atual possível. A tensão é uma corrente de força muito mal utilizada para abafar dúvidas, ansiedades e culpas e para não encarar honestamente a verdade. Transcender a dualidade significa ir até o fim do outro lado do que teme, em vez de fingir que não existe. Significa viver o "agora", o que só pode ser feito enxergando-se com total franqueza. Um ego fraco demais impossibilita a identificação com o Eu Real, assim como um ego que se põe muito em primeiro plano. A questão principal é sempre se é o Eu Real que está ativado ou se é o eu exterior que está no comando. É este último que se move por imagens que alimentam as suas falsas necessidades substitutas.

◆ ◆ ◆

## CAPÍTULO 14 – AMOR, PODER E SERENIDADE

Amor, poder e serenidade são Atributos Divinos fundamentais que abrangem todos os demais. Quando influências externas conflitantes moldam a psique da criança, para conquistar o que deseja ela adota falsas soluções que permanecem generalizadas em seu inconsciente. O amor se transforma em submissão, perda de identidade e de integridade. O poder se estabelece como agressividade, crueldade e prepotência, suas tentativas de dominar a vida. A serenidade é desvirtuada pela recusa de envolvimento e de compromisso. Toda autoimagem idealizada, assim como toda imagem pessoal, contém algumas dessas distorções. É raro existir um tipo específico muito bem delineado, pode predominar uma pseudossolução, mas em geral as três estão combinadas.

No amor distorcido o sentimento é o de que, se a pessoa fosse amada, tudo estaria bem. Quanto mais ela se deixa explorar, mais explora aqueles a quem "ama", num sentido mais profundo. Vive como uma parasita emocional e, para não encarar a sua falsidade, incorpora tais tendências à autoimagem idealizada. Ao examiná-las com maior discernimento, descobrirá que na verdade ela não se preocupa de fato com o ser "amado", mas apenas com o que ele fará por ela ou pensará dela.

No poder distorcido o objetivo é ser invulnerável, estar no controle, não perder nem ceder. Essa personalidade se coloca acima dos outros e os menospreza. O agressor está em constante estado de beligerância contra o outro e contra as suas próprias limitações. Acredita ser totalmente autossuficiente, mas atrai desagrado e rejeição, embora finja que não se importa para não demonstrar que precisa do outro. A negação da necessidade de amor e de simpatia, além de ser mais uma mentira, mutila a psique com o vazio que daí decorre, causando muito sofrimento.

Na serenidade distorcida há fuga da vida, das decisões e do risco, mas a pessoa acaba se deparando com estes em um grau muito maior. O entorpecimento dos sentimentos leva ao desespero e à ansiedade, dada a percepção do que a vida poderia ser se ela não infringisse as Leis Espirituais. No extremo essa pessoa se coloca muito próxima da crueldade ativa, que é o mal potencializado. Significa não sentir nada pelo outro, nem compaixão, nem solidariedade. O entorpecimento está a um passo da morte.

O Pathwork® disponibiliza instrumentos para encontrar e desarmar a autoimagem idealizada e as demais imagens. Tal conquista liberta de uma grande tirania interior, que não é necessária como se pensa. As cercas não servem apenas para afastar, elas também prendem. É pela integridade e honestidade pessoal que o homem assume o seu lugar de direito no universo. Dá a si e aos outros liberdade para amar e, sem culpa, apropria-se dos enormes poderes da sua psique. Passa a confiar em sua própria força. Seu amor se transforma em autoestima verdadeira e seu poder na ferramenta pela qual ama mais os outros, a vida e a si mesmo. Fica em sintonia com os fluxos do tempo, agindo quando devido e aceitando quando isso for o certo. Assim alcança a serenidade sábia, que é o equilíbrio perfeito entre o amor e o poder, vivendo uma vida plena pelo seu Eu Real.

◆ ◆ ◆

## CAPÍTULO 15 – CONSCIÊNCIA E CULPA: FALSAS E VERDADEIRAS

O homem ignora ser regido por duas consciências que ditam o seu comportamento. Trata-se da expressão do Eu Superior, seu Eu Real, e da consciência sobreposta. O Eu Superior interessa-se pelo bem-estar que proporciona a si e aos outros. Opera de acordo com a realidade, não é rígido, nem busca agradar a códigos externos. Embora possa ter objetivos semelhantes, a consciência sobreposta é cega e automática. Ávida em julgar e condenar, não conhece a razão. Sustenta-se por imagens e equívocos, indolência e desconfiança. Sem um chão firme onde pisar, a única chance contra o eu inferior parece ser a consciência sobreposta. Não é por sua ausência, no entanto, mas exatamente por causa dela que muitos crimes são cometidos. Suas regras são tão rígidas e conflitantes que a pressão se torna insuportável e a violência o seu canal de vazão. Esta é a situação daqueles que lutam contra seus impulsos destrutivos, mas que não conseguem se controlar.

A consciência sobreposta apenas oculta o eu inferior, não o impede. Gera culpas injustificadas e autopunição. Para reconhecê-la é necessário perceber as condições da infância, a personalidade dos pais e o seu efeito sobre a criança. A consciência da própria negatividade não impõe agir com base nela, muito ao contrário. Exige, porém, profundo raciocínio e disposição em aprender com os erros, além da capacidade de incluir a sua intuição. Os resultados quase nunca são perfeitos, mas sempre oferecem possibilidades de crescimento. É somente quando se vê o quadro todo que a luta entre a consciência sobreposta e o eu inferior pode ser de fato resolvida, permitindo que a Consciência Real se desenvolva.

A consciência sobreposta gera culpas falsas, enquanto a Consciência Real permite identificar culpas verdadeiras. Existe culpa real sempre que uma pessoa fere a outra, assim como em todas as demais falsas soluções. Ocorre por um ato ou atitude emocional de violação de direitos. Apenas pela ação exterior não é possível determinar quando a culpa é falsa ou verdadeira. A resposta vem da verdade que motiva e conduz, se amor ou mesquinhez. A culpa deve ser olhada sem nenhum disfarce. A falsa culpa fatalmente deixará de existir quando for suficientemente compreendida. Na culpa real é necessário abrir mão do perfeccionismo infantil, sem desespero nem recriminação. Aceitar, entender e perdoar são atitudes perfeitamente possíveis que permitem uma maior percepção das relações na vida. Elas intensificam o senso de responsabilidade sobre os impulsos destrutivos e egoístas do eu inferior.

A reparação verdadeira da culpa real traz benefícios extraordinários, purificando todo o organismo interior e vivificando as correntes de energia do modo mais vibrante. Pode ocorrer por um ato de confissão, por um pedido sincero de desculpas ou pela mudança de atitudes, desde que não sirva apenas para reabrir velhas feridas. Mas para a personalidade orgulhosa isso aparenta ser tão humilhante que leva a objeções, a ponto dela a retirar do seu campo de visão. Assim, acaba forjando falsas culpas que assume como substitutas, porque com estas consegue lidar. É a vontade sincera de estar em sintonia com seu Eu Real que evita tais deslocamentos. A reparação não será verdadeira enquanto a ênfase estiver em sua busca por aprovação, ao invés de focada no outro ao qual impôs dor.

◆ ◆ ◆

## CAPÍTULO 16 – ALGUNS ASPECTOS DO AMOR

O amor é um movimento espontâneo da alma e acontece como resultado da saúde psíquica e de conceitos interiores corretos e harmônicos. Todo traço positivo e construtivo é um produto do amor. Ao longo dos séculos o homem foi coagido e ordenado a amar. A apologia religiosa ao sacrifício e ao esquecimento de si mesmo trouxe implícita a conotação de que o amor é contra o interesse pessoal. A máquina de regras da consciência sobreposta incorporou a obrigação de amar em detrimento do Eu Real, reprimindo-O com culpas injustificadas. É essencial encarar a sua incapacidade de amar com a mente aberta, objetiva e sem autocondenação. É preciso descobrir se existe preocupação real e autêntica com o outro ou se apenas com o que ele deveria ser de acordo com a sua vontade. É necessário também ter consciência do falso conceito de altruísmo associado ao sofrimento, que coloca como desnecessário tudo que é agradável e recompensador.

O sentimento limitado pelo medo não é autêntico e não pode funcionar. O medo de amar gera rejeição pela falsidade implícita, que mais cedo ou mais tarde será percebida. A baixa autoestima faz essa pessoa temer não ser aceita, causando-lhe grande ansiedade. O medo da frustração põe um excesso de ênfase no desejo de ser amada. Ela se dispõe a abrir a porta e a ceder suas migalhas de amor apenas se estiver certa de que o terá também. E quando a vontade do eu é exagerada, para evitar que a realidade lhe mostre outra coisa, ela enquadra à força o outro no molde dos seus desejos. Mas não usar as suas melhores faculdades de observação, razão e intuição é chamar problemas, é gerar discórdias. Significa construir um castelo de cartas que irá ruir, porque produzido sobre ilusões e necessidades temerosas, justificando o seu infundado medo de amar.

Nada gera tanta tensão, decepção e incapacidade para encarar as situações que se apresentam do que a exigência interior de um plano definitivo de como tudo deveria ser. É preciso seguir descontraído no selim da vida, vergar com o vento, crescer com a onda, dizer adeus à frágil rigidez. Na medida em que a psique aprender a ser espontânea, haverá libertação do medo de ser o que se é. A noção do próprio valor e integridade proporciona mais respeito e confiança do que qualquer outra coisa. Permita-se crescer e passar para o novo estado sem pressa ou pressão. Sempre existirão imagens a serem desfeitas e atitudes destrutivas a serem abandonadas. Cada aparente recaída são resquícios do velho padrão, ele não pode nem irá desaparecer a um só golpe.

Amar significa a plena aceitação de si mesmo e do outro, sem ser escravo de demandas distorcidas. Quanto mais as suas exigências forem injustificadas, tanto maior será o seu medo das necessidades do outro. Muitos só têm olhos para os próprios desejos neuróticos que os impulsionam. Mas um pequeno gesto de alguém pode ser muito maior do que um grande gesto de outra pessoa. Na medida em que se é intolerante, nessa mesma medida a intolerância lhe será dirigida. E na medida em que se ama, na mesma medida o amor será recebido. Essas são Leis Espirituais em funcionamento, não uma falsa admoestação religiosa. O amor nem sempre é retribuído da forma desejada e pela pessoa querida, mas quem realmente ama jamais terá carência de amor.

◆ ◆ ◆

# CAPÍTULO 17 – AS FORÇAS DO AMOR NA RELAÇÃO CONJUGAL

O amor é a chave de toda a sabedoria, justiça e poder. Mas se houver entendimento errado e uma assimilação negativa das feridas da alma, ele não será capaz de fluir. O amor só floresce na verdade e na realidade, não no erro e na ilusão. Sua capacidade curadora não pode entrar em áreas petrificadas por imagens. O amor tem várias vertentes, entre elas a relação conjugal que possui uma profunda importância na evolução humana. As forças de Eros e do sexo somam-se ao amor, sendo qualidades unificadas nas esferas mais elevadas da consciência. A força erótica tem enorme impulso e impacto. Seu objetivo é servir de ponte entre o sexo e o amor. Proporciona um vislumbre de quão espetacular é o potencial de união. Mas poucas pessoas são capazes de manter viva a chama que as atraiu ao parceiro. Na grande maioria permanecem temores de imagens e de equívocos não eliminados no autodesenvolvimento.

Há pessoas que buscam na relação apenas o prazer momentâneo, quando ele se esgota procuram um novo parceiro. Esse tipo de pessoa é meramente levada pelo impulso sexual. Não é errado desfrutar o prazer pelo prazer, mas o ser humano que se contenta com muito menos do que está destinado a experimentar, sabota a si mesmo e a todos com quem tenta se relacionar. Seu grande erro está em acreditar que existe um limite para a revelação da alma. Quando compreender que o estímulo erótico pode coexistir com a máxima paz, deixará de combatê-lo inconscientemente. Ainda assim, enquanto persistir uma forte autoimagem idealizada, dificilmente haverá espaço para Eros. O fingimento elimina a descontração necessária para transmutar a força erótica em Força Vital, pois a pessoa precisa ficar em guarda para não se revelar. O sentido profundo do casamento é permitir à alma revelar-se à outra, buscá-la e encontrá-la, o que requer certa atividade e vigilância interiores. As pessoas sofrem a tentação de evitar tal esforço, pelo equívoco de achar que isso demanda luta e estresse. Os fatores de equilíbrio, então, as levam para um excesso de atividade exterior, como forma de compensação.

A criação não conhece moralismo nem sentimentalismo. Tudo o que importa a ela é o princípio de crescimento e de expansão. O ideal é passar pela experiência com o parceiro escolhido, crescer em conjunto, buscando e resolvendo as causas da estagnação temporária. Mas é preciso duas pessoas dispostas para essa grande aventura. Na psique de quem não consegue satisfazer-se e é demasiadamente ignorante dos fatores envolvidos, o entorpecimento parece melhor do que a possibilidade de um forte desencontro e decepção. A maioria das pessoas resiste ao envolvimento e ao compromisso completo. Esse planeta é um lugar tão infeliz porque dificilmente alguém faz algo sem dividir a sua atenção e motivação. Ao parar de culpar o outro e ao cultivar poderes de observação e intuição, será possível saber que às vezes a compreensão silenciosa surte mais efeito do que a discussão acalorada. É preciso esperar a hora certa e questionar se a discussão é realmente motivada pelo desejo de entender. A revelação só pode se dar sem máscaras e quando as necessidades do outro são consideradas. É através do aprimoramento do relacionamento humano que se estabelece a verdadeira relação com Deus.

◆ ◆ ◆

## CAPÍTULO 18 – RELACIONAMENTOS

Todas as forças e princípios harmônicos do universo rumam para a união, no sentido de unificação à Fonte Original. Embora possa parecer paradoxal, a união reforça a individualidade, ao invés de diminuí-la. Os momentos dessa compreensão representam uma Autêntica Experiência Divina de desdobramento do Eu Real e de conhecimento de que tudo é um. A pessoa pode relacionar-se de maneira positiva ou negativa, mas no momento em que se relaciona, ela vive. É por isso que a apatia e o embotamento são males maiores do que as expressões ativas negativas do eu. Os relacionamentos destrutivos levam a um clímax que, no fim das contas, fatalmente anulará os seus aspectos maléficos. As crises cumprem com esta finalidade.

Por obstruções psíquicas e desvios da realidade, o ser humano raramente é capaz de se relacionar em seu máximo potencial. Ele acredita que a dor resulta de ter saído do isolamento, quando na realidade origina-se das interpretações equivocadas de si, dos outros e da vida. Para apaziguar direções opostas, ele busca um meio termo em relacionamentos superficiais, apenas trocando ideias e crenças ou prazeres sexuais. Rodeia-se de pessoas que nem conhece, nem se deixa conhecer. Permanece na fachada da sua autoimagem idealizada, raramente fazendo contato com seu Eu Real. As pessoas que mantêm relações profundas e significativas não usam máscaras nem defesas contra os seus sentimentos. São capazes de amar e de se preocupar com o outro, seu ego não é o único centro de importância. Elas se envolvem e se arriscam. Podem ter decepções e até fazer julgamentos equivocados, mas assim aprendem a participar mais ativamente da vida.

Para construir relacionamentos profundos é preciso dar a si e aos outros os devidos lugares, permitir que a verdade prevaleça e aceitar o que existe, não o que espera que o outro venha a ser. O aspecto saudável e a sua distorção muitas vezes aparentam-se iguais quando não observados devidamente. Há que se ter força para não cair na tentação de obedecer a regras externas preconcebidas, generalistas e superficiais. Embora um relacionamento genuíno não determine a exposição de todas as preocupações particulares, a verdadeira amizade também significa autorrevelação. Se prevalecer tal estado de honestidade, o contato ficará mais estreito e será mais natural. Trata-se de ser autêntico e de revelar mais de si mesmo, o que não é ocasionado apenas por um ato de vontade, mas por um processo natural e espontâneo.

O que se faz e se diz importa muito menos do que o que se sente. A maioria das pessoas ignora o drama desenrolado em seu inconsciente, onde seus verdadeiros sentimentos, reações e pensamentos não reconhecidos afetam os outros. Esta é a tragédia e a ruína da interação humana. Brigas, explosões, retraimento, mágoas, atos inexplicáveis, tudo isso pode ser facilmente compreendido quando é detectado este nível interior de comunicação. É preciso aprender a linguagem do inconsciente, ser capaz de corrigir os defeitos em si mesmo e afirmar os seus direitos e desejos, comunicando-se sem raiva ou medo através do Eu Real. O relacionamento genuíno com a alma de outra pessoa é idêntico à mais Plena e Verdadeira Experiência Divina.

◆ ◆ ◆

## CAPÍTULO 19 – A DEFESA

A pessoa saudável é capaz de descobrir naturalmente o equilíbrio certo entre agir e reagir, entre ceder e buscar a autoafirmação. Na vida é aconselhável não se precipitar ao tomar decisões, sempre pesando e ponderando. Em situações de perigo real, no entanto, isso pode ser fatal, daí o organismo saudável liberar de forma involuntária o hormônio da adrenalina para acelerar tais reações. Mas ele se torna muito prejudicial quando habitualmente produzido. Algo semelhante ocorre com as imagens e os seus conceitos irreais. A tensão e a desconfiança oriundas do medo que geram envenenam o corpo físico, formando uma parede entre a consciência e o Eu Real. Alguns se defendem impregnando-se de uma hostilidade vaga e permanente. Acabam por se exaurir, pois não podem estar em constante estado de alerta. Após períodos prolongados nessas condições, sua inteligência, criatividade e capacidade de amar ficam bastante prejudicadas.

O medo de ser desmascarada como uma fraude torna essa pessoa rígida, evasiva e distante. Uma autoimagem idealizada é criada para tentar afastar a desconfiança do seu próprio valor. Por medo de ser rejeitada, ela dificulta que os outros se aproximem. Desenvolve defesas adotando posturas falsas, seja altiva e falsamente alegre, seja reprimida e desconfiada. Suas atitudes acabam provando para si mesma que ela não pode ser amada. Mas é sempre menos a autoimagem idealizada e muito mais a defesa usada para protegê-la que a leva à perdição. Sua arrogância e superficialidade, sua passividade e egoísmo é que são execrados, pois magoam os outros e os fazem se sentir menosprezados e rejeitados. Quer saibam ou não, as pessoas têm uma aguda intuição sobre o que é ou não é autêntico, por isso reagem assim.

As defesas constantemente usadas para finalidades irrealistas aos poucos fazem perder a eficácia contra o que realmente exige proteção. Todo o sistema interior fica confuso, esquecendo-se do que requer e do que não requer se defender. Por isso a pessoa que sofre de ansiedades frequentes, provocadas por medos irreais, é sempre mal dotada para se defender de perigos verdadeiros. A confusão gera impotência e paralisia, com alguns tirando proveito dela, podendo lhe trazer prejuízos. Tudo porque a energia é toda consumida para afastar seus perigos imaginários. Mas a defesa contra perigos irreais significa quase sempre também se defender de alguma verdade sonegada.

Na auto-observação e na revisão diária vão acontecer momentos de consciência do velho reflexo automático. Sua investigação possibilita entender melhor o equívoco por detrás. Trata-se de perceber as próprias reações e a sua desproporcionalidade em relação ao que a razão diz. Pode haver algum grão de verdade na crítica, apesar da possível injustiça? Se não há nenhum resquício de verdade, por que o medo? As emoções devem ser percebidas, mas não suprimidas ou reprimidas, apenas observadas quanto ao seu exagero insensato. Sem prejuízo a si e ao outro, somente assim será possível delas se esvair, eliminando o seu poder ameaçador. O outro nunca é responsável pela desagradável sensação de ansiedade que uma pessoa experimenta. É ela mesma quem criou, ao vestir uma armadura perene de defesa que encobre também o seu Eu Real.

## CAPÍTULO 20 – O ABISMO DA ILUSÃO

O mecanismo de defesa humano contra expressar-se de forma genuína demonstra um medo fundamental que pode ser denominado de "abismo da ilusão". É ilusório porque ninguém deixa de gostar de quem ousa ser autêntico; e é abissal porque se encontra nas profundezas do seu inconsciente. O sucesso é natural quando há concentração na questão em si, não na impressão passada aos outros. As pessoas não realizam muito do que poderiam fazer por não estarem realmente cientes desse medo. Quanto mais o sonegam, maior se torna esse "abismo" na sua imaginação. Às vezes os sonhos o mostram sem margem de dúvidas, mas é preciso compreender a linguagem do inconsciente. É necessário descobrir que esse "abismo" é irreal e que, ao se lançar nele, a pessoa flutua. Permitir-se flutuar jamais significa não buscar fazer o melhor, muito menos resignar-se ou tornar-se negativo. A descontração pode ser o único meio de eliminar a tensão e a defesa, ajudando a aceitar o que parecia inevitável. A verdadeira segurança interior reside na capacidade de se lançar no "abismo" imaginário, porque é quando o medo deixa de existir e o seu impulso está livre de distorções destrutivas.

Alguns acreditam que não podem cometer erros e que todas as suas decisões precisam ser perfeitas e irretocáveis. Como não estão à altura das suas exigências impossíveis, recusam-se a buscar autonomia. De fato, quanto mais a pessoa entra em conflito e se rebela de forma anárquica e generalizada, maior a probabilidade que tema e rejeite responsabilizar-se por si mesma, restando-lhe idealizar uma autoridade que assuma o controle. Ao mesmo tempo o seu espírito se esforça para chegar à grande liberdade da maturidade. Ela quer autonomia e autogestão, mas as teme por seus padrões perfeccionistas e por resistir às ações necessárias ao desenvolvimento pessoal. Sua luta contra a autorresponsabilidade vem da suposição de que isso exige passar por dificuldades e privações. O despertar para a verdade determina se livrar dessas falsas ideias. Significa desvencilhar-se de superstições ocultas e sutis, como a necessidade de sofrer e se limitar de forma arbitrária, uma imagem de massas muito difundida entre os seres humanos.

Muitos não se acham à altura das exigências e obrigações que algumas responsabilidades acarretam, mas se recusam a admitir. Acabam não assumindo compromissos, não acatando conselhos e até evitando amizades e relacionamentos em nome de uma pretensa liberdade. Isso os leva a culpar algo ou alguém por seus fracassos, deslocando responsabilidades que lhes cabem. Não se trata de aceitar todos os desafios, pois sempre é preciso alguma priorização e preparação. É igualmente necessário renunciar às exigências que se excluem mutuamente. Nos casos em que optar por não aceitá-las, é preciso também abrir mão da insistência de ter realização, admiração ou remuneração incompatíveis, mas sabendo que a decisão de hoje não é necessariamente a final. A admissão consciente desse fato elimina a angústia da desonestidade e do fingimento. Afasta, ainda, o conflito de lutar pelo que não é possível obter, visto não ter investido naquela direção. É desta forma que a visão e a capacidade de enxergar a realidade são ampliadas, fazendo aos poucos reduzir o medo das responsabilidades, o que se assemelha a um "abismo", mas que na verdade não passa de uma grande ilusão.

❖ ❖ ❖

## CAPÍTULO 21 – CÍRCULOS VIRTUOSOS E VICIOSOS

O impulso criado pela energia segue necessariamente uma direção circular e contínua. Cada vida parece ser uma linha reta, com início, meio e fim, porque o círculo está fora da visão humana. Quem se desvia dos Princípios Divinos permanece em um círculo vicioso, até que a consciência crie uma nova corrente de energia, um novo impacto em que se inicia um círculo benigno. Ficar preso em um círculo vicioso resulta de estar cego à realidade. Tudo o que se enxerga são fragmentos tirados do contexto e da continuidade, dando a impressão de ser o destino, nada tendo a ver com os verdadeiros pensamentos, emoções e atitudes.

A ruptura do círculo vicioso está sempre ligada à passagem pelo "abismo da ilusão", mantido a tanto custo. A renúncia se aplica ao aparente risco de perder a aceitação e a aprovação caso deixe de usar as pseudosoluções do mecanismo de defesa. Este é sempre uma forma de lidar com a experiência negativa e também se deve a concepções equivocadas da realidade. A transformação do círculo vicioso em virtuoso não é imediata, requer observação distanciada, descontração e capacidade de perseverar, pois os hábitos estão profundamente entranhados e haverá, inevitavelmente, regressões aos padrões costumeiros.

Os atritos e desentendimentos nos relacionamentos muitas vezes parecem incompreensíveis. Quando a intuição e a consciência estão atrofiadas, há revide cego, vingança e retaliação. Os participantes acabam encontrando algo no exterior que serve de palco para o verdadeiro drama do relacionamento. Se uma pessoa acha que não tem valor ela se sente insegura, recorrendo muitas vezes à agressividade para abafar essa sensação. Se não considerar a sua culpa real e não contiver a sua agressividade, o círculo vicioso vai girar a partir desse ponto. Seu ar de arrogância, superioridade e hostilidade provoca rejeição e desprezo, reforçando a sua insegurança. Quando usa de submissão para ser aceita, ela compromete a própria integridade. E quando frequentemente se evade das questões, dificulta seu entendimento e solução, reforçando a projeção da culpa no outro. Todas essas pseudossoluções sempre sancionam o equívoco original.

A pessoa segura do seu valor intrínseco - seja por ter recebido suficiente amor e aceitação na infância, seja porque, ao amadurecer, entendeu que o que lhe faltou não pode afetar o seu valor - tem autoconfiança suficiente para não necessitar se provar. Nada tem a esconder, pode se aproximar das pessoas, ser descontraída, ver objetivamente o que existe em si mesma e no outro. Relaciona-se pelo prazer de conhecer, de fazer amizades, não com vistas a provar algo a si mesma e ao mundo. Não precisa se submeter ao que não acredita, nem ser agressiva para se impor. Em ambos os casos o seu senso de valor é reforçado e o efeito sobre os outros é positivo. Como sua autoafirmação é isenta de hostilidade, ela aumenta o respeito próprio e dos outros. O círculo virtuoso interior reflete em suas relações, porque o lado doentio e as distorções exteriores não encontram eco nela. Relacionamentos saudáveis somente podem ser formados por quem não precisa entrar em uma luta de forças.

◆ ◆ ◆

## CAPÍTULO 22 – A CAPACIDADE DE DESEJAR

É possível ser feliz e realizado em todas as áreas importantes da vida, desde que este desejo não seja entravado por culpa, sentimento de não merecimento ou por superstições limitadoras. O homem que não deseja não pode ter, mas tampouco terá quando o seu desejo for contrariado pela crença de que não será satisfeito. O inconsciente deve ser dirigido pela razão e pela vontade para que a manifestação seja coerente com os seus desejos conscientes. É preciso explorar a própria psique para entender as suas causas e efeitos. Se prevalecer a imagem de massas profundamente arraigada da necessidade de sofrer, pode-se esperar o mesmo da vida. O desejo só é uma "fuga da realidade" quando o homem espera que a vida faça por ele o que ele não faz por si mesmo.

As fortes expectativas inconscientes são exigências de satisfação gratuita, elas implicam um "preciso disso e pronto". Sua presença gera tensão que neutraliza a capacidade de desejar. Os desejos saudáveis nunca são questão de vida ou morte, a menos que seja um caso real desses, literalmente. Há quem seja tão exigente e orgulhoso em seu interior que não comunica os seus desejos, concluindo que se fosse "realmente amado" os outros saberiam. Não é surpresa que fique insatisfeito, tornando-se amargo e ressentido, ao associar sua negação à indiferença e desprezo. A consciência das exigências permite à pessoa decidir de forma voluntária se é o caso de fazer a vontade do outro e por que correspodê-la ou não. Isso rompe o círculo vicioso, cessa a interação negativa e até elimina a hostilidade do exigente, mesmo que ele não venha a ser atendido no que demanda.

Quando maior a tensão imposta, menor a satisfação possível, pois ela busca abafar o que a personalidade se recusa a encarar com honestidade. Trata-se de uma corrente de força inequivocamente usada para neutralizar dúvidas, ansiedades, culpas e emoções negativas. As motivações deturpadas também prejudicam a capacidade de desejar, assim como não querer pagar o preço. Quando o homem compreende as necessidades do outro, torna-se tão generoso com ele quanto consigo mesmo, permitindo desfrutar da abundância da criação. Não existe ser humano que não possua qualidades com as quais não possa enriquecer a vida. Elas ficam latentes porque não lhe ocorre reconhecê-las e contribuir de fato.

As respostas cegas e os reflexos automáticos prosseguem num círculo ininterrupto, impedindo a formação saudável do desejo. Na pseudossolução da submissão, a personalidade concorda, cede e concilia, sem nunca se afirmar em atos e palavras, mas emocionalmente recusa-se a dar qualquer coisa. Aquele, por sua vez, que é inflexível, dominador e hostil, usando a agressividade como defesa, é fraco por dentro, onde se encolhe e se divide. Em ambos os casos não há como se sentir merecedor do prazer. Sem conhecer as suas motivações e emoções ocultas a pessoa não apenas se priva da felicidade, mas também prejudica os outros, sendo incapaz de entregar o que tem para dar. A plena satisfação significa a fusão com a vida e a união com o outro. O medo da perda do eu, por parecer a morte, é uma ilusão que impede exercer o desejo e a oportunidade de contribuir.

◆ ◆ ◆

## CAPÍTULO 23 – NECESSIDADES REPRIMIDAS: MANIPULAÇÃO, DESLOCAMENTO E SUBSTITUIÇÃO

O homem precisa estar livre de conceitos irrealistas e de valores distorcidos para poder preencher as suas necessidades reais. Mas as imagens e conclusões erradas, por ele generalizadas, o impedem. A criança que supõe não receber amor chega à conclusão de que se trata de algo que não existe e desejá-lo é tolice e vergonhoso. Na idade adulta, sob o domínio desse conceito subconsciente, essa pessoa reprime as necessidades de amor e tolhe a capacidade de senti-lo e expressá-lo aos outros. Assim ela também não é amada, sancionando a convicção de que o amor não existe para ela. As imagens geram confusões sobre as suas necessidades saudáveis e legítimas, fazendo com que elas sejam reprimidas, negadas ou substituídas por necessidades falsas.

Qualquer atividade interior que busque gerar sentimentos e necessidades irreais representa grande desonestidade e traz graves consequências. Acaba sendo desviada para formas artificiais de expressão, negando ou direcionando para o lado oposto da manifestação espontânea. A pessoa pode, por exemplo, achar que a sua necessidade legítima de às vezes ficar sozinha é errada, acreditando ser este um sinal de fraqueza e insociabilidade, sempre se esforçando para estar acompanhada; ou pode achar que a sua necessidade de companhia indica dependência e superficialidade, passando a desaprová-la até não ter mais consciência dos outros. Em ambos os casos, a má compreensão da necessidade saudável a priva de encontros verdadeiros.

Aquele que se sente culpado e que não se permite viver com a sua personalidade individual saudável, confundindo-a com agressividade hostil e doentia, desiste de se autoafirmar, acreditando se tratar de egoísmo e inadequação. Mas sua fraqueza e insegurança acabam provocando autodesprezo e ressentimento, levando-o a culpar o outro. A percepção da mentira por trás o impede distinguir as suas necessidades reais das distorcidas. Oscilando entre o que é errado e a sua contenção, não é capaz de atender à própria necessidade saudável de autoafirmação. Essa pessoa não costuma ter sucesso profissional ou nos relacionamentos nem próximo do que poderia ter. Isso se aplica a qualquer valor confuso que impeça a expressão das suas necessidades reais.

Enquanto imagina ser uma pessoa essencialmente ruim ou possuir uma natureza dupla, metade boa, metade má, ignorando que seu lado destrutivo só existe por suas falsas ideias, como pode confiar em si mesma para ser livre e espontânea? Mas se perceber a sua Natureza Divina, se souber que sem conceitos equivocados ela é totalmente boa, irá se permitir a explorar os seus recessos mais ocultos, encarando o que neles existe. Frequentemente o homem acredita sublimar as suas emoções e impulsos inaceitáveis, quando na verdade tudo o que faz é reprimir e manipular. A sublimação verdadeira é o deslocamento para o canal construtivo e, como tal, realmente é um mal menor, um processo consciente e compreendido como algo apenas temporário. Mas quando está em um estado de expressão saudável e natural do Eu Real, a sublimação do que quer que seja é sempre desnecessária.

◆ ◆ ◆

## CAPÍTULO 24 – IDENTIFICAÇÃO COM O EU

Estar completamente no Eu Real significa não ter incertezas, significa a segurança de gostar e de confiar em si mesmo. É a meta desejável que compensa o esforço dos períodos inevitáveis de confronto com a dor para separar o eu da confusão. Uma pessoa adulta que não se identifica consigo mesma está em estado de falsidade. Mesmo uma identificação positiva com os pais é indesejável quando substitui a identificação consigo mesma. O Eu Real pode ser encontrado aqui e agora, mas com frequência está próximo demais para ser reconhecido. Para viver no "agora" é preciso retornar da alienação e da destituição, superando a aparente dificuldade de voltar ao Eu Real. É necessário fazer do autoconfronto um estilo de vida, aceitando lidar com o oposto do que a meta representa. Requer abrir mão do que deseja ardentemente, até que a Realidade Maior da Perfeição se torne acessível. Demanda aprender a suportar a frustração e as críticas, até que elas não sejam mais necessárias. E também aceitar o indesejável, enquanto não compreende que ele não precisa existir.

Tanto a desesperança quanto o sofrimento costumam ser encobertos por um verniz de falsidade que os nega, em uma tentativa malograda de encontrar e preservar os seus direitos básicos. Essa estratégia afasta a consciência para ainda mais longe. Sempre que o homem evita a experiência emocional, negando ou reprimindo, diminuindo ou manipulando, foge do "agora" e se aliena do Eu Real. Com frequência prevalece um torturante senso de irrealidade, até mesmo em momentos que deveriam ser os mais importantes da sua vida. Mas se nem eles proporcionam nada além de sentimentos vazios e superficiais, qual é afinal o sentido disso? O que deixa cicatrizes e feridas é a recusa em vivenciar o efeito de concepções errôneas. O medo da dor intensifica a própria dor. Somente quando não há fuga do eu é que o Centro Interior pode ser ativado. Nesse momento não há mais desconforto emocional, sentimentos de não pertencimento ou de falta de identidade.

A não identificação com o eu pode ser reconhecida observando a exigência sutil de que os seus pensamentos e sentimentos, articulados em uma conversa ou vividos em determinados momentos, devam criar uma boa impressão ao outro, mesmo que ninguém esteja presente. A pessoa imagina ou fantasia que está sendo observada. Toda a noção de ter uma identidade para ela depende que os outros notem a sua existência e as suas expressões. O que aparenta é o que importa, não o que é. Essa identificação não acontece apenas com indivíduos específicos, mas às vezes com grupos, nacionalidades, ideias e filosofias. O conformismo decorre da necessidade de se identificar com alguém mais poderoso ou, ao contrário, tornar-se membro de um grupo rebelde, o que tampouco significa independência. Quando a pessoa tenta incansavelmente provar ao outro ser algo que ainda não é, indica que este algo existe com força dobrada em suas camadas ocultas. Em ambos os casos ela usa tal comportamento como substituto da falta de identificação consigo mesma. Se um ego é fraco demais, não é possível identificar-se com o Eu Real, assim como se é forte demais, pondo-se muito em primeiro plano. Encontrar e vivenciar o Centro Profundo do Ser é a meta da vida, pois lá se encontra o sustentáculo de toda a sabedoria, amor e verdade.

◆ ◆ ◆

## CAPÍTULO 25 – A DUALIDADE PROVOCADA PELA ILUSÃO

Enquanto o eu exterior for diferente do seu interior, o homem vive em uma divisão que deteriora as suas experiências e o faz se sentir refém de destinos mal compreendidos na vida. A humanidade imatura tenta evitar a confusão recorrendo a dogmas, declarando que uma coisa é certa e outra é errada e seguindo tais preceitos irrefletidamente. Ao flertar com a mentira, usando-a como verdade, cria ainda mais confusão e se frustra, o que faz ceder à preguiça e à dependência. Essas razões induzem a decorar a conduta certa, como em um livro de regras memorizadas. Elas até podem estar corretas, mas não se seguidas sem consciência, por medo e disfarce da sua submissão, por rebeldia ou masoquismo. A questão principal é sempre se é o Eu Real que está ativado ou se é o eu exterior que reage por mero reflexo, seguindo impulsos e necessidades dos quais não tem ciência.

As pessoas não percebem que os dois lados da dualidade constituem um todo. A certeza sabe que pode ter, que não é necessário agarrar. O homem precisa aprender a conservar a sua dignidade quando não obtém instantaneamente o que deseja, reconhecendo que o seu estado atual não pode ser mudado à força. Então começará a confiar na própria capacidade de viver de maneira construtiva, com uma atitude mental relaxada, segura e flexível. Transcender a dualidade significa ir até o fim do lado cindido temido, sem contornar ou negar, em vez de fingir que ele não existe. Significa viver e aceitar o "agora", o que só pode ser feito enxergando-se com total franqueza. O medo da morte é a dualidade humana fundamental, da qual decorrem todas as demais. Também é necessário encará-la com honestidade. Quando a verdade da unidade e da continuidade da vida é percebida, há um conhecimento profundo de que a felicidade, o Prazer Supremo é a meta final encontrada no estado de ser, potencial natural de todos.

A divisão original se expressa através dos pais. É preciso uma boa dose de "insight" para entender como cada um dos genitores é perpetuado na psique, e depois no companheiro. Os "aspectos-pai" podem servir para combater os "aspectos-mãe". Há mulheres nas quais a mãe representa o seu lado medroso, a sua tendência à submissão. Os homens que elas desejam representam os seus pais, a sua divisão. Se um homem não parece o suficiente com seu pai, ele não é respeitado; mas quando parece demais, essa mulher acredita não ser amada, por não ter se sentido amada pelo pai. Seu companheiro também precisa ser como sua mãe, para que ela se sinta segura e aceita; mas se deixar que ela leve vantagens sobre ele, sua atração se esvai. Esse precário equilíbrio obviamente não é possível de ser mantido. E quando o impulso sexual é visto como algo errado, há medo da sexualidade, medo de si mesma e do sexo oposto, pelo poder que tem de despertar o que é temido, muitas vezes de modo inconsciente. Porém não há como fugir do fato de que é na união pessoal entre um homem e uma mulher que podem ser superadas as barreiras entre os opostos e a dualidade ilusória e impeditiva do Prazer Supremo. O impulso pela união com o sexo oposto é o mais elevado símbolo da unidade.

# MÓDULO IX - CAMINHO PARA O EU REAL - FASE III

Não são poucos aqueles que não conseguem sentir prazer sem inconscientemente provocar dor, reafirmando as suas antigas conexões. Por isso é tão frequente que percam o interesse e a paixão quando se sentem seguros e aceitos demais. Ainda que desejem ser amados, eles percebem isso como falta de desafio que diminui seus sentimentos. Esta é a natureza da luta, do seu conflito que, quando não reconhecidos, induz à compulsão e à busca por aprovação. Se a humanidade não associasse o mal ao prazer, haveria muito pouca força destrutiva nele. Quando cada um considerar as próprias falhas, ainda que o outro esteja errado, os conflitos terão um fim, eliminando ambas as posições indesejáveis da submissão injusta e da agressão destrutiva.

O medo da decepção impede que a pessoa viva o presente. Ela está sempre pensando no futuro, sobre o que fazer, ou no passado, que idealiza ou lamenta. Quanto mais se respeitar, ciente do seu valor, menos ofensas, rejeições e mágoas irá vivenciar; e quanto mais se entregar a devaneios, menos estará equipada para lidar com a vida real. Se algo falta em sua vida é porque ela não dá o seu melhor ou porque busca por falsas necessidades. O exterior nunca substitui o desenvolvimento interior. Para que Deus possa se expressar em si, é preciso discernir a voz do pequeno ego sem se identificar com ela. A intencionalidade negativa é quase sempre o elo que falta a ser descoberto para escapar do círculo vicioso. Nada pode ser mais libertador do que perceber como cada um cria o seu próprio destino.

O destino é autocriado, se o indivíduo vive feliz ou infeliz, em plenitude ou miséria, é uma escolha dele. Muito da sua arrogância e péssimos costumes têm um âmbito manipulativo que busca controlar o outro. Considerando a imortalidade do espírito, com o seu carma pessoal, esse conceito se aplica mesmo às pessoas com distúrbios mentais. Para sair desse ponto é preciso expressar os seus pensamentos, sentimentos e desejos irracionais. Embora se sintam vítimas de circunstâncias alheias à sua vontade, há momentos em que mesmo elas sabem mais ou menos o que fazem. Antes de entrar em surto existe uma oportunidade de escolha. Após angariar disposição para abrir mão do orgulho, será preciso ainda vencer a camada involuntária, o que se faz pela revisão diária, meditação e oração. É assim que os sentimentos reprimidos do passado são experimentados, permitindo ver como eles são projetados no presente, confundindo as suas relações atuais com antigas associações parentais.

Ninguém pode ajudar plenamente o outro enquanto o seu pequeno ego estiver muito preocupado com o próprio objetivo, com a meta de ser melhor do que o outro e de ter que provar algo por orgulho e vaidade. É preciso meditar e orar por auxílio para purificar as suas motivações; reconhecer os truques do ego e afirmar o desejo de ajudar; conscientizar-se da impossibilidade de resolver o que reprime; ter clareza do trabalho sobre as imagens e conceitos errôneos que induzem a defesas e atitudes falsas; fazer uso da impressão de sentimentos e da expressão e aplicação do Poder Espiritual para mudar os padrões negativos; e abster-se da ideia de que servir em devoção e doação prejudica as vantagens mundanas, a felicidade e o próprio preenchimento, pois nada está mais longe da verdade.

◆ ◆ ◆

## CAPÍTULO 26 – CONSCIÊNCIA, EXPERIÊNCIA, MOVIMENTO E A DISTORÇÃO DO PRAZER

A capacidade da criança para dar amor é muito limitada. Isso é algo passageiro, natural e orgânico, está no plano das coisas. Na juventude o impulso do prazer fica bastante acentuado. Quando o relacionamento é doloroso na infância, o prazer se infiltra, suavizando a dor e até a tornando razoavelmente agradável. Se o prazer não estivesse presente, a sensação de impotência, dependência e decepção poderia ser intolerável. Mas quando um adulto, ignorando o que se passa, continua a agir dessa forma, ele prejudica a sua própria capacidade de amar, tornando-o emocionalmente doente. É extremamente importante entender essa situação generalizada no desenvolvimento humano.

As pessoas muitas vezes não conseguem ter prazer sem inconscientemente provocar dor, reafirmando o comportamento de tê-lo associado a antigas sensações negativas. Se a personalidade não compreender e mudar tais processos emocionais ocultos, acabará por escolher alguém que nela inflija dor para que possa também sentir prazer. Por isso é tão frequente que perca o interesse e a paixão quando se sente segura demais, aceita demais. Ela percebe isso como falta de desafio que diminui os seus sentimentos, embora naturalmente deseje ser amada e aceita. Essa é a natureza da sua luta, do seu conflito.

Ao ouvir falar em acidentes, tragédias e agressões, é muito comum perpassar sensações prazerosas em algum grau. As pessoas detestam admitir isso, mas encarar tais manifestações é algo que precisam aprender a fazer. Isso não apenas elimina reações indesejáveis, mas também aumenta a consciência sobre a universalidade do mal. Se o mal não estivesse inadvertidamente associado ao prazer, teria pouca força destrutiva e seria de curtíssima duração. As emoções decorrentes de mágoas na infância se aliam ao princípio do prazer. Pelo temor de perdê-lo, o inconsciente do homem cria todas as dificuldades pessoais e circunstâncias indesejáveis na vida. Quanto mais ele se conhece, mais claramente percebe quanto, como e quando coloca o impulso do prazer a serviço do sofrimento, de rejeições e humilhações.

Há casos mais graves de indivíduos que só conseguem sentir prazer diante da manifestação aberta do sofrimento. E há aqueles que, por temerem a dor associada, experimentam a vida apenas em fantasias. Sua consciência assim não pode se expandir, diminuindo a experiência, amortecendo os sentimentos e prejudicando a espontaneidade. O pensamento estagnado inibe o movimento, reduzindo o escopo e a profundidade da experiência. Qualquer caminho de autodesenvolvimento percorrido com sucesso leva a um grau maior de consciência. Depois que a verdade se infiltra na Substância

Vital, a psique deixa de se fixar em uma afirmação ou conclusão definitiva, voltando a outras possibilidades, pois a imagem que sustenta a neurose se desfaz. É o trabalho pessoal que permite viver cada vez mais no "agora", no fluxo de uma vida onde o movimento é pacífico e a paz uma energia pulsante.

◆ ◆ ◆

## CAPÍTULO 27 – SONHOS E DEVANEIOS

Todo sonho contém uma mensagem originada no inconsciente, sobre a qual a mente consciente deve estar a par. Para interpretar a sua linguagem simbólica é necessário descobrir as associações pessoais do indivíduo. Algo muito bonito e desejável para uma pessoa pode ser apavorante para outra. Sonhar com determinado evento não o representa propriamente, mas sim as reações e sentimentos ocultos que ele simboliza. Os sonhos dão acesso a um nível mais profundo do inconsciente, sendo muito úteis se bem trabalhados. A psique também pode ser direcionada para produzir, em sonho, o que seria muito difícil descobrir de outra forma, desde que haja vontade sincera de se encarar.

A interpretação profunda e correta dos sonhos proporciona muito mais do que alívio. Abre novos horizontes de compreensão daquilo que transpira nas sub-regiões da personalidade. Proporciona discernimento quanto às verdadeiras reações e sentimentos. A maioria dos sonhos expressa uma impressão subjetiva, raramente informando sobre o fato objetivo. Quando o faz, são sonhos intensos que a pessoa não costuma esquecer. Em casos ainda mais raros eles podem ser proféticos, o que é perfeitamente razoável, visto não estar a consciência limitada pelo tempo. A comunicação da psique através dos sonhos é mais fácil à medida que as obstruções são eliminadas, permitindo sintonizar-se com uma intuição profunda que proporciona inspiração e orientação seguras.

Quem se move por conceitos errôneos, medos e problemas mal resolvidos comumente age com devaneios, acreditando que o que se passa em seus pensamentos está de fato acontecendo. O ego e o instinto podem ser usados para substituir necessidades reais não satisfeitas, assim como para alimentar necessidades falsas de uma autoimagem idealizada. Nesse caso busca-se gratificar o orgulho, vivenciando satisfações fictícias com gosto de vingança contra quem parece tê-lo menosprezado. Mas se o indivíduo viver uma experiência muito difícil e traumática, escapar temporariamente para o mundo dos sonhos pode salvar a sua sanidade. Isso se aplica principalmente às crianças, por não terem meios de lidar de modo concreto com situações difíceis. Eventualmente também pode conferir, para alguém que se encontra paralizado, a força e o incentivo para sair e transformar a ficção em realidade. Se não houver nem esta nem aquela forma de escape, a energia da fantasia costuma ser frequentemente deslocada de forma bastante destrutiva.

Fato é que quanto mais a pessoa se entrega a devaneios, fazendo deles parte da sua natureza, menos equipada ela está para lidar com a vida. Age tentando forçar o outro a seguir as próprias expectativas, não sabendo que, com abertura e sensibilidade, sem antecipar nada diante do inesperado, seus resultados seriam infinitamente mais satisfatórios. Mas devaneios não devem ser suprimidos à força, pois acabam substituídos por outros, visto serem apenas sintomas. Em vez de evadir-se ou forçar-se a se abster deles, perceba a sua natureza como um observador imparcial. Veja que quanto mais distante da realidade uma pessoa vive, mais ela se afasta do "agora", menos realizada se torna e menos harmonia tem com a vida, consigo mesma e com os outros.

◆ ◆ ◆

## CAPÍTULO 28 – A RELAÇÃO DO HOMEM COM O TEMPO

O tempo é um fator muito limitante, resultado da natureza tridimensional da esfera humana. Quanto maior o grau de consciência, mais estendida se torna a dimensão do tempo. O inconsciente tem a memória da maravilhosa experiência atemporal de onde veio. Há muitas dimensões de tempo perpassadas entre a dimensão tridimensional do universo e o Estado Supremo do Ser. A atemporalidade existe apenas no centro mais profundo e mais íntimo do Eu, onde Criador e criação se tornam uno, onde a mente é totalmente transcendida, assim como a causa e o seu efeito. Mas mesmo na limitação temporal da esfera em que vive, o homem tem uma grande oportunidade de se desenvolver e de se realizar de maneira abundante e feliz. Isso pode ser feito, até certo ponto, bem aqui e agora. Em primeiro lugar é preciso aceitar a limitação, ao invés de se debater contra ela, de modo a aproveitar a totalidade de cada fragmento da experiência.

O vago sentimento e o medo de que o tempo seja limitado criam um tipo especial de tensão. O tempo mantém o homem sob as suas garras. Ele se debate exatamente como um cão força a sua coleira. Teme determinados aspectos da vida no presente ou não gosta dela, fazendo com que queira ir para o passado. O medo do "agora" e a aversão ao presente também fazem com que parta para o futuro, vivendo em seus devaneios um arremedo do amanhã. O "agora" pode implicar encarar fatos desagradáveis sobre a vida, sobre os outros e sobre si mesmo. Mas somente quando totalmente enfrentados, sem qualquer evasiva, os sentimentos dolorosos deixam de ser produzidos. Estar no presente significa estar no Eu Real, implicando viver em unidade e nas oportunidades de cada momento.

O medo da decepção e de ser magoado impede que o indivíduo viva o presente. Isso se manifesta em seu cotidiano, sempre pensando no que fazer em seguida, não no que está fazendo agora; ou o faz caminhar para trás, em direção ao passado, em geral numa versão idealizada dele. A liberação disso leva à descoberta de que quanto menor a pessoa se sente, mais danos causa aos outros; e quanto mais se respeita, ciente do seu valor, menos ofensas, rejeições e mágoas vivencia. O "agora" pode ser apenas a admissão total do que é. Quando muitos "agoras" forem explorados de maneira consistente, o tempo estendido será vivido. É sempre assim, mas a experiência é muito diferente da compreensão teórica.

Somente vivendo plenamente cada momento é possível adentrar em outra dimensão do tempo. Embora ainda não seja o estado ou a dimensão mais estendida e elevada, trata-se de algo possível à esfera humana. Alguém pode expressar a ressalva de que não tem tempo para explorar o presente. Mas será que é preciso mesmo tanto dessa preciosa comodidade? Será algo a se ficar remoendo por horas? Ou será apenas uma simples questão de consciência, atitude e abordagem do eu de penetrar nas paredes do autoengano e da evasão? Se ao menos uma parte do tempo desperdiçado em devaneios ou em alimentar ressentimentos fosse usada para explorar o presente, a vida seria uma experiência gloriosa, sem a tristeza e o medo de perdê-la.

◆ ◆ ◆

## CAPÍTULO 29 – O INDIVÍDUO E A HUMANIDADE

Existem certas regras inalteráveis que governam a vida, a evolução. Elas são tão impessoais quanto qualquer Lei da Natureza e operam em todos os níveis, do material ao mental, do emocional ao espiritual. As atitudes psicológicas e espirituais, os pensamentos e sentimentos, são muito mais poderosos e contagiosos do que as palavras e ações. Assim como cada indivíduo ignora as suas motivações inconscientes, o que o torna ambivalente e desarmônico, a humanidade como um todo também o faz. Conflitos não reconhecidos privam o homem da livre escolha, induzindo-o à compulsão e à dependência das circunstâncias e de aprovação externa. Seus medos profundos resultam da convicção de que ele se encontra em uma facção oposta, em constante competição. Assim que se der conta de que ele e os outros são um só, os seus problemas terão fim. Tudo o que precisa fazer é remover essa concepção errônea para que se instale um clima verdadeiro. Cada pensamento construtivo, cada sentimento cordial, cada movimento de aperfeiçoamento têm efeitos permanentes no mundo.

Os problemas que existem no adulto, quaisquer que sejam, se devem às áreas imaturas que não foram confrontadas e tratadas com inteligência, decência e justiça. Não é questão de punição ou de recompensa, mas do simples funcionamento de Leis Imutáveis. Quanto mais os níveis emocionais permanecerem infantis, mais destruição será moldada nele e em seus arredores. Um bebê não tem autoconsciência, não pode ponderar o benefício duradouro ou a desvantagem dos seus atos, em sua busca por prazeres imediatos. Em certo sentido o homem primitivo a ele se comparava, era tão egocêntrico e desamparado que sobreviveu apenas porque vivia em comunidades pequenas e isoladas. Inventou deuses cruéis e vingativos, quase que como uma proteção contra os seus próprios instintos destrutivos. Houve muitas ocasiões em que indivíduos infantis assumiram o poder. Puderam manter as massas sob seu controle por um tempo, mas o resultado foram guerras, derramamento de sangue, doenças e pobreza. A humanidade evoluiu a um ponto que os seus governantes atuais precisam ao menos fingir que se importam. Se ainda não conseguem distinguir entre a preocupação falsa e a real, isso deve ser a próxima etapa da ampliação de consciência.

À medida que a criança cresce ela passa a aprender a considerar os outros, relacionando-se em um nível de maior igualdade que não podia ter com seus pais, além de acumular maior conhecimento intelectual. Quando a maturidade completa é atingida, o crescimento espiritual deve ter início, sem abandono do crescimento emocional e mental, que se tornam cada vez mais entrelaçados. O homem e a humanidade como um todo precisam se esforçar para desapegar de conceitos errôneos para que o crescimento harmonioso possa ter lugar. A resistência contra o novo estágio e os seus requisitos é, muitas vezes, inconsciente. As crises da humanidade ocorreram e ainda ocorrem em boa parte por medo da maturidade, por querer permanecer no modo de vida que parece mais seguro e menos exigente, com alguns poucos assumindo o fardo dos demais. Quando cada nação e os seus governantes analisarem as suas falhas, assim como deve fazer o indivíduo, em vez de apenas e exaustivamente culparem o outro, ainda que ele também esteja errado, os conflitos terão um fim. Então eles se elevarão acima das alternativas igualmente indesejáveis de se submeterem à injustiça ou de serem agressivamente destrutivos.

◆ ◆ ◆

## MATERIAL ADICIONAL #1 - 05/05/1972 - QUESTÕES A "HELPERS" E FACILITADORES

Abra espaço à Divina Consciência que está em você mesmo. Volte-se calmamente para dentro por um momento, deixando-A se manifestar. Confie Nela para libertá-lo das suas negatividades, às quais imagina que deva se agarrar por parecerem ser o seu Eu Real. Permita que a sua Verdadeira Identidade, a sua Divindade manifeste através de si e na sua consciência. Isso o fará reconhecer que ambas são a mesma unidade.

A Lei Espiritual do Desenvolvimento parece paradoxal, mas é inexorável, significando que quanto mais o homem se desenvolve, mais experimenta a premência urgente das facetas subdesenvolvidas da sua personalidade. Na medida em que aprende a se aceitar, com maior frequência corre o risco de se expor pelo que realmente é. Não fuja com evasões e defesas, confusões e alienação. Ao se aceitar, também será natural aceitar os outros como eles são.

No começo do trabalho pessoal, para todos os propósitos e fins, a pessoa fica mais confortável quando não são feitas tais solicitações ao seu Eu Real. Há uma pressão tremenda, dirigida por orgulho e medo, para agir segundo as suas velhas falsas maneiras. Mas aos poucos os antigos truques tornam-se evidentes e causam desconforto. Na medida em que a pessoa passa a ser mais verdadeira no seu processo de crescimento, é natural ser o que ela é em essência.

Só é possível ir a fundo e satisfazer às aspirações internas aprendendo a ser verdadeiro na sua comunicação, em um nível mais profundo. No início a pessoa se vê bloqueada ao tentar aprofundar um relacionamento, fica frustrada e confusa. Mas aos poucos se torna mais interessada, relaxada e estimulada entre amigos que a encorajam a se mostrar. E também se sente desinteressada e esgotada nos relacionamentos que solicitam assumir falsas facetas para voltar a agir em um nível superficial.

Até que ponto há avanço na sua conexão com o Eu Divino? Em que medida você deseja parecer melhor do que os outros? Tente ver a correlação disso com os seus sentimentos de ansiedade e ameaça. Peça conselhos a quem sente confiança, tente deixar de lado a vergonha e a competitividade. Não existe uma corrida e não há porque se colocar à prova. Dois seres humanos não devem ser comparados. Fazê-lo é um aspecto de egoísmo e separatividade. Não tente desempenhar um papel para o público. Busque dar respostas verdadeiras e não desculpas ou evasivas. Mas se ainda quiser manter as suas defesas destrutivas, não jogar limpo, não amar e ainda assim viver bem, a vida vai acabar por lhe mostrar pela dor o quanto você está errado.

◆ ◆ ◆

## MATERIAL ADICIONAL #4 - 27/06/1976 - MENSAGEM AOS GRUPOS DE TREINAMENTO

Há muitos níveis de entendimento nessas palestras, por isso é tão essencial avançar na sua compreensão. Novas verdades são descobertas no seu aprofundamento. Por abrirem portas ao desenvolvimento pessoal, é de se esperar maior resistência em trabalhar com elas. A leitura superficial causa apenas uma impressão momentânea, o entendimento se perde porque não é enraizado. Mas quando há um trabalho maior em absorvê-las, chaves significativas para o que parecia impossível resolver ficarão evidentes. A dedicação paciente e o trabalho contínuo são o seu alicerce, fornecem os requisitos, a segurança e os mecanismos para ajudar a si e os outros. É um preço justo a pagar para descortinar a própria vida.

Estas chaves são sempre, de alguma forma, dirigidas a uma possibilidade onde antes não havia saída. A compreensão profunda da intencionalidade negativa é das mais fundamentais. Nada é tão compensador quanto superar a resistência em ver a sua contribuição na formação do próprio destino. Não assumir responsabilidades com o outro também é um entrave de preguiça e desleixo. É aí que os líderes comunitários se diferenciam dos seus seguidores. Mas mesmo estes se distinguem, há os que os seguem de maneira construtiva e há outros que agem com má vontade, transferindo culpas e ressentimentos.

Quando se chega ao ponto onde tudo parece caminhar em um círculo fechado, quase sempre a saída aparece ao incluir nele o elo perdido da intencionalidade negativa. Mas às vezes uma conexão pode faltar, esta que também é uma chave complexa e importante, muito além do que parece ser. Trata-se de identificar a intencionalidade pelo aspecto oposto de como ela se manifesta. Suponha, por exemplo, que um bloqueio ocorra em uma pessoa através de algo específico que nela se mostre como medo. A figura oposta, muitas vezes despercebida, é que é ela mesma quem escolhe estar no medo, porque assim pensa poder eliminar outras dificuldades que não deseja aceitar na sua vida. Também pode haver reações agressivas pela vontade de fazer com que os outros a temam, buscando impedir aproximações que revelem a questão original. É muito libertador quando isso é identificado, pois a verdade pode fluir e a causa real do problema ser corrigida.

As respostas para os problemas nunca residem no nível do sim ou do não, do negativo ou do positivo. São sempre derivadas de uma abordagem mais profunda que a alma humana concebe. Elas são necessárias para compor o desejo e o sentimento de estar preparado para o trabalho pessoal e comunitário na vida. Somente quando a manifestação é cuidadosa e honestamente explorada, a verdade passa a ficar óbvia e certa, sem "se" nem "mas", pois vem de um nível de realidade interior que nunca erra e que não segue uma disposição externa. Tudo o que é feito em qualquer ordem da formação pessoal e coletiva precisa ser trabalhado nesses níveis mais profundos.

◆ ◆ ◆

## MATERIAL ADICIONAL #5
## - 01/11/1977 - ESBOÇO DO
## PROGRAMA DE TREINAMENTO

O tempo chegou para mostrar este caminho àqueles em outras terras que estão prontos para ele. Para este propósito segue o esboço de um programa. Não é preciso cumpri-lo exatamente, mas no todo ele inclui o que é devido para um bom treinamento no menor tempo possível. Liderá-lo será extraordinariamente útil, criará muito crescimento na função de "helper", no ensino e na maturidade pessoal. Uma vez mais o treinador se tornará o "trainee". Quando o grupo estiver estudando o programa, o próximo passo é se sentarem juntos, abrindo os seus canais e pedindo guiança para a montagem de um sistema viável que trate das tecnicalidades. Estas incluem debater o ensino, definir a proporção de estudantes por "helper" e o quanto deve ser cobrado para compensar os que ajudam, ensinam e treinam. Então o programa deve ser divulgado para levantar os interessados e compilar listas de "helpers", professores e treinadores capacitados.

Uma vez que começarem a dar atenção criativa ao projeto, as coisas acontecerão mais rápido e mais detalhes virão na forma de inspiração e ideias. Esta é a Vontade de Deus, existem almas em outras terras que estão sequiosas, devendo ser encontrados caminhos para possibilitar este treinamento. A sugestão é que pela manhã seja dedicado um período de três horas ao estudo. Duas apostilas deverão ser vistas, uma apresentada pelo professor e outra por um estudante. O comitê de currículo deve selecionar o material mais importante a ser estudado. As apostilas que não puderem ser vistas deverão ser um material de leitura durante e após o programa. À tarde, ministrem aulas de conceitos, alternadas com "Core Energetics" no dia seguinte. A função de "helper" deve ser ensinada em teoria, com exemplos do material de sessões pessoais. Os problemas precisam ser relacionados aos conceitos dados nas apostilas. À noite, reúnam grupos regulares de estudos dessa metodologia, alternados com grupos de prece e meditação. Em cada um ou em ambos o método de revisão diária precisa ser ensinado e praticado. O material que surgir deve ser transformado em meditações e preces relacionadas às tendências e atitudes e aos problemas em discussão.

Para os estudantes que não dispõem de três meses consecutivos, sugerimos dividir o programa em dois períodos de seis semanas. Eles devem trabalhar intensivamente no currículo, o qual precisam dominar. É de suma importância combinar o seu trabalho pessoal com o treinamento de "helper". Cada problema que surgir deve ser olhado como um material para abordar questões semelhantes dos futuros pacientes. Ao mesmo tempo o estudante deve ser advertido do perigo de projetar a sua experiência pessoal neles. A arte da interpretação de sonhos e das situações da vida, como se sonhos fossem, precisa ser observada. Ao final do programa a avaliação da capacidade do estudante para se tornar um "helper" deve ser feita. Isso ficará evidente no decorrer das sessões de processos, pelos apartes, pela análise do entendimento e seriedade nas meditações e preces, pelo comprometimento e doação ao trabalho e pela compreensão dos conceitos e entrega à sua tarefa e à Vontade de Deus.

◆ ◆ ◆

# MATERIAL ADICIONAL #7
# - 09/08/1973 - O PLANO
# DIVINO DO CENTRO

O Centro Pathwork® é uma Inspiração Divina para ser um oásis de purificação, cujo aprofundamento contínuo é pré-requisito e onde somente entidades altamente desenvolvidas podem participar. Mas problemas graves e negatividades não são necessariamente evidências de falta de desenvolvimento. Seus membros serão medidos pela capacidade de entender e de pôr em prática os ensinamentos. A honestidade, o enfrentar as distorções sem negação, sem acobertamentos é o que viabiliza transformar a consciência. Sentimentos, pensamentos e ações negativos precisam ser trabalhados com maturidade, em reuniões frequentes de revelação. Nenhum assunto é tão pequeno que não mereça a sua atenção. Preces e meditações profundas e sinceras para se alinhar à Vontade Divina nunca falham em produzir harmonia, paz e plenitude. Este é o princípio fundamental, a fundação sobre a qual tudo mais pode ser construído.

A função do Centro é a de ser um modelo para o trabalho de purificação, desenvolvendo e divulgando os pré-requisitos, regras e métodos ensinados no Pathwork®. Tempo virá em que a política e a economia serão baseadas nos mesmos métodos e processos. Quando existir uma sólida e verdadeira fundação, as aberturas espirituais se multiplicarão e os seus propósitos florescerão. Novos educadores e políticos encontrarão os seus caminhos aqui, mas não para trazer orgulho e inflar egos. Isso precisa ser encarado com humildade e de forma altruísta. Seus membros ainda estão em preparação para provar serem merecedores dessa grande missão.

Aqueles que perseverarem conhecerão a imensa realização de trabalhar para o Plano Divino em uma época crucial da história, um tempo de mudanças significativas e de preparação para uma Nova Era. Será criado um novo sistema escolar no qual a base deve ser a purificação e a aquisição de conhecimentos sobre as Leis Espirituais. Ressalte-se que, não de forma exclusiva, o conhecimento científico e cultural sobre outras áreas é necessário para uma vida bem formada. Isso não significa se estender a muitos campos, pois ninguém pode ser conhecedor de tudo. O aprendizado mental também não deve ser um escape ou uma maneira de se provar superior, mas uma expressão harmoniosa da Verdade Divina. O Centro deve ainda libertar o âmago criativo e as manifestações artísticas que realçam as conexões e trazem valor e beleza, verdade e sabedoria.

Embora as vocações possam mudar ao longo da vida, o que se faz deve sempre ser a expressão da alma. Toda atividade pode ser profundamente gratificante se houver uma entrega verdadeira. Mas quando desejada para evitar responsabilidades maiores, não é espiritual e estará aquém. Igualmente não será espiritual se o indivíduo a procurar para angariar poder e admiração, por orgulho e vaidade, quando talvez a sua profunda vocação seja a de contribuir com a vida em atividades que pareçam menores. Na mesma proporção em que o homem dá a si, ao outro e à vida, ele é capaz de experimentar, manter e suportar o prazer e a realização decorrentes. Esta é uma chave muito importante. Se algo está faltando em alguma área da sua vida, veja como você não está dando o melhor de si ou está buscando por falsas necessidades. O desenvolvimento exterior nunca pode substituir ou compensar o desenvolvimento interior.

◆ ◆ ◆

## MATERIAL ADICIONAL #8 - 03/01/1960 - OS DOZE MANDAMENTOS DO "HELPER"

1. Devotar, comprometer e arriscar a investir recursos no seu trabalho de auxílio terapêutico sem buscar retorno imediato, dando tempo e esforço por pouca ou nenhuma remuneração, até que este teste seja completado.

2. Meditar e orar por auxílio, a fim de purificar os motivos para ser um "helper", reconhecer o truque do ego, o jogo de poder e afirmar o desejo de ser motivado a ajudar os outros.

3. Conscientizar-se que o trabalho do "helper" reflete em seu sucesso material, no tipo dos pacientes e que as suas dificuldades em ajudar alguns vêm de bloqueios semelhantes em si mesmo.

4. Usar o histórico de vida do paciente para determinar os problemas interiores dele, suas realizações ou a falta delas, como um mapa que indica em que ponto ele se encontra internamente.

5. Estar atento às próprias opiniões superpostas, mantendo-se aberto, em sintonia e permitindo que o paciente se revele, podendo contar com o que vê, mas considerando que possa haver mais.

6. Explicar ao paciente que ele não pode resolver o que reprime e não o fará antes que se conscientize, exigindo atacar o problema por outros lados até que o sentimento desabroche.

7. Encorajar o paciente sobre ter que passar pelos mesmos reconhecimentos, até que os elos da espiral se tornem menores e convirjam para o ponto chave, lembrando-lhe que os períodos negativos, à exceção de crises profundas por não querer ver, irão diminuir com o trabalho.

8. Auxiliar o paciente a descobrir sobre o quê meditar e que a meditação deve mudar de fases, com a revisão diária servindo para orientar o aprendizado, a concentração e a focalização.

9. Avaliar os hábitos do paciente quanto a ser organizado financeiramente e em outros assuntos da rotina diária dele, mostrando-lhe a importância e o significado das suas atitudes.

10. Preparar-se com afinco, em especial quanto ao círculo vicioso gerado pelas imagens e conceitos errôneos, seu comportamento e resultados subsequentes que "provam" a crença, configurada na autoimagem idealizada que exibe, finge ou busca o resultado sem querer pagar o preço do esforço.

11. Ser claro quanto à divisão do trabalho alternado ou superposto relacionado às imagens e aos conceitos errôneos, às defesas e atitudes falsas, à penetração nos sentimentos, à expressão do irracional e à aplicação do Poder Espiritual pela revisão diária, meditação e oração para mudar o padrão negativo.

12. Conscientizar-se e os seus pacientes que os problemas e distorções neuróticas formam um círculo vicioso a ser rompido e que, enquanto parecer não haver saída, um jogo de desesperança, dependência e vitimização encontra-se sendo jogado, no qual a intencionalidade negativa prevalece, ainda que escondida.

◆ ◆ ◆

## MATERIAL ADICIONAL #9 - 04/05/1971 - A VOZ INTERIOR - DEUS E O PEQUENO EGO

Temos repetido o quão importante é este trabalho de purificação, de conhecimento das suas camadas e da importância de liberar as energias presas em situações negativas, de modo a soltá-las com responsabilidade e compreensão da sua verdadeira conexão. Este é o único modo pelo qual elas podem ser transformadas. É um pré-requisito para permitir a total presença do Espírito Universal do Cristo que o permeia, para que Ele fale através e fora de você, tornando-se um consigo. Somente nesse grau é possível assumir a liderança completa da tarefa. A chave é querer dar as melhores faculdades do Eu-Deus que você é para a Causa Maior. Daí você poderá ser verdadeiramente o líder que precisa ser, aquele que o Grande Plano necessita em tantas diferentes manifestações.

Mas você não vai se tornar esse líder enquanto o seu pequeno ego estiver muito preocupado com o seu objetivo, com a sua meta de superioridade, de ser melhor que os outros, de ter que provar algo, de orgulho, egotismo, vaidade e competição. Enquanto isso existir, você provavelmente odeia a si mesmo e odeia os outros líderes, até mesmo os que estão livres dessas atitudes e que verdadeiramente dão e servem à Causa Maior. Você também precisa separar-se da ideia de que servir na sinceridade e em espírito de devoção e doação prejudica as suas vantagens mundanas, como se só então pudesse ter direito a sua felicidade, ao seu preenchimento. Nada pode estar mais longe da verdade.

O que você é chamado a fazer aqui é o processo de limpeza do pequeno ego, ao qual tem tentado agradar para com ele dominar. Só então será possível se tornar verdadeiramente forte na doação, no receber, na autoridade interna e na consciência do seu valor total. Somente quando permitir que o Deus Interior se expresse através de si, conhecerá a força verdadeira sem qualquer tipo de vaidade. Você vai ouvir essa voz de dentro e de fora, porém só poderá fazer bom uso dela quando discernir a voz do pequeno ego, aprendendo a reconhecê-la, mas sem se identificar com ela.

O Deus sempre amoroso, o Criador sempre presente vive dentro de você, move-se e se expressa como você e também em uma miríade de formas, como os animais, as árvores, o céu e o firmamento, como tudo o que existe. Ao permitir que Deus aja através de você, Ele será reconhecido através da sua mente e sentido através da sua alma, permitindo vivenciar sem medo um Poder Ilimitado que se manifesta em todos os níveis. Se entregue a esse Poder, à corrente que vem, ela fará você chorar e sorrir em alegria. Deus não pode atuar nesse nível sem que o homem seja o instrumento. E se você ouvir, Ele o guiará em cada passo do caminho. Deus não está longe, mas exatamente aqui, em cada partícula do seu próprio ser. Ao cumprir a Vontade de Deus, você se tornará uno a Ele e, então, a sua vontade também será cumprida.

◆ ◆ ◆

## MATERIAL ADICIONAL #10 - 01/04/1971 – TRÊS PONTOS CHAVES EM SESSÕES TERAPÊUTICAS

Todos têm uma resistência ou defesa voluntária que pode ser reconhecida e superada se a pessoa quiser. Mas mesmo quando está disposta a abrir mão da fachada orgulhosa, há uma camada secundária de resistência que é involuntária. Ela pode se esvair apenas como resultado indireto dessa ação volitiva, com auxílio de meditação e oração. A resistência involuntária não deixa que a pessoa experimente seus sentimentos reprimidos do passado, impedindo que reconheça como eles são projetados e expressos em ações do presente. A necessidade do "helper" em concentrar-se para auxiliar seu paciente a reconhecer e a desistir da resistência voluntária dele, assim como em si mesmo, é um ponto chave a ser considerado em sessões terapêuticas.

Um segundo ponto é a importância de ter uma participação mais intensa das emoções e dos sentimentos do passado, expressos na direção correta. É preciso deixar a tensão desenvolver-se, quase que lhe dando boas-vindas, pois apenas como força-guia motriz a conduzi-lo de forma consciente, será possível transcendê-la. As ansiedades que se acumulam são importantes ao processo, podendo ser deliberadamente criadas nas sessões terapêuticas, porém não como regra geral, evitando traumatizar alguns. O trabalho corporal desenvolvido é uma ferramenta valiosa para liberar energias bloqueadas no corpo e na base espiritual, desde que não mecanizado. Há uma enorme diferença entre agir de forma cega e expressar e aceitar os sentimentos que emergem.

O terceiro ponto a considerar são as experiências e os sentimentos do passado que se manifestam projetados no presente. É preciso buscar ser a Pessoa Real, não o reflexo da relação parental que sempre vem, e ainda mais fortemente quando não reconhecida. É extremamente importante perceber o quanto disso é uma falsa necessidade, um desejo infantil. A autoimagem idealizada não estará mais lá quando for possível aceitar que, como criança, o que quis não foi possível ter e, não importa quão duro tente, o presente não o substituirá. Só então a pessoa não se trairá mais, será ela mesma e não o seu eu idealizado. Não estará mais envolvida na gangorra da submissão contra a rebelião em seus relacionamentos. Mas isso nunca acontecerá apenas por remoer pensamentos, por tratativas e decisões puramente intelectuais.

Quanto mais o "helper" tiver seus próprios medos e necessidades não reconhecidos e não superados, maior também será a sua tendência a se tornar um pai idealizado para seus pacientes. Essa transferência é muito prejudicial e deve ser evitada, pois cria padrões de reações projetadas, transferindo neuroses e falsas necessidades. Isso não significa que o terapeuta não deva ser simpático, útil, amigo bom e resoluto. Mas ter atitudes condescendentes faz com que seus pacientes permaneçam dependentes e irresponsáveis. Sancionar as expectativas impossíveis deles - como querer permissão para reagir sem limites, querer todo perdão do pai e que ele esteja sempre ao seu lado - é prejudicial não só porque é falso, mas também porque encoraja algo irreal. Assim a pessoa ficará exatamente onde começou, desistindo dos próprios sentimentos, não importa se de forma submissa ou rebelde, em sua busca infundada por amor e aprovação de pais substitutos.

◆ ◆ ◆

## MATERIAL ADICIONAL #13 – CONCEITOS METAFÍSICOS/ FILOSÓFICOS: DOENÇA MENTAL

De acordo com estes ensinamentos todo destino é autocriado, se vivemos em felicidade ou infelicidade, preenchimento ou miséria, é uma escolha nossa. Esse conceito básico filosófico-metafísico parece ser particularmente difícil de aceitar ao lidar com doenças mentais. Mas pensamentos secretos escondidos e encobertos, quando examinados de forma conclusiva, revelam o desejo pela doença, pela morte ou por qualquer tipo de sofrimento a se lamentar amargamente. Haverá uma saída apenas quando for averiguado que aquilo que mais teme e resiste é o que a pessoa quer, embora a descoberta desse fato surpreendente de nenhuma maneira induza imediatamente a que ela desista do desejo escondido. É um querer teimoso, destrutivo, com motivos muito definidos que precisam ser revelados e desafiados.

Uma mulher que tinha estado de tempos em tempos em instituições mentais veio uma vez ao Guia que lhe disse: "*Você quer estar mentalmente doente. Você tem suas próprias razões para isso, as quais teria que reconhecer e considerar, se realmente deseja sair da sua doença. Entenda que quando você decide piorar, você poderia fazer outra escolha. Mas uma vez que deixa que a escolha passe, você se torna mesmo perdida e desamparada e já não pode achar a conexão com os seus próprios processos. Seus passos devem ser redesenhados até o ponto onde você sabe que decide, não depois, quando já não tem mais nenhum controle*".

Em outro caso, um rapaz que frequentava o Pathwork® drogava-se com tranquilizantes e era incapaz de sentir qualquer coisa, além de ansiedade aguda quando não estava sob a influência de medicamentos. Tinha uma psicose "borderline", sentia-se ameaçado pelas pessoas, por tudo e qualquer coisa. Porém apesar da severidade da doença, sua inteligência, honestidade, coragem para buscar uma saída para si mesmo e perseverança trouxeram resultados espantosos. À época deste texto ele não usava mais psicotrópicos há quase dois anos, concluiu a faculdade e estava trabalhando já por um ano. Mas sua capacidade de manter relacionamentos era ainda quase nula, o que tornava muito difícil que continuasse trabalhando. Suas suspeitas e medos lhe puseram um peso insuportável, de modo que as flutuações do seu estado mental eram sumamente dolorosas.

Ele parecia não poder sair desse ponto, até que em uma série de sessões consecutivas mostrou-se capaz de dar expressão voluntária aos seus pensamentos, sentimentos e desejos irracionais. Isso o levou a saber que escolhe deliberadamente o seu estado doentio por razões próprias. Na maior parte do tempo ele se sentia vítima de circunstâncias que estariam fora do seu controle. Porém havia momentos em que sabia mais ou menos o que estava fazendo. Muito da sua arrogância e costumes horripilantes tinham um âmbito manipulativo, para ter controle sobre os outros. A visão ainda aceita de tratar pacientes mentais é a de que a doença resulta de fatores fora do controle do paciente, como a infância, os pais e até mesmo a genética. Todos eles podem existir de fato, no entanto a única saída permanente é o reconhecimento de como a própria pessoa produz a sua condição. Este caminho não é o de uma estrada fácil, mas só assim é possível alcançar soluções verdadeiras.

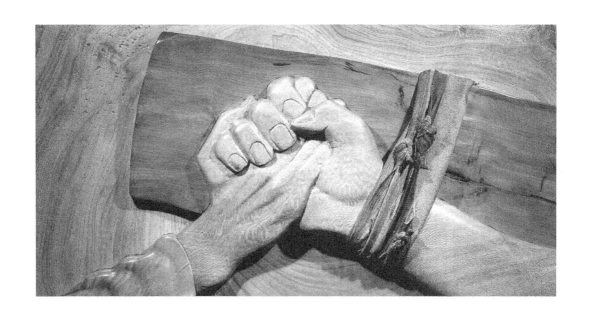

# SEÇÃO III - PALESTRAS ADICIONAIS

Nesta seção foram incluídas as sínteses das 18 palestras faltantes não ministradas no treinamento da formação brasileira de facilitador e de "helper" de Pathwork®. A maioria delas consiste integralmente do formato de "Perguntas e Respostas", tendo sido reorganizadas e transportadas para uma linguagem escrita unificada, como nas demais palestras, buscando relevância e fidelidade aos temas principais comentados. Os títulos delas foram renomeados a critério do autor, no intuito de melhor representar o conteúdo sintetizado, mas mantendo o vínculo original com a sua numeração.

◆ ◆ ◆

## PW 23 – AS GUERRAS E O MUNDO ESPIRITUAL

Um dos propósitos da vida na Terra é que nela o homem está aberto, até certo ponto, às influências tanto das esferas espirituais mais altas quanto das mais baixas. Viver rodeado de pessoas de diferentes níveis de desenvolvimento gera mais atrito, mas também permite acelerar o seu desenvolvimento, pois as suas fraquezas são mais desafiadas. Deus cria através do poder dado a Seus filhos para que eles o usem largamente, tornando isso possível através de Suas Leis e Forças. Todos os espíritos vivos podem usá-lo por livre escolha, criando o tempo todo para produzir os vários mundos espirituais que passam a existir. Lúcifer escolheu o mal, embora originalmente tenha sido um espírito maravilhoso, significando aquele que traz a luz, vindo logo após Cristo. Assim como muitos outros espíritos de esferas mais densas, ele nunca encarnou, porque para isso é preciso alcançar um mínimo de desenvolvimento. Os piores criminosos na Terra precisam ter algum senso de bem, do contrário não poderiam ser humanos. Em teoria Lúcifer deve ser o último a encarnar, mas na prática, uma vez que ele seria o derradeiro, seu desenvolvimento procederá de forma diferente e não passará pela encarnação humana. Se ele fosse o único homem vivo, a vida dele não teria sentido. Desde a guerra entre Cristo e Lúcifer, desde a salvação, tudo corre de acordo com o planejado.

Enquanto o homem se mantiver desconectado das Leis Divinas haverá guerras na Terra. Do ponto de vista espiritual as últimas, embora mais mortais, não foram piores do que as anteriores, pois não se trata apenas de quantas pessoas morreram. A questão principal é o motivo, e eles foram relativamente purificados em tempos recentes. Sempre há algo errado em ambos os lados, porém a maioria das pessoas ao menos seguiu alguma causa. No passado elas iam à guerra sem terem ideia do porquê e quanto mais pessoas matavam, mais heróis se tornavam. Motivos errados, mas sinceros, não produzem carmas tão pesados quanto os puramente egoístas e maus, embora não poupem os seus atores das consequências, pois a ignorância não altera a manifestação da Lei Espiritual de Causa e Efeito. Sempre que o homem se mantém submisso ao seu eu inferior e aos poderes da escuridão, seu ódio, egoísmo e desamor não reconhecidos tomam a forma coletiva das guerras. Mas basta que cerca de 10% da população da Terra atinja este estágio para que elas se tornem impossíveis. É seu dever sagrado considerar bem a vida de todas as pessoas, assim como a sua, pois cada um está atado a todos os demais, até aos seus piores inimigos.

Hitler, por exemplo, protagonista da mais mortal das guerras humanas, poderia ter evoluído na Terra. Algumas de suas encarnações passadas garantiram a ele receber certas instruções espirituais de bom nível. Ele soube que teria um grande poder na Terra e que dependeria do seu livre-arbítrio usá-lo. Não que pudesse ter sido um salvador, um santo, pois não era nem de longe desenvolvido o suficiente, mas seria factível que fizesse algum progresso, e ele fez o oposto, ainda que possuísse grande poder extrassensorial. Apesar dos planos pessoais, dado o livre-arbítrio, ninguém pode afirmar com certeza sobre o destino. Videntes, como Nostradamus, podem ver apenas um ou outro cenário, o que não significa que acontecerá. Mesmo no que se refere a encarnações passadas, muito do que se ouve é falso. Porém raramente é necessário saber sobre elas, a comunicação direta com o Mundo de Deus é o caminho recomendável. Jesus disse a Pedro para divulgar os ensinamentos Dele com a Sua igreja funcionando para reverberá-los, mas não como monopolista desse contato. Este precisa ser direto, pois o homem, através de suas instituições, transfere informações com muitas falhas e sofre grande influência dos poderes da escuridão.

❖ ❖ ❖

## PW 24 – O "AGORA" E AS ESCRITURAS

Na "queda dos anjos" uma pluralidade passou a existir a partir de uma unidade, aconteceu uma ruptura. Não é apenas que um ser se separou em duas metades, mas à medida que a queda continuou, a divisão se multiplicou. Algumas dessas almas parciais se tornaram, enquanto expressão, vida mineral, vegetal e animal. Quanto mais os desejos forem purificados, mais estas almas divididas se unirão, contribuindo melhor para a criação, com os fluídos de suas partículas se conectando até atingirem uma forma superior de existência. Nunca há nada que possa separá-lo de Deus e de quem ama, não importa o que aconteça. A Verdade Absoluta só pode ser motivo de alegria. Seus objetos, o que quer que haja na Terra, nada mais são do que um símbolo do mundo espiritual. Jesus, quando veio à esfera terrestre e depois, quando foi às esferas da escuridão, teve que deixar para trás muito do Seu conhecimento. Mas Ele é tão grandioso que ainda havia Nele muito mais do que em qualquer outro ser humano. A Tarefa de Salvação não poderia ter sido cumprida se Ele tivesse ido a essas regiões com tudo que é em Sua Total Perfeição.

As Sagradas Escrituras são um documento magnífico, sobressalente e único. Toda a Bíblia, tanto o Novo quanto o Antigo Testamento, pode ser interpretada em vários níveis. O nível mais baixo é o histórico, onde existem muitos erros e omissões. Há também o nível da espiritualidade e do simbolismo e o nível metafísico e o psicológico, que talvez seja o mais útil à humanidade em seu atual estágio de desenvolvimento. Há ainda outros níveis, nunca um excluindo o outro. Mesmo que muitas pessoas citadas nas Escrituras tenham existido, embora não todas, elas representam principalmente arquétipos psicológicos. Na Bíblia, quando se fala do dia de descanso, como o sábado na tradição judaica e o domingo na tradição cristã, a analogia é com o princípio passivo. Tudo o que é absorvido na atividade precisa ser assimilado no período de passividade. Para isso basta uma pequena reserva, o que não significa ser descuidado com ela, nenhum extremo é certo. Viva o "agora" e aproveite ao máximo cada momento que o maná lhe chegará todos os dias. Simplesmente por viver dessa forma, quando vier o próximo período passivo, haverá um cuidado silencioso para que o que foi criado no período ativo cresça lindamente.

Um ser deve aprender primeiro a discriminar e a pensar livremente, escolhendo a influência de quem queira aceitar. Cada momento tem as suas exigências que só podem ser atendidas se o "agora" for vivenciado completamente, vivendo em harmonia os movimentos ativo e passivo. Teste a si mesmo todos os dias em suas orações, meditações e revisões diárias. Veja se é capaz de abrir mão do que deseja, é este medo que lhe desvia da trilha correta. Não é possível fazê-lo sem ajuda de Deus, à Quem precisa pedir. Não acontecerá de uma vez, mas aos poucos, se não diminuir os seus esforços, que nunca devem ser tensos. Ao conseguir abrir mão do que quer, sem precisar ficar anunciando a sua renúncia, será muito mais fácil da próxima vez. Nada durável pode ser realizado de outro modo, especialmente segurança espiritual e harmonia. Perdoar é a reação sensata à calúnia, ao discurso malicioso, naturalmente que sem se prejudicar. Mas o perigo é sempre se convencer, em sua boa intenção, de ter perdoado sem o fazer, o que é muito mais danoso do que não querer saber que ainda não o fez. Tal reconhecimento trará novas pistas sobre a natureza do seu eu inferior, o que não tem preço no caminho da autopurificação. Lembre-se que nada jamais acontece sem estar baseado na Lei de Causa e Efeito. A ligação pode ser indireta, mas para tudo existe uma boa razão e um bom propósito. Peça a Deus forças para penetrar na nuvem pesada e densa que turva a sua visão, para que possa ter ao menos uma pequena Luz da Verdade.

◆ ◆ ◆

## PW 54 – ENCARNAÇÃO, SERVIDÃO E LIVRE-ARBÍTRIO

Assim como uma criança não aprende a andar sem que antes tenha caído e tropeçado, no crescimento espiritual e emocional os atritos e irritações também devem servir como lição. Sua atitude quanto aos desentendimentos e perturbações determina o seu progresso. O indivíduo precisa aprender a tomar o que vem da situação para crescer com ela, ao invés de focar em como o outro está errado, buscando que o seu pequeno ego triunfe. Ao ter algum atrito, experimente ser o advogado da outra pessoa. É muito benéfico, o risco é só do seu orgulho, da sua vaidade. Só é possível ser livre ao perdê-los. Muitos fatores estão envolvidos no conjunto total da personalidade humana, a exemplo do seu temperamento e caráter, de como as Forças Universais funcionam em proporção e do seu desenvolvimento geral e específico em certas tendências. As circunstâncias nesta vida e de vidas passadas surgiram a partir de tudo isso.

Antes de encarnar, os espíritos que não pertencem ao Plano de Salvação também são consultados e têm livre escolha. Mas ela será negada se for muito distante da compreensão do propósito da vida ou se violar a Lei Espiritual de Causa e Efeito. O mesmo princípio é válido para todos os espíritos, quer pertençam ao Plano de Salvação ou não. A diferença é só que os primeiros tomarão decisões mais sábias para as suas vidas a partir do ponto de vista da realidade. Nem todos querem encarnar, mas não é possível parar o curso do crescimento, assim como se uma criança quisesse permanecer eternamente em seu corpo infantil ela não conseguiria. Todas as Leis Espirituais, como as Leis da Encarnação, seguem um procedimento natural, não ocorrem arbitrariamente, nem são impostas. Elas foram criadas com sabedoria e visão infinitas. Não somente a entidade individual é considerada, mas também a sua realização, que é parte da Grande Causa.

O denominador comum da servidão é o medo, e este só pode surgir da obstinação e do orgulho. Em um nível primitivo, ele acontece quando a criança precisa obedecer, fazendo certas coisas que não quer. Ela cede tanto porque a autoridade é mais forte, quanto por não querer penalizar o provedor do qual muito necessita. Para a criança é imprescindível estar nas graças de quem lhe é importante, ser aprovada por quem ama. Mas se isso for mais forte do que ser verdadeira consigo mesma, o princípio da servidão já estará atuando. Muitas pessoas se comportam de forma rebelde justamente por temerem ser servis. Quanto mais medo e menos reconhecimento disso houver, mais próximas elas estarão da total servidão. E onde esta existir, seja de forma manifesta ou latente, coexistirá certa dose de masoquismo e sadismo. O masoquismo surge da busca doentia pela submissão compulsiva para obter algo, como amor e aprovação; e o sadismo por detestar a submissão do outro e se irritar com ela, sendo ambos lados opostos de uma mesma moeda viciada.

A Vontade de Deus não se manifesta de forma tão fácil, Suas Leis trabalham dentro da alma. Se as pessoas não são capazes de tomar decisões ou não estão dispostas a tomá-las, esperando que Deus faça em seu lugar, o que acontecer não será por decisão de Deus, mas o resultado da sua própria incapacidade em fazê-lo. Esquivar-se da responsabilidade – pois é este o significado – é tão errado quanto as ações obstinadas tomadas sem considerar o outro. A procrastinação sempre produz os mesmos efeitos que as decisões sem consideração, negligentes e egoístas. Isso não significa que a Vontade de Deus não deva ser intuída e aguardada em meditações e orações, ao contrário, mas é muito comum deturpar Verdades Espirituais para racionalizar a fraqueza e a insanidade da alma. Os humanos foram dotados de livre-arbítrio, o que praticamente não existe nos seres que ainda estão em um grau mais baixo de desenvolvimento, como animais e vegetais. O livre-arbítrio implica na habilidade e na responsabilidade de tomar as próprias decisões e de buscar por orientação, confiando em Deus. A Lei de Causa e Efeito não ocorre apartada do homem, mas como resultado das suas escolhas ou da sua incapacidade em fazê-las.

◆ ◆ ◆

## PW 59 – REALIZAÇÕES EXTERIORES E O AUTODESENVOLVIMENTO

O maior mal do ser humano é a sua ênfase exagerada nas ações externas, enquanto ignora e negligencia as suas motivações e reações internas, tornando-se presa fácil da sua própria natureza imatura e egoísta. Quem deseja transformar os males deste mundo precisa primeiro mudar a si mesmo. Se o coração humano não mudar, nada pode ser realizado de fato, não importa quais medidas tome. Somente então o sucesso virá em suas ações externas que visam contribuir para o bem da humanidade como um todo. Caso contrário os seus esforços não terão um sucesso duradouro e profundo. É muito comum às pessoas transferirem desejos saudáveis que não conseguem realizar em alguma forma de compulsão. Mas elas só agem assim por não compreender o que está por trás. A compulsão significa a obrigação inadiável de conseguir algo, da qual não conseguem evitar, mesmo pagando um preço muito desvantajoso. O desejo em si pode ser saudável em certas circunstâncias, mas se torna doentio quando transformado em fuga para evitar encarar os seus problemas interiores. A preliminar mais importante é a compreensão de causa e efeito. Ver um fenômeno como algo isolado, separado de outros eventos, inviabiliza o "insight" verdadeiro. Isso se aplica às condições gerais do mundo e de seus acontecimentos, bem como à vida particular. Para eliminar um mal, primeiro é preciso ver o que de errado o trouxe. Só uma condição errada pode criar outra e assim ela fará enquanto não for corrigida.

As condições externas podem apenas trazer os problemas internos à tona, embora isso não signifique não ter que eventualmente mudá-las diretamente. Se a sua atitude e direção estiverem voltadas para o autodesenvolvimento, o conhecimento necessário virá da própria psique, seja por Orientação Divina, seja porque seu Eu Superior agora consegue se manifestar em sua consciência. O privilégio do Contato Divino é ter acesso a uma ajuda mais vigorosa e construtiva que mostre a saída da sua prisão. Essa graça vem dos próprios esforços naquela direção, trabalho que não é fácil. É um grande erro esperar que o mundo espiritual lhe entregue de bandeja todo o conhecimento que deve ser adquirido a partir de dentro. Ao concentrar em se desenvolver, buscando encontrar a verdade sobre si mesmo, o restante virá. Tal conhecimento adquirido deve sempre levar ao contato com a Verdade Divina. Mas o acesso ao mundo espiritual nunca pode ser um atalho que o poupe do esforço e das dores inevitáveis do autodesenvolvimento. Frequentemente um inventor ou um artista acorda com uma nova ideia ou conclusão. No entanto aquele conhecimento só o alcança porque, ao menos naquela direção, a alma dele está aberta para drená-lo do universo, que se encontra todo na profundidade do seu ser.

Para ser feliz é preciso estar em verdade, o que impõe tanto saber quando não está, quanto desejar ir atrás dela. Isso não pode advir sem experimentar e reconhecer o resultado da própria ignorância. Sua determinação e julgamento devem ser governados pela verdade ali contida, do seu valor intrínseco. Ambos os sexos são afetados por imagens de massas existentes quanto aos seus movimentos, às quais aderiram por suas almas perturbadas. A atividade como tal não é errada para a mulher, como a passividade não o é para o homem. A passagem bíblica de Adão e Eva, que parece pôr o pecado original no colo da mulher, não deve ser tomada como fato histórico, nem ao pé da letra. Eva simboliza a ideia de que a atividade se torna destrutiva se não funcionar em sintonia com a vida. Ela foi ativa onde deveria ter sido passiva, mas Adão poderia tê-la impedido se não fosse passivo onde deveria ter sido ativo. Se as pessoas aprendessem a viver em paz com os seus vizinhos, poderiam explorar muito melhor os ilimitados recursos dessa Terra. Descobririam muitas possibilidades para as quais estão fechadas, desfrutando e conservando as suas riquezas e abrindo as portas para que muitas mais a encontrem.

◆ ◆ ◆

## PW 61 – CAUSA E EFEITO, INFORTÚNIO E GRAÇA

Pelos méritos do seu relativo progresso espiritual, muitos seres de esferas mais baixas encarnam na Terra para se desenvolverem. Isso pode criar problemas, mas que também são uma alavanca de desenvolvimento. Quando as coisas parecerem piorar, lembre-se que elas são parte do crescimento, e este muitas vezes só pode ocorrer através desse processo doloroso. Não é injustiça passar por condições mais difíceis, pois é lá, na maioria das vezes, que eles encontram o que é adequado ao seu estágio atual de desenvolvimento. Uma minoria de almas muito evoluídas também nasce nestas condições, vindo com a missão de espalhar amor e verdade. As pessoas não deveriam se preocupar com os períodos negativos, mas buscar entender a razão. Há mais chances de crescer se encontrarem os obstáculos internos específicos que devem enfrentar. É preciso tirar o melhor deles, estando atento às reações e conclusões erradas, antes que os bons tempos voltem. Eles são desejados, naturalmente, mas quando a "maré está boa", há menos chances de trazê-las à luz, pois os aspectos negativos se diluem no panorama.

Sempre que as pessoas decidem encarar a si mesmas na verdade e honestidade, nada restará que as encorajem a seguir os seus conceitos internos errôneos. Em qualquer processo de autoconhecimento bem sucedido, a personalidade precisará reconhecer que culpou um ou ambos os seus progenitores pela sua infelicidade. Será necessário não mais transferir responsabilidades para que possam crescer de fato, não importa quanto os seus pais tenham errado. Uma pessoa realmente independente não precisa temer as más influências, pois ela não pode ser influenciada. Ninguém precisa ser prejudicado pela influência do outro. A sua segurança está na deliberação calma e serena, seja aceitando ou rejeitando. Não é porque rejeita uma parte que deva rejeitar o todo; e não é porque aceita uma boa parte do todo que deva aceitar tudo. Todas as neuroses e distúrbios são sempre uma desonestidade, porque é falso e irreal ir atrás de algo sem querer pagar o preço. Buscar o amor sem investir no risco de amar é desonesto, como tudo o que causa problemas emocionais. Os cleptomaníacos são um exemplo claro, os objetos que compulsivamente furtam, desconectados do seu valor intrínseco, representam a impressão petrificada na alma de que "somente tendo o que o mundo lhes nega, podem ser felizes". Precisarão reviver as emoções da infância, sentindo o quanto doía não obter o que desejavam e como reprimiam a dor, fortalecendo a necessidade. As aquisições compulsivas daqueles que já têm o que precisam pode ter origem parecida, embora estes acumulem bens materiais principalmente para buscar admiração e poder.

Todos trazem gravados em suas almas o tipo de vida que terão, o seu projeto básico e duração, o que às vezes pode ser alterado no seu curso. Não é predeterminação, mas a Lei de Causa e Efeito em pleno funcionamento. Cada um molda o próprio destino, ele é sempre autocriado, ainda que por ignorância, ingenuidade ou inconsciência. É difícil aceitar como alguns nascem em condições tão imperfeitas sem perceber que a vida atual é apenas uma pequena parte de uma longa cadeia. As pessoas pensam que Deus estende a graça eliminando os seus problemas. Imaginam que quando a graça é dada, não encontrarão mais as dificuldades pelas quais teriam que passar. Mas este é um conceito completamente enganoso, pois assim a Lei de Causa e Efeito seria quebrada. Na realidade, a graça é o Plano de Salvação, com tudo o que está Nele contido para capacitar os espíritos caídos a retornarem. A ajuda amorosa e fraterna dos seres que não caíram ou daqueles que evoluíram é outra graça, com a maior tendo sido a vinda de Jesus Cristo à Terra. A graça não é concedida apenas a alguns escolhidos, ela está em toda parte como produto do Mundo Divino, cabendo a cada um dela usufruir. Se, pelo seu desenvolvimento, você conseguir amar de verdade, não por força ou compulsão, irá se beneficiar enormemente e aos outros. O poder do bem e do amor é infinitamente mais forte do que o do mal e da ignorância.

◆ ◆ ◆

## PW 63 – EVOLUÇÃO, ALTRUÍSMO E EGOÍSMO

A evolução se passa nos seres minerais, plantas, animais inferiores e superiores, seres humanos e seres espirituais. Desde a queda, os seres criados se fragmentaram em muitas partes. Quanto maior o seu desenvolvimento, menos permanece a fragmentação do ser original, com as partículas da alma se amalgamando. Há espírito em tudo que é criado, apenas há menos matéria espiritual nas formas mais inferiores. Nesse sentido é importante distinguir a entidade espiritual da substância espiritual. Elas são a mesma coisa em essência, mas não as mesmas em manifestação. Esta última é pura consciência viva, que pensa, sente, deseja e possui todas as qualidades vitais como tal. Todos os seres que alcançaram o mais alto nível de desenvolvimento, ou que não participaram da queda, tanto podem existir como substância espiritual, quanto retrair os seus fluídos e se tornar uma entidade espiritual, como na forma humana. Quando a entidade espiritual decide se desapegar dos seus fluídos, expandindo-os, deixando que fluam para fora, o estado de ser é alcançado novamente, mas agora como Substância Espiritual Purificada unida à grande Força Cósmica. É um erro, no entanto, imaginar que nesse estado a consciência e a vontade individual cessem, pois nunca se perde, na verdadeira união, a individualização do ser.

Também é totalmente errôneo pensar que mesmo o maior ato de amor, como o de Jesus Cristo, possa ser suficiente para libertá-lo dos seus nós interiores. Sua vinda à Terra não isentou ninguém do trabalho e esforço pessoal. Fé em Deus, em Cristo, a fé como tal é certamente importante, mas não pode ser imposta. É possível alcançar a salvação, a liberdade interior das inverdades, mesmo sem aceitar Cristo, o que não muda o fato de ser Ele o maior de todos os seres criados. Em algum momento a verdade penetrará como resultado da experiência interior, mas não pela crença em uma doutrina. O mesmo acontece com o amor, ninguém consegue se obrigar a amar. As leis externas não são a espiritualidade real, embora sejam necessárias àqueles cujos instintos ainda estão crus. O requisito deve ser sempre, acima de tudo, purificar as emoções através de um profundo trabalho de autoinvestigação. Esta é a chave para que o Divino consiga se desenvolver no indivíduo. Qualquer Atributo Divino é sempre uma questão de grau. No nível consciente, a maior parte da personalidade pode ser saudável, enquanto a porção que falta permanece inconsciente. Muitas pessoas têm um grande talento, mas são profundamente problemáticas, tendo conseguido libertar apenas uma parte específica da alma. Isso não significa que a remoção das obstruções não aumente sua criatividade, ao contrário, quanto mais saudável for a alma, maior a possibilidade dela ser aperfeiçoada e outras mais virem à tona.

Seus erros não são para você se culpar, mas para encontrar internamente a emoção do seu desejo inconsciente de permanecer doente, como "solução" para um problema. O valor é tremendo quando se tem uma atitude saudável e construtiva em relação à experiência desagradável. Assim ela será o remédio, trazendo a compreensão das suas causas interiores. Busque a verdade, encare-se profundamente para evoluir como um ser livre e feliz, aberto a amar os outros. Viver sem sofrimentos, ser feliz de verdade é o desejo de Deus. Uma imagem de massas fortemente disseminada na humanidade é ver o altruísmo como virtude, mas também como um peso que impede a sua felicidade; e o egoísmo como um defeito, mas que lhe traz prazer e felicidade. Isso causa todo o tipo de desvios, compulsões, rebeldia e culpa, levando à confusão. Não é egoísta ser o que se é, o que não significa ceder à sua natureza inferior. O Eu Real jamais deseja atos danosos, é capaz de compreender que ao prejudicar alguém por egoísmo, a própria pessoa também sai prejudicada. Com esse "insight" o altruísmo deixa de ser um peso compulsivo que sacrifica a sua felicidade. É estando feliz que se pode ajudar o outro a também ser feliz, e isto só ocorre no Eu Real, onde se encontra toda a sua intuição, sensibilidade e capacidade de compreensão.

◆ ◆ ◆

## PW 65 – ORAÇÃO E CULPA

A existência de um conflito adicional na alma humana toca um problema muito básico, que é a negação da parte mais nobre da sua natureza. Amor e altruísmo, solidariedade e afeto são ótimas qualidades das quais as pessoas geralmente se envergonham. Por um lado, seu Eu Verdadeiro sente necessidade de ser bom, amoroso e altruísta, mas parece que o mundo as despreza por isso, levando-as a agir de forma compulsivamente egoísta. Por outro lado aprendem que é errado ser egoísta, embora secretamente gostassem de ser ao ver vantagens nisso, o que fazem delas também compulsivamente altruístas. Cada tendência egoísta ou altruísta é superada pela necessidade de corresponder às expectativas de um ambiente em particular, sem que sejam honestas em qualquer dos dois modos de agir. Quando a atitude ou a emoção, a ação ou o pensamento causam culpa, é porque o indivíduo ainda não encontrou as raízes dela. O que ele culpa de forma consciente é frequentemente uma camuflagem da verdadeira culpa que sonega. O mais trágico é que a culpa substituta que "aceita" é quase sempre mais grave do que a verdadeira culpa que tanto teme, parecendo insuportável enfrentá-la emocionalmente. A culpa verdadeira é onde ele nega e trai a sua melhor parte, aquela que anseia amar e doar, sentir e se solidarizar, ser generosa e humilde. Traindo a si mesmo, como resultado das suas conclusões errôneas, certamente ele também trai quem mais ama.

O desejo não funciona adequadamente se for minado por contracorrentes. Desejos sem direções contrárias fluem sem obstáculos. É por isso que pessoas de baixo desenvolvimento espiritual, com uma consciência menor, frequentemente conseguem alcançá-los, pois não são prejudicadas por escrúpulos. Porém embora a vontade exterior desobstruída possa ser bem sucedida, se não contar com a presença da vontade interior ela será sempre provisória, com gosto de insatisfação e frustração. Desde que venha de desejos construtivos, que nada têm a ver com objetivos egoístas, a oração produz correntes harmoniosas de força, como se o seu amor tocasse o coração do outro. Ao orar e querer o bem de alguém, bons resultados são produzidos ao seu redor. Se a pessoa para quem ora estiver muito desconectada da realidade, das Forças Espirituais, ainda assim a oração beneficiará muitos, inclusive quem ora e mesmo a pessoa que está nas trevas, embora esta só mais tarde. A melhor oração para o outro deve pedir para que ele receba orientação, inspiração e a intuição necessárias no momento específico. Não ser capaz de pedir, por orgulho, não é nada além de fraqueza. A oração é ainda mais construtiva se a pessoa que a faz ganhar algum "insight" sobre os seus próprios erros internos.

Em suas orações pela paz entre as nações, tente descobrir onde, em seu próprio ambiente, você age de modo similar às ações e reações conflituosas entre elas. Encontre a semelhança e receberá a percepção e a compreensão de que tudo é um e que esta é a melhor forma de contribuir para a paz mundial. Do ponto de vista da Realidade Espiritual, não existem questões grandes ou pequenas. Brigas domésticas têm o mesmo impacto e importância das grandes questões internacionais. Na verdade, aquelas são a causa destas. Às vezes existem motivos e emoções escondidos que, se não forem reconhecidos, farão com que a oração seja mais fraca e tenha menor efeito. Cada emoção e atitude, cada corrente da alma deixa uma marca nas Forças Cósmicas e volta como em um circulo, até que as forças negativas tenham se exaurido. Os Caminhos da Verdade trazem felicidade e libertação, se a humanidade pudesse sentir isto, muita tristeza e dificuldade seriam evitadas. Não são poucos aqueles que imaginam os Caminhos de Deus demandando uma vida santificada que não é vantajosa. Mas isso é uma grande inverdade, Eles trazem vantagens diretas, não é algo "bonzinho e santo" que está além do indivíduo. Sempre que o que vivenciar parecer lúgubre e cinza, infeliz e desesperador, reina aí uma inverdade. O mundo é belo e não foi criado para se viver com medos irracionais dele.

❖ ❖ ❖

## PW 67 – AUTORRESPONSABILIDADE E AUTOCONHECIMENTO

O entendimento real do que é a autorresponsabilidade dissolve o medo, não restando qualquer dúvida de que ninguém está à mercê do outro, tampouco exposto a coincidências caóticas. A alma realmente saudável não atrai adversidades, tanto por possuir a vontade interior de ser feliz, quanto por não querer fugir da vida de jeito nenhum. Toda forma de conflito é, na verdade, uma resposta aos seus impulsos destrutivos, não importa o quanto eles estejam escondidos. Ao descobrir porque acolhe tais tendências e desejos, quando antes não tinha deles consciência, será possível alterá-los com o entendimento de que não é esta a solução. A autoconfiança só pode vir pela solução dos seus desvios e conflitos internos. A adversidade nunca ocorre por causa dos outros, a conclusão contrária é uma das maiores ilusões da humanidade. Mas é da natureza humana sentir alguma desarmonia quando algo causa dor ou choque. Uma pessoa relativamente saudável, porém, sabe que ocasionalmente a vida traz infelicidade e dor e certamente trará a morte física. Ela não tem medo indevido disso porque, por sua própria compreensão, aceita o fato.

A salvação só pode estar no autodesenvolvimento pessoal, se mais pessoas forem por esse caminho a humanidade será enormemente beneficiada. Qualquer um que não estiver olhando para si mesmo, de modo a entender de que maneira contribuiu para a desarmonia, não está no caminho correto. Chegará o dia em que os líderes mundiais, aqueles que estão em posição de responsabilidade, terão que passar por certo tipo de instrução para obter algum grau de autoconhecimento. Será exigido que sejam treinados em um extensivo curso para encontrar o eu, curar as suas correntes doentias e ajudar conscientemente a sua criança interior a amadurecer. A ideologia no chamado mundo livre, nesse sentido, é mais próxima do que é saudável do ponto de vista espiritual, apesar das suas muitas imperfeições. As Leis Espirituais foram bastante desrespeitadas no regime comunista que tem sido praticado na Terra, pois o indivíduo pouca conta nessa ideologia, além da salvação da humanidade ser vista por soluções materiais, e não pode ser assim. Nela as pessoas precisam servir ao Estado que toma a forma de um falso deus sonegador do seu direito à liberdade e à independência exterior. Nela alguns indivíduos no poder se rogam à posição de juízes do que é bom e ruim, não somente infringindo a liberdade de expressão, como também minando o sentido de autorresponsabilidade, o que é espiritualmente mais danoso que qualquer outra coisa que se possa imaginar.

Alguns conflitos permanecem na superfície da mente inconsciente, com o meio ambiente os trazendo à tona. Mas os problemas mais profundos, de encarnações bem antigas, se mantêm escondidos. Somente ao resolver a sua tarefa atual e se ainda restar tempo na Terra, parte deles poderá emergir. O carma positivo funciona de modo semelhante, alguns ficando para trás para serem utilizados em outra ocasião, pois podem ser um empecilho que inviabiliza manifestar efeitos negativos que precisam vir à tona. Estas são Leis e mecanismos psíquicos aparentemente contraditórios, pois mostram, por um lado, que é preciso ser cuidadoso e se sentir responsável e, por outro, que é preciso saber que nada nocivo pode lhe acontecer arbitrariamente. Isto não deve induzir a pessoa a mergulhar de cabeça de forma imprudente, mas sim experimentar com o suporte do autoconhecimento. Não é necessário se livrar de todos os conflitos antes de poder ajudar o outro. Nem mesmo um terapeuta precisa ser perfeitamente purificado, mas há que se ter certa firmeza interior, consciente de onde estão as suas principais dificuldades. Quanto ao paciente, basta que tenha disposição interior manifestada de ir adiante. O conhecimento espiritual adquirido em qualquer vida nunca é perdido, ele ajuda, no devido momento, a eliminar a ignorância e a cegueira restantes. Mas é inútil buscar pela solução exterior, o único caminho satisfatório é encontrado olhando para dentro.

◆ ◆ ◆

## PW 70 – AMOR E RECIPROCIDADE

As pessoas querem ser compreendidas e amadas com os seus defeitos, mas não estão dispostas a fazer o mesmo. Essa solicitação não verbalizada e inconsciente é injusta e orgulhosa, pois elas almejam uma posição especial à qual não estão dispostas a dar. Tal corrente de força irrealista as impede de serem objetivas em suas considerações, afetando os outros de uma forma contundente. Automaticamente admiram e apreciam os seus concordantes, vendo o que têm de bom sob uma luz bem mais forte do que os defeitos deles. Por outro lado, desenvolvem ressentimentos e desprezo contra quem, ao menos assim creem, as desagradam ou as decepcionam. Embora o que veem possa estar correto, suas impressões são totalmente fora de proporção. Quando alguém reluta a lhes dar reciprocidade, elas se recusam a ver a verdade, e quando a relutância se torna evidente, levam para o lado pessoal, voltando-se contra quem delas discorda. Para não se pôr na dependência do que os outros pensam a seu respeito, inviabilizando sua paz e felicidade, é preciso primeiro reconhecer que essas emoções substituem o desejo legítimo de receber amor. Trata-se de desmascarar a corrente interna, sutil e tortuosa, com a qual buscam impressionar, de um jeito ou de outro, para serem finalmente amadas.

A disposição de amar aumenta na medida em que se perde o pavor do abismo de não ser correspondido, ou não tanto quanto se deseja, nem tão rápido quanto se espera. Vivendo na ilusão de que é rejeitada e que isto é uma tragédia, a pessoa se joga ao outro extremo de trancar o seu coração, temendo a frustração de não receber de volta o amor. Reconheça esse medo em cada pequena mágoa ou decepção. Quanto mais focar sua visão interna nessa direção, com mais clareza verá que tal pavor é pura imaginação ampliada. Para ter um olhar distanciado e objetivo, livre-se da ilusão de que cada desprezo ou derrota é uma tragédia da qual deva se proteger. Com essa disposição a sua capacidade de amar também crescerá. Você discriminará o tipo de amor que dará e não irá se abalar ao perceber que nem todos o amam na mesma forma e extensão que a sua criança interior exige. Quando alguém não o amar, ou mesmo o criticar, não será mais uma tragédia como as suas emoções ainda registram. E como isso não irá incomodá-lo, também não trará à tona o seu pior. Assim você lidará com certa tranquilidade nas decepções da vida, sendo capaz de ter uma visão objetiva, verdadeira e sem distorções dos que o incomodam. Daqueles que não querem amar, porque vivem em ilusão, você se afastará em silêncio, sem perder o respeito por eles, enquanto filhos de Deus.

Suas conclusões e conceitos errôneos criam um mundo interior ilusório de medos e tensões, enfraquecendo as suas emoções. Se persistirem por muito tempo, adoentarão também o seu corpo físico. Enganos internos fazem com que você tema a vida e inconscientemente queira a morte, em suas várias facetas, de muitas maneiras. Junte as pequenas informações, peça por peça, enquanto continua a observar as suas reações errôneas, sem impaciência ou raiva de si mesmo. Isso leva tempo, cada relapso aparente deve servir como meio para o seu aprendizado. Não se compare nem julgue ninguém, pois de uma alma jovem se almeja pouco. Os "ativos" de uma pessoa mais desenvolvida contam menos, assim como os seus "passivos" contam mais, pois desta se espera muito, e vice-versa. É igualmente ilusório acreditar que alguém é feliz simplesmente porque vive em condições favoráveis. Ele pode ter contentamentos temporários, mas não a felicidade verdadeira de quem não teme mais a vida. A pessoa menos desenvolvida, mais egoísta e menos altruísta é mais dependente e afetada pelos outros e pelos altos e baixos momentâneos. A felicidade à custa de egoísmo não é a solução. O objetivo de fato é se tornar altruísta, mas não porque isso é o que as pessoas esperam, e sim pela convicção de que este é o desejo do seu Eu Real. A verdadeira felicidade só pode ocorrer através da solução dos seus conflitos interiores.

◆ ◆ ◆

## PW 76 – MATURIDADE, FELICIDADE E PURIFICAÇÃO

Quem é emocionalmente maduro entende a vida como ela é, ou seja, que ela traz não só alegrias, mas também tristezas. Outro sinal de maturidade é a capacidade de assumir responsabilidades, não apenas as óbvias, a exemplo dos pais que cuidam das suas famílias, não fazê-lo seria imaturidade total, não é este o caso. A pessoa realmente madura se reconhece criadora dos problemas que vivencia e busca em si mesma o que os causou para deles se libertar. Ela não se engana agindo de forma indevidamente egoísta para preservar o seu eu. O instinto de autopreservação, quando desobstruído de ignorância, sempre leva ao autodesenvolvimento e à purificação. Paz, harmonia, beleza e alegria são seus direitos, independentemente das ações do outro. Cada pessoa possui características distintas que criam e atraem diferentes esferas espirituais. Conforme a vida que leva, como ocupa a sua mente e coração, ela se move à esfera que estampa aquela atitude e tendência. As demais esferas se turvam naquele momento, porém também fazem parte do seu ambiente cotidiano. Toda entidade não totalmente purificada possui muitas correntes diferentes e contraditórias. Purificação significa unificação.

Somente quem é feliz pode transmitir felicidade ao outro. Não se trata de felicidade fácil e barata, mas a verdadeira, oriunda do próprio esforço que não pode ser tirado. Ainda que o seu altruísmo seja motivado pelo próprio desejo de ser feliz, aceite-se como é, este motivo não é tão puro, mas já é um passo à frente no Caminho da Verdade. Questione os seus motivos e reações emocionais, orando pela vontade de se reconhecer realmente. Não se sinta culpado por desejar a sua felicidade. Quem não quer ser feliz e dar felicidade a quem ama? Mas isso não é possível sem abrir mão do isolamento, libertando-se do seu orgulho e vergonha. Ore também por força e paciência para pôr abaixo o muro de separação que criou como pseudoproteção para os perigos que imagina. Há uma longa tradição humana de mal entendidos não pronunciados, como a de que seguir Deus significa ser infeliz e severo. Não, não é assim, isso seria martírio, o que só é esperado em raras ocasiões, de espíritos missionários muito evoluídos.

Sempre que estiver em uma curva descendente do ciclo da vida, conflitos e contradições o inquietarão e o agitarão, até que os tenha compreendido e solucionado. Quando estiver nela, mergulhe na escuridão dos enganos que o separam do Córrego Divino. O desenvolvimento humano não pode ser constante, ele oscila para cima e para baixo em espirais. Às vezes, enquanto em uma curva descendente, você não percebe que ela está em um nível mais alto da espiral do que na última curva ascendente. As coisas desagradáveis que vivencia são apenas efeitos externos, reflexos necessários das causas dentro de si. Elas manifestam uma batalha à qual você precisa vencer para subir a uma nova curva ascendente de forma deliberada. É natural que em tais períodos de escuridão temporária você não consiga sentir a Verdade Absoluta de Deus, que não vibre Nela. Não é possível se forçar a isto, o que pode e deve ser feito nesses períodos é pensar, clara e racionalmente, em suas descobertas, esperando até que esteja delas preenchido.

Durante o sono o corpo astral é liberado do corpo físico, podendo ter contato com planos espirituais em sonhos profundos, distintos dos sonhos emocionais. A causa da insônia normalmente é o medo de se desapegar, de entrar no mundo espiritual e ouvir o que não deseja. Energias semelhantes se atraem, o carma influencia o plano e este determina os pais, a região e as características nas quais o espírito se desenvolve. Uma criança não herda talentos dos seus genitores, o espírito já os tinha, embora frequentemente ele seja enviado a pais com qualidades parecidas para que as circunstâncias se encaixem melhor. Depois da morte os corpos sutis mais próximos se desintegram, embora nem sempre imediatamente. Qualquer espírito desencarnado que esteja preso à Terra ainda não se libertou dos seus corpos sutis mais toscos, devido ao seu estado interior.

◆ ◆ ◆

## PW 78 – A SIMBOLOGIA BÍBLICA

A palavra bíblica de Deus recebida por Moisés, conforme o Êxodo 21:24, "*se houver morte, então darás vida por vida, olho por olho, dente por dente*", tem sido interpretada como a de um deus justiceiro e vingativo, que impõe uma lei estática, rígida e implacável. Mas não é assim, nela o "olho" simboliza a verdadeira visão e entendimento que só podem ser obtidos compreendendo a si mesmo; e o "dente" é um instrumento de assimilação, como o que prepara a comida para que o corpo possa digeri-la. Tais palavras indicam que na medida em que compreender, a pessoa será compreendida, e na medida em que assimilar a vida, mais benefícios isso lhe trará e aos outros. A falta de compreensão e de assimilação produz mais erros que criam outros mais em sua direção. O conflito e a confusão sinalizam que a experiência não foi corretamente nem plenamente compreendida e assimilada. E seu resultado negativo é o único remédio, o único tratamento possível para mudar a atitude incorreta que está por trás disso. É um erro típico humano pensar em Deus como retaliador, ao invés de perceber a aplicação da Lei Espiritual de Causa e Efeito, maravilhosa e justa, fruto da Sua misericórdia, graça, sabedoria e amor.

A este respeito, em Mateus 5:38, Jesus diz: "*Ouvistes o que foi dito: Olho por olho e dente por dente. Eu, porém, vos digo: Não resistas ao mal.*" A afirmação de Jesus é uma amplificação, não uma contradição. Resistir ao mal significa não aprender com a vida, se esquivando das consequências pelas quais a pessoa é responsável. É a atitude na qual a culpa é colocada nos ombros dos outros, em Deus, no destino, ao invés de encontrar as próprias causas. Temer o mal é afastar-se da vida ou dela antagonizar devido ao fracasso na compreensão do seu verdadeiro sentido. Na medida em que ressente de certos acontecimentos da sua vida, na medida em que nega sua responsabilidade em tais acontecimentos, a pessoa não se encontra em realidade. Em Marcos 4:25, por sua vez, Jesus afirma: "*Porque a quem tiver, mais lhe será dado; e de quem não tiver, até o que tem lhe será tirado.*" Isto é baseado na Lei Espiritual da Atração, tanto do bem quanto do mal. Onde houver conceitos errôneos, o resultado será mais conflitos. Deus não se senta em um trono acima de todos os seres, distribuindo arbitrariamente recompensas e castigos, sorte e azar. Quando em um estado de medo, orgulho e arrogância, a pessoa é infeliz e produz infelicidade. Mas estando em realidade, ela produzirá cada vez mais felicidade, atraindo mais experiências positivas. Assim do pobre de espírito será tirado, simbolizando a alma doentia, ignorante dos seus erros e cegueira, enquanto do rico de espírito será acrescentado, significando aquele que compreende e ama.

O simbolismo protege a verdade de quem iria interpretá-la mal e fazer mau uso dela. De todo modo, a Grande Verdade não consegue se revelar a quem ainda não é capaz de compreender. Essas pessoas são tão inaptas a interpretar a explicação "simples" quanto a velada. Mas para quem consegue entender, a velada, escondida em símbolos, tem um significado adicional. Hoje em dia, quando as massas compreendem muito mais do que há milhares de anos, a verdade pode ser dita de forma mais direta. Ainda assim, se as pessoas não estiverem dispostas a aplicá-la em profundidade e de forma pessoal, mais verdade pode ter um efeito ainda pior, ao levar à meia-verdade que "qualifica" os seus julgamentos sobre os outros, algo muito perigoso. É por isso que deve haver uma constante avaliação entre o benefício e o dano que a verdade pode trazer, lidando com cuidado e responsabilidade. A compensação está no benefício daqueles poucos que extraem um entendimento real da verdade revelada. Se as pessoas forem ignorantes internamente, pode ser até melhor lhes ocultar a verdade. As imagens humanas são pseudodefesas que se baseiam em presunções irreais, levando ao conceito antropomórfico de Deus como uma pessoa que aplica castigos e recompensas arbitrárias. A libertação disso está em suas mãos, na escolha por descobrir e transmutar dentro de si o que de fato bloqueia a sua alegria e felicidade.

◆ ◆ ◆

## PW 79 – IMPACIÊNCIA, COMPULSÃO E FINGIMENTO

A alma humana vive na dicotomia entre desejar ser amada e rejeitar o amor, entre construir e criar versus destruir e estagnar. Mas derrubar as conclusões erradas, frutos das suas imagens, não é algo repentino, não sendo suficiente encontrá-las, embora este seja um passo fundamental. A psique humana é guiada pelo hábito e inclinada a funcionar dentro de um esquema. Depois de muitos anos de práticas e manias repetidas, padrões internos se estabelecem. Enquanto não se observar de modo amplo, inclusive o sutil e o disfarçado, a pessoa irá escorregar sem querer. E, se após mais desarmonias e depressões, encontrar outra vez a mesma faceta que se convenceu estar resolvida, a decepção e a desmotivação costumam se tornar um empecilho ainda maior do que o próprio problema, em proporção ao seu orgulho e impaciência.

A força verdadeira, pura e permanente, só pode vir através do gradativo e doloroso trabalho de análise diária das suas reações, emoções, impressões e humor negativo. De nada adianta passar por eles rapidamente, como quase todos fazem, seja tirando-os da cabeça ou conferindo a eles razões externas. Se houver infelicidade, distúrbio ou desarmonia, não importa quanto as circunstâncias externas possam explicá-los, existe uma conclusão errônea interna, uma impressão errada sobre os fatos e a realidade da vida. As motivações das ações, bem como dos desejos e ambições, precisam ser examinadas na maior honestidade. As motivações externas e conscientes podem ser verdadeiras, mas não são necessariamente as únicas existentes, sendo vital encontrar também aquelas adormecidas por baixo da superfície.

Infelizmente, de uma forma ou de outra, a humanidade ainda é 90% fingimento. Todas as compulsões, impulsos e boa parte das motivações são dolosamente falsas. Isso não se aplica apenas ao desejo de parecer melhor do que é, de modo a se sentir amado e aceito, mas também às emoções negativas, como ódio, ressentimento e desprezo. Estas e as suas motivações adicionais infantis, irrealistas e improdutivas por trás a pessoa evita conhecer e as desqualifica, só considerando os seus propósitos construtivos. É preciso identificar e encontrar a causa das imagens que as sustentam, o que é também possível com crianças, mas de forma muito diferente. Cada abordagem deve ser relativamente distinta em crianças, jovens e idosos. Nas crianças há muita coisa na superfície que um olho treinado descobre pelo estresse emocional. A criança precisa ser guiada e ensinada a assumir conceitos corretos. Tais ensinamentos devem ser conduzidos onde existem problemas emocionais ou onde eles estejam em formação, para que possam alcançar o seu subconsciente.

A compulsão resulta de emoções, desejos e ambições artificialmente acelerados, vindos de uma farsa oriunda de uma visão que ignora causas e efeitos reais. A farsa proíbe que a força saudável se manifeste, pois esta só pode vir do Eu Verdadeiro que está totalmente coberto pela camada de um falso eu. A força saudável é igualmente impedida pelo conceito errôneo do tempo, cuja consequência é a impaciência. A infantilidade interior faz com que a pessoa tenha muita pressa, induzindo-a a pensar que precisa ter, agora, o que quer que ela ache que deveria ter. Isto produz uma aceleração artificial, uma compulsão. A impaciência, por não estar de acordo com a verdade, tem o mesmo efeito que a farsa, gerando um conjunto parecido de reações em cadeia. Motivações falsas e ambição desproporcional de ser parte do mundo "desejável" produzem impaciência, fazendo com que a pessoa assuma atitudes e emoções artificiais. Uma vez que nem este "mundo desejável", nem o modo como faz para alcançá-lo são baseados na realidade, seu Eu Verdadeiro fica escondido e, portanto, também a sua força real. Tais motivações não alcançam a essência da coisa, impedindo o sucesso e causando frustrações que produzem compulsão frenética, manifestada em impaciência facilmente mal confundida com luta e diligência.

◆ ◆ ◆

## PW 87 – AUTOIMAGEM E IMAGEM DE DEUS - CULPAS FALSAS E VERDADEIRAS

O verdadeiro crescimento espiritual não ocorre sem eliminar as emoções distorcidas, sem lidar com o subconsciente muito mais do que com as ações e os pensamentos. O entendimento das próprias emoções e do seu real significado é determinante para isso, um conhecimento teórico-genérico não adianta. Cada "insight" sobre as suas reações e emoções, ainda que estas pareçam insignificantes, é um grande passo na direção do desenvolvimento espiritual. Viver e sentir a espiritualidade como uma experiência interior é muito diferente de conhecê-la ou mesmo de agir com base nela. O mundo interno dos sentimentos precisa ser explorado e compreendido, pois esta é a realidade fundamental que provê tanto a sua vida espiritual quanto material. Mas os sentimentos não podem ser determinados pela vontade, não é possível controlá-los de forma volitiva direta, ao contrário das ações e pensamentos. Quando perceber como "usa" de valores espirituais para se punir por suas imperfeições, entendendo as falsas motivações, quando perceber o orgulho e o fingimento opostos a sua crença, então e somente então será possível abordar os seus problemas internos sem danos e obstruções. O autojulgamento rigoroso não deve ser incentivado enquanto a pessoa não se livrar da avaliação dualista do "bom" e do "mau", senão ele se torna destrutivo e prejudicial, só aumentando os sentimentos de culpa e os padrões da autoimagem idealizada.

O problema maior da vida que resulta na principal imagem humana é sempre o sentimento de desamparo da criança frente a uma dificuldade à qual ela achava impossível lidar. Ao estabelecer defesas especiais e aderir a certas regras, a criança se sente segura para ter algum prazer. Acredita que para sobreviver precisará ou se submeter às regras ou quebrá-las. Forma-se nesta pessoa uma imagem de Deus como a de uma autoridade leniente ou de um déspota, que em nada ajuda e é determinante ao seu tipo básico de autoimagem idealizada, onde se encontra a pseudossolução predominante. O desamparo infantil, portanto, une a imagem de Deus à autoimagem idealizada, criando o problema fundamental de uma vida pela falsa solução adotada. O conflito com a autoridade costuma ter por trás o desejo de ser como ela, bem como de se libertar do jugo dela em suas fantasias de glória e onipotência. Tudo isto produz falsas culpas, tanto por não ser tão bom e obediente como exige a atitude submissa, quanto por não ousar se rebelar ou, ainda, por não corresponder à força e poder que imagina necessários para não se submeter. E também cria a culpa verdadeira pelo fingimento, orgulho e egocentrismo que todos estes aspectos e atitudes representam. Ao reconhecer, aceitar e entender tais sentimentos por completo, não haverá por que ficar preso às pseudossoluções, portanto tampouco aos sintomas que as culpas representam.

As pessoas geralmente se sentem mais inquietas e até se desarmonizam quando vivem situações prazerosas. A resposta óbvia para isto seria a autopunição, a culpa e o medo do sucesso. Porém o que ocorre de fato é que o objetivo alcançado não representa um valor real, o que não significa que seja mau ou errado em si mesmo. Acontece que ele serve à autoimagem idealizada, à sua glorificação, ainda que aconteça combinado a objetivos verdadeiros. Existe uma diferença substancial entre fato e verdade. Um fato é um segmento da verdade. Pode-se estar de posse de um fato, mas ignorar fatores adicionais que dariam uma visão real da situação. Ver a verdade, portanto, não é tarefa simples. A habilidade de adquirir uma percepção mais profunda e mais ampla da verdade é determinada pela capacidade de se encarar de forma totalmente sincera, não importa o quanto isso possa ser desagradável. Resulta do crescimento interior, do autoconhecimento e do autoconfronto. A entrada do espírito no corpo físico é gradual e ocorre durante a gestação, embora o passo mais importante aconteça no exato momento do nascimento. Também há estágios de imersão de corpos sutis até que a maturidade seja alcançada. Mas não idealize haver uma completa solução existencial em único processo encarnatório. Isso não ocorre na Terra nem em outros planetas materiais ou em uma única esfera puramente espiritual.

◆ ◆ ◆

## PW 91 – CONSCIÊNCIA DAS EMOÇÕES

As pessoas têm muito medo de externar integralmente as suas emoções. Moralizam situações tanto porque estas são contrárias ao seu eu idealizado, quanto por temerem não conseguir controlar os seus impulsos indesejáveis. Desconhecem se tratar de mecanismos de defesa prejudiciais, embora possam até ter alguma utilidade para quem ainda não alcançou um estágio básico de consciência. Mas aquele que trilha um caminho de autoconhecimento verdadeiro sabe que pode reconhecer as suas emoções sem precisar agir por elas. Sabe também que se existe falta de controle, certamente haverá ainda menos controle quando as suas emoções estiverem reprimidas. É necessário aprender a se aceitar com base em seus valores reais, abrindo mão dos falsos valores do eu idealizado. Leviandade, futilidade e falta de confiança ocorrem à reboque da repressão das emoções, frivolidade que suga as suas melhores energias.

Existem dois tipos de consciência, a Verdadeira, do Eu Superior, e a artificial e sobreposta, do eu idealizado. Esta tenta tomar o lugar Daquela sempre que a pessoa não corresponde aos padrões que se impõe. Na autoimagem idealizada ela se vê como culpada por suas tendências negativas, com medos e ansiedades que criam mais tensão e impaciência. E quando decide finalmente fazer o que é correto, se ressente, ao invés de ficar em paz consigo mesma. O Eu Superior, ao contrário, não traz desesperanças destrutivas ou ansiedades compulsivas, mesmo que isso signifique reconhecer as suas tendências indesejáveis ou abrir mão de alguma vantagem infantil e míope. Ele dá "insights" sobre o seu egocentrismo e ganância, despertando o simples desejo de agir em um nível mais maduro, não por perfeição ou medo de punição, mas por ser o melhor a fazer. Porém não impeça a ação construtiva só porque descobriu alguma motivação negativa, o eu idealizado costuma ter objetivos semelhantes ao Eu Superior. O que precisa evitar são os atalhos e a forma danosa e imatura como ruma para a meta.

O homem em geral prefere aderir a regras mortas, visto ser muito preguiçoso para pensar e muito covarde para tomar decisões baseadas em suas próprias avaliações. No entanto a busca pela verdade não é tão confortável, é necessário lutar com coragem por ela, responsabilizando-se, pesando e decidindo. Quando irrefletida e levada a extremos, a verdade comumente se torna uma inverdade. Seguir regras cegamente é perigoso e enganoso, muitas vezes produzindo exatamente o que a regra proíbe. Por exemplo, se todos os germes fossem poupados por acreditar que "tudo que vive deve morrer naturalmente", eles acabariam eliminando os organismos vivos mais importantes que parasitam. Isso, porém, jamais deve ser tomado como regra oposta para justificar assassinatos. A humanidade está mais próxima de evitar matar espécies animais superiores, embora a etapa em andamento ainda seja evitar a crueldade. Haverá um tempo em que as pessoas não sentirão mais vontade nem precisarão comer carne.

Estados espirituais verdadeiros de júbilo são muito raros, aparecem involuntariamente quando a vida é vivida sem ser evitada. Uma Experiência Divina Genuína demanda confiar e acreditar em si mesmo. Não é preciso buscar Deus em templos, nem mesmo em ensinamentos, é dentro de si que Ele se encontra e se revelará. Confiança, fé, amor e verdade existem em cada um, nenhum conhecimento externo pode lhe proporcionar isso. É muito possível aproveitar a vida amando e se respeitando sem precisar ser perfeito, nem levar ao extremo oposto da preguiça que inviabiliza a mudança e o crescimento. A passividade doentia é tão distorcida quanto a hiperatividade, a pressa e a compulsão. É necessário disciplina para se encarar com honestidade, assumindo ações e reações de novo e de novo. Promessas não são aconselháveis, a ansiedade resultante produz outros padrões tão destrutivos quantos. Um dos maiores marcos de maturidade é a habilidade de abrir mão de ser especial e grandioso, sem se chicotear por perfeição ao exigir o Céu na Terra, deixando de sentir as frustrações como um desastre.

◆ ◆ ◆

## PW 96 – O EU VERDADEIRO E A AUTOALIENAÇÃO

Ninguém pode se sentir seguro de fato sem se tornar o seu Verdadeiro Eu. Isso não é alcançado de outra maneira senão encarando os próprios erros e ilusões. O pequeno "self" tenta obstruir a empreitada, aplacando, negando e alienando. São seus sintomas não se relacionar consigo mesmo e com os outros com inteireza; não se convencer da sua força verdadeira; não se identificar com a realidade mais profunda, mas com camadas sobrepostas da sua personalidade; confiar na opinião pública ao invés de em suas próprias convicções; e confiar em pseudossoluções e mecanismos de defesa. Tantos não vivem plenamente por cansaço ou por apatia, mas a preguiça não é um defeito que possa ser eliminado por pura vontade. É necessário compreender a causa que se encontra na autoalienação. Quem está de fato ancorado no centro do seu ser não é indolente. Entra no fluxo total da vida, abordando cada dia e atividade com energia e apreciando os períodos de descanso, que nada têm a ver com preguiça ou apatia. A hiperatividade compulsiva vem da mesma raiz, embora sobreposta por sua oposição destrutiva à preguiça. O hiperativo tem o desejo nostálgico de não fazer nada. Seu entusiasmo só pode ser renovado quando não acreditar mais em farsas e ilusões.

Não existe ser humano que não finja em algum nível. O fingimento está ligado à autoalienação, com todas as suas ramificações. Encontre a farsa sutil, pois esta é a única chave para se tornar consciente do seu Eu Verdadeiro. Muitos fazem da rebeldia e do frenesi um incentivo ao seu crescimento. Mas tais emoções precisam desaparecer antes que possa começar a ascensão, primeiro aceitando a realidade, para então confiar na vida, em Deus, na sabedoria e no amor. A falta de aceitação produz medo, egocentrismo e cegueira. Sem ela não há como alcançar o estado de relaxamento interno que é fundamental. Isso não significa parar de lutar pelo seu desenvolvimento, na verdade este é o desenvolvimento desejado. Ninguém que não tome a decisão interna de acabar com o fingimento, assumindo o que a princípio parece um tremendo risco, descobrirá o seu Verdadeiro Eu. Reconheça sua farsa e desejo de ganhar algo especial com ela, para então se dispor a abandoná-la, se não puder fazer o que quer por seus próprios méritos. Só assim é possível alcançar a segurança verdadeira.

Abra mão da resistência e veja como criou o conflito, provavelmente não por maldade, não sem os outros que também contribuíram, mas por sua ignorância, conceitos distorcidos e defesas míopes. Racionalizar também é uma farsa, defina-a claramente e terá encontrado a chave. A vida não é sempre segura e certa. A pessoa madura aceita as incertezas e lida com elas; a pessoa imatura não. Quanto mais distante estiver do seu Eu Verdadeiro, menos conseguirá se expressar, se relacionar e se comunicar com os outros. As palavras se tornam secundárias quando a transmissão vem da profundidade do seu ser. Quanto mais alienado estiver de si mesmo, mais precisará delas como meio exclusivo de comunicação. Quanto mais verdadeiro se tornar, mais sentimento fluirá para o outro, transmitindo o que quer naturalmente e sem esforço. Na experiência espiritual as palavras não têm tanta importância porque essa comunicação opera em outro estado. Mas não é possível se comunicar de dentro para fora sem passar pelo longo processo de permitir que as emoções venham à tona. O não funcionamento no nível emocional cria incertezas, fazendo com que a pessoa fique muito ativa quando deveria estar mais passiva, e vice-versa. O equilíbrio não surge da avaliação intelectual e do uso de regras rígidas, somente a intuição segue o fluxo constante da vida. Mas não espere tornar-se sobre-humano. Mesmo ser o seu Verdadeiro Eu não lhe garantirá jamais se sentir inseguro, temeroso, frustrado ou triste. A vida é alegria e tristeza, felicidade e tragédia, realização e frustração. O Verdadeiro Eu consegue lidar com ambos, o falso eu com nenhum deles.

◆ ◆ ◆

## PW 110 – ALIENAÇÃO E CULPA

Há muita resistência humana em enfrentar a própria cegueira, a preguiça de pensar e de sentir seu egoísmo, egocentrismo, crueldade e necessidade de vingança. A covardia também não deve ser subestimada, ela pode tanto fazer omitir um ato construtivo, quanto levar a cometer um ato destrutivo. A culpa por omissão não é intrinsecamente diferente da culpa por comissão, não sendo nem mais fácil, nem mais difícil dela se redimir. O primeiro passo é sempre o pleno reconhecimento, que não é algo simples como parece. Pode-se estar inconsciente das consequências, da sua força e motivação, não tendo a visão de como machuca os outros, diminuindo-os, deixando-os de lado, desconsiderando a dignidade e o respeito. Na medida dessa alienação, não é possível vivenciar os sentimentos do outro, nem mesmo intelectualmente. Quando é este o caso, qualquer esforço de restituição será feito por obrigação, pelo desejo de obedecer a regras sociais e de se isentar de culpa. A reparação só é significativa quando há o sentimento de fazê-la não por si mesmo, mas pelo outro; não meramente para livrar a sua consciência, mas porque de fato vivencia-se a confusão, a mágoa, a frustração e a humilhação causadas.

A tragédia da autoalienação induz a um sentido de irrealidade sobre tudo, até mesmo da própria identidade. Cada função da vida parece artificial, como um papel a desempenhar. Nessa perda de identidade a pessoa não é verdadeira consigo mesma. O desempenho de papéis, às vezes de amigo, de pai, filho ou companheiro, de patrão ou empregado, vai muito além da farsa. Estar atento a esse sentimento dá uma ótima pista de quão se está alienado de si mesmo e em relação aos outros. O embotamento da mente pela preguiça de pensar e de sentir é outro sintoma típico de alienação, assim como a procura em pôr a culpa nos outros para esconder as próprias. Há, ainda, uma hipersensibilidade à descoberta do seu eu inferior, atitude que demonstra o enorme estresse e pesar das tentativas de preservar o falso quadro submerso em hipocrisia. A mágoa exagerada pode ser uma defesa para fugir do "insight", do autoconfronto e do risco de amar e de se doar. Somente depois de vivenciar esses quadros aprende-se o porquê das atitudes que provocavam a culpa. Tudo isto é necessário se quiser se redimir. A reparação, a restituição fundamental é a mudança interior. Se quiser fazer de fato o bem ante o mal que causou, um modo será encontrado, não necessariamente à pessoa agredida. Mas esta se beneficiará tanto quanto se tivesse sido feito a ela. Na Realidade Divina, não há diferença entre uma e outra pessoa.

Só se pode encontrar Deus voltando-se ao seu Eu Verdadeiro. Mas infelizmente Deus tem sido frequentemente usado pelo homem como fuga de si mesmo. Muitos princípios, conceitos e atitudes reais podem ser distorcidos e se tornarem inverdades, embora desfilem sob outra bandeira. Quando a falta de fé em si é substituída pela fé em Deus ou em um ídolo, ela se torna uma paródia anestesiada e falsa. A fé verdadeira só é possível se o seu Eu Real estiver livre, desobstruído de muletas ilusórias substitutas para a sua autoconfiança. Trata-se de se purificar para se libertar das culpas, tanto as reais quanto as falsas. A verdadeira fé vem da convicção autêntica oriunda da experiência interior; a falsa fé encobre medos, inseguranças e necessidades infantis. Para que seja estabelecida a fé verdadeira, a falsidade precisa ser removida, o que demanda questionar até o que parece desejável, como a sua fé, seu altruísmo e amor ao próximo. Cada um deles pode ser genuíno ou um subterfúgio. Não é preciso falar de Deus para vivenciá-Lo. Encarar a Verdade Interior é estar em Deus – porque Deus é verdade, e sem verdade não há amor, fé ou esperança. Todas as discussões, discursos e sermões sobre Deus não o levarão nem um pouco para mais perto Dele. Os problemas só se resolvem encarando aquilo que é temido dentro de si, aquilo do qual se evade.

◆ ◆ ◆

## PW 156 – O IMPULSO DE FERIR

Quem se sente inaceitável pelo sexo oposto o faz porque não aceita a si mesmo. E não só porque sentia que não era aceito por um dos seus genitores, mas principalmente por sua própria reação. Trata-se do desejo de ferir, uma resposta automática que o faz se sentir tão culpado que não consegue imaginar alguém que possa amá-lo. Há muitos homens que querem se vingar do sexo feminino, de toda "mãe" no mundo inteiro por não amá-los, como pareceu à pequena criança; o mesmo ocorre com muitas mulheres em relação ao pai. É aqui que a pessoa se prende em uma armadilha interna. Secretamente ela sente um impulso de ser tão má que precisa ficar inativa, contida em seus movimentos em direção à vida, aos seus melhores sentimentos. É preciso que os experimente genuinamente, sem transferências, para que o medo de si mesma se esvaia, reduzindo também a força do seu impulso de ferir o outro. Trata-se da verdade, não da presunção, obtida ao encarar os seus reflexos condicionados que a fazem se sentir culpada e envergonhada. Ao perder o medo da própria destrutividade, perde-se também o medo do outro. Encarando os seus sentimentos sádicos sem a ameaça e o terror que ainda experimenta a respeito, é possível compreender que a existência deles não somente não a protege ou a favorece, mas reproduz toda a sua rejeição e frustração em um círculo vicioso. A atitude adotada em relação ao que deplora em si mesma, sem exageros ou negações, sem encobrimentos ou dramatizações, é o que provoca a mudança na forma de se sentir.

É trágica a ignorância humana quanto à sua natureza fundamental, que é tão mais maravilhosa que qualquer apresentação idealizada poderia ser. Tal discrepância é um dos mais severos obstáculos ao seu progresso. A criança precisou negar ser a sua totalidade para permanecer segura e manter o amor de ao menos um dos pais. O adulto inconscientemente os copia, pensando não poder aceitar o que eles também não aceitavam. Uma vez que tenha a coragem de experimentar a forma negativa que sonega, evidentemente sem manifestá-la para se ferir ou o outro, a pessoa passará a ver com seus próprios olhos este mesmo poder voltar a ser a beleza que era antes de se tornar destrutivo. Só então desistirá de se sentir culpada e de se rejeitar por isso, passando a não mais negar, remediar, justificar ou projetar no outro o que não pode aceitar em si mesma. Para chegar a esse ponto precisa primeiro debruçar sobre os seus pensamentos com um entendimento intelectual, para depois alcançá-lo e fazer dele algo mais completo. Não é de se admirar que os seus sistemas reajam primeiro com susto e alarme. Existe o eu infantil e medroso, conduzido por velhos mecanismos de falsa autoproteção. É necessário um período de reorientação, de modo a formar novos métodos de operação que sejam mais realistas e construtivos.

Quanto mais infantilmente a pessoa se agarra a um substituto parental, tornando-o responsável e recusando as consequências dos seus próprios atos e decisões, menos ela é capaz de ser livre. Ela se encarcera em cercas imaginárias e se enreda em conflitos que fazem da sua vida uma grande armadilha. O imaturo acredita que a autorresponsabilidade significa confinamento, mas a verdade é o oposto. O confinamento resulta da insistência em ser cuidado. A partir do momento que os seres humanos separam o Céu e a Terra, o corpo e o espírito, não podem vivenciar a verdadeira bem-aventurança da unidade. A espiritualidade real não é um estado lá no Céu. Existem muitos graus nos quais a fluidez energética, da substância espiritual, de pensamentos e sentimentos pode ser experimentada. O estado de total deleite existe e pode ser atingido nesta vida, particularmente se a pessoa for capaz de amar e se unir ao sexo oposto. Quando o relacionamento é profundo e inteiro, sem superficialidades e compromissos limitados, são infinitas as possibilidades de expansão do Eu Real, de criação e de prazer.

◆ ◆ ◆

## PW 221 – FÉ E DÚVIDA: SUAS VERDADES E DISTORÇÕES

A mente concebe explicações de toda espécie para a infelicidade. Cria teorias sobre a doença e a neurose que, apesar de corretas em si mesmas, fogem do fato de que elas são apenas efeitos de negatividades. Para ver o âmago de toda infelicidade e frustração, é preciso olhar profundamente para si mesmo, vencendo a relutância de justificar e racionalizar. Trata-se de ver sem enfeites os aspectos seus que distorcem a verdade, negando e desviando o olhar, porque não quer enxergar, visto odiar tê-los. O homem utilizou mal esse conhecimento, primeiro transformando-o em um julgamento punitivo e autoritário, elevando os que julgam e rebaixando os que são julgados. As religiões são particularmente culpadas por essa distorção, tendo vindo depois uma contrarreação na sociedade para restabelecer o equilíbrio. Mas, como de praxe, esta foi além da verdade, ao seu extremo oposto, fazendo com que os conceitos de pecado, mal e responsabilidade pessoal pela infelicidade fossem negados. É chegada a hora de compreender que são as suas próprias distorções da verdade, negação do amor e a sua intencionalidade negativa que dão causa ao sofrimento. Para ver esse núcleo negativo além das suas manifestações é necessário se comprometer totalmente com a verdade, superando a dualidade criada entre a fé e a dúvida.

A religião diz que a fé é "certa" e a dúvida "errada", enquanto muitos intelectuais sustentam ser a fé "errada" e a dúvida "certa". Na verdade elas não se opõem nem se anulam, mas se complementam. Aquele que nunca duvida costuma fazê-lo para não ter que lidar com os aspectos desagradáveis da vida, evitando responsabilizar-se por suas escolhas e temendo a própria autonomia. Por outro lado, há quem se orgulhe de sempre duvidar para não parecer crédulo aos olhos dos outros, desconfiança que impede que crie e sustente o novo. Ao pensar que a sua existência é finita, ao acreditar que nada tem sentido ou razão, tenta "garantir" a inexistência de consequências para os seus atos. A espécie real de dúvida seleciona, pondera e diferencia, buscando a verdade que leva a um novo estágio de fé. A dúvida saudável também é útil para despertar a atividade mental dos que se inclinam ao tipo acomodado de crença. A fé saudável, por sua vez, evita que a pessoa se afunde na dúvida, sendo alcançada em uma sucessão de estágios, cada um deles assentado em inteligência, amor e verdade.

O primeiro passo da fé consiste em contemplar uma nova maneira de ser, em contraposição à continua cadeia negativa já descoberta antes. É preciso confiar que possa existir algo além da sua visão atual, o que não significa ser crédulo ou obtuso. Quem aceita como real só o que vê é que tem muita falta de inteligência, sabedoria e imaginação. No segundo estágio a pessoa permite ao Eu Divino fornecer a resposta para a qual se abriu, o que seu intelecto, por si só, não consegue encontrar. Virão vislumbres ocasionais de como Ele é dentro de si, como sente e atua. Será preciso tatear no caminho muitas vezes para tomar posse da verdade. Torná-la íntima é o terceiro passo da empreitada, na entrega total à Realidade Divina que deixa para trás os velhos hábitos. O ego é contumaz em pôr a vaidade à frente da verdade e do amor, sempre se balizando pelo que os outros pensam a seu respeito. Não quer abrir mão de pequenas vantagens imediatas, mal sabendo que "vantagens" muito maiores serão ganhas em todos os níveis. É no quarto estágio da fé que o Território Divino se consolida de fato. É uma Realidade até difícil de imaginar, pois nela não há conflitos, quando se está tão acostumado a viver neles, eles que dilaceram e sugam a Força Vital. Resíduos ainda poderão fazer emergir negatividades, mas nesse estado, com as suas provas e experiências, sempre se sabe o que é verdade e o que não é.

# SOBRE O AUTOR

Antônio Alberto Grossi Fernandes, autor desta obra de sínteses e resenhas de todas as palestras e dos livros de Eva Pierrakos que compõem a formação oficial brasileira de Pathwork®, é oriundo de uma família de quatro filhos do interior de Minas Gerais, Brasil, pai de dois filhos de matrimônios distintos. Formado em Engenharia Metalúrgica e de Materiais, com mestrado em Engenharia Metalúrgica e de Minas, pós-graduado em Ciências da Computação e em Finanças Bancárias, trabalhou por mais de uma década no setor privado, no Brasil e na Alemanha, em empresas líderes da indústria siderúrgica, de tecnologia da informação e de consultoria de gestão.

Exerceu atividades de desenvolvimento de software, projetos em prospecção mineral e de metais, de planejamento e programação da produção e de gestão da qualidade total. É analista do Banco Central do Brasil há duas décadas, onde ministrou cursos internos e participou de outros no Brasil e nos Estados Unidos. Foi, ainda, docente de ensino superior em sistemas contábeis e publicou vários artigos em anais, revistas especializadas e repositórios classificados, além dos livros "O Brasil e o Sistema Financeiro Nacional" (Ed. Qualitymark®, 2002), "O Sistema Financeiro Nacional Comentado" (Ed. Saraiva®, 2006) e "Macroeconomia Modelada" (Ed. Amazon®, 2021). Cursou a Formação Holística de Base da Unipaz® no Instituto Renascer da Consciência, entre 2003 e 2005, e formou-se como Facilitador e "Helper" de Pathwork®, entre 2009 e 2017, respectivamente pela Associação Pathwork® e pelo Instituto Pathwork® de Minas Gerais.

# AGRADECIMENTOS

Gratidão a Eva Pierrakos, retratada na foto, por se oferecer de corpo e alma para materializar esses ensinamentos, desenvolvendo a sua mediunidade sem se pôr acima dos outros nem usá-la como instrumento de doutrinação ou de idolatria, bem como aos precursores e líderes que organizaram e expandiram a metodologia pela International Pathwork® Foundation e suas representações.

Agradeço também aos colegas de formação, que realizaram comigo uma profunda jornada de imersão de longos anos; e às psicólogas que me conduziram de forma pessoal e direta na Psicologia Transpessoal - Gislaine D'Assumpção, fundadora do Instituto Renascer da Consciência e membro da Unipaz®, Regina Lacerda, "helper" precursora e fundadora da Associação Pathwork® de Minas Gerais, e Elizabete Dutra, minha "helper" supervisora e presidente da Fundação Espírita Cárita.

Por fim, meu muito obrigado à pioneira do Pathwork® no Brasil e incentivadora deste trabalho, Aidda Pustilnik, e ao Instituto Pathwork® de Minas Gerais, nas pessoas de Cássia Oliveira, atual presidente, e de Ivone Damas, coordenadora e uma de suas fundadoras, pela chancela dada ao projeto e pela organização das revisões realizadas por colegas "helpers" de vários dos textos contidos neste livro. A estes, igualmente, renovo a minha gratidão, assim como aos fotógrafos e artistas que disponibilizaram gratuitamente as gravuras que o ilustram, obtidas do aplicativo Pexels® na Internet.

Made in the USA
Middletown, DE
29 June 2024

56514954R00278